二十几岁要懂点

经济学

刘育韬◎编著

中国华侨出版社

图书在版编目（CIP）数据

二十几岁要懂点经济学 / 刘育韬编著 . 一北京 : 中国华侨出版社 , 2015.1
ISBN 978-7-5113-5117-3

Ⅰ . ①二… Ⅱ . ①刘… Ⅲ . ①经济学－青年读物 Ⅳ . ① F0-49

中国版本图书馆 CIP 数据核字（2015）第 012564 号

二十几岁要懂点经济学

编　　著：刘育韬

出 版 人：方　鸣

责任编辑：如　涛

封面设计：中英智业

文字编辑：王　宁

美术编辑：王玲玲

经　　销：新华书店

开　　本：720 毫米 ×1040 毫米　1/16　　印张：26　　字数：538 千字

印　　刷：北京中创彩色印刷有限公司

版　　次：2015 年 5 月第 1 版　2015 年 5 月第 1 次印刷

书　　号：ISBN 978-7-5113-5117-3

定　　价：59.00 元

中国华侨出版社　北京市朝阳区静安里 26 号通成达大厦三层　　邮编：100028

法律顾问：陈鹰律师事务所

发 行 部：（010）88866079　　传　真：（010）88877396

网　　址：www.oveaschin.com

E-mail：oveaschin@sina.com

如发现印装质量问题，影响阅读，请与印刷厂联系调换。

前　言

　　经济学是对人类各种经济活动和各种经济关系进行理论的、应用的、历史的以及有关方法的研究的各类学科的总称。随着市场经济的发展，人们的日常生活与经济学的关系已经越来越密不可分，经济大势的起伏，与每个人的生活息息相关，每个人对各种经济学现象已经不再陌生，人们正越来越切身感受到掌握经济学知识的重要性。与此同时，经济学的一些概念正在走进千家万户，经济生活中的每个参与者都能了解"CPI""成本""股票"等经济学词汇。

　　在现实中，我们的生活时刻被经济学的影子所萦绕，无论做什么都充满着经济的味道。蓦然回首，我们会发现经济学原来就在我们身边。经常关注各大门户网站的人，很容易就会总结出目前中国的热点问题，比如，社会保障、住房、教育、医疗、物价、腐败、诚信、城建、就业、私有财产等，一口气就可以说上十来个，所有这些问题没有一个不与经济学密切相关，也没有一个不与我们的切身利益密切相关。而我们关注这些经济热点无非是想多积累点经验，以便自己面临利益博弈时，能维护自己的权益。有心者也许还注意到，我们的一举一动几乎都与经济学有着千丝万缕的联系。例如，商品价格起伏涨跌、口袋里的钞票价值增减、是买房还是炒股……而每个人的成长又何尝不充满了经济上的算计：当我们是学生时，家长要替我们算计是不是应该选择好一点的教育；大学毕业后，我们和家长一块算计是继续读研，还是工作；工作后有了收入，我们要决定该把多少用于支出、多少用于储蓄、多少用于投资；有一天有了自己的企业，我们还要算计自己的产品该收取多高的利润……每一件小事背后其实都有一定的经济规律和法则可循，我们的生活已经离不开经济学。用经济学的原理来反观我们的生活，其实我们就生活在一个经济学乐园里，人生时时皆经济、生活处处皆经济。

　　当各种经济现象及经济规则在我们身边交错上演时，二十几岁的年轻人中真正能全面了解经济学并能让经济学为己所用的人却不多。然而，作为二十几岁的年轻人，想要更深刻地了解那些存在于我们身边、关乎我们幸福和成功的生活现象背后的本质和真相，以便让我们在面临某些问题时能够更加睿智，少投入一些沉没成本，也就是减少一些不必要的、没有意义和回报的浪费，不学经济学、不懂经济学是不行的。更重要的是，我们只有构建起和经济学家一样的思维方式，才能游刃有余地应对庞杂生活中的一切问题，才能在日常消费中更加精明、在恋爱婚姻上少走弯路、在对人生的规划上更加理性……正如我国著名经济学家茅于轼先生所说："经济学知识是每个做大事或做小事的人都要懂得一点的学问，只有那些准备上荒岛去开荒且不与外界社会来往的人，学习经济学才会成为多余的事。"总之，经济学所涉及的范畴既包括政策制定者如何"经国济世"的大谋略，也包括一家一户怎样打醋买盐的小计划。所以无论你是鲜衣华盖之辈，还是引车贩浆之人，经济学都与你息息相关。可以说，经济学是一门生活化的学问。懂得一些经济学知识，可以帮助你在生活中轻松地作出决策，过上有清晰思路的生活。比如，你将要决定在学校里待多少年、你决定支出和储蓄的比例、你对你管理的企业的产品怎么定价。我们天天与经济打交道，唯有了解经济学常识，善于应用一些经济理论，才能让生活更加有声有色、有滋有味。二十几岁的年轻人，如果你未曾学过经济学，仍然还不了解经济学到底是什么，那么建议最优先考虑的应该是学点经济学。经济学中蕴含了人类行为所包含的深刻哲理，它能让年轻人更好地理解生活、工作以及未来的人生，使二十几岁的年轻人能够对创造一个积极的、富有意义的人生作出各种正确的选择。

为了帮助二十几岁的年轻读者轻松、愉快、高效地了解经济学知识，我们组织专家、学者编写了这本经济学通俗读物《二十几岁要懂点经济学》，全书共分为五篇，从日常生活、生产经营、生存竞争、投资理财、宏观调控五个不同侧面全面系统地讲述了经济学的基本理论知识及其在现实社会生活中的广泛应用。本书没有令人费解的图表和方程式，也没有拒人于千里之外的经济学行话，而是以经济学的基本结构作为框架，以生活中的鲜活事例为内容，从边际效用递减、供求规律等这些最基本的原理出发，全面介绍了与个人、家庭、企业、社会、世界密切相关的经济学常识，包括通货膨胀、货币与银行、利率与金融市场、经济增长、失业、国际经济学、政府与市场等经济学观点，为人们在经济学和现实生活之间搭建起一座桥梁。

本书最大的特点在于采用生活化的语言，将经济学内在的深刻原理与奥妙之处娓娓道来，让年轻人在快乐阅读的同时，迅速了解经济学的全貌，轻轻松松地获得经济学的知识，学会像经济学家一样思考，用经济学的视角和思维观察、剖析种种生活现象，指导自己的行为，解决生活中的各种难题，更快地走向成功。读过本书，你会发现，经济学一点也不枯燥难懂，而是如此贴近生活、如此有趣，同时又是如此实用。

目　录

第二篇
聆听华尔街的经商智慧：二十几岁要懂得的生产经营经济学

第三篇
信息时代需要学点经济知识：二十几岁要懂得的生存竞争经济学

第五篇
居民的钱袋与宏观经济息息相关：二十几岁要懂得的宏观经济学

绪篇 | 经济全球化时代，二十几岁要懂点经济学

经济学到底是什么

人们对经济学是什么有不同的理解。有人认为经济学是研究经邦济世的大学问，有人认为经济学研究致富之道，有人认为经济学研究生产关系，还有人认为经济学无非是一些自命为经济学家的人的智力游戏。这些说法如同瞎子摸象一样，都抓住了一个侧面，但又都不准确、不全面。

经济学无疑是当今的显学，甚至有"经济学帝国主义"的说法，意思是经济学研究涉足的范围超过了经济问题本身，而侵占了其他学科的领地。在大学里，经济类专业是最热门的，非高分者不能进。如果大学期间没有机会读经济学，研究生阶段再也不能错过，于是跨专业考经济学研究生成为大学的一道风景。打开电视，翻开报纸，满眼尽是财经新闻、股票行情，经济学家们经常被邀为政府的座上宾，对国家经济政策出谋划策，指点江山。那么，经济学到底是什么呢？

"经济学"一词最早出现在公元前 469 ~ 前 399 年间的古希腊，用希腊文表示为"oikonomia"，是"家计管理"的意思，后用英文翻译为"economics"，我国学者严复曾把它译为"生计学"，翻译成汉语"经济学"的第一人是日本学者神田孝平。

早在 200 多年前，1776 年，英国人亚当·斯密（1723~1790）出版了《国民财富的性质和原因的研究》，简称《国富论》，这本书是公认的第一本真正意义上的经济学著作。亚当·斯密本人也被认为开创了古典政治经济学，被誉为"经济学之父"。

亚当·斯密在经济学上的主要贡献是：（1）把政治经济学发展成了一个完整的体系；（2）提出了分工促进经济增长的原理；（3）批判了重农主义和重商主义，重农主义认为农业是唯一创造财富的产业，重商主义则认为商业流通是财富的唯一源泉，亚当·斯密在理论上批判了它们的偏见，认为只要是包含人类劳动的产品都具有价值；（4）提出了政府的职能，即建立国防、建立严正的司法机构、建立并维持必要的公共工程，这被后人称为小政府的标准；（5）提出了赋税的四项原则，即公平、确定、便利、节省，直到今天这仍然是指导各国税收的准则。

亚当·斯密在经济学上最大的贡献是他提出了"看不见的手"的学说。他认为，人类社会存在着一种和谐的自然秩序。亚当·斯密的哲学思想和经济学思想，影响了后来的李嘉图、马尔萨斯和凯恩斯等人。

自亚当·斯密之后，经济学登堂入室，成为一门独立的科学，历久不衰，甚至被称为所有社会科学的"皇后"。

经济学成为现今的显学，自然有着深刻的缘由。说到底，是因为经济学要解决的问题，是人类最基本、最重大的问题。也就是：往大的说，人类的生存和发展离不开经济学；往小的说，个人的生活与工作离不开经济学。

人类社会的基本问题是生存和发展。生存和发展就是不断地用物质产品或劳务来满足人们日益增长的需求，而各种各样的需求则来自于人的欲望。20世纪美国心理学家马斯洛提出了需要层次理论，把人由欲望产生的需求分为5个层次，即生理需要、安全需要、社交需要、尊重需要与自我实现需要。人的欲望是无止境的，人的需要也是从低到高依次实现。需要层次理论表明，人首先满足最基本的欲望，然后才会去追求其他的欲望。因此，欲望的最显著特征是无穷大，也就是平常我们所说的"欲壑难填"。人的欲望没有止境，除非生命结束。

要满足欲望就得有手段，经济学把这种手段，叫"资源"。一个社会无论有多少资源，它总是有限的。相对于人的无限欲望而言，资源量是不足的，于是这就是经济学家所说的"稀缺"。这里所说的稀缺不是指资源的绝对量多少，而是指相对于无限欲望的有限性而言，再多的资源也是稀缺的。稀缺性是人类社会面临的永恒问题，它与人类社会共存亡。比如说当穷国政府为把有限的财政收入用于基础设施建设还是教育方面而争论不休时，富国政府也为把收入用于国防还是社会福利而发愁；当穷人为工作的薪水少而担心时，富人虽有金钱但总感觉时间不够用。其实，这些都是稀缺性的不同表现形式。

如果是这样，问题就出来了：欲望人人有，每个社会都有，还无穷大；而资源是稀缺的，满足欲望的手段没有那么多，那该怎么办？

在过去的时代，解决人类的欲望无穷与资源稀缺这个矛盾的办法，是压抑人的欲望，让欲望和资源相接近，比如各种宗教在本质上都有这个作用。而现代社会，解决这个困境的办法，却是发展生产，增加资源的总量，以此来满足人的欲望，从而缓解稀缺。但是毕竟欲望太大，而资源又总是那么稀缺，它永远比欲望要求的少，即使再怎么发展生产，也并不是所有欲望都能得到满足，而只能满足一部分。那人类就要决定：让哪些欲望得到满足，哪些欲望不得到满足，至少是暂时不能满足。这就是选择的过程。选择要决定用既定的资源生产什么、如何生产以及为谁生产这三个基本问题。这三个问题被经济学家称为资源配置问题。

因为资源稀缺，不可能什么都生产，所以，生产一种东西，就意味着放弃另外的东西。一亩地，种了玉米，就不能同时再种水稻，因此，需要仔细考虑究竟选择生产什么，满足什么欲望，在经济学上，这叫"生产什么"。

生产可以采取不同的方式。比如经营快递的公司，可以用飞机，也可以用汽车送递快件。但是除了联邦快递等几家大公司外，一般都是用汽车送。因为联邦快递名气大、信誉高、收费更高，用飞机送也可以赚钱。但是大量的小快递公司，只能用汽车。因为小快递公司很多，竞争很激烈，主要靠收费低来维持经营，如果用飞机送，只能是亏损倒闭。对企业来说，赚钱才是硬道理。这个说明，用什么方式生产是很重要的，需要仔细考量，作出抉择，经济学家把这叫"如何生产"。

东西生产出来以后，就该让它去满足人的欲望了。但是怎么把东西分到每个人手里呢？要靠规则。规则怎么定？是谁出价高就给谁，类似于拍卖，还是谁权力大就给谁？还是根据其他标准？这些都是规则。不同的规则对人们的影响和造成的后果是绝对不一样的。社会要想平稳发展，就必须采取更妥当的办法，采用更合理的规则。所以，对于如何分配，人类也得做出选择，这叫"为谁生产"。

资源配置直接来源于资源稀缺与欲望无穷的永恒矛盾，所以资源配置非常重要，而且永远都存在如何更好配置的问题。经济学就是关于资源如何配置的学问。配置，就是放；资源配置，就是把资源放到哪里去。

资源配置的目标是有效率。经济学上的效率和生活中的效率是两个概念。经济学效率的含义是一种最好的状态。在这个状态下，如果想让某个社会成员变得更好，就只能让其他某个成员的状况变得比现在差。换句话说，如果不让某个人变差，就不能让任何人变好。这个状态，就如同"人尽其才，物尽其用"的理想状态。如果在不使任何人变差的情况下，还能让某个人变好，那么这个状态，就不是最好的，还有改进的余地。只有达到有效率的状态，才是最好的。

迄今为止，人类找到了两种配置资源的方式：一个是计划，一个是市场。主要用计划方法配置资源的经济叫计划经济；主要用市场配置资源的经济叫市场经济。

计划方式，就是计划部门的人说了算，只有他们有权决定资源怎么配置，生产什么，如何生产，为谁生产，是计划事先规定好了的。所有人都必须服从，不能各行其是。问题是，计划部门的人即使再聪明，也不能了解所有人的欲望，不能了解所有企业的状况；计划部门的人再多，也不过就是几百人、几千人而已。因此，计划部门根本没有能力处理一个庞大经济体的全部生产和消费活动，长期实行计划经济所导致的无效率和失败是必然的。说到底，计划经济是一种由个别人说了算的经济，是一个公众不能自主决定自己事务的经济。

市场经济配置资源的手段是市场，说得更直接点，就是价格机制。在市场经济中，消费者买什么、买多少，由消费者根据市场价格和自己的收入和偏好决定；企业生产什么、生产多少，要看生产什么更赚钱。说得通俗点，市场经济就是自己的事情自己做主的经济。

30多年前，在邓小平的领导下，中国开始进行社会主义市场经济取向的改革。为什么要改革？就是因为虽然计划经济在开始的时候曾经创造了奇迹，但是它固有的弊端最终使它归于失败。完全的计划经济既不公平，又缺乏效率。中国30年的市场经济实践，是社会主义市场经济优于计划经济最好的证明。

总之，经济学产生于稀缺性，它要解决任何一个社会和个人都面临的选择或资源配置问题。因此，经济学是一门与我们每个人都密切相关的科学。这正是我们要学习经济学的基本原因。

经济学如何看世界

经济学是一门社会科学，研究对象是人类社会，是人的行为。可是经济学常常借鉴自然科学的方法。这使得经济学对世界的解释更精确，对于指导人类实践也更有效。

物以稀为贵，这是人人都知道的常识。可是为什么物稀了就贵？毕竟，稀少时的物品跟富余时的物品，表面上并没有什么不一样。到底怎么回事？经济学的边际效用原理，从人的心理出发，把其中的道理解释得透彻如水。

"天下没有免费的午餐。"经济学大师弗里德曼最早说过这句话。当你也这样说的时候，你可能误会了它本来的含义。它的本义是说，人家花钱请你吃饭，你没有买单，可是你是有代价的。因为你吃这顿饭的时间，可以用于做其他事情，这些事情，对你是有意义、有价值的。你把时间用于白吃这顿饭，就失去了这些本来能有的价值。这就是机会考虑。它提示我们，做事的真正成本，不仅包括为做一件事已经付出的代价，还包括为做它所必须放弃的那些东西。当你面临两难选择的时候，你应该想想哪种选择所放弃的更多，两难也就不难了。

我们知道事情处于暂时平衡或者相对静止的状态时才有意义，比如价格就是这样。这个状态就是均衡。均衡是各方利益都得到关照以后的结果，均衡的达成也是通过边际调整达到的。

经济学之所以成为一门独立的科学，并且在相当大程度上改变了世界的面貌，是因为经济学家看世界的方式和常人不同，也与其他社会科学，比如社会学、政治学、法学不同，经济学家有一套自己的看问题、看世界的方法。这些方法，帮助人们更科学地认识了外部世界和人类自身，提高了人类解决自身问题的能力。

以下就先说说经济学家的几个特殊思维方式，它们有助于矫正甚至可以颠覆你长久以来的思维定式。

第一个是边际考虑。

在经济学上，"边际"的意思是"最后的"，或者"新增的"。边际考虑就是只考虑最后的一个或者新增加的一个所引起的变化，从而判断事情的整体性质。

19世纪70年代初出现的边际概念，是西方经济学自亚当·斯密以来的一个极为重要的变化。经济学家把它作为一种理论分析工具，可以应用于任何经济中的任何可以衡量的事物上。正因为这一分析工具在一定程度上背离了传统的分析方法，故有人称之为"边际革命"。

经济学认为，某种要素的贡献，是由其边际的一单位的贡献决定的。下面举一个关于农民种粮食的例子加以说明。

假定只有1亩地，如果一个人种，可以打500千克稻米，但是两个人却不会打1000千克，只能打900千克，三个人只能打950千克，等等。想想，如果人数不断增加，在这1亩地里有1万个人，能打多少千克稻米？0斤！因为1万个人一块上去会把土地踏平的。

从中可以观察到一个规律，第二个人没有第一个人打的稻米多，第三个人没有第二个人打的多，以此类推。总之，后一个人没有前一个人打的多。经济学家把这个规律叫作"边际产量递减"，也就是说新增加的人所增加的总产量越来越少。

我们可以想象，如果产量不递减，那就是递增或者不变。我们看看这是否可能。如果边际产量不变，那就意味着后一个农民的产量永远与前一个一样多，那我只要用1亩地，就可以生产出养活全中国人需要的粮食，只要不断地增加农民就行了。这当然是不可能的。

如果有100个人来种这1亩地，那么每个农民应该得到多少工资，也就是多少稻米呢？因为每个农民没有差异，所以他们得到的稻米应该是一样多的。农民得到多少，取决于农民的劳动贡献有多大。他们每个人都得到500千克，还是所有这100个人的产量总和的平均数，抑或是其他呢？

当然不可能是500千克，因为一共也没有这么多的稻米。所以，一般人会说是平均数，也就是把所有100个人的产量加起来，除以100。这似乎有道理，既然每个人得到的稻米都一样多，当然得是平均数。但是，如果每个人拿走平均的产量，农民就把所有稻米都拿走了。土地的主人不会同意。

每个人到底能分到多少稻米？必须进行边际考虑，也就是看最后一个人，即第100个人的产量是多少。比如是99个人打了745千克，第100个人来了之后，能打750千克，那么最后所增加的产量是5千克，这个产量就叫"边际产量"。经济学家说，每个人应该获得的稻米就是这个边际产量，即5千克。为什么？因为每个人劳动的贡献只有5千克！

最后一个人对粮食的贡献只有5千克，其实每个人，包括第一个人的劳动的贡献也只有5千克。

首先，稻米能生产出来，不仅仅靠农民的劳动，还要有土地，因此，稻米是劳动和土地共同作用的结果。土地对总产量也有贡献，产量不全是农民的贡献。

其次，如果让第一个农民排到第100个，他能打的稻米也只能是5千克，而不再是500千克；让最后一个人排到第一个，他打的稻米也将是500千克，而不再是5千克。第一个来的和最后一个来的，区别在于：第一个人自己用1亩地，而最后一个人只能用1%亩的地！这说明，他们劳动的贡献是没有差别的，都是5千克。

农民应该按照自己劳动的贡献分得稻米，也就是每人5千克。

与边际产量递减类似，效用也是递减的。为了对此加深理解，先讲个例子。

俄国的克雷洛夫写过一则寓言《杰米扬的汤》。说的是有一个叫杰米扬的人，他做的鱼汤非常鲜美，他本人也以此为荣。有一次，一个朋友来拜访他，他给朋友做了香喷喷的鱼汤，上面漂着一层油，像琥珀一样，里面都是鲜鱼片和内脏。朋友很快喝完一碗，在朋友刚放下碗时，杰米扬又端来了第二碗。朋友边喝边和他聊天，很快第二碗也下肚了。为了显示自己的热情，杰米扬又盛了第三碗，朋友实在是不想喝了，但耐不住他的热情，终于勉强喝完。当看到杰米扬又端出了一碗汤时，朋友最后吓跑了，从此再也不敢到杰米扬家做客了。

为什么杰米扬用好喝的鲟鱼汤招待他的朋友，却让朋友再也不敢到他家去做客了呢？对于这个客人而言，喝第三碗汤时与喝第一碗汤相比，他的满足感是依次递减的。这就是边际效用递减规律。

边际学派认为，人们在资源有限的情况下，不能使全部欲望得到满足，只能根据欲望的重要性进行分配。首先要满足最重要的和较重要的，但是总有一个是最后被满足的最不重要的、意义最小的处在边沿上的欲望，它是随资源的减少而首先放弃的欲望。这种欲望就是边际欲望，满足这种边际欲望的能力就是边际效用。

边际效用递减也是个公理。以吃馒头为例，假如边际效用不变，也就是后面一个馒头，永远跟前面一个一样好吃，那会发生什么？我们将永远吃下去，永远吃不饱！更不必说边际效用递增了。

可以说，边际分析法是经济学的基本研究方法之一，不仅在理论上，而且在实际工作中也起着相当大的作用。

经济学的第二个独特视角是机会成本考虑。

成本是每个人做事时都会考虑的因素，收入减去成本才是利润。可是，经济学家所说的成本，与一般人说的成本差别很大。

一般人头脑里的成本概念是会计成本，是做账用的。会计成本有几个特点：第一，会计成本是直接的成本，即实际发生的成本，跟生产和消费直接相关；第二，会计成本是已经发生的成本。但经济学家说的成本却不一样，那就是"机会成本"。

面对有限的资源，为了能够得到自己想要的，人们必须选择放弃。由此看来，作出选择并不是一件容易的事，其根源在于在资源有限的情况下，有所得必有所失。鱼和熊掌不能兼得时，选择吃鱼，那么就不能吃熊掌，熊掌就是选择吃鱼的机会成本。举个简单的例子。

《艺文类聚》里描述了这样一个故事：齐国有一个人家的女儿，有两家男子同时来求婚。东家的男子长得丑，但是很有钱；西家的男子长得俊美，但是很穷。父母一时间陷入了两难之中，不知道该如何抉择，因为无论选择哪个都会有所失。于是父母便征询女儿的意见："要你自己决定愿意嫁给谁，要是难以启齿，不便明说，就以袒露一只胳膊的方式，让我们知道你的意思。"女儿便袒露出两只胳膊。父母感到奇怪，问其原因，女儿说："想在东家吃饭，在西家住宿。"

其实对于"齐女"来说，东家、西家都具有吸引力，无论选择哪个，都会造成机会成本的损失，这也就是为什么"齐女"不能作出决策的原因。

机会成本并非会计学意义上的成本，而是一个纯粹的经济学概念。要想对备选方案的经济效益作出正确的判断与评价，必须在作决策前进行分析，将已放弃的方案、可能获得的潜在收益作为被选取方案的机会成本计算在内。

举个例子来说，假如小李原来在一个政府部门上班，每年有 10 万收入。现在，小李决定下海经营一家餐馆。每年的全部收入是 11 万元，会计成本是 10 万元，包括买菜、买肉、员工工资、税收和各种其他费用。他的会计利润就是：

11 万－10 万＝1 万

但是，经济学家认为小李没有赚钱，反而赔了钱，至少赔了 9 万。因为，如果小李的时间不是用于开餐馆，而是继续在政府部门上班，他就会有 10 万元，现在他只有 1 万元，所以，他至少赔了 9 万元。问题出在他少算了成本，不能只算买菜、买肉等的成本，为了开餐馆，他放弃的收入也是成本，而他没有算上。

这里的非同凡响之处在于，在一般人看来，干什么都可以挣钱，都可能有利润；而在经济学家看来，在一定的时期内，只有做一件事情才有利润，做其他任何事情都亏损。为什么？比如一笔资金，有 1000 个项目可以投资，最多只能在一个项目上有经济利润。这意味着投资这个项目得到的收入，比做这个项目的机会成本大，也就是比所有其他项目获得的收入都大。如果还有另一个项目也有经济利润，那就意味着，这个项目的收入也大于所有其他项目的收入，包括前一个有利润的项目，这就矛盾了！

所以，只有把资金投到那个唯一产生利润的项目上去，才真正有经济利润，才是正确的决策，其他的都是错误的。这是经济学的高明之处，会计学认为任何一个项目都可能有利润，而经济学认为只有一个项目才有利润。

我们做事情必须考虑机会成本。也就是，不但要看由于做这件事我们得到了什么，更重要的是要看因为做这件事情，我们失去了什么。如果失去的比得到的还多，这件事情就不值得做。

有一句话叫"天下没有免费的午餐"。如果有人请你吃午餐，他出钱，而且不附带任何条件。这是免费的么？不是！因为你用于跟人吃午餐的时间，是你的资源，它有多种用途，除了跟人共进午餐，它还可以用于跟朋友聊天、午休、逛街、打游戏、上网，甚至静坐遐思。如果你去吃这顿"免费的"午餐，你就放弃了其他的享受，也许这些享受中的某一项其价值比吃这顿午餐对你更有价值，也就是效用更大。所以，你吃的这顿午餐不是免费的。即使有人请你吃饭，你也不一定就高高兴兴地去了，而是要考虑你吃这顿饭的机会成本有多大。有时我们抱怨，请人吃饭，那个人却不来。其实，人家是考虑了机会成本。

常有新闻报道说某家大企业又创造了多少利润。如果用经济成本计算，还有没有利润呢？也就是说，如果投入到这家企业的这些资金，给了其他企业，后者的产出又如何呢？只有在投给这家企业比其他企业能获得更多的收入时，才证明把资金投入到这家企业是划算的。如果把资金给别的企业能产生更多的收入，那么这家企业就不再是盈利的，而是亏损的了。资金配置到这样的企业就是一种错误的配置。

因此，一个社会的资源，必须进行科学的配置，把它配置到有经济利润的地方去，才是最佳的选择。如果错配，整个社会的利益就会减少。因为社会为得到这个收入，放弃了更多的收入。

谁能进行正确的配置呢？几百年来的实践证明，市场是最好的手段。说到底，市场是一种拍卖机制，企业之间通过竞争，会引导资金流向有利润的地方。市场力量越薄弱的地方，人们越不富裕，为什么？就是因为市场的力量太有限了，资金，这个最稀缺的资源，都被行政配置了，它们都没有流到有利润的地方去。机会考虑，对于资源正确配置非常重要，对于我们作出正确决策，非常有启发！

经济学的第三个独特视角是均衡考虑。

均衡本来是物理学上的一个概念，指一个物体在大小相等方向相反的两个力的作用下，而暂时保持一种静止不动的状态。经济学把这个概念借用过来，作为自己分析问题的基本方法之一。

一件事情，如果有好处，或好处大于坏处，人们就会着手去做。可是再好的事情做下去也会变成不好的事，这叫物极必反。比如吃饭，看到饭菜好吃，就大快朵颐，可是你不会一直吃下去。因为吃到一定时候就会觉得，这一口不如上一口好吃了，这就是边际效用递减，也就是新增加的一口，没有上一口好吃，而且这个递减会一直持续下去。肯定有那么一口，是你的最后一口。这一口在理论上说，你吃不吃都是一样的，这一口的效用是零。但下一口你不会再吃了，因为下一口，你吃了还不如不吃，它比上一口的效用要低，是负数，也就是你只觉得撑得慌、难受。

某一口之所以成为最后一口，就是由于吃了它，你觉得增加的好处，也就是边际好处，正好等于或者还赶不上增加的坏处，也就是边际坏处。这跟物体的均衡是一个道理。

所以，做事做到什么程度，就要看边际好处和边际坏处在哪里相等。在此前，应该继续做，因为做的话，你的净好处，即好处减去坏处，就增加了；在此后则应该减少做，减少才会使你的净好处增加。这样你的利益才会达到最大化，相当于吃饱了又不难受。虽然你想都吃下去，但是不能，因为全吃下去，会把你撑死。

均衡是一种暂时的静止状态。静止意味着事物让自己的某种状态持续一段时间，也就是会稳定一段时间。

人们常常嘲笑老年人保守，害怕变化。其实，害怕变化是人的普遍特征，变化意味着不确定性，当人面临不确定性的时候，就会紧张，行动失据，遭受损失。人们买保险，就是花钱买确定性，买个平安，可见人们喜欢的是确定性，否则不会花钱买保险。而均衡就是一种稳态，一种确定，因为至少暂时不会变化。只有当事情处于不变状态时，人们才有机会观察、认识它们。如果事情变化无常，要认识它们是困难的。

均衡还意味着事物的变化是缓慢的，是一点一点发生的。比如人类在进步，可是进步是一点一点进行的。均衡也是一点一点达到的，这是边际考虑的结果。经济学上把前边说的边际好处叫边际收益，边际坏处叫边际成本。均衡是人们不断比较边际收益和边际成本的结果。

消费者购买的最后一单位商品，就是让自己花的钱所损失的效用和获得的边际效用相等；厂商生产的最后一单位商品，是让自己的边际成本与边际收益相等的那一单位。均衡也意味着各种力量达到一种妥协。我们做事情，就是考虑各种因素，求得一种均衡的、让各方都接受的结果，这样大家才会相安无事。如果不能做到均衡，事情就不会结束。就如谈判，难就难在各方利益的均衡，必须作出妥协才能有结果。

均衡对我们的启发是，为了达到有意义的结局，必须调整自己的行为，同时不能顾此失彼。

经济学的研究前提

相对于现实本身来说，所有的科学都不是真事，因为科学都有自己的假设，在这个假设之下，继而推演出一系列的结论。那理论还有什么用呢？理论的作用是，当满足或者接近理论假设的场合，理论可以解释人们的行动。比如，万有引力可以解释苹果落地，还可以解释很多类似的现象；而叫魂的理论，却不能解释任何类似的事情。更重要的是，理论可以预测和指导人们的行动。万有引力可以预测星球的运行轨道，而叫魂什么也预测不了。

有人常常怀疑假设，说假设不合情理等，这是没有科学素养的主要标志。假设是研究、认识复杂世界的需要。只有做出假设，忽略掉一些不相干的东西，关注要研究的因素本身，才有助于迅速认清事情的本质。如果不做假设，同时考虑所有情况，很难取得进展。

经济学是一门科学，所以也有自己的假设，经济学的假设不止一个，但是最根本的只有一个，这就是"经济人"假设。

所谓"经济人"假设，就是假定人的思考和行为都是目标理性的，唯一试图获得的经济好处就是物质性补偿的最大化。亚当·斯密在《国富论》中的一段话对理性"经济人"有较为清晰的阐述："我们每天所需要的食物和饮料，不是出自屠户、酿酒家和面包师的恩惠，而是出于他们自利的打算。我们不说唤起他们利他心的话，而说唤起他们利己心的话；我们不说我们自己需要，而说对他们有好处。"亚当·斯密的这段论述向我们表明：人和人之间是一种交换关系，能获得食物和饮料，是因为每个人都要获得自己最大的利益。

"天下熙熙，皆为利来；天下攘攘，皆为利往"——这是司马迁在2000多年前的精辟论述。可以说，对利益的追求是人类社会进步发展的原动力，对利益的渴望在人类行为的背后发挥着主导性、操纵性的作用。

资源总是有限的，人类生存的本能决定了人必须是利己的。经济学正是研究资源稀缺条件下如何实现利益最大化，也就是如何获取更多的利。经济学认为所有人都是经济人，就是一切行为的目标只为个人利益最大化。功利主义学派的代表人物边沁总结认为，趋利避害是人类的天性。在经济学中，"利"就是指个体所获得的利益、收益，可以表现为各种各样的形式，归根结底是给人带来的效用、幸福、满足；而经济学中的"害"就是指个体所付出的代价、成本，所承受的损失、牺牲，归根结底是给人带来的负效用、欠缺、痛苦。

曾经有一则新闻报道，讲的某油田离婚率骤升的事。原来在这则新闻的背后，离婚当事人面临着进退两难的选择。一女工几年前经领导反复做工作，她和许多职工买断工龄下岗。几年过后，单位突然有一个通知：离婚后的下岗职工等同于单职工，可以上岗，但以离婚证为准。这名女工的丈夫目前在岗，为取得上岗资格，尽管她与结婚十多年的丈夫感情很好，也不得不办了离婚手续。像这种双职工有一方买断工龄下岗的情况不少，为了能重新上岗，他们很多人不得不去办离婚证。

我们很难评说该女工的做法是否可取，但这种选择无疑是慎重考虑之下的趋利避害的行为。"上岗离婚"是一种害，"下岗不离婚"也是一种害，两害相权取其轻，这也算是趋利避害的一种无奈选择吧。

关于人类趋利的本性，先秦时期的韩非子就曾经这样认为：医生能够在病人的伤口上吮吸脓血，并不是与病人之间存在骨肉亲情，完全是因为他的利益在于病人的回报。木匠造棺材的本意不是憎恶别人，而是因为他的利益在别人的死亡上。由于利益的驱动，才使得人们心中的念头在道德层面发生了善恶的区分。

千余年来，人们关于人性的争论从来没有停止过，其争论焦点在人性的根源和人性的善恶问题上。但我国明代思想家李贽认为，世间所有人无不为"私"而忙碌着。"如服田者，私有秋之获而后治田必力；居家者，私积仓之获而后治家必力；为学者，私进取之获而后举业之治也必力。"也就是说，"私"和"利"是人们做一切事情的直接动因。

经济学认为人性并无善恶之分，经济学世界中的所有人都是经济人。在经济学世界里，每个人做事情都是为了有利于自己。人的本性是利己的，人们所从事一切活动的目的是个人利益最大化。总结起来，所有人都是利己的。

其实，经济学的"经济人"假设并不是要鞭挞这种人性。传统社会主张存天理灭人欲，把利己的人性看作是万恶之源，要求人们克己复礼，结果人性没有被消灭。如今，经济学承认人性利己的合理性，承认人利己的行为是正当的。正是对这一人性的尊重，才促使了经济的发展和社会的进步。

人们通常以为利己是可鄙的，无私是高尚的。在很多人的眼里，利己和无私是天然的反对面。那么什么是利己，什么是无私呢？笼统来说，利己者为自己生活，为自己谋取更大利益；无私者不为自己生活，为他人生活，为他人谋取更大利益。但是，对经济学有所了解或者善于观察事实的人都不难发现，社会的进步和发展离不开利己。严格来说，利己的内涵是利己且不害人，在主观意图上既不侵犯他人，也不依赖他人，既不奉献他人，也不乞求他人；在客观行为上，自己尽量单独劳动生存，如果要协助就坚持等价交换。如果侵犯他人，就成为自私这种极端化形式。

　　或许是人们憎恶人性"利己"的一面，"无私"总是成为文人墨客心中永远的追求。清代小说《镜花缘》中的"君子国"代表了人的一种追求：

　　有一个君子国，在这个国家，人人都大公无私，绝不存有半点私心。
　　君子国也有交易行为，卖者少要钱，买者却要多给钱。以下是其中的一幕场景：
　　买东西的人说："我向你买东西付的钱很少，你却说多，这是违心的说法。"
　　卖东西的人说："我的货物既不新鲜，又很平常，不如别人家的好。我收你付价的一半，已经显得很过分，怎么可能收你的全价？"
　　买东西的人说："我能识别好货物，这样好的货物只收半价，太有失公平了。"
　　卖东西的人又说："如果你真想买，就照前价减半，这样最公平。如果你还说这价格太低了，那你到别的商家那儿去买，看还能不能买到比我这儿更贵的货物。"
　　他们一番争执不下，买东西的人给了全价，拿了一半的货物转身就走。卖主坚决不让走，路人驻足观看，都说买东西的人"欺人不公"。最后，买东西的人拗不过大家，只好拿了上等与下等货物各一半才离开了。

　　"君子国"为我们描绘了一个人人利他的大公无私的社会。实际上，不可能有这样的国度存在，任何无私的背后总是具有利己的影子。这也许表明无私具有某种不洁性，但更加雄辩地表明了无私的实在基础和真实客观。俗话说，"人不为己，天诛地灭"。其实，不用天地去灭，自己就把自己灭了，你自己不为自己生活，难道让别人养活你吗？而无私不仅表明别人要帮助你，同时要求你帮助别人，把你的收入给他人一部分，让你在休息时间给别人干活。那时，你会认为利己该多好啊。
　　其实，无私中总是存在利己的痕迹。源于利己的事实决定了无私永远不可能摆脱利己。例如，爱情被人们称作最无私、最强烈的需求之一，但是在形成过程中，男女对爱情对象的选择非常苛刻。要考虑相貌、身高、年龄、性格、学识、财富、前途、是否真的爱自己，这一系列的问题紧紧围绕着自己能否从爱情中得到幸福；当爱情终于确定后，如果对方在对待自己方面存在不足、不理想的情况，也会促使男女进行怀疑和反思，甚至斗争和分手。所以只有在利己的基础上才能谈论无私。
　　显然，"经济人"都是利己的，以自身利益的最大化作为自己的追求。当一个人在经济活动中面临若干不同的选择机会时，他总是倾向于选择能给自己带来更大经济利益的那种机会，即总是追求最大的利益。每个人为达到利己的目的，必须以利他为手段，给别人"所要的东西"，利己并不损人，否则经济交换活动难以长久维持。"读了《道德情操论》才知道'利他'才是问心无愧的'利己'。"1976年度诺贝尔经济学奖得主米尔顿·弗里德曼曾这样说。因此，利己与无私之间并不存在不可逾越的鸿沟。
　　可能有人会有这样的疑问：如果人人都是理性经济人，都是理性且利己的，社会秩序会不会变得紊乱？以亚当·斯密为代表的经济学家给出了回答："他追求自己的利益，往往使他能比在真正处于本意的情况下更有效地促进社会的利益。"这也就是说，人人都是经济人，更能在客观上维护社会的秩序。

如果在今天，我们仍然鄙视追求私利的人，认为追求私利的都是不义小人，那么交换将严重受阻，社会分工也不可能发达，社会的物质条件也不可能改进。我们肯定追求私利是人的正当权利，并不等于肯定一切对私利的追求都是正当的，否则人间就没有什么道德禁忌了。可以这样说，以不合理的方式追求私利即为恶，以合理的方式追求私利即为善。

因此，"经济人"假设是经济学的根基，没有"经济人"假设，就不能正确认识经济规律，也不可能制定切实可行的经济政策。但另一方面，我们也应该要看到"经济人"假设只是一种人性假设，在现实生活中，人不可能处处都以经济人的视角观察世界。如果一味地把利己的观点运用到一切生活准则中，生活将不可避免地变味。

范美忠本来是四川省都江堰市的一名普通教师，在2008年"5·12"地震发生的时候他丢下了学生，一个人跑出了教室。

后来范美忠发表了《那一刻地动山摇——"5·12"汶川地震亲历记》一文，文中细致地描述了自己在地震时所做的一切以及过后的心路历程。范美忠在这篇文章中自述："我是一个追求自由和公正的人，却不是先人后己勇于牺牲自我的人！在这种生死抉择的瞬间，只有为了我的女儿我才可能考虑牺牲自我，其他的人，哪怕是我的母亲，在这种情况下我也不会管的。"这番言论引起了铺天盖地的批评与谩骂。

从道德层面来说，范美忠绝对该受非难和谴责，尤其是与谭千秋老师、周汝兰老师的高风亮节相比较时。由此可见，我们不能处处都提倡利己的行为，因为在趋利性之外，我们还受到良心、道德乃至法律方面的约束。而"经济人"假设的正确性，并不是说它适用于每一个人和每一个人的一切行为，这是指它适用于绝大多数人的绝大多数行为。如果假设人是利己的，又假设人是利他的，经济学就不能称之为一门严谨的科学。

经济学认为所有人都是"经济人"，并不是赞扬利己性，只是承认它是无法更改的人性，承认"经济人"的存在只是对人类趋利本性的一个认识和引导。在现实的经济活动中，我们不可能为了实现自身利益最大化就不择手段，我们必须遵循市场经济的规律以及法律制度，将人的利己心和利己行为变成增加社会财富、推动历史进步的动力。

像经济学家一样思考

为什么要学经济学？其实在学习一些经济理论的背后，我们更要学会像经济学家一样思考，这才是学习经济学的主要目的，而经济学家的思考方式主要表现为"经济人"的理性。

在经济学中，"理性"就是指个人的主观意愿是最大限度地为自己谋取福利，也就是说，理性人应该懂得如何为自己谋福利，做一个精于算计的人。理性人精于算计的基本含义之一就是成本小于收益；其二是帕累托改进，也就是在不使一方利益变坏的情况下，另一方的利益有所增加；其三是像经济人一样的思考，为自己获取最大的利益。

一般来说，人们往往在做事前考虑清楚事情的结果，然后才去做。但面对同样一件事情，不同的人为了获取自身最大的收益，会采取不同的方式。我们来看看经济学家是如何理性思考的。

有一个经济学家、一个医生和一个牧师约好某天去打高尔夫球。这天，玩兴正浓时，他们发现有一个人老是在球场上漫无目的地乱跑，这严重影响了他们的兴致，于是他们决定去同球场交涉。球场的管理人员向他们解释："球场为了向全社会的残疾人献爱心，星期一下午是向盲人免费开放。今天是星期一，那个到处乱跑的人是盲人。如果他的行为影响了你们，我向你们表示歉意。"三人听后，有三种不同的反应。牧师听后大为感动，遂决定抽出一定时间，免费为残疾人祈祷，祈求上苍保佑，为残疾人带来福音。医生听后，马上决定，向球场学习，并准备在他的诊所里，留出一定的时间免费为残疾人提供医疗服务。经济学家却不以为然地说："我有些不明白，你们球场为什么不把向盲人开放的时间从白天改到晚上？"

从理性视角来看，白天与黑夜对于盲人没有区别，把对盲人开放的时间从白天改到晚上，一点都不损害盲人的利益。如果盲人在白天和正常的游人一起共享高尔夫球场，盲人的利益虽然能得到保证，但显然，正常游客的利益就会受到损害。这就是说，盲人的利益是建立在一般游客利益牺牲的基础上，如果这样，球场资源的配置是缺乏效率的。经济学家从资源配置的效率角度看问题、看世界，不能不说他们是最理性的人！

实际上，在经济活动中，人人都是理性"经济人"。比如说买一件商品时，我们都希望买到物美价廉的商品，绝不会希望买物次价高的商品，因为在经济活动中我们会保持自利性和理性。从经济学的角度来说，"理性"是永恒的价值导向。

历史上的道光皇帝非常简朴，一次他的裤子破了，他让内务府打上补丁。后来裤子补好了，道光皇帝便问花了多少钱，内务府官员回答说："一千两白银。"道光皇帝很吃惊，问为什么这么贵。内务府官员回答："湖绉制的布料不太好找，并且很难找到花头刚好能合在一起的，所以这么贵。"道光皇帝听了也无可奈何。

其实，这可以从两个方面来理解，一个是经济层面的问题：补一条裤子要花一千两银子，还不如花几十两银子买条新的；另一个层面是意识形态领域的问题：皇帝穿补过的裤子，这种倡导节俭的精神是多少钱也买不来的。经济学家的思考方式主要是从成本和收益的角度去思考问题，而不是从意识形态方面去思考。做什么事情都要区分为"划算"与"不划算"，这就是"理性"！

美国媒体报道说，1美分硬币的铸造成本高达1.2美分，对于美国联邦造币局来说铸造越多的美分，所遭受的损失越大，但造币局还是在铸造美分硬币。当然作为国家造币局而言，并不总是以经济学的"理性"作为考量标准。但是作为市场中的"经济人"，我们便不能不理性地考虑到成本与收益问题。

经济学中，作出任何选择应该遵从"经济人"的"理性"。经济学家讲实际。我们做任何一件事情，不是为了表现什么精神，而是要获得某种利益，这种利益可以是个人的、群体的，也可以是整个社会的。要获得利益就必须进行成本收益计算。大家都知道愚公移山的故事。愚公移山只是为了出行方便，但为了出行方便而世世代代去挖太行和王屋这两座大山，这究竟值不值呢？挖山是要有成本的，且不说为了挖山所需要的镐、筐等需要的花费，仅就愚公一家人不从事任何有酬劳动，放弃的收入该有多少啊！如果天帝并没有将山移走，那愚公的后代可能直到现在还在挖山！这就是愚公移山的预期成本。从成本收益的角度来说，很明显是不理性的。

人类进行理性分析不仅源于无意识，更是在达到自身利益最大化的过程中，每时每处都会考虑到成本与收益问题。任何一个人在进行经济活动时，都要考虑具体经济行为在经济价值上的得失，以便对投入与产出关系有一个尽可能科学的估计。

具体来说，人们做任何事情都进行理性分析的主要原因在于，他们追求的效用是行为者自己的效用，不是他人的效用；由于行为者具有自利的动机，总是试图在经济活动中以最少的投入获得最大的收益；总是蕴含着一种量入为出的计算理性，计算理性是达到经济性的必要手段。

在经济生活中，成本是为达到一定目的而付出或应付出资源的价值牺牲，它可用货币单位加以计量，几乎任何成本都是可以用金钱来衡量的。因为我们都是理性人，所以在做任何事情的时候，都要看付出多少成本和获得多少收益。而要获得收益，就必须进行成本与收益的分析，如果成本大于收益，一般都是不会去做的。

举个简单的例子，比如说你打算开一家服装店。在计算成本时，你可能会考虑到店面的房租、进货的费用、借款的利息、付给雇员的工资、水电费、税金等。在扣除这些费用之后，你认为自己还会赚到钱。但这样的计算是不完全的：你漏掉了自己的工资、垫付的资金的利息，还有开服装店的机会成本等。只有把这些成本也考虑在内，如果收益大于成本，开服装店就是值得的。

其实，我们每个人都具备"经济人"理性的一面，无论是经济学博士还是没有入学的孩童。我们不妨来看一个生活中的例子。

一位博士讲了这样一件事，他读小学时，家里很穷，甚至两元钱的学费都很难付得起。有一次母亲为奖励他考试得了第一名，给了他5毛钱零花钱，他非常高兴，但很快有些犯愁：这5毛钱该如何花呢？应该买练习本吗？5毛钱正好能买一个，而且他的练习本已快用完了。但学校边上卖的3毛钱一个的烧饼对他的诱惑力也不小。有一次同桌小伙伴让他咬了一小口，那味道之好以至于他当时想哪天有钱时一定吃个够。但显然，他无法同时实现两个愿望，二者只能择其一。在反复权衡了两天后，他最后的选择是：花两毛钱买了一张白纸，裁订成一个小练习本，剩下的3毛钱则买了一个烧饼。

可以说，这5毛钱花得很值。其实，这位博士小时候面对的"5毛钱如何花"也是一种"经济人"的"理性"思考。当然，他最后的选择是，投入了5毛钱的成本，得到的收益是：既满足了学习的需要，又满足了解馋的需要。

"经济人"的理性思维，就是每个人都知道自己的利益所在，都会用最好的办法去实现自己的利益。现实生活中，人们虽然都在有意无意地进行理性看问题，作出的最终决策却有悖于经济学中的"理性"。为什么理性人的思考却得到非理性的结果？其实，这里的"理性"是有限理性。因为人不是全知全能的上帝，人的行为受到各种因素的制约，如占有信息的多少、理智和聪明的程度以及外部条件的复杂多变使人难以驾驭等，人的理性行为往往并非完全理性。

西方有一则为了一碗红豆汤而放弃继承权的故事。红豆汤代表眼前的小利益，而继承权才是长远的大利益。作为理性人，任何人都会选择继承权而不是红豆汤，因为继承权的重要性和价值远远高于红豆汤。但是，当红豆汤摆在人们面前的时候，人们往往被红豆汤的美味所吸引，此时对于自己而言的大利益——"继承权"早已经抛至九霄云外。

换一个角度说，也并不能认为选择红豆汤就不符合理性经济人理论，其实这就是人的有限理性。但是从长远看，这样的理性选择无疑是不理性的。在我们所遇到的选择中，我们既要看到短期利益，更要看到长期利益，必须经过理性思维，作出自己的选择。

经济学家从"经济人"的"理性"角度来看待问题，不能不说其具有一定的合理性。当然在现实生活中，人不可能处处都以经济学"理性"的视角观察世界。毕竟，世界上还有除了经济之外的一些东西，比如亲情、友情、同情心。如果一味把这种理性观运用到一切生活准则中，生活也将会有点变味。

但不可否认的是，以经济学理性的视角看待问题，是经济学的基本思维方式。"经济人"的理性思维，就是每个人都会用最好的办法实现自己的利益。当然，这里的"理性"指的是有限理性。尽管如此，每个人还是会作出最有利于自己的决策。

用经济人的"理性"去分析和思考问题，能避免生活中许多无意义的冲动和疯狂，让我们有限的生命能够发挥出最大的能量。在社会生活中，必须培养起自己的"理性"精神，以理性人的视角面对生活，这样会使我们的生活变得更加丰富多彩。

第一篇 把握市场交易的内在规律：二十几岁要懂得的日常生活经济学

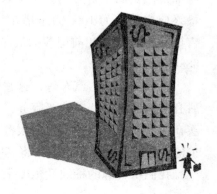

供需关系

欲望与供给的永恒矛盾——稀缺性

稀缺性的概念在整个经济理论中起着至关重要的作用，一些经济学家认为稀缺性是经济学存在的前提条件，所以往往用稀缺性来定义经济学。由于稀缺性的存在，决定了人们在使用经济物品中不断作出选择，如决定利用有限的资源去生产什么，如何生产，为谁生产以及在稀缺的消费品中如何进行取舍及如何用来满足人们的各种需求，这些问题被认为是经济学所研究的主题。

我们所处的社会最大的遗憾就在于：人的需求是无限的，而资源总是有限的。

满足这种欲望的物品，有的可以不付任何代价随意取得，称之为"自由取用物"，如阳光和空气。但绝大多数物品是不能自由取用的，因为世界上的资源（包括人力资源和物力资源）有限，这种有限的为获取它必须付出某种代价的物品，称之为"经济物品"。这样，一方面人类对经济物品的欲望是无限的，另一方面用来满足人类欲望的经济物品却是有限的。相对于人类无穷的欲望而言，经济物品或生产这些经济物品的资源是不足的。这种获得人们所需物品上存在的自然限制叫"稀缺"，所以经济物品又称"稀缺物品"。

因此，稀缺不是就资源和物品的绝对数量而言，而是就有限的资源和物品相对于人类的欲望而言，所以它是相对的，但它又是绝对的，存在于人类的任何地方和任何时期，是人类普遍存在的永恒问题。

对某些稀缺的产品来说，其价格往往会高到令人瞠目结舌的地步。以手机号为例：在 2009 年新版的吉尼斯世界纪录中，卡塔尔电信运营商 Qtel 被认定拍出了全球最昂贵的手机号码。一个 6666666 的手机号是于 2006 年 5 月 23 日被拍卖的，最终成交价格为 1000 万卡塔尔里亚尔，根据当时汇率水平计算约合 275 万美元。吉尼斯世界纪录此前记载的最昂贵的手机号码是中国四川航空以 48 万美元拍得的 88888888 手机号。

花钱买房产、汽车等，这些都是实实在在的物品，或有一定的使用价值，或日后有升值的潜力；花钱买服务，也能得到实实在在的享受。而天价手机号码既不是实在的物品，也不是实在的服务，那么，人们如此狂热地追捧本身并没有什么特殊价值的号码，甚至不惜血本将其收入囊中，到底图什么呢？

我们从资源的稀缺性角度来分析。这些数字往往由于谐音或传统的思维习惯形成。比如说，我国有很多人认为"8"字能给自己带来好运，主要就是因为 8 与"发"谐音，例如"168"（一路发）、"888"（发发发）、"518"（我要发）等号码很受人们的喜爱。但是这些号码毕竟是有限的，有限的资源不可能使每个人都得到满足。因此，在资源稀缺的前提下，对于这些吉祥号码，就必须以高价才能获得。这也正是"物以稀为贵"的一个佐证。

其实资源的稀缺性，有些是天生的，如金子、钻石等；有些是衍生的，如耕地，随着人口的增多，人均耕地越来越少，因为稀缺才能更显其价值。用经济学中的稀缺性解释我们生活中的许多现象，会使我们明白很多经济学道理。

资源的稀缺性是经济学的前提之一。其对社会、对人们的生活产生巨大的影响。我们必须深刻认识稀缺性。

首先，稀缺性导致了竞争和选择。也就是说，稀缺性促进了社会的发展。想象一下，如果资源不是稀缺的，而是极大富足的，那么世界会完全变样。自然界中不会有优胜劣汰，不会有厮杀，每个生物都可以得到满足。人们不用工作，不用考虑衣食住行，不用考虑买房子了，因为土地是富足的，一切资源都是富足的。那这样的世界就没有任何活力，就会变成死水一潭，最终毁灭。

其次，资源的稀缺性是有历史条件的。古代、近代、现代甚至十年以前，人们认为缺少的东西，在现在看来很多都已经很丰富了，比如粮食、生活用品等。以前清新的空气到处都会有，而现在却由于环境污染，人们很难享受到了。还有古代的陶器，当时很多，但现在却很少，非常珍贵。

再次，资源的稀缺性也是因人而异的。对于一个没有工作的闲人来说，时间对他是廉价的，而资本（也就是金钱）则是稀缺的；相反对于工作事业狂来说，时间对他可能是一个奢侈品，相对而言资本是富足的。对于处于正常社会中的人来说，黄金非常珍贵，但对于一个困在岛上生存面临威胁的人来说，则一块馒头比黄金珍贵得多。

最后，稀缺资源可以通过交换来实现再分配。从经济学上来说，资源的分配不均必然要通过交换来实现。婚姻就是一个最实际的例子。比如对于一个身材相貌不如意而事业有成的男人来说，先天的条件是无法改变的。对他来说，可能高个子和帅哥脸这辈子都无法实现了，那么他会把希望寄予婚姻，希望他的另一半能够满足他的这些期望。因为相貌对于他来说是稀缺资源，相比较而言，事业和资本可能他不是很看重，因为这些对于他是富足的。人们总是希望利用自己富足的资源去交换他稀缺的资源。

可见，用经济学中的稀缺性可以解释我们生活中的很多现象，只要我们用心思考和观察，就会明白很多事理。

市场交易的第一前提——产权

人们进行市场交易并不是从人类出现之时就有的，是人类社会发展到一定历史阶段的产物。市场交易的产生，必须具备一个基本条件：产权不同。因为生产资料和劳动产品属于不同的所有者，才发生了交换行为。在私有制的条件下，产品交换的双方成为独立的利益主体，成为经济利益的对立面。这就决定了双方的交换不能是不等式的，而只能是等式的，即商品经济中的等价交换原则。劳动产品的交换既然是等价的商品交换，那么，生产者的生产过程就成为以直接交换为目的的商品生产过程。

可以说，产权是市场交易得以进行的第一前提。那么究竟什么才是产权呢？不同的经济理论和派别对其所下的定义是不尽相同的。一个为多数理论学派所接受的定义是这样的：产权不是指人和物的关系，而是指物的存在及关于它们的使用所引起的人们之间相互认可的行为关系。也许这个定义听起来有点拗口，我们不妨举个例子来说：

假设小黄有一套房产，他将这套房子租给小李，小李每年付给小黄5万元人民币。实际上，小黄就拥有这套房产的完整产权，具体来说：

（1）拥有房屋的占有权。这种占有权具有排他性，即产权是属于小黄的，他在占有房产的同时，意味着其他人不能占有这种财产。

（2）拥有房屋的使用权。小黄有能够自主决定房产使用的权力，比如他可以选择自己住，也可以选择出租，他对房产有自主处理的权力。

（3）拥有房屋的转让权。其实小黄的这套房产还可以在市场上自由地买卖，因此产权可以像任何一种商品一样可以自由交易、转让。

（4）拥有房屋的受益权。说所有者可以获得并占有财产使用和转让所带来的利益，又称为剩余索取权。比如小黄向小李收取的每年5万元的租费，就是房屋产权的收益。

产权的问题之所以引起人们的重视，在于产权与效率有密切的关系。如果没有产权制度，就会导致资源浪费、效率低下等后果。我们不妨通过一个通俗的故事了解产权制度缺失所导致的可能结果。

王戎是"竹林七贤"之一，小时候就聪明过人。一天，他同村里的孩子发现路边长着一棵李子树，树上长满了鲜润的李子，十分诱人。王戎却是一副漠不关心的样子，并跟其他人说："李子肯定是苦的。"

这时尝过李子的人不禁叫苦连天。他们不禁问王戎："你怎么知道这些李子是苦的呢？"王戎说："路边的李子树不归任何人所有，来来往往的人这么多，如果有好吃的李子早被人摘光了，哪还轮到我们？"

为什么王戎能够从李子树不归任何人所有这点，就能推断出树上的满树李子是苦的？这就牵涉到经济学中的产权概念。"路边苦李"的故事表明，既然李子树的产权是属于公众的，不属于某个人，自然就没有人愿意对李子树进行培育，树上的李子很苦也就情有可原了。如果李子树上有好李子，自然会被别人摘光了。

因此，只有通过产权界定，才能使资源得到有效的保护和利用，同时，市场交易行为才能得以延续。市场经济的制度基础是产权明晰，所以，实行市场经济的国家的立法无一不把保护产权作为基本原则。产权之所以重要是因为产权使所有者权责一致，即所有者有权使用自己的资源，获得由这种使用得到的利益，也承担使用不当的责任。在这种情况下，所有者就会最有效地利用自己的资源。

面对目前产权制度缺失的实际情况，我们更应该在实际的经济生活中，注意保护自己的财产权利，在经济活动中要保护好财产获得的法律依据。比如购买房屋的凭证，它是你合法取得房屋的主要凭据，据此你才可以在房产管理部门办理房屋产权登记证。有了这个证件，你的房产才能够被合法地使用、抵押、保险、出租、转赠、出售等。

产权是市场交易得以进行的根本前提，如果不能保护个人的产权，市场交易秩序将不能维持。因此，现代法律强调个人的产权保护。

1866年，刚打赢对奥地利的战争的普鲁士国王威廉一世，来到他在波茨坦的一座行宫。他兴致勃勃地登高望远，然而，行宫前的一座破旧磨坊却让他大为扫兴。威廉一世让侍从去跟磨坊主交涉，付他一笔钱，让他拆除磨坊。磨坊主不肯，说这是祖业。威廉一世很生气，命令人强行拆除了磨坊。

不久，磨坊主一纸诉状将威廉一世告到法庭。法庭裁定：威廉一世擅用王权，侵犯原告由宪法规定的财产权利，被责成在原址重建一座同样大小的磨坊，并赔偿磨坊主的损失。威廉一世只好派人将磨坊在原地重建了起来。

现在这座磨坊还屹立在波茨坦的土地上，成为著名的游览景点。

皇帝与磨坊主的故事表明，磨坊属于磨坊主所有，他作为这一财产的所有者，其财产所有权和产权必须得到国家法律的相应保护。威廉一世的权力再大，也得服从法律。磨坊主的磨坊挡住了国王的视线，但磨坊的产权属于磨坊主，国王无权处置。也就是说，产权是受到法律保护的。

可以说，产权制度是市场交易的基础，建立一套完整、有效、可操作性强的产权保护制度，无疑是重要和必要的。

经济学的永恒话题——供需机制

美国著名经济学家萨缪尔森曾经说过，学习经济学是再简单不过的事了，你只需要掌握两件事：一个叫供给，一个叫需求。什么叫供给和需求？供给指的是生产者在一定时期内在各种可能的价格下愿意而且能够提供出售的该商品的数量。这种供给是指有效供给，必须满足两个条件：生产者有出售的愿望和供应的能力。需求指的是消费者在一定时期内的各种可能的价格下愿意而且能够购买的该商品的数量，指的是消费者想得到某种商品的愿望。需求不是自然和主观的愿望，而是有效的需要，它包括两个条件：消费者有欲望的购买和有能力的购买。

关于供给与需求的关系，人们普遍认为需求决定供给，如人们有穿皮鞋的需求，市场上才会出现皮鞋的生产与销售。不过，供给学派强调经济的供给方面，认为需求会自动适应供给。

一般来说，供需平衡时，市场价格就是正常价格。当供大于求时，市场价格低于正常价格；当供不应求时，市场价格高于正常价格。鲁迅先生在《朝花夕拾》中的《藤野先生》一文中有这样的句子："大概是物以稀为贵吧。北京的白菜运往浙江，便用红头绳系住菜根，倒挂在水果店头，尊为'胶菜'；福建野生着的芦荟，一到北京就请进温室，且美其名曰'龙舌兰'。"供需不平衡导致这些商品的尊贵，因此，白菜在浙江能卖出好价钱，而芦荟在北京也能卖出好价钱。而"洛阳纸贵"的故事说明了供不应求，从而导致纸的市场价格成倍增长。

《晋书·文苑·左思传》中记载：

西晋太康年间出了位很有名的文学家——左思。在左思小时候，他父亲就一直看不起他，常常对外人说后悔生了这个儿子。等到左思成年，他父亲还对朋友们说："左思虽然成年了，可是他掌握的知识和道理，还不如我小时候呢。"左思不甘心受到这种鄙视，开始发奋学习。

经过长期准备，他写出了一部《三都赋》，依据事实和历史的发展，把三国时魏都邺城、蜀都成都、吴都南京写入赋中。当时人们都认为其水平超过了汉朝班固写的《两都赋》和张衡写的《两京赋》。一时间，在京城洛阳广为流传，人们啧啧称赞，竞相传抄，一下子使洛阳纸贵了几倍。原来每刀千文的纸一下子涨到两千文、三千文，后来竟倾销一空。不少人只好到外地买纸，抄写这篇千古名赋。

为什么会"洛阳纸贵"？因为在京都洛阳，人们"竞相传抄"《三都赋》，以致纸的需求越来越大，而纸的供给却跟不上需求，这样一来纸的价格才会不断上涨。

在一般情况下，需求与价格的关系成反比，即价格越高，需求量越小；价格下降，需求量上升。例如，如果每勺冰激凌的价格上升了2毛钱，你将会少买冰激凌。价格与需求量之间的这种关系对经济中大部分物品都是适用的，而且，实际上这种关系如此普遍，以至于经济学家称之为需求规律：在其他条件相同时，一种物品价格上升，该物品需求量减少。

另外，供需的变化与市场环境的变化也息息相关。例如，当"非典"袭击中国的时候，全国食醋、消毒液、药用口罩的价格都上升了，一些日用品也成了普通消费者的抢购对象，这主要是因为突如其来的"非典"病毒造成了消费者对这些物品需求的剧增。在欧洲，每年夏天当新英格兰地区天气变暖时，加勒比地区饭店房间的价格就会直线下降。当中东爆发战争时，美国的汽油价格上升，而二手凯迪拉克轿车价格下降。这些都表现出供给与需求对市场的作用，而所有的这一切都是通过价格来反映的。在少数情况下会出现相反的情形，即价格越高，需求量越大；价格越低，需求量反而越小。这种商品通常是社会上具有象征地位的炫耀性商品，比如钻石、古董等，它们常常会因为价格的提高需求量反而增加。

供求机制是市场机制的主体。供求联结着生产、交换、分配、消费等环节，是生产者与消费者关系的反映与表现。供求运动是市场内部矛盾运动的核心，其他要素（如价格、竞争、货币流通等）的变化都围绕供求运动而展开。

供求机制对社会经济的运行和发展具有重要功能。供求机制可以调节商品的价格，调节商品的生产与消费的方向和规模；供求结构的变化能调节生产结构和消费结构的变化。

供求机制起作用的条件是：供求关系能够灵活地变动，供给与需求背离的时间、方向、程度应当是灵活而适当的，不能将供求关系固定化。供求关系在不断变动中取得相对的平衡，是供求机制作用的实现形式。供求机制的直接作用具体表现为：

第一，调节总量平衡。供不应求时，价格上涨，从而吸收更多的投资；供过于求时，一部分商品的价值得不到实现，迫使部分滞销企业压缩或退出生产。

第二，调节结构平衡。供求机制通过"看不见的手"使生产资料和劳动力在不同部门之间合理转移，导致经济结构的平衡运动。

第三，调节地区之间的平衡。它促使统一大市场的各个地区调剂余缺，互通有无，使总量平衡和结构平衡得到具体落实。

第四，调节时间上的平衡。它促使部分劳动者从事跨季节、跨时令的生产经营活动（如温室种植、跨季节仓储等），在一定程度上满足了市场需求，缓解了供求矛盾。

薄利不一定就能多销——需求价格弹性

1979年我国农副产品调价，猪肉上调20%左右。在当时我国人民的生活水平下，猪肉的需求富有弹性，猪肉涨价后人们的部分购买力转向其他代用品，导致猪肉的需求量迅速下降。国家不得不将一些三四级猪肉降价出售，加上库存积压，财政损失20多亿元；再加上农副产品提价后给职工的副食补助20多亿元，整个财政支出增加40多亿元。

需求规律表明，一种物品的价格下降使需求量增加，需求价格弹性就是衡量需求量对其价格变动的反应程度。如果一种物品的需求量对价格变动的反应大，可以说这种物品的需求是富有弹性的。反之，需求是缺乏弹性的。用公式可以表达为：

需求价格弹性 =ED= 需求量变动的百分比 / 价格变动的百分比

当弹性大于 1，需求是富有弹性的；小于 1，需求是缺乏弹性的；等于 1，需求是单位弹性；等于 0，需求完全没有弹性。在我们的现实生活中，有很多商品是缺乏弹性的，比如粮食。如今，商品打折已经成了一种风气，无论大街小巷，总会看到"大甩卖""跳楼价""大放血"等字样。但我们很少看到粮食等商品打折销售，缺乏弹性就是其主要原因！

在商业活动中，对于需求富有弹性的商品可以实行低定价或采用降价策略，这就是薄利多销。"薄利"是价格低，每一单位产品利润少，但销量大，利润也就不少。因此，降价策略适用于这类物品。但是对于需求缺乏弹性的商品不能实行低定价，也不能降价出售。降价反而使总收益减少，所以现实中很少有米面、食盐之类的商品降价促销。

那么，究竟是什么因素决定一种物品的需求富有弹性，还是缺乏弹性呢？由于任何一种物品的需求取决于消费者的偏好，所以，需求的价格弹性取决于许多形成个人欲望的经济、社会和心理因素。

了解了需求弹性，我们对日常经济生活应该有更深入的认识。决定某种物品需求弹性大小的因素很多，一般来说有以下几种：

（1）消费者对某种商品的需求程度。越是生活必需品如食盐、蔬菜，其需求弹性越小；奢侈品的需求弹性大。

（2）商品的可替代程度。如果一种商品有大量的替代品则该商品的需求弹性大，如饮料；反之则需求弹性小，如食用油。

（3）商品本身用途的广泛性。一种商品用途越广如水电，其需求弹性就越大；反之，一种商品用途越窄如鞋油，其需求弹性就越小。

（4）商品使用时间的长短。使用时间长的耐用品比如电视、汽车的需求弹性大，而晚报等易抛品需求弹性小。

（5）商品在家庭支出中所占的比例。比重小的商品如筷子、牙签等，其需求弹性小，而电视、汽车等商品比重大，需求弹性也大。

从生活中，我们也能得到这样的体会，必需品倾向于需求缺乏弹性，而奢侈品倾向于需求富有弹性。例如，当看病的价格上升时，尽管人们会比平常看病的次数少一些，但不会大幅度地改变他们看病的次数。同理，小麦、大米这些生活必需品的需求量并不会因为价格的变动而有太大的改变。与此相反，当游艇价格上升时，游艇需求量会大幅度减少，原因是大多数人把小麦、大米作为必需品，而把游艇作为奢侈品。同样，一些珠宝或者名牌服饰则很容易因为价格的下调而导致抢购风潮，这也是因为珠宝以及名牌服饰是奢侈品的缘故。

另外，有相近替代品的物品往往较富有需求弹性，因为消费者从这种物品转向其他物品较为容易。例如，CD 机和 MP3 播放器就很容易互相替代。当前者的价位上升时，就很容易导致后者需求量的增加。此外，物品往往随着时间变长而需求更富有弹性。当汽油价格上升时，在最初的几个月中汽油的需求量只略有减少。但是，随着时间推移，人们购买更省油的汽车，转向公共交通，或迁移到离工作地方近的地点。在几年之内，汽油的需求量会大幅度减少。

再如，2004年禽流感的出现在一定程度上打击了家禽类相关产品的生产，但并没有从整体上影响整个农村经济的发展。因为在禽流感流行期间，人们在饮食上对鸡肉的抵制是最明显的，对于鸭、鹅等家禽的相关产品也颇有顾忌。家禽本来是人们的主要肉食对象，而当时它们的供应量大幅度减小。于是，人们的肉食对象集中在猪、牛、羊、鱼等动物上。

需求弹性对企业营销的影响很大。例如，生产饮料的企业，对价格的调整就要非常谨慎。因为饮料的需求弹性很大。类似的饮料，如各种可乐、果汁或奶茶，彼此价格不会相差太多，如果某饮料突然涨价，就会导致顾客购买其他品牌的类似饮料，顾客迅速流失。这种取代性商品众多、需求弹性很大的商品，价格调高将会导致销量迅速变化。

如果商品需求弹性很小，商品的供给方提高价格，需求量减少幅度不大，收入会升高；反之，降低价格，收入会降低。如果商品有弹性，供给方提高价格，需求量减少的幅度较大，收入会降低；反之，降低价格，收入会增加。因此，供给方在制定价格时必须考虑到商品的价格弹性，弹性低不妨提高价格，弹性高就降低一点价格。

能源供给紧张的背后——供给价格弹性

与需求弹性类似，供给也有弹性。有的商品价格一个较小的变化，就能引起供给量一个较大的变化，就像充足气的皮球，轻轻一拍，它就能弹得很高一样，我们说这种商品的供给富有弹性。有的商品价格一个较大的变化只能引起供给量一个较小的变化，就像气不够的皮球，使劲拍它只能弹起一点点，我们说这种商品的供给缺乏弹性。我们用供给弹性系数来表示供给弹性的大小。

供给价格弹性 =ES= 供给量变动的百分比 / 价格变动的百分比

当弹性大于1，需求是富有弹性的，供给曲线比较倾斜；小于1，需求是缺乏弹性的，供给曲线比较陡直；等于1，需求是单位弹性，表明供给量变动的幅度等于价格变动的幅度，供给曲线是一条45度线；等于0，需求完全没有弹性，表明无论价格怎样变化，供给量不变，供给曲线向下垂直。由于价格越高，生产者越愿意提供产品，价格与供给量存在同方向变动的关系，所以供给价格弹性一般是正数。

很容易看出，供给的价格弹性与需求的价格弹性定义完全相同。唯一的差别在于：对于供给而言，供给量与价格正向变动，而对于需求来说，需求量与价格反向变动。

供给规律表明，价格上升供给量增加。供给价格弹性衡量供给量对价格变动的反应程度。如果供给量对价格变动的反应很大，可以说这种物品的供给是富有弹性的；反之，供给是缺乏弹性的。

供给价格弹性取决于卖者改变他们生产的物品产量的伸缩性。例如，海滩土地供给缺乏弹性是因为几乎不可能生产出土地，相反，书、汽车这类制成品供给富有弹性。

在美国加利福尼亚州，由于能源供应长期以来都比较紧张，所以从20世纪70年代以来美国政府就实施了一系列严格的能源控制计划。但是新自由主义经济学家们认为，如果加州真的能源紧张，那么价格就会上涨，这一方面会使人们减少使用能源，另一方面会使能源供应商增加供应，这样能源紧张局面就会扭转。在这些经济学家的鼓动下，里根政府放弃了对加州的能源管制，使能源使用量猛增，价格上涨，仅电价就涨了十几倍，可加州的能源供求关系不仅没有因市场调节而趋于缓和，反而愈发紧张。2000年夏天，加州终于遭遇了前所未有的供电危机，最后，加州政府重新启用了严格的能源管制措施。

为什么自由主义经济学家的理论不灵了？原来能源生产专用性强，固定资产占用大，生产周期长，所以能源供给缺乏弹性。尽管能源价格的上涨会使供给增加，但增加幅度十分有限。与此同时，能源作为一种生活必需品，人们对其需求并不会因为价格上涨就会有大的减少，即其需求也缺乏弹性。这样就会造成能源供应进一步紧张，推动价格进一步提升。价格的上涨又使得很多用户无法及时交纳电费，使得能源公司不仅得不到高额利润，反而濒临破产，不得不求助于政府的帮助和保护。

那么影响供给弹性的因素究竟有哪些呢？主要有如下几个方面：

1. 时间

这是影响供给弹性一个很重要的因素。当商品的价格发生变化时，供给方对产量的调整需要一定的时间。在较短的时间内，供给方若要根据商品的涨价及时地增加产量，或者根据商品的降价及时地缩减产量，都存在不同程度的困难，因而供给弹性较小；相反，在较长的时间内，生产规模的扩大与缩小，甚至转产，都是可以实现的，供给量可以对价格变动作出较充分的反应，因而供给弹性相应较大。

2. 单位产品的生产成本对产量的敏感程度

如果单位产品的生产成本对产量非常敏感，供给方就不会轻易调整产量，从而供给弹性较小；反之，则供给弹性较大。

3. 产品的生产周期

在一定的时期内，对于生产周期较短的产品，厂商可以根据市场价格的变化及时地调整产量，供给弹性就比较大；相反，生产周期较长的产品的供给弹性往往就小。

另外，生产的难易程度、生产规模变化的难易程度、对未来价格的预期等也会影响供给弹性。

消费量并不是唯一受价格涨跌影响的变量。企业在制定其生产决策时也会受价格影响。大多数市场上，供给价格弹性关键的决定因素是所考虑的时间长短。在长期中的弹性通常都大于短期中的弹性。在短期中，企业不能轻易地改变工厂规模来增加或减少一种物品的生产。在长期中，企业可以建立新工厂或关闭旧工厂。此外，新企业可以进入一个市场而旧企业可以关门，因此在长期供给中供给量可以对价格作出相当大的反应。

有些生活必需品是不会降价的——刚性需求

某粮店开张，但顾客并没有老板预想的多。当老板看到满街的商店降价促销的吆喝声不绝于耳，打折出售的招牌随处可见，而看到这些红红火火的顾客盈门的场面，老板心想"薄利多销"是很有道理的。

于是，老板将贴在外面的价目表改了一下，在原来的"1.8元1斤"上用红笔划去了"1.8"换成了"1.7"，即"1.7元1斤"。价格便宜了1角，但是并没有吸引多少顾客。老板想，可能是因为降价的幅度不大，于是将"1.7"改为了"1.5"，变成了"1.5元1斤"，这是非常便宜的价格了。但老板发现，吸引的顾客还是不多。等到晚上算账的时候，销售收入几乎没有增加。

这使粮店老板十分纳闷：为什么销售收入没有增加？

的确如此，我们看到很多商品打折销售的同时，却很少看到粮食等商品打折销售。这是为什么？因为，粮食消费是我们的刚性需求，不会因为价格上升而减少对其消费。

其实，刚性需求是相对于弹性需求而言的，指商品供求关系中受价格影响较小的需求，这些商品包括日常生活用品、家用耐耗品，等等。也可理解为人们日常生活中常见的商品和必需品。一般来说，生活必需品的需求的价格弹性较小，非必需品的需求的价格弹性较大，生活必需品才能成为人们的刚性需求。

以香烟为例，香烟的刚性需求可以理解为：香烟是需求的价格弹性较小的商品，对于吸烟上瘾的人来说，价格上涨不会减少消费。对不吸烟的人来说，香烟的价格再低他也不会消费。吸烟对本人、对社会都是不利的。因此，为限制香烟的消费，政府对香烟征收重税，但是烟厂的利润依然相当可观，因为消费者对香烟有依赖，生产者因此可以将其税负转嫁给消费者，结果香烟的税主要由消费者来承担。

从人们生活的角度讲，粮食比其他商品对生命更重要。历史上就有"手中无粮心中慌"、"一日无粮千兵散"的说法。因此在所有的刚性需求里，最"刚性"的需求莫过于对粮食的消费。耕地的减少从根本上制约了粮食的进一步增产，一些国家对农业的投入较少使得粮食单产提高有限，粮食供给无法大幅度扩张。而发展中国家对粮食需求的增长，以及全世界对生物能源的持续需求，共同构成了未来对农产品的长期刚性需求。

只不过，我国粮食却在10多年前就逐步放开了，而食盐到现在仍继续实行专营，并且不光是我国，世界上许多国家对盐都控制得很严。例如，美国号称市场经济的典范，什么商品的生产销售都是由市场供求来决定，可对食盐却控制得特别严格。美国采取的管理模式是协会和政府共同管理，政府负责盐开采的审批，制盐企业都必须在美国食品医药管理局进行登记，而美国盐业协会等行业协会和政府部门制定各种盐的技术指标，并有专门机构对不同用途的盐的指标进行监督检查。

这种对盐的严格控制，有很多种原因。但从经济学的角度来说，需求弹性是其中的一个主要因素。需求弹性指的是价格变化对需求的敏感度。正是由于食盐没有替代品，其需求弹性很小，所以国家对食盐的管制非常严格。对于人们来说，不管食盐价格涨多高，都必须消费。如果国家放开对食盐的控制，导致食盐市场出现混乱，则对人们生活影响非常大。当然，粮食的需求弹性也非常小，但相对于食盐来说还是大一些。因为粮食的品种非常多，大米、小麦、玉米等都可以相互替代，这种价格高了就可以吃另外一种，而原盐就只氯化钠一种，至少目前尚无其他物质可以替代。

这是比较极端的"刚性需求"，其实，我们每个人都有自己特定的"刚性需求"。比如影碟并非生活必需品，按理来说价格弹性比较高，但有人爱电影如命，价格再高也照买不误，对他们来说，对影碟的消费就是他们的"刚性需求"。

值得注意的是，刚性需求也是不断变化的：现代社会的"刚性需求"和"汉朝的刚性需求"，早已产生了天翻地覆的变化。

手机，刚出现时，还属于"有钱人"的弹性需求，这些年下来，手机已经成为了"人人必需"的刚性商品；电脑，过去并非刚性需求，如今已经变成最坚挺的"刚性需求"产品，而电脑都离不开的基本软件——操作系统，也毫无悬念地成为"刚性需求"；而私家车，在"城城皆堵"的中国，也是越来越"刚性"……

丰产并不丰收——蛛网理论

蛛网理论指出，当供求决定价格，价格引导生产时，经济中就会出现一种周期性波动。例如，某种产品在第1期中供小于求时，价格上升，第2期必定生产增加，价格下降；由于第2期价格下降，生产减少，又引起价格上升；再引起第3期生产增加，价格又下降。把各个时期的价格与产量波动画出一个图，这个图就类似于一张蜘蛛网，故有"蛛网理论"之称。

这种蛛网型波动在农业中表现最为明显。其实我们对这种现象已经见惯不怪；比如我国出现过的粮食产品价格上升，引起产量增加，这时供大于求，接着价格下降，产量又减少的这样的波动。举个具体的例子，1979年我国大幅度提高粮价，粮食生产逐年提高，到1984年总产量突破4000亿千克；1985年由于粮食实际价格水平比前两年降低，粮食生产迅速滑坡，连续4年徘徊不前；1989年，国家又一次大幅度提高粮价，粮食生产又获丰收，到1993年总产量突破4500亿千克；1994年粮食生产滑坡，粮食产量减少。当年比上年粮食减产240亿千克，价格上涨50%；1995年后，粮食连续4年大丰收，粮价一路下跌，1999年粮食生产开始滑坡，2003年粮价又开始上涨。粮食出现这几次大的周期性波动，与蛛网理论分析得出的粮价变动特性是相符的。2007年的大白菜供大于求正是由于2006年大白菜价格较高造成的，因为农民往往根据上年的价格来决定当年的生产。

一些经济学家用"蛛网理论"解释生猪和玉米的价格与产量的关系及其波动，提出了著名的"生猪——玉米循环"模型。

这个模型指出：因为玉米是生猪的主要饲料，生猪的价格会影响到玉米的价格。当玉米价格发生变动后，又会影响下一年玉米产量，玉米产量变动后，又会影响玉米价格，玉米价格的变动，进而影响生猪的价格，生猪的价格变动又影响生猪的产量。如此等等，直至趋向一个长期的均衡，即玉米和生猪的价格和产量相对稳定下来。

"蛛网理论"是一种动态均衡分析。古典经济学理论认为，如果供给量和价格的均衡被打破，经过竞争，均衡状态会自动恢复。蛛网理论却证明，按照古典经济学静态下完全竞争的假设，均衡一旦被打破，经济系统并不一定自动恢复均衡。这种根据的假设是：

（1）完全竞争，每个生产者都认为当前的市场价格会继续下去，自己改变生产计划不会影响市场。

（2）价格由供给量决定，供给量由上期的市场价格决定。

（3）生产的商品不是耐用商品。这些假设表明，蛛网理论主要用于分析农产品。

（1）当供给弹性小于需求弹性（即价格变动对供给量的影响小于对需求量的影响）时，价格和产量的波动将逐渐减弱，经济状态趋于均衡。

（2）当供给弹性大于需求弹性（即价格对供给量的影响大于对需求量的影响）时，波动逐步加剧，越来越远离均衡点，无法恢复均衡。

（3）当供给弹性等于需求弹性时，波动将一直循环下去，既不会远离均衡点，也不会恢复均衡。

从以上分析中，我们得到了这样一个启示：不能让农民单独面向市场。因为，他们没有足够的力量作出较正确的市场预测，也不能在某种程度上控制市场或承担得起市场风险。在市场经济的大潮中，农民就像是一叶掌握不了自己命运的扁舟，单独去闯市场恐怕是凶多吉少。

"蛛网理论"出现的现实背景是西方农民的一些经历。那么，他们是如何从"蛛网"中走出去的呢？

在美国，种植柑橘的农民就曾有过上述痛苦经历。因柑橘的生产具有周期性，且需要一定的保存费用，所以，每当柑橘歉收时，农民会高兴；柑橘丰收时，农民却烦恼。由于他们掌握不了这种生产的变化，因此被类似山峰一样的价格波动折磨得头昏脑涨。

为了摆脱这种困境，他们终日冥思苦想，寻找出路。最后，有人想出了一个高招，组建了一个农民与市场之间的中介组织，即新奇士协会。新奇士协会与以前的农业生产合作社不同，它是由农民自己组建的销售组织。果农将柑橘卖给协会，白协会去面对市场。新奇士协会控制了供给，在市场上也就有了发言权。当供大于求时，协会可以控制供给与价格，来减少农民损失。同时，它也为农民提供了许多有用的信息及实用的技术。

除此之外，协会还做了许多农民自己无法做到的事情。比如注册柑橘的"新奇士"商标；组织产品出口；对产品进行储藏、加工、宣传及调节供给等。这些做法稳定了供给，平衡了市场力量，从而使柑橘的价格有了保障。如此一来，农民种植柑橘的积极性自然得到提高。同时，良好的销售业绩也保障了农民的收入和利益。

由此可见，要想让农民走出这种"蛛网理论"的局限，并不能光靠其自身力量，在农民和市场之间建立一个有效的中介组织才是好的解决办法。通过它将农民和市场联系起来，让农民从价格波动的困境中走出来。

第二章

价格与价值

没有用途的物品不值钱——使用价值和交换价值

简单来说，使用价值就是能满足人们某种需要的物品的效用，如粮食能充饥，衣服能御寒。使用价值是商品的基本属性之一，是价值的物质承担者，形成社会财富的物质内容。空气、草原等自然物，以及不是为了交换的劳动产品，没有价值，但有使用价值。我们为什么要购买某种物品，其背后的原因在于这种商品具有某种使用价值。

庄子曾经讲过一个"大瓢无用"的故事。

惠施对庄子说："魏王送给我一粒大葫芦种子，我把它种了下去，没想到培育出来的葫芦太大了，竟然能在里面存放五石粮食。我想用它来存水，可是这皮太脆，没有力量承受；我把它剖开当瓢用，可是它太大，没有水缸能够容纳它。它太大，大到了无所适用的地步，所以我一生气，就把它给砸碎了。"庄子回答说："现在先生有一个可放五石粮食的葫芦，为什么不把它剖开做成小舟漂浮于江湖之上。"

庄子重点论述了大瓢的使用价值，大瓢不能存放粮食，不能当普通的瓢用，但是仍旧有它的使用价值——可以做成小舟。通常情况下，同一事物蕴含着多种使用价值；同一使用价值又可由多种事物表现出来；同一事物对于不同使用主体可表现出不同的使用价值；同一事物对于同一使用主体在不同使用时间或在不同的环境条件下又可表现出不同的使用价值。

商品的使用价值是指能够满足人们某种需要的属性。使用价值是一切商品都具有的共同属性之一。任何物品要想成为商品都必须具有可供人类使用的价值；反之，毫无使用价值的物品是不会成为商品的。

沉香和沉香木可以用来雕刻佛像，制作念珠、供香，装藏供佛，配制中药等，具有十分广泛的使用价值，而普通树木却不能有如此之多的使用价值，不同的使用价值决定了两者价值相差极大。我们购买商品，其实购买的是商品的使用价值。一般来说，我们不会购买没有任何使用价值的物品。

生活中一个明显的事实是，物品的使用价值总是相对于人的需要而言的，因而是在人与物之间需要与被需要的关系中产生的，离开了这种关系，物品就无所谓使用价值。消费者在购买和消费一种商品时，的确只对该种商品的具体的有用性感兴趣，即看中的只是商品的具体的使用价值。消费者之所以购买粮食，是因为粮食可以满足吃的需要；之所以购买衣服，是因为衣服可以满足穿的需要。

因此，我们可以说人类劳动的每一产品都有一种使用价值。不过，"使用价值"一词有两种不同的意思。我们说一件物品有使用价值，但有时我们只说使用价值，把使用价值本身看成一件东西，比方说，我们说一个社会只生产使用价值，这时候我们的意思是说，这个社会中的产品是为了其直接消费而生产的，不管由生产者本人来消费抑或是由消费者来消费。

除了使用价值之外，人类劳动的产品还有另一种价值，即交换价值。有时候，一件产品不是为了生产者或富有阶级的直接消费而生产，而是为了在市场上交换、出卖而生产的。一大批为了销售而创造出来的产品，不仅是单纯使用价值的生产，而是商品的生产。因此，商品便是为了在市场上交换而创造出来的产品，相对而言即非为了直接消费而生产的产品。每一件商品都必须同时具备使用价值及交换价值。

商品必须有使用价值，不然就没有人愿意买它了。购买者关心的是最后消耗掉这商品，关心的是借此购买以满足他的某一项需要。一件物品若对任何人都没有使用价值，最后的结果便是卖不掉，形成了无用的生产，正因为它没有使用价值，所以也不会有交换价值。

但在另一方面，有使用价值的产品却又不一定都有交换价值。一个产品有没有交换价值，要看产生这产品的社会本身是否以交换制度为基础，如果每个人都是自己生产自己消费，不参加社会交换，那就无所谓交换价值了。

发展到某一程度的分工，是交换价值以及更进一步贸易及市场的基础。如果要让产品不致直接被生产者消耗掉，首要条件是不要让每一个人都生产同样东西。一个社会如果毫无分工可言，那么显然不会有交换现象存在。一般言之，两个麦农之间是没有什么东西可以交换的。但是，只要有了分工，只要生产不同使用价值的两个社团一有接触，便会发生交换。起先他们之间也许只是偶然交换，但随后交换会变得更平常、更固定。这样，逐渐的，在生产者只是为了自身消费而制造的产品之外，又出现了为了交换而制造的产品，亦即商品。

在现代社会中，生产也仍并非完全都是商品的生产，有两类产品仍然仅具使用价值。第一类仅具使用价值的产品，是农民为了本身消费而生产的产品，即农民生产出来而被农民直接消费掉的产品。这种目的在于农民自身消费的生产，即使在市场经济高度发达的国家如美国，也依然存在。当然，这种产品在其整个农业生产中只占微不足道的一个部分。一般而言，一个国家的农业愈落后，其农业生产中供农民自身消费的比例便也愈大。由于这个原因，我们平常很难准确估计这种国家的国民所得。

现代社会另外一种只有使用价值而不构成商品的产品，是家庭中自己生产的一切东西。虽然可观数量的人类劳动都属于这种家庭生产，但是它仍然仅是使用价值的生产，而不是商品的生产。煮一碗汤、缝一颗扣子，都是生产，但是却不是为了市场而进行的生产。

使用价值和交换价值反映了事物对于人类生存和发展所产生的积极作用。大千世界里各种事物以千姿百态的使用价值为人们所喜爱，构成了人们丰富多彩的物质生活和精神生活内容，人们的一切活动都离不开这些事物的使用价值和交换价值。

是什么决定了商品的价格——价格

价格是商品价值的货币表现，是商品的交换价值在流通过程中所取得的转化形式。商场里，每种物品的标价各不相同，例如香皂、卫生纸、洗衣粉等，虽然同是生活用品，价位却高低不一。那么，是什么决定了它们各自的价格？

经济学大师弗里德曼认为任何商品的价格都是由供给和需求共同决定的。弗里德曼在其文章中强调，既然谈到供给和需求，就不得不提到供给量和需求量。

（1）需求规律：在影响商品需求量的其他因素不变时，商品的需求量同其价格有反方向的依存关系。即商品价格上升，需求量减少；商品价格下降，需求量增加。

（2）供给规律：在影响供给量的其他因素既定的条件下，商品的供给量与其价格之间存在着正向的依存关系。即商品价格上升，供给量增加；商品价格下降，供给量减少。

在研究和运用这两个规律时，要清楚一点，这两个规律有一个假设前提，即"影响商品需求量（供给量）的其他因素不变"。因为现实中，影响需求量和供给量的因素很多，而需求规律和供给规律只研究价格与需求量、供给量之间的关系，所以为了屏蔽其他因素对研究的干扰，就必须先假设其他影响需求量（供给量）的因素都不变。

根据弗里德曼的分析，需求和供给共同决定商品在市场上的一般价格，也就是均衡价格。接下来，我们就来看需求和供给是如何相互作用并形成均衡价格的。他认为，在市场上，首先要了解需求和供给是如何变动的，然后才能研究两者对价格的决定作用。

所谓需求的变动，指的是某商品除价格变动的因素外，由于其他因素变动所引起的该商品的需求数量的变动。更具体地说，根据需求的定义，需求变动是指一定时期内，在其他条件不变，各种可能的价格下，消费者愿意且能够购买的该商品的数量有了变化。一般地，可以影响需求变动的因素有收入变动、相关商品的价格变动、消费者偏好的变化和消费者对商品的价格预期的变动等。

供给的变动是指因为产品本身价格以外的因素而引起的供给量的变化。同样，也是根据供给的定义，供给变动是指一定时期内，在其他条件不变，各种可能的价格下，生产者愿意且能够提供的该商品的数量有了变化。一般来说，影响供给变动的因素有生产成本的改变等。举个例子来说，2007年，由于国际市场上部分地区因受灾几乎颗粒无收，而增加了对大米的需求（即在各个价格下，消费者需要的大米数量都增加），假设其他条件不变（即大米的供给不变），则将使得大米的数量供不应求。

将这些因素结合起来考虑，看它们是如何决定市场上一种物品的价格的。假定在完全竞争的市场中，商品的供给和需求的变动处于自发状态。在其他条件不变的情况下，现在以商品甲为例，在各种可能的价格下，消费者对商品甲有不同的需求量，而在各种可能的价格下，生产者有不同的愿意提供的商品甲的数量。

若在某一价格上，生产者愿意提供的产品数量多于消费者的需求量，结果就会出现产品过剩；而在另一价格上，如消费者的需求量多于市场上生产者能提供的商品量，结果就会出现商品的短缺。这两种情况都会造成资源配置的不平衡，甚至浪费。

然而，在同一市场里，为了生产者和消费者都能够获得满意，商品甲的供给和需求将在消费者和生产者的行动下，自动地被推向供需均衡。直到商品甲在市场上的供给和需求在一定时期，在某个价格上，数量刚好达到平衡时，就形成了均衡价格。在这一情况下，供给和需求刚好都能满足，市场不存在剩余和短缺，此时，价格也不会再变动。用弗里德曼的原话说就是："均衡状态是这样一种状态，它一经确立，就将被维持下去。"

这时市场上最稳定的价格形成了，需求者和供给者都会以这个价格来提供或消费货物，结果，供给和需求最终共同决定了这个物品在市场上的价格。不过这种均衡状态会在需求和供给再次出现变动时被打破，然后均衡价格也将重新稳定。

在日常生活中，价格同我们息息相关，它的波动带动着我们消费金额的波动。一般地，当价格上涨的时候，我们手中的钱能买的东西就少了。当价格下跌的时候，我们所能买的东西就多了。在不同的情况下，我们可能会为价格的上涨抱怨，为价格的下跌欣喜，但大家是否仔细想过，价格具有哪些作用呢？

（1）价格是商品供求关系变化的指示器。借助于价格，可以不断地调整企业的生产经营决策，调节资源的配置方向，促进社会总供给和社会总需求的平衡。在市场上，借助于价格，可以直接向企业传递市场供求的信息，各企业根据市场价格信号组织生产经营。与此同时，价格的水平又决定着价值的实现程度，是市场上商品销售状况的重要标志。

（2）价格水平与市场需求量的变化密切相关。一般来说，在消费水平一定的情况下，市场上某种商品的价格越高，消费者对这种商品的需求量就越小；反之，商品价格越低，消费者对它的需求量也就越大。而当市场上这种商品的价格过高时，消费者也就可能少买或不买这种商品，或者购买其他商品替代这种商品。因此，价格水平的变动起着改变消费者需求量、需求方向以及需求结构的作用。

（3）价格是实现国家宏观调控的一个重要手段。价格所显示的供求关系变化的信号系统，为国家宏观调控提供了信息。一般来说，当某种商品的价格变动幅度预示着这种商品有缺口时，国家就可以利用利率、工资、税收等经济杠杆，鼓励和诱导这种商品生产规模的增加或缩减，从而调节商品的供求平衡。

价格围绕价值上下波动——价值规律

价值规律是商品生产和商品交换的基本经济规律。即商品的价值量取决于社会必要劳动时间，商品按照价值相等的原则互相交换。

值得注意的是，价值规律是商品经济的基本规律，但并不是商品经济中唯一的经济规律。商品经济中有许多经济规律，价值规律是基本的规律。价值规律作为商品经济的基本规律，同其他任何规律一样，是客观的，是不以人的意志为转移的。

价格围绕价值上下波动正是价值规律作用的表现形式。因商品价格虽然时升时降，但商品价格的变动总是以其价值为轴心。另外，从较长时期和全社会来看，商品价格与价值的偏离有正有负，可彼此抵消。因此总体上商品的价格与价值还是相等的。

价格是一种从属于价值并由价值决定的货币价值形式。价值的变动是价格变动的内在的、支配性的因素，是价格形成的基础。但是，由于商品的价格既是由商品本身的价值决定的，也是由货币本身的价值决定的，因而商品价格的变动不一定反映商品价值的变动。例如，在商品价值不变时，货币价值的变动就会引起商品价格的变动；同样，商品价值的变动也并不一定就会引起商品价格的变动，例如，在商品价值和货币价值按同一方向发生相同比例变动时，商品价值的变动并不引起商品价格的变动。

因此，商品的价格虽然是表现价值的，但是，仍然存在着商品价格和商品价值不相一致的情况。在简单商品经济条件下，商品价格随市场供求关系的变动，直接围绕它的价值上下波动；在发达商品经济条件下，由于部门之间的竞争和利润的平均化，商品价值转化为生产价格，商品价格随市场供求关系的变动，围绕生产价格上下波动。

价值规律告诉我们，商品价值是价格的本质，价格只是商品价值的货币表现。价值就是体现在商品里的社会必要劳动，即凝结在商品中的无差别的人类劳动。简单来说，社会必要劳动时间长，则价值大；社会必要劳动时间短，则价值小。社会必要劳动时间一般是指社会生产这种商品的平均时间，如生产一把铁锹的社会平均劳动量是2个小时，这2个小时就是生产铁锹的必要劳动时间，这2个小时的劳动量就是生产铁锹的价值。而随着社会的发展和技术的进步，劳动生产率不断提高，单位商品所包含的社会必要劳动时间缩短，也就是说，商品的价值不断贬值，商品会越来越便宜。

商品价格由两大因素组成：生产成本和利润。商品的生产成本，包括生产商品所消耗的原料、能源、设备折旧以及劳动力费用等；商品的利润，则是劳动者为社会所创造的价值的货币表现。值得指出的是，生产成本应当是生产商品的社会平均成本或行业平均成本，利润应当是平均利润。按照社会平均成本加上平均利润制定的价格，便是商品的市场价格。

价值规律表明，价格围绕价值上下波动，也就是说，价格高于或低于商品价值都是价值规律的表现形式。实际上，商品的价格与价值相一致是偶然的，不一致却是经常发生的。这是因为，商品的价格虽然以价值为基础，但还受到多种因素的影响，使其发生变动。但是，价格不能过分偏离商品的基本价值。市场经济条件下，绝大多数商品实行市场调节价。因此，一些生产经营者认为自己可以随意确定自己商品的价格，实际上，他们的定价必须遵循价值规律和相关法律。

郑州一家名叫保罗国际的理发店，它创造了一项惊人的纪录，两个顾客理发，收费 12000 元，平均一个人就是 6000 元。消费者在购买一些产品和服务时，其天价让人们瞠目结舌。而理发作为一种有偿服务，其所定的价格可以有多高？价格制定的依据在哪里？为什么郑州的天价理发事件会引起人们的诧异？在市场经济条件下，理发作为一项有偿性服务，其定价必须遵循价值规律的基本原则，即价格不能过分远离价值。"1.2 万元"的天价理发无疑偏离了"理发"这项服务的基本价值，这明显是商家的消费欺诈行为。由此，"天价理发"已经不是单纯的商品价格定价过高，而是涉嫌犯罪了。

那么，价值规律有哪些作用呢？

（1）调节作用。价值规律调节生产资料和劳动力在各生产部门的分配。这是因为价值规律要求商品交换实行等价交换的原则，而等价交换又是通过价格和供求双向制约实现的。所以，当供不应求时，就会使价格上涨，从而使生产扩大；供过于求会使价格下跌，从而使生产缩减。这里价值规律就像一根无形的指挥棒，指挥着生产资料和劳动力的流向。当一种商品供大于求时，价值规律就指挥生产资料和劳动力从生产这种商品的部门流出；相反，则指挥着生产资料和劳动力流入生产这种商品的部门。当然，价值规律的自发作用，也会造成社会劳动的巨大浪费，因而需要国家宏观调控。

（2）刺激作用。由于价值规律要求商品按照社会必要劳动时间所决定的价值来交换，谁首先改进技术设备，劳动生产率比较高，生产商品的个别劳动时间少于社会必要劳动时间，谁就获利较多。因而，同部门同行业中必然要有竞争，这种情况会刺激商品生产者改进生产工具，提高劳动生产率，加强经营管理，降低消耗，以降低个别劳动时间。

（3）筛子作用。促使商品生产者在竞争中优胜劣汰，这是第二个作用的结果。在商品经济中存在竞争，由于竞争，促使商品生产者想方设法缩短个别劳动时间，提高劳动生产率，也会促使优胜劣汰。这是不以人的意志为转移的。

买卖双方思想的碰撞——均衡价格

均衡价格是商品的供给量与需求量相等，商品的供给价格与需求价格相等时的价格。在市场上，由于供给和需求力量的相互作用，市场价格趋向于均衡价格。均衡价格是在市场上供求双方的竞争过程中自发地形成的。均衡价格的形成也就是价格决定的过程。因此，价格也就是由市场供求双方的竞争所决定的。

均衡价格就是消费者为购买一定的商品所愿意支付的价格与生产者为提供一定的商品所愿意接受的供给价格一致的价格。为了更好地理解这个概念，我们不妨看看以下生活中的实例：

买者："你这件衣服卖多少钱？"

卖者："500元。"

买者："太贵了，这衣服也就值200元。"

卖者："200太少了，你要是诚心买，我以进价卖给你！450！"

买者："唉！还这么贵？！要我说，最多300元！"

卖者："300元，您给的也太低了。要不咱们来个对折，400元成交！"

买者："不行，350元顶天了。350元，你卖不卖？不卖我就走了。"

卖者："等会等会，算了，350就350吧。这次绝对是亏本卖给你了。"

这件衣服最终以350元成交，这个350元就是买卖双方都能接受的均衡价格。均衡价格是在市场上供求双方的竞争过程中自发形成的，均衡价格的形成就是价格决定的过程。需要强调的是，均衡价格的形成完全是在市场上供求双方的竞争过程中自发形成的，有外力干预的价格不是均衡价格。

我们知道，当供过于求时，市场价格会下降，从而导致供给量减少而需求量增加；当供不应求时，市场价格会上升，从而导致供给量增加而需求量减少。供给与需求相互作用最终会使商品的需求量和供给量在某一价格水平上正好相等。这时既没有过剩（供过于求），也没有短缺（供不应求），市场正好均衡。这个价格就是供求双方都可以接受的均衡价格，市场也只有在这个价格水平上才能达到均衡。

当市场价格高于均衡价格时，物品的供给量将超过需求量，这样就会存在物品的过剩。例如，当水果市场上存在超额供给时，水果商就会发现，他们的冷藏室中越来越装满了他们想卖而卖不出去的水果。他们对这种超额供给的反应是降低其价格，价格要一直下降到市场达到均衡时为止。同样，当水果市场出现超额需求时，买者不得不排长队等候购买可提供的几个水果的机会，由于太多的买者抢购太少的物品，卖者可以做出的反应是提高自己的价格。随着价格上升，市场又一次向均衡变动。

在物品销售的市场上，作为理性人，买卖双方都会追求自身利益的最大化。一方面，对于商家来说，追求的是收益的最大化，所以，通常会制定远远高于进货成本的价格；另一方面，对于消费者来说，追求的是商品效用的最大化，以期尽力压低价格。买卖双方所能接受的价格即为均衡价格。市场上无数的买者与卖者的活动自发地把市场价格推向均衡价格。

不过，市场均衡分为局部均衡和一般均衡。如果市场上只有一种或几种商品达到供求平衡，这是局部均衡。如果所有的商品都达到了供求平衡，这就是一般均衡。必须强调，一般均衡才是真正的价格均衡，局部均衡只是暂时的价格均衡。

当市场价格偏离均衡价格时，一般在市场机制的作用下，这种供求不相等的非均衡状态会逐步消失，自动回复到均衡价格水平：首先，当市场价格高于均衡价格时，商品供给量大于需求量，出现商品过剩，一方面会使需求者压低价格，另一方面又会使供给者减少商品供给量，这样商品的价格必然下降到均衡价格水平。相反，当市场价格低于均衡价格时，需求量大于供给量，出现商品短缺，一方面迫使需求者提高价格，另一方面又使供给者增加商品的供给量，这样该商品的价格必然上升，一直上升到均衡价格的水平（在其他条件不变的情况下，需求变动分别引起均衡价格和均衡数量的同方向变动；供给变动分别引起均衡价格的反方向的变动，均衡数量同方向变动）。

一旦市场达到其均衡价格，所有买者和卖者都得到满足，也就不存在价格上升或下降的压力。在不同市场上达到均衡的快慢是不同的，这取决于价格调整的快慢。但是，在大多数自由市场上，由于价格最终要变动到其均衡水平，所以，过剩与短缺都只是暂时的。

在供给和需求的互相平衡下，市场同样会达到一个均衡的状态。商品均衡价格是商品市场上需求和供给这两种相反的力量共同作用的结果。

需求与供给变动对均衡价格的影响如下：

（1）需求变动引起均衡价格与均衡数量同方向变动。即需求增加，均衡价格上升，均衡数量增加；需求减少，均衡价格下降，均衡数量减少。

（2）供给变动引起均衡价格反方向变动，均衡数量同方向变动。即供给增加，均衡价格下降，均衡数量增加；供给减少，均衡价格上升，均衡数量减少。

钻石比木碗更值钱——价值悖论

亚当·斯密曾在《国富论》中写道："没有什么东西比水更有用，但它几乎不能够买任何东西……相反，一块钻石有很小的使用价值，但是通过交换可以得到大量的其他商品。"一吨水才几块钱，而成千上万吨的水才能换得的一颗钻石，除了能让人炫耀他的财富外，几乎没有什么用途。但为什么水的用途大而价格低，钻石的用途小却价格高呢？这就是著名的"钻石与水悖论"，也就是"价值悖论"。

这的确是一个"悖论"！水的使用价值大，却不值钱，而钻石却没有多少实用价值，却价值连城。

令人遗憾的是，斯密并没有准备回答这个悖论，他仅仅创造了一个奇特的二分法，水有使用价值，而钻石有交换价值。然而，斯密以前的教授海彻森和其他学院的老师认为，商品的价值或价格首先由消费者的主观需求决定，然后再由商品的相对稀缺性或丰富程度决定。简而言之，由需求和供给决定。较丰富的商品，价格较低；较稀缺的商品，价格较高。

亚当·斯密在一次演讲中曾经提到："仅仅想一下，水是如此充足以至于提一下就能得到；再想一想钻石的稀有……它是那么珍贵。"当供给条件变化时，产品的价值也变化，斯密注意到一个迷失在沙漠里的富裕商人会以很高的价格来评价水。如果工业能成倍地生产出大量的钻石，钻石的价格将大幅度下跌。

经济学家约翰·劳认为水之所以用途大、价值小，是因为世上水的数量远远超过对它的需求，而用途小的钻石之所以价格高，是因为世上钻石的数量太少，不能满足人们对它的需求。

而经济学家马歇尔则用供求均衡来解释这一"谜团"。他认为，人们对水所愿支付的价格，由于水的供应量极其充足，而仅能保持在一个较低的水平；可是，钻石的供应量却非常少，而需要的人又很多，所以，想得到它的人，就必须付出超出众人的价格。

由此可见，大多数经济学家的观点是以数量与需求的关系即供需关系来决定物品价格的。这些解释不无一定的道理，让我们再来看看西方边际学派用"边际效用"来如何说明价值悖论的。

由于水的数量一般来说总是取之不尽的，而人对水的需要总是有一定的限度，不可能无休止。就拿喝水来说，随着人的肚子逐渐鼓胀起来，最后一单位水对他来说就变成可喝可不喝的了，也就是说，最后一单位水对人增加的"效用"也就很小。西方边际学派认为边际效用决定商品的价值，边际效用小，其价值也小，而钻石的数量相对人的需求来说却少得可怜，因此它的边际效用很大，于是价值也大。这就足以解释"水与钻石的悖论"了。

我们通过一个通俗的小故事，从边际效用的角度来解释"价值悖论"。

有一个穷人家徒四壁，仅有的财产是一只旧木碗，只得头顶着这只旧木碗四处流浪。一天，穷人上了一只渔船去帮工。不幸的是，渔船在航行中遇到了特大风浪，被大海吞没了。船上的人几乎都被淹死了。穷人抱着一根大木头，才幸免于难。穷人被海水冲到一个小岛上，岛上的酋长看见穷人头顶的木碗，感到非常新奇，便用一口袋最好的珍珠、宝石换走了木碗。

一个富翁听到了穷人的奇遇，心中暗想："一只木碗都能换回这么多宝贝，如果我送去很多可口的食品，该换回多少宝贝啊！"富翁装了满满一船山珍海味和美酒，历尽艰辛终于找到了穷人去过的小岛。酋长接受了富人送来的礼物，品尝之后赞不绝口，声称要送给他最珍贵的东西。富人心中暗自得意。一抬头，富人猛然看见酋长双手捧着的

"珍贵礼物",不由得愣住了:它居然是穷人用过的那只旧木碗!原来木碗在这个岛上是绝无仅有的,是最珍贵的东西。

而"木碗与钻石"的故事也可以用边际价值理论来解释。一般情况下,随着人类手工业的发展,只要有木材,就能造出木碗,于是木碗比比皆是,但人类社会的宝石极其稀少。因此,最后一只木碗对人增加的效用是极小的。所以,钻石的价值或价格远远高于木碗。

而这个海岛上的情况却完全相反:钻石数量极多,木碗仅此一只。对于这个海岛上的人来说,木碗不仅造型奇特,还具有实用功能,显而易见,木碗的边际效用价值远远大于宝石。

同样,我们也可以用边际效用解释生活中的其他一些常见现象:某些物品虽然实用价值大,但是很廉价,而另一些物品虽然实用价值不大,却很昂贵。

牛肉面的价格能限定住吗——最高限价

限制价格是指政府为了限制某些生活必需品的物价上涨而规定的这些商品的最高价格,一般来说,限制价格低于市场均衡价格。实际上,政府制定最高价格的原因一般是出于对公平的考虑。如在战争或饥荒时,政府会对生活必需品制定最高限价,使穷人能够负担得起,以利于社会稳定。

2007年,兰州市民发现,他们钟爱的大碗牛肉面竟一夜之间上涨0.5元。小碗牛肉面由原来2.3元上涨到2.8元,大碗牛肉面由原来2.5元上涨到3元。许多市民惊呼:吃不起牛肉面了!兰州物价部门在"掂量"了"牛大碗"的轻重厚实后首次限定:凡兰州市普通级牛肉面馆,大碗牛肉面售价不得超过2.5元,小碗与大碗差价为0.2元,违规者将严厉查处。

政府实行最高限价的目的是保持市场物价的基本稳定,保持人民生活的基本安定,并且体现国家的价格政策。但是,老百姓似乎并不买账。他们发现政府强行限价,即使牛肉面降了价,牛肉面的质量也会受到影响,市民很难吃到一碗真正的牛肉面,最后,损害的还是消费者的利益。

在牛肉面限价的问题上,政府可能是好心做了错事。作为一个消费者,他永远希望东西越便宜越好;作为一个生产者,他希望他的东西越贵越好。这都是市场的问题,政府不能因老百姓要求降低价格,你就强迫生产者降低价格,这两者之间要靠市场的力量来平衡,而不能只听消费者的。比如去吃面,所有人都希望面是便宜的,但是希望和事实之间的利益分配关系是另外一回事情。其实在牛肉面的价格高了以后,牛肉面馆多了,他们就会把牛肉面的价格竞争下来。

"牛肉面限价"作为一种最高限价,在经济学上,叫作价格天花板。在20世纪90年代中期,因为通货膨胀,不少地方政府对肉类、蔬菜产品等就制订过不少最高限价，其目的主要有两个，一是抑制物价上涨，二是平息老百姓对物价上涨的抱怨。如果牛肉面的分量、质量下降，政府就很有可能卷入本应该由市场来完成的活动中。显然，政府不喜欢商家"短斤缺两"、"粗制滥造"，可是，如果一定要将政策贯彻到底，就必须派出大量工商执法人员定期抽查，这样的结果无外乎有两个，要不指令被变相架空，要不付出极高的监督成本。

牛肉面限价只是一个很小的问题，不过小问题折射出大道理。就拿房屋来说，20世纪七八十年代，一套二居室的房屋，几万块钱就能搞定。但现在今非昔比了，不要说几万块钱，几十万块钱在北京这样的中心城市也买不了一套房子。很多人只能望房兴叹，能贷款的人，也为每个月的月供压得喘不过气来。怎么办呢？这就需要政府出面来调节这一价位的波动——限制价格。

我们可以用住房的限制价格为例来说明限制价格的作用。

第一，限制价格导致住房供给严重不足。在计划经济体制下，决定住房供给的并不是价格，而是国家计划。所以，住房不足的基本原因不能完全归咎于租金的高低，但应该指出，除了计划失误外，房租过低也是原因之一。由于房租过低，甚至比住房的维修费用还少，这就造成住房部门资金严重不足，建房困难。

第二，黑市和寻租。在房租受到严格管制，住房严重短缺的情况下，就会产生黑市和寻租。在我国公有单位住房绝大多数是由各单位拥有的住房。在这种情况下，人们都想尽办法分到国家住房，这种想办法走门子，这种寻求活动增加了住房的交易成本。黑市活动包括两方面：以极高的价格租用私人住房，以及个人把分配到的住房高价出租。除了寻求活动和黑市外，在租金受到严格限制，住房采取配给的情况下，必然产生寻租现象。这主要表现在，掌握分配住房权的人，利用权力接受贿赂。

解决住房问题的出路，一是住房市场化。一方面通过有偿转让使公有住房私有化；另一方面开放对房租限制，由住房市场的供求决定房租。二是创造住房市场化条件。我国实行住房市场化，但由于职工收入水平低，工资中实际不包括买房支出以及住房的分配不公平等因素，造成普通家庭严重困难。因而我们必须创造条件，推动住房市场化。

根据上述实例，对于限制价格的利弊可以概括如下：限制价格有利于社会平等的实现，有利于社会的安定，但这种政策长期实行会引起严重的不利后果。第一，价格水平低不利于刺激生产，从而会使产品长期存在短缺现象；第二，价格水平低不利于抑制需求，从而会在资源短缺的同时又造成严重的浪费；第三，限制价格之下所实行的配给，会引起社会风尚败坏，产生寻求活动、黑市和寻租。

正因为以上原因，经济学家都反对长期采用限制价格政策，一般只在战争或自然灾害等特殊时期使用。

农民从中得到实惠了吗——支持价格

支持价格又称最低限价，是政府为了扶植某一行业的发展而规定的该行业产品的最低价格。一般来说，支持价格高于市场均衡价格。

不管是什么样的企业，不管是国营还是私营，都离不开政府的支持。就一个小城镇来说，如果要发展，必须抓住本镇的优势来创办适合当地发展的产业，但这种产业的发展必须要有成本的投入。按本地的生活水平来说，能拿出这样一笔资金来经营这一产业，应该说是相当不容易的。所以政府为了加快落后地区经济的发展，就必须对这些产业给予一定的保护，比如对它们的产品给予最低的保护价格，以确保产品、货物不积压。如果一旦出现产品积压现象，政府会主动收购，从而确保这些小企业的继续运转。经济学上把政府给予弱势企业的这种保护称作支持价格。

支持价格的作用可以用农产品支持价格为例来说明：许多经济和自然条件较好的国家，由于农产品过剩，为了克服农业危机，往往采取农产品支持价格政策，以调动农民生产积极性，稳定农业生产。农产品支持价格一般采取两种形式：一种是缓冲库存法，即政府或其代理人按照某种平价收购全部农产品，在供大于求时增加库存或出口，在供小于求时减少库存，以平价进行买卖，从而使农产品价格由于政府的支持而稳定在某一水平上。另一种是稳定基金法，即政府按某种平价收购农产品，在供大于求时维持一定的价格水平，供小于求时使价格不至于过高。但不建立库存，不进行存货调节，在这种情况下，收购农产品的价格是稳定的，同样可以起到支持农业生产的作用。

美国根据平价率来确定支持价格。平价率是指农场主销售农产品所得收入与购买工业品支付的价格之间的比率关系。法国是建立政府、农场主、消费者代表组成的农产品市场管理组织来制定支持价格。欧共体1963年成立欧洲农业指导委员会和保证基金，用于农产品的收购支出和补贴出口。

在供大于求的情况下，如果不使用支持价格政策，将导致这样的结果：一是存货调节。当市场供大于求，价格低时，生产者把部分产品作为库存贮藏起来，不投入市场，从而不形成供给，这就会使供给减少，价格上升。反之，当市场上供给小于需求，价格高时，生产者把原来的库存投入市场，这就在产量无法增加的情况下增加了供给，从而使价格下降。这种自发存货调节，对市场的稳定起到作用，但也为投机倒把提供了便利。二是地区套利。在现实生活中，市场往往是地区性的。这样在总体上供求平衡时，也会出现地区性不平衡。这种地区间不平衡所引起的价格差就产生了跨地区套利活动。这种活动就是把供大于求的价格低的产品运到价格高的地区。只要这种价格差大于运输费用，这种投机活动就不会停止。

我国通过最低保护价收购、免缴农业税、粮补、直补等一系列惠农、支农政策，减轻了农民负担，提高了农民种粮的积极性，使粮食连续多年获得丰收。粮食丰产，价格必然下降，国家又推行支持价格政策，成立于 2000 年的大型国有企业——中国储备粮管理总公司（中储粮）一举收购了全国小麦总产量的 40%，使小麦成功地实现了顺价拍卖。

但是，支持价格也产生了负面影响。首先，它对农产品生产和贸易产生误导，扭曲了价格机制的资源配置功能。在高于均衡价格的最低收购价的刺激下，农民会进一步扩大生产，导致粮食生产更为严重的过剩。其次，支持价格政策会产生收入分配的扭曲效应。粮价上涨使得猪肉、鸡蛋、食用油价格也上涨。最后，支持价格增加了政府财政压力。《2006 年小麦最低收购价执行预案》表明，每收购 0.5 千克粮食，政府给予 2.5 分钱补贴；每存储 0.5 千克粮食，政府给予 4 分钱补贴，这就使政府财政压力加大。

但是，不可否认的是，支持价格对于经济发展的稳定有着极其重要的意义。其作用是：第一，稳定生产，可以减缓经济危机的冲击；第二，通过对不同产业产品的不同的支持价格，可以调节产业结构，使之适应市场变动；第三，实行对农产品的支持价格政策，可以扩大农业生产，可以促进农业劳动生产率的提高。

不论是限制价格还是支持价格，都是政府利用国家机器的力量对商品供求实行的价格管制。限制价格是远远低于均衡价格的商品最高价格，支持价格一般是高于均衡价格的最低价格。前者的长期实行会造成商品持续的严重供不应求，后者的长期实行会造成商品的供过于求，二者都会对市场正常供求关系的实现造成不利的影响。

东西越贵，越愿意去买——吉芬商品

按照正常的供求规律，商品的价格上升，需求量下降，但是为什么绿松石的价格贵了一倍，却销售一空呢？原来供求关系也是有例外的。我们不妨了解一下价格上升需求量也上升的商品——吉芬商品。

需求量随消费者的实际收入上升而增加的商品称为正常商品。需求量随消费者的实际收入上升而减少的商品称为低档商品。一个普遍的现象是，当人们的口袋越来越鼓时，他们就越来越在意消费商品的档次：在有能力"鸟枪换炮"的时候，人们通常不会浪费这种能力。据此，我们可以把商品分为两种：正常商品与低档商品。对前者的消费会随人们收入的增加而增加，对后者的消费则恰恰相反。

英国学者罗伯特·吉芬 19 世纪在爱尔兰观察到一个现象：1845 年，爱尔兰爆发了大灾荒，虽然土豆的价格在饥荒中急剧上涨，但爱尔兰农民反而增加了对土豆的消费。后来人们为了纪念吉芬，就把吉芬发现的这种价格升高而需求量也随之增加的经济现象叫作吉芬现象，简单地说就是越买越高。

而爱尔兰的土豆吉芬现象出现的原因是，在饥荒这样的特殊时期，面包、肉类、土豆的价格都上升了，但人们的收入大大减少，更买不起面包、肉类，相对便宜的土豆便成为人们的首选，这样对土豆的需求反而增加，使得土豆的价格增长比其他食品类的价格增长更快。

单就一种现象而言，天底下到处都有吉芬商品或者吉芬现象。很多"北漂"选择在北京城乡结合部租房子住，但是那里的居住环境比市区要差，交通也不太便利，其房屋的性价比也比较低，房屋一般比较简陋。但是却有越来越多的人涌入城乡结合部，其背后的原因就是，虽然城乡结合部的租房价格不断上涨，但相比主城区而言价格还是比较便宜，对于刚刚在北京立足的年轻人来说，哪怕房子的性价比并不高，选择在这里租房还能享受到相对便宜的房租，还是很划算的。

东西越贵，为什么人们越愿意去购买？美国人罗伯特·西奥迪尼写的《影响力》一书中有这样一个故事。

在美国亚利桑那州的一处旅游胜地，新开了一家售卖印第安饰品的珠宝店。由于正值旅游旺季，珠宝店里总是顾客盈门，各种价格高昂的银饰、宝石首饰都卖得很好。唯独一批光泽莹润、价格低廉的绿松石总是无人问津。为了尽快脱手，老板试了很多方法，例如把绿松石摆在最显眼的地方、让店员进行强力推销等。

然而，所有这一切都徒劳无功。在一次到外地进货之前，不胜其烦的老板决定亏本处理掉这批绿松石。在出行前她给店员留下一张纸条："所有绿松石珠宝，价格乘二分之一。"等她进货归来，那批绿松石全部售罄。店员兴奋地告诉她，自从提价以后，那批绿松石成了店里的招牌货。"提价？"老板瞪大了眼睛。原来，粗心的店员把纸条中的"乘二分之一"看成了"乘二"。

经济学家认为，吉芬现象是市场经济中的一种反常现象，是需求规律中的例外，但也是一种客观存在的现象，是人们无法回避的。需求定律的定义是"在其他条件不变时，需求价格与需求量呈反向变动关系"。这里需要指出它的前提，即"其他条件不变"。这个不变其实涵盖了关于需求的许多概念，如"需求弹性"和"供给弹性"。如果天降大雨，地铁口的雨伞尽管价格较平时上涨，但销量还在上升，我们分析关键原因不是价格上涨，而是由于天空突降大雨，即"需求定律"的"其他条件"已经发生变化了。这时"需求弹性"急剧降低，对价格已经不再敏感。在这种情况下，只要价格还不是高得离谱，人们就会购买。试想如果雨并不是很大，人们可以赶到商店再去购买的话，小贩们的高价雨伞自然就无人问津了。这一道理对于爱尔兰的饥民同样适用。土豆价格上涨而需求量反而上升，是因为人们收入所限只能去选择土豆。同时，在饥荒的压迫下，他们预期价格还会再涨，于是就去抢购。从这一点上说，"吉芬现象"并不等于推翻了需求定律。

在特定的条件下，吉芬现象总是会以不同的形式出现。在当年的爱尔兰，土豆价格越高人们越买是因为在贫困中人们为了维持生存的一种不得已的选择。在灾难时期，越高越买是出于一种恐慌心理，害怕以后价格会涨得更高。而一些首饰、服装、礼品等，人们越高越买则是为了显示自己的身价，提升自己的社会地位。

其实，生活中的"吉芬现象"并不少见。最突出的就是这几年的房市。房价涨得越来越快，而买房子的人却越来越多，许多没钱的人也在想方设法购买，借钱、按揭、攒钱……无不希望自己"有房一族"的美梦早日成真。其实在股票市场上也存在吉芬现象，如某一种股票价格上扬的时候，人们都会疯狂抢购这种股票。而当一种股票价格下跌的时候，购买这种股票的人反而很少，拥有的人也希望尽快抛出去。越高越买，人们是为了最大限度地获取利润，股票价格升高，说明投资者有利可图。

吉芬现象还常常被商家利用。比如在"非典"时期，个别商家就是利用了人们的恐慌心理，哄抬物价。而为了迎合部分高消费群体的需求，商家也不失时机地推出了高价礼品，价格越高，越能够显示出对送礼对象的高度重视。于是中秋节出现上万元一盒的月饼，饭店里出现数万一桌的饭菜也就不足为奇了。

第三章

市　场

一场有秩序的游戏——市场与市场活动

市场是商品经济特有的现象，凡是有商品经济存在的社会都会有市场。市场是商品交换顺利进行的条件，是商品流通领域一切商品交换活动的总和。市场体系是由各类专业市场，如商品服务市场、金融市场、劳务市场、技术市场、信息市场、房地产市场、文化市场、旅游市场等组成的完整体系。同时，在市场体系中的各专业市场均有其特殊功能，它们互相依存、相互制约，共同作用于社会经济。

那么，哪一类市场与我们的生活联系最紧密呢？从现实生活中，我们可以直接感受到，商品服务市场与我们的关系最为密切。商品服务市场遍及我们生活的每一个角落，我们常见的大、小商场，各种各样的理发店、家具店、农贸市场、宾馆饭店等等，这些都属于商品服务市场。随着市场经济的发展，各类市场都在发展。网络经济等新经济形式的兴起，也促进了新的虚拟市场的产生和发展。

市场是商品经济运行的载体或现实表现。市场具有相互联系的4层含义：一是商品交换的场所和领域；二是商品生产者和商品消费者之间各种经济关系的汇合和总和；三是有购买力的需求；四是现实顾客和潜在顾客。市场是社会分工和商品经济发展的必然产物。劳动分工使人们各自的产品互相成为商品，互相成为等价物，使人们互相成为市场；社会分工越细，商品经济越发达，市场的范围和容量就越大。

从市场行为方面看，它具有两个突出的特征，一个是平等性，另一个是竞争性。平等性是指相互承认对方是自己产品的所有者，对其所消耗的劳动通过价值形式给予社会承认。市场行为的平等性是以价值规律和等价交换原则为基础的，它不包含任何阶级属性，它否定了经济活动中的特权和等级，为社会发展提供了重要的平等条件，促进了商品经济条件下资源合理流动。市场的竞争性来自要素资源的自由转移与流动，表现为优胜劣汰，奖优罚劣。市场竞争有利于提高生产效率和对要素资源进行合理利用。

经济学家弗里德曼认为，自由市场和个人创造力是社会进步的源泉，大多数经济学家极力倡导自由的市场模式。在弗里德曼眼中，最理想的市场就是完全不受政府控制、自由竞争的市场，而这样市场将是极其美妙的。他曾经在文章中对自由市场这样表述：“自由、私有、市场这三个词是密切相关的。在这里，自由是指没有管制的、开放的市场。”而这样的市场具有如下的优点：

1.能使交易的任何一方都获益

弗里德曼曾经指出："在一个自由贸易的世界里，任何交易的条件，都由参加各方协议。除非各方都相信他们能从交易中得到好处，否则就做不成交易。结果，各个方面的利益取得了协调。"所以，当一切运行正常时，自由市场能够让交易的双方都获益。

2.能使资源达到最优配置

在自由市场下，资源能够得到最优配置，此时，市场能够将社会中有限的资源很好地转化为人们需要的产品和服务。

3.能使收益达到最大化

在自由竞争市场上不存在浪费或者无效率生产。因为，企业只生产那些能让世界变得更富足的产品，所以其生产出的产品成本将达到最低，并且有限的资源将被用来生产那些收益超过成本的产品。自由市场上收益远远大于成本。

4.能让就业充分

在自由市场中，市场机制能够充分发挥作用，所以，市场经济具有达到充分就业的自然趋势。虽然这可能需要一定时间，但要比政府强制干涉的效果好。

设想中的自由市场存在需要条件，而其正常运行需要满足如下几点：

1.产权明晰

在自由市场中，双方要进行交易，其行为的基础就是交易的商品产权明晰，而在资本主义世界，私有制为其基本经济制度，所以，更强调对产权的明确。

2.市场上的供给和需求呈自发状态

当市场上的供给和需求不受过多市场外因素的干扰，呈自发状态时，是自由市场正常运行的最佳时机。因为此时，价格作为市场调度资源的信号，能最大化发挥其功能，使得供给和需求基本相适应。

3.买卖双方掌握充分的信息

买卖双方作为市场上的交易者，应当彼此掌握足够的信息，从而使交易更具有公平性。

4.市场的参与者都是价格接受者

这是一个西方经济学家常用的假设——价格接受假设，即市场上的参与者，无论是卖者还是买者，都是价格的接受者，谁都不能影响价格。

由私人产权制度下的私人企业作为经济活动主体的自由市场中，既能够实现效率，也最有利于人们扩展自由。当然，经济学家也知道，绝对的自由市场在生活中是没有的，所以经济学家并不主张无政府主义。以弗里德曼为首的新自由主义学派也认为："我们生活在一个相互依赖的社会中，对我们的自由施加某些限制是必要的，以免遭受其他更坏的限制。"但是，针对当时凯恩斯的政府全面干预经济的观点，新自由主义认为："现在，我们已经远远超过了这一点，当今迫切需要的是取消限制而不是增加限制。"

亚当·斯密对市场的看法是："自由竞争市场能够自行准确地生产出社会最优的产品，完全没有必要再专门委托某位政府官员或者别的部门计划着去细心指导。"而现今的大多数经济学家都认为，现实中的自由市场强调的是小政府大市场原则，即在充分发挥市场作用的前提下，政府的干预越少越好。

冲破小农经济的藩篱——市场经济

简单来说，市场经济就是指通过市场机制来实现资源优化配置的一种经济运行方式。市场经济的本质是与"私有"、"契约"、"独立"相对应的"产权"、"平等"、"自由"等具有鲜明价值判断特性的行为规范性质的制度，是建立一种通向文明的人与人之间的关系的主张和追求。市场经济是自由的经济、平等的经济、产权明晰的文明经济，是市场交换规则普遍化的经济形态。

从本质上来讲，市场经济必然导致以雇工经营和机器大生产为主要特征的现代经济制度的建立。但市场经济的发展与自给自足的小农经济是对立的，它一方面刺激小农家庭增加消费，另一方面又在竞争中竭力排挤家庭手工业，从而促成小农经济的瓦解。

市场经济时代最基本的特征是，工业取代农业占据了社会经济的主导地位，市场营销成为最普遍的经营形式，由此导致社会经济各个方面发生了一系列深刻的变化：

（1）由封闭走向开放。市场营销要求根据市场需求，广泛利用各种市场资源，在极其广阔的时空范围内进行生产，而不是像传统小农那样局限在一个家庭范围内，使用家庭资源，为满足家庭需要而进行生产。

（2）机器化。面对巨大的市场需求，手工生产是无法满足的，必须大量应用机器生产；在市场经济背景下，广泛的社会分工协作，为各种机器的发明和制造提供了充分的现实可行的条件。于是，经过人们坚持不懈的努力，终于实现了机器大生产，其主要特点是：以煤炭、石油等非生物能源为动力，能够大功率、高效率、长时间连续作业。

（3）科学化。由于面向市场经营，使用机器大生产，这就要求人们改变以往小农经济状态下那种凭经验靠估计的做法，而代之以科学的定量测试、计算和分析。这里"科学化"并不简单地局限于科学技术成果在生产中的应用，而是主要指人们观察和分析问题时的思维方式的科学化。

（4）雇工经营。面对巨大的市场需要，仅靠家庭劳动力显然是无法满足的，必须大量引入家庭外劳动力。市场经济条件下只能通过支付工资的办法来雇佣自由民从事生产劳动。

（5）专业化和社会化。使用机器大生产和雇工经营的结果是社会分工变得越来越细，整个社会经济呈现专业化和社会化的特点，社会成员普遍养成了分工协作的习惯和理念，这也是社会生产效率大幅度提高的重要原因。

（6）厂商（或企业）成为最基本的经济组织形式。机器大生产和雇工经营，必然突破家庭经营的局限，使厂商成为最基本的经济组织形式。与小农家庭相对简单的内部结构相比，厂商内部结构要复杂得多，其中包含了种类繁多、数量巨大、分工精细的各种生产要素，是一个巨大复杂的经济系统。

（7）利润是生产的目的。由于在极其广阔的时空范围内组织市场经营，厂商生产的目的不再像小农经济那样以获取产品为直接目标，而是以利润为直接生产目的，产品的生产变成了获取利润的手段。

（8）生产要素资本化。随着利润成为直接的生产目的，一切生产要素都相应地变成了赚取利润的手段，即通常所谓的"资本"。整个社会经济从此都置于资本的支配之下，受资本统治。

（9）实行市场机制。市场分配成为最基本的分配形式，包括各种市场资源和劳动产品，都通过市场交换来进行分配，即个人向厂商提供生产要素，并得到各自的报酬，形成个人收入，个人再以其收入按等价交换的原则向厂商购买各种消费品。

（10）广泛而激烈的市场竞争。由于市场分配成为最基本的分配形式，一切生产要素和产品都要通过市场来分配，于是千千万万的厂商和个人便在市场上围绕着有限的市场资源展开了广泛而激烈的市场竞争，使每一个人和每一家厂商都随时面临严酷的市场压力，从而推动市场经济不断向前发展。

（11）规范化。市场经济是一个由千千万万的厂商和个人参与的过程，因此必然要求对人们的行为作出严格的规范，包括国家法律制度、厂商内部的管理制度、各种技术性操作规范以及产品和服务的质量标准等。

而我国从计划经济走向市场经济经历了较为曲折和复杂的历程。早在1979年邓小平就指出："说市场经济只存在于资本主义社会，只有资本主义的市场经济，这肯定是不正确的。社会主义为什么不可以搞市场经济？这个不能说是资本主义。我们是计划经济为主，也结合市场经济，但这是社会主义的市场经济。"1985年，邓小平指出："社会主义与市场经济之间不存在根本矛盾。"1992年春，邓小平进一步指出："计划多一点还是市场多一点，不是社会主义与资本主义的本质区别。计划经济不等于社会主义，资本主义也有计划；市场经济不等于资本主义，社会主义也有市场。计划和市场都是经济手段。"

邓小平带领人民建立社会主义市场经济体制的过程，经历了从冲破思想束缚到正确认识再到改革实践三个阶段：

第一阶段：突破了完全排斥市场调节的大一统的计划经济观念，形成了"计划经济为主，市场经济为辅"的思想。

第二阶段：确认"社会主义经济是公有制基础上有计划的商品经济"的论断，突破长期以来把计划经济同商品经济对立起来的传统观念，重新解释了计划经济的内涵。

第三阶段：从根本上破除了把计划经济和市场经济看作属于社会基本制度范畴的思想束缚，确认建立"社会主义市场经济体制"的改革目标。

不过，值得注意的是，市场经济作为一种资源配置的方式，也有其局限性。市场经济是一个由千千万万的厂商和个人自主参与的交易形式，在市场经济中有一只看不见的手在指挥。这只看不见的手就是市场的价值规律。一般来说，商品的价格是受供求关系影响，沿着自身价值上下波动的。所以在交易过程中，我们常能看到同一种商品在不同时期价格不同。当涨价时，卖方会自发地加大生产投入；当减价时，卖方会自发地减少生产投入，这就是市场经济的自发性。市场的范围之大使得谁也无法从宏观上客观地去分析观察，参与者们大多以价格的增幅程度来决定是否参与以及参与程度，这就往往使个体陷入一种盲目中。参与者盲目自发地投入生产，而生产是一个相对于价格变动耗时较长的过程，所以我们常能看到一种商品降价后，它的供应量却在上升，这就是市场经济的滞后性。

亚当·斯密的法宝——"看不见的手"

在谈到市场时，我们常常会提到"看不见的手"，因为"看不见的手"是市场机制的同义替代词。1787年，亚当·斯密到伦敦与他的忠实信徒、英国历史上著名的首相皮特见面。斯密是最后一个到达会面地点的，当他一进屋时，所有人都起立欢迎他。斯密说："诸位请坐。"皮特回答说："不，您坐下，我们再坐，我们都是您的学生。"皮特对斯密如此恭敬，原因在于斯密提出的"看不见的手"的原理为当时各界名流奉为经典。即使到现在，斯密的观点仍然是现代经济学的中心。

1776年英国经济学家亚当·斯密在《国富论》中提出"看不见的手"的命题。最初的意思是，个人在经济生活中只考虑自己利益，受"看不见的手"的驱使，即通过分工和市场的作用，可以达到国家富裕的目的。后来，"看不见的手"便成为表示资本主义完全竞争模式的形象用语。这种模式的主要特征是私有制，人人为自己，都有获得市场信息的自由，自由竞争，无需政府干预经济活动。

斯密较为详细地描绘了"看不见的手"作用的过程："每种商品的上市量自然会使自己适合于有效需求。因为，商品量不超过有效需求，对所有使用土地、劳动或资本而以商品供应市场者有利；商品量不少于有效需求对其他一切人有利。

"如果市场上商品量一旦超过它的有效需求，那么它的价格的某些组成部分必然会降到自然率以下。如果下降部分为地租，地主的利害关系立刻会促使他们撤回一部分土地；如果下降部分为工资或利润，劳动者或雇主的利害关系也会促使他们把劳动或资本由原用途撤回一部分。于是，市场上商品量不久就会恰好足够供应它的有效需求，价格中一切组成部分不久就升到它们的自然水平，而全部价格又与自然价格一致。

"反之，如果市场上商品量不够供应它的有效需求，那么它的价格的某些组成部分必定会上升到自然率以上。如果上升部分为地租，则一切其他地主的利害关系自然会促使他们准备更多土地来生产这种商品；如果上升部分是工资和利润，则一切其他劳动者或商人的利害关系也会马上促使他们使用更多的劳动或资本来制造这种商品送往市场。于是，市场上商品量不久就会充分供应它的有效需求。价格中一切组成部分不久都下降到它们的自然水平，而全部价格又与自然价格一致。"

参与经济生活的每个人在一种利益机制的制约下，都不得不去适应某个一定的东西，这就是有效需求。假若劳动、土地或资本在某一行业比另一行业获致较高的报酬，这些生产要素的所有者将把它们从报酬较少的行业转移到这些行业上来。原来供过于求的行业提供的较少报酬导致部分业主向报酬高的行业转移，直到所提供的报酬与其他行业大致相等为止，而原来供不应求的行业因为新的业主的加入而报酬降低，直到与其他行业报酬大体相同为止。每个人适应社会有效需求的努力，使得供给与需求达到均衡，尽管这个均衡可能是暂时的，大多数情况是或者供过于求，或者供不应求。但会适时得到修正，重又回到均衡。均衡状态，对一切人有利。

在商品经济或市场经济下，都有一只"看不见的手"在幕后调节参与经济生活的每个人的行为，调节着有限的社会资源合理地在各部门和各生产者之间的配置。这是一只只要有商品交换行为就存在的手，商品经济条件下无所不在的手。

亚当·斯密的后继者们以均衡理论的形式完成了对于完全竞争市场机制的精确分析。在完全竞争条件下，生产是小规模的，一切企业由企业主经营，单独的生产者对产品的市场价格不发生影响，消费者用货币作为"选票"，决定着产量和质量。价格自由地反映供求的变化，其功能一是配置稀缺资源，二是分配商品和劳务。通过看不见的手，企业家获得利润，工人获得由竞争的劳动力供给决定的工资，土地所有者获得地租。供给自动地创造需求，储蓄与投资保持平衡。通过自由竞争，整个经济体系达到一般均衡。在处理国际经济关系时，遵循自由放任原则，政府不对外贸进行管制。"看不见的手"反映了早期资本主义自由竞争时代的经济现实。

"看不见的手"，揭示自由放任的市场经济中所存在的一个悖论。认为在每个参与者追求自己的私利的过程中，市场体系会给所有参与者带来利益，就好像有一只吉祥慈善的看不见的手，在指导着整个经济过程。

市场机制就是依据经济人理性原则而运行的。在市场经济体制中，消费者依据效用最大化的原则作购买的决策，生产者依据利润最大化的原则作销售决策。市场就在供给和需求之间，根据价格的自然变动，引导资源向着最有效率的方面配置。这时的市场就像一只"看不见的手"，在价格机制、供求机制和竞争机制的相互作用下，推动着生产者和消费者作出各自的决策。

正常情况下，市场会以它内在的机制维持其健康的运行。其中主要依据的是市场经济活动中的理性经济人原则，以及由理性经济人原则支配下的理性选择。这些选择逐步形成了市场经济中的价格机制、供求机制和竞争机制。这些机制就像一只看不见的手，在冥冥之中支配着每个人，自觉地按照市场规律运行。

土地、劳动和资本参与收入分配——生产要素的价格

生产要素是指维系国民经济运行及市场主体生产经营过程中所必须具备的基本因素。现代西方经济学认为生产要素包括劳动力、土地、资本、企业家才能4种。实际上，随着科技的发展和知识产权制度的建立，技术也作为一种相对独立的要素投入生产。这些生产要素之间相互进行市场交换，形成各种各样的生产要素价格及其体系。

需要明确的是，劳动力是指人类在生产过程中体力和智力的总和。土地不仅仅指一般意义上的土地，还包括地上和地下的一切自然资源，如江河湖泊森林海洋矿藏等。资本可以表现为实物形态和货币形态，实物形态又被称为投资品或资本品，如厂房、机器、动力燃料、原材料等等；资本的货币形态通常称之为货币资本。企业家才能通常指企业家组建和经营管理企业的才能。

为了更好地理解生产要素的价格，我们从一个故事说起。

在一次世界珠宝拍卖会上，有一颗叫作"月光爱人"的钻石吸引了顾客的眼球。它晶莹剔透、光彩夺目，最后卖出了8000万元的最高价。这颗钻石是谁生产的？很多人都在抢功劳。这颗钻石是由"梦幻"珠宝公司在位于南非的一座矿山中挖掘出来的。"梦幻"公司的老板托尼洋洋得意地说："我当初决定购买这座矿山开采权的时候，就觉得这里面一定有宝藏，现在果然应验了。"挖掘队队长鲍勃不服气了，说："为了挖到这颗钻石，我和同事们付出了艰辛的劳动。我们夜以继日地工作，几乎找遍了矿山的每个角落，好不容易才发现了它。"而向"梦幻"公司提供挖掘设备的厂商却说："我们公司的机器设备是世界一流的，如果没有我们提供的挖掘机，他们不可能在50米深的矿井中挖到这颗钻石。"最后，南非政府的官员说："只有在我们国家的土地上才能找到如此珍贵的钻石。在我们的国土下面还埋藏着数不尽的矿藏资源，欢迎各国企业家来投资开采。"

在这个故事中，大家都认为自己对生产钻石的功劳最大，其实离开了哪一方都不能成功。他们都是生产要素的提供者，理所当然地获得相应的报酬：提供劳动的获得工资，提供资本的获得利息，提供土地的获得地租，提供企业家才能的获得利润。工资、利息、地租和企业利润就分别是生产要素劳动、资本、土地和企业家才能的价格。

1. 劳动的价格——工资

劳动的需求取决于最后增加的工人所增加的收益，即边际收益。劳动的供给取决于劳动的成本，它包括实际成本与心理成本。实际成本是维持劳动者及其家庭生活必需的生活资料的费用和培养、教育劳动者的费用；心理成本是以牺牲闲暇的享

受为代价的给劳动者心理上带来的负效用。正是因为这个心理成本，才会有"向后弯曲的劳动供给曲线"。工资的高低取决于劳动的需求与供给这两方面的共同作用。

2.资本的价格——利息

利息是货币所有者放弃现期消费把货币转化为资本所得到的报酬。利息取决于资本的供给与需求。资本的供给取决于收入以及消费在收入中能占有的比例；资本的需求取决于预期，即人们对未来不确定因素的看法。

有一则故事说的是一个画家总不得志，作品卖不出去，当谎称画家已经死了，本来卖不出去的画价格狂升。为什么此时该画家的作品价格狂升呢？艺术品的价格取决于对该艺术品的需求与供给，画家既然死了，他的作品的供给不会增加了，其价格就取决于需求。需求主要来源于欣赏与投资，而投资是为了保值与增值。在各种投资物品中，有价值的艺术品升值的速度最快。投资的收益在未来，所以出于投资动机买画的欲望取决于对未来升值的预期。一个画家死后，人们对其作品在艺术史上的地位及未来升值前景都是一种猜测。如果评论家此时对他的作品大加赞扬，不仅会影响人们的欣赏偏好，也会提高人们的预期，认为该画家的作品未来价格会上扬。这种预期使购买者增加，这就推动了它现在价格的上升。而现在价格的上升又会进一步拉高人们的预期，于是这种价格与预期的相互作用就把已故画家的作品炒到了天价。

3.土地的价格——地租

除非你决定在气球上经营你的公司，否则土地对任何商业活动都是最基本的生产要素。土地的基本特征是：数量固定，对价格完全缺乏弹性。为在一定时期内使用土地而支付的价格称为土地的租金。地租由土地的需求与供给决定。由于土地的供给是固定的，这样土地的供给曲线就是一条与横轴垂直的线。随着经济的发展，对土地的要求不断增加，这就使得地租有不断上升的趋势。

4.企业家才能的价格——利润

利润分为正常利润和超额利润，正常利润是企业家才能的价格，超额利润是超过正常利润的那部分利润，它来源于创新、风险或垄断。创新是社会进步的动力，风险也是难免的，需要超额利润来补偿，所以由创新和风险产生的超额利润是合理的。由行政权力和寻租活动造成的垄断所引起的超额利润是垄断者对消费者的剥削，是不合理的。

随着各行业收入差别的拉大，人们对我国一些垄断企业员工的高收入意见很大。这些垄断企业被称为"十二豪门"，主要来自石油、石化、冶金、通信、金融、交通运输和电力系统。这些企业员工工资是全国平均工资水平的 3 ～ 4 倍。如果说他们的高收入是企业参与市场竞争而形成的一种收入分配秩序，人们还能理解，问题是并非如此，他们的高收入是因为行业垄断造成的。

在行业垄断下，谁拥有垄断权，谁掌握了垄断资源，谁的工资福利就高，待遇就好，这已成了工资分配秩序的一个"潜规则"：高工资高福利待遇的背后并不是高贡献、高效率，恰好相反，由于垄断扼杀了竞争，使得垄断企业缺乏竞争的动力，效率低下。

企业背后的要素市场——劳动力市场

劳动力市场是市场体系的组成部分，是交换劳动力的场所，即具有劳动能力的劳动者与生产经营中使用劳动力的经济主体之间进行交换的场所，是通过市场配置劳动力的经济关系的总和。劳动力市场交换关系表现为劳动力和货币的交换。

建立劳动力市场是市场经济条件下实现人力资源优化配置的有效手段。劳动力市场的作用是调节劳动力的供求关系，使劳动力与生产资料的比例相适应，实现劳动力合理配置，使企业提高劳动生产率，提高经济效益，保证社会再生产的正常进行。

劳动力市场与一般商品市场相比具有以下特点：一是区域性市场为主。劳动力市场和其他商品市场一样，也应是全国统一的市场。但是，由于社会生产力在各地区发展水平不平衡，原始手工业、传统的大机器和现代技术产业并存，劳动力的素质相差悬殊，职业偏见的存在，再加上地区分割等，阻碍了劳动力在全国范围流动，大多数只能在区域内运转，只有少数高科技人才可在全国范围内流通，从而形成的主要是区域性市场。二是进入劳动力市场的劳动力的范围是广泛的，一切具有劳动能力并愿意就业的人都可以进入劳动力市场。我国由于劳动力资源丰富，随着科技进步、劳动生产率不断提高，以及经济体制改革的进行，农村出现大量剩余劳动力，加上国有企业和国家机关的富余人员，因而在一个相当长的时期里，我国劳动力供大于求，形成买方市场。三是劳动力的合理配置主要是通过市场流动和交换实现的，市场供求关系调节着社会劳动力在各地区、各部门和各企业之间的流动；劳动报酬受劳动力市场供求和竞争的影响，劳动力在供求双方自愿的基础上实现就业。劳动力的市场配置行为，不可避免地会出现劳动者由于原有的劳动技能不能适应新的经济结构的变化而产生的结构性失业现象。

在市场经济中，劳动力是一种特殊商品。既然是商品，就具有商品的基本特点。但劳动力作为特殊商品，与普通商品又有不同：

（1）劳动力供求关系的表现形式不同。工资是劳动力的价格，工资具有刚性，一般情况下只能涨不能降，这是劳动力价格与普通商品价格的重要不同点。因此，当劳动力供不应求时工资就会上涨，供大于求时不是出现工资的下降，而是出现失业。

（2）劳动力与其消费者之间的关系不同。普通商品卖给消费者后，购买者即对该商品拥有所有权和任意处置权，而劳动力商品出卖的只是劳动者的劳动，而不是劳动者本人，劳动力商品的主要消费者是法人，法人与劳动者之间的关系是契约关系，法人不拥有对劳动者的所有权和任意处置权，对劳动者的管理必须受到法律的约束。

（3）劳动力之间及劳动力与普通商品之间的需求关系不同。在普通商品之间，同类商品有竞争关系，对 A 品牌商品需求大了，对 B 品牌商品的需求就会变小；不同类商品之间也存在变相的竞争关系，在购买力一定时，对 A 类商品需求大了，对 B 类商品的需求就会变小。劳动力商品则不同。劳动力需求增加，会使社会购买力增加，从而使其他商品的需求增加，进而又会使劳动力的需求增加；一种劳动力需求增加会由于互补关系使其他劳动力的需求相应增加。反过来，一般商品需求增加，也会使劳动力的需求增加。只有机器与劳动力存在竞争和替代关系。

（4）劳动力在具有商品属性的同时，还具有人的基本要求，即有生存的权利、有劳动的权利、有获得尊重的权利，还有发展的权利。劳动力使用价值的发挥与这些权利的满足程度是密切相关的，劳动力的这些权利与企业的要求是一对矛盾的统一体，既有一致的地方，又有矛盾的地方，当这对矛盾处理得比较好时，劳动力的积极性就会高，劳动力的使用价值就会得到比较充分的发挥；反之，劳动力就会消极怠工，甚至会产生对企业和社会的破坏作用。因此，不能像对待普通商品那样简单地对待劳动力，企业必须采取有力措施保证就业者的基本要求。

（5）劳动力同时具有多种不同的使用价值，既可以服务于多种生产，又可以服务于多种消费，而且劳动力具有自身价值和使用价值的提升能力，即有学习能力。通过学习和培训可以使劳动力的使用价值得到不断提高，或者获得新的使用价值，从而使劳动力自身主动适应市场供求关系的变化，在不同行业和企业之间进行转移和调整，从而满足产业结构不断升级的要求。

（6）普通商品供给有弹性，而劳动力的供给无弹性。从总量上说，当普通商品出现供大于求时可以削减供给，供不应求时可以迅速增加供给。而劳动力的供给则具有刚性，供大于求时无法减少供给，供不应求时也很难增加供给。由于这个特点，调节劳动力在各不同行业之间流动的主要是工资水平，劳动生产率和工资水平高的行业和企业劳动力供给就比较充裕，而工资水平低的行业和企业就经常出现劳动力短缺。

（7）供求关系的调节因素不同。普通商品的供求主要是通过价格调节，而劳动力的供求不完全按照工资调节，决定劳动力流向的除了工资外，还有社会地位、工作条件、工作地点、发展前景等非价格因素，那些高素质而市场上又短缺的劳动力往往还要求参与利润的分配。

因此，劳动力既然是商品，劳动力市场就会出现供大于求的状况，这种状况就是通常所说的失业。从全社会来说，由于企业竞争和结构调整总是不断进行的，因此，失业状态也就经常存在。而且一定比例失业的存在有助于形成劳动力的买方市场，促进劳动力之间的竞争，对劳动力整体素质的提高有积极意义。对每个失业者来说，通过学习、培训和寻找过程总能找到新的工作岗位，因此，失业总是暂时的。

为什么不同工作之间工资差别很大——工资

按经济学家的说法，工资是劳动的价格。它和任何一种物品与劳动力的价格一样取决于供求关系。劳动市场上，工人提供劳动，这就是劳动的供给，企业雇佣劳动，这就是劳动的需求。当劳动的供给与需求相等时，就决定了市场的工资水平，称为均衡工资。因此，工资水平的高低取决于劳动的供求。

劳动的价格即工资，对于比较不同国家和不同时期的工资水平很重要。实际上，人们的工资差别很大，普通工资就像普通人一样难以定义。在美国，汽车公司总裁一年能挣 500 万美元以上，而办事员仅能挣 20000 美元，医生的收入则是救生员的 10 ~ 20 倍，如此等等。

我们如何解释工资的这些差异呢？让我们先考虑完全竞争的劳工市场，在这个市场上有大量的劳工和雇主，谁也没有力量有效地影响工资水平。如果在一个完全竞争的劳工市场上所有的工作和所有的人都是相同的，竞争使每小时工资水平完全相等，没有一个雇主会为一个劳工的工作支付比与他相同的劳工或具有相同技巧的劳工更高的工资。

在西部某城市的一家面馆，生意兴隆，3名年轻服务生跑前跑后，端盘子、擦桌子、倒茶水、拖地板……忙得不可开交，一张张稚气未脱的脸颊上流淌着汗水。一位吃面的顾客问一位女服务生："生意这么好，老板一个月发给你多少工资？"女孩低声回答："300元。"顾客吃完面，出门时看到了正在烤羊肉串的一个小伙子，于是又问小伙子："一个月挣多少钱啊？"小伙子回答："不多，就300元。"这位顾客感叹着走了："这么少的工资怎么能维生呢？"同样的地方，在一家被服厂干活，女工们的工资却仅仅只有150元。看到这样的情景，很多人都愤愤不平，都以为面馆和被服厂的老板是典型的剥削分子，这么少的工资怎么让这些服务人员维生呢？这不是剥削是什么？

其实造成这种低工资现象的原因，除了跟老板压低工资有关外，还跟社会对劳动力总需求有直接关系。

无论是面馆老板每月支付给服务生的 300 元工资，还是被服厂老板每月支付给女工的 150 元，工资是高还是低，不取决于工资的多少，而取决于供求的状况。在小老板所在的地方，农村有大量剩余劳动力，农村的收入也远远低于每月 150 元的水平，因此会有大量农村劳动力想来此找份工作。在被服厂或在饭馆做服务生都是一种极为简单的工作，任何人都可以胜任。当农村存在大量剩余劳动力时，从事这一简单工作的人是很多的，这就是说，劳动的供给远远大于需求。但当地工业并不发达，像这样生产被服的企业也不多，对这种简单劳动的需求并不大。根据供求规律，供给多而需求少，工资水平低就是正常的。小老板能以每月 150 元的工资雇到他所需要的工人，说明从供求关系来看，这种工资水平还是合理的。

工资低而产品价格高，小老板当然利润丰厚。但既然允许私人企业存在与发展，这种丰厚的利润也无可厚非。无论开饭馆还是被服厂，老板们的意图都是赚取高额利润。小老板并不是慈善家，他办企业的目的是实现利润最大化。

在产品价格既定时，增加利润只有压低成本，所以，小老板只要能雇到工人就尽量压低工资成本是一种理性行为，无可非议。美国有位经济学家曾指出，在发展中国家里，当劳动供给无限时，以低工资雇佣劳动是利润的主要来源，这种利润可用于投资，对经济发展是有利的。应该说，从整个社会的角度看，小老板赚了钱或用于投资扩大生产，或用于消费刺激需求，都是对社会有利的。

当然，劳动者所获得的工资等报酬，会因质量、行业、分工等不同而产生差异。产生工资差异的背后原因主要有以下几个方面：

1. 劳动质量的差异

判断身价高不高，工资少不少，不能单纯看学历高不高，而应该看他创造的劳动价值与工资待遇是否成正比。现在的大学生工资不如农民工，一个重要的原因是，大学生虽然学历层次较高，但是由于目前大学专业设置与市场需求之间存在结构性失衡的矛盾，大学生往往没有从事与其学历相适应的工作，其工作技术含量并不高，创造的价值并不大。而农民工之所以工资上涨，很大一部分原因是，现在的农民工经过社会实践，拥有了一定工作经验和技术，其工作质量比较高。

2. 行业的差异

在一个完全竞争的劳工市场，任何一个老板都不会愿意为一个劳工的工作支付比与他相同的劳工或具有相同技能的劳工更高的工资。这就意味着，在解释不同行业的工资差别时，我们必须考虑行业之间的差异。

3. 工种之间的差异

工作之间的巨大差别有一些是由于工种本身的质量差别造成的，各工种的吸引力不同，因此必须提高工资诱导人们进入那些吸引力较小的工种。例如，一个上夜班的人其工资一般比上白班的人工资要高。

4. 不同个体之间的差异

不同的劳动者劳动效率也是不一样的，为了奖勤罚懒，所以我们需要给劳动效率高的人以高工资，以奖励他们努力工作；而给低效率者以低工资，促使他们改进工作，提高工作效率。

到底谁是上帝的手——市场失灵

在古典和新古典经济学家的眼中，自由竞争的市场机制是非常完美的。它们认为，在价格机制的自发调节下，市场能够实现资源的最优配置。因此，亚当·斯密用他的"看不见的手"把国家的经济职能限定在最小范围。

市场经济是人类迄今为止最具效率和活力的经济运行机制和资源配置手段，它具有任何其他机制和手段不可替代的功能优势。但是，市场经济也有其局限性，其功能缺陷是固有的，光靠市场自身是难以克服的，完全摒弃政府干预的市场调节会使其缺陷大于优势，导致"市场失灵"。所谓市场失灵，是指市场本身不能有效配置资源的情况，或者说市场机制的某种障碍造成配置失误或生产要素浪费性使用。

20世纪20年代末的一场经济危机宣告了古典经济学"市场神话"的终结，"市场失灵"这一经济术语在西方经济学界被广泛使用。市场失灵是由于某些因素的存在使得价格机制在调节经济的同时也会带来许多副作用，使市场不能发挥其应有的作用，这些导致市场失灵的因素主要有：外部性、公共物品、收入分配不均等。

1. 市场不能保持经济的综合平衡和稳定协调地发展

市场调节实现的经济均衡是一种事后调节并通过分散决策而完成的均衡，它往往具有相当程度的自发性和盲目性，由此产生周期性的经济波动和经济总量的失衡。在粮食生产、牲畜养殖等生产周期较长的产业部门更会发生典型的"蛛网波动"。此外，市场经济中个人的理性选择在个别产业、个别市场中可以有效地调节供求关系，但个人的理性选择的综合效果却可能导致集体性的非理性行为，如当经济发生通货膨胀时，作为理性的个人自然会作出理性的选择——增加支出购买商品，而每个人的理性选择所产生的效果便是集体的非理性选择——维持乃至加剧通货膨胀；同样，经济萧条时，也会因每个个体的理性选择——减少支出而导致集体的非理性行为——维持乃至加剧经济萧条。市场主体在激烈的竞争中，为了谋求最大的利润，往往把资金投向周期短、收效快、风险小的产业，导致产业结构不合理。

2. 自由放任的市场竞争最终必然会走向垄断

因为生产的边际成本决定市场价格，生产成本的水平使市场主体在市场的竞争中处于不同地位，进而导致某些处于有利形势的企业逐渐占据垄断地位。同时为了获得规模经济效益，一些市场主体往往通过联合、合并、兼并的手段，形成对市场的垄断，从而导致对市场竞争机制的扭曲。

3. 市场机制无法补偿和纠正经济外部性

外在效应是独立于市场机制之外的客观存在，它不能通过市场机制自动减弱或消除，往往需要借助市场机制之外的力量予以校正和弥补。显然，经济外在效应意味着有些市场主体可以无偿地取得外部经济性，而有些当事人蒙受外部不经济性造成的损失却得不到补偿。前者常见于经济生活中的"搭便车"现象，即消费公共教育、公用基础设施、国防建设等公共产品而不分担其成本，后者如工厂排放污染物会对附近居民或者企业造成损失、对自然资源的掠夺性开采和对生态环境的严重破坏以及司空见惯的随处抽烟等。

4. 市场机制对组织与实现公共产品的供给无能为力

所谓公共产品，是指那些能够同时供许多人共同享用的产品和劳务，并且供给它的成本与享用它的效果，并不随使用它的人数规模的变化而变化，如公共设施、环境保护、文化科学教育、医药、卫生、外交、国防等。一个人对公共产品的消费不会导致别人对该产品消费的减少，于是只要有公共产品存在，大家都可以消费。这样一方面公共产品的供给固然需要成本，这种费用理应由受益者分摊，但另一方面，"它一旦被生产出来，生产者就无法决策谁来得到它"，即公共产品的供给一经形成，就无法排斥不为其付费的消费者，于是不可避免地会产生如前所述的经济外部性以及由此而出现的"搭便车者"。更严重的是，既然如此，人人都希望别人来提供公共产品，而自己坐享其成，其结果便很可能是大家都不提供公共产品。

5. 市场分配机制会造成收入分配不公和贫富两极分化

一般说来，市场能促进经济效率的提高和生产力的发展，但不能自动带来社会分配结构的均衡和公正。奉行等价交换、公平竞争原则的市场分配机制却由于各地区、各部门（行业）、各单位发展的不平衡以及各人的自然禀赋、教养素质及其所处社会条件的不同，造成其收入水平的差别，产生事实上的不平等，而竞争规律往往具有强者愈强，弱者愈弱，财富越来越集中的"马太效应"，导致收入在贫富之间、发达与落后地区之间的差距越来越大。

市场失灵所造成的破坏作用是巨大的，甚至会引起经济危机，如1929~1932年大危机就是一次典型的市场失灵。1933年，整个资本主义世界工业生产下降40%，各国工业产量倒退到19世纪末的水平，资本主义世界贸易总额减少2/3，美、德、法、英共有29万家企业破产。资本主义世界失业工人达到3000多万，美国失业人口1700多万，几百万小农破产。

由于市场失灵的存在，要优化资源配置，必须由政府进行干预。正因为市场会失灵，才需要政府的干预或调节。市场规律和政府调控相结合，才能有效遏制"市场失灵"现象出现。

第四章

厂商行为

自己当老板的经营方式——业主制企业

从历史进程上看，业主制企业是最早出现的企业组织形式。在公元8世纪末到9世纪，西欧仍处于纯粹的农业状态，生产活动以家庭生产为主，其产品供自己消费，偶尔有剩余，也只是与邻居或在较小的范围内进行交换。虽然这一时期也有大量的小集市，但它的作用只限于满足附近居民的家庭需要。随着市场的缓慢拓展，生产活动逐渐由具有一技之长的专业劳动者来完成，此时的产品生产已形成完全的分工，即手工业从农业中分离。到了11世纪，城市中集中了新兴的工业及大批手工工匠，出现了一些面包师、屠户、鞋匠、铁匠、成衣工以及其他小手工业者的作坊。在早期的手工作坊中，生产与销售并没有分离，产品以"自产自销"为特征。这些手工作坊就是私人业主制企业的最古典形式。

业主制企业也称独资企业，由个人出资经营的企业。出资者就是企业主，掌握企业的全部业务经营权力，独享企业的全部利润和独自承担所有的风险，并对企业的债务负无限责任。独资企业不是法人，全凭企业主的个人资信对外进行业务往来。业主制企业常被称为"夫妻店"，即我们经常所说的个体经济。

单一业主制企业是企业制度序列中最初始和最古典的形态，也是民营企业主要的企业组织形式。其主要优点为：一是企业资产所有权、控制权、经营权、收益权高度统一。这有利于保守与企业经营和发展有关的秘密，有利于业主个人创业精神的发扬。二是企业业主自负盈亏和对企业的债务负无限责任成为了强硬的预算约束。企业经营好坏同业主个人的经济利益乃至身家性命紧密相连，因而，业主会尽心竭力地把企业经营好。三是企业的外部法律法规等对企业的经营管理、决策、进入与退出、设立与破产的制约较小。

虽然业主制有以上的优点，但它也有比较明显的缺点。一是难以筹集大量资金。因为一个人的资金终归有限，以个人名义借贷款难度也较大。因此，业主制限制了企业的扩展和大规模经营。二是投资者风险巨大。企业业主对企业负无限责任，在强化了企业预算约束的同时，也带来了业主承担风险过大的问题，从而限制了业主向风险较大的部门或领域进行投资的活动，这对新兴产业的形成和发展极为不利。三是企业连续性差。企业所有权和经营权高度统一的产权结构，虽然使企业拥有充分的自主权，但这也意味着企业是自然人的企业，业主的病、死，他个人及家属知识和能力的缺乏，都可能导致企业破产。四是企业内部的基本关系是雇佣劳动关系，劳资双方利益目标的差异，构成企业内部组织效率的潜在危险。

改革开放以后，我国业主制企业的不断增长，主要是居民生活的迫切需要为业主制企业的发展提供了广阔舞台。人们日常生活中的衣食住行，具有分散化、小规模、随时性、个性化等特点，政府难以顾及，大型企业难以涉足，而业主制企业正好具有这方面的比较优势。业主制企业以其规模较小、经营灵活、适应面广而分布在国有经济和大型企业不太愿意进入但与居民生活息息相关的领域。从统计数字上看，我国业主制企业主要分布在以下几大领域：

（1）个体手工业。目前，我国木器制造业、制鞋业、缝纫业、食品加工制造业、玩具制造业、刺绣业、制笔业、塑料制品业、竹制品业、农副食品加工业、打铁业、零配件加工业、采掘业等行业中的大部分企业都是个体企业。

（2）个体建筑业。现在小型建筑工程大部分都是由个体建筑业主承担的。

（3）个体交通运输业。改革以前，我国交通运输业是制约国民经济发展的瓶颈因素，坐车难、运输难问题随处可见。这给改革开放以后个体运输业的发展提供了广阔的空间。1981年，国家允许个体经营者使用非机动运输工具从事客货运输，随后运输市场逐步开放，允许个人经营者使用机动车船从事客货运输，少数地区（如广东）甚至允许个人承包经营火车运输。目前，已形成了运输工具多层次的个体运输体系，其中既有人拉肩挑、半车半畜、人力车、三轮车、自行车、木帆船、人力船等非机动工具，又有大小客运汽车、摩托车、轿车、出租车、机动船等。

（4）个体商业。零售商业是个体经济分布的传统领域。改革开放以后，我国个体商业如雨后春笋般发展起来，在粮油类、禽蛋类、肉食类、烟草类、糖果糕点类、干鲜菜类、调味品类、文化用品类、五金交电类、特产类、日用杂货类等事关居民日常生活的零售商业中发挥主要作用，并形成了以个体商业为主体的小商品交易或专业交易中心，如温州瑞安商城、义乌小商品市场、绍兴轻纺城等。

（5）个体饮食业。饮食业是业主制企业分布的又一传统领域。改革以来，个体饭店、个体酒馆、饮食摊铺、茶馆、咖啡屋、冷饮店、面馆广泛分布于城镇的大街小巷，极大地方便了居民的生活。

（6）其他服务业。在旅馆业、理发业、洗浴业、照相业、洗染业、刻字业、信息传播、科技交流、咨询服务等服务业，钟表、自行车、摩托车、收录机、电视机、汽车、冰箱、皮鞋、钢笔、雨伞等修理行业中，业主制企业起主要作用。

从总体上看，我国业主制企业绝大多数分布在第三产业，从事第三产业的个体工商户占总户数的80%以上。

由于业主制企业建立在分散的、小规模的生产条件基础上，本身又具有不稳定性，因而在各个社会形态之中，都不能成为占统治地位的经济关系，它总是依附于占统治地位的经济形式，作为一种附属和补充的经济形式存在。个体经济是社会主义市场经济的重要组成部分。

共同盈利也需共担风险——合伙制企业

合伙制也是一种较为古老的企业形态，由于它与单一业主制企业的区别，使其成为继其后发展起来的股份制企业的原始形式。这里需要说明的是，合伙制企业并不是在单一业主制企业失去其在经济生活中的主导地位后才出现的，而是作为一种较为古老的企业形态而与单一业主制企业并存的。

合伙制企业是由两个或两个以上的投资者共同出资兴办的企业。这种企业一般通过合同来规定投资者的收益分配方式和亏损责任。合伙制企业的财产为合伙人的共有财产，由合伙人统一管理和使用。合伙制企业的投资者对企业债务负连带无限清偿责任，债权人有权对合伙人中的一名或数名直至全体同时或先后行使债权，要求其偿还全部的债务。

与业主制企业与公司制企业相比，合伙制企业具有以下特征：

（1）合伙协议是合伙得以成立的法律基础。合伙协议是处理合伙人相互之间的权利义务关系的内部法律文件，仅具有对内的效力，即只约束合伙人，合伙人之外的人如欲入伙，须经全体合伙人同意，并在合伙协议上签字。所以，合伙协议是调整合伙关系、规范合伙人相互间的权利义务、处理合伙纠纷的基本法律依据，也是合伙企业得以成立的法律基础，这就是合伙企业的契约性。当然，合伙协议的订立方式既可以是书面协议，也可以是口头协议，但根据合伙企业法的规定，合伙企业的合伙协议应当采用书面形式。如果合伙人之间未订立书面形式的合伙协议，但事实上存在合伙人之间的权利义务关系，进行了事实上的合伙营业，仍然视为合伙。

（2）合伙须由全体合伙人共同出资、共同经营。出资是合伙人的基本义务，也是其取得合伙人资格的前提。合伙出资的形式丰富多样，合伙人除了以现金、实物、土地使用权和知识产权4种方式出资外，还可以以劳务、技术、管理经验、商誉等方式出资，只要其他合伙人同意即可。合伙人之间是风雨同舟、荣辱与共的关系。合伙人的目的是盈利。

（3）合伙人共负盈亏，共担风险。合伙人既可按对合伙的出资比例分享合伙盈利，也可按合伙人约定的其他办法来分配合伙盈利，当合伙财产不足以清偿合伙债务时，合伙人还需以其他个人财产来清偿债务，即承担无限责任，而且任何一个合伙人都有义务清偿全部合伙债务（不管其出资比例如何），即承担连带责任。

合伙制作为一种联合经营方式，在经营上具有的主要优点有：一是出资者人数的增加，从一定程度上突破了企业资金受单个人所拥有的量的限制，并使得企业从外部获得贷款的信用能力增强、扩大了企业的资金来源。这样不论是企业的内部资金或外部资金的数量均大大超过单一业主制企业，有利于扩大经营规模。二是由于风险分散在众多的所有者身上，使合伙制企业的抗风险能力较之单一业主制企业大大提高。企业可以向风险较大的行业领域拓展，拓宽了企业的发展空间。三是经营者即出资者人数的增加，突破了单个人在知识、阅历、经验等方面的限制。众多的经营者在共同利益驱动下，集思广益，各显其长，从不同的方面进行企业的经营管理，必然会有助于企业经营管理水平的提高。

然而，合伙制企业也存在与单一业主制企业类似的缺陷。一是合伙制对资本集中的有限性。合伙人数比股份公司的股东人数少得多，且不能向社会集资，故资金有限。二是风险性大。强调合伙人的无限连带责任，使得任何一个合伙人在经营中犯下的错误都由所有合伙人以其全部资产承担责任，合伙人越多，企业规模越大，每个合伙人承担的风险也越大，合伙人也就不愿意进行风险投资，进而妨碍企业规模的进一步扩大。三是合伙经营方式仍然没有简化自然人之间的关系。由于经营者数量的增加，在显示出一定优势的同时，也使企业的经营管理变得较为复杂。合伙人相互间较容易出现分歧和矛盾，使得企业内部管理效率下降，不利于企业的有效经营。

如今，合伙制企业在经济活动总量中仅占相当小的一部分。其原因在于合伙制的缺点不适合大企业的形式，最主要的缺点就是无限责任。如果你在合伙制企业中的份额是1%，而企业失败了，那么你应该赔偿1%的亏损，而其他合伙人应赔偿99%。但是，如果你的合伙人无力偿还，你可能被要求支付所有的债务，这会使你倾家荡产。

无限责任的风险和筹集资金的困难解释了合伙制为什么总局限于农业和零售商业这类小型的、个人的企业。在大多数情况下，合伙制显然具有太高的风险。

合伙是一种古老的商业组织形态。欧洲中世纪，随着商品经济的发展，合伙经营日益普遍，合伙形式也得到了新的突破，合伙的团体性质得到了增强。到了近现代，虽有公司这一萌生于合伙的营利性法人组织的出现，但合伙并未因此退出历史舞台，在现代市场经济条件下，合伙因其聚散灵活的经营形式和较强的应变能力，仍成为现代联合经营所不可缺少的形式之一。

发达市场经济中的企业主体形式——公司制企业

公司是一种企业组织的形式，公司具有独立的合法身份，实际上是一个"法人"，它可以根据自己的利益购买、出售、借钱、生产商品和提供劳务以及签订合同。另外，公司享有有限责任的权利，在公司里，每一个所有者的投资都严格规定于特定的数量。

18世纪后期，由于蒸汽机的出现，发生了工业革命，此时的生产活动表现为机器生产，大规模生产的工厂制度亦随之产生。在这一时期，技术革新的浪潮席卷了所有的手工工场，随着企业规模的扩大，其产品的成本也在不断地下降，大企业把它的小竞争者从市场中逐渐地排挤出去，从而使失业的手工业者沦为雇工。现代意义上的公司制企业亦随之兴起。

19世纪中期，由于市场的扩大和技术的进步，在利润的驱使下，公司走上了大规模扩张的历程。在石油、钢铁、汽车等需要巨额固定资产投资的行业中，逐渐产生了一些巨型企业。由于这些巨型企业动辄需要数亿美元、数十亿美元甚至数百亿美元的资本，几乎没有人能拥有这样一笔巨款，即使有人拥有这笔巨款，也可能不愿意冒如此大的风险。承担有限责任并拥有高效管理体制的公司制企业，便为吸收大量的私人资本并且分散投资者的风险提供了一种平台。

美国的一些巨型公司，如通用汽车公司、IBM公司、波音飞机公司等，成千上万的人拥有其股份，其中没有一个人拥有较大的份额，是一种标准的大众持股公司。在大型公司中，所有权的分散程度已经达到了惊人的地步，在中型公司中也达到了相当可观的程度，并且，一般来说，公司规模越大，其所有权就越分散。

值得注意的是，我国《公司法》第二条规定："本法所称公司是指依照本法在中国境内设立的有限责任公司和股份有限公司。"这就是说，我国《公司法》只规定了两类公司：有限责任公司与股份有限公司。对于我国此条法律规定的理解，一种观点认为：我国公司法不认可无限责任公司、两合公司等其他的公司形态；不能创设其他公司形式。

有限责任公司指不通过发行股票，而由为数不多的股东集资组建的公司（一般由2人以上50人以下股东共同出资设立），其资本无需划分为等额股份，股东在出让股权时受到一定的限制。在有限责任公司中，董事和高层经理人员往往具有股东身份，使所有权和管理权的分离程度不如股份有限公司那样高。有限责任公司的财务状况不必向社会披露，公司的设立和解散程序比较简单，管理机构也比较简单，比较适合中小型企业。

股份有限公司是把全部资本划分为等额股份，通过发行股票筹集资本的公司，又分为在证券市场上市的公司和非上市的公司。股东一旦认购股票，就不能向公司退股，但可以通过证券市场转让其股票。这种组织形式比较适合大中型企业。

因此，公司的核心特征如下：

（1）公司的所有权属于那些掌握了公司普通股的所有人。如果你拥有一家公司股份的10%，那么，你就拥有10%的所有权。上市公司在股票交易所，如沪深股市交易所估价。大型公司的股票在那里交易，国家的大部分风险资本在那里投资。

（2）从原则上来讲，股东控制他们所拥有的公司。股东按照他们所拥有的股份比例分取红利，他们选取董事会，对许多重要问题进行表决。但不要认为股东能在企业经营中起显著的作用。实际上，大公司的股东并不能真正控制公司，因为他们太分散，不能左右拥有实权的经理们。

（3）公司的经理和董事会拥有制定公司决策的合法权利。他们决定生产什么和如何生产。如果有其他公司想要接管公司时，他们决定是否出售公司。简单地说，股东拥有公司，但经理经营它。

在市场经济中，为什么公司占主导地位呢？很简单，因为它是最有效从事经济活动的方式。公司是一个可以从事经济活动的"法人"。市场经济的要求决定了市场主体必须拥有明晰界定的财产权，而且必须是独立的、平等的。法人制度以其独特的性质使法人在市场经济中充当了主要的角色。公司作为法人的一种形态，其特质完全符合市场经济的要求，这必然使公司成为市场经济的主体。并且，由于公司自身的优点，使其成为最典型的企业法人而在市场经济的主体中居于重要地位。与其他市场主体相比，公司的优点主要表现在：

（1）公司股东的有限责任决定了对公司投资的股东既可满足自己谋求利益的需求，又可使自己承担的风险限定在一个合理的范围内，增加了投资的积极性。

（2）公司特别是股份有限公司可以公开发行股票、债券，在社会上广泛集资，便于兴办大型企业。

（3）公司实行彻底的所有权与经营权分离的原则，提高了公司的管理水平。

（4）公司特有的组织结构形式使公司的资本、经营运作趋于利益最大化，更好地实现投资者的目的。

（5）公司形态完全脱离个人色彩，是资本的永久性联合，股东的个人生存安危不影响公司的正常运营。因此，公司存续时间长，稳定性高。

公司企业属法人企业，出资者以出资额为限承担有限责任，是现代企业组织中的一种重要形式，它有效地实现了出资者所有权和管理权的分离，具有资金筹集广泛、投资风险有限、组织制度科学等特点，在现代企业组织形式中具有典型性和代表性。

随着我国社会主义市场经济体制的建立和完善及世界经济一体化进程的加快，公司企业已经成为我国企业组织形式的主体。

所有权与经营权的分离——委托经营

委托经营是指受托人接受委托人的委托，按照预先规定的合同，对委托对象进行经营管理的行为。委托经营的内涵是企业的委托代理，主要以企业产权及其经营权为对象，由受委托人对企业进行经营管理，目的是不断发展和壮大企业，提高企业的盈利能力。

委托经营成为可能的最基本条件是：所有者即委托者不能够或者没有必要亲自主持经营，从而把经营权让渡给经营者即受托者。比如一个国有或集体所有的企业，所有者都是一个群体，为了实现经营目的，他们就必须把自己经营企业的权利进行让渡，即让渡给经营者。

现代的公司制企业的所有权与经营权出现了分离，公司不得不选拔有能力、有技术的专业经理人为公司的股东服务，来更好地实现股东价值及公司价值的最大化，这时就形成了股东与经理人员之间的委托—代理关系。在委托—代理关系下，股东（委托人）的目标与经理人员（代理人）的目标并不是完全一致的，股东的目标是企业价值最大化；而经理人由于不是公司财产的所有者，他们拥有的只是人力资本，即"管理才能"，他们往往并非以企业价值最大化为目标，而是以实现自身利益的最大化为目标。

现代企业中的委托经营问题具体表现为：由于经理人员不能获得自己努力工作的全部收益，他可能在工作中不会发挥全部的努力；经理人员会力争提高自己的薪金和奖励，增加自己的闲暇时间，追求豪华的办公室和高级专用轿车，从而显示自己的威望、权力和地位；甚至，经理人员会以低价将企业的资产出售给自己所拥有或控股的其他公司等。

由于股份公司中委托—代理问题的存在，亚当·斯密在他的经济学奠基之作《国富论》中认为，分散的所有权是不可能创造有效率的经营活动的。现代经济学又是如何解决企业中存在的委托—代理问题的呢？

1. 所有权解决办法

解决委托代理问题的最显而易见的办法是企业的所有者把经理管理的企业出售给他。作为所有者，经理将有适当的激励：如果他努力工作，就能获得相应的回报。然而，一般来说，经理没有足够的资金来购买企业，而且即使有，他也不一定愿意购买。因为所有者的收入不仅取决于自身的努力，而且也取决于变幻莫测的市场，因而作为所有者的收入可能比薪水收入的变化幅度要大得多，经理可能不愿意冒这样的风险。

2. 股票期权激励法

所谓股票期权激励法，就是公司给予企业高层管理人员在一定期限内可以以一种事先约定的价格购买公司一定数量股票的权利，股票期权使经理人员的收入取决于他们所管理企业的业绩。例如，假设某家公司股票的现行价格为 10 元 / 股，经理被授予可以在 3 年之内的任何时间以 10 元 / 股购买 10 万股股票的期权。如果 3 年内该企业的股票升值为每股 20 元，经理就可以用 100 万元购买股票并以 200 万元的价格卖出，这样他就得到了 100 万元的收入，该收入可以看作是对他在提高企业价值中所作贡献的回报。

实行股票期权制的目的，是要在经理利益与企业利益之间建立一种纽带，将经理个人收入与企业价值牢牢地捆在一起。世界上第一个股票期权计划 1952 年产生于美国，尔后在世界各国迅速发展。据有关资料统计，20 世纪 90 年代初，美国在全球排名前 50 位的大公司中，有 80% 的企业已向其高级经理人员实行经营者股票期权的报酬制度。

3. 建立完善的职业经理人市场

由于培养一个经理需要大量的投入，维护其声誉和继续提高其素质也需要持续不断的投入，这些投入就是经理人员为自己所支付的人力资本的投资，投资的收益率和增值率最终取决于经理人员所经营公司的收益情况。如果公司的经理人员未能尽到经营责任而使公司效益不佳甚至破产，必然使其声誉受损，甚至断送其职业生涯。这样，其人力资本投资的收益率就很低甚至没有收益。可见，完善的职业经理人竞争市场是一种优选经理并使其努力工作的机制。

4. 建立完善的产品竞争市场

一般地说，如果企业产品市场的竞争是充分的，那么这种产品市场上的竞争也会对经理形成努力工作的压力。虽然企业所有者由于所掌握信息的不完全，不知道经理是否努力工作以生产质量高、成本低的符合社会需要的产品。但是，处于竞争条件下的产品的市场价格可以向所有者提供经理是否努力工作的信息。如果其他竞争企业经理的努力工作使产品成本很低，从而降低了产品的市场价格，就会对经理形成一种通过努力工作来降低产品成本的压力。而且产品市场的竞争越激烈，产品的市场价格就会越低，那么经理的压力也就越大。

5. 建立健全注册会计师独立审计机制

注册会计师独立审计制度可以部分地解决公司经理与股东之间的信息不对称问题，是一种防止经理利用自己所掌握的信息来损害股东利益的有效机制。注册会计师就像二手汽车市场上的经纪人一样，是具有良好的会计知识，专门对企业的会计报表所提供信息的真实性和合法性进行监督检查的专业人员。目前，注册会计师在西方发达国家作为"经济警察"而备受重视。

6. 建立健全职业经理人法律监督机制

由于公司是一个独立并与股东分离的法律主体，特别是大众持股公司，所有权与经营权的分离更加彻底，股东很难有效地监督经营者的具体行为。为了保证经营者忠诚于股东的利益，完善的法制是必不可少的。法律是维护股东利益的重要保障，它使经营者不敢侵犯股东的利益；法律也是现代企业能够顺利运行的重要保障，如果经营者能够随意侵犯投资者的权益，那么股票就只是一张代表财富的纸而已，谁还愿意对股份公司进行投资呢？只有在法律的保障下，公司股东的利益才能得到保障。

只要有利润就愿意——生产者剩余

与消费者剩余相对应，也有个生产者剩余的概念。所不同的是，消费者剩余是消费者的心理感受，而生产者剩余是生产者实实在在得到的好处，它等同于生产者出卖商品所得到的价格减去生产者实际支付的成本。

为了更好地认识什么是生产者剩余，我们来看下面的故事。

一个叫凯宁的城里男孩到乡下去，他打算花100美元从一位农民那里买一头小毛驴。这位农民收了钱后，很爽快地同意了，并答应第二天把驴牵来给凯宁。第二天一早，农民却匆忙跑来告诉凯宁："小伙子，实在抱歉，我的那头小毛驴死了，就在昨天晚上。"凯宁很无奈地说："原来是这样啊……那你就把那头死驴给我吧。"

过了一段时间，这位农民偶然在街头遇到了凯宁。农民就问："那头死驴后来怎么样了？"凯宁说："我举办了一次幸运抽奖，并把那头驴作为奖品。我总共卖出了500张票，每张2美元，就这样我赚了898美元！"

农民又问："真是令人难以置信！难道就没人对此表示不满？"

凯宁回答："不满的人当然有，但只有一个——就是那个中奖的人。他看到自己的奖品是一头不能食用的死驴后，当即表示了抗议，所以我就把他买票的钱还给了他。"

抛去道德层面不议，我们可以将凯宁的这种赚钱方式理解成迎合消费者行为的低价策略。对凯宁而言，他用100美元买了一头死驴，可是最后他不仅没亏本反而赚了898美元，这在经济学上叫作生产者剩余。

生产者剩余就是生产者出售一种商品得到的收入减去成本，说白了就是企业赚的利润。这里的关键问题是各家的成本，谁的成本低，谁就能够获得较多的生产者剩余。假如现在有3家电脑供应商，IBM的成本是7800元，联想的成本是7500元，华硕的成本是7000元，如果都按照8000元的价格出卖，那么他们出售1台电脑将分别获得200元、500元和1000元的生产者剩余。同时，如果这些企业采取新的技术和管理措施，使成本进一步下降，那他们可以获得更多的生产者剩余。

消费者剩余也好，生产者剩余也罢，其实都是福利经济学的概念，它所表示的实际上是买卖双方在交易过程中所得到的收益。

我们也可以通过生活中的具体事例来解释消费者剩余与生产者剩余。

张老师想装修他的房子，自己设计了一张图纸，然后去找装修公司。他来到第一家装修公司，老板接过图纸，根据房屋面积、材料要求，一个个账目算下来，说整个工程需要7万元。张老师认为太贵了，装修公司老板把明细单拿给张老师看，说最多还能便宜5000元。张老师一看，确实如此，说回去再考虑考虑。张老师又拿着图纸来到另一家装修公司，老板看了图纸问了要求，又根据房屋面积、材料要求，一个个账目算下来，说至少需要6.5万元。张老师仍然说："怎么这么贵？"老板也把明细单拿给他看，说最多只能再便宜5000元。张老师仔细分析了两家情况：第二家之所以会便宜一些，主要是材料直接从厂家进货，成本降低了。于是他决定把这个工程交给第二家装修公司做。

从这个例子我们可以看到，张老师之所以把工程交给第二家装修公司，是因为第二家装修公司的价格低，张老师有了消费者剩余。那么是不是第二家装修公司吃亏了呢？没有，否则他不会接这单活干，做亏本的买卖。因为第二家公司老板通过直接进货降低了自己的成本，使得成本低于他所报的价格，从而也获得了生产者剩余。

选择饼干还是方便面——生产可能性边界

一家食品公司同时生产饼干和方便面两种产品。临近年末，公司开始制订明年上半年的生产计划，该怎样筹划呢？我们知道，公司的资源（如工人、机器、厂房、资金等）是有限的，怎么有效地利用这些资源生产，使得公司取得最大盈利是问题的关键。如果调动所有资源，单去生产饼干或者方便面，各自都会有一个最大的生产值。但是，公司不可能光生产一种物品，而忽略另一种物品，饼干和方便面都有各自的市场，放弃任何一种产品，公司都会失去订单。因此，管理者们商讨的核心就是怎么确定饼干和方便面之间的产量关系。

类似这样的情况在现代企业中是经常遇到的。在经济学上，这涉及"生产可能性边界"的概念。生产可能性边界是指在可投入资源数量既定的条件下，一个经济体所能得到的最大产量。在经济学中，生产可能性边界是一个重要的概念，它是理解稀缺性和其他重要问题的关键。如果企业的生产在这一边界内，则说明尚未达到有效生产；但是如果超过这一边界，则意味着目标会超过企业的生产能力，是难以达到的。

我们在一个简化了的经济模型中来说明生产可能性边界。这个模型具有对理解现实经济至关重要的特征，但又略去了现实经济的许多细节。这个模型有三个重要的简化：

第一，生产的所有产品都用于消费，所以，在这个模型中，资本既不增加也不减少。换言之，在简化的模型中，生产规模是不变的，始终维持一种简单再生产。

第二，只生产两种物品：玉米与布料。在现实世界中要用稀缺资源生产无数产品与劳务，在这个简化的模型中，我们只分析生产两种产品时的情况。

第三，只有一个人，假定他的名字叫王文，他住在一个与世隔绝的孤岛上，与其他人没有任何交往。

我们假设王文用孤岛上的所有资源生产玉米与布料。可以用下表来说明王文对玉米或布料的生产可能性：

玉米和布料的生产可能性

可能性	玉米（磅/月）	布料（码/月）
a	20	0
b	18	1
c	15	2
d	11	3
e	6	4
f	0	5

我们可以用图加以说明。x 轴代表布料，y 轴代表玉米。a 点表示王文把全部时间用于种植玉米，每月产量 20 磅，但没有时间生产布料，则布料为零。在 b 点时，王文用 8 个小时种植玉米，产量为 18 磅，2 小时生产布料，产量为 1 码。以此类推，在 f 点时，全部时间用来生产布料，产量为 5 码，没有时间种玉米，产量为零。下图中的 a、b、c、d、e、f 点分别代表上表中的 a、b、c、d、e、f 5 种可能性，当然，王文还有其他分配时间的方式，例如，用 7.5 小时种植玉米，2.5 小时生产布料等。各种不同分配时间的方式，有不同数量玉米与布料的组合，这些组合都在连接 a、b、c、d、e、f 点的曲线上。这条曲线表示了王文可能生产的玉米与布料的最大数量组合，称为生产可能性边界或生产可能线。

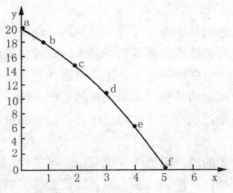

玉米和布料的生产可能性分布图

生产可能性边界这个概念对我们理解许多经济问题是非常重要的。由王文一人组成的社会同样面临着"生产什么"、"如何生产"和"为谁生产"的问题。生产可能性边界也有助于理解这三个问题，选择生产可能性边界的哪一点就是解决生产什么的问题，当王文从资源使用的效率出发来决定选择生产可能性边界上的哪一点时，也就是选择如何进行生产。当他选择 a 或 f 点时，资源利用效率不如选择其他各点高，因为过多生产某一种产品，会由于资源的不适用而使同样的努力得不到同样增加的产量。在王文一个人的社会中，为谁生产问题并不明显。但如果再有另一个人，这个人的偏好与王文不同，就会有为谁生产的问题。如果王文偏好食，而另一个人偏好穿，那么，选择在生产可能性边界的 a 或 b 点，就偏重于为王文生产，选择在生产可能性边界的 e 或 f 点，就偏重于为另一个人生产。或者说，在前一种情况下，王文在收入分配中占的份额更大，在后一种情况下，另一个人的份额更大。

当王文生产的玉米和布料的组合是生产可能性边界上的任何一点时，表明资源得到了充分利用，或者说是有效率的。如果王文生产的玉米和布料的组合是在生产可能性边界以内的任何一点，表明资源没有得到充分利用，或者说是无效率的。在资源与技术既定的条件下，生产可能性边界上任何一点都是王文所能生产的玉米与布料最大数量的组合，因此，也就是实现了效率。生产可能性边界之内任何一点都不是玉米与布料最大数量的组合，因此，也就是无效率。当然在资源与技术既定的条件下，生产可能性边界之外任何一点上玉米与布料数量的组合都是无法实现的。只有在资源增加或技术进步，即发生了经济增长的情况下，生产可能性边界之外任何一点上玉米与布料数量的组合才能实现。

而上文中提到的食品厂作为一个企业，属于微观经济主体，将其所拥有的经济资源在不同用途间进行分配时，借助生产可能性边界，可以帮助其最有效率地实现目标。微观经济主体中，除了企业，还有家庭和个人。实际上，即使对于一个高中生，生产可能性边界也同样适用。对他而言，生产就是"学习"，资源就是"时间"，但他不会将有限的时间全部用于学习物理，也不会将时间全部用于学习英语，像这种"极端的生产"对于他来说都是不利的。他必须根据自己的实际情况设计出一个最有效率的时间安排，这也可以看作"生产可能性边界"。当然，因为学习技巧一般是在不断提高的，所以他的可能性边界也会随之变化，但"万变不离其宗"，其原理与企业生产是一样的。

商品价格与供给量的关系——供给定理

生产者支付了成本，就为供给奠定了基础。所谓供给，是指生产者在某一特定时期内，在每一价格水平上愿意而且能够出卖的商品量。实现供给有两个条件：一是有出售愿望；二是有供应能力。

影响供给有很多因素，如生产者的目标、技术水平、其他商品价格等，其中最重要的是要受商品自身价格的影响。生产者作为经济人，商品价格高，他多卖就能多赚钱，所以供给就多；商品价格低，他多卖就可能亏本，所以供给就少。因此，在其他条件不变的情况下，供给量随价格的上升而增加，随价格的下降而减少，这就是供给定理。

供给定理是说明商品本身价格与其供给量之间的关系的理论。其基本内容是：在其他条件不变的情况下，某商品的供给量与价格之间成同方向的波动，即供给量随着商品本身价格的上升而增加，随商品本身价格的下降而减少。

根据供给定理，把商品从价格低的地方贩卖到价格高的地方，就是厂商的理性选择。1975年春季的一天，美国一家报纸登出墨西哥发现了疑似猪瘟的病例，消息登在一块不惹人注目的版面，但没有逃过亚默尔的眼睛。亚默尔是美国亚默尔肉类加工公司的老板，他马上想到，如果墨西哥真的发生了猪瘟，一定会从加利福尼亚和得克萨斯州传到美国，那他的公司一定会受到影响。

这对他既是个挑战，也是个机会。他通过其他途径证实墨西哥确实发生了猪瘟，亚默尔立即开始行动，他集中全部资金购买了加州的肉牛和生猪，运到美国东部，不出所料，猪瘟很快蔓延到美国西部的几个州，政府下令将所有患病的牲畜全部宰杀掩埋，这几个州的一切肉食都从外地进货。于是国内市场肉食奇缺，价格暴涨。亚默尔抓住机会，及时把囤积在东部的肉牛和生猪高价出售。他的这一举动，不仅使亚默尔肉类加工公司避免了因原料价格上涨而造成的损失，而且还在短短的几个月内净赚 900 万美元。

这就是一则运用供给定理而成功致富的案例。供给定理也可以用图像来表示。用横轴表示供给量，纵轴表示价格，则供给曲线是一条向右上方倾斜的线，表示了供给量随价格上升而增加的关系。

当影响供给的其他因素不变时，商品自身价格的变动所引起的供给量的变动是在同一条供给曲线上的移动；而当商品自身的价格不变时，其他因素的变动所引起的供给量的变动是整个供给曲线的移动，如下图所示。

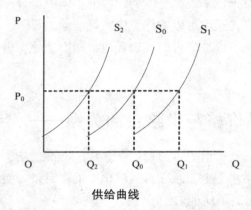

供给曲线

图中，横轴 OQ 表示供给量，纵轴 OP 表示价格，S_0 是一条供给曲线，它向右上方倾斜，表示价格上升，供给量增加；价格下降，供给量减少，供给量与价格是同方向变动关系。如果商品本身价格不变，始终在 P_0，其他因素的变动引起供给量增加了，由 Q_0 增加到 Q_1，S_0 便向右移动到 S_1 的位置；其他因素的变动引起供给量减少了，由 Q_0 减少到 Q_2，S_0 便向左移动到 S_2 的位置。

供给定理对一般商品是适用的，对某些特殊商品则不一定适用。例如，劳动力就是一种特殊商品，它的价格是工资，当工资小幅度上升时，劳动力的供给量会增加；但当工资增加到一定程度后，如果再增加，劳动力的供给不仅不会增加，反而会减少。

小张在日本留学，为了凑够学费，他同时打了三份工，每天只能睡4个小时觉，终于学费凑够了，他还拿到了奖学金。这时有人劝他："别打那么多工了，钱是没个够的，还是身体要紧，再说打工耽误了学习，以后拿不到毕业证怎么交代？"促使他决心减少打工的原因还有，他的女朋友也经常抱怨他没时间陪她去玩。于是他就辞掉了两份工，只留下早晚给人送报纸一份工。

为什么这位朋友不愿意继续打三份工多赚一些钱呢？这是因为人活着不光是为了赚钱。当他的工资收入达到一定程度时，对货币的需要不再那么迫切，而对闲暇、娱乐等的兴趣提高了，所以劳动力的供给不再增加，甚至有减少的趋势，表现为供给曲线向左弯曲。

企业的盈亏是否取决于规模——规模经济

假设某大型啤酒厂月产 10 万吨啤酒，耗用资本为 100 个单位，耗用劳动为 50 个单位。现在扩大了生产规模，使用 200 个单位的资本和 100 个单位的劳动（生产规模扩大一倍）。由此所带来的收益变化可能有如下三种情形：

（1）产量大于 20 万吨，产量增加比例大于生产要素增加比例，这叫作规模报酬递增；

（2）产量小于 20 万吨，产量增加比例小于生产要素增加比例，这叫作规模报酬递减；

（3）产量等于 20 万吨，产量增加比例等于生产要素增加比例，这叫作规模报酬不变。

我们看到随着生产规模的变化，企业的规模报酬也在发生变化。那么，使得规模报酬变化的原因是什么呢？在经济学上，将这个原因称作"规模经济"，是指由于产出水平的扩大或者生产规模的扩大而引起产品平均成本的降低。反之，如果产出水平的扩大或者生产规模的扩大而引起产品平均成本的升高，则将其称作"规模不经济"。一般来说，随着产量的增加，厂商的生产规模逐渐扩大，最终厂商扩大规模使得生产处于规模经济阶段。

在实际生产中，我们也看到大部分企业都在力争扩大生产规模。那么，规模扩大，为什么很有可能出现规模报酬递增呢？原因主要有两个。

第一，大规模生产有助于更好地实现"专业化分工协作"。大诗人李白小时候见到一个老婆婆磨一根铁杵，"只要功夫深，铁杵磨成针"，由此深受激励，奋发读书。作为一个励志故事，老婆婆的行为很有教育意义。但是从企业生产的角度看，则是效率太过低下。18 世纪的经济学之父亚当·斯密在《国富论》中已经以大头针行业为例说明了这个问题。一个受过专业训练的人，一天下来也只能做一个大头针，但是如果将生产划分为 18 道工序，每人只承担一道工序，平均算下来，大头针的人均日产量竟然可以达到 4800 个。这已经很形象地说明规模经济的显著。

第二，除去生产协作的因素外，某些生产要素自身的特性也需要规模经济。某些大型设备与小型设备相比，每单位产出的制造费用和维修费用通常都比较低。比如国际上的输油管道，如果将其直径扩大一倍，其周长也相应扩大一倍，但由简单的面积计算公式可知，油管的截面积将超过一倍，即其运输能力也将超过一倍，每单位原油的运输成本将随之降低，这就是规模经济。另外，像电脑管理、流水作业这样的先进工艺和技术，只能在产量达到一定水平时才能够采用。比如汽车制造，实施流水线作业时，其成本优势十分明显。一般计算表明，一家汽车制造厂的年产量如果大于 30 万辆，其生产成本将会比小规模生产大大降低。在 20 世纪初，美国的福特汽车公司率先应用了大批量生产工艺，从而大大降低了成本，成为汽车工业的领军人物。

在现实中，采取多大规模能实现成本最小化，取决于企业生产与市场的特点。从生产的角度来看，一个行业所使用的设备越大，越专业化，技术越复杂，创新越重要，规模就越大越好。从市场的角度看，产品标准化程度越高，需求越稳定，规模就可以越大。例如，在钢铁、化工、汽车等重型制造业中，这些企业的规模往往相当巨大，小企业难以在这些行业生存。

但是，规模经济并不意味着规模越大越好，对于特定的生产技术，当规模扩大到一定程度后，生产就会出现规模不经济，造成规模不经济的原因主要是管理的低效率。由于规模过大，信息传递费用增加，信号失真，滋生官僚主义，使得规模扩大所带来的成本增加更大，出现规模不经济。

要实现规模经济，就必须首先谋求单位成本的有效降低。

第一种情况是，随着产量的增加，平均成本一直在下降。这种行业的生产技术特点是在开始时需要大量投资，以后产量增加时，每单位产品增加的成本并不多，最初的投资分摊在越来越多的产品上，从而平均成本越来越少。

第二种情况是，无论产量如何变动，平均成本基本不变。这种行业一般在经济中都是一些无足轻重的行业，它的市场需求量不大，产量也不大，所用的生产要素并非经济中较为紧缺的要素，不与其他行业争夺生产要素，因此即使产量增加，要素价格也不会上升，成本也不会增加。而且初始的投资也不大，例如钢笔等小物品。

其实，更多的是第三种情况，随着产量的增加，平均成本先下降。当产量增加到一定数量时，平均成本达到最低。如果产量再增加，平均成本就增加了。也就是说，平均成本先随产量增加而递减，后随产量增加而增加。而达到平均成本最低时的产量就是适度规模的产量。

有很多企业，成本降不下来，效率上不去，一个重要的原因就在于没有实现适度规模。实现适度规模的原则适用于所有行业，不过各个行业实现的方式并不一样。像钢铁、家电、汽车这些行业，生产之间的联系强，因此适于集中生产，即工厂的规模要大，而且集中在同一地区，才能发挥规模经济的优势。另外一些行业如零售商业，采取了集中与分散相结合的方式。集中进货，统一的物流配送，统一的管理制度，保证了成本最低。

相反，如果一个行业使用的设备并不是大型的，技术与生产工艺也不复杂，技术创新所需的资金和承担的风险并不大。从市场的角度看，产品标准化程度低，需求多变，规模就可以小一些。所以，对于企业来说，究竟是规模大一点好还是规模小一点好，得依据现实情况而定。

第五章　竞争与垄断

市场上的弱肉强食之道——完全竞争市场

竞争最极端的市场称为完全竞争市场，又称为纯粹竞争市场。完全竞争市场是指竞争充分而不受任何阻碍和干扰的一种市场结构。在这种市场类型中，市场完全由"看不见的手"进行调节，政府对市场不作任何干预，只起维护社会安定的作用，承担的只是"守夜人"的角色。

完全竞争市场必须具备一定的条件，这些条件主要有以下几个方面：

（1）市场上有众多的生产者和消费者，任何一个生产者或消费者都不能影响市场价格。由于存在着大量的生产者和消费者，与整个市场的生产量和购买量相比较，任何一个生产者的生产量和任何一个消费者的购买量所占的比重都很小，因而，他们都无能力影响市场的产量和价格。所以，任何生产者和消费者的单独市场行为都不会引起市场产量和价格的变化。这也就是说，所有人都只能是市场既定价格的接受者，而不是市场价格的决定者。

（2）企业生产的产品具有同质性，不存在差别。市场上有许多企业，每个企业在生产某种产品时不仅是同质的产品，而且在产品的质量、性能、外形、包装等方面也是无差别的。对于消费者来说，无论购买哪一个企业的产品都是同质无差别产品，以至于众多消费者无法根据产品的差别而形成偏好。也就是说，各种商品互相之间具有完全的替代性。

（3）生产者进出市场，不受社会力量的限制。任何一个生产者，进入市场或退出市场完全由生产者自己自由决定，不受任何社会法令和其他社会力量的限制。因此，当某个行业市场上有净利润时，就会吸引许多新的生产者进入这个行业市场，从而引起利润的下降，以致于利润逐渐消失。而当行业市场出现亏损时，许多生产者又会退出这个市场，从而又会引起行业市场利润的出现和增长。这样，在一个较长的时期内，生产者只能获得正常的利润，而不能获得垄断利润。

（4）市场交易活动自由、公开，没有人为的限制。市场上的买卖活动完全自由、公开，无论哪一个商品销售者都能够自由公开地将商品出售给任何一个购买者，而无论哪一个商品购买者也都能够自由公开地向市场上任何一个商品销售者购买商品，同时市场价格也随着整个市场的供给与需求的变化而变动。任何市场主体都不能通过权力、关税、补贴、配给或其他任何人为的手段来控制市场供需和市场价格。

（5）市场信息畅通准确，市场参与者充分了解各种情况。消费者、企业和资源拥有者，都对有关的经济和技术方面的信息有充分和完整的了解。例如，生产者不仅完全了解生产要素价格、自己产品的成本、交易及收入情况，也完全了解其他生产者产品的有关情况；消费者完全了解各种产品的市场价格及其交易的所有情况；劳动者完全了解劳动力资源的作用、价格及其在各种可能的用途中给他们带来的收益。因此，市场上完全按照大家都了解的市场价格进行交易活动，不存在相互欺诈。

以上几个方面是完全竞争市场必须具备的前提条件，实际上这5个方面也是完全竞争市场所具有的明显特征。

我们知道，完全竞争市场在现实生活中其实很难成立。因而，完全竞争市场的效率也必须在具备了严格前提条件的情况下才会出现。而在现实经济实践中，难以全面具备完全竞争市场的所有前提条件。完全竞争市场只是西方经济学家在研究市场经济理论过程中的一种理论假设，是他们进行经济分析的一种手段和方法。最重要的是，完全竞争市场中有关完全信息的假设是不现实的。一般情况下，无论是生产者还是消费者都只能具有不完整的信息。生产者对其在现实市场中的地位、将来发展的动向及影响市场的各种因素的信息等知识，都不可能完整地掌握。消费者不可能全面掌握特定市场上全部产品的价格、品质等方面的情况。同时，市场信息也不可能畅通无阻而且非常准确。

一般来说，在现实经济生活中，只有农业生产等极少数行业比较接近完全竞争市场。因为在农业生产中农户的数量多而且每个农户的生产规模一般都不大，同时，每个农户生产的农产品产量及其在整个农产品总产量中所占的比例都极小，因而，每个农户的生产和销售行为都无法影响农产品的市场价格，只能接受农产品的市场价格。如果有的农户要提高其农产品的出售价格，农产品的市场价格不会因此而提高，其结果只能是自己的产品卖不出去。如果农户要降低自己农产品的出售价格，农产品的市场价格也不会因此而下降，虽然该农户的农产品能以比市场价格更低的价格较快地销售出去，但是，不可避免地要遭受很大的经济损失。这样，农户降低其农产品价格的行为就显得毫无实际意义了。

如果多逛逛农贸市场，你很快就会发现，作为生活必备食品，几乎家家户户都要提个袋子或篮子去买鸡蛋，而且，卖鸡蛋的摊位也实在是很多。如果我们"理想"一下，就可以认为鸡蛋市场上有无数的买者和卖者。每个摊点的鸡蛋都大同小异，只要不是碎的、坏的，一般没有人去较真，硬要比较不同摊位的鸡蛋有什么区别，那就真成了"鸡蛋里挑骨头"了。所以，可以看作所有的鸡蛋完全同质。至于完全竞争市场的其他两个特征，我们可以看到买方和卖方都能自由选择进入还是退出（也就是鸡蛋买卖完全自由），至于鸡蛋市场的信息，并没有多少值得掌握，所以也可以看作人们全部了解相关信息。在这个鸡蛋市场里，各个摊位的价格都一样，而且是由供需决定的均衡价格。通过鸡蛋市场，我们可以更形象地理解完全竞争市场——实际上，大多数农产品市场基本上都和完全竞争市场近似。

微软为什么要一分为二——垄断

美国司法部起诉微软捆绑销售 IE 浏览器软件，涉嫌违反美国《反托拉斯法》，要求将它一分为二。有经济学家认为，微软公司无论从结构上（即市场份额）还是从行为上（即捆绑销售）都具备了垄断企业的性质，使更新更先进的技术没有了生长的空间，消费者付出了更高的价格，造成了社会福利的损失。持这种观点的经济学家往往都以美国当年拆分贝尔公司以及近些年香港特区政府允许多家企业经营电信业务都使得电信资费下降和电信事业蓬勃发展为例，说明反垄断的必要性。另一种意见认为，微软是通过正当的市场竞争手段获取的垄断地位，这种垄断有理无错，因为任何一个竞争中的厂商最终无不追求垄断利润，搞捆绑销售只不过是企业营销战略的选择，只要不是政府行为或寻租行为形成的垄断都是可以接受的，将微软分拆无疑会对美国的新经济带来负面影响，因为它改变了创业者的预期，对创业财富的安全性产生了疑虑。经济自由学派的大师们如弗里德曼、张五常都是持第二种观点的。

哈佛大学教授高里·曼昆对分拆微软计划提出了质疑，并且在文章中讲了一个寓言故事：某人发明了第一双鞋，并为此申请了专利，成立了公司。鞋很畅销，他成了富翁。但这时他变得贪婪了，把袜子和鞋捆绑销售，还声称这种捆绑销售对消费者有利。于是政府出面说话了，认为他试图把其垄断地位从一个市场扩展到另一个市场。现在关键的问题出现了：政府应该怎么处置他呢？政府可以把他的公司拆成两个公司：一个卖黑鞋，一个卖白鞋，让它们相互竞争，这样消费者会得到好处。但是政府却要把它分拆成这样两个公司：一个生产左鞋，一个生产右鞋。这种分拆使事情变得更糟，因为生产像左鞋和右鞋这样互为补充的产品的垄断公司，双方都会要求得到更多的垄断利润，生产右鞋的公司根本不用考虑左鞋的需求就提高价格，生产左鞋的公司也会紧跟而上，这样消费者买一双鞋就要花比原来还要高的价钱。在故事里，政府的正确做法是取消鞋的发明专利，让别人也来开鞋厂，从而消除垄断。

其实经济学家们对垄断有不同看法。我们认为对垄断不能一概反对，要看这个垄断是怎么形成的，限制它对技术创新有没有好处。像微软这样的企业是靠技术创新形成的，分拆了它对鼓励创新没有好处，应像专利一样在一定时间内允许它拥有垄断地位。

垄断意思是"唯一的卖主"，它指的是经济中一种特殊的情况，即一家厂商控制了某种产品的市场。比如说，一个城市中只有一家自来水公司，而且它又能够阻止其他竞争对手进入它的势力范围，这就叫作完全垄断。

既然整个行业独此一家，别无分号，显然这个垄断企业便可以成为价格的决定者，而不再为价格所左右。可以肯定的是，完全垄断市场上的商品价格将大大高于完全竞争市场上的商品价格，垄断企业因此可以获得超过正常利润的垄断利润，由于其他企业无法加入该行业进行竞争，所以这种垄断利润将长期存在。

但是，垄断企业是不可能任意地抬高价格的，因为，任何商品都会有一些替代品，如果电费使人负担不起的话，恐怕人们还会用蜡烛来照明。所以，较高的价格必然抑制一部分人的消费，从而使需求量降低，不一定能给企业带来最大的利润。

垄断企业成为价格的决定者，也并不意味着垄断企业产品的价格单一。有时候，垄断企业要面对需求状况变动不同的数个消费群体，必须分情况制定出有区别的价格来。对需求价格弹性较大的可采用低价策略，对需求价格弹性较小的可采用高价策略，以便获得较理想的收益。

理论上纯粹的完全垄断市场必须同时满足以下三个条件：（1）市场上只有一家企业；（2）该企业的产品不存在相近的替代品；（3）进入该市场存在着障碍。现实中真正满足这三个条件的市场几乎是没有的，因为人的欲望是无止境的，他们总能找到各种替代品。

然而，要打破垄断绝非轻而易举。通常，完全垄断市场有三座护卫"碉堡"，其一是垄断企业具有规模经济优势，也就是在生产技术水平不变的情况下，垄断企业能打败其他企业，靠的是生产规模大，产量高，从而总平均成本较低的优势。其二是垄断企业控制某种资源。像美国可口可乐公司就是长期控制了制造该饮料的配料而独霸世界的，南非的德比公司也是因为控制了世界约85%的钻石供应而形成垄断的。其三是垄断企业具有法律庇护。例如，许多国家政府对铁路、邮政、供电、供水等公用事业都实行完全垄断，对某些产品的商标、专利权等也会在一定时期内给予法律保护，从而使之形成完全垄断。

通常认为，完全垄断对经济是不利的。因为它会使资源无法自由流通，引起资源浪费，而且消费者也由于商品定价过高而得不到实惠。"孤家寡人"的存在也不利于创造性的发挥，有可能阻碍技术进步。可是话又说回来，这些垄断企业具有雄厚的资金和人力，正是开发高科技新产品必不可少的条件。另外，由政府垄断的某些公用事业，虽免不了因官僚主义而效率低下，却并不以追求垄断利润为目的，对全社会还是有好处的。

市场上就凭几个人说了算——寡头垄断

所谓寡头垄断，是垄断的一种，它是指在一个市场上有少数几家企业供给产品，它们各占较大份额，彼此通过协定或默契制定价格。这些企业被称为寡头，所以这种垄断也就叫寡头垄断。

寡头市场是指少数几家厂商控制整个市场的产品的生产和销售的这样一种市场组织。在这种市场上，几家厂商的产量在该行业的总供给中占了很大的比例，每家厂商的产量都占有相当大的份额，从而每家厂商对整个行业的价格和产量都有举足轻重的影响。他们之间又存在不同形式的竞争。

寡头垄断市场在经济中占有十分重要的地位，这一方面是由于进入这些行业所需的资金十分巨大，另一方面是已有的寡头也要运用各种方法阻止其他厂商的进入。

雷克公司是一个昙花一现的航空公司，但它的知名度却不低。1977年，一个冒失的英国人弗雷迪·雷克闯进航空运输市场，开办了一家名为雷克的航空公司。他经营的是从伦敦飞往纽约的航班，票价是135美元，远远低于当时的最低票价382美元。毫无疑问，雷克公司一成立便生意不断，1978年雷克荣获大英帝国爵士头衔。到1981年"弗雷迪爵士"的年营业额达到5亿美元，简直让他的对手们（包括一些世界知名的老牌公司）气急败坏。但是好景不长，雷克公司于1982年破产，从此消失。

为什么会这样？原因很简单，包括泛美、环球、英航和其他公司在内的竞争对手们采取联合行动，一致大幅降低票价，甚至低于雷克。一旦雷克消失，他们的票价马上回升到原来的高水平。更严重的是这些公司还达成协议，运用各自的影响力阻止各大金融机构向雷克公司贷款，使其难以筹措用以抗争的资金，进一步加速雷克公司的破产。

在现实当中，寡头垄断常见于重工业部门，比如汽车、钢铁、造船、石化，以及我们正在谈论的飞机制造等部门。这些行业的突出特点就是"两大一高"——大规模投入、大规模生产、高科技支撑。这些苛刻的条件使得一般的厂商根本难以进入，再有钱的老板在这些行业门口一站，马上就会发现自己做的只不过是"小本生意"。而且，那些已经历长期发展（动辄几十、上百年）、具备垄断地位的"巨无霸"企业，为了保持对技术的垄断和丰厚的利益，也势必要采取种种高压手段打击竞争对手，绝不允许任何后来者与自己分享这一市场。这是现实，也是一种市场竞争的必然。

形成寡头市场的主要原因有：某些产品的生产必须在相当大的生产规模上进行才能达到最好的经济效益；行业中几家企业对生产所需的基本生产资源的供给的控制；政府的扶植和支持；等等。由此可见，寡头市场的成因和垄断市场是很相似的，只是在程度上有所差别而已。寡头市场是比较接近垄断市场的一种市场组织。

寡头行业可按不同方式分类。根据产品特征，可分为纯粹寡头行业和差别寡头行业两类。还可按厂商的行动方式分为有勾结行为的（即合作的）和独立行动的（即不合作的）不同类型。

寡头厂商的价格和产量的决定是非常复杂的问题。主要原因在于：在寡头市场上，每个寡头的产量都在全行业的总产量中占较大份额，因此，每个厂商的产量和价格的变动都会对其他竞争对手以至整个行业的产量和价格产生举足轻重的影响。从而每个寡头厂商在采取某项行动之前，必须首先推测或掌握自己这一行动对其他厂商的影响以及其他厂商可能做出的反应，考虑到这些因素之后，才能采取最有利的行动。所以每个寡头厂商的利润都要受到行业中所有厂商的决策的相互作用的影响。一般而言，不知道竞争对手的反应方式，就无法建立寡头厂商的模型。或者说，有多少关于竞争对手的反应方式的假定，就有多少寡头厂商的模型，就可以得到多少不同的结果。因此在西方经济学中，没有一种寡头市场模型能对寡头市场的价格、产量的决定作出一般的理论总结。

欧佩克就是一种寡头垄断形式。在欧佩克诸成员国中，沙特阿拉伯是最大的或最有影响的一位。它的产量一般占欧佩克总产量的1/3，储油量也占欧佩克总储量的40%。通常都是由沙特阿拉伯先制定价格或与其他成员协商后制定价格，其他成员则遵照执行，即使石油销路不好时，他们宁可减少产量也不愿降价，以免引起彼此的纷争，造成两败俱伤。这种寡头垄断我们可以称之为价格领袖式寡头垄断。

"冰冻三尺，非一日之寒"，寡头市场有着长期发展所形成的优势，也有着明显的劣势。总的来说，就经济效率而言，由于长期以来寡头市场的市场价格高于边际成本，企业利润有着稳定、可靠的保障，加之缺乏竞争者的加入，因此寡头企业在生产经营上要缺乏积极性，这会导致其效率降低。但是从另一方面看，由于寡头企业规模较大，往往便于大量使用先进技术，所以又有效率较高的一面。有鉴于此，许多国家都在试图"扬长避短"，在发挥其高效率一面的同时，制定相应政策法规抑制其低效的一面（比如保护与寡头企业密切关联的其他中小企业的权利，打击垄断等），从而促进寡头市场的竞争。

企业扩张的快捷方式——兼并

企业兼并在当今已经屡见不鲜。当优势企业兼并了劣势企业，后者的资源便可以向前者集中，这样一来就会提高资源的利用率，优化产业结构，进而显著提高企业规模、经济效益和市场竞争力。

对于一个国家而言，企业兼并有利于其调整产业结构，在宏观上提高资源的利用效率。对兼并的研究，一直是经济学家的重点课题。不过，在此需要指出，人们提起兼并的时候，往往会把这样几个词混淆："兼并"、"合并"与"收购"。

它们的共同点在于，这三种行为都是企业产权的有偿转让，即都是企业的买卖，都是企业为了谋求发展而采取的外部扩张措施。但具体来说，合并是指两家以上的公司归并为一个公司。兼并是指把其他企业并入本企业里，被兼并的企业将失去法人资格或改变法人实体。收购在操作程序上与合并相比要相对简单，只要收购到目标公司一定比例的股权，进行董事会、监事会改组就可以达到目的。因此，一般情况下，可以这样认为：收购是兼并中的一种形式，即控股式兼并，而兼并又包含在广义的合并概念中，它是合并中的一种形式，即吸收合并。

企业兼并的主要形式有：

购买兼并，即兼并方通过对被兼并方所有债权债务的清理和清产核资，协商作价，支付产权转让费，取得被兼并方的产权。

接收兼并，这种兼并方式是以兼并方承担被兼并方的所有债权、债务、人员安排以及退休人员的工资等为代价，全面接收被兼并企业，取得对被兼并方资产的产权。

控股兼并，即两个或两个以上的企业在共同的生产经营过程中，某一企业以其在股份比例上的优势，吸收其他企业的股份份额形成事实上的控制关系，从而达到兼并的目的。

行政合并，即通过国家行政干预将经营不善、亏损严重的企业，划归为本系统内或行政地域管辖内最有经营优势的企业，不过这种兼并形式不具备严格法律意义上的企业兼并。

企业兼并，是企业经营管理体制改革的重大进展，对促进企业加强经营管理，提高经济效益，有效配置社会资源具有重要意义。当今世界上，任何一个发达国家在其经济发展过程中，都经历过多次企业兼并的浪潮。以美国为例，在历史上就曾发生过 5 次大规模企业兼并。其中发生于 19 世纪末 20 世纪初的第一次兼并浪潮便充分发挥了优化资源配置的巨大威力，不仅使得企业走上了腾飞之路，更是基本塑造了美国现代工业的结构雏形。

当今世界航空制造业排行第一的美国波音公司有过多次兼并其他企业的案例，其中最著名的就是兼并美国麦道公司。在 1996 年，"麦道"在航空制造业排行世界第三，仅次于"波音"和欧洲的"空中客车"。该年"波音"以 130 亿美元的巨资兼并"麦道"，使得世界航空制造业由原来"波音""麦道"和"空中客车"三家共同垄断的局面，变为"波音"和"空中客车"两家之间的超级竞争。新的波音公司在资源、研究与开发等方面的实力急剧膨胀，其资产总额达 500 多亿美元，员工总数达 20 万人，成为世界上最大的民用和军用飞机制造企业。这对于"空中客车"来说构成了极为严重的威胁，以至于两家公司发生了激烈的争执。在经过艰苦的协商、谈判后，波音公司最终被迫放弃了已经和美国几十家航空公司签订的垄断性供货合同，以换取欧洲人对这一超级兼并的认可。但是不管怎样，前无古人的空中"巨无霸"由此诞生，并对世界航空业产生了巨大影响。

由于兼并涉及两家以上企业的合组，其操作将是一个非常复杂的系统工程。成功的企业兼并要符合这样几个基本原则："合法""合理""可操作性强""产业导向正确"以及"产品具有竞争能力"。同时，企业兼并还要处理好"沟通"环节，包括企业之间技术的沟通，以及人与人的交流。只有这样，才能使企业兼并发挥它的优势，否则将会适得其反，在未能达到兼并目的的同时反受其害。有统计表明，全球一半以上的企业兼并行为都没有达到预期的目标——从表面上看，企业规模是增大了，但却没有创造出更大经济效益，更有甚者，因为兼并使得企业失去了市场竞争力。

产业经营是做"加法"，企业兼并是做"乘法"。很多企业家看到了"乘法"的高速成长，却忽视了其隐藏的巨大风险，现实中有太多在产业界长袖善舞的企业家最后在资本运营中折戟沉沙。

以互联网为例，在20世纪90年代初期，网民的计算机上同时使用着两种浏览器：一种是微软的Explore，另一种则是美国网景公司的Netscape。微软凭借强有力的竞争措施逐渐在浏览器市场上占据了优势地位，网景则处于相对的弱势地位。

1998年，美国在线（AOL）以42亿美元的价格收购了Netscape。当时，Netscape在微软所提供的免费浏览器面前已经显得非常渺小，但美国在线却对其前景颇为看好。在他们看来，依靠美国在线的雄厚财力和技术优势，可以使得Netscape重新焕发活力，成为与微软竞争的对手。然而，无情的事实证明这是一项失败的兼并。首先，该次合并在一开始就受到很多人的质疑，认为两个公司在程序设计上，技术差异太大，难以兼容；其次，美国在线急于求成，于2000年直接跳过Netscape5，推出基于一项新技术——以Mozilla0.6为原始码的Netscape6。但是，由于Mozilla0.6一时并不稳定，结果Netscape6进一步失去了自己原有的用户。这两大失误使得美国在线不得不于2008年3月1日起，停止开发网景浏览器，作为一款曾经改变互联网、有着辉煌历史的浏览器，Netscape彻底退出了历史舞台。

保暖内衣的冷与热——垄断竞争

垄断竞争市场是一种处在完全竞争和完全垄断之间的，既有垄断又有竞争的市场结构。引起垄断竞争的基本条件是产品差别的存在，它是指同一种产品在质量、包装、牌号、配方或销售条件等方面的差别。一种产品不仅要满足人们的实际生活需要，还要满足人们的心理需要。于是，每一种有差别的产品都可以以自己的产品特点在一部分消费者中形成垄断地位。

但是产品差别是同一种产品的差别，这样各种有差别的产品之间又存在替代性，就引起了这些产品之间的竞争。

因此，竞争分纯粹竞争和垄断竞争两种。在纯粹竞争中，大量的小卖主向同一市场供应同类产品，其中无一人能影响市场价格，而必须接受由所有卖主提供产品的总供给量和所有买主对产品的总需求量所决定的市场价格。各个卖主都趋向于按现时市场价格将其产品调整到能够给他带来最大利润的那种数量，而不至发生市场价格的变动，但所有卖主如此调整的结果，使得总供给量发生变化，因而市场价格随之上升或下降。当经营者供应不同类的产品，即存在产品差异时，则会发生垄断竞争。

20世纪80年代，可口可乐与百事可乐之间竞争十分激烈。可口可乐为了赢得竞争，对20万13～59岁的消费者进行调查，结果表明，55%的被调查者认为可口可乐不够甜。本来不够甜加点糖就可以了，但可口可乐公司花了两年时间耗资4000万美元，研制出了一种新的更科学、更合理的配方。1985年5月1日，董事长戈苏塔发布消息说，可口可乐将中止使用99年历史的老配方，代之而起的是"新可口可乐"；当时记者招待会上约有

200家报纸、杂志和电视台的记者，大家对新的可口可乐并不看好。

24小时后，消费者的反应果然印证了记者们的猜测。很多电话打到可口可乐公司，也有很多信件寄到可口可乐公司，人们纷纷表示对这一改动的愤怒，认为它大大伤害了消费者对可口可乐的忠诚和感情。旧金山还成立了一个"全国可口可乐饮户协会"，举行了抗议新可口可乐活动，还有一些人倒卖老可口可乐以获利，更有人扬言要改喝茶水。

此时百事可乐火上浇油。百事可乐总裁斯蒂文在报上公开发表了一封致可口可乐的信，声称可口可乐这一行动表明，可口可乐公司正从市场上撤回产品，并改变配方，使其更像百事可乐公司的产品。这是百事可乐的胜利，为庆祝这一胜利，百事可乐公司放假一天。

面对这种形势，1985年7月11日，可口可乐公司董事长戈苏塔不得不宣布：恢复可口可乐本来面目，更名"古典可口可乐"，并在商标上特别注明"原配方"，与此同时，新配方的可口可乐继续生产。消息传开，可口可乐的股票一下子就飙升了。

这个案例说明，老的可口可乐已在部分消费者中形成了垄断地位，哪怕可口可乐公司总裁也不能动摇这种地位。与此同时，案例也说明在可口可乐、百事可乐、矿泉水以及茶水等饮料之间还是存在竞争的。这种市场就是垄断竞争市场。

垄断竞争市场与完全竞争市场相比，价格和平均成本要低，产量要多，说明资源的利用程度要高。而且因为存在竞争，也有利于创新。但是销售成本有所增加。

1996年，俞兆林先生发明了导湿保暖复合绒，并将这一发明利用在内衣上，从此服饰领域多了"保暖内衣"这一新概念。"保暖内衣"这个服装领域的新宠儿，一时间成了人们谈论冬季保暖话题的流行词。1999年更是成为市场追捧的对象，各种保暖内衣市场可谓是炙手可热、尽占春色。于是乎，这一新生行业由1999年只有几十家生产商的基础上，在2000年猛增至500家，总销量由1999年的不足700万套，上升到2000年度的3000多万套！甚至是鱼龙混杂、泥沙俱下。同时，伴随激烈竞争而推出的各种营销手段更是层出不穷。有报道说："南极人"送袜，"南极棉"送被，"白熊"保暖内衣卖最低价，"俞兆林"买两套送一套、买一套送单件、买单件送手套，等等；各种广告宣传更是充斥大街小巷、报端电视。而当行业内厂商激战正酣时，市场上消费者、行业管理人士的反映又怎样呢？根据市场调查发现，尽管价格较1999已有明显下降，但2000年度市场反映仍十分冷淡，1999年度那种排长队提货的情景没有了，而产品专卖区更是十分萧条，有营业员说，与1999年的火爆场面相比，这里常常是数十分钟无人问津。

保暖内衣何以面对如此"冰火两重天"的景象呢？这是因为保暖内衣从产品开发到市场化经历了从垄断到垄断竞争的市场结构变化过程。首先是行业的垄断利润使得其他厂商有了进入该行业的动力，同时各厂商为了有效地进入和占有应有的市场份额，除了采取"价格战"以外，他们还通过宣传各种保暖新概念，来加强自己的品牌优势以确立其市场竞争地位。

中国保暖内衣市场形成过程经历了两个阶段。首先，各厂商通过价格和非价格竞争来争取一个较大的市场份额和垄断利润；其次，垄断超额利润的存在使得新厂商的进入成为可能，使得垄断利润逐渐消失。特别是当保暖技术不再成为行业进入的主要障碍时，大量差异产品充斥市场，使得行业生产规模超出市场需求，表现在单个厂商身上则是市场的萎缩。

总体来说，产品差别是垄断竞争市场的本质特征。而这些差别有可能来自各个方面。因此，消费者在享受产品差别所带来的多样化的同时，不得不提防虚假差异甚至是伪劣产品所带来的侵害。这样，一个垄断竞争市场的形成必然需要一个严格的市场管理，要有一个严格的行业标准来规范市场，以防不法厂商借制造假差异来垄断市场，从而危害消费者利益。

联合起来就能奏效？——价格联盟

价格联盟是指两个或两个以上具有竞争关系的经营者，以合同、协议或其他方式，共同商定商品或服务价格，以限制市场竞争，牟取超额利润所实施的垄断联合。价格联盟的明显特征是：它是两个或两个以上的经营者自愿采取的联合行动；是处于同一经营层次或环节上的竞争者之间的联合行动；联合行动是通过合同、协议或其他方式进行的；协议的内容是固定价格或限定价格；其共同目的是通过限制竞争以获取高额利润。

"价格联盟"一词对于我们而言，并不陌生。早在几年前，国内9大彩电企业结盟深圳，以同行议价形式共同提高彩电零售价格，并迫使彩管供应商降价。以钢铁、彩电为发端，其后又有空调联盟、民航机票价格联盟、电脑价格联盟，近一些的还有券商们的佣金价格联盟等等，一时间甚嚣尘上。然而，这些价格联盟都无一例外地摆脱不了短命而亡的宿命。

由于行业协会制定的是行业自律价格，其实没有强制效力，行业协会也不可能对"违反"自律价格的商家进行处罚，因此这个自律价格其实只是一个空架子，没有什么实际意义。在利益面前，这种基于行业压力及商家道德的"盟誓"究竟有着多少约束力可想而知。

价格联盟被称为"卡特尔"，任何价格卡特尔一经形成必然走向它的反面。联盟一经形成，价格便富有极大的弹性，只要其中的某一个成员降低价格，必将从中获利。为追逐利益，联盟成员之间的价格争斗不可避免，这就必然导致卡特尔机制的瓦解。

即使价格联盟在短期内取得一定收效，缓解了联盟企业的燃眉之急，但其潜在和长期的危害却不可忽视。首先，制约了企业竞争，自由竞争是市场经济的基本属性，离开了竞争，市场就成为死水一潭。由于不同企业经营成本不同，却执行相同的价格，形成大家平均瓜分市场份额的局面，无形中保护了落后，鼓励不思进取，严重挫伤了企业发展的积极性；其次，损害了消费者的知情权和选择权，伤害了消费者的利益，并且不利于培养消费者成熟的消费理念。俗话说，没有成熟的消费者就不会有成熟的市场，因此，最终结果还是累及整个行业的长期发展。

在拉封丹的寓言《鼠盟》里，有一只自称"既不怕公猫也不怕母猫，既不怕牙咬也不怕爪挠"的鼠爷，在它的带领下，老鼠们签订协议，组成了对抗老猫联盟，去救一只小耗子。结果，面对老猫，"首鼠两端不敢再大吵大闹，个个望风而逃，躲进洞里把小命保，谁要不知趣，当心老雄猫"。鼠盟就这样瓦解了，协议变成了一纸空文。

寓言故事中使鼠盟难以形成的原因是猫的强大无比；使价格联盟难以实现的原因是市场供求力量的强大无比，不可抗拒。在市场经济中，决定价格的最基本因素是供求关系。供小于求，价格上升；供大于求，价格下降，这是什么力量也抗拒不了的。在不完全竞争的市场（垄断竞争、寡头、垄断）上，企业只能通过控制供给来影响价格，想把自己硬性决定的价格强加给市场是行不通的。在汽车、民航这类寡头市场上，每个企业所考虑的只能是自己的短期利益，而不是整个行业的长期利益，因此，当整个行业供大于求时，不要寄希望于每个企业减少产量来维持一定的价格。

国内企业各种各样的"联盟"声不绝于耳，并且屡战屡败，而后又屡败屡战，很多企业乐此不疲。企业搞联盟是想在市场的海洋中寻求一个救生圈，而总是无终而果。每次联盟均告失败的事实说明：这种被不少企业看作制胜"法宝"的价格联盟是靠不住的。

我国如今的经济时代好像成了"联盟时代"，在种种共同利益的驱动下，一些企业动不动就扛起"联盟"大旗，或是价格的抬价压价、或是限产保价、或是联合起来一致对外。仔细分析，这些企业联盟形式大致逃脱不了两种模式：一是企业之间自愿建立的松散联盟；二是由主管部门主导、企业参加的联盟。

早在18世纪初，亚当·斯密就说过这样一句话："同业中的人即使为了娱乐和消遣也很少聚在一起，但他们的对话通常不是对付公众的阴谋，便是抬高价格的计划。"事实也一再证明，这种非寡头垄断同盟缺乏有效的约束机制，具有相当的不确定性。

其实，企业之间的竞争还可进行一些非价格的竞争，如企业在提高产品质量、增加技术含量上下功夫，向品牌、技术竞争过渡；优势企业兼并劣势企业；劣势企业主动从行业中退出；再就是从国际市场上寻找出路。因此，中国的企业家们应该尽快地从联盟的阴影中走出来，以一种更加成熟的心态去谋求发展。

要想在激烈的市场竞争中有立足之地，与其去组织什么价格联盟，不如革新技术，提升自己的市场竞争力。

不把所有鸡蛋放到同一个篮子里——范围经济

提起范围经济，很多人以为就是规模经济，其实这是不正确的。范围经济指由厂商的经营范围而非规模带来的经济，即同时生产两种产品的费用低于分别生产每种产品时，所存在的状况就被称为范围经济。只要把两种或更多的产品合并在一起生产比分开来生产的成本要低，就会存在范围经济。

范围经济一般指企业通过扩大经营范围，增加产品种类，生产两种或两种以上的产品而引起的单位成本的降低。与规模经济不同，它通常是企业或生产单位从生产或提供某种系列产品（与大量生产同一产品不同）的单位成本中获得节省。而这种节约来自分销、研究与开发和服务中心（像财会、公关）等部门。范围经济一般成为企业采取多样化经营战略的理论依据。范围经济是研究经济组织的生产或经营范围与经济效益关系的一个基本范畴。

企业进行多产品联合生产时，产品种类的数量是有限度的，并不是越多越好，总是存在一个合理的范围，表现为企业的一体化或多元化经营总是有限度的，而且理论上存在一个最优的经营组合。企业进行多产品联合生产时，在产品的组合上是可选择的，表现为某产品的生产对一个企业来讲不存在范围经济，但对另一个企业来讲也许存在范围经济，或者是，某产品的生产对两个企业来讲都存在范围经济，但在一个企业生产的范围经济比在另一个企业生产的范围经济要大。

专业化本身也存在一个经济与不经济的问题，即专业化不一定经济。范围经济和范围不经济的问题，实际上就是一体化(即非专业化)经济和非一体化经济的问题，或者说是专业化经济与专业化不经济的问题，企业何时存在专业化经济，何时存在专业化不经济，实际上就回答了联合生产何时存在范围经济，何时存在范围不经济，这就为联合生产合理范围的确定提供了一个量化标准。

范围经济与规模经济是两个不同的概念，二者之间并无直接的关系。一个生产多种产品的企业，其生产过程可能不存在规模经济，但是可能获得范围经济；一个工厂用较大规模只生产某一种产品可能会产生规模经济，但是却不可能获得范围经济。范围经济强调生产不同种类产品（包括品种与规格）获得的经济性；规模经济强调的是产量规模带来的经济性。那么，范围经济具有哪些优势呢？

（1）生产成本优势。主要表现为分摊固定成本、降低变动成本。分摊固定成本主要表现为分摊固定资产的折旧费用，从而降低单位产品的固定成本；降低变动成本，主要表现在降低采购成本、提高资源利用率等方面。

（2）差异化优势。差异化是指企业提供产品的多样性，包括产品的质量、功能、外观、品种、规格及提供的服务等，这种多样性能使消费者认同该产品并区别于其他企业提供的类似产品。范围经济形成的差异化优势特别明显，差异化一方面满足了顾客"多样化、个性化、差别化"需求，同时，差异化也是企业寻求范围经济的出发点和追求的目标。

（3）市场营销优势。在买方市场条件下，获得市场营销优势是企业成功的关键。市场营销的关键在于正确定位目标市场的需要和欲望，比竞争者更有效地提供目标市场所要求的满足。市场营销强调满足消费者的需要和欲望，从营销理论来说，就是从产品、价格、地点、促销、公共舆论、政治或权力等方面体现企业的竞争能力。而范围经济形成的成本优势和差异化优势，体现了企业在产品、品质和价格方面的竞争能力。同时又能在内部建立的营销平台上，利用原有的渠道销售多种产品，还能更好地利用企业已经形成的品牌优势，为新产品开拓市场，使消费者更容易接受，同时也对跟进者形成巨大的进入障碍。

（4）技术创新优势。首先，对范围经济的理解和受益，使企业管理层对新产品、新工艺的开发更加重视；其次，范围经济利益的驱动可以导致科技创新的良性循环，持续的创新活动将使企业在应用新材料、采用新工艺、培养创新团队、加强市场调研等方面获得突破，最终将形成企业强大的核心竞争优势。

（5）抵御风险的优势。范围经济在成本、差异化、市场营销和技术创新等方面获得竞争优势，实际上是增加了企业抵御风险的能力。同时，范围经济还强化了企业的"新陈代谢"和互补性。

其实范围经济在生活中比较常见，比如一个火力发电厂在其附近建一砖厂，而生产砖的原材料就是发电过程中产生的煤渣。煤渣对于发电厂完全是废物，原来发电厂还要花专门的资金清理它们，而现在砖厂不仅可以帮助清理掉煤渣，还可以把它们转变为有用的产品，拿到市场上卖钱。发电厂不仅节省了清理煤渣的费用，还通过砖的销售获得额外的收入。总收入的增加使得它相对于同行具有成本优势，即使电的销售价格低于竞争对手，它仍能得到高于对手的利润。

范围经济也并非一定要在一个企业的范围内存在，企业与企业间同样可以形成范围经济。在上面的例子中，如果砖厂不是发电厂所建，而是由另一个企业所建，就形成了企业间的范围经济。在这样的情况下，发电厂可能把煤渣以很低的价格卖给砖厂，它仍然可以节省清理费用，还能获得销售煤渣的收入。但是我们从砖厂看，因为它的原材料是别的厂商的废料，肯定是成本极低，所以相对于其他的砖厂，它就享受到成本节约的好处，成本的降低使得它可以降低价格获得竞争优势。

生产互补可以发生在企业内部，也可以发生在企业之间。不管是哪种情况，两种产品的生产商都可以受益。很多企业在生产过程中都可能产生很多废物，或者下脚料，这些看似没用的东西对别的企业或者是生产别的产品可能有用甚至重要。所以企业不能仅从自己产品或行业的角度看待它们，而是要从更高的高度、更广的角度发掘它们的价值，尽力变废为宝。例如，某个生产防盗门的企业，利用下脚料生产鞋架，就是这种思路的具体运用。再者，从降低生产成本的角度看，如果企业找到生产技术和生产机会充分利用别的企业在生产过程中所产生的废物或下脚料，或者是别的企业的闲置资源，就能找到降低成本的机会空间。

第六章 需求与消费行为

商品价格与需求量的关系——需求定理

需求是指消费者在某一特定时期内、在某一价格水平上愿意而且能够购买的商品量。作为需求要具备两个条件：第一，有购买欲望；第二，有购买能力，这两者缺一不可。

鸦片战争以后，英国商人为打开了中国这个广阔的市场而欣喜若狂。当时英国棉纺织业中心曼彻斯特的商人对把洋布销到中国十分乐观，他们估计，中国有4亿人，假如有1亿人晚上戴睡帽，每人每年用两顶，整个曼彻斯特的棉纺厂即使加班加点也不够，何况这只是睡帽，还有衣服、裤子、被子、单子……都需要洋布。于是他们把大量洋布运到中国，结果却是一枕黄粱美梦：洋布在中国根本卖不出去。这是为什么呢？

这是因为洋布并没有满足中国人需求的两个条件。当时中国人没有戴睡帽的习惯，衣服也用自产的丝绸和土布，所以对英国机织洋布没有购买欲望。另一方面，当时中国人也很穷，农民手中现金极少，缺乏购买商品的能力，所以洋布在中国卖不出去。英国人可以用炮舰打开中国国门，把洋布运到中国，但无法强迫中国人购买他们的商品。

我们到商场去购物是为了得到效用，因此总要比较一下货币支出与能获得的效用，看值不值。如果我们的货币收入是一定的，即每单位货币给我们带来的效用都是相等的，那么我们对某物品愿意付出的价格就以该物品的边际效用为标准。如果边际效用大，我们就愿意付较高的价格；如果边际效用小，我们就只愿付较低的价格。随着我们购买某物品数量的增加，该物品的边际效用随之递减，这样我们愿意付出的价格也就降低。因此，在其他条件不变时，我们对某物品的需求量与其价格就呈反向变动，这就是需求定理。在理解需求定理时要注意以下几点：

（1）其他条件不变是指影响需求的其他因素不变，离开了这一前提，需求定理就无法成立。例如，如果收入增加，商品本身的价格与需求量就不一定呈反方向变动。

（2）需求定理指的是一般商品的规律，但这一定理也有例外。比较重要的是炫耀性商品与吉芬商品。

（3）需求定理反映了商品价格与需求量之间的反方向变动关系，这种变动关系是由收入效应和替代效应共同作用形成的。

（4）贵的优势商品和差的劣势商品各加上一个相同的固定费用，那么贵的优势商品就相对便宜，根据需求定律，相对便宜即意味需求量上升。

如果我们用横轴 OQ 表示需求量，纵轴 OP 表示价格，那么需求量与价格呈反向变化的关系可以用一条曲线 D 来表示，这条曲线是向右下方倾斜的，其斜率为负，称为需求曲线，如图所示。

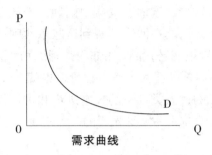

需求曲线

在众多知名的连锁超市中，人们对沃尔玛的低廉价格有着深刻的印象。如果你问沃尔玛的员工：沃尔玛靠什么来吸引顾客？他们大都回答：便宜。有人甚至会说沃尔玛是 5 元进的货 3 元卖。5 元进的货 3 元卖，这不是亏本的买卖吗？沃尔玛靠什么赚钱？怎么会成为全世界最大的零售商呢？原来沃尔玛并不是什么商品都打折，只有部分商品打折，给顾客留下便宜的印象。于是根据需求定理，就会吸引顾客到沃尔玛来。顾客既然来了，就会稍带买些并没有打折的商品，于是带动了整个商场的销售量。为了避免顾客只冲部分商品来超市，沃尔玛采取了轮流打折的策略，让顾客也搞不清今天哪种商品打折，反正总有打折的商品，从而养成到沃尔玛消费的习惯，保证了沃尔玛的可持续发展。

需求定理认为，价格与需求是成反向变动的，在经济学史上就曾经有一个探讨需求定理作用的有趣故事。20 世纪 80 年代，美国著名的经济学家斯坦福大学的保罗·埃尔里奇认为，由于人口爆炸、食物短缺、不可再生性资源的消耗、环境污染等原因，人类的前途堪忧；而马里兰州州立大学的未利安·西蒙认为，人类社会的技术进步和价格机制会解决人类社会发展中出现的各种问题，所以人类社会的前途还是光明的。他们都有自己的支持者，形成了两个派别：悲观派和乐观派，进行了很长时间的争论。由于公说公有理，婆说婆有理，谁也说服不了谁，只好用时间来检验了。为此他们打了赌，赌不可再生性资源是否会消耗完的问题，如果像埃尔里奇说的那样，不可再生性资源总有一天会消耗完的话，它们的价格必然会大幅度上升；如果像西蒙说的那样，技术的进步和价格机制会解决人类社会发生的各种问题的话，它们的价格不但不会大幅度上升，还会下降。他们选了 5 种金属：铬、铜、镍、锡、钨，各自以假想的方式买入 1000 美元的等量物质，每种金属各 200 美元，以 1980 年 9 月 29 日的各种金属价格为准，假如到 1990 年 9 月 29 日，这 5 种金属的价格在剔除通货膨胀的因素后果然上升了，西蒙就输了，他要付给埃尔里奇这些金属的总差价。反之，假如这5种金属的价格下降了，埃尔里奇就输了，他将把总差价支付给西蒙。经过了漫长的10年的等待，事情终于有了结果，最后是西蒙赢了：5种金属无一例外都降了价。

为什么这5种不可再生性资源的价格都下降了呢？这是因为世界上任何资源都有替代品，当这些资源的价格上升时，会刺激人们去开发和使用它们的替代品，它们的需求就会减少，这就是需求定理。而需求的减少又会使其价格下降。比如在青铜器时代，人们用铜做器物：铜锅、铜盆、铜剑……甚至镜子和货币也是铜做的：铜镜、铜钱。现在为什么只能在博物馆看到这些东西呢？就是因为随着科学技术的进步，人们发现了很多青铜的替代品，比如用铁制锅和剑，用塑料制盆，用玻璃制镜，用纸制钱，等等。铜的需求就会大大减少，价格也就下降了。

因此正如西蒙所说的，人类社会的技术进步和价格机制会解决人类社会中出现的各种问题，人类社会的前途一定是光明的。

享受有差别的生活——消费与消费品

消费品是指满足人们物质和文化方面消费需求的物品。市场上提供的种种有关衣食住行方面的产品或者劳务，如家电、食品、理发等都可以称为消费品。而人们通过消费品满足自身欲望的经济行为就是消费。

根据消费者的购买行为和购买习惯，消费品可以分为便利品、选购品、特殊品三类。

（1）便利品。又称日用品，是指消费者日常生活所需、需重复购买的商品，诸如粮食、饮料、肥皂、洗衣粉等。消费者在购买这类商品时，一般不愿意花很多的时间比较价格和质量，愿意接受其他任何代用品。因此，便利品的生产和销售，一般具有分销的广泛性，经销网点遍布城乡各地，以便消费者能及时就近购买。

（2）选购品。指价格比便利品要贵，消费者购买时愿意花较多时间对许多家商品进行比较之后才决定购买的商品，如服装、家电等。消费者在购买前，对这类商品了解不多，因而在决定购买前总是要对同一类型的产品从价格、款式、质量等方面进行比较。因此，选购品的销售网点一般都设在商业网点较多的商业区，并将同类产品销售点相对集中，以便顾客进行比较和选择。

（3）特殊品。指消费者对其有特殊偏好并愿意花较多时间去购买的商品，如电视机、电冰箱、化妆品等。消费者在购买前对这些商品有了一定的认识，偏爱特定的品牌和商标，不愿接受代用品。为此，企业应注意争创名牌产品，以赢得消费者的青睐，要加强广告宣传，扩大本企业产品的知名度，同时要切实做好售后服务和维修工作。

基础消费品与人们生活息息相关，人们每天的所吃、所穿、所用包涵了各种各样的消费品。如果基础消费品一旦短缺，人们生活将会陷入巨大的混乱之中。

在经济发展的前提下，消费品市场上供应的各类消费品极大地提高了人们的生活水平。于是，除了基础消费品外，奢侈品已经越来越受到人们的消费青睐。

奢侈品在国际上被定义为"一种超出人们生存与发展需要范围的，具有独特、稀缺、珍奇等特点的消费品"，又称为非生活必需品。奢侈品在经济学上讲，指的是价值与品质的关系比值最高的产品。从另外一个角度上看，奢侈品又是指无形价值与有形价值的关系比值最高的产品。从经济意义上看，奢侈品实质是一种高档消费行为，本身并无褒贬之分。

简单来说，人类追求奢侈品主要有以下四个动机：

（1）富贵的象征。奢侈品是贵族阶层的物品，它是贵族形象的代表。如今，虽然社会民主了，但人们的"富贵观"并未改变。"劳斯莱斯"汽车就有贵族车的象征。

（2）看上去就好。奢侈品的高级性应当是看得见的。正因为人们对其奢华"显而易见"，它才能为主人带来荣耀。所以说，奢侈品理当提供出来更多的"可见价值"——让人看上去就感到好。那些购买奢侈品的人完全不是在追求实用价值，而是在追求全人类"最好"的感觉。

（3）个性化。正是因为商品的个性化，才为人们的购买创造了理由。也正因为奢侈品的个性化很不像大众品，才更显示出其尊贵的价值。

（4）距离感。作为奢侈品必须制造望洋兴叹的感觉。在市场定位上，奢侈品就是为少数"富贵人"服务的。因此，要维护目标顾客的优越感，就要使大众与他们产生距离感。奢侈品要不断地设置消费壁垒，拒大众消费者于千里之外。

对于人的消费而言，维持和延续人体基本生存的生活资料属于必需的消费品，如满足人体新陈代谢所需的食物、满足人们保暖的住房等。在不同的经济发展阶段上，生存资料标准与范围也不相同，随着消费水平的不断提高，必需消费品的种类不断增加、质量不断提高。而满足人的高级享受需要的消费品就是奢侈消费品。在经济发展的不同阶段，奢侈消费品的内涵也不尽相同，在经济发展水平低的阶段是奢侈消费品，随着经济发展就有可能转化为必需消费品。

渔翁为什么只要小鱼——消费需求

消费需求是指消费者对以商品和劳务形式存在的消费品的需求和欲望。那么，消费需求包含哪些方面的内容呢？

（1）对商品使用价值的需求。使用价值是商品的物质属性，也是消费需求的基本内容，人的消费不是抽象的，而是有具体的物质内容，无论这种消费侧重于满足人的物质需要，还是心理需要，都离不开特定的物质载体，且这种物质载体必须具有一定的使用价值。

（2）对商品审美的需求。对美好事物的向往和追求是人类的天性，它体现在人类生活的各个方面。在消费需求中，人们对消费对象审美的需要、追求，同样是一种持久性的、普遍存在的心理需要。对于消费者来说，所购买的商品既要有实用性，同时也应有审美价值。从一定意义上讲，消费者决定购买一件商品也是对其审美价值的肯定。在消费需求中，人们对消费对象审美的要求主要表现在商品的工艺设计、造型、式样、色彩、装潢、风格等方面。人们在对商品质量重视的同时，总是希望该商品还具有漂亮的外观、和谐的色调等一系列符合审美情趣的特点。

（3）对商品时代性的需求。没有一个社会的消费不带有时代的印记，人们的消费需求总是自觉或不自觉地反映着时代的特征。人们追求消费的时代性就是不断感觉到社会环境的变化，从而调整其消费观念和行为，以适应时代变化的过程。这一要求在消费活动中主要表现为：要求商品趋时、富于变化、新颖、奇特、能反映当代的最新思想，总之，要求商品富有时代气息。商品的时代性在商品销售中具有重要意义。从某种意义上说，商品的时代性意味着商品的生命。一种商品一旦被时代所淘汰，成为过时的东西，就会滞销，结束生命周期。为此，一方面，营销人员要使经营的商品适应时代的需要，满足消费者对商品时代感的需求；另一方面，生产者要能站在时代的前列，及时生产出具有时代特点的商品。

（4）对商品社会象征性的需求。所谓商品的社会象征性，是人们赋予商品一定的社会意义，使得购买、拥有某种商品的消费者得到某种心理上的满足。例如，有的人想通过某种消费活动表明他的社会地位和身份；有的人想通过他所拥有的商品提高在社会上的知名度等。了解消费行为中人们对商品社会象征性的需求，有助于采取适当的营销策略，突出高档与一般、精装与平装商品的差别，以满足某些消费者对商品社会象征性的心理要求。

（5）对优良服务的需求。随着商品市场的发达和人们物质文化消费水平的提高，优良的服务已经成为消费者对商品需求的一个组成部分，"花钱买服务"的思想已经被大多数消费者所接受。

实际上，消费需求可能受到多重因素的制约。有个故事是关于个人需求的。一个渔翁在河边钓鱼，看样子他的运气很好，没多久，只见银光一闪，便钓上来一条。可是十分奇怪，每逢钓到大鱼，这个渔翁就会将它们放回水里，只有小鱼才放到鱼篓中。在一旁观看他垂钓很久的人感到很迷惑，于是就问："你为何要放掉大鱼，而只留小鱼呢？"渔翁答道："我只有一口小锅，所以煮不下大鱼，并且小鱼的味道更鲜美。"

由此看来，并不是渔翁对大鱼没有需求，而是客观因素限制了他的需求。而对于市场上的消费者而言，经济状况决定人们的购买能力，也影响其消费需求。现实经济收入水平是决定购买能力的直接因素之一，同时也影响着顾客消费的选择及其结构。

在市场活动中，当商品经济处于不发达阶段时，消费者的消费领域比较狭窄，消费的内容很不丰富，满足程度也受到很大限制，消费者的消费需求及其满足程度都处于一种压抑状态。在市场经济条件下，生产资料和生活资料都是商品，人们的生产和生活的消费需求的满足都离不开市场交换。随着社会生产力的不断发展，企业将向市场提供数量更多、质量更优的产品，以便更好地满足消费者的消费需求。同时，随着人们物质文化生活水平的日益提高，消费需求也呈现出多样化、多层次，并有由低层次向高层次逐步发展，消费领域不断扩展，消费内容日益丰富，消费质量不断提高的趋势。

随着生活需要满足水平的逐步提高和生活态度及方式的改变，随着直接或间接的生活、消费经验的丰富，随着消费心理的不断成熟，人们在基本生活需要得到满足之后，开始从追逐潮流、显示个性，逐渐到体现品位、追求自我满足，心理追求逐步向高层次发展，生活及消费动机也在不断多样化。

需求的多样化是高层次化、个性化、情感化的直接结果。随着心理需要层次的提高，消费需求变得越来越复杂、多样。特别是对于不同的个体，在情感、精神的追求方面将会表现出更大的差异。主要表现在：

（1）对同一种生活行为，不同个体表现出千差万别的追求。物质短缺时代，对某项产品或消费属性的需求较为集中。随着物质、精神生活水平的提高，需求属性开始呈现出多样性。整体上追求的属性增多，而不同个体的各种需求属性权重的差异性越来越大。

（2）同一个体为满足某一生活需要表现出更多的需求。如为满足休闲的需要，可以有传统的聊天、散步、运动、读书等，还可以有旅行、健身、网上冲浪、电子游戏、购物等多种选择。

（3）对于同一消费者，在不同的生活领域其追求的差异性也变得愈加明显。由于生活方式的多样化，人们在不同的生活领域可能表现出不同的生活方式，进而相应的消费需求也会呈现出差异性和多样性。

鲜菜涨价了就多吃腌菜——替代效应

2009 年岁末一场大范围降雪使得各地的鲜菜价格猛地涨了很多。细心的人会发现，青菜价格是涨了，但买的人也跟着少了。据卖菜的摊主说，虽然鲜菜价格涨势汹涌，但整体上还不如正常天气下卖菜赚的多。这是为什么呢？随着鲜菜价格的大涨，精打细算的消费者们开始盯上了价格一向稳定的腌制蔬菜。"菜价涨得凶，只有腌菜价格没动。一年到头都可以吃到新鲜蔬菜，偶尔换换口味也不错。"很多消费者都这样想。于是，腌制的萝卜、雪菜、苋菜、霉干菜等，都卖得不错，风头明显超过了平时颇受青睐的新鲜蔬菜。不过，随着天气转好，鲜菜价格恢复平稳，鲜菜的销量也随之上升了，腌菜又重新回复"冷门"了。

这其实就是替代效应在发挥作用。替代效应是指由于一种商品价格变动而引起的商品的相对价格发生变动，从而导致消费者在保持效用不变的条件下，对商品需求量的改变，称为价格变动的替代效应。比如，你在市场买水果，一看到橙子降价了，而橘子的价格没有变化，在降价的橙子面前，橘子好像变贵了，这样你往往会买橙子而不买橘子了。对于两种物品，如果一种物品价格的上升引起另一种物品需求的增加，则这两种物品被称为替代品。

替代效应在经济生活中发挥着重要的作用。2007年3月2日，信产部发布了中国联通公司申请停止30省（自治区、直辖市）寻呼业务的公示。该文件显示，中国联通向信产部申请停止经营全网（除上海市）198／199、126／127、128／129无线寻呼服务，已经基本完成北京、天津、河北等30省（自治区、直辖市）范围内在网用户的清理和转网等善后处理工作。联通在全国范围内停止寻呼业务，预示着BP机将正式告别历史舞台，成为一个时代的背影。BP机刚出现时，价格贵得惊人，一部要几千元，而当时人们的工资一般才几百元。谁要是有一部这样的机子，是很叫人羡慕的。中国的寻呼业获得飞速发展，在20世纪90年代曾经辉煌一时，全国用户发展的增长幅度曾高达150%，用户规模一度逼近一个亿。但是繁华易逝，自1999年年底开始，随着手机的迅速普及，寻呼业被打入漫长的冬天。

尽管寻呼企业也曾尝试转向股票、警务等专业化服务，但依然无法扭转颓势。2002年，联通还高调接收了另一家著名的寻呼企业——润讯通讯的用户，仅广东就接纳了50万户之多。但是，兼并与重组也不能改变寻呼企业每况愈下的经营状况，寻呼业务再也没有寻找到翻身之日。所有努力都无法阻挡寻呼业走向没落的脚步。

寻呼机为何只发展了短短的十几年，就从辉煌走向衰落？从经济学角度解释，替代效应发挥了巨大的作用。人们有了更方便实用的手机，谁还会选择BP机？BP机完全被手机替代了！

替代效应在生活中非常普遍。我们日常的生活用品，大多是可以相互替代的。萝卜贵了多吃白菜，大米贵了多吃面条。一般来说，越是难以替代的物品，价格越是高昂。比如，产品的技术含量越高价格就越高，因为高技术的产品只有高技术才能完成，替代性较低，而馒头谁都会做，所以价格极低。再如艺术品价格高昂，就是因为艺术品是一种个性化极强的物品，找不到替代品。王羲之的《兰亭序》价值连城，就是因为它只有一幅。

当2008年猪肉价格暴涨后，许多市民增加了其他涨价较少的肉类食品的消费比例，其实这就是替代效应在发挥作用。在生活中我们往往具有这样的智慧：当我们发现某种经常使用的消费品涨价后，往往会选择价格更为便宜的其他商品。

2008年7月宝洁正式启动了旗下产品的第二轮提价，护舒宝、帮宝适等系列产品涨幅达10%左右，创近年新高。如潘婷200毫升装洗发水，从15元左右涨至约18元；玉兰油400毫升装沐浴乳从21元涨至约24元。联合利华也紧随其后，力士洗发水、香皂，夏士莲香皂，中华牙膏等价格上涨10%～15%。

大品牌洗化用品结伴涨价，引起一些消费者的抱怨和抵触，部分未涨价的国产品牌成为其选择的替代品。在这些国外大品牌宣布涨价后的一个月内，来自家乐福的销售数据显示，大品牌洗化用品销售并不理想，但国产品牌却逆势上扬，如六神、霸王、匠人等洗发水、沐浴露，以及雕牌、立白等洗衣粉及皂类。

还有其他的情况出现，比如在"三鹿奶粉"事件发生后，人们对国产奶粉的不信任感急剧增加，在当时他们不愿意喝国产奶粉，这时应该寻找哪些替代品呢？聪明的人们找到了七种牛奶的替代品：燕麦粥、豆浆、生牛奶、羊奶、水牛奶、奶糊、椰奶等。

其实，在我们的工作中，替代效应也在发挥作用。那些有技术、有才能的人在企业里是香饽饽，老板见了又是加薪，又是笑脸，为什么？因为这个世界上有技术、有才能的人并不是很多，找一个能替代的人更是不容易。而普通员工，企业很容易从劳务市场上找到替代的人，中国是人力资源大国，你不愿意干，想干的人多的是。对于别人的薪金比自己高，不要吃惊和不平，只要使自己具有不可替代性，自己的待遇自然会提上来。

替代效应在人们的日常生活中无处不在，我们要认识并充分利用这种效应，做一个聪明的经济人。

物价涨跌中的消费决策——收入效应

当一种商品的价格发生变化时，会对消费者产生两种影响：一是使消费者的实际收入水平发生变化；二是使商品的相对价格发生变化。这两种变化都会改变消费者对该种商品的需求量。

例如，在消费者购买商品X和商品Y两种商品的情况下，当商品X的价格下降时，一方面，对于消费者来说，虽然名义货币收入不变，但是现有的货币收入的购买力增强了，也就是说实际收入水平提高了。实际收入水平的提高，会使消费者改变对这两种商品的购买量，从而达到更高的效用水平，这就是收入效应。

另一方面，商品X价格的下降，使得商品X相对于价格不变的商品Y来说，较以前便宜了。商品相对价格的这种变化，会使消费者增加对商品X的购买而减少对商品Y的购买，这就是替代效应。

总之，一种商品价格变动所引起的该商品需求量变动的总效应可以被分解为替代效应和收入效应两个部分，即

总效应 = 收入效应 + 替代效应

按照一般的消费理论，引起消费变化的主要因素分收入效应和替代效应。不管是发生了收入效应还是替代效应，还是两者同时都发生了，总之，由于这两种效应的作用，当一种物品的价格下降时，其购买量会增加，当价格上升时，其购买量会减少。这是人人凭生活经验就可以感受到的需求规律。

显然，依靠商品价格的下降提高消费不是消费增长的长期可持续源泉。因此，提高消费在国民经济中的比重，关键是提高消费者的收入。政府对落后地区的农村

劳动力转移进行补贴，以促进农村剩余劳动力的重新配置的政策无疑是正确的，但对于提高整体消费还是远远不够的。

我国消费长期低迷的症结不是老百姓热衷储蓄"不愿花钱"，而是居民收入水平跟不上经济发展速度，如工资水平作为衡量居民收入的指标，其在经济指标中的比重呈持续下降态势。

长期以来，我国治理消费低迷的措施全然集中于替代效应，也就是出台政策令消费变得"更便宜"，而储蓄"更贵"（如低利率、加征利息税等）。这些措施的目的是要引导储蓄向当期消费转化。其实，相对于替代效应，收入效应应是消费增长的长期可持续源泉，不过就一个国家增加居民收入而言，并不是意味着要过多地干预企业与职员的工资合议。

据有关资料统计，我国仍有40%以上的劳动力在从事生产率较低的农业，而农业的劳动生产率仅为其他经济部门的1/6左右。这个部分农业劳动力有一半为剩余劳动力，若重新配置到其他行业中，特别是劳动密集型的服务业中，就业类型的转变可能给这些劳动力的收入带来质的变化。一旦收入提高的速度超过价格水平的上涨速度，将会有效刺激市场需求。

在现实中，税收也会对人们产生收入效应和替代效应。如果把所得税看作是人们向政府购买公共物品所付出的价格的话，所得税的税率提高了，就相当于公共物品的购买价格提高了，由于公共物品是政府提供的一种共享资源，所以个人不会因为享受它们而产生比别人更多的满足感，而且税收是强制性缴纳的，所以又不能选择减少公共物品的购买。在这样一种背景下，税率提高会使人们产生两种感觉：第一，感觉自己的实际收入降低了，从而会更加心疼钱，而且为了补偿税收的损失，人们会工作更长的时间或做多种工作以增加收入，这就是收入效应；第二，工作是为了取得收入，而取得收入是为了提高生活水平，得到快乐和满足，但闲暇娱乐也会使人们感到快乐和满足，税率提高尤其是累进税，会让人们觉得自己挣钱越多越不值得，工作越多越不值得，于是，闲暇的快乐具有了更强烈的吸引力，人们会更多地选择闲暇来替代工作。

这么看来，所得税税率提高使这两种效应对经济各自发挥了不同方向的作用：正面的和负面的。而这两种效应并不是平均起作用的，那么什么情况下收入效应占主导，什么情况下替代效应占主导呢？

如果你挣了1元钱，而这1元钱中要纳税8角，那么你肯定不会去挣这1元钱了。所以新增加的收入税率越高，人们就越不愿意多工作，宁愿闲着。所以新增收入的税率（边际税率）越高，税收的替代效应越明显。

而如果平均税率较高，那么无论人们的收入在何种档次上，税收比例都是一样的。这时人们则会倾向于多增加收入，因为多增加的收入不用多缴税。如果所得税是比例税，挣多挣少都缴同样比例的税，那么多挣钱就没有什么阻碍，所以这时候收入效应就会发生主导作用了，人们就会多工作来增加实际收入。

由此可见，税收的替代效应会导致人们工作努力程度的降低，是一种对经济的阻碍力量，也被称为税收的抑制效应。而反过来，努力降低替代效应的作用，降低所得税的边际税率和减少税率档次，则可以作为振兴经济的一条政策出路。

汽车与汽油的销量有什么关系——互补品

对于消费者来说，要满足同一种需要，往往不只消费一种商品，而是消费两种或两种以上的商品。一种商品价格的变动，不只影响该种商品的需求量，还会对与之有关的其他商品的需求量和价格产生影响。反之，一种商品需求量变动，不仅会影响该商品自身的价格，还会影响到与之相关的其他商品的价格和需求量。这就是说，商品之间存在着一种交叉关系，根据这种交叉关系，消费者可以利用有关商品的不同组合进行合理的消费，以期达到最大效用。商品本身的性质不同决定了它们之间可以存在着替代性、互补性和无关性，据此可将商品分为替代品、互补品、独立品。

所谓替代品是指两种商品在效用上相似并可以相互代替，消费者可以通过二者的组合来满足同一种需要，并可以通过增加一种商品的消费而减少另一种商品的消费来保持商品的组合效用不变。如肥皂和洗衣粉、牛肉和猪肉等，它们之间的关系是互相替代的。

而独立品是指一种产品的销售状况不受其他产品销售变化的影响。假设存在两种产品 A 和 B，那么，A 是独立品的情形会有两种。一是 A 和 B 完全独立，不存在任何销售方面的相关关系，日光灯与空调机之间的关系就属此类；二是尽管 A 和 B 从功能上讲是独立的，但是，产品 A 的销售增长可能会引起产品 B 的销售增长，而产品 B 的销售变化决不会作用于产品 A 的销售状况。换句话说，A 对 B 的影响关系是单向的，B 则不会影响 A，那么 A 相对 B 而言仍是独立品。

互补品是指两种商品在效用上是互相补充的，二者必须结合起来共同使用才能满足消费者的需求，也可以把这种需求叫作联合需求，即一种商品的消费必须与另一种商品的消费相配套。一般而言，某种商品的互补品价格上升，将会因为互补品需求量的下降而导致该商品需求量的下降。

也就是说，两种商品必须互相配合，才能共同满足消费者的同一种需要，如照相机和胶卷。胶卷的需求量与照相机的价格有着密切关系，一般而言，照相机价格上升，胶卷的需求量下降，两者呈反方向变化。所以，如果 X 和 Y 是互补品，X 的需求量就与 Y 的价格成反向变化。

与替代品是满足消费者同一需要而不用同时使用的商品不同，互补品是共同满足需要，而且必须同时使用的两种商品，缺一不可。汽车销量的增加导致汽油销量的增加，油价的上涨导致汽车销量的下降，因为两者是互补品。也就是说，一种商品价格的上升不仅使该商品的需求量减少，也使它的互补品的需求量减少；相反，一种商品价格下降、需求量增加，引起它的互补品的需求量也增加。

互补品会大大提高你的主打产品的销量。例如 1900 年的法国，就在安德烈和爱德华两兄弟刚刚接管家族设在克莱蒙费朗市橡胶生意之后不久，他们就决定为旅行者出版一本指导手册——《米其林指南》。而从经济学的角度来说，旅行指南和汽车轮胎可以被称为"互补品"——也就是两种常常会被联系在一起进行消费的商品。随着《米其林指南》变得越来越流行，这本小册子也逐渐成为了一种强大的品牌构建和营销渠道。事实上，仅仅是销售《米其林指南》就给这家公司带来了滚滚财源。

利用互补品的经济学原理还可以给公司带来运营上的收益。美国早期的城市电车系统就是一个很好的例子。早期的电车运营商们投入了庞大的资金来修建专门的道路网络，可让他们万万没有想到的是，虽然电车在上下班的时候客流量很大，但高峰期之外却很少会有人搭乘电车。毫无疑问，这种客流量的不均衡性大大降低了运营商们的盈利能力。为了提高非高峰期的客流量，运营商们想到了一个绝妙的主意：他们决定在市中心之外修建娱乐公园。到 1901 年，美国有超过一半的市区交通公司都修建了类似的公园。这些公园不仅增加了电车的客流量，它们还提高了发电机的使用率，从而大大提高了电车运营商们的资本效率。

我们再来看生活中的一个有关替代品与互补品的例子。微软的 Office 软件有好几种替代品，如 WPS2007 极好地兼容 Office2003，但是大多数人还是依旧使用盗版的 Office2003。造成这种情况的很大一部分原因是互补品的差别。举个例子，你如果使用智能手机，你往往需要安装 Outlook，而这是 Office2003 的一个组件，它直接调用 Word 编辑电子邮件。不仅微软围绕 Office2003 构建了一系列产品，其他厂商也以其为范本来开发自己的产品。例如 EndNote 是使用最为广泛的个人文献管理软件，它可以直接在 Word 中导入参考文献，而在 WPS 中却无能为力。这样一来，EndNote 的用户就不能放弃 Word。无论是企业级用户还是个人用户，最终要选择的都不是一个软件，而是一个适合自己的工作环境，这就使得互补品成为一个产品竞争力的重要因素。

WPS 对个人用户免费的主要原因——至少要网罗到一个较大数量的用户群体，才能使其他厂商兼容你的产品。即便软件可以免费获得，用户也不认为他的转移是无成本的，即使 WPS 在菜单设置上和 Office2003 几乎一样了，文档格式也达到很高程度的兼容，但是有些用户可能还是不愿意转移过来。原因可能是多种多样的，但是互补品是其中最重要的原因之一。

由俭入奢易，由奢入俭难——棘轮效应

棘轮效应，又称制轮作用，是指人的消费习惯形成之后有不可逆性，即易于向上调整，而难于向下调整。尤其是在短期内消费是不可逆的，其习惯效应较大。这种习惯效应，使消费取决于相对收入，即相对于自己过去的高峰收入。实际上棘轮效应可以用宋代政治家和文学家司马光一句著名的话来概括：由俭入奢易，由奢入俭难。

先来看一个故事。

商朝时，纣王登位之初，天下人都认为在这位精明的国君治理下，商朝的江山一定会坚如磐石。有一天，纣王命人用象牙做了一双筷子，十分高兴地使用这双象牙筷子就餐。他的叔叔箕子见了，劝他收藏起来，而纣王却满不在乎，满朝文武大臣也不以为然，认为这本来是一件很平常的小事。箕子为此忧心忡忡，有的大臣问他原因。箕子回答说："纣王用象牙做筷子，必定再不会用土制的瓦罐盛汤装饭，肯定要改用犀牛角做成的杯子和美玉制成的饭碗，有了象牙筷、犀牛角杯和美玉碗，难道还会用它来吃粗茶淡饭和豆子煮的汤吗？大王的餐桌从此顿顿都要摆上美酒佳肴。吃的是美酒佳肴，穿的自然要绫罗绸缎，住的就要求富丽堂皇，还要大兴土木筑起楼台亭阁以便取乐了。对这样的后果我觉得不寒而栗。"仅仅5年时间，箕子的预言果然应验了，商纣王恣意骄奢，断送了商汤绵延500年的江山。

在这则故事中，箕子对纣王使用象牙筷子的评价，就反映了现代经济学的消费效应——棘轮效应。"棘轮效应"最初来自对苏联计划经济制度的研究，美国经济学家杜森贝利后来使用了这个概念。古典经济学家凯恩斯主张消费是可逆的，即绝对收入水平变动必然立即引起消费水平的变化。针对这一观点，杜森贝利认为这实际上是不可能的，因为消费决策不可能是一种理想的计划，它还取决于消费习惯。这种消费习惯受许多因素影响，如生理和社会需要、个人的经历、个人经历的后果等。特别是个人在收入最高期所达到的消费标准对消费习惯的形成有很重要的作用。杜森贝利认为，对于消费者来说，增加消费容易，减少消费则难。因为一向过着高生活水平的人，即使实际收入降低，多半不会马上因此降低消费水准，而会继续保持相当高的消费水准。即消费"指标"一旦上去了，便很难再降下来，就像"棘轮"一样，只能前进，不能后退。

狭义的棘轮效应是指即使收入水平下降，个人消费习惯也不会随之下降。广义的棘轮效应是指经济活动中的不可逆性。猪肉禽蛋等原材料价格下降了，但是相应的制成品如牛肉拉面、肯德基、方便面以及饭店的价格不会相应地下降。这也与我们的生活经验相吻合，在居民的生活中，这种"能上不能下"的事件出现过多次，比如石油价格上涨，导致成品油价格大幅上涨，以及出租车打车价格的上涨，广州增加了一元钱的特别附加费，北京则将每千米的单价从1.2元和1.6元统一为2元/千米。但是在之后的国际油价下调过程中，这些价格并没有相应下调。

在房价问题上，棘轮效应的表现就更加明显。现在，房价已经形成了棘轮效应，易上难下。这是因为，尽管房价上涨的各种负面影响很大，但一旦涨上去再跌下来，就将引发严重的经济问题。就整个经济体系来说，房价可以不涨，但绝对不能暴跌，否则就有可能引发严重的经济危机。

而在子女教育方面，因为深知消费的不可逆性，所以聪明之士更是十分重视棘轮效应。如今，一些成功的企业家虽然家境富裕，但仍对自己的子女要求严格，从来不给孩子过多的零用钱，甚至在寒暑假期间要求孩子外出打工。他们这么做的并非是为了苛求孩子多赚钱，而是为了教育他们要懂得每分钱都来之不易，懂得俭朴与自立。这一点在比尔·盖茨身上体现得十分明显。比尔·盖茨是微软公司的创始人，个人总资产高达460亿美元，曾连续十多年位居全球富豪排行榜之首。然而，他却将自己的巨额遗产返还于社会，用在慈善事业上，只留给自己的三个孩子并不多的钱。

实际上，消费者这种不可逆的消费行为，在经济衰退、萧条和复苏时期有着巨大的能效，甚至能使经济重新达到繁荣，但我们在利用这一理论时也要有所慎重。对于经济"过热"的形势，棘轮效应的负面作用则是不可小看的。消费物价指数的不断上涨，钢铁与石油的高价无不使各界关于通货膨胀的争论四起。在这种情况下，如果旅游市场进入旺季太早，价格持续走高，虽然会对旅游产业发展有一定促进作用，然而另一方面则加重了物价指数不断攀高的危险。在这种情况下，蒙受损失的只能是普通百姓。一方面，这促使了物价上涨得更快，通货膨胀的压力更大；另一方面，由于消费者的实际收入不变，物价上涨之后，其实际收入无疑减少了，而由于棘轮效应的作祟，消费者此时并不会降低自己的消费支出。那样只能导致整个经济发展的混乱。

棘轮效应是出于人的一种本性，人生而有欲，"饥而欲食，寒而欲暖"，这是人与生俱来的欲望。人有了欲望就会千方百计地寻求满足。从经济学的角度来说，一方面，资源的稀缺性决定了不能放任棘轮效应任意发挥作用，无限制地利用资源来满足人类无尽的欲望；另一方面，也应该利用棘轮效应的特点来拉动经济的增长和繁荣。

警惕一窝蜂的"赶时髦"——消费从众

从众是人们自觉或不自觉地以某种集团规范或多数人的意见为准则，作出社会判断、改变态度的现象，也就是多数人怎么看、怎么说，就跟着怎么看、跟着怎么说，人云亦云，别人穿什么、做什么，自己也跟着穿什么、做什么。在经济学中，从众行为也被称为"羊群行为"。

羊群是一种很散乱的组织，平时在一起也是盲目地左冲右撞，但一旦有一只头羊动起来，其他的羊也会不假思索地一哄而上，全然不顾前面可能有狼或者不远处有更好的草。比如在一群羊前面横放一根木棍，第一只羊跳了过去，第二只、第三只也会跟着跳过去；这时，把那根棍子撤走，后面的羊，走到这里，仍然像前面的羊一样，向上跳一下，尽管拦路的棍子已经不在了，这就是所谓的"羊群效应"。

因此，"羊群效应"就是比喻人都有一种从众心理，也形象地概括了人们的盲目消费行为。比如，购物时喜欢到人多的商店；选择品牌时，偏向那些市场占有率高的品牌；选择旅游点时，偏向热点城市和热点线路。

有一则笑话这样描述人们的从众行为：小欧一日闲逛街头，忽见一长队绵延，赶紧站到队后排队，唯恐错过什么购买好东西的机会。好不容易等到队伍拐过墙角，发现大家原来是排队上厕所。

从众心理是大众都容易犯的病。"羊群效应"告诉我们，许多时候，并不是谚语说的那样——"群众的眼睛是雪亮的"。在市场中的普通大众，往往容易丧失基本判断力。一见别人排队买东西，就以为是有"便宜"可占，不管三七二十一，就加入进去。一见别人都夸这东西好，仿佛千载难逢，也赶快掏腰包，生怕错过机会。这种现象我们已司空见惯了。报纸上不时揭露的不法商家雇"托儿"的卑劣手段，就是诱使人从众以使其上当的最好注脚。

有位著名作家曾总结出"西方人崇尚个性，东方人追求共性"，道出了我们的心理定式。一说流行什么，满大街全是。在消费方式上，尤其明显。流行西服，连农民下地干活也穿西服；流行"松糕厚底鞋"，不分高矮胖瘦，脚下统统蹬着大厚底；流行"文化衫"，满大街背着"文化"跑……

消费是否应该从众，要做具体分析。从众性强的人独立性差，缺乏主见，易受暗示，容易不加分析地接受别人意见并付诸行动。就从众所造成的结果而言，从众行为也显示了一种较为理性的特征。一般而言，从众所造成的结果无非有三种。一种情况是别人吃亏。这时由于"我"与别人采取了一样的行为，所以"我"也跟着吃亏。但这种情况对"我"造成的结果是，虽然改变了"我"在社会中的绝对位置，但对"我"的相对位置影响并不大，因为别人都吃了亏。另一种情况是别人占便宜。这时对"我"而言，由于"我"采取了与别人同样的行为，所以，"我"也会跟着占便宜。这种情况对"我"造成的结果是，虽然相对位置变化不大，但绝对位置提升了。第三种情况是别人既不吃亏也不占便宜。这种情况对从众的个人而言，其结果是既不会改变社会的绝对位置，也不会改变社会的相对位置。上述三种情况总体的结论是从众的选择对个人的行为目的而言，总体上呈现一定的理性原则，并非都是非理性特征。

由于任何人都是自我利益的最佳判断者和最佳追求者。所以，某人从事某种行为，肯定符合某人的效用最大化法则。既然别人的行为都是对自己负责，所以我模仿别人的行为很大可能是对自己有利的，除非别人是傻瓜，而这种可能性又是较小的。此外，从众使个人减少了信息搜寻成本。任何人在从事某一行动前，总得付出一些信息成本，包括时间和金钱等方面。决断本身就需要时间，在情况不明的条件下，用于决断的时间就会相应较长。对于一些优柔寡断者，更是如此；但对一些果断者，相应用时就会少些，但此时有可能会造成较大失误。要进行正确决断，就得搜集信息，并且搜集的信息越多会越有利于决策。但搜集信息需要付出成本，这时，其他人的行为选择本身就构成了一条重要的信息。

值得注意的是，在对商品了解较多，并有客观判断标准的情况下，很少有从众行为；商品信息模糊时，容易产生从众行为。对每个消费者来说，是否会产生从众行为还与其个性因素有密切关系，依赖性强、缺乏自信、易受暗示、知识面窄的消费者更容易产生从众行为。在现有的信息条件下，人们通过模仿领头羊的行为以期达到自己的预期结果。虽然预期希望常常不能如愿以偿，但是在作出这个选择之前，人们有一种理性的预期希望。

因此，对待消费从众行为要辩证地看。在特定的条件下，由于没有足够的信息或者搜集不到准确的信息，从众行为是很难避免的。通过模仿他人的行为来选择策略并无大碍，有时模仿策略还可以有效地避免风险和取得进步。因为人们生活于社会之中，从社会联系的意义来看，群体构成了人类社会生活基础，每个人都是一定社会群体的成员。群体的内聚力来自对其成员的感召力和组织力。因此当群体代表进步潮流时，个人服从组织，作出从众行为，这是应该的。但是由于从众心理是一种缺乏自信和主见的盲从和向压力屈服的心理状态，而不是自觉地有明确目的的对外界事物的反映，一味盲目地从众，可以扼杀一个人的积极性和创造力。所以应尽可能克服这种心理。

第二篇 聆听华尔街的经商智慧：二十几岁要懂得的生产经营经济学

第
一
章

生产与成本

究竟定价多少才能有收益——边际成本

边际成本是指增加一单位的产量而随即增加的成本。边际收益是指增加一单位产品的销售所增加的收益，即最后一单位产品的售出所取得的收益。它可以是正值或负值。

日常生活中，人们常常会碰到需进行边际分析的问题。譬如，7-11 店都是营业 24 小时，而不是早 8 点到晚 9 点营业。从经济学上来考虑：24 小时营业当然要额外（边际）花费一些成本（如水电费、营业员的工资等），但是也会有一定的额外收益（就是多开 11 小时门的营业收入），只要额外收入的钱比额外成本要高便可以干。

在经济学上，这"额外"的部分便称之为"边际"，而把由某项业务活动引起的边际收入去和它的边际成本（而不是全部成本）相比较的方法，就叫边际分析法。

从北京开往石家庄的长途车即将出发。客车的票面价格是 50 元。一个匆匆赶来的乘客见一家国营公司的车上尚有空位，要求以 30 元上车，被拒绝了。他又找到一家也有空位的私人公司的车，售票员二话没说，收了 30 元允许他上车了。哪家公司的行为更理性呢？乍一看，私人公司允许这名乘客用 30 元享受 50 元的运输服务，当然亏了。但如果用边际分析法分析，私人公司的确比国营公司精明。

当我们考虑是否让这名乘客以 30 元的票价上车时，实际上我们应该考虑的是边际成本的概念。边际成本是增加一名乘客所增加的收入。在我们这个例子中，增加这一名乘客，所需磨损的汽车、汽油费、工作人员工资和过路费等都无需增加，对汽车来说多拉一个人少拉一个人都一样，所增加的成本仅仅是发给这个乘客的食物和饮料，假设这些东西值 10 元，边际成本也就是 10 元。边际收益是增加一名乘客所增加的收入。在这个例子中，增加这一名乘客增加收入 30 元，边际收益就是 30 元。

在我们的例子中，私人公司让这名乘客上车是理性的，无论那个售票员是否懂得边际的概念与边际分析法，他实际上是按边际收益大于边际成本这一原则作出决策的。国营公司的售票员不让这名乘客上车，或者是受严格制度的制约（例如，售票员无权降价），或者是没有"边际"这根弦。

从经济学来分析这一现象，说明商品有两种价格，一是它的生产成本；二是消费者愿意出的价格。前者位于商品的边际成本线上，后者位于消费者的需求线上。这两种价格是彼此独立的，互相不发生影响。企业应该明白这样一个道理，即价格应定在边际成本上，边际成本就是指在一定产量水平下，增加或减少一个单位产量所引起成本总额的变动数，用以判断增、减产量在经济上是否合算，这样的定价可以避免浪费，使商品得到最大的产出，造福于社会。

例如，某企业生产某种产品100个单位时，总成本是5000元，单位产品的成本是50元。若生产101个单位时，其总成本为5040元，则所增加一个产品的成本为40元，边际成本即为40元。当产量未达到一定限度时，边际成本随产量的扩大而递减，但当产量超越一定限度时，就转而递增。所以，当增加一个单位产量所增加的收入高于边际成本时，是合算的；如果低于边际成本就是不合算的。因此计算边际成本对制定产品决策具有极其重要的作用。

王永庆被誉为台湾的"经营之神"，其经营之道备受推崇。20世纪50年代初，王永庆表示要投资塑胶业。当地一个有名的化学家，公然嘲笑王永庆根本不知道塑胶为何物，开办塑胶厂肯定要倾家荡产！其实，王永庆作出这个大胆的决定，并不是心血来潮，铤而走险。他认为，烧碱生产地遍布台湾，每年有70%的氯气可以回收利用来制造PVC塑胶粉。这是发展塑胶工业可以降低成本的一个大好条件。

1954年，王永庆创办了台湾岛上第一家塑胶公司。3年以后建成投产，立刻就遇到了销售问题。首批产品100吨，在台湾只销出了20吨，明显地供大于求。按照生意场上的常规，供过于求时就应该减少生产。可王永庆却反其道而行之，下令扩大生产！

这一来，连他当初争取到的合伙人，也不敢再跟着他冒险了，纷纷要求退出。王永庆决定背水一战，变卖了自己的全部财产，买下了公司的全部产权。王永庆有自己的算盘，他相信自己产品销不出去，并不是真的供过于求，而是因为价格太高——要想降低价格，就只有通过提高产量以降低成本。

第二年，他又投资成立了自己的塑胶产品加工厂——南亚塑胶工厂，直接将一部分塑胶原料生产出成品供应市场。事情的发展，证明了王永庆的计算是正确的。随着产品价格的降低，销路自然打开了。台塑公司和南亚公司双双大获其利！从那以后，王永庆塑胶粉的产量持续上升，他的公司也一跃成为世界上最大的PVC塑胶粉粒生产企业。

当然，台塑的成功还有其他方面的努力，如内部管理、与政府的良好关系等，但最关键的是台塑通过将自己的产量扩大，从而达到边际成本最低，这是台塑成功的法宝。

任何增加一个单位产量的收入不能低于边际成本，否则必然会出现亏损；只要增加一个产量的收入能高于边际成本，即使低于总的平均单位成本，也会增加利润或减少亏损。计算边际成本对制订产品决策具有重要的作用，当产量增至边际成本等于边际收入时，即为企业获得其最大利润的产量。因此，考虑边际成本有助于企业制定最佳决策。

增加投入并不意味着增加收益——边际收益递减

常言道"一分耕耘，一分收获"，说的就是经济学上成本与收益的关系。但是现实生活中，往往并不是这样，投入成本与收益的不对等，才是现实世界中的真相。在生活中，我们往往会发现边际收益递减的情况。比如在农业生产中，一味地往田地里增加肥料，所获得的产量一般是：随着肥料的增加，农产品的产量先是递增的，当达到一个高度后，再增加肥料，农产品的产量是递减的，如果肥料太多就会把庄稼都烧死，最后连种子都收不回来。

作为生产者来说，总希望收益越多越好，为此总要增加生产要素的投入。但是，生产要素的投入与收益之间并不是成正比的关系，并不是投入越多，收益就越多。投入尽可能多的成本，当然希望得到尽可能多的收益，但事实往往令人失望，因为成本与收益并不总是正比递增的。

在技术水平不变的情况下，当把一种可变的生产要素投入到一种或几种不变的生产要素中时，最初这种生产要素的增加会使产量增加，但当它超过一定限度时，增加的产量将要递减，最终还会使产量绝对减少。根据这一法则，如果不断添加相同增量的一种投入品（其他投入品保持不变），这样所导致的产品增量在超过某一点后将会下降，这种增加的产量就会变得越来越少，甚至使总产量绝对地减少。这一现象普遍存在，我们将其称为边际收益递减规律。

"一个和尚挑水吃，两个和尚抬水吃，三个和尚没水吃"的故事，从边际收益变化的角度来看，由一个和尚挑水吃到两个和尚抬水吃，说明边际收益已经递减，当发展到三个和尚时，已经递减到没有水吃了。这应该是对边际收益递减规律最生动的写照。

当边际收益递减规律这一学说在 18 世纪提出之后，引发了两种观点的争论。一种观点从递减性出发，引申出了企业的利润趋于下降的趋势，从李嘉图以后的众多西方学者据此为资本主义的生产方式持有极大的同情；另一种观点通过强调技术进步的作用，强烈批判这一规律，认为它抹杀了技术进步对收益递减的反作用。

根据边际收益递减规律，边际产量先递增后递减，递增是暂时的，而递减则是必然的。边际产量递增是生产要素潜力发挥，生产效率提高的结果，而到一定程度之后边际产量递减，则是生产要素潜力耗尽，生产效率下降的原因所致。边际收益递减规律在短期内是无法超越的，人们只能遵守它，而别无他选！

但是在一个充分长的时期内考察某种产品的生产，边际收益递减规律是否可以被超越呢？

从长期来看，技术进步的因素要发挥作用，人们是可以突破边际收益递减规律的制约的。大力进行技术创新和制度创新就是突破边际收益递减的两个途径。

新中国成立以来，一方面人口翻了一番还多，而另一方面可耕地的面积却因种种原因一直在减少，按照边际收益递减规律，在有限的土地上连续追加投入，得到的产出的增加将越来越少，这似乎很可怕，然而自改革开放以来，令人不可思议的是，我国再也没有出现所谓的"粮食危机"。这不能不归功于技术创新和制度创新对边际收益递减规律制约的突破。技术创新主要是科学技术的迅猛发展，使得粮食单产不断取得突破，尤其值得一提的是杂交水稻这项技术因大幅度地提高了水稻的亩产量，而对全球的水稻供应产生了革命性的影响。其次是农业用地政策这一制度创新发挥的作用，在我国农业生产方面，1979年我国实行了一项土地制度创新，那就是土地大包干制度，这一土地制度创新将对我国农业收益的增加发挥积极的作用。

因此，技术创新和制度创新可以改变边际收益递减规律，但不论是技术创新还是制度创新都需要企业的艰苦探索。当技术创新和制度创新尚未完成，其他条件不变或仍然成立的情况下，我们应当认识到边际收益递减依然是作为一条规律而存在的。在短期，我们必须尊重边际收益递减规律，确定合理的投入限度；但在长期，通过积极地实施技术创新和制度创新战略，打破边际收益递减规律的制约，可为企业谋取更大的利润，从而获得更大的发展。

在三个和尚的故事中，因考虑了这个因素，故事也有了新的进展。随着时间的推移，三个和尚渐渐地引入了技术创新和制度创新。三个和尚的制度创新的故事：一个和尚挑水吃，总比两个和尚抬水吃或三个和尚没水吃要好，寺庙里的方丈从长计议，决定立下个规矩，鼓励三个和尚都能抢着去挑水。为了奖勤罚懒，方丈规定，三个和尚各自挑水，到吃晚饭的时候，看谁挑的水多就奖给谁一盘炒豆腐，谁挑的水少就吃白饭。于是三个和尚就拼命抢着挑水，展开了挑水竞赛。通过这项制度创新，尽管寺庙里的和尚不断增多，但再也没有缺过水了。

三个和尚的技术创新的故事：由于和尚们住的寺庙离河边比较远，一个和尚挑水一趟下来，疲惫不堪，挑的水还不够多，于是三个和尚协作起来，想出了一个新的办法。三个和尚合作挖了一条渠，还装了一个辘轳，第一个和尚负责摇辘轳，第二个和尚负责把水倒入渠中，第三个和尚休息，彼此轮换，通过这种安排，三个和尚既轻松又有吃不完的水，这是技术创新的力量给和尚们带来的福利。

企业永续发展的不竭动力——利润最大化

在市场经济中，利润最大化与成本最小化是企业永恒的主题。一个企业要达到利润最大化，就必须对投入要素进行最优组合以使成本最小。因此，企业要想取得最大利润，就要遵循成本最小化原则。

从经济学的角度看，在不同的社会条件下，利润的内涵有所不同，计算利润时也有一些比较复杂的方法，但在这里，我们可以先了解一个并不复杂的道理：一个从事生产或销售的厂商，如果他的总收益大于总成本，那么他就会有剩余。这个剩余就是利润。

生活中有一句俗话："有谁会嫌钱多？"甚至有人说得更加直接："有谁会嫌钱扎手？"它表明的意思不言而喻——"钱，当然越多越好。"与之相应，对于作为市场主体的企业来说，也有一个鲜明的目标："利润最大化。"它已经成为企业高呼的口号，行动的指南。身处市场大潮之中的任何一个企业，都不能也不敢违背这一目标，而只能去尽力实现它。

那么，如何进一步深入理解利润最大化呢？如果我们单凭直观认为，对于一个企业来说利润越多越好，这样其实是没有什么意义的。原因很简单，企业的利润来自于自身的生产或者销售。在市场里，一个企业的生产和销售总是处于变化之中的，利润也在随之改变。因此问题的关键就在于，企业得判断出自己的经营在何种状态时能够取得利润的最大值。这就意味着，在恒量如何实现"利润最大化"时，必须要有一个客观的标准。

实际上，经济学家们早已经给出了这一标准，即"边际收益等于边际成本"。边际收益是每多卖出一单位产品所增加的收入，边际成本是每生产一单位产品所增加的工人工资、原材料和燃料等变动成本。需要指出的是，边际成本往往随着企业的生产发生变化。厂商在生产过程中会时刻监督自己的经营状况，如果从某一刻起，再增加一单位产量时，该单位产量的边际收益大于边际成本，就说明增加产量可以增加总利润，于是厂商会继续增加产量；反之，如果增加的这一单位产量的边际收益小于边际成本，就说明增加产量将发生亏损，这时会减少产量。这样，只有在边际收益等于边际成本时，厂商的总利润才能达到最大值。在经济学里，通常用高等数学中的微积分对此加以分析。边际收益用 MR 表示，边际成本用 MC 表示，所以，当你看到"MR=MC"这一条件成立时，便说明企业实现了自己梦寐以求的目标，即利润最大化。我们举例加以说明。

假设有一家皮鞋厂，在一个销售期结束后进行盘点。它的总收益便是卖出皮鞋后的全部收入，它的平均收益便是每卖出一双皮鞋所增加的收入，规范地说，就是"出卖每单位产品所得到的收入"。大家不难看出，平均收益其实就是每双皮鞋的价格。假设该鞋厂生产一单位产品，也就是生产一双皮鞋增加的收益为 20 元（边际收益），而每多生产一双皮鞋的边际成本为 15 元。那么，企业一定要增加生产以实现利润最大化，把能赚的钱尽量都赚到。但是，如果一双皮鞋的边际收益为 20 元，而边际成本却变为 25 元时，鞋厂每生产一单位产品就会赔 5 元，那么，企业就一定要减少生产，因为它正在"贴钱卖货"。只有当边际收益与边际成本相等（都为 20 元）时，企业既不会增加产量，也不会减少产量，这时就说明企业实现了利润最大化。

在这个例子中，设定皮鞋的价格不变，因此其边际收益也不改变，但是生产皮鞋的边际成本却在发生变化。那么，这又是为什么呢？在这里，还需要对边际成本的变化加以说明。

以汽车客运为例。它的边际收益是指增加一名乘客所增加的收入，即乘客买票所支付的费用。如果乘客买票需要 10 元钱，那么汽车的边际收益就是 10 元。由日常经验我们知道，增加一名乘客，汽车的磨损、油费、司机和售票员的工资等基本可以看作无须增加，也就是说，为这名乘客支付的边际成本可以认为没有变化，多拉一个少拉一个都一样。在这种情况下，当然是乘客越多越好。

但是，现实生活中，边际成本往往是在变化当中的。比如铁路货运，铁路货运的计算单位是吨·千米。假设某一铁路区段在运输饱和时，每吨·千米的成本是 5 分钱，在此可以暂将其边际成本视为 0.05 元／吨·千米。如果在这一饱和的基础上，再增加运量，其收益自然会增加，但是其利润却会下降。为什么呢？因为对于铁路来说，这往往意味着重大的技术改造，如更换大马力的机车、铺设铁轨辅线等，而这些技术措施都需要巨额投资，都要计入成本当中。也就是说，在运输饱和的情况下，如果要增加运量，其边际成本就不会是 0.05 元／吨·千米，相反将会迅速增加。如果运输定价维持不变，铁路货运的利润将会迅速降低。这种情况对于生产型的企业来说，道理也是一样的。当产量很低时，再多生产一件产品的成本（如机器损耗、电力等）会呈下降趋势；但是当超过生产规模时，边际成本便会急剧上升（导致其上升的因素包括机器的超负荷运转、工人的加班费等）。

企业作为市场中的微观主体，是以营利为目的的。所以，在研究企业问题时，考虑最多的就是成本问题。在现实当中，许多企业家并不清楚什么"MR"和"MC"，并没有刻意追求边际收益和边际成本的相等，也照样赚了不少利润。在市场之中，有一些成功的企业家确实如此。但是，规律就是规律，它的特点就是不管人们是否清楚，它总是在起着作用。那些实现了利润最大化的企业，有意也好，无意也罢，必然都遵循了这一规律。反过来，如果企业在生产中能够主动、自觉地按"利润最大化"规律办事，分析企业生产的边际成本和边际效益，就可以有效避免盲目、弯路所造成的浪费。

景点中的饭店在淡季也不关门

——固定成本与可变成本

俗话说："将欲取之，必先予之。"生产者要想获得利润，首先必须投入生产要素。生产要素的支出就是成本，也就是生产费用。在经济学中，企业生产者的目的就是实现利润最大化，为此就要尽可能降低成本，扩大供给，增加收益。

假设你经营着一家炸鸡店，每块炸鸡的平均成本是 10 元。若售价是每块 12 元，每块炸鸡可以赚 2 元。若售价是每块 10 元，则不赔不赚，收支相抵。虽然利润是零，可是成本中包括了机会成本和会计利润，依旧可以继续经营。假如因为某种意外情况每块炸鸡的售价需要降到 8 元。每卖一块炸鸡就要赔 2 元。那么，你现在还要继续经营下去吗？

如果想回答这个问题，我们必须分析成本与收益。收益非常简单，就是售价乘以售出的炸鸡块。可是，还要仔细分析一下成本。成本就是投入的生产要素量乘以价格。短期内，投入的生产要素分成固定投入（比如机器设备）和可变投入（比如劳动）。固定成本必须包括租赁店面的租金、开店所需资金的利息、炸鸡设备的折旧，还有员工工资。而可变成本包括用于可变投入的开支，例如用于炸鸡原料的开支、燃料开支以及临时雇小工的工资等。这两种成本的和就是总成本。而分摊到每块炸鸡上的成本就叫作平均成本，它是平均固定成本和平均可变成本的和。

所谓固定成本，就是指在短期内是固定不变的，又叫不变成本。或者说，该成本不随产量的变动而变动。在上面的例子中，就算你一块鸡都不炸，短期中你的店面无法退租，设备不能转卖，租金与设备的折旧费依旧要支出，更别说贷款利息了。但是若产量增加，例如生意非常好，一天炸了几百块，该成本也依旧不会增加。而平均固定成本会随着产量的增加而不断减少。比如固定成本是每月 6000 元，若只炸 100 块，那么每块鸡的平均固定成本是 60 元；若炸 1000 块鸡，那么每块鸡的平均固定成本就是 6 元；若炸 10000 块，则每块鸡的平均固定成本就是 0.6 元了。固定成本指在刚开始时就支出了，一旦支出就收不回了的成本。

可变成本是指在短期内可以随产量的变动而发生变动的成本，当没有产量时就无可变成本，当产量增加时它也就会随之增加。不过需要注意的是，平均可变成本和可变成本并不一样。可变成本随着产量的增加而不断增加，而平均可变成本却和它不一样。当产量开始增加时，平均可变成本反而减少。等达到某一种产量时，平均可变成本达到最小；之后，当产量再增加时，平均可变成本就又增加了。

在作短期决策时，不必考虑固定成本或者平均固定成本，仅仅需要考虑可变成本和平均可变成本。在上面的例子中，假设在正常情况下，每月炸 1000 块鸡，总成本是 1 万元，其中 6000 元是固定成本，4000 元是可变成本，那么每块鸡的平均固定成本是 6 元，平均可变成本是 4 元。在作决策时，固定成本可以不用考虑，只要能够弥补可变成本便可坚持经营。

因此，短期内的营业条件为：可变成本 = 总收益 = 产量 × 价格

对于每块炸鸡来说，此条件可以写成：

平均可变成本 = 价格

这一条件也叫停止营业点，也就是说，在此时是否经营结果都相同，经营时支出的平均可变成本（4 元）得以弥补，可是固定成本的损失并没有减少。若不经营，可变成本不必支出，固定成本的损失依旧一样。在这个停止营业点上，即价格高于平均可变成本时，也必须经营，这是因为高于平均可变成本的价格那部分可以弥补固定成本。在上面的例子中，价格是 8 元，平均可变成本是 4 元时，每出售一块炸

鸡就可以得到 8 元，用 4 元来弥补平均可变成本，其余 4 元用来弥补平均固定成本。如此，平均固定成本的损失就从 6 元减至 2 元，当然是有好处的。亏损 2 元，当然要比亏损 6 元好。此时，利润最大化的原则就变成亏损最小化。若价格低于平均可变成本，则不管怎样都不能继续经营。

上面的例子只是一个假想而已。其实在很多行业中都存在这样的情况。比如辽宁兴城是一个美丽的海滨小城，这里的旅游业较为发达，一到夏季便游人如织，但每年的 10 月到来年的 4 月，长达半年的时间里，海滨的高级饭店和旅游景点的生意就很清淡，游人很少。不过即使是在旅游淡季，饭店和景点仍然在开门营业。众所周知这个时段赚钱不多甚至会亏本，他们不关门继续营业的原因就在于固定成本的因素。这是因为饭店和景点的成本主要是固定成本，如租房费用，它已经支出了，如果关门歇业的话，放着也是放着，照样会折旧，不如继续开门营业，只要收入能支付可变成本就行了。

当需求不旺时，以上行业常常使用降价或者打折等办法来吸引消费者。平均可变成本的概念让我们知道降价的下限为多少，即短期内的价格下限为平均可变成本。在正常情况下，不管是进行价格战，还是在淡季用折扣来吸引消费者，价格都不能比平均可变成本低。因为若低于这个水平，连可变成本都无法收回，那么企业就没有办法继续经营了。

就算价格低于平均成本，企业也依然要正常经营，听起来似乎有点不合常理，可是在了解了固定成本和可变成本的区别后，你就会认为这种决策是合乎情理的。

无法挽回的成本支出——沉没成本

通常，沉没成本主要是指厂商花在机器、厂房等生产要素上的固定成本。从固定生产要素的无形损耗程度上看，这些固定要素会因技术进步或产品的更新换代而引起贬值，从而产生无法补偿的损失。

人们在决定是否去做一件事情的时候，不仅要看这件事对自己有没有好处，而且也会看过去是不是已经在这件事情上有过投入。我们把这些已经发生的不可收回的支出，如时间、金钱、精力等称为沉没成本。简单来说，沉没成本代指已经付出且不可收回的成本。

举例来说，如果你预订了一张电影票，已经付了票款而且不能退票。但是看了一半之后觉得很不好看，此时你付的钱已经不能收回，电影票的价钱就是沉没成本。

大多数经济学家们认为，如果你是理性的，那就不该在作决策时考虑沉没成本。比如在前面提到的看电影的例子中，会有两种可能结果：

付钱后发觉电影不好看，但忍受着看完。

付钱后发觉电影不好看，退场去做别的事情。

两种情况下你都已经付钱，所以应该不再考虑钱的事。当前要作的决定不是后悔买票了，而是决定是否继续看这部电影。因为票已经买了，后悔已经于事无补，所以应该以看免费电影的心态来决定是否再看下去。作为一个理性的经济人，选择把电影看完就意味着要继续受罪，而选择退场无疑是更为明智的做法。

沉没成本从理性的角度说是不应该影响我们决策的，因为不管你是不是继续看电影，你的钱已经花出去了。作为一个理性的决策者，你只需考虑将来要发生的成本（比如需要忍受的狂风暴雨）和收益（看电影所带来的满足和快乐）。不管作出何种决定，钱都已经花了，它是个确定的常数，不应该影响我们其后的决策。在现实生活中，大多数人显然对"沉没成本"的态度并不理性。某企业在两个城市的交界处买了一块地皮。企业领导的起初用意是投资 30 万元办一座生产豆奶的食品加工厂。结果一生产就亏损，很不景气。如果就此打住，这 30 万元对于企业来说也不算什么。但是企业的领导很不甘心，不愿让这笔钱就此打了水漂，于是又投资 70 万从德国引进全套的进口设备，希望扩大生产规模，提高产品质量以赢得效益。结果还是一个字：赔。此时如果放弃这家工厂，将其折价处理，应该说损失还可以承受。但是领导的思维却是这样的：已经投入了 100 万，如果放弃损失太大，不如继续在这块地皮上投入，以期扭亏为盈，于是又作出决策：投入 300 万，在这里建立大型生产基地……然而，随着时间的推移，这个基地的产出已经成了笑谈。

对于企业来说，成本一旦沉没，就不再是机会成本。沉没成本具有无关性，即不管企业如何对之作出决策，都难以改变。所以应对"沉没成本"，最合理的方法就是管理者在继续作出各种决策时，不再考虑沉没成本。当然，话说回来，一个企业无论如何都应该尽力减少沉没成本，这需要企业首先要努力避免失误的决策，能从企业、市场的诸多方面对项目作出准确判断。管理者也应该认识到，在复杂的市场当中，投资决策的失误是难以避免的，一旦出现，则需要避免将错就错，一错到底，这才是真正考验管理水准的时候。另外通过合资或契约，采用非市场的管理结构等，对减少沉没成本都是十分有利的。

2000 年 12 月份，计算机芯片巨头英特尔公司（Inter）宣布取消整个 Timna 芯片生产线。Timna 是英特尔公司专为低端的 PC 市场设计的整合型芯片，当初在将巨资投入到这个项目的时候，英特尔公司的预测是：今后计算机减少制造成本的途径将是通过高度集成（整合型）的设计来实现，针对这一分析，公司大力着手生产整合型的 Timna 芯片。可是后来，PC 市场发生了巨大变化，PC 制造厂商通过其他的系统成本降低方法，已经达到了目标，为 Timna 芯片投入的成本成了典型的沉没成本。在这种情况下，英特尔公司的高层管理者果断决定：让这一项目下马，从而避免在这个项目上消耗更多的资金。而后来的事实也证明，尽管 Timna 芯片给英特尔公司造成了损失，但及时放弃的做法使得公司得以将资源应用于其他领域，其收益很快便消除了沉没成本带来的不利影响。

沉没成本不仅对于企业，而且对于个人来说也很常见。在这里需要指出，有时候沉没成本只是价格中的一部分而非全部。比如，一台新买的电脑价值6000元钱，可是新鲜劲儿还没有过去，一种升级款式的电脑（这就是技术进步带来的更新换代）价钱才5000元，而且还打出广告，说原来的那款用6000元买的电脑"再加2000元就可更换一台新产品"。在这种情况下，为原来的电脑付出的成本中有很大一部分已经变成"沉没成本"，除非你用这台电脑创造效益，收回部分投资。除此之外还有二手车市场，一辆新车在使用几个月后准备卖出，在这么短的时间里，车当然不会有多少损耗，但是价格却不可能再回到原价。这时候，原价和现在卖价的差额就是沉没成本。并且，如果不能及时出手，时间越长，这个沉没成本就会越大。

以上两个例子中的做法都是不再理会沉没成本，这也正是大多数经济学家的建议。因为不管沉没的是什么，数量有多少，对未来而言，都已经没有意义。彻底放弃那些沉没的东西，才是最明智的选择，才是智慧的体现。

合理库存的重要性——经营的机会成本

机会成本在经济学上是一种非常特别的既虚又实的一种成本，它指一笔投资在专注于某一方面后所失去的在另外其他方面的投资获利机会。也就是为了得到某种东西而所要放弃的另一样东西。

萨缪尔森曾用热狗公司的事例来说明机会成本的概念。热狗公司所有者每周投入60小时，但不领取工资。到年末结算时公司获得了22000美元的可观利润。但是如果这些所有者能够找到其他收入更高的工作，使他们所获年收入达45000美元。那么这些人所从事的热狗工作就会产生一种机会成本，它表明因他们从事了热狗工作而不得不失去的其他获利更大的机会。对于此事，经济学家这样理解：如果用他们的实际盈利22000美元减去他们失去的45000美元的机会收益，那他们实际上是亏损的，亏损额是45000 − 22000 = 23000美元。虽然实际上他们是盈利了。

在企业中，某种资源往往具有多种用途，也就是有多种使用的"机会"，可是不管哪种资源，只能用于某一方面，不能同时在另一方面使用。所以，在决策分析过程中，必须将已经放弃的方案也许可以得到的潜在收益，与已选方案的所得利益进行比较，当已选中的方案也许得到的利益大于所放弃方案的利益时，才能认为选中方案的经济效益高，从而作出正确的选择。

企业在进行决策时，同样会遇到机会成本问题，我们先来看一家杂货店的故事。有一段时间，某小区出现了规模较大的一家杂货店。为了能赢得更多的顾客，这家店几乎使出浑身解数，店里塞满了商品，每件商品的库存都很多，甚至连过道和楼梯上都堆满了商品，顾客只能在堆满商品的窄道勉强通过。

但是如果没有顾客上门购买，再多的商品也不是"卖品"，不过是卖不动的"库存"而已。由于该小区人口少，来购物的人更少，最终这家店只好退出了市场。这家店退出市场，不能说完全因为库存量过大导致，但至少有一部分原因。

从经济学的角度来看，商品过度剩余的后果很严重，脱销的后果也同样很严重。库存太大意味着资金、库房的占用，意味着一旦调价或市场滑坡你的损失更多。以食品店为例，食品都有保质期，时间越久越不新鲜，也就越难卖出。食品之外的其他商品也一样，时间一久，商品会过时，也会加大破损和丢失的风险。

库存量大时不仅需要有专人来管理仓库，而且，还要派人检查库存商品是否还能继续作为正常商品出售，这些需要增加额外的人力费用。另外，如果库存太大，不得不租赁仓库，就得多付租金，即便是放在店里面，也会占去其他商品的空间。

如果能将库存的东西早些处理掉，就能节省下库存的管理人力费和仓库租赁费，把这些节省下来的钱投入到经营过程中，还能获得增值。

损失有多种多样。经济学上把以"如果把省下来的钱用来……"这种假设为前提推算出的"本该得到却丢掉了的利润"称为机会成本损失。库存带来的各种损失叫作"库存成本"，对于经营者来说，库存越少越好。

库存越少越好，不是说不能有一点库存。如果一点库存也没有的话，就有可能错过赚钱的好机会。因此，库存"多了不行，没有也不行"，库存是否合理，关键在于经营者对"机会成本"的把控能力。

按一般想法，可能觉得销售一空就万事大吉了，然而在经济学里，这被看作是"机会损失"，是不受欢迎的。例如卖场中不会等到商品全部卖完之后再去进货，一般都是在快要卖完时就已经备货。因此，经营者在经营的过程中，不仅要考虑实际的成本损失，还要考虑可能存在的机会成本损失，争取卖出更多的商品。

美国经济学家保罗·萨缪尔森说："经济学研究人与社会如何作出最终抉择，在使用或者不使用货币的情况下，来使用可以有其他用途的稀缺的生产性资源，在现在或将来生产产品，并把产品分配给各个成员以供消费之用。它分析改进资源配置形式可能付出的代价和可能产生的效益。"懂得了机会成本，就能促使企业作出适当的决策，从而减少机会成本损失，获得最大的经济效益。

"补钙广告"旺销了肉骨头——外部性

在现代经济学理论体系中，所谓"外部性"也称外在效应或溢出效应，主要是指一个经济主体的活动对旁观者福利的影响，这种影响并不是在有关各方以价格为基础的交换中发生的，因此其影响是外在的；如果给旁观者带来的是福利损失（成本），可称之为"负外部性"；反之，如果给旁观者带来的是福利增加（收益），则可称之为"正外部性"。全体社会成员都可以无偿享受的公共物品，可以说是正外部性的特例。个体经济活动付出的成本和得到的收益可谓个体（私人）成本和个体（私人）收益，而这一活动带给旁观者的额外成本和额外收益就是社会成本和社会收益。

经济生活中的外部性是广泛存在的。生产中养蜂人放蜂使果农收成增加，企业的技术发明被其他企业无偿引用等等，都会产生正外部性；而化工厂向江河排放污水就会有负外部性。私人消费也会产生外部性，如吸烟、开车都会造成对空气的污染，半夜放音响给邻居带来的噪声等，都产生负外部性。

前几年在营养保健品市场上，风行"人体补钙"，各种各样的补钙品琳琅满目，报纸杂志和电视广播里也充斥着补钙的广告。当"补钙大战"如火如荼、难分高下的时候，人们却吃惊地发现：由于竞争商家太多，营养品销量并不见得有多好，倒是农贸市场里的肉骨头大为旺销。原来，根据"吃什么补什么"的老话，吃肉骨头也是相当补钙的。特别是猪的脚筒骨，骨髓多，味道好，在市场上大受欢迎。供给有限导致了价格上涨，最后它甚至逼平了肋条肉。与此同时，饭店里的骨头煲汤也备受欢迎。直到这时，那些在媒体上花大钱做广告的厂商才发现，自己为肉骨头作了免费宣传。

在经济现象中这种"正外部性"现象非常常见，例如，对于一些弱势产品，搭强势品牌"广告便车"就是一条切实可行的策略。在强势品牌大肆宣传的时候，弱势产品就大力"铺货"，最大限度地减少自己新产品进入市场的阻力，可以使产品迅速地进入终端销售市场，更快与消费者见面。

然而，生活中同样存在着"负外部性"。某小区附近因为常有偷盗现象发生，家家户户纷纷将自家门窗装上了防盗门和钢条笼子，结果路人从街上经过，抬头望去满目全是黑灰铁条，整个小区简直就是一座监狱牢房，大煞风景，这就是负外部性了。有个地方在架桥时，对山体进行爆破作业，不料附近有一个养牛场，许多怀孕的母牛听到爆炸后受到惊吓，整夜整夜地不敢休息，结果纷纷流产，造成了经济损失，这也是负外部性。

许多事物都有着"一分为二"的特点，同样，许多活动也兼有正和负两种外部性。比如商场促销时放着好听的歌曲，如果音量适中，顾客就会觉得这是一种享受；然而音量开得震耳欲聋，顾客们就会心烦意乱。在这里，音乐随着音量的变化，表现出两种正负外部性。

上面举的例子都具有这样一种特点：外部性并不是在相关各方以价格为基础的交换中发生的。如果说个体所付出的成本和得到的收益可以称作个体成本和个体收益，那么个体的活动给他人带来的额外成本或者额外收益，就构成了社会成本（负外部性）和社会收益（正外部性）。比如对于公共物品，全体社会成员都可以无偿享受，可以说它们是社会收益的特例。而最典型的社会成本便是污染问题。有的工厂浓烟滚滚，粉尘弥漫，有的工厂把污水直接排入河流，造成鱼虾死亡，农作物歉收，人们健康受到威胁，这就是极其严重的负外部性了。

一般说来，外部性并非当事的经济主体的本意，即他本来只是为了自己的利益而这么做，并非有意要帮助别人，或者损害别人，只是这种行为产生的效果影响了别人。比如"凿壁借光"，在这个过程中邻家并没有多付出什么，而可以借光读书、得到收益的匡衡也不必为之付费。但是，假设本来该熄灯入睡，却因为邻家的灯光干扰而造成失眠，那么灯光就具有负外部性了。

外部性的广泛存在使得人们在做事时不能只考虑自己，也要考虑他人。有时候对于某些正外部性可以设法加以利用。常见的一种现象就是商场里开设餐馆。当一家大型商场建成以后，它周围小吃店的生意相对就要好起来。这时商场往往会在顶层开设餐馆，使得顾客在购物的同时顺势上楼吃饭，这种做法就将正外部性"内部化"了。这也可以用来理解现在流行的多元化经营，在其项目之间就常常会有正外部性。

"己所不欲，勿施于人。"对于负外部性，我们最好及时避免。当损害到他人利益的时候，就可能会引起诉讼纠纷；当影响的是公共利益时，法律就要对其进行直接干预。对于负外部性，尤其要防微杜渐。这是因为，当负外部性的积累达到一定程度时，造成的问题将很难在朝夕之间得到解决。以环境污染为例，经过多年的污染积聚，现在已经出现了酸雨、臭氧空洞、温室效应等严重问题，已经极大地威胁到人类文明，在这样的局面下，尤为需要法律来约束人类的行为，严格减少负外部性的发生，以保护人类社会的和谐发展。

产品的"生老病死"——产品生命周期

一种产品进入市场后，它的销售量和利润都会随时间推移而改变，呈现一个由少到多再由多到少的过程，就如同人的生命一样，由诞生、成长到成熟，最终走向衰亡，这就是产品的生命周期现象。所谓产品生命周期，是指产品从进入市场开始，直到最终退出市场为止所经历的市场生命循环过程。只是相对于有血有肉的生命体而言，企业产品作为一种经济现象，其生命周期有着自己的特点和规律。

"产品生命周期理论"是在 1966 年，由美国哈佛大学教授雷蒙德·弗农在其著作《产品周期中的国际投资与国际贸易》中首次提出的。产品生命周期是指产品的市场寿命，即一种产品从进入市场开始，直到被市场淘汰的整个过程。

该理论认为，产品的生命是指其在市场里的营销生命。正如一个人要经历"诞生、成长、成熟、衰退"这样的周期，相应地，产品也要经历"介绍（引入）、成长、成熟、衰退"的阶段。但是，这个周期在不同的技术水平里，其发生的时间和过程是不一样的，不同的技术水平之间往往存在着较大的时差。这一时差反映了同一产品在不同国家的市场上竞争地位的差异，由此决定了国际贸易和国际投资的变化。在整个产品生命周期中，其销售额和利润额的变化大体表现为如下的曲线。

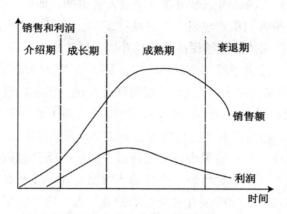

销售额和利润在产品生命周期中的变化

在介绍期，产品销售额和利润额增长缓慢，利润多为负数；当销售额迅速增长，利润由负变正并快速上升时，进入成长期；当销售额增长放慢，利润增长停滞时，则进入了成熟期；当销售额快速递减，利润也较快下降时，说明产品已经进入衰退期。伴随着产品寿命周期的各个阶段，企业也要采取相应的措施。这里特别要指明的是，当产品进入成熟期时，要对产品进行改革，增加其新用途、新特征，从而尽量延长其寿命，避免过早地进入衰退期。

值得注意的是，不同的产品，其生命周期也常常各不相同。时装的生命周期往往只有几个月，而汽车的产品生命周期已经能够达到 100 年。各种产品的生命周期的曲线形状也有差异。有的产品一进入市场就快速成长，迅速跳过介绍期；有的产品可能越过成长期，直接进入成熟期；还有的命运可能悲惨一些，在经历了介绍期后，未成长起来，直接迈向衰退期。

目前，随着科技的飞速发展和市场竞争的加剧，各个公司都在努力赶超同类产品，使得产品的更新换代不断加快，其显著特征就是产品的生命周期不断缩短。特别是在微电子、电子计算机和新材料等高科技产业，其新产品和新工艺的开发已经达到了空前的速度。IT 产业技术创新以 18 个月为一个周期，每过 18 个月，芯片的集成度和运算速度提高一倍，而此前的芯片价格下降一半。

因此，在当今的形势下，研究产品生命周期的规律，必须与技术创新紧密地结合起来。我们以手机市场的产品生命周期为例加以说明。

（1）引入期。一般在这个过程里产品的销售量较少，而且增长比较缓慢。作为电子产品，一款新手机在进入市场后需要区分两种情况。一种是有着创新技术的新产品，某些特征属于首次出现，在营销策略上便需要及早确立市场"领头羊"的地位。一般来说，具有创新意义的新产品会获得很大的成功机会。另外一种则是属于市场同质化的产品，当面对市场上众多产品的时候，在引入期应该更关注对价格的定位以及相对应的推广策略。

（2）成长期。在这一期间，产品得到市场认可，销量开始快速增长。当然，如果产品没有受到市场认可，就可能立即进入衰退期，即成为失败的"短命产品"。在成长期里，竞争者们虽然也发现了这块"肥肉"，但由于产品的创新技术难以马上跟进，因此，厂家依然能够保持价位，并尽力延长这个阶段。竞争品一旦出现后，竞争对手就很可能改进了原有创新的不足，同时会以价格战来冲击市场。在面对这种情况时，作为原来的领先者，也只有通过降价来进一步激发市场份额，提高销售量。

（3）成熟期。在这一期间，产品的销售量达到了某一程度，并将放慢增长甚至停止增长。此时消费者对其已经有了全面认知，其销售渠道基本也达到了最大化，因此，这一时期应该是厂商最为轻松的阶段。虽然价格经过调整后已经比较低了，但由于销量较大，利润依然可观。产品的成熟期往往是该产品最长的生命阶段，厂家会通过各种形式的变化或组合来吸引新的消费者。比如，很多产品在步入成熟期后，将着重宣传原来被消费者忽视或者遗忘的销售卖点等，以实现销售量的提升。此刻由于竞争产品不断增加，市场有可能出现生产过剩的苗头，而这也预示着此产品可能开始步入衰退期。

（4）衰退期。在这一时期，产品的销售下滑趋势无法阻止。其原因基本在于技术过时、消费者兴趣发生了变化以及竞争的加剧。但是需要指出的是，有时候厂商无法清醒地认识衰退期，或者说无法接受这个事实，对已经处于衰退期的产品继续投入大量资金，结果只能是"越投入越亏损"，而最终造成沉没成本。尤其是像手机这样的快速消费品，降价频率快，在衰退期"清货"越慢，零售价格就会越低，就会更容易导致亏损。所以此时最好的办法就是快速降价和清货，宁肯亏一些，也要尽快处理完毕。

虽然产品生命周期模型提供了许多有价值的信息，但是目前这种理论还是营销决策的辅助参考工具，而不是主要决策工具。这是由于产品生命周期的曲线变化充满了很多变数，产品的销售成功与否和各种外界因素都有关联。例如当手机销量衰退时，其原因也许是因为覆盖的销售门店数量不够所致。如果这时贸然判断手机已经进入衰退期，采取"降价清库"行为，就有可能会导致利润骤降甚至亏损。

因此，决策者除了借助产品生命周期理论以外，还需要对各种影响产品销售的因素进行全面考虑，以努力形成准确的、全方位的判断。

现在的一元钱不等于未来的一元钱——贴现

30年前，一元钱能做什么？交一个孩子0.6个学期的学杂费（一个学期1.6元），治疗一次感冒发烧（含打针），买20个雪糕、7斤大米、50斤番茄、20斤小白菜、20个鸡蛋，到电影院看5次电影，乘20次公交车。

现在的1元能够做什么？乘公交车1次（非空调车）、买2个鸡蛋，夏天买0.5斤小白菜、0.8斤番茄、0.7斤大米，看病挂号1次（最便宜的门诊），缴纳小孩学杂费的 1/800，看 0.05 次电影。

　　30 年的时间，说短不短，说长不长，但是 1 元钱的购买力已经发生了巨大的变化。随着经济的发展，钱的购买力是在不断降低的，这是从以上的对比中不难得出的结论。其实，1 元钱的变迁也能运用到经济学的成本分析当中，我们来看下面这个例子。

　　比如小王 6 年前投资 100 万元办了一个工厂，但今年企业停产关闭了。在这 6 年时间里，企业每年的总收益是 20 万元，6 年共收益 120 万元。这样算下来，总成本为 100 万元，总收益为 120 万元，利润为 20 万元，投资利润率为 20%。

　　这种算法可以说是正确的，也可以说是不正确的。说这种算法不正确，是因为总收益、总投资、利润都是用货币计算的，而现在的 20 万元钱与未来的 20 万元钱的实际价值并不相同，也就是说 20 万元钱的实际购买力并不相同。

　　经济中会发生通货膨胀，比如通货膨胀率是 10%，这种情况下，现在 1 元钱的购买力在一年以后就会贬值 10%，即现在的 1 元钱在一年以后买不到同样的东西。换一个角度来看，即使没有通货膨胀，我们将 1 元钱存入银行，如果利率是 10%，一年后就成为了 1.1 元，显然这 1 元钱在一年后已经不只 1 元了。

　　在这里，引入两个概念，现值与贴现。我们把一笔未来货币现在的价值称为现值，把未来某一年的货币转变为现在货币的价值称为贴现。在影响一笔货币价值的因素中最重要的是通货膨胀率和利率，通货膨胀率和实际利率之和为名义利率，所以我们常用名义利率来进行贴现。

　　假设名义利率为 r，某一年的货币量为 Mn，货币的现值为 M_0，n 代表第 n 年。贴现的公式如下：

$M_0 = Mn / (1+r)^n$

　　例如，未来一年后的货币量为 110 万，名义利率为 10%，这笔钱的现值为：

$M_0 = 110 万 / (1+10\%) = 100 万$

　　这就是说，当名义利率为 10% 时，一年后 110 万元的现值是 100 万元，或者说一年后 110 万元的实际价值在今年是 100 万元。

　　在确定一笔投资是否有利时，我们要比较的不是现在的投资与未来的收益，而是现在的投资与未来收益的现值。这是以利润最大化为目标的企业在决定投资时所采用的思维方式。换言之，不是在未来能赚多少钱，而是所赚的钱的现值是多少。在我们所举的小王投资的例子中，如果利率是 10%，各年收益的现值如下：

　　第一年（n=1）：$20 万 / (1+10\%)^1 = 18.18 万$

　　第二年（n=2）：$20 万 / (1+10\%)^2 = 16.53 万$

　　第三年（n=3）：$20 万 / (1+10\%)^3 = 15 万$

　　第四年（n=4）：$20 万 / (1+10\%)^4 = 13.66 万$

　　第五年（n=5）：$20 万 / (1+10\%)^5 = 12.42 万$

　　第六年（n=6）：$20 万 / (1+10\%)^6 = 11.29 万$

　　未来 6 年中总收益的现值为：

18.18 万 +16.53 万 +15 万 +13.66 万 +12.42 万 +11.29 万 =87.08 万

如果不进行贴现，总收益为 120 万，但按 10%的利率进行贴现时，这 120 万的现值为 87.08 万元。投资为 100 万，未来收益的现值为 87.08 万，显然，这笔投资是亏的，亏损为 100 万 –87.08 万 =12.92 万。显然不能进行这笔投资。

由以上的分析还可以看出，一笔未来货币现值的大小取决于名义利率。我们假定名义利率为 5%时，各年收益的现值如下：

第一年（n=1）：20 万 /（1+5%）^{1}=19 万

第二年（n=2）：20 万 /（1+5%）^{2}=18.18 万

第三年（n=3）：20 万 /（1+5%）^{3}=17.24 万

第四年（n=4）：20 万 /（1+5%）^{4}=16.52 万

第五年（n=5）：20 万 /（1+5%）^{5}=15.74 万

第六年（n=6）：20 万 /（1+5%）^{6}=15.02 万

未来 6 年中总收益的现值为：

19 万 +18.18 万 +17.24 万 +16.52 万 +15.74 万 +15.02 万 =101.7 万元

这表示只有在名义利率为 5%时，这笔 100 万元的投资才略有微利，即 101.7 万 –100 万 =1.7 万元。由此可见，在利率为 5%以上，这笔投资都是不合适的。

在作出长期投资决策时，贴现的概念是极为重要的。长期投资的收益是在未来若干年中，但离现在越远，同样一笔货币收益的现值就越小。如果不考虑这一点，看来似乎是有利的投资实际上是亏损的。企业要避免这样的损失就必须对未来收益按名义利率进行贴现。

贴现的方法突出了时间因素在经济学中的重要性。人们对等量货币的现在偏好大于未来，这就体现了时间的作用。经济学家把这种现象称为"时间偏好"。在企业作出投资决策时，企业家也一定要考虑时间因素。收益期越长的投资，时间因素越重要。

在考虑时间因素时，不仅有贴现，而且有投资风险。建立一个工厂往往是一种长期投资。所以在作出这种投资决策时，不仅要考虑规模的确定，使产量达到平均成本最低的水平，而且要考虑这些产量所能带来的收益现值。当然，如果投资是在今后的多年时间内进行，也要考虑未来投资的现值。因此，在作出长期投资或建一个厂的决策时，一定要谨慎。

第二章

经营战略

消费者的需求是无限的——开发潜在需求

为什么某些人不屑一顾的产品，却有人愿付出巨大的代价来得到它？为什么有的人为一顿饭一掷千金，却会对另外的商品斤斤计较？答案其实很简单：顾客的买与不买，取决于他对商品的需求程度。

消费者先有需求，生产者适应消费者的需求进行生产和生产者先生产出来再让消费者有需求，这两者是不一样的。我们把前一种情况称为"消费者主权"，即消费者的需求引导生产者生产；后一种情况就是"生产者主权"，即生产者的生产引导消费者的需求。举个例子来说，在火车没有生产出来之前，人们想都没想过乘坐这样的交通工具，因此乘坐火车的需求是被生产者创造出来的。火车的先进性一旦为人们所认知，乘坐火车消费就成了人们的必备选择了。由此可以看出，当生产者化被动为主动，市场需求就是无限的了。

曾经有这样的一个营销故事：向和尚卖梳子，卖得越多越好。几乎所有的人都对这样的命题表示怀疑：把梳子卖给和尚？这怎么可能呢？搞错没有？和尚没有头发，根本就用不着梳子。面对根本没有需求的市场，许多人都打了退堂鼓，但还是有甲、乙、丙三个人勇敢地接受了挑战……

一个星期的期限到了，三人回公司汇报各自销售实践成果，甲先生仅仅卖出一把，乙先生卖出10把，丙先生居然卖出了1000把。同样的条件，为什么结果会有这么大的差异呢？

甲先生说，他跑了三座寺院，受到了无数次和尚的臭骂和追打，但仍然不屈不挠，终于在下山的时候碰到了一个小和尚因为头皮痒在挠头，他递上了一把梳子，小和尚很高兴地买了这把梳子。

乙先生去了一座名山古寺，由于山高风大，把前来进香的善男信女的头发都吹乱了。乙先生找到住持，说："蓬头垢面对佛是不敬的，应在每座香案前放把木梳，供善男信女梳头。"住持认为有道理。那庙共有10座香案，于是买下10把梳子。

丙先生来到一座颇具盛名、香火极旺的深山宝刹，对方丈说："凡来进香者，多有一颗虔诚之心，宝刹应有回赠，保佑平安吉祥，鼓励多行善事。我有一批梳子，您的书法超群，可刻上'积善梳'三字，然后作为赠品。"方丈听罢大喜，立刻买下1000把梳子。

看似没有需求，却被丙开拓出崭新的市场。在市场经济条件下，生产出来的产品，消费者如果不买，你也没办法。生产者主权就是要生产者主动开发消费者的潜在需求，生产者的产品如果能满足消费者潜意识中存在，但是自己没有意识到或者不知如何去满足的需求，就可以把消费者潜在的需求转变为现实的购买行为，从而开辟新的市场。

为什么消费者有潜在的需求等待开发呢？是因为有些消费者因为某种后顾之忧，把一部分钱储蓄起来，不用于目前的生活消费，因而形成潜在需求；另外一些消费者虽然有一定的生活收入来源，可是由于目前手持货币数量的限制，不能购买某种他所需要的商品，也形成了潜在需求。当然，更多的顾客在没有看到自己所需要的产品之前，对其他类产品并不感兴趣。

消费者的需求来自欲望，购买物品进行消费正是为了满足某种欲望。开发潜在需求就是创造消费者的新欲望，或者唤起那些沉睡的欲望。当消费者有实现新欲望的支付能力时，欲望就变成了现实购买行为。成功的企业不能仅仅满足于被动地适应消费者的需求，还要主动地去开发消费者的潜在需求。

欲望的无限性就是企业开发潜在需求的基础。欲望是要用物品或劳务去满足的，消费者往往是知道欲望而不知道如何满足，或者是欲望处于潜伏状态，消费者还不知道有这种欲望。如果生产者能开发出一种产品满足消费者不知如何满足的需求，或者激起了消费者某种潜伏状态的欲望，这就成功了。

以电动剃须刀为例，希望刮胡子快、便捷、安全，是消费者的潜在需求。当他用上吉列刀片时，已经相当满意了。如何才能更快、更便捷、更安全，他想不出可行之策也就满足于现状了。现在生产者生产出了比吉列刀片更快、更便捷、更安全的剃须工具，这就满足了潜在需求。市场上增加了一种新产品，生产者也成功了。当没有电动剃须刀时，这种需求是潜在的。当这种产品开发出来时，这种潜在需求就成为现实的购买行为了。其实，现代经济社会就是生产者不断开发消费者需求的过程。现代社会要使人过得更好，要使人更多的欲望得到满足，这就有了无限需求，有了无限的市场。

当然，仅仅是生产出产品来，消费者并不一定接受。也许他们对新产品不了解，也许这种潜在的欲望并不能一下激发出来。所以生产者还要对消费者进行劝说。只有消费者被说服了，接受了这种新产品，这才算成功。劝说消费者就是做广告。比如电动剃须刀刚出来时，也许消费者不愿意用或不敢用。他们也许习惯了刮脸刀片，没有觉得什么不方便，也许怕新产品不安全，把脸刮破了。这时生产者就要用劝说性广告，让消费者接受这种产品。肯定会有人先购买，他们用后感觉很好，这种产品于是就普及了。现实中无数的新产品就是这样走进消费者生活当中的。

世界上没有卖不出去的产品，很多经营者都这样认为。只要生产者善于开发消费者的潜在需求，还有什么东西卖不出去呢？

小需求催生大产业——长尾理论

2004年10月，美国人克里斯·安德森提出了"长尾"的概念。他将集中了人们主要需求的流行市场称为"头部"，而有些需求是小量的、零散的、个性化的，这部分需求所形成的非流行市场就是"尾巴"。长尾效应的意义在于"将所有非流行的市场累加起来就会形成一个比流行市场还大的市场"，这就是"长尾理论"。

过去人们只能关注重要的人或重要的事，如果用正态分布曲线来描绘这些人或事，人们只能关注曲线的"头部"，而将处于曲线"尾部"、需要更多的精力和成本才能关注到的大多数人或事忽略。例如，在销售产品时，厂商关注的是少数几个所谓"VIP"客户，"无暇"顾及在人数上居于大多数的普通消费者。而在网络时代，由于关注的成本大大降低，人们有可能以很低的成本关注正态分布曲线的"尾部"，关注"尾部"产生的总体效益甚至会超过"头部"。安德森认为，网络时代是关注"长尾"、发挥"长尾"效益的时代。

长尾理论是网络时代兴起的一种新理论，由于成本和效率的因素，当商品储存流通展示的场地和渠道足够宽广，商品生产成本急剧下降以至于个人都可以进行生产，并且商品的销售成本急剧降低时，几乎任何以前看似需求极低的产品，只要有卖，都会有人买。这些需求和销量不高的产品所占据的共同市场份额，可以和主流产品的市场份额相比，甚至更大。

"长尾理论"描述了这样一个新的时代：一个小数乘以一个非常大的数字等于一个大数，许许多多小市场聚合在一起就成了一个大市场。"长尾理论"终结了被公认为无比正确的"二八定律"时代。"长尾理论"诞生后，人们不再只关心20%的拥有80%的财富的那一群人了，因为80%的那群人占有的市场份额与20%的人占有的市场份额是相同的。

要使长尾理论更有效，应该尽量增大尾巴。也就是降低门槛，制造小额消费者。不同于传统商业的拿大单、传统互联网企业的会员费，互联网营销应该把注意力放在把蛋糕做大。通过鼓励用户尝试，将众多可以忽略不计的零散流量，汇集成巨大的商业价值。

在对目标客户的选择上，阿里巴巴总裁马云独辟蹊径，事实证明，马云发现了真正的"宝藏"。其实，用经济学的话说，他是在利用"长尾效应"。

马云与中小网站有不解之缘，据说这与他自己的亲身经历有关。当年，竞争对手想要把淘宝网扼杀在"摇篮"中，于是同各大门户网站都签了排他性协议，导致几乎没有一个稍具规模的网站愿意展示有关淘宝网的广告。无奈之下，马云团队找到了中小网站，最终让多数的中小网站都挂上了他们的广告。此后，淘宝网歪打正着地红了，成为中国首屈一指的 C2C 商业网站。马云因此对中小网站充满感激，试图挖掘更多与之合作的机会，结果让他找到了重要的商机。

在中国所有的网站中，中小网站在数量上所占比重远远超过大型门户网站，尽管前者单个的流量不如后者，但它的总体流量仍是相当庞大。而且，中小网站由于过去一直缺乏把自己的流量变现的能力，因此，其广告位的收费比较平民化。这恰好符合中小企业广告主的需求。过去，一个网络广告如果想要制造声势，只能投放在门户网站上，但其高昂的收费令中小企业很难承受。2008 年 6 月 18 日，马云的第七家公司阿里妈妈网站宣布正式上线。

在日常经济生活中常有一些颇有趣味的商业现象可以用"长尾理论"来解释。如在网上书店亚马逊的销量中，畅销书的销量并没有占据所谓的 80%，而非畅销书却由于数量上的积少成多，而占据了销量的一半以上。

再如彩铃等数字音乐的出现，让深受盗版之苦的中国唱片业，找到了一个陡然增长地、心甘情愿地进行多次小额支付的庞大用户群。此前，有意愿进行金额可观的正版音乐消费的客户群，其数量少得可怜。

如果说"长尾理论"是一种理论观点的探讨，甚至是经济生活中的一种经济业态，无可厚非，但如果以它引导企业行为，其效果未必是乐观的。

首先，长尾绝不意味着仅仅是把众多分散的小市场聚合为一个大尾巴，而是还需要一个坚强有力的头部，以及头部与尾巴之间的有效联系。

其次，无论怎么说，相对畅销品来讲，"长尾"是非热销产品，属遗留产品或滞销品，无论在企业还是在市场上，都属"处理品"，任何企业都不可能有意或着力生产这些产品，更不可能把这些滞销品和处理品作为企业的利润来源甚至是利润支撑，否则，那就是本末倒置，舍近期大利去追逐远期小利。

再次，在传统商业现有的游戏规则下几乎不可能。因为传统商业目前仍然是以"销售量带来的收益持平或者超过成本"这一商业常识作为指导，如果在自己的"零售网络"中最终聚集的用户数量还是非常少的话，依然无法通过这种产品盈利，这时要在"长尾市场"中做生意，不是为时已晚，就是压死企业的"最后一根稻草"。

"长尾理论"是把"双刃剑"，只有对它正确认识且能正确运用它的人，才能利用它来为自己创造财富，否则就会一败涂地。因此，对待"长尾理论"的正确态度是，要慎重，要因产品制宜，一般情况下，单一企业不宜使用。

抓住最关键的少数——二八法则

1897 年，意大利经济学者帕累托偶然注意到 19 世纪英国人的财富和收益模式。在调查取样中，他发现大部分的财富流向了少数人手里。同时，他还发现了一件非常重要的事情，即某一个族群占总人口数的百分比和他们所享有的总收入之间有一种微妙的关系。他在不同时期、不同国度都见过这种现象。不论是早期的英国，还是其他国家，甚至从早期的资料中，他都发现这种微妙关系一再出现，而且在数学上呈现出一种稳定的关系。这就是著名的二八现象：社会上 20% 的人占有 80% 的社会财富。也就是说财富在人口中的分配是不平衡的。反映在数量比例上，大体就是 2：8。这就是应用很广的二八法则。

二八法则可引申为，在任何特定的群体中，重要的因子通常只占少数，而不重要的因子则常占多数。因此，只要控制重要的少数，即能控制全局。商家往往会认为所有顾客一样重要，所有生意、每一种产品都必须付出相同的努力，所有机会都必须抓住。而"二八法则"恰恰指出了在原因和结果、投入和产出、努力和报酬之间存在这样一种典型的不平衡现象：80% 的成绩，归功于 20% 的努力；市场上 80% 的产品可能是 20% 的企业生产的；20% 的顾客可能给商家带来 80% 的利润。

而在企业经营中，二八法则是企业提高效率、实现科学系统管理的制胜法宝。二八法则在企业的实际应用中，主要体现在如下几个环节：

（1）"二八管理法则"。企业主要抓好 20% 的骨干力量的管理，再以 20% 的少数带动 80% 的多数员工，以提高企业效率。

从企业管理的角度讲，二八法则实际侧重的是"榜样的力量"。企业 80% 的效益是由 20% 的核心员工来完成的，这 20% 的骨干员工在企业中是顶梁柱，通过他们积极主动的工作与活动，来带动整个团队的活力，从而为整个企业创造价值。

（2）"二八决策法则"。抓住企业普遍问题中的最关键性的问题进行决策，以达到纲举目张的效应。

从企业决策的角度来讲，二八法则主要侧重于抓典型、抓关键问题进行有效、正确的决策，企业的运行过程中，几乎每天都有很多问题需要决策，但是能够左右企业的发展方向和企业成败的关键问题只有几个，能够善于认清"关键问题"，进行正确的"关键决策"无疑会影响整个企业的发展。

（3）"二八融资法则"。管理者要将有限的资金投入到经营的重点项目，以此不断优化资金投向，提高资金使用效率。

二八法则在企业资金运作中主要体现在：将有限的资金和资源，投放到关键的项目，也就是优化投资结构、加快企业资金的周转和利用率。现代化企业拼的是速度，"以速度冲击规模"是现代企业所倡导的全新理念。当你在一味地抱怨自己企业资金不足的时候，早已经有很多企业家把眼光放在了提高资金周转速度、提高资金利用率上了。可见，优化资金投向、提高资金使用效率，"以速度冲击规模"，是企业健康、良性发展的关键。

（4）"二八营销法则"。经营者要抓住 20% 的重点商品与重点用户，渗透营销，牵一发而动全身。

二八法则在营销环节中，主要体现为两个方面，一是重点产品，二是重点客户。即企业 80% 的销售是由 20% 的重点商品完成的；企业 80% 的销量是由 20% 的核心客户完成的。无论是厂家还是商家，都要明白这个道理。比如，我们的冰箱产品线规划，几十款冰箱产品，产品线很长、很丰富，虽然丰富的产品线是为了满足不同区域、不同消费者的需求，但是经过每个月的销售结构统计你会发现，一定是有 20% 的产品占到总体销量的 80%。而我们的客户也是一样，展台上摆放 20 多款冰箱产品，其实每个月主要销售的也就是那么几款。

明白二八法则在营销中的应用原理至关重要，作为经销商来讲，要根据自己区域的特点，找准核心产品进行主推；作为厂家和代理商来讲，一定要将自己的客户进行 A、B、C 分类，认清哪些是完成你 80% 销售任务的核心客户，然后对核心客户进行重点的支持和关注。

遵循"二八法则"的企业在经营和管理中往往能抓住关键的少数顾客，精确定位，加强服务，达到事半功倍的效果。美国的普尔斯马特会员店始终坚持会员制，就是基于这一经营理念。许多世界著名的大公司也非常注重二八法则。比如，通用电气公司永远把奖励放在第一，它的薪金和奖励制度使员工们工作得更快、也更出色，但只奖励那些完成了高难度工作指标的员工。摩托罗拉公司认为，在 100 名员工中，前面 25 名是好的，后面 25 名差一些，应该做好两头人的工作。对于后 25 人，要给他们提供发展的机会；对于表现好的，要设法保持他们的激情。

"二八法则"反映了一种不平衡性，但它却在社会、经济及生活中无处不在。只要细心观察，你就会发现：

——20% 的罪犯的罪行占所有犯罪行为的 80%；

——20% 的汽车狂人，引起 80% 的交通事故；

——世界上大约 80% 的资源，是由世界上 15% 的人口所消耗；

——世界财富的 80%，为 25% 的人所拥有；

——80% 的能源浪费在燃烧上，只有其中的 20% 可以应用到车辆中，而这 20% 的投入，却回报以 100% 的产出；

——在一个国家的医疗体系中，20% 的人口与 20% 的疾病，会消耗 80% 的医疗资源。

还有很多其他情况也会出现"二八法则"，如：你的电脑 80% 的故障是由 20% 的原因造成的；你一生所使用的 80% 的文句是用字典里 20% 的字组成的；而在考试中，20% 的知识能为你带来 80% 的分数；同样的道理，你 20% 的朋友，占据了你 80% 的与朋友相处的时间……

女性会成为消费的主力军吗——她经济

清华大学三位博士和三位硕士建立了时代蔚蓝网站，最初想发展成为专业的学术图书网站，但是"卖书太不挣钱了"，在两轮风险投资介入之后，时代蔚蓝的发展思路逐渐有了转变。

"我们开始面向女大学生卖化妆品。"时代蔚蓝 CEO 高强说，"这个转变给网站带来了意想不到的收获，女大学生的消费潜力远远超过我们的想象。而且网站一旦被女性客户认可，传播的速度惊人。"

数据显示，我国每年在校女大学生化妆品消费有 20 亿元。"女大学生的消费潜力很大，除化妆品、饰品、服装外，女生还不断为男朋友买东西，市场太大了，而且前景相当光明。"高强形容，网站改卖化妆品后，利润就"走上了好的方向"。

有位女大学生发帖子，把自己购买的彩妆罗列出来，结果让人瞠目结舌，仅眼影一类就有 100 多盒。女性爱美，不管有没有消费能力，为了美丽不计成本。女性认为购买护肤品、化妆品、服装、饰品可以变美丽，有了这种心理之后，女性的消费能力是不可想象的。统计显示，目前我国女性每年化妆品消费额达 80 亿元，加上服装、珠宝、饰品、汽车等等，市场很大。"她经济"正受到越来越多人的关注。"她经济"是教育部 2007 年 8 月公布的 171 个汉语新词之一。"她经济"就是"女性经济"，随着女性经济和社会地位提高，围绕着女性理财、消费而形成了特有的经济圈和经济现象。由于女性对消费的推崇，推动经济的效果很明显，所以称之为"她经济"。

其实，"她经济"早已引起了经济学家的注意。据调查，中国 4.8 亿的女性消费者中，有 21% 是单身女子，这一消费群体正在迅速成为都市经济中的新亮点。她们大多年龄在 20～35 岁，大多受过高等教育，手头有一份不错的工作，薪水足够让自己不时地挥霍一下，不会为了经济压力而随便结婚。"她们更有花钱的激情和冲动，并且成为拉动时尚消费的绝对主力。"

"她经济"正扑面而来！据国内市场研究机构 CTR 的调查数据显示，大约每 3 位企业中高层管理者中就有一位是女性，每 4 位女性当中就有一位具有大专以上学历，每 10 位女性当中，就有一位个人月收入在 5000 元以上。随着女性的社会地位、文化素质和消费能力的不断提高，女性群体已经成为中国市场上不可忽视的"她力量"。现代女性拥有了更多的收入和更多的机会，她们崇尚"工作是为了更好地享受生活"，喜爱疯狂购物，以信用卡还贷，成为消费的重要群体。

女人花，女人花，女人是花，女人也会花。女人和儿童的钱最好赚，不仅女性自己喜欢消费，男士也热衷于这类感情投资。据统计，近八成已婚女性掌握着家庭的"财务大权"。此外，女性是时尚最坚定的追随者，她们的消费额是男性的 7 倍，正逐渐成为消费市场的绝对主流。女人在经济生活中占有举足轻重的地位，她们在市场中撑起的何止是半边天。

"她经济"时代，女性拥有更多的收入和更多的机会，展现出更旺盛的消费需求和更强的消费能力。由于社会地位和经济地位的提高，女性的自我关爱程度也不断提高，以女性消费为核心的消费趋势的转变，使越来越多的商家开始从女性的视角来确定自己的消费群。一些经济专家认为，女性经济独立与自主、旺盛的消费需求与消费能力意味着一个新的经济增长点正在形成。

随着经济的发展，女性的消费方式已从满足温饱向提升和体现生活品质转变。

消费范畴也从原有的食品、首饰、化妆品等扩展到了汽车、旅游、商品房、奢侈品等多个领域。女性作为绝对的主力消费群体，对于企业来讲，深藏商机。

有人说："女人是这个经济大开放社会的中心动力，是花蕊，如果没有"她"，经济只是一堆残枝败叶。"为此，越来越多的商家瞄上了"女性"这一强有力的目标市场。服饰、美容、保健、书刊、学堂……贴着"女性"标签的消费产品及服务越来越多，让人看得眼花缭乱。

时下，各地女子医院犹如雨后春笋般冒出来，以"女子医院"为概念的新型医疗机构"忽如一夜春风来，女子医院遍地开"。对女人而言，治病不能仅仅靠各种药物和医学仪器对身体的治疗，要认识到女性尊严、心理因素、家庭和社会等因素，对治疗疾病和女性健康美丽具有重要的影响。"女子医院"充分考虑到女性患者的特殊感受，除了一些诊疗服务由女医生进行外，还为会员建立个人私密档案、提供VIP专用诊室和私人医生等服务，以便更好地保护女性的隐私和维护女性的尊严。

再比如女子银行，主要的服务和产品更适合女性的理财要求。女子银行有很多增值服务是特别针对女性的。女子银行与美容、购物、健身、家居、珠宝首饰等专业服务机构联手推出了专门针对女性审美、艺术和消费习惯的增值服务，包括为女性客户提供生活、服饰、仪容、艺术等建议和社交活动。

直到几年前，当瑜伽馆出现后，一种伴随瑜伽这种健身方式而来的"修身养性"理念，逐渐被一些女性认可，同时她们很快接受了这种可以"内外兼修"的健身方式。这时，有商家觉得，女性的需求，是需要开发的。女子美容院、女人保健品、专为女性度身定制的图书、女子学堂……如今，贴着"女性"标签的消费产品越来越多，"她经济"大有星星之火可以燎原之势。

"她经济"这个说法非常贴切，在一个越来越讲究市场细分的时代，商家必然会更加重视女性这个消费群体，必然会花更多心思研制并开发适合女性的新产品、新服务。今天的女性，在经济上更加独立和自主、她们旺盛的消费需求和消费能力，势必会孕育出一个又一个新的企业创收点。

"红海"竞争中寻找新的出路——蓝海战略

经济学认为，现存的市场由两种海洋所组成，即红海和蓝海。红海代表现今存在的所有产业，也就是我们已知的市场空间；蓝海则代表现在还不存在的产业，这就是未知的市场空间。所谓蓝海战略，就是企业突破红海的残酷竞争，不把主要精力放在打败竞争对手上，而主要放在全力为买方与企业自身创造价值飞跃上，并由此开创新的市场空间，开创属于自己的一片蓝海。

"红海"是竞争极端激烈的市场，但"蓝海"也不是一个没有竞争的领域，而是一个通过差异化手段得到的崭新市场领域，在这里，企业凭借其创新能力获得更快的增长和更高的利润。蓝海战略要求企业突破传统的血腥竞争所形成的"红海"，拓展新的非竞争性市场空间。与已有的，通常呈收缩趋势的竞争市场需求不同，蓝海战略考虑的是如何创造需求，突破竞争。蓝海的目标是在当前的已知市场空间的红海竞争之外，构筑系统性、可操作的蓝海战略，并加以执行。只有这样，企业才能以明智和负责的方式拓展蓝海领域，同时实现机会的最大化和风险的最小化。

蓝海战略其实就是企业超越传统产业竞争、开创全新的市场的企业战略。如今这个新的经济理念，正得到全球工商企业界的关注。

有人这样理解，我没涉及过的领域就是蓝海；我的产品进入过去没进入的渠道就是蓝海；我用的营销策略过去没用过就是蓝海，这是不正确的。一位营销人士给一个功能性食品做了个营销方案，要把这个产品开发成功能饮料，原因是保健品的竞争太激烈，把它开发成饮料是基于蓝海的思想。开辟新途径，但意料之外的是保健品的红海是避开了，但是产品又进入了快速消费品的纷争，这就反映出了问题：如果蓝海与红海只相对于自身的话，根本就没有突出新意，你的蓝海可能早已是别人的红海，实际上无非是从一个红海跳到另一个红海，从一场战争进入到另一场战争。

那么什么才是蓝海战略呢？它提出了六项原则：

（1）重建市场边界。①跨越其他产业看市场：一家企业不仅与自身产业对手竞争。如日本电信运营商 NTTDoCoMo 于 1999 年推出 i-mode 手机一键上网，将只使用语音服务的顾客变为使用语音和数据服务（音乐、图片、资讯）的顾客。②跨越产业内不同的战略集团看市场：突破狭窄视野，搞清楚什么因素决定顾客选择，例如高档和低档消费品的选择。如曲线美健身俱乐部专为女性服务，剔除奢华设施，小型化社区布点，会员依次使用一组器械，每周三次，每次半小时完成，每月只需30 美元。③重新界定产业的买方群体：买方是由购买者、使用者和施加影响者共同组成的买方链条。如诺和诺德公司是一家胰岛素厂商，将胰岛素和注射笔整合创造出 NovoLet 注射装置，便于病人随身携带使用。④跨越互补性产品和服务看市场：互补性产品或服务蕴含着未经发掘的需求，简单方法是分析顾客在使用产品之前、之中、之后都有哪些需要。如北客公司发现市政府并非关注公交车本身价格而是维护费用，通过使用玻璃纤维车身，提高车价却降低维护成本，创造了与市政府的双赢。⑤跨越针对卖方的产业功能与情感导向：市场调查反馈的往往是产业教育的结果，如快美发屋针对男性，取消按摩、饮料等情感元素，以"气洗"替代"水洗"，专注剪发，使理发时间减到 10 分钟，费用从 3000 日元降到 1000 日元。⑥跨越时间参与塑造外部潮流：从商业角度洞悉技术与政策潮流如何改变顾客获取的价值，如何影响商业模式。如苹果公司通过 iPod 和 iTunes 提供正版音乐下载服务，提高海量音乐库、高音质、单曲下载及低费用（0.99 美元 / 首）。

（2）注重全局而非数字。一个企业永远不应将其眼睛外包给别人，伟大的战略洞察力是走入基层、挑战竞争边界的结果。蓝海战略建议绘制战略布局图将一家企业在市场中现有战略定位以视觉形式表现出来，开启企业组织各类人员的创造性，把视线引向蓝海。

（3）超越现有需求。通常，企业为增加自己的市场份额努力保留和拓展现有顾客，常常导致更精微的市场细分，然而，为使蓝海规模最大化，企业需要反其道而行，不应只把视线集中于顾客，还需要关注非顾客。不要一味通过个性化和细分市场来满足顾客差异，应寻找买方共同点，将非顾客置于顾客之前，将共同点置于差异点之前，将合并细分市场置于多层次细分市场之前。

（4）遵循合理的战略顺序。遵循合理的战略顺序，建立强劲的商业模式，确保将蓝海创意变为战略执行，从而获得蓝海利润，合理的战略顺序可以按买方效用、价格、成本、接受分为四步骤。

（5）克服关键组织障碍。企业经理们证明执行蓝海战略的挑战是严峻的，他们面对四重障碍：一是认知障碍，容易沉迷于现状的心态；二是有限的资源，执行战略需要大量资源；三是动力障碍，缺乏有干劲的员工；四是组织政治障碍，来自强大既得利益者的反对，"在公司中还没有站起来就被人摆倒了"。

（6）将战略执行建成战略的一部分。执行蓝海战略，企业最终需要求助于最根本的行动基础，即组织基层员工的态度和行为，必须创造一种充满信任和忠诚的文化来鼓舞人们认同战略。当人们被要求走出习惯范围改变工作方式时，恐慌情绪便会增长，他们会猜测这种变化背后真正理由是什么。

实际上，创造蓝海战略并非那么轻而易举。要创造一种趋势很难，要打造一个行业也很难。这在化妆品和保健品领域就能够看得到，20年前化妆品和保健品的市场规模和消费份额都是很弱小的，即使是现在，中国的很多边远地区的人们还不清楚洗面奶是什么东西，更不要说花钱去买所谓的保健品了。

消费者认可化妆品、保健品也有一个漫长的过程，对此宝洁公司和众多的保健品厂商付出了巨大的财力和时间上的忍耐。消费者从陌生到认可这种变化是不可能凭空生成的，需要时间的考验和失败经验的积累。

对于企业而言，蓝海战略提供了崭新的理念，只不过在运用蓝海战略时，还是需要多一点谨慎为好。

为何商家也扎堆——集聚效应

麦当劳和肯德基是世界餐饮行业中的两大巨头，分别在快餐业中占据第一和第二的位置。其中，麦当劳有30000多家门店，肯德基有11000多家分店。原本是针锋相对的对手，但是在经营上却有异曲同工之处。例如，经常光顾麦当劳或肯德基的人们不难发现这样一种现象，麦当劳与肯德基这两家店一般在同一条街上选址，或在相隔不到100米的对面，或同街相邻门面。若按常理，这样的竞争会造成更剧烈的市场争夺，以至于各个商家利润下降，但为什么两家偏偏还要凑作一堆？

事实上，平常人往往想象不到的是，不仅消费者愿意扎堆凑热闹，商家也愿意扎堆。至于扎堆的原因，就在于有"集聚效应"。集聚效应是指各种产业和经济活动在空间上集中产生的经济效果以及吸引经济活动向一定地区靠近的向心力。

集聚效应是一种常见的经济现象，如产业的集聚效应，最典型的例子当数美国硅谷，聚集了几十家全球 IT 巨头和数不清的中小型高科技公司；国内的例子也不少见，在浙江，诸如小家电、制鞋、制衣、制扣、打火机等行业都各自聚集在特定的地区，形成一种地区集中化的制造业布局。类似的效应也出现在其他领域，北京上海这样的大城市就具有多种集聚效应，包括经济、文化、人才、交通乃至政治等等。

产业集聚包括如下几个因素：首先，必须是与某一产业领域相关的。一般来说，产业集群内的企业和其他机构往往都与某一产业领域相关，这是集聚效应的形成基础。其次，产业集聚的企业及其他机构具有密切联系。产业集群内的企业及相关机构不是孤立存在的，而是整个联系网络中的一个节点。最后，产业集群是一个复杂的有机整体。产业集群内部不仅包括企业，而且还包括相关的协会、银行、中介结构等，这是产业集群的实体构成。

产业集聚是创新因素的集聚和竞争动力的放大。麦克尔·波特认为，产业在地理上的集聚，能够对产业的竞争优势产生广泛而积极的影响。从世界市场的竞争来看，那些具有国际竞争优势的产品，其产业内的企业往往是群居在一起而不是分居的。集聚为什么有助于产生竞争优势？

（1）产业集聚对提高生产率的影响。同一个产业的企业在地理上的集中，能够使得厂商更有效率地得到供应商的服务，能够物色招聘到符合自己意图的员工，能够及时得到本行业竞争所需要的信息，能够比较容易地获得配套的产品和服务。这些都使群聚区内的企业能以更高的生产率来生产产品或提供服务，有利于获得相对于群聚区域以外的企业更多的竞争优势。

许多同行业的企业集聚一起，为各种投入品的供应商提供了稳定的市场，群聚区内大量的专业化的供应商存在，为一个产业所需要的各种投入品的供应带来了便利。此外，从本地取得投入品的交易成本低，且存货数量还可大为降低。相互毗邻，供应商定价过高或违约的风险也会相应降低。地域上的接近还能促进彼此交流，并使得供应商能够提供附件以及安装、排除故障等服务。而随着企业分工的深化和技术上的专门化，企业招聘到适用的员工的成本也在上升。集聚意味着更多的机会和较低的流动风险，带来人才的集聚。企业为此所付出的搜寻成本和交易成本都大为降低。产业集聚区域不仅集聚了供应商，而且集聚了客商，或者说，一个集聚区本身就是这个产业的一个规模很大的市场。

由于同一产业的企业在地域上的集中，有关市场的、技术的以及其他与竞争有关的各种信息在区域内大量积累和迅速传递，这对于企业的竞争来说是十分重要的。在美国硅谷，集聚着大量的半导体电路、数字技术等新技术公司，跨国公司纷纷在这里设立分支机构，甚至将公司总部移到这里来，一个很重要的因素就是在硅谷能够得到本行业最新的与竞争有关的各种信息。企业的集中，使得一个行业获得配套产业的支持以及配套产品更为便利。

企业的地理集中，能够获得政府及其他公共机构的投资，可以在基础设施等公共物品上降低成本。除了政府投资之外，与群聚区同时产生的一些中介服务性的机构、行会组织、教育培训机构、检验认证机构，也对企业的生产率带来积极的作用。

（2）集聚对创新的影响。由于集中的顾客群降低了设立新企业的投资风险，投资者容易发现市场机会。在产业集聚的地方工作，企业能更容易地发现产品或服务的缺口，从而受到启发建立新的企业。再加上产业集聚区域的进入障碍低于其他地区，所需要的设备、技术、投入品以及员工都能在区域内解决，因而开办新的企业要比其他地区容易得多。企业所需要的客户、市场信息，可能在其成立之前就已经具有了。

集聚对创新的贡献还在于同行业之间的非正式交流。这种非正式的交流不是通过契约的形式来实现的，比如，不同公司员工之间面对面的接触、工作之余时间的聊天等，使得不同的思想不断在交流中相互碰撞产生新的火花。

（3）集聚对竞争的影响。竞争是企业获得竞争优势的重要来源。集聚带来了竞争，加剧了同行业企业间的竞争。竞争不仅仅表现在对市场的争夺，还表现在其他方面。同居一地，同行业相互比较有了业绩评价的标尺，也为企业带来了竞争的压力。绩效好的企业能够从中获得成功的荣誉，而绩效差的企业会因此感受到压力。不断的比较产生了不断的激励，同行业企业的聚集，导致剧烈的竞争，竞争对手的存在是有积极意义的。

竞争的结果不是一种零和博弈而是一种正和博弈，竞争者为了不断地从对手那里得到信息和激励，不断地改进管理，以更加有效的方式组织生产，不断地发现新的市场机会。竞争的结果是，产业群聚区内的企业比起那些散落在各个地方的企业，更具有竞争优势，更容易通过竞争进入这一行业的前沿地带。

专注于自己的核心业务——外包

在21世纪初期，世界已进入了知识经济时代。工作时代流水线所体现出的企业分工协作已经扩展到企业、行业之间，那种传统的纵向一体化和自给自足的组织模式可以说不灵了。将公司部分业务或机能委托给外部公司正成为一种重要的商业组织方式和竞争手段。这就是外包。

现在好多家庭，尤其是双职工家庭，由于工作繁忙，时间紧迫，就请钟点工来照顾孩子、清洁家庭、整理庭院。这种把核心业务（工作）自己做，而把其他业务（照顾孩子、家庭清洁等事情）包给别人的方式，其实也是一种外包。如今对钟点工的需求量大幅上升，说明现在人们更有经济头脑，请钟点工减轻自己的日常家务负担，就可以集中精力工作，赚更多的钱。

实际上，外包的方式在企业中应用最为广泛。外包业是新近兴起的一个行业，它给企业带来了新的活力。外包将企业解放出来以更专注于核心业务。外包合作伙伴为企业带来知识，增加后备管理时间。在执行者专注于其特长业务时，为其改善产品的整体质量提供了更大的空间。外包协会曾经进行的一项研究显示：外包协议使企事业节省9%的成本，而能力与质量则上升了15%。

今天，全球竞争中的成功者已经学会把精力集中在经过仔细挑选的少数核心本领上，也就是集中在那些使他们真正区别于竞争对手的技能与知识上。通过业务外包，即把一些重要但非核心的业务或职能交给外面的企业去做，这样能大量节省成本，有利于高效管理。

外包使一些新的经营业务得以实现。一些小公司和刚起步的公司可因外包大量运营职能而获得全球性的飞速增长。

一方面，有效的外包行为增强了企业的竞争力。例如，一个生产企业，如果为了原材料及产品运输而组织一个车队，在两个方面其成本会大大增加：管理成本增加，因为它在运输领域不具备管理经验；因管理不善，运输环节严重影响生产和销售环节的工作，从而导致生产和销售环节的成本增加。如果把运输业务外包给专业的运输企业，则可以大幅度降低上述成本。

另一方面，企业也因市场竞争的激烈面临巨大的挑战。市场竞争的加剧，使专注于自己的核心业务成为了企业最重要的生存法则之一。因此，外包以其有效减低成本、增强企业的核心竞争力等特性成了越来越多企业采取的一项重要的商业措施。如经济不景气时，企业会裁掉一些非核心业务的部门，这往往是不得已而为之，负面影响很大，如团队的稳定、额外支出等，但如果一开始这些非核心业务就是外包给专业的组织去做，那么损失一定会减少到最小。

现在，很多企业的人力资源也实行外包的形式。如果某一天，当你发现经常从楼下的星巴克帮你带杯咖啡的同事每月并不在公司领薪水，而是通过一家外部机构得到工资和报销费用，你不用吃惊。这是新型的人力资源外包。你会发现，你身边拥有"双重身份"的同事越来越多：他既是为公司工作的职员，又是某家人才派遣公司的合同工。

这也许是最新的"三角关系"了：人才派遣机构与企业建立服务与被服务的民事关系，与被派遣雇员建立劳动关系，而企业与雇员之间则只是一种劳务关系。当企业有相关的人力需求时，派遣服务商会为它招募、筛选并确定合适的雇员，签订劳动合同之后，派遣到企业工作，其间的社保福利、工资计发、档案管理、员工关系、用工风险全部由派遣机构承担，一旦合同到期，雇员便成为"自由人"，结束聘用，等待下一次派遣。这种人力资源外包模式越来越多地为企业所接受。

但是，在现实应用中，有些企业或人对外包产生了错误的认识。他们认为"把不懂的业务全部包出去已经成为企业管理新思潮"。这是一个非常普遍又危险的误区。

企业把部分业务外包出去，可以获得的好处有很多。一方面可以降低成本，另一方面可以专注于自身核心能力的发展，但绝对不是把"租户不懂的业务"，花点钱一包了之。企业层面的业务外包并不是生活中普遍意义的接受服务。一提到服务，很多人有这样的感觉：所有的事情都由服务商来搞定，自己只用等现成的就行了，比如修理家用电器，到医院看病等，自己不懂，花钱让专业的人搞定。但是，对于企业，自身对包出去的业务，可以"不专"，但不能"不懂"。如果企业对外包出去的业务"不懂"，很容易就会丧失对业务的监控、管理和对结果的考核能力，最终所得到的结果就会与初衷背道而驰。"不懂业务"从另一个层面来说是指不具备和服务供应商的议价能力，如此一来又如何达成降低成本的目的呢？

众多的研究表明，服务发包商与服务供应商之间最为良好的关系，并不是简单的买卖关系，而是一种合作伙伴关系。一旦外包服务合同关系成立，随之就要确立外包项目的管理模式，要建立诸如项目管理的组织结构、职责界定、交流机制和交流渠道等一系列的内容。如果是长期项目，还要有不断总结改进的机制。这一系列的复杂情况决定了简单的买卖关系很难产生成功的服务外包结果。如果企业不懂，又如何在项目开展过程中与服务商进行博弈与合作，进而保证满意结果的达成呢？可见，外包并不是简单地包出去，而要进行复杂的运作，讲究一定的方式方法。

总之，接受外包这种新的经营理念是一种必然趋势，外包服务势在必行。企业可以充分利用外包，甩掉不必要的包袱，抓住核心，从而得到又好又快的发展。

为什么有人只买贵的，不买对的——品牌

在经济学中，品牌是给拥有者带来溢价、产生增值的一种无形的资产，它的载体是用以和其他竞争者的产品或劳务相区分的名称、术语、象征、记号或者设计及其组合，增值的源泉来自于消费者心智中形成的关于其载体的印象。

品牌不仅仅是一个概念，它还代表一种持久的价值体系，它是公司向世界宣扬的价值观，也是公司发展业务的有效方式。一个公司的品牌所带来的效应和影响是深远的。所谓品牌效应，顾名思义，是由品牌为企业带来的效应，它是商业社会中企业价值的延续，在当前以品牌为先导的商业模式中，品牌意味着商品定位、经营模式、消费族群和利润回报。

简单地说，品牌效应就是把一件普通的东西，贴上名牌标签，然后就可以用很高的价格卖出去了。而且在多数情况下，这个东西的价格可以高于它价值的几百倍。不过这也只是个表面现象罢了。毫无疑问，这种效应在经济生活中是可以带动无限商机的，它在显示消费者自身身价的同时，也无形中提高了商家的品位，好让更多的高层次消费者光临店面。品牌是有效的推销手段，是企业的无形资产，更是企业的形象代表。在今天商品经济高度发达的条件下，品牌效应已经越来越受到各国企业的重视，品牌的使用已经给商品的生产者带来了巨大的经济效益，激发着消费者的购买欲望。选择知名的品牌，对于消费者而言无疑是一种省事、可靠又减少风险

的方法。

品牌以质量取胜，品牌常附有文化、情感内涵，所以品牌给产品增加了附加值。我们可以看一看著名饮料企业可口可乐的例子：可口可乐公司1999年的销售总额为90亿美元，其利润率为30%，利润为27亿美元，除去5%由资产投资带来的利润，其余22.5亿美元均为品牌为企业带来的高额利润，由此可见品牌特别是名牌给企业带来了很大的收益，而品牌作为无形资产，已得到了人们广泛的认可。

随着市场的发展，越来越多的国外品牌涌入中国市场中，诸如时尚品牌，路易威登、爱马仕、阿玛尼、迪奥、香奈儿等，还有汽车品牌奔驰、宝马、凌志、本田等，电脑品牌IBM、苹果、戴尔、东芝等等，遍及工作生活的方方面面，很多人如数家珍，非品牌不买，哪怕同样的产品，品牌的贵很多，很多消费者都会心甘情愿地掏钱。品牌为何能产生这么大的影响力呢？那什么样的产品才能够成为品牌呢？要想成为品牌，必须具备两点：

（1）消费者对品牌的认知度与忠诚度非常高。在品牌时代，消费者选择某个产品的原因已经不是产品本身，而是基于品牌形象所传达出来的附加值，这种附加值会让消费者非常忠诚。例如人们对麦当劳、肯德基的快乐生活形象的认同和忠诚；还有很多人买汽车时可能有几种品牌选择：奔驰、沃尔沃、桑塔纳、本田。每种汽车品牌都代表了不同的特性、不同的文化背景、不同的设计理念和不同的消费群，那消费者就可以根据自己的特定需求，依据产品的特性进行自己的选择。

（2）商品达到差异化。差异化是商品在激烈竞争中脱颖而出，并赢得市场的一大法宝。通过赋予商品差异化、稀缺化的特点，让品牌获得更高的价值。例如在设计上花功夫、在品质上更讲究，增加商品的时尚性等，让商品在消费者心目中获得更大的优越感和满足感，就会让商品获得品牌效应。

由于需求的变更和竞争的推动，除了少数产品，大多数产品不会长久地被消费者接受。一般而言，产品都有一个生命周期，会经历从投放市场到被淘汰退出市场的整个过程，包括投入、成长、成熟和衰退四个阶段。但是品牌却不同，它有可能超越生命周期。一个品牌一旦拥有广大的忠诚顾客，其领导地位就可以经久不变，即使其产品已历经改良和替换。

企业设计品牌，创立品牌，培养品牌的目的是希望此品牌能变为名牌，于是在产品质量上下功夫，在售后服务上做努力。同时品牌代表企业，企业从长远发展的角度必须从产品质量上下功夫，特别名牌产品、名牌企业。于是品牌特别是知名品牌就代表了一类产品的质量档次，代表了企业的信誉。比如"海尔"，作为家电品牌，人们提到优质"海尔"就会联想到海尔家电的高质量，海尔的优质售后服务及海尔人为消费者着想的动人画面。再如"耐克"作为运动鞋的世界知名品牌，其人性化的设计、高科技的原料、高质量的产品为人们所共睹。"耐克"代表的是企业的信誉、产品的质量品牌——企业竞争的武器。

树品牌、创名牌是企业在市场竞争的条件下逐渐形成的共识，人们希望通过品牌对产品、企业加以区别，通过品牌形成品牌追随，通过品牌扩展市场。品牌的创立，名牌的形成正好能帮助企业实现上述目的，使品牌成为企业的有力的竞争武器。

品牌，特别是名牌的出现，使用户形成了一定程度的忠诚度、信任度、追随度，由此使企业在与对手竞争中拥有了后盾基础。品牌还可以利用其市场扩展的能力，带动企业进入新市场；带动新产品打入市场；品牌可以利用品牌资本运营的能力，通过一定的形式如特许经营、合同管理等形式进行企业的扩张。总之，品牌作为市场竞争的武器常常带来意想不到的效果。

现在越来越多的企业都以拥有自己的品牌为荣，对于一个有良好品牌信誉的企业来讲，品牌会带来好的影响力。但是，一旦当你拥有品牌后，就放松警惕，让自己的品牌一夜轰塌，这样带来的损失将非常难以弥补。

诚信是成功企业的制胜法宝——诚信经济

经济学非常注重诚信，"人无信不立，业无信不兴"。诚信的本义就是要诚实、诚恳、守信、有信，反对隐瞒欺诈、反对伪劣假冒、反对弄虚作假。诚信虽然归属于道德范畴，但诚信同时也是市场经济得以运行的基石。晋商历时五百年的成功靠的就是诚信两个字。八国联军进北京后，晋商在北京的票号被毁，账本库存全无，但票号对持有存单的人全部照付，不惜血本保信用。古人云："无诚则有失，无信则招祸。"如果厂商失去诚信，不仅坑害消费者，最终也会为自己招致祸端。那些践踏诚信的人也许能得利于一时，但终将作茧自缚，自食其果；那些制假售假者，或欺蒙诈骗者，则往往在得手一两次后，便会陷入绝境，导致人财两空。

诚信的巨大作用在几千年前就被我们祖先提出，在今天，诚信依旧发挥着巨大的作用。要知道，所有的商业声誉都建立在诚信的基础上。今天，由于信息传输更快、更难以捕捉，声誉也就更容易丧失。诚信比以往任何时候都显得更为重要。

在市场经济的今天，诚信问题更加突出。恢复诚信，建立人与人之间的信任关系，已成为市场经济成败的关键。市场经济归根结底是以诚信为基础的。有人想能骗一次就骗一次，把十几亿中国人每人都骗一次也就够了。西方有句谚语说，你能永远骗少数人，也能暂时骗所有人，但你不能永远骗所有人。

一对夫妻开了家烧酒店。丈夫是个老实人，为人真诚、热情，烧制的酒也好，人称"小茅台"。有道是"酒香不怕巷子深"，一传十，十传百，酒店生意兴隆，常常供不应求。为了扩大生产规模，丈夫决定外出购买设备。临行前，他把酒店的事都交给了妻子。几天后，丈夫归来，妻子说："我知道了做生意的秘诀。这几天我赚的钱比过去一个月挣的还多。秘诀就是，我在酒里兑了水。"丈夫给了妻子一记重重的耳光，他知道妻子这种坑害顾客的行为，将他们苦心经营的酒店的牌子砸了。"酒里兑水"的事情被顾客发现后，酒店的生意日渐冷清，最后不得不关门停业了。

如今，诚信被越来越多的人所看重。诚信是为人之道，是立身处事之本，是人与人相互信任的基础。诚实守信作为职业道德，对于一个行业来说，其基本作用是树立良好的信誉，树立起值得他人信赖的行业形象。它体现了社会承认一个行业在以往职业活动中的价值，从而影响到该行业在未来活动中的地位和作用。

在现代经济社会，即使一个企业拥有雄厚的资本实力和现代化的机器设备，有誉满全球的品牌优势，建立了很好的采购和销售网络，并且有一支高素质的员工队伍和高学历的管理者队伍，但如果它在财务报表、在商品、在服务上做假，欺骗商业客户和投资者，丢掉了信用资本，就没有银行愿意给它贷款，企业的股票、债券和商品就没有人买，合作者和客户没有了，所有物力资本和人力资本就失去了它的意义，企业必然会陷入困境，并最终在市场中消失。

诚信是社会契约的前提，道德是商业文明的基石。作为人们共同的行为准则和规范，道德是构成社会文明的重要因素，也是维系和谐人际关系、良好社会秩序的基本条件。如果诚信缺失、道德败坏、是非不分、荣辱颠倒，文明底线失守，再好的制度也无法生效，再快的发展也会出问题。

任何经济行为，如果忽视其道德价值，任由各利益主体追求自己的利益最大化，而不惜损害他人的利益，那就不仅会引发质量危机、责任危机、信用危机，更有可能导致经济生活的全面混乱，祸害整个社会。

如今我们的经济体制有了根本性的转变，市场经济虽然趋向竞争，但它必须公平，公平就要求人们相互尊重、以诚信为本，尔虞我诈不符合这样的道德要求。市场经济价值取向虽然有别于计划经济，它要求人们具有开拓进取精神，但这种精神必须通过正当的经济活动实现人生价值，同样，每个企业都要以诚信作为前提。

营销策略

不走寻常路才能出奇制胜——市场营销

麦卡锡认为，市场营销是企业经营活动的职责，它将产品及劳务从生产者直接引向消费者或使用者以便满足顾客需求及实现公司利润，同时也是一种社会经济活动过程，其目的在于满足社会或人类需要，实现社会目标。

当今社会，市场经济发达、生产规模扩大，市面上逐渐出现了产品过剩的局面，也就是商品丰富，货源充沛。对消费者来说，在挑选产品时有了更多的机会；对于经营者来说，他们必须在产品的品种、服务、价格等方面展开激烈竞争。从本质上来说，市场营销观念是一种以顾客需要和欲望为导向的哲学，是消费者主权论在企业市场营销管理中的体现。

市场营销观念的演变与发展，可归纳为六种，即生产观念、产品观念、推销观念、市场营销观念、客户观念和社会市场营销观念。

（1）生产观念。这种观念产生于20世纪20年代前。企业经营哲学不是从消费者需求出发，而是从企业生产出发。其主要表现是"我生产什么，就卖什么"。生产观念认为，消费者喜欢那些可以随处买得到而且价格低廉的产品，企业应致力于提高生产效率和分销效率，扩大生产，降低成本以扩展市场。例如美国汽车大王亨利·福特曾宣称："不管顾客需要什么颜色的汽车，我只有一种黑色的。"显然，生产观念是一种重生产、轻市场营销的商业哲学。生产观念是在卖方市场条件下产生的。

（2）产品观念。它也是一种较早的企业经营观念。产品观念认为，消费者最喜欢高质量、多功能和具有某种特色的产品，企业应致力于生产高值产品，并不断加以改进。它产生于市场产品供不应求的"卖方市场"形势下。此时，企业最容易导致"市场营销近视"，只看到自己的产品质量好，看不到市场需求在变化，致使企业经营陷入困境。例如，美国某钟表公司一直被公认为是美国最好的钟表制造商之一，但销售额和市场占有率不断下降。造成这种状况的主要原因是市场形势发生了变化：这一时期的许多消费者对名贵手表已经不感兴趣，而趋于购买那些经济、方便、新颖的手表。

（3）推销观念。推销观念产生于20世纪20年代末至50年代前，是为许多企业所采用的另一种观念，表现为"我卖什么，顾客就买什么"。它认为，消费者通常表现出一种购买惰性或抗衡心理，如果听其自然的话，消费者一般不会足量购买某一企业的产品，因此，企业必须积极推销和大力促销，以刺激消费者大量购买本企业产品。推销观念产生于"卖方市场"向"买方市场"过渡的阶段。许多企业家认识到：即使有物美价廉的产品，也未必能卖得出去；企业要在日益激烈的市场竞争中求得生存和发展，就必须重视推销。

（4）市场营销观念。市场营销观念是作为对上述诸观念的挑战而出现的一种新型的企业经营哲学。这种观念是以满足顾客需求为出发点的，即"顾客需要什么，就生产什么"。企业之间为实现产品利润的竞争加剧，许多企业开始认识到，必须转变经营观念，才能求得生存和发展。市场营销观念认为，实现企业各项目标的关键，在于正确确定目标市场的需要和欲望，并且比竞争者更有效地传送目标市场所期望的物品或服务，进而比竞争者更有效地满足目标市场的需要和欲望。

许多优秀的企业都是奉行市场营销观念的。如美国的迪斯尼乐园，它使得每一位来自世界各地的儿童美梦得以实现，使各种肤色的成年人产生忘年之爱。因为迪斯尼乐园成立之时便明确了它的目标：它的产品不是米老鼠、唐老鸭，而是快乐。人们来到这里是享受欢乐的。公园提供的全是欢乐。公司的每一个人都要成为欢乐的灵魂。游人无论向谁提出问题，谁都必须用"迪斯尼礼节"回答，决不能说"不知道"。因此游人们一次又一次地重返这里，享受欢乐，并愿意付出代价。

（5）客户观念。随着现代营销战略由产品导向转变为客户导向，客户需求及其满意度逐渐成为营销战略成功的关键所在。所谓客户观念，是指企业注重收集每一个客户以往的交易信息、人口统计信息、心理活动信息、媒体习惯信息以及偏好信息等，根据由此确认的不同客户终生价值，分别为每个客户提供各自不同的产品或服务，传播不同的信息，通过提高客户忠诚度，增加每一个客户的购买量，从而确保企业的利润增长。市场营销观念与之不同，它增强的是满足一个子市场的需求，而客户观念则强调满足每一个客户的特殊需求。

（6）社会市场营销观念。社会市场营销观念是对市场营销观念的修改和补充。因为市场营销观念回避了消费者需要、消费者利益和长期社会福利之间隐含着冲突的现实。社会市场营销观念认为，企业的任务是确定各个目标市场的需要、欲望和利益，并以保护或提高消费者和社会福利的方式，比竞争者更有效、更有利地向目标市场提供能够满足其需要、欲望和利益的物品或服务。社会市场营销观念要求市场营销者在制定市场营销政策时，要统筹兼顾三方面的利益，即企业利润、消费者需要的满足和社会利益。

上述六种企业经营观，其产生和存在都有其历史背景和必然性，都是与一定的条件相联系、相适应的。企业为了求得生存和发展，必须树立具有现代意识的市场营销观念、社会市场营销观念。

对产品需求有清晰的认识——市场定位

大家知道，现有产品在顾客心目中都有一定的位置，例如，人们认为可口可乐是世界上最大饮料生产商，格兰仕是中国最大的微波炉生产商，北京同仁医院是中国最著名的眼科医院等，这些产品和服务的提供者在与消费者长期的交易中所拥有的地位，是其他人很难取代的。这跟这些企业合理的市场定位是分不开的。

市场定位的概念，最早是由美国营销学家艾·里斯和杰克特劳特于20世纪70年代最早提出的。其含义是指企业通过自己的探索和调研后，对市场的未来消费群体进行准确的分析，然后开发适合于该群体的新产品并大胆采用各种营销手段把其推向市场。

市场定位的关键是企业要设法在自己的产品上找出比竞争者更具有竞争优势的特性。市场定位并不是你对一件产品本身做些什么，而是你在潜在消费者的心目中做些什么。市场定位的实质是使本企业与其他企业严格区分开来，使顾客明显感觉和认识到这种差别，从而在顾客心目中占有特殊的位置。

市场定位可分为对现有产品的再定位和对潜在产品的预定位。对现有产品的再定位可能导致产品名称、价格和包装的改变，但是这些外表变化的目的是保证产品在潜在消费者的心目中留下值得购买的形象。对潜在产品的预定位，要求营销者必须从零开始，使产品特色确实符合所选择的目标市场。企业在进行市场定位时，一方面要了解竞争对手的产品具有何种特色，另一方面要研究消费者对该产品的各种属性的重视程度，然后根据这两方面进行分析，再选定本公司产品的特色和独特形象。市场定位的关键是要设法在自己的产品上找出比竞争者更具有竞争优势的特性。

竞争优势一般有两种基本类型：一是价格竞争优势，就是在同样的条件下比竞争者定出更低的价格。这就要求企业最初要做好一切努力来降低单位成本。二是偏好竞争优势，即能提供确定的特色来满足顾客的特定偏好。这就要求在产品特色上下功夫。因此，市场定位可以通过以下步骤来实现。

首先，分析市场现状，确认自身的潜在竞争优势。要搞清楚竞争对手产品的定位以及目标市场上顾客欲望的满足程度，然后针对竞争者的市场定位和潜在顾客的真正需要的利益要求，确定自己能做的事。通过这些分析，企业就能从中把握和确定自己的潜在竞争优势在何处。

其次，选择正确的竞争优势，对目标市场初步定位。竞争优势是企业在市场竞争中能够胜过对手的能力，选择竞争优势实际上就是与竞争者各方面实力相比较的过程。通常的方法是分析、比较自身与竞争者在经营管理、生产营销、财务等方面究竟哪些是强项，哪些是弱项。借此选出最适合自身的优势项目，初步确定自身在目标市场上的位置。

最后，找到自身的独特优势后，可以通过一定的宣传手段，将自身的竞争优势传递给潜在顾客。获得顾客的认同后，再推出产品或者服务的时候，就能轻松占有市场。

市场定位并非一成不变，即使最初的定位已经确定了，但当竞争对手推出的新产品侵占部分市场，或者消费者的需求和偏好发生变化时，我们还应考虑重新定位。

如某日化厂生产婴儿洗发剂，以强调该洗发剂不刺激眼睛来吸引有婴儿的家庭。但随着出生率的下降，销售量减少。为了增加销售，该企业将产品重新定位，强调使用该洗发剂能使头发松软有光泽，以吸引更多、更广泛的购买者。重新定位可能导致产品的名称、价格、包装和品牌的更改，也可能导致产品用途和功能上的变动，企业必须考虑定位转移的成本和新定位的收益问题。

企业要想成功，就应当从自身拥有资本、技术、人才等方面的优势出发，努力去发现新的市场。当然在发现市场的过程中肯定会有很多的弯曲甚至挫折，所谓"柳暗花明又一村"，但只要作为企业主体的企业决策者对自己的企业有准确的自我认识，那么市场定位也不是一件困难的事情。

美国米勒啤酒公司对其产品的定位有其可取之处。它曾将其原来唯一的品牌"高生"啤酒定位于"啤酒中的香槟"，吸引了许多不常饮用啤酒的高收入妇女。后来发现，占30%的狂饮者大约消费了啤酒销量的80%，于是，该公司在广告中展示石油工人钻井成功后狂欢的镜头，还有年轻人在沙滩上冲刺后开怀畅饮的镜头，塑造了一个"精力充沛的形象"。在广告中提出"有空就喝米勒"，从而成功占领啤酒狂饮者市场达10年之久。

通过市场定位，企业能够发现竞争者现有产品在市场上所处的位置，从而可以针对顾客对该类产品的重视程度，为自身的产品塑造与众不同的、给人印象鲜明的形象，进而使产品在市场上占据适当的位置。有了准确的市场定位，企业就能为自己的生存和发展开辟出新的道路。

做好每一个服务细节——顾客满意度

顾客满意度是顾客满足情况的反馈，它是对产品或者服务性能，以及产品或者服务本身的评价；给出了（或者正在给出）一个与消费的满足感有关的快乐水平，包括低于或者超过满足感的水平，是一种心理体验。实际上，顾客满意度反映的是顾客的一种心理状态，它来源于顾客对企业的某种产品服务消费所产生的感受与自己的期望所进行的对比。对于顾客来说，满意度指数越高就会对这种产品越给予承认，自然会乐意继续消费这种产品；倘若相反，则就会对产品有意见，甚至于投诉。

顾客的满意度指数越高，他们对企业产品的忠诚度越高，也越能更好地维护企业的顾客群体。只是，奇怪的是，很多企业并没有重视客户流失，而是把更多的精力放在开发新的客户上，要知道，保留一个老客户的成本远远低于开发一个新客户的成本！这一点，对于企业，实际上是至关重要的。因为一句满意的话，就会产生一些新的顾客，也会因为一句不满意的话，流失掉另外一些顾客。

使顾客对经营者的产品或服务产生满意感，影响的因素有很多，但其中对顾客服务细节的关注尤其重要。何谓细节服务？细节服务是一种高水平服务的表现，就是由企业提供的，与产品使用直接或间接相关的服务。倡导重视细节，加强改进服务作风，向细节要质量和效益，通过对细节服务的改进来实现服务水平最大程度的提升。

有一则"酒店恶狗"的故事。宋国有位小生意人开了一家酒店，专门出售陈年佳酿。这爿酒家窗明桌净，买卖公道，还在门前高高竖起一杆青旗，行人在几里地外都能看见酒旗招展。顾客一进门槛，店小二就笑脸相迎，殷勤接待。按理说，这个酒家应该是生意兴隆的；可是偏偏相反，常常整天不见一个顾客，十分冷落。一坛坛老酒开了封，卖不出去，都发酸变质了。店主苦思冥想找不出原因，只好去请教附近一个老头儿。老头儿沉吟了一番，问他："你的看门狗凶不凶？"店老板挺纳闷地说："凶啊，可这跟卖酒有什么关系呢？"老头儿拈着胡须笑道："人家怕你的恶狗。恶狗守在门口，见人就咬；酒再好，还有谁敢来买呢？"

店老板的酒很好，但他却有一只凶猛的看门狗，正是这只狗影响了他的生意。若用更确切的话来说，就是除了产品本身质量以外，人们还会考虑服务的质量等一些隐形存在的因素，而这些细节性的因素往往影响企业产品的销售。"酒店恶狗"的故事给经营者以启示：在售卖产品时，经营者必须做好每一个服务细节，才能赢得顾客的满意。

服务是经营者永恒的话题，用优质服务满足客户需求是经营者最主要的目标之一。伴随着商战的日益激烈，经营者们也越来越注重做"服务"的文章。以完善的细节来赢得顾客，越来越受经营者们青睐。能关注服务细节，做好细节服务，就一定能提高服务质量，提高客户满意度，从而提升产品的销售。

"千里之堤，溃于蚁穴"，一个不经意的疏忽，其破坏力往往是惊人的。那个"一口痰吐掉一个联营药厂"、"一顿饭吓跑外商"的故事已经广为流传，它让我们感慨，也让我们深思。在一些服务细节上，商家稍有疏忽就会引起客户的不满，这就是细节中的细节，有些服务细节在商家看来也许是多余的，或者是还没有意识到这些服务细节，但往往就因为这些服务细节上的疏漏，而引起客户对我们整体服务质量的质疑。

一位妇女每星期都固定到一家杂货店购买日常用品，在持续购买了 3 年后，有一次店内的一位服务员对她态度不好，于是她便到其他杂货店购物。12 年后，她再度来到这家杂货店，并且决定要告诉老板为何她不再到他的店里购物。老板很专心地倾听，并且向她道歉。等到这位妇女走后，他拿起计算器计算杂货店的损失。假设这位妇女每周都到店内花 25 美元，那么 12 年她将花费 1.56 万美元。只因为 12 年前的一个小小的疏忽，导致了他的杂货店少做了 1.56 万美元的生意！

这也让我们了解了服务细节的重要性。时下，许多消费者们感受到购物场所档次不断提升，但顾客发现其服务在许多细节上远远没有像看起来那样尽善尽美。很多服务细节对商家来说似乎无足轻重，但却给消费者带来很大不便。如果这些"细小"的问题积累起来，必定会给商家带来消极影响。

细节服务代表着服务的极致，体现着服务的深度和广度。以小见大，顾客往往能从一些很小的问题上感受到商家在服务上给他带来的方便和周到。每个服务的细节之处，只要我们用心去做，其结果必定会是双赢，更会为企业赢得良好的口碑，它为企业带来的不仅仅是一个品牌，更将是一种效益。

细节的力量贵在坚持，那些成功的企业之所以成功，其中的"注重细节"是不可忽视的。世界著名企业宝洁、沃尔玛无不是从精耕细作走向辉煌的。让客户对商家的服务无可挑剔，就必须关注细节，从小事做起。

服务没有句号，细节体现在服务的整个过程之中，正如没有"点"就没有"线"一样。做好细节服务，时刻把顾客满意度放在心里，经营一定会有所改观。

唐装何以流行——时尚

2002 年春节，大江南北出现了一个新气象："忽如一夜东风来，千街万巷唐装亮。"满大街的男男女女，都穿唐装，似乎时光逆流又重新回到了"贞观之治"或"开元盛世"。自打 21 位领导人在上海 APEC 会议上集体给唐装做了一个堪称世界上最牛的广告之后，唐装之风自此开始。于是，"唐装热"就开始从前卫的时尚丽人的身上蔓延开来。时至春节，这股潮流终于遍地开花，在荧屏内外、全国各地上演了一出盛大的"唐装秀"。

当一种消费行为流行于社会上，被许多人接受时，就形成一种消费时尚。一旦成为消费时尚，必将影响更多人的消费行为。消费时尚是一种重要的经济现象和文化现象，被人们称为"生活方式的晴雨表，生存质量的意识流"。

时尚商品往往是市场中的重要商品、骨干商品、热点商品，市场广阔，销量大，销售时间相对集中，能给企业带来巨大的利润，对社会生产的发展和市场的繁荣能起到积极的刺激和推动作用。同时，它对生产经营企业制定和调整营销策略，抓住市场机会，实现利润最大化，都有重要的参考价值。

1. 为企业转移、开拓市场指明方向

时尚商品具有很强的时效性，在流行期内，时尚商品价格高，购买者众多，能给企业带来丰厚的利润。而流行期过后，时尚商品犹如"明日黄花"，问者寥寥，造成库存积压，资金沉淀，设备闲置，企业苦不堪言。

消费时尚作为一种消费趋势，其流动性特征十分明显。因此，消费时尚在形成

和发展过程中也就出现了时间差、地域差、阶段差。也正是消费流行的这些差异性，为企业提供了机会。精明的企业经营者，往往在本地区的消费时尚进入"普及阶段"时，毫不犹豫地按消费时尚的流动指向，向下一个地区或再下一个地区转移技术、设备、资金、产品，或者谋求经济技术合作。这样，就能紧跟消费潮流，抓牢消费热点，不仅能盘活存量资产，而且能有效地延长时尚产品的生命周期，缓解新产品开发之苦。

2. 为企业引进技术、设备、资金等提供机会

作为本地的企业经营者，则可以充分利用这一消费时尚规律，及早动手，抓住契机，做本地消费时尚的领头雁。

有两个策略可以借鉴，一是大胆引进技术、设备，或积极谋求经济技术合作，并结合当地的具体情况，如地形、气候、物产、亚文化、经济发展水平等，生产出适合当地需求的时尚商品。这样，当"上一地区"的时尚之风刮至本地之时，本企业产品已经占据了市场，取得了市场竞争的"先手"。如梦初醒的其他厂家开始纷纷仿效之际，该企业已经赚足利润。二是利用"上一地区"的生产技术设备开发出新产品后，对产品进行创新设计的改造，利用消费时尚具有的"变异周期性"规律，再将新产品打入"上一地区"，做"下一波"消费时尚的领头雁。一旦人们的怀旧心理被启动，市场被打开，巨大的经济效益可想而知。

3. 为新产品开发带来机遇

如今，产品生命周期呈现出逐渐缩短的趋势。这就意味着企业不得不面临日益紧迫、日益频繁的新产品开发工作。而新产品的开发成功与否，事关企业的生死存亡。消费时尚作为一种重要的经济现象，具有巨大的经济价值和市场价值。它不仅对消费者的购买行为具有导向作用，更为企业的新产品开发提供良好的机遇。

第一，开发时尚商品。可以有两种思路，一种是开发流行的商品，利用流行商品巨大的市场空间谋求利益；二是利用消费时尚的差异性规律，开发适合当地需求的差异性时尚商品。如市场流行红裙子，那么，在保持"红裙子"这一卖点的基础上，结合当地情况，在用料、款式等方面作适当调整，往往能收到更好的效果。

第二，开发时尚商品的互补品。有时候可能出现这样的情况：当企业费尽九牛二虎之力将时尚商品开发出来之际，"这一波"消费时尚也大势已去，产品无人问津，企业损失惨重。因此，寻求时尚产品的互补品开发则十分便捷且聪明。因为时尚商品对其互补品具有巨大的"提携"作用，开发时尚商品的互补品有极高的成功胜算。如牛仔裤流行，企业不去生产牛仔裤而去生产旅游鞋。因为牛仔裤配旅游鞋最为潇洒，两者之间的互补性很强。

第三，开发仿制新产品。在保持时尚商品特色、基本效用的前提下，充分利用时尚商品的巨大市场空间和目标市场的特点，开发仿制新产品，也不失为一良策。如老板杯流行，有的企业就开发出以电镀板材取代不锈钢的"二老板"，以玻璃取代不锈钢的"三老板"及以其他材质取代不锈钢的其他种种便携式保温杯，都取得了很大的成功。

4.为企业促销工作指明道路

消费时尚本无定论，不存在什么该流行，什么不该流行的法则，只要宣传得体、得法、得时，完全可以制造出一种消费时尚。

企业通过广告影响消费者的行为，可以引导或推动一种消费时尚。不管广告讲得对还是不对，耳濡目染，人们不可能不受影响。受影响的人多了，就成为了一种消费时尚。广告甚至可以无中生有地创造出消费时尚，有个著名的例子就是脑白金广告。广告上天天叫喊"送礼就送脑白金"，叫喊的时间长了，结果有越来越多的人在选择礼品时选择脑白金。许多人过年过节时，都把脑白金作为礼品，这就成了一种消费时尚。当然，广告能否变为消费时尚，取决于企业对消费者心理及其他特征的了解。

对企业来说，要根据消费时尚的变化来调整自己的产品结构。无论消费时尚是什么，只要一旦形成，企业就必须迎合。如果企业能及时了解消费时尚的趋势，在某种消费时尚刚刚萌芽时，比其他企业领先一步，生产出适应这种消费时尚的产品，它就会成功。无视消费时尚，企业很难成功。

出色的商品包装比商品更值钱——商品包装

生活中的商品如果不经过"包装"，往往得不到消费者的认可。在经济生活中，没有包装的物品几乎是不存在的。事实上，商品包装确实是整体产品的一个重要组成部分，具有保护和美化商品、便利经营和消费以及促进销售的功能。商品质量好，当然会受到人们的喜爱。但是，如果它的包装差，质量就连带着会大打折扣。尽管两者也许没有什么差别。但是好包装会抓住人们的眼球。对于一件被推销的商品，更多的人还是在关注包装。

《韩非子》中有一则"买椟还珠"的故事。楚国有一个珠宝商人，他在珠宝匣子上花了不少功夫：珍珠是用木兰树制作的盒子盛装，用桂椒来熏盒子，用精美的珠玉点缀其上，用美玉点饰，用翠鸟的羽毛装饰盒子。这只匣子不仅精致美丽而且香气四溢。有个郑国人看到这么精美的盒子，非常高兴，于是花重金买下珠宝。令人惊讶的是，郑国人却把里面的珠宝还给楚国人，自己拿着这个精美的盒子走了。

这个故事形象地说明了商品包装的重要性。过去人们并不在意包装，认为"真金总是会卖个好价钱"，但现在这样的观念该改改了，因为质量再好的商品，没有好的包装，就好像缺了绿叶的红花，没有任何吸引力。在市场经济的环境下，产品的包装现今越来越引起消费者的关注，并也逐渐形成了包装经济。

在市场上，有两家药厂，生产同一种药，质量略有差异（甲厂药品效果比乙厂的略微差些）。在推向市场时，两者都用纸板包装盒，但甲厂的包装白底光亮，色彩明快，还有一个浮雕式的凸起图案；乙厂则颜色暗淡，图案陈旧；试比手感，前者表面细滑，轻轻挤压，手指能感受到弹力和盒子的挺括；后者则表面粗涩，略一挤压，即轻易失去原有形状。

当这两种产品同时上市时，面对同样的消费者群体，前者的市场占有率竟然高出后者10%。两种相同的药，仅仅因为包装上的差异，就有了悬殊的销售量。而实际上，乙厂药品的质量要比甲厂的好。这样的结果说明了什么？其实，消费者购买产品，如果消费效用较高，就愿意多花钱。看到包装精美的商品，当然会给消费者带来更多的消费效用，心理满足程度更高。

从社会实践上来看，由于现代的产品种类繁多，花样复杂，因此，消费者在进行选择的时候，往往挑花了眼睛。不知道该选择哪一个好。这时，产品的包装就可以成为一个宣传媒介，向消费者传递"自我推销"的信息，从而吸引消费者购买。正是第一印象的不同，消费者才作出不同的选择。

各大企业经营者正是观察到了这一点，也才将更多的资本投注到广告包装之上。他们利用包装塑造精品的形象，利用包装来提升企业的品牌知名度，利用包装来打动消费者。

在洗手液市场上，蓝月亮洗手液成功地利用包装成为市场上的品牌产品。它为了能让人们产生精品的印象，其产品包装无论从瓶子的高度、体积、瓶形、配件颜色、标签形式等都经过不断地调试，最终达到了"功能卖点、包装形态、消费者感受"三者的完美结合。这让蓝月亮洗手液的销售量大为改观。当时，就能达到每月销售额700万元；长沙几家大超市曾创下日销售蓝月亮洗手液2600瓶的纪录；据不完全统计，"蓝月亮"凭借洗手液单品就打造了年度7000万元销售业绩。

在产品同质化越来越明显的今天，商品包装正在成为企业产品销售成功的不二法门。不过，对商品包装并不是越精美越好，总体上对商品包装有一定的要求：

（1）适应各种流通条件的需要。要确保商品在流通过程中的安全，商品包装应具有一定的强度，坚实、牢固、耐用。对于不同运输方式和运输工具，还应有选择地利用相应的包装容器和技术处理。

（2）应适应商品特性。商品包装必须根据商品的特性，分别采用相应的材料与技术，使包装完全符合商品理化性质的要求。

（3）适应标准化的要求。商品包装必须推行标准化，即对商品包装的包装容（重）量、包装材料、结构造型、规格尺寸、印刷标志、名词术语、封装方法等加以统一规定，逐步形成系列化和通用化，以便有利于包装容器的生产，提高包装生产效率，简化包装容器的规格，节约原材料，降低成本，易于识别和计量，有利于保证包装质量和商品安全。

（4）包装要适量、适度。对销售包装而言，包装容器大小与内装商品相宜，包装费用，应与内装商品相吻合。预留空间过大、包装费用占商品总价值比例过高，都有损消费者利益，误导消费者的"过分包装"。

（5）商品包装要做到绿色、环保。首先，材料、容器、技术本身对商品、对消费者而言，应是安全的和卫生的。其次，包装的技法、材料容器等对环境而言，应该是安全的和绿色的。在选材料和制作上，遵循可持续发展原则，节能、低耗、高功能、防污染，可以持续性回收利用，或废弃之后能安全降解。

总体上来说，一方面，商品需要适当的包装，这是保护商品、储运商品、方便消费的最低要求，也是企业商品促销的手段；另一方面，由于商家们过度地追求商品包装，也给消费者和社会增加了不必要的负担和环境压力，特别是一些虚假性、欺骗性包装，更是让消费者深恶痛绝。其实，只要有了迎合消费者审美观点和文化意识的包装，就能够达到同推销产品一样的效果。

美丽也会成为生产力——注意力经济

《史记》中记载有司马相如和卓文君的故事：临邛首富卓王孙有个漂亮女儿，就是卓文君。司马相如为卓文君弹了一首《凤求凰》，琴声打动了屏风背后的卓文君，她偷看司马相如后"心说而好之"。事后司马相如让"侍者"当红娘，与文君连夜私奔到成都。卓文君与司马相如面临窘迫的生活，决定把车马卖掉，到临邛开酒店，文君当街卖酒。因为文君的美貌，吸引了众多的人前来光顾。两人的生活因为酒铺生意的兴旺而逐渐好转。

文君"当垆卖酒"的故事体现了汉代的"美女经济"的效应，因为美貌而多才的卓文君在大庭广众下卖酒，才会吸引更多的人前来买酒，才会使得她和司马相如的生活状况得到改善。这就是一种"注意力经济"。

如今，大众对美女的注意力不但没有在飞速发展的市场经济中被商家忽视，反而被不断地发掘出来，渗透到各种行业，并逐渐演变成了今天最时髦的"美女经济"。无论是商场开业，还是车展、房展，或是兜售某种商品，如今的商家都热衷于请美女出台，借美女生财。大街上，随处可见的"婚纱秀""时装秀""内衣秀""轿车秀"无不打着美女招牌，依傍美女的姿色。打美女牌、算经济账，美女的影响力越来越大，大有辐射至各领域、渗透到各行业之趋势。

为什么商家会宠爱"美女经济"？为什么"美女促销"的戏码总是在不断上演？从经济学上看，商家就是在充分地利用美女的眼球效应，也就是注意力经济在发挥作用。

最早正式提出"注意力经济"这一概念的是美国的迈克尔·戈德海伯，他于1997年在美国发表了一篇题为《注意力购买者》的文章。他在这篇文章中指出，目前有关信息经济的提法是不妥当的，因为按照经济学的理论，其研究的主要课题应该是如何利用稀缺资源。对于信息社会中的稀缺资源，他认为，当今社会是一个信息极大丰富甚至泛滥的社会，信息非但不是稀缺资源，相反是过剩的。而相对于过剩的信息，只有一种资源是稀缺的，那就是人们的注意力。

所谓注意力，从心理学上看，就是指人们关注一个主题、一个事件、一种行为和多种信息的持久程度。它有如下几个特点：一、它是不能共享，无法复制的；二、它是有限的、稀缺的；三、它有易从众的特点，受众可以相互交流、相互影响；四、注意力是可以传递的，名人广告就说明了这一点，受众的注意力可以由自己关注的名人到名人所做的广告——产品；五、注意力产生的经济价值是间接体现。

在现代经济社会中，把注意力转化为经济价值的过程中，媒体既是注意力的主要拥有者，同时又是注意力价值的交换者，所以传媒经济就是以注意力为基础的经济。但在当今信息过剩的社会，吸引人们的注意力往往会形成一种商业价值，获得经济利益，因此在经济上，注意力往往又会成为一种经济资源。而由这种注意力所形成的经济模式，就是注意力经济。进一步说，注意力经济是指最大限度地吸引用户或消费者的注意力，通过培养潜在的消费群体，以期获得最大的未来商业利益的经济模式。在这种经济状态中，最重要的资源既不是传统意义上的货币资本，也不是信息本身，而是大众的注意力，只有大众对某种产品注意了，才有可能成为消费者，购买这种产品，而要吸引大众的注意力，重要的手段之一，就是视觉上的争夺。

在知识爆炸的后信息社会，注意力资源已经成为十分稀缺的经济资源，不但成为财富分配的重要砝码，最直观的反映就是明星、名人现象，而且经营注意力资源的产业如媒介、广告、体育、模特等获得迅猛发展，成为高利润的新兴产业群，注意力经济正在形成。

如今，注意力经济已经成为一种十分流行的商业模式，新兴产业的出现都不再是润物细无声，而是先打雷后下雨，在一番轰轰烈烈中登台亮相，表现出泡沫经济特征，互联网的发展就是采取这种方式登上历史舞台的。

注意力经济营造了一种新的商业环境和商业关系，它改变了市场的观念以及市场的价值分配。最明显的表现，就是我们进入一个品牌经济时代。在这样的环境下，商家更加注重公众的注意力和长期顾客的维持，关系营销、事业营销、品牌教育等新概念被引进。

这种新的商业模式使得企业越来越注重客户价值，管理的内涵日益外部化，媒介的风险日趋突出，注重客户的价值与客户关系的协调管理，引进了声誉管理和风险公关的新理念。注意力经济引发了发展战略的变革，专注化已经成为企业发展的趋势，大企业在纷纷剥离非主导业务，加强自身的核心竞争力，小企业则靠专业化和特色化获取生存的空间。

因此，注意力经济大行其道也就不值得奇怪了。

花多少钱做广告最合适——广告

从前有一个愚笨的人，有一天到亲戚家里去。主人很殷勤地招待这位客人，并煮了几道好菜款待他，可是做菜时忘了放盐，所以每道菜都淡而无味。这位客人对主人说："你今天烧的菜都是很名贵，可是淡了一点，所以不太好吃。"主人说："我忘了放一样东西。"于是到厨房拿了些盐，放进每一道菜，搅拌了一会儿再请客人尝尝，这回每道菜都很美味可口。

这个人以为盐既然那么好吃，决定回去后每餐都买盐来吃，省得煮那么多菜。于是到了街上买了一大包的盐，回到家里急急打开，抓了一把放进口里！当然是满嘴咸涩，他还以为是被那位亲戚骗了。

其实，广告对产品销售的作用正如盐对菜的作用是一样的。在日常生活中，我们常常可以看到广告。打开电视机，铺天盖地的电视广告；翻开报纸，迎面而来的是平面广告；走在大街上，充斥视野的是各种立体广告……广告已经和我们的日常生活形影不离。

广告是为了某种特定的需要，通过一定形式的媒体，公开而广泛地向公众传递信息的宣传手段。而我们这里所说的是狭义广告，也就是商业广告，是指以营利为目的的广告，通常是商品生产者、经营者和消费者之间沟通信息的重要手段，或企业占领市场、推销产品、提供劳务的重要形式，主要目的是扩大经济效益。

广告是商品经济的产物，自从有了商品生产和交换，广告也随之出现。世界上最早的广告是通过声音进行的，叫口头广告，又称叫卖广告，这是最原始、最简单的广告形式。早在奴隶社会初期的古希腊，人们通过叫卖贩卖奴隶、牲畜，公开宣传并吆喝出有节奏的广告。古罗马大街上充满了商贩的叫卖声。古代商业高度发达的迦太基——广大地中海地区的贸易区，就曾以全城无数的叫卖声而闻名。17 世纪西方资本主义迅猛发展，大规模的商业活动使得广告以更广泛的途径流行起来。

相信绝大多数人都听说过黄金搭档。它的广告天天在电视上出现，传播着保健产品的理念。在庞大的广告宣传下，黄金搭档成了人们送礼的首选物品。然而对于这个并不陌生的名词，真正了解它的人又有几个呢？在现在竞争激烈的社会里，一个商品，不管其质量到底如何，它若想让自己的"光辉形象"深入人心，最终达到成功销售的目的，就必须贯彻持久的广告策略。也就是说，不断地用信息来轰炸消费者，然后刺激出他们的需求。

中央电视台是各企业广告宣传的制高点。据了解，2009 年央视黄金资源广告招标总额达 92.5627 亿元。其中春节晚会独家冠名中标企业是郎酒集团，中标价格为7099 万元。纳爱斯以总价 3.05 亿元中标 2009 年全年电视剧特约剧场，而春晚零点报时的广告就标出 4701 万，和春晚相关的元宵晚会"我最喜爱的春晚节目评选"独家冠名则标出了 7099 万。

广告之所以有这么大的威力，主要是它能把消息、资料传递给可能购买的顾客，激起人们购买的欲望。俗语说"酒香不怕巷子深"，但是在现代商业社会，"酒香"仍要借助于广告的力量。商品只有凭借自身的质量和优质的服务再加上大量的广告宣传才能最终达到畅销的目的。

所以有这样一个公式：好产品 + 好广告 = 名牌

既然广告有这么多的积极效果，为什么我们不多花钱做一些广告呢？事实上有时广告太多，人们无力购买，其产品也会引起人们的反感，而且更重要的是经费问题。广告与宣传不一样，广告是要付钱的。在一个社会或一个地区内，少数几家企业激烈竞争的情况下，如果一家企业增加了它的广告费，其他企业也会仿照增加，结果可能谁都没有得到预期的效果，可广告费却恶性膨胀，最终达到"多输"的结局。但是，有一点可以肯定，如果没有广告，大家也不会有那么丰富多样的报纸、杂志和电视节目可看，也不会有电台节目可听。据专家估算，一般的报社、杂志社，它的收入的 90% 都是从广告费用中来的，而不是靠卖报纸、杂志得来的。

任何一家企业在做广告时，都期望看到销售的成长，如果广告费用增加或广告内容改变都无法刺激销售，自然就有人会怀疑广告的效果。如果产品广告对其销售促进不大的话，除了审视影响销售额的各种因素之外，还应该明白：广告不仅是量的问题，其他诸如广告表现、媒体战略是否适当都会影响其对销售的促进。

钱花得多，并不一定能保证广告的效果就好。秦池酒曾经是家喻户晓的全国品牌，于 1996 年和 1997 年连续两年成为中央电视台的"标王"。可谓"成也萧何败也萧何"，广告给秦池酒带来了前所未有的收益，使秦池走上了超常规发展的道路，但也因为巨额的广告费为秦池的迅速覆亡埋下了祸根。究竟花多少广告费才合适，我们现在只能从经济的角度用数学公式推导，还没有人能从社会的观点来衡量。

另外，广告有时也会产生一些不好的影响，特别是有些企业趁机吹牛骗人。常言道：王婆卖瓜，自卖自夸。你花多少钱去夸，政府都不管，但夸的话一定要是真的，而不能有虚假的成分。否则，世界上许多国家（包括我国）的政府机关都会对此行为进行惩罚。就连有些产品（如香烟、烈酒等）能否做广告都有所限制。

不管怎么说，广告在为企业带来收益的同时，也是连接企业和消费者的纽带，使企业产品可以满足消费者的需求，改善消费者的生活。

约翰逊化妆品为什么会畅销——捆绑销售

不知从什么时候起，捆绑销售已悄悄地侵入我们的生活，而且蔚然成风，大有愈演愈烈之势。大至买楼房送车位、买大件家电送电饭锅，小至买手机送话费，买酸奶"二送一"，甚至买支牙膏也送个钥匙圈。问商家不要赠品能否减些价？商家回答：不要可以，但不减价。

那么，什么才是捆绑销售呢？捆绑销售也被称为附带条件销售，即一个销售商要求消费者在购买其产品或者服务同时也得购买其另一种产品或者服务，并且把消费者购买其第二种产品或者服务作为其可以购买第一种产品或者服务的条件。捆绑销售通过两个或两个以上的品牌或公司在销售过程中进行合作，从而扩大它们的影响力，可以说是共生营销的一种形式，开始被越来越多的企业重视和运用。以下是成功运用捆绑销售的案例。

美国的约翰逊黑人化妆品公司总经理约翰逊是一个知名度很高的企业家。可是，当初他创业时，也曾为产品的销售伤透了脑筋。

那时，约翰逊经营着一个很小的黑人化妆品公司，因为黑人化妆品市场的总体销售份额并不大，而且，当时美国有一家最大的黑人化妆品制造商佛雷公司，几乎垄断了这个市场。

经过很长时间的考虑，约翰逊提出了一句措辞非常巧妙的广告语："当你用过佛雷公司的化妆品后，再擦一次约翰逊的粉质膏，将会得到意想不到的效果。"

约翰逊的这一招的确高明，不仅没有引起佛雷公司的戒备，而且使消费者很自然地接受了他的产品，达到了事半功倍的效果。因为他当时主推的只有一种产品，凡是用佛雷公司化妆品的黑人，大都不会在乎再增加一种对自己确实有好处的化妆品。

随着粉质化妆膏销量的大幅度上升，约翰逊抓住了这一有利时机迅速扩大市场占有率。为了强化约翰逊化妆品在黑人化妆品市场上的地位，他同时还加速了产品开发，连续推出了能够改善黑人头发干燥、缺乏亮度的"黑发润丝精""卷发喷雾剂"等一系列产品。经过几年的努力，约翰逊系列化妆品占领了绝大部分美国黑人化妆品市场。

捆绑销售方式确实给商家带来了好处，其实，很多时候也给消费者带来了实惠。但目前市场上的"捆绑销售"还不够大气，只能算是小打小闹。甚至是两种商品的简单叠加，在手机市场上居然发现买手机可以送饼干，真是风马牛不相及。这些方式并未实现"捆绑销售"的最大价值。

捆绑实际上是资源的再次创新与整合，是在原有资源的基础上，创造出一种更有力度的模式，更利于消费者对信息的接受与处理，甚至变被动为主动。如果进行科学规划，对相关品牌进行整合，那么，这样的科学捆绑也许可以创造奇迹。

我们来看一个例子：

"全球通"在广州市区推出了"免费频道"服务，由移动公司提供网络支持，由广告公司、商家和移动电话客户共同参与，共同受益。具体内容是：移动用户需在自己的手机上拨打"免费频道"号码，仔细听完系统播放的信息（广告），回答相关简单的问题，就可获一定数额的话费。

真可谓超级整合，超级捆绑。消费者由被动变主动，在"话费"的"驱使"下，热情空前高涨。为回答商家的问题，对广告自然认真收听，效果不同凡响。利用电信这条超级绳索，把商家和消费者紧紧地"绑"在了一起。

常见的"捆绑销售"主要有以下几大招式：

一是包装捆绑。如汰渍洗衣粉，在包装袋上印有衬衫、洗衣机等品牌；反过来，衬衫、洗衣机也推荐使用汰渍洗衣粉，既为产品包装又是广告载体。品牌互补，大家共同得利，节省了资源。这样的例子还有很多，比如牙膏与牙刷捆绑、洗发水与沐浴液及毛巾捆绑。

二是定位捆绑。对于新上市的品牌，可以从定位上考虑如何"绑"一下知名品牌。通过和已有品牌直接捆绑，来形成自己的定位，并宣扬自己独特的优点。对于市场份额较小的品牌，也可以考虑将自己与市场领导者捆在一起借此获得一种名声，并分得领导者一部分市场份额。前文中的"约翰逊粉质膏"的例子正属此种类型。

三是信息传播捆绑。相关性产品集中在一起进行传播，既增加了整体传播力度，又节省了大笔资金。比如，"浪奇"木瓜白肤香皂"绑"了一次《南方都市报》，把样品随报赠送给消费者，取得了良好的效果；又比如，"力士"洗发水"绑"了《化妆品报》，"舒肤佳""绑"了"中华医学会"，不一而足。

四是销售捆绑。把几种产品做成统一包装进行销售。如把牙膏、牙刷、香皂等放在一个包装盒里销售，相对来说，价格较低，消费者得到了实惠，自然也就愿意购买。

如何少花钱、多办事，为商家节省资金、降低成本、提高竞争力，是我们共同关心的话题。但不要走向另一个极端，为了省钱，什么都"绑"。搞得风马牛不相及，甚至引起消费者的反感。

"捆绑销售"，不是倾销，不是折价销售，更不是买一送三。我们应把它看成是一种宣传、销售、促销等多种因素集合在一起的全新系统，目的是节省资源、提高效力。合理的捆绑销售方式能给生产者带来良好的销售效果。

第四章

商家定价

降价是唯一的出路吗——价格战

价格战指的是商家之间以降低产品价格为竞争手段的活动。毋庸讳言，在我们周围，价格战已经成为商家之间竞争的法宝之一，所以消费者也就乐得坐享其成。打价格战，成为了很多企业占据市场的最佳选择。

产品的严重过剩是国内市场步入买方市场的突出特点，且这种过剩是在产品结构矛盾突出，产品变化滞后于需求变化的条件下出现的。同时，新的企业还在加入，同质的产品还在涌现，过剩的产品日益积累，市场负荷日益增大。而产品过剩——价格竞争——微利经营是市场经济的客观规律，它既可消除积压、回笼资金，又是刺激消费、扩大市场份额、提高企业知名度的有效途径。对于目前国内行业品牌林立、技术趋同、产品差异化小又严重过剩的市场特点，除了价格竞争，已没有多少良策。

另一方面，大量的现代科学技术和智力资本的投入，现代产品更新换代的步伐加快，产品生命周期逐渐缩短，有些产品被迫走向衰亡，由此造就了价格竞争的空间和舞台。比如，空调窗机的降价为更高一级的分体机腾出市场空间，使其迅速成为市场主体；再如，从普通彩电到超平彩电，从超平彩电到纯平彩电，每一款新技术产品面市，都必然会引起旧款电视的清货性质的降价促销。手机市场、影碟机市场无不上演着同样的策略。

技术的、服务的、品牌的竞争是企业制胜的法宝，但这只能满足消费者对产品价值的追求，却无法满足消费者追求实惠的心理，物美还需价廉。以差别化策略进行营销固然能减弱消费者对价格的敏感度，却不能启动一个购买力不足的市场。在彩电业、影碟机业、电脑业，许多企业不是没有技术优势、质量优势和品牌优势，但他们还是不得不加入降价竞争的行列，为市场占有率而战。

值得关注的是，在近几年的价格战中，无论是哪个行业，挑起价格战的企业都得到了不小的好处，有的市场份额大幅上升，确立或稳固了行业龙头老大的位置；有的知名度迅速提高，赢得了消费者倾心，这正是降价策略的魅力所在。

看来，降价竞争对有的企业是战略决策的需要，对有的企业则是市场环境下的无奈的行动。启动消费，抢夺市场是企业生存的关键，生产的产品难以售出则意味着危机，利润一时没了，来日还可以挣回，市场没了，则等于丢了江山，这才是生命攸关的大事。

实际上，每个行业在发展之初，由于其技术上的不成熟和资源配置、利用的不合理会导致成本偏高，致使价格居高不下，而一些垄断行业更是在国家的保护之下垄断价格。随着垄断的打破、技术的进步、资源的合理配置利用、规模的扩大，生产成本会逐渐降低，也给降价提供了空间。随着价格逐渐逼近成本，企业无利润可赚时，其他的竞争形式，包括品牌竞争、质量竞争、服务竞争、产品品种竞争以及技术竞争等就成为了企业竞争的主体，企业的品牌、服务、质量、技术的提高同时就会促进整个行业的提高和进步。因此，在一定程度上，"价格战"既可以促进行业自身进步，也可以促进相关行业的发展。

一些行业的价格竞争已到了白热化的地步，许多人担心，价格竞争过度会导致"行业垮台"，但在世界各国的市场经济发展过程中，从来没有过因为价格竞争而导致"行业垮台"的先例。因为价格竞争的一种结果是资源的优化配置和资源利用效率的提高。在资源有限的条件下，提高效率是发展的根本途径，严酷的竞争环境会导致技术的加速进步和质量的大幅提高，同时也使企业竞争力提高。

由此说明，在激烈的竞争环境下，立足于企业的现实，即使在多种多样的营销策略面前，价格的作用仍不可忽视，价格竞争的环境还没有消失，价格仍是企业掌握的一张竞争王牌。甚至有人说："很难想象，如果没有价格的竞争手段，企业还能依靠什么在市场竞争中取得优势。"

有人认为，降价，降低了厂家的利润空间，使厂家再投入能力不足，而影响了产品质量，是对消费者、对企业不负责任的表现。诚然，一分钱，一分货，价格同质量在消费者心中存在一定的依存关系。在价格战中，一些不堪重负的企业也可能以低质量作代价，但如果以价格战中有质量下降的现象出现而否定价格战，显然有失偏颇。我们看到，在彩电、汽车、电脑、影碟机等行业，价格在一年一年下调，而产品质量却一年一年提高，而且，哪个行业价格竞争激烈，哪个行业产品质量就提升迅速。这种现象与我们价格战的具体形式和特定竞争环境是不可分的。

各行业的价格战中，挑战者几乎都是本行业中的领先企业，它们拥有良好的产品形象和企业形象，它们的降价借助的是有声望的产品和企业声誉，很难在消费者心中形成低质量心理，而且，若以低质量为代价显然与其企业战略是背道而驰的。技术推动型的价格竞争是伴随产品的升级换代而产生的，旧款产品降价的同时，必然有功能更全、质量更高的新产品上市。在价格战中，一些规模不大、经营不善、资金缺乏、无竞争实力的企业为了暂时的还击，会以降低产品质量为代价，但在市场竞争中，质量的降低无疑意味着自取灭亡，这又正是价格战所要达到的目标之一。

面临市场的严峻挑战和各行业内部结构上的矛盾，价格战是时势所致，不可阻挡，它是国内市场转轨时期的必然，也是企业在市场转型期逐步适应市场，从幼弱走向成熟的必经阶段。它所带来的利是长远的、根本的，带来的弊是暂时的、必要的。

歧视价格奥妙无穷——歧视定价

价格歧视实质上是一种价格差异，通常指商品或服务的提供者在向不同的接受者提供相同等级、相同质量的商品或服务时，在接受者之间实行的不同的销售价格或收费标准。经营者将同一种商品或服务，对条件相同的若干买主实行不同的售价，则构成价格歧视行为。

价格歧视是指企业在出售完全一样的或经过差异化的同类产品时，对不同的顾客索取不同的价格。由于这些价格并不完全反映其产品的真实价值，所以价格歧视运用了非线性定价策略。价格歧视作为一种理论，属于定价策略的范畴，无任何褒贬之意。

运用歧视定价有两个不可或缺的条件：一是实行歧视价格的商品本身是不能转卖的，谁购买谁消费，不能低价买进再高价卖出去；二是要能用一个客观标准对消费者进行细分，即分为需求弹性不同的消费群体。

对于商家而言，实行价格歧视的目的是获得较多的利润。如果按较高的价格能把商品卖出去，生产者就可以多赚一些钱。因此，生产者将尽量把商品价格定得高些。但是如果把商品价格定得太高了，又会赶走许多支付能力较低的消费者，从而导致生产者利润的减少。如何采取一种两全其美的方法，既以较高的商品价格赚得富人的钱，又以较低的价格把穷人的钱也赚过来。这就是生产者所要达到的目的，也是价格歧视产生的根本动因。

雷克萨斯是目前世界范围内最成功的日系豪华车，中国市场主要有 GS300 和 GS430 两款车型。2008 年国内 GS300 68.8 万元的售价跟德国市场约合人民币 44 万的价格比起来高了 20 余万元，更是比美国高出一倍的价钱。雷克萨斯 GS430，在美国市场的售价为 51500 美元，在欧洲市场售价为 54200 欧元，折合人民币均只有 40 万元左右。而同一款汽车，在国内的售价却超过 90 万元。这就是歧视定价的一个案例。

价格歧视的前提是市场分割。如果生产者不能分割市场，就只能实行一个价格。如果生产者能够分割市场，区别顾客，而且要分割得不同市场具有明显不同的支付能力。这样企业就可以对不同的群体实行不同的商品价格，尽最大的可能实现企业较高的商业利润。雷克萨斯就是成功分割市场，将中国市场的富豪支付能力视为最高，从而为它的"歧视定价"提供了依据。

在生活中，实行价格歧视的事例比比皆是。以前公园卖门票，对本国人卖低价，对外国人卖高价；大学生放假回家，只要手持学生证，就可以买到半价火车票；在北京坐公交车，如果刷卡便可以打四折；有的舞厅为了使舞客在跳舞时能成双配对，甚至只对男士卖票，女士可以免费……

如果没有价格歧视，人人平等，实际上也未必会得到比较满意的结果。厂商向每一位顾客收取其刚好愿意支付的价格的做法叫作"完全价格歧视"。"完全价格歧视"表面上看，好像不公平，但其实未必。这是因为，在整个价格歧视中，不同的有效需求者都能得到有效的供给，因而从需求与供给相等的意义上说，没有任何人遭到歧视。对价格敏感、需求弹性大的普通百姓而言，如果不被"歧视"，他们也许会很愤怒。美国 P&G 公司曾经一直在采用"折扣券"制度，对积攒、保存、携带、出示"折扣券"的顾客（往往都是收入较低的顾客）实施优惠价格。1996 年，P&G 公司以区分消费者需求弹性成本太高之名决定取消这种制度。P&G 公司的顾客愤怒了，连纽约州司法部都介入了此事，要求强制 P&G 公司执行"折扣券"制度。所以说，价格歧视本身也是另类公平的一种市场体现。

当企业有定价权时，实行歧视定价有助于实现利润最大化。主要的歧视定价可分为以下几种：

一种是一级价格歧视，即对每个消费者都收取不同的价格。对企业而言，最有利的歧视价格就是对每一个消费者收取他愿意而且有能力支付的最高价格。这就需要把每个消费者都分开。当然，一般而言，进行这样的市场细分是极为困难的。但是某些特殊情况下，如果消费是完全分开的，相互不通消息，这种一级价格歧视也是可以实现的。最典型的是在医疗市场上，有的外科医生可以向每个患者收取他们所愿意支付的最高价。医生处于垄断地位，患者之间并无联系，医生就可以通过分别与每一个患者进行讨价还价谈判而收取可能收取的最高价格。

另一种是二级价格歧视，即对一定数量的物品收取一种价格，对另一定数量的同样物品收取另一种价格。例如，某服装公司推出一种新的时尚女装，首先把高收入群体作为目标群体，这些人需求缺乏弹性，就可以对先上市的一批衣服收取高价。这部分人的需求得到满足后，就降低价格，卖给需求富有弹性的一般消费者。

市场上最常见的就是三级价格歧视，根据不同市场上的需求价格弹性不同，实施不同的价格。其中运用最成功的就是国外的民航了。民航的歧视定价是指同一个航班同样航位的乘客所支付的单价不同。民航机票要实名凭证件登机，不能转让；此外，民航乘客可分为公务乘客和私人乘客，前者对价格缺乏弹性，后者对价格富有弹性。民航是怎么实行价格歧视的呢？他们把是否周六晚上在对方城市过夜作为区分两类乘客的标准并实行歧视定价。因为通过调查发现，在往返于两地的乘客中，公务乘客周六晚上通常不在对方城市过夜，而私人乘客没有这个规律。此外，提前购票时间也是区分两类乘客的标准，一般私人乘客出行都是有计划的，因而一般提前订购机票。

价格歧视是一种有效的价格策略，不仅有助于增强企业竞争力，实现其经营目标，并且顺应了消费者的心理差异，满足了消费者多层次的需要。

定高价还是低价——单一定价

当同一种物品向不同消费者收取相同价格时，这种定价方式就是单一定价，即一种物品无论卖给谁只有一种价格。既然只能确定一种价格，那究竟是定高价还是定低价呢？

也许不少企业认为低价可以使产品销售量更大。沃尔玛正是采用了低定价的方式，进货为 0.8 美元的东西，其他商店卖 1.2 美元，它只卖 1 美元。这大大增加了销售量，成为沃尔玛成功的法宝。所以定低价或降价成为企业常用的手段之一，并为此乐此不疲。但是，我们也会发现，名牌产品都是高价，并不降价（名牌不打折），但也都是成功者。

在什么情况下应该定高价，什么情况下应该定低价，其实这取决于企业的目标客户以及竞争环境。

一般来说，如果企业的目标客户是高收入者，其市场需求并不大，因此采用定高价的策略，以实现高价少销。名牌产品通常采用这种定价方式，例如一个 LV 女式手提包定价 1.2 万元，市场销售仍然很好。其实这种产品属于炫耀性商品，购买它的女士主要不是用于装东西，而是用这种包的品牌来"炫耀"自己的身份。价格低了，与普通手提包一样，无法炫耀身份，高收入者就不会购买了。因此，高定价的产品一个显著的特点是价格缺乏弹性，而且供给是极为有限的。以 LV 女式手提包而言，其对象是极少数高收入女士，她们希望以这种包来显示自己的身份，需求强度高，而且类似的替代品并不多。尤其有些人对这种品牌有一种特殊偏好，喜欢 LV 这个品牌的人宁肯多花钱也要买这种包，不肯以低价去买其他包，尽管其他包也是名牌。对这些高收入者而言，1.2 万元一个包在其总支出中占的比例并不大。所以高收入者对 LV 的包就极为缺乏弹性。而且这种包做工精细，供给难以增加，不用靠降价吸引更多消费者。这种产品靠品牌而不是靠低价占领市场。如果降价反而会由于无法显示身份，甚至会发生需求量减少的情况。缺乏弹性的产品，如果采取降价销售，总收益必然减少，因此维持高价，总收益才能维持可观的水平。因此定高价并不降价就是正确的选择。

其实，不仅名牌，只要是需求缺乏弹性的产品都可以定高价或提价。以麦当劳为例，为什么其他餐饮店都降价时，它提价反而总收益增加呢？这就在于麦当劳这种食物有自己稳定的消费群体。他们对麦当劳有一种强烈的偏好，而对价格又不敏感，这就是说对于麦当劳的消费群体而言，这种食物是缺乏弹性的。而对于那些不爱吃，"饿死不吃麦当劳"的人群而言，因为不喜欢，价格再低也不会去吃。提价并不会减少青少年和儿童对麦当劳的消费，降价也不会吸引其他人吃麦当劳，因此，提价并没有减少消费量，总收益反而增加了。

但是，如果目标客户是广大中低收入者，采用低定价的策略，以实现低价多销，往往能够成功。这种产品的需求往往富有弹性而且供给可以无限增加。在这方面，美国辉瑞公司的药品"伟哥"是一个成功的例子。"伟哥"这种药品是许多不同收入阶层的人都可以用的，潜在市场极大。但这种药品的需求富有弹性，因为它毕竟不是治病救命的，不是生活的必需品，同时还有其他同样作用的药品作为替代。

而且这种药品为化学合成，有需求，供给量就可以增加。如果定价高，买的人很少，它难以成功，只有低价吸引更多人购买才能成功。所以辉瑞公司给伟哥定了一个相当低的价格，结果获得意外成功，第一年的销售就达 10 亿美元。这就实现了我们平常所说的"薄利多销"。尽管在定价低时，每片药的利润减少了，但由于销售量极大，总利润增加了，实现了利润量最大。

由此可以看出，高定价还是低定价，首先取决于市场条件：产品缺乏弹性还是富有弹性，目标消费群体是哪个收入阶层。其次也取决于企业目标：是利润率最大化还是利润量最大化。一般的规律是：产品缺乏弹性，目标消费群体人数少，但收入高，企业以利润率为目标，就实行高定价；相反，产品富有弹性，目标消费群体人数多，企业以利润量为目标，就实行低定价。在确定了价格目标之后，就要据此决定自己的产量。因为高价必定与少销相关，低价才能多销。在高定价时要限量生产，我们可以发现很多名牌都是限量发行，而在低价时就要扩大生产能力多生产产品。

此外，在定价时还要特别注意消费者心理。定高价还是低价也要注意这一点。人们都有"便宜没好货"的心理，有些产品一味定低价，反而会失去消费者。降价促销往往被给以抛售"烂货"的误解。举个例子来说。一个退休工人退休后闲来无事，便摆了一个小摊，当起了老板。临近春节时，他托战友从外地进了 500 瓶瓷瓶包装的白酒，进价只有 5 元，退休工人看进价这么便宜，就标价 8 元。可是卖了十来天，也只卖出 3 瓶。有顾客拿着酒问他："这酒包装这么好，价钱却这么便宜，是真酒吗？"尽管退休工人一再保证是厂家正品，可人家琢磨半天，最后还是没买。退休工人急了，照这样下去，几百瓶白酒得卖到啥时候？怎么办？这时儿子给老爸出主意，把标价改成 28 元。退休工人一听乐了："你脑子咋想的？8 块钱都卖不出去，还 28 块，谁要？"儿子说："你先试试，反正现在不也卖不出去吗？"退休工人想想也是，便将标价改成了 28 元，没想到，第二天，一下子就卖出了 20 多瓶。

当然，用高价去冒充好货，最终也非成功之策。对不同的物品，消费者有不同的心理价位，这需要经营者去调查、了解消费者是怎么想的。

市场竞争态势千变万化，定价也不能闭门造车。因此定高价、定低价还要看同类产品或相近替代品的定价，这一点，在市场竞争中十分重要。定高价、定低价的问题，需要经营者在商场的实战中解决。

从长远考虑的定价方式——预防式定价

某家企业开发了一种极受家长欢迎的儿童洗浴液，市场供不应求，而且目前只有它一家企业可以生产这种产品，它应该把价格定多高呢？相信绝大多数商家都会选择将价格定得很高，以期获得高额利润。

我们来看如果定高价会有什么结果。如果这家企业生产这种儿童洗浴液的成本为 20 元，但它根据消费者的支付能力与愿望，把价格定为 100 元。这时供求平衡，产品可以卖出去。这时利润高达80元，已经达到400%的利润。接下来，会引起什么结果呢？作为一种儿童洗浴液，它并没有什么高科技，仅仅是在一般洗浴液的配方上做了一点调整，也无法获得专利保护，谁都可以仿制。其他企业看见这种产品如此受欢迎，利润又如此之高，于是纷纷生产这种产品，进入这个市场。当其他企业进入，供给大量增加之后，儿童洗浴液的价格迅速下降，在某一个时期内由于各个企业的价格战，价格也许会降到成本之下。长期中，利润高时，有企业进入，亏损时，有企业退出，最后的结果是生产这种儿童洗浴液的企业获得该行业的平均利润率。假设该行业平均利润率为20%，最后这种产品的价格就维持在24元。这种其他企业进入价格迅速下降的过程是相当快的，最初那家企业的暴利会很快消失。企业为开发这种产品付出了努力，但在短暂暴利之后，又回到了行业平均利润，这个过程又太快，也许快得连开发费用都来不及收回。

如此看来，这种定高价的做法不足为取。应该定一个什么价格呢？如果不定高价，只定一个能得到比行业平均利润略高一点的价格，比如行业利润为20%，这家企业以获得25%的利润为目标把价格定在25元。这种利润不足以引起其他企业进入，于是，这家企业就可以在较长时期内维持这种略高于行业平均利润率的利润。这比获得极为短暂的暴利要有利得多。本来可以定高价的产品，不定高价而是定一个只略高于行业平均利润率的价格，这种定价方式称为预防式定价。

预防式定价是为了防止潜在进入者进入，是一种未雨绸缪的定价方式。预防式定价是对付潜在进入者的，因此，价格定为多高就取决于潜在进入者在进入时遇到的进入门槛的高低。如果某个行业根本无法进入，比如企业垄断了某个行业的资源，就可以不采用预防式定价。如果某个行业根本没有进入门槛，任何企业都可以自由进入，预防式定价就要低一些。进入门槛的高低决定了预防式定价的高低，两者同方向变动。

进入门槛的高低取决于多种因素。从自然原因的角度看，包括资源的可获得性与规模经济的大小。一般而言，资源越不易获得，规模经济越大，进入门槛越高；资源越容易获得，规模经济越小，进入门槛越低。但是除了像自来水这样的行业外，不存在绝对不可以进入的行业。例如，南非的德比尔斯公司垄断了全世界80%左右的钻石矿，其他企业很难进入这一行业，所以它一直实行一家垄断的高价政策。规模经济也并非不能突破。过去，美国波音、麦道等公司垄断大型商用客机市场。飞机制造需要规模经济，投资巨大，风险也大，但这并不是绝对不可逾越的门槛。空客在欧洲各国政府的扶植下成长起来，并足以与波音对抗。在许多行业，基本上都是可以进入的。从立法的角度看，引起进入门槛的是特许经营权、许可证制度和专利制度。自从20世纪80年代以来，这种进入门槛正在被打破或削弱。

进入门槛不是绝对的，几乎所有行业都不是绝对不可进入，所以预防式定价得到了广泛运用，是一种重要的定价方法。

实际上，在运用预防式定价时，关键是把价格定为多少。这就要考虑到进入门槛的高低和替代品的替代程度。一般而言，进入门槛越低，替代品越多，预防式定价就要低得多一些，在没有进入门槛时，预防式定价几乎等于竞争的市场价格。如果一个行业进入门槛较高，或产品没有什么替代品，预防式价格就不重要，可以按垄断的原则定价。例如，医生、律师、演员，他们的社会知名度是长期形成的，其他人难以有这种知名度，价格就可以定得极高，或实行一级价格歧视。

在企业开发出一种新产品或者新服务时，预防式定价极为重要。这时市场上还没有类似产品或相近替代品，定价权是在企业手中。企业所考虑的首先是目标消费群体的支付能力与支付愿望，同时也要考虑其他企业进入的可能性，以及同类或相近产品的定价。

预防式定价与进入门槛、产品替代程度之间的关系难以用准确的数学公式来确定，相关的市场调查也难以得出完全正确的结论。因此，对预防式定价的把握往往取决于企业家的经验和悟性。

竞争市场中的定价法则——价格领先制和成本加成法

在激烈的市场竞争后，市场上产生了一个超级寡头，但它又不能消灭其他竞争者，这时就会采用价格领先制的定价方式。价格领先制是一家寡头率先定价，其他寡头跟从。这家可以率先定价的超级寡头称为价格领袖。这种领袖不是自封的，也不是政府指定的，是在价格竞争中产生的。

由价格领袖发起的价格变动有很大的凝聚力，并且不存在阻碍作用或者不同意见的其他寡头时，就能产生着有效的价格领导。行业中寡头的数量越少，价格领导就越有效。作为价格领袖，它至少应具有以下三种优势中的一种：市场占有份额最大、生产效率最高或者信息最灵通。当年长虹率先在国内掀起彩电价格战，曾占有国内彩电市场的42%，成为当之无愧的价格领袖。它要降价，其他企业只有跟从，谁也无法抵制。

对其他寡头而言，由于无力与价格领袖抗衡，只能接受这一事实。而且价格领袖的存在也并非绝对坏事。价格领袖是根据自己的目标和具体情况定价的，但有时也会有意无意地代表其他寡头的利益。例如，如果一个行业的原料、半成品或其他成本增加了，力量较小的寡头担心失去市场而不敢率先提价。这时价格领袖带头提价实际上反映了其他寡头的愿望。

当然，价格领袖并不是一成不变的。各个寡头的实力在变，市场竞争不会停止。当一个寡头失去自己的领先地位时，自然就失去其价格领袖的地位。在我国的彩电行业，如今长虹已不是价格领袖。在它成功之后的错误决策，如大量收购显像管、企图实现垄断，以及被美国 APEX 公司拖欠高达几十亿元的销售款，使它经营遭遇重重困难。

当各个寡头力量相当，处于相对平衡状态时，常用的定价方法之一是成本加成，这就是各个寡头自己定价，但遵循在平均成本之上再加一个行业平均利润的原则。例如，一台彩电平均成本为 2000 元，行业平均利润率为 10%，即行业平均利润为每台彩电 200 元，价格就是 2200 元。这时，由于各个寡头实力相当，生产率相同，所以各企业的平均成本大体相同——如果谁的生产率高，成本低，就可以发动价格战，争当老大；如果谁的生产率低，成本高，就要被淘汰。而且行业利润率是大家都知道的，所以各企业各自定价的结果，价格基本是相同的。引起价格差的是不同企业的产品差别，但由于在许多行业，产品差别在消费者看来并不特别重要，所以价格差是有限的。

成本加成法作为一种定价方式在其他市场上也得到广泛运用。在垄断竞争市场上，如果一个行业中生产不同差别产品的企业都形成了自己较为稳定的客户，相互之间难以用价格或产品差别来争夺消费者，这时各企业也会运用成本加成法作为基本定价手段。这时竞争相对平静。在垄断市场上，当政府出于社会利益或保护消费者而对垄断企业进行价格管制或实行政府指导价时，所常用的方法之一也是成本加成法，即垄断企业的定价原则是在平均成本的基础之上加一个社会的平均利润率，这种价格既可以保证企业正常经营下去，又可以实现社会目标。如果政府按边际成本原则定价，由于在垄断最常见的成本递减行业中，当平均成本递减时，边际成本小于平均成本，这时价格会更低，企业无法正常经营，只能由政府实行补贴，一些国家的自来水、邮政等行业存在这种情况。

当然，政府实行平均成本加社会平均利润率的定价方法，也不能保证消费者利益不受侵害。第一，政府有关部门无法真正了解企业的成本，如果企业虚报高成本，实际价格就高于成本加成应有的价格了。第二，政府的管制部门难免有腐败行为。如果这些部门的官员与垄断企业勾结起来，定高价，消费者很难发现，也无可奈何。但不管怎样，成本加成法仍然是各国政府限制垄断企业定价的一种常常采用的定价制度。

当然，企业要根据市场供求关系和消费者的购买愿望与能力定价，要考虑与其他企业的竞争关系，不可能任意定价，但在定价问题上企业还是处于主导地位。

现实中有一种比较特殊的情况，即买者与卖者都处于垄断状况。生产者是垄断者，消费者也是垄断者。这时价格就不是在市场的竞争中形成，也不能由生产者企业说了算。在这种情况下，双方采用协商定价的方式，即双方通过谈判来确定价格。在这种谈判中，双方所遵循的原则是成本加成法。例如，生产国防用品往往是垄断企业或寡头，购买这些产品的买主是政府。这时的定价就采用成本加成。双方所谈的主要是哪些项目应算入成本，哪些不能算入，利润加成应该加多少。这种定价方式可以照顾双方的利益，并作为解决冲突的一个原则。

实际上，采用什么定价方式主要取决于竞争与垄断的状况，取决于市场上企业的实力。竞争程度越高，价格越低，越接近于平均成本。垄断程度越高，价格越高，利润越多。企业在定价时要从自己企业的实力出发：当实力不够时，发动价格战无异于自取灭亡，当与其他企业实力相当时要懂得妥协与让步。

微软重要的成功策略——捆绑定价

捆绑定价也叫价格捆绑策略或捆绑价格策略，是指将两种或两种以上的相关产品，捆绑打包，并制定一个合理的价格出售的行为。当你购买文字处理程序 Word 时，同时还必须购买电子表格（Excel）、数据库（Access）和演示文档（PowerPoint）等程序。这是微软重要的成功策略之一——捆绑定价策略。这使得微软成为全球办公软件中绝对的"大哥大"，市场份额高达 90% 以上。

捆绑定价是企业对其市场支配力的充分利用，能够提高企业的利润。在捆绑定价的形式下，由于捆绑定价是将产品作为组合进行销售，生产者可以通过操纵产品组合中不同产品的价格，以实现自己的利润，扩大自己的盈利空间。根据交叉弹性理论，一种产品的需求量和它的互补产品的价格是反方向变化的，捆绑产品的降价能刺激彼此的需求，达到相互促进的效果。例如生产者可以通过降低基本品的价格，提高捆绑产品的销售，以实现垄断利润。对企业而言，捆绑定价将产品组合销售，可以获得销售的规模报酬。

捆绑定价已经成为企业一种常用的销售策略。根据捆绑定价性质，可以将其划分为以下几种形式：

（1）第一种是同质产品捆绑定价。同质产品捆绑定价，按照提供的产品组合不同，又可以把它划分为混合产品组合定价和单一产品组合定价。混合产品组合定价例如航空公司对往返机票的定价；单一产品组合定价例如在酒吧里面啤酒必须成打买卖。

（2）第二种是互补式产品捆绑定价。即捆绑定价的产品在用途上具有互补性。例如饭店将几种不同的菜捆绑成一份套餐进行定价；银行对其提供的一整套不可分的服务进行定价；旅行社对整个旅行线路进行定价。互补式产品的捆绑定价已经越来越广泛，大大突破了传统的产品与产品互补的概念。

（3）第三种是非相关性产品捆绑定价。生产者将他的产品同竞争性的另外一种产品组合。被捆绑的产品不一定是和它一起销售的互补品，而只需要捆绑产品的消费能够给生产者带来有关消费者对基本产品的支付意愿的信息。非相关性产品捆绑定价在一些多元化企业中和一些商场促销活动中表现得比较明显。

捆绑定价能够给企业带来更大的利益，但并非任何产品皆可进行捆绑定价组合，而是需要相应的条件：首先，捆绑定价产品需要具备相当的市场支配力，从而可与竞争产品进行价格差别竞争。微软的办公软件便是如此。其次，捆绑定价产品之间需要一定的关联性。如产品之间在消费对象、销售渠道、品牌影响力等方面相近等。典型的例子是 2004 年，惠普推出购买指定机型，除了装备操作系统外，还会送 JBL 音箱及 Photosmart7268 照片打印机，进行三合一整合捆绑销售。再次，捆绑定价产品的目标顾客要存在重叠性，产品组合是目标消费者所需要的。1996 年，宝马在南非推出一种销售策略，将防盗窃抢劫保险费用与其新推出的车型进行捆绑销售。在保险费用不断提高的情况下，此策略对消费者极具吸引力。

此外，捆绑定价产品要有相似的市场定位。消费者的职业、收入、交易水平等不同，消费习惯和心理也有很大差别。因此，捆绑产品的市场定位至少是相同或者相近的，否则该策略就难以成功。例如奢侈品与劣等品便不能进行捆绑定价。

不过，捆绑定价对消费者的不利之处是显而易见的。具体而言，主要包括：

（1）限制了消费者选择的自由。消费者有权依据效用最大化原则自由选择所需产品的数量和品牌，而采取捆绑定价后，可能造成消费者只希望购买捆绑定价组合中的一件产品而不得不使用其他产品的格局，这种无奈的选择无疑降低了消费者的效用。正如在产品与金融捆绑贷款中，消费者拥有自己的贷款渠道，但是捆绑定价限制了消费者的选择。

（2）增加了消费者总支出。捆绑定价从两个方面增加了消费者的总支出：首先，在捆绑定价中，生产者从产品组合的最大化利润出发，基本品的定价可能低于在捆绑定价被禁止时的价格；但是捆绑产品的价格则高于完全竞争形式下的价格。二者相加，消费者为产品组合的总支出大于在捆绑定价被禁止时的支出。例如 SCM 公司对机器的定价相对较低，但是对机器的互补品的定价却高得多。其次，捆绑定价限制了消费者选择的自由，因此捆绑产品对消费者而言可能就不是自己喜欢的或者所需要的。

捆绑定价利用了企业的市场支配力，正确应用捆绑定价策略可以给企业和消费者都带来社会福利效应的改善。

捆绑定价可以增加企业对低需求消费者的供应。在分开定价的情况下，生产者可能对某些产品只供应高需求的消费者，而不供应低需求消费者。而在捆绑定价的情况下，生产者可以在榨取高需求消费者净剩余的同时，向低需求消费者进行销售，从而在一定条件下可以增加社会总福利。此外，捆绑定价可以降低交易费用。捆绑定价通过产品组合，降低了消费者的搜寻成本，尤其是在基本品和捆绑产品之间互补性非常强的时候，这种交易费用的节省就更加突出；同时，捆绑定价还可以降低消费者的交易费用，通过产品组合，消费者毕竟只通过一次交易就完成了购买。

尾数带 9 的魔力棒——尾数定价

日常生活中，如果仔细观察货架上的价格标签，不难发现，商品的价格极少取整，且多以 8 或 9 结尾。比如，一瓶海飞丝怡神舒爽去屑洗发水标价 22.1 元、一袋绿色鲜豆浆标价 0.8 元、一台 HP 笔记本电脑标价 8999 元……不禁令人不解，如果采取像 22 元、1 元、9000 元这样的整数价格容易让人记住并便于比较，收银台汇总几件商品价格的时候更加便捷也不用找零。

其实这样的定价策略就是尾数定价策略。尾数定价是指利用消费者感觉整数与比它相差很小的带尾数的数字相差很大的心理，将价格故意定成带尾数的数字以吸引消费者购买的策略。目前这种定价策略已被商家广泛应用，从国外的家乐福、沃尔玛到国内的华联、大型百货商场，从生活日用品到家电、汽车都采用尾数定价策略。

西方主流经济学的一个基本假设是，经济活动中的人都是理性人，任何行为都是追求效用最大化。但是现实生活中，消费者并非完全理性，而且很多情况下显得非常不理性，仅仅是价格尾数的微小差别，就能明显影响其购买行为。当人们的行为变得不再理性，这种条件下，将关系到另一门经济学科——行为经济学。据心理学家的研究表明，价格尾数的微小差别，能够明显影响消费者的购买行为。在西方国家，许多零售商利用这一心理特点来为商品定价。在美国市场上，食品零售价格尾数为9的最普遍，尾数为5的价格也很多，其普遍程度仅次于尾数为9的价格。据调查，尾数为9和5的价格共占80%以上。近年来，随着我国经济的发展，许多企业也逐渐运用这一特点为商品定价。

"尾数定价"利用消费者求廉的心理，制定非整数价格，使用户在心理上有一种便宜的感觉，或者是价格尾数取吉利数，从而激起消费者的购买欲望，促进商品销售。

尾数定价为什么会产生这样的特殊效果呢？其原因主要表现在：

（1）便宜。标价99.95元的商品和100.05元的商品，虽然仅差0.1元，但前者给消费者的感觉是还不到"100元"，而后者却使人产生"100多元"的想法，因此前者可以使消费者认为商品价格低、便宜，更令人易于接受。

（2）精确。带有尾数的价格会使消费者认为企业定价是非常认真、精确的，连零头都算得清清楚楚，进而会对商家或企业的产品产生一种信任感。

（3）吉利。由于民族习惯、社会风俗、文化传统和价值观念的影响，某些特殊数字常常会被赋予一些独特的涵义，企业在定价时如果能加以巧用，其产品就会因之而得到消费者的偏爱。例如，"8"字作为价格尾数在我国南方和港澳地区比较流行，人们认为"8"即"发"，有吉祥如意的意味，因此企业经常采用。如果经营者将孕妇内衣定价148元，销售效果就会比定价150元更好。又如"4"及西方国家的"13"，人们视为不吉利，因此企业在定价时应有意识地避开，以免引起消费者对企业产品的反感。

但尾数定价也并不是适宜所有的商家。超市、便利店等以中低收入群体为目标顾客、经营日常用品的商家适合采用尾数定价策略，而以中高收入群体为目标顾客、经营高档消费品的大商场、大百货不适合采用尾数定价法，而应该用声望定价策略。

超市、便利店的市场定位决定其适用尾数定价策略。超市的经营商品以日用品为主，其目标顾客多为工薪阶层。其动机的核心是"便宜"和"低档"。人们进超市买东西，尤其是大超市，如沃尔玛、家乐福、华联多是图价格低廉和品种齐全，而且人们多数是周末去一次把一周所需的日用品购全，这样就给商家在定价方面以一定的灵活性，其中尾数定价策略是应用较广泛而且效果比较好的一种定价法。因为尾数定价不仅意味着给消费者找零，也意味着给消费者更多的优惠，在心理上满足了顾客的需要，即价格低廉，而超市中的商品价格没有特别高的，基本都是千元以下，而且以几十元的居多，因此在超市中的顾客很容易产生冲动性购买，这样就可以扩大销售额。

　　而大型百货商场应以城市中高收入阶层为目标市场。在购物环境、经营范围、特色服务等方面展现自己的个性，力争在目标消费者心中占据"高档名牌商店"的位置，以此来巩固自己的市场位置。大型百货商场应采用声望定价策略。声望定价策略是指利用消费者仰慕名牌商品或名店的声望所产生的某种心理来制定商品的价格。消费者具有崇尚名牌的心理，往往以价格判断产品的质量，认为价高质必优。这种定价策略既补偿了提供优质产品或劳务的企业的必要耗费，也有利于满足不同层次消费需求。

　　据有关资料介绍，我国消费者中有较强经济实力的占16%左右，而且这个比例有扩大的趋势。这些消费者虽然相对比例不大，但其所拥有的财富比例却占了绝大多数，这部分人群消费追求品位，不在乎价格。倘若买5000元的西装他们会很有成就感，而商场偏要采用尾数定价策略，找给他们几枚硬币，就有点不合时宜了。

　　但是，如今尾数定价在商场中过多、过频使用的现象反而会刺激消费者产生逆反心理，如由原来的尾数定价给人定价准确、便宜很多的感觉，变成定价不准确、不便宜，甚至是商家在有意识地利用人们的心理，进而产生对企业价格行为不信任的心理。

　　在我国目前现有的主要零售业态形式中，都可以看到类似的尾数心理价格的影子，不仅包括超市的大量日常用品，而且包括百货商店的服装、家用电器、手机等。如果从价格形式上不加区分地采用技法雷同的尾数价格，必然混淆各种业态之间的经营定位，模糊业态之间的经营特色，不利于商家发挥先进零售业态的优势，实现企业快速发展的目标。

给消费者一点甜头——折扣定价

情人节之际，章先生到花店买玫瑰。正在犹豫，店老板走了过来，说："先生，买花？"

章先生："嗯。这玫瑰能不能便宜点？"

店老板说："要不这样吧，您在我这里办张会员卡，我给您五折优惠。"

章先生："啊？有这个必要么？"

店家惊讶着说："怎么没有啊，谁家红白喜事不送花？难道非要等遇到了才知道买啊？"

章先生想想也对，就办了张卡，买了束花。

这其实就是一种折扣定价,折扣定价是指对基本价格作出一定的让步,直接或间接降低价格,以争取顾客,扩大销量。有人可能会说,折扣不就是降价了吗?价格不是最大的杠杆吗?降价不是有损利润吗?

我们以会员卡这种折扣为例说明。美容业、餐饮业的很多商家都会推出会员卡,就是折扣销售。比如,你到一个中档的美发连锁店,做一次面部保养,要168元,如果买卡了,给你打5折,就只有84元了。而办一张卡,最低的面值也要2000元,2000元的卡可能只能打8折,你要想打到5折甚至更多,至少要买面值5000元的卡。

客户买了大面值的卡,都存在你的账下,面值越大,和你绑得越牢,这样,你的赚钱模式就发生了改变:大客户进来,消费数量多,容易产生规模化;拴住客户持续消费,不会再转投别处。营销上有句名言:开发一个新客户,是服务老客户成本的5倍。所以,这样减少了大量的营销成本、开发成本;买了会员卡的消费者,不是每个都能消费完。有调查显示,30%的消费者都做不到在期限内将卡额消费完。

我们注意到一种现象,北京兴起的"上品折扣风"一直没有降温,诸多追赶时尚的青年,都不再去当代、双安等消费过于昂贵的地方,而转战"上品折扣"。因为,这里同样是名牌商品,同样是质量上乘,却有着绝大多数五折以下的折扣。仅这一点,就吸引了无数男女的眼球。在这里,既能买到名牌商品,又能省下不少的钱,非常划算。

由此可见,折扣定价对消费者具有相当大的吸引力。因此,商家有必要了解一些折扣定价的相关知识。折扣一般分为直接折扣与间接折扣。直接折扣的形式有数量折扣、现金折扣、功能折扣、季节折扣,间接折扣的形式有回扣和津贴。

(1)数量折扣。指按购买数量的多少,分别给予不同的折扣,购买数量愈多,折扣愈大。其目的是鼓励大量购买,或集中向本企业购买。数量折扣包括累计数量折扣和一次性数量折扣两种形式。累计数量折扣规定顾客在一定时间内,购买商品若达到一定数量或金额,则按其总量给予一定折扣,其目的是鼓励顾客经常向本企业购买,成为可信赖的长期客户。一次性数量折扣规定一次购买某种产品达到一定数量或购买多种产品达到一定金额,则给予折扣优惠,其目的是鼓励顾客大批量购买,促进产品多销、快销。

数量折扣的促销作用非常明显,企业因单位产品利润减少而产生的损失完全可以从销量的增加中得到补偿。此外,销售速度的加快,使企业资金周转次数增加,流通费用下降,产品成本降低,从而导致企业总盈利水平上升。

(2)现金折扣。指对在规定的时间内提前付款或用现金付款者所给予的一种价格折扣,其目的是鼓励顾客尽早付款,加速资金周转,降低销售费用,减少财务风险。采用现金折扣一般要考虑三个因素:折扣比例;给予折扣的时间限制;付清全部货款的期限。在西方国家,典型的付款期限折扣是,在成交后20天内付款,买者可以得到3%的折扣,超过20天,在60天内付款不予折扣,超过60天付款要加付利息。

（3）功能折扣。中间商在产品分销过程中所处的环节不同，其所承担的功能、责任和风险也不同，企业据此给予不同的折扣称为功能折扣。对功能折扣的比例，主要考虑中间商在分销渠道中的地位、对生产企业产品销售的重要性、购买批量、完成的促销功能、承担的风险、服务水平、履行的商业责任，以及产品在分销中所经历的层次和在市场上的最终售价等等。功能折扣的结果是形成购销差价和批零差价。

（4）季节折扣。有些商品的生产是连续的，而其消费却具有明显的季节性。为了调节供需矛盾，这些商品的生产企业便采用季节折扣的方式，对在淡季购买商品的顾客给予一定的优惠，使企业的生产和销售在一年四季能保持相对稳定。例如，啤酒生产厂家对在冬季进货的商业单位给予大幅度让利，羽绒服生产企业则为夏季购买其产品的客户提供折扣。

（5）回扣和津贴。回扣是间接折扣的一种形式，它是指购买者在按价格目录将货款全部付给销售者以后，销售者再按一定比例将货款的一部分返还给购买者。津贴是企业对特定顾客以特定形式所给予的价格补贴或其他补贴。比如，当中间商为企业产品提供了包括刊登地方性广告、设置样品陈列窗等在内的各种促销活动时，生产企业给予中间商一定数额的资助或补贴。又如，对于进入成熟期的消费者，开展以旧换新业务，将旧货折算成一定的价格，在新产品的价格中扣除，顾客只支付余额，以刺激消费需求，促进产品的更新换代，扩大新一代产品的销售。这也是一种津贴的形式。

上述各种折扣价格策略增强了企业定价的灵活性，对于提高厂商收益和利润具有重要作用。但在使用折扣定价策略时，必须注意国家的法律限制，以保证对所有顾客使用同一标准。

第五章 企业管理

优秀的管理就是生产力——企业管理

企业为实现经营目标，依照现代管理的原则、程序和方法，对生产经营活动进行计划、组织和控制的过程就是企业管理。只有依靠优秀的管理水平，才可能使企业的运转效率达到最优。

时至今日，现代企业的发展日新月异。在企业内部，它们有着精细的分工和紧密的协作，普遍利用了先进技术，如一条大型汽车流水线需要成百上千名工人有条不紊地工作，在企业外部，则是复杂多变的竞争环境，如新产品、价格战……层出不穷。所有这一切，都需要企业具有很高的管理水平。

如今，我国的企业正面临着国际市场的竞争，尤其需要先进的管理水平作为组织保证，以便及时调整生产经营，适应外部环境变化，在激烈的市场竞争中获胜。了解外国企业的管理风格，并和自己进行对比，是很有益处，也很有必要的。需要指出的是，一个国家的企业管理特色，往往与这个国家的民族文化密不可分。我们以美国、德国、日本为例加以说明。

· 美国企业管理特色：个人激励 + 实用

"世界上最重要的工业生产国"和"多样性的移民国家"，这就是美国的两大特点。美国社会崇尚个人奋斗，与之相应，企业里面也是注重个人主义。强烈的个人奋斗精神与管理创新结合起来，促成了美国企业的管理模式："激励"+"实用性绩效"。

在美国人的心目中，在市场当中白手起家的人也是英雄。汽车大王福特、石油界的洛克菲勒、微软的盖茨……都有着浓烈的美国式个人主义。由此，美国的企业管理注重实用和务实，任何一项技术或者措施能否被企业采纳，关键即看其是否具备"实用"和"效用"。所以美国人在家里就可以上班，原因就在于只要能够完成职责，企业就不会特别在意形式。当然，这种看似"松散"的个人主义管理，对员工其实也是一种很好的激励，因为它为美国式的个人奋斗、个人创新提供了很大的空间，而最终的绩效考核就是看其实用性如何。

·德国企业管理特色：核心技术＋严谨质量

德国民族稳重诚实，事无巨细都体现出"认真"二字。毛泽东说过，"世界上怕就怕'认真'二字"，而德国人的认真已经深入脊髓。这种性格同样体现到企业管理上来，德国企业的工作非常严谨，产品质量完全可信。

强烈的质量意识早已成为德国企业文化的核心内容。西门子公司的经营理念是"两个胜利"，即"以新取胜"和"以质取胜"，千方百计提高员工的质量意识。在中国各地设立的西门子分公司，每年会选择一批人去德国，在公司自己的培训学校深造，为期两年，结业后颁发证书，获"德国技师"称号，而其高昂费用全由公司支付。当然，附加条件也是有的，那就是受培训者必须为本公司服务 8 年才可离开。德国企业的技术研发也有其独到之处，体现在"集中优势兵力"，他们在有限领域深入研究，从而具有非凡的独创性。

·日本企业管理特色：团队＋培训

日本岛狭人多，资源匮乏，曾被认为"除了阳光和水，什么都没有"。然而这也培养了日本人强烈的团队意识。日本企业是以整体取胜，企业组织呈现出一种整体默契配合的状态，从而使得整个组织运转的效率达到最高。日本企业实施"全面质量管理"，"人人都是主人翁"，每个员工都参与到所有工作环节的改进和提高中来。与美国人相反，日本企业非常讲究整体，不突出个人作用。"为大家舍小家，为整体舍个体"，这是日本社会的价值观，也是日本企业最核心的企业文化。

日本企业也很重视员工培训。一般在面试时，并不看重个人的具体技能，而是强调基本素质。员工在进入企业后，只要表现得到肯定，一般都会有接受培训的机会，而且，当有一个新的工作岗位或者提拔机会的时候，公司会尽量使用接受过培训的员工。

与上述国家相比，我们的企业管理呈现出什么样的特色呢？这仍然要结合我国的传统文化加以说明。

我国的历史文化博大精深，是取之不尽、用之不竭的宝贵资源。在我国的传统哲学中，儒家思想对世人的影响最为深刻。与之相应，我国企业一向崇尚中庸、和谐，关注企业人、事之间的互动联系，以和为贵，注重职工、股东、顾客以及社会大众之间的关系融洽。在我国的企业里，处理好人际关系是一项非常重要的内容，像那种具有很强的能力，但却会带来冲突的员工，在企业组织里往往难以得到重用，有干劲却缺乏冷静的人也往往如此。与西方企业相比，我国企业更热衷于追求平衡，强调不偏不倚，而西方则一贯追求自我，强调个人价值的实现；我国企业在管理上更侧重于"感性、亲情"，而西方企业更侧重于"理性、规则"；我国的企业多讲"人际"，而西方企业更多侧重于"工作"。

那么，我国企业在借鉴外国企业管理经验的时候，应该注意什么事项呢？首要之处，就是在学习国外的先进经验的同时，一定要结合本民族、本企业的文化特征，从而形成自己的管理特色。外国特别是发达国家的先进管理方法，有的可以直接为我所用，这有利于我们节省成本，少走弯路。同时也要看到，各个国家的企业管理是具有其民族特色的，如果生搬硬套美国或日本等国的管理经验，就有可能在企业组织中造成冲突和混乱。我国企业一定要在吸取优秀企业管理优点的基础上，结合企业现实，兼容并蓄，建立起独具特色的、具有竞争力的管理模式。

分槽喂马的用人策略——人力资源管理

对于企业而言，人才能够适应企业发展，完成企业目标，为企业带来效益。对人才重视与否在很大程度上决定了企业的前途。专家认为，对于企业的发展而言，企业效率、企业文化和管理者的素质固然重要，但相比之下，人力资源管理却显得更为关键。

人力资源管理，是指为了完成管理工作中涉及人事方面的任务所需要的各种技能，它包括：工作分析，制订人力需求计划，人员招募、培训及开发，薪酬管理，福利管理，绩效评估和沟通等。一般说来，人力资源的发展经历了人事管理、人力资源管理以及现在新兴起的人力资本管理。但不论名称有何不同，其关键都在于企业对待职员的理念的变化发展。

调查表明，那些陷入困境甚至破产的企业，多数都在人力资源管理上存在这样或那样的问题和缺陷。它们大体可作如下分类：

（1）人力资源管理滞后于企业发展。有些企业已经上了规模、提了档次，人力资源管理的水平还在原地徘徊，甚至停留在"劳资管理"的原始阶段。

（2）激励手段缺乏创新。普遍依赖薪酬作用，而其效力却越来越弱，往往造成员工对于金钱的忠诚大过对于企业的忠诚。

（3）用人机制虽然灵活，却缺乏系统性建设，员工职业发展缺乏规划，对企业的信任度减弱。

（4）急功近利使用人才，却未将人才作为一种资源进行规划，不会开发，或者不愿开发。

"商场如战场"，一个人力资源管理水平低下的企业，可想而知会有怎样的战斗力。一个企业由最初的几个人做起，由小到大，最后发展为拥有几千人的规模。然而，一旦人力资源管理跟不上企业的发展，成为企业管理的短板，企业整体运作效率便随之降低，数千名职员逐渐沦为一盘散沙，偌大的企业在经历辉煌之后很快就轰然倒塌，而员工们"树倒猢狲散"。优秀企业一夜崩塌的例子，在现实当中并不鲜见。

加强人力资源管理，对于企业来说，永远是重中之重。世界著名的运动品牌公司耐克，其上海联络处的人力资源经理曾经直截了当地对人们说，当大部分企业都强调招聘是"招最合适的人"时，耐克的招聘却是"招最优秀的人"，并且要用品牌魅力来吸引住他们。耐克提供的薪酬一般都高于同行业的平均水平，但是耐克更注重为优秀的人才提供优秀的企业文化和工作环境，让他们把有限的精力投入到专做实事、提升自我上来。在耐克，没有太多的留才政策，却自然而然地"锁住"了员工。一直以来，耐克的员工流失率非常低，很多员工在耐克工作长达十几、二十几年之久。耐克的做法与许多企业急功近利，招募人才时追求短期效益，恨不得拿来就能创收的行为形成鲜明对照。

薪酬是企业对员工进行激励的一个重要手段，但是，单纯依赖薪酬，而放弃对人才资源的长远开发，必将造成员工对企业忠诚度的下降。世界500强之一，法国化妆品牌"欧莱雅"就绝不仅仅依靠金钱的激励作用。除了优厚的薪资福利、股权认购、年终分红和利润共享的激励策略外，欧莱雅以灵活机动的晋升机制吸引着全球各地的人才，长久地保持着朝气与活力。对于表现优秀的员工，欧莱雅毫无疑问将优先为其提供职位晋升的机会。欧莱雅有着众多的事业部以及各种产品线，当某个职位出现空缺时，欧莱雅会优先考虑留给公司内部表现突出的人。同时欧莱雅还为优秀经理人提供赴巴黎总部进行培训的机会。经理人不仅仅是将它看作去学习某项技能，而是上升为一种荣誉。欧莱雅对于人才长久的开发与培养，使得员工对公司有着极高的忠诚度。

那么，对于一个企业来说，又该如何提高人力资源管理的水平呢？这需要从以下几个方面着手：

第一，提高对人力资源管理的认识，促进人力资源管理从劳资管理、人事管理向人力资源管理、人力资本管理转变，这是一个观念的根本变革。

第二，建立人力资源管理体系，促进人力资源战略管理与企业战略管理方向相一致。

第三，建立科学的绩效管理制度，有效管理员工绩效，促进企业目标的实现。

第四，对员工职业发展进行统一规划，建立培训体系。

随着经济的不断高速发展，经营者已经越来越明确这样一种观点：在一切资源中，人力资源是现代管理的核心。在今天，企业要想求得长远发展，就必须采用现代化的科学方法，对人力资源进行有效的协调、控制与管理，充分发挥人的主观能动性，使人尽其才，人事相宜，以达到企业的发展目标。而且从长远看，不断提高人力资源开发与管理的水平，将会更有利于企业的长久发展。

怎样才能激发企业发展的活力——效率与产权明晰

在中世纪英国，草地是所有村民共同拥有的，每个人都有同样的使用权。每个人都尽量多地在草地上放羊，放的羊越多，自己的收入越多。但没有一个人想对土地进行维护，因为自己花费时间与资金维护草地，好处由所有人享受，自己无法独自占有。放牧的羊太多，又没有人维护，草地终于荒芜了。

打破这种现象的是"圈地运动"。16世纪以后，英国的工商业迅速发展，对羊毛的需求急剧增加，价格上涨。但这种公有地制度的存在限制了养羊业的发展，于是一些有权的新兴资产阶级贵族用暴力把公有土地变成自己私人的土地。"圈地运动"引起许多农民流离失所，被称为"羊吃人的时代"。但私有产权的建立迅速提高了牧场的效率，使英国成为世界上第一个工业化国家。产权的变革成为英国市场经济的起点。

为什么把原来的公有牧场变为私人牧场就提高了效率，成为市场经济的起点呢？这是因为产权是排他地占有、使用某种资产并取得收益的权利。一个完整的产权应该包括四种权利。占有权，即排他地拥有某种产权。这就表明产权的所有者是明确的主体（自然人或法人），它对财产的占有是排他性的。使用权，即可以在法律允许的范围之内使用属于他的资产。这就表明产权的所有者可以独立地作出使用资产的决策，决定自己的资源配置。转让权，即可以自由地买卖资产的权利。转让资产也是使用资产的一种形式，因此也可以把转让权作为使用权的延伸。受益权，即有权获得占有与使用资产带来的利益。受益权是双重的，既要享受正确使用资产带来的利益，也要承担错误使用资产带来的损失。

这四种权利统一在一个所有者身上，即某种财产有一个明确的所有者，就称为产权明晰。这个所有者应该是具体的自然人，而不能是一个抽象的整体。英国中世纪的公有地就属于产权不明晰。整个村子的所有人都是共同的所有者，占有权不具有排他性。使用权和转让权也属于所有人，由于达成一致意见的谈判成本太高，改变为更有效的用处或转让都无法实现，每个人都有从草地获得收入的权利，但没有人对草地负责任。这就是在产权不明晰时没有效率的原因。

产权明晰为什么有效率呢？我们把产权作为效率的基础就在于，产权明晰解决了有效使用资源的两个关键问题。

一是实现了使用财产的权责利一致。所有者有权决定财产的使用（权），获得并享受这种使用而得到的利益（利），同时就承担了使用不当的损失的责任（责）。当这三种权利集中于所有者一人时，他的利益与财产的使用密切相关，这就激励他把财产用于最有效的用途，并努力实现财产给他带来的利益，避免使用失误带来的损失。换言之，人趋利避害的本性引导他把财产用于最有效的用途。

二是保证了财产在转让中流动到最有效地使用它的人手中。财产是在使用和流动中增值的。假设，有人有一家饭店，每年可盈利100万元，按现值法评估，假设利率为10%，则该饭店价值为1000万元。如果另一个人认为，自己经营可以使这家饭店每年盈利200万元，该饭店就价值2000万元。如果这两个人经过谈判自愿按1500万元的价格进行转让，饭店由第二个人所有并经营，就由1000万元增值为2000万元。这家饭店的使用更有效率了。这种自愿的交易是双赢的，对第一个人来说，价值1000万元的饭店卖了1500万元，获利500万元，对第二个人来说，价值2000

万元的饭店只用了 1500 万元就买到了，获利 500 万元。双方的利就来自饭店更有效使用的增值。产权中的转让权及各人使用财产的效率不同引起财产流动，流动的最后结果是财产被使用效率最高的人所拥有。

圈地运动使牧场有了明确的所有者，他对草地的权责利一致，同时也可以卖给更有效率的人，草地的使用效率就提高了。这正说明了产权明晰是市场化的中心问题。

无论对于一个社会，还是一个企业，产权明晰都是效率的基础，我们判断一种产权，不是从伦理的角度，说它"好"还是"不好"，而是从效率的角度说它"有效率"还是"无效率"。产权是实现效率的工具。工具无所谓好坏，只在于能否实现目的。

在产权明晰时，所有者可以作出使用自己所拥有资源的决策（这是他的权利），获得由这种使用资源的决策带来的利益（这是他的利益），承担这种决策带来的财产损失（这是他的责任）。这三者的统一激励他最有效地使用资源，这就保证了效率。

明晰的产权是有效激励机制和交易的基础，正是在这种意义上，明晰的产权是企业效率的基础。计划经济下的国有企业之所以无效率就是因为产权不明晰。国有企业名义上属于全民所有，实际上没有一个明确的所有者，其真正的所有者与使用者是政府，各级政府官员决定这些资产的使用。使用者的利益与使用的效率没有直接关系——既不能从有效的使用中获得利益，也不用承担无效使用的责任。真正的所有者（全民）无法激励和制约使用者（政府官员），即缺乏一套有效激励机制。同时，企业属于同一个所有者（全民或国家），也不存在提高效率的产权交易。

产权不明晰同样存在于民营企业之中。许多采用家族制的民营企业同样受产权不明晰之苦。民营企业在发展之初采用家族制是有效的，但当它发展到一定程度之后，家族制就成为企业做大做强的障碍。像希望集团这样的民营企业都是在解决产权问题后才走向成功的。发达国家的市场经济是以私人经济为主体的。产权理论正产生于这个经济背景。这说明民营经济同样存在产权明晰的问题。

产权明晰并不是包治企业百病的灵丹妙药，并不是说只要产权明晰就有效率。但实现产权明晰是企业解决各种问题并提高效率的基础。正因为如此，企业家都应该重视产权问题。

把企业无限做大——股份制

股份制企业不由一个人所有，而由若干股东共同所有，所以股份制被称为社会所有制，但它完全不同于无主所有、产权不明晰的公有制。无论其股东有多少，其产权是明晰的，有明确的所有者。

股份制的所有者不是一个人，而是有许多人，从而就可以集无数人的财力把企业无限做大。从法律上来说，股份制企业的所有者（股东）并不承担无限责任，而是承担有限责任，即其责任以其最初所购买的股份为限。例如，一个股份制企业破产了，欠债1000万元，一个在这个企业购买了100股的股东，如果每股100元，共投入1万元，他的损失最多就是这1万元，企业其他的债务与他无关。这就使股东的投资风险是有限的、可控的，为许多互不认识的人合作办大企业，从事风险投资创造了条件。

早在十六七世纪市场经济在欧洲出现时，从事对外贸易这种高风险行业的企业就采取了共担风险、分享利润的股份制形式。当十八九世纪企业规模不断扩大时，股份制又成为大企业首选的形式。在今天，股份制已成为市场经济企业最主要的产权形式。股份制之所以能得到如此广泛运用，是因为它具有其他产权形式所没有的优点。

每个股东并不是平等的，股东所拥有的股权界定了其权责利。每个股东有多少股权就有多少权利。这就是说，股份制企业股东大会实行一股一票制。在股东大会上，投票权决定了其权利。与权利相对应，有多少股权也就承担了多少责任。股东通过分红获得利益，分红的多少也由股权多少决定。同时，每个股东对自己的股权拥有完全处置权，可以在市场上自由买卖。股权的自由买卖就是产权的转让。正是在这种转让过程中，股份制企业由经营效率最高的人控制，这就使资源流入使用最有效的人手中。总之，产权明晰带来效率的权责利一致和转让在股份制中完全实现了。

谁都承认股份制是一种最有效的产权形式，但在现实中，许多股份制企业徒有其名而无其实，并没有实现产权带来的效率。那么，股份制如何才有效率呢？

首先，股权应该多元化，一股独大或一股独占并不是真正的股份制。股份制是一种社会所有制，它以出售股票的形式向社会筹资，每个人都可以购买股票，成为共同的所有者之一。股份制企业正是靠许多人的参与，而得以筹集大量资本，共担风险、共享利益，把企业无限做大。购买股票不受个人拥有的资金量限制，钱少少买，钱多多买，钱少钱多都可以成为股东。这就有利于把社会上的资金筹集起来用于投资。股份制企业是开放企业，就是指它向社会每个成员开放，每个人都可以购买股票成为股东。这样，它的股权必然是多元化的。而且股权的多元化也是效率的来源。购买了股票的人有权参加股东大会"用手表决"，也可以在市场上出卖股票"用脚表决"，这就迫使企业经营者为吸引更多人成为股东而提高效率。

其次，股权应该相对集中。股份制企业中的权责利是由股权决定的，如果每个股东的股权都相同，这又会引起合伙制中合伙人之间权利平等的弊病。有许多股权平等的人，其决策肯定困难而难以统一，股东之间的协调费用肯定大于股份制带来的效率。而且在股权分散的情况下，如果每个股东都是小股东，很难作为所有者对企业负责。一方面，小股东对企业决策的发言权几乎微不足道；另一方面，他的利益也很小，把时间和精力用于自己利益甚小的决策也是非理性的。如果股份制企业的股东都是这种小股东，就很难实现所有者对企业的最终决策权和控制权，起不到所有者应有的作用，成为事实上的无主所有。在这种情况下，企业就会被并非所有者的经营者，即通常所说的"内部人"控制。企业经营者与所有者的利益并不一致。

所有者的利益是企业资产的增值及分红最大化，经营者的利益是自己短期收入与权力的最大化。经营者按自己的目标来经营企业会损害所有者的利益，从而损害效率。

为了避免股份制企业的无主所有、内部人控制，使所有者真正实现自己的权力，起到提高效率的作用，在众多股东中必须有相对控股的大股东。这里所强调的控股不是控制51%股权以上的绝对控股，而是相对控股，即相对于许多小股东而言，他的股权相对大，大到多少，取决于股权分散的情况。一般而言，股权越分散，相对控股所需要的股份就越少。在现代市场经济中，许多大公司的股东有几百万，甚至上千万之多。在这种情况下，也许只有5%~6%的股权就可以实现相对控股。相对控股对提高股份制企业的效率至关重要。一方面，相对控股的股东可以作为所有者的代表实现对企业的控制，避免内部人控制，以及由此引发的各种问题；另一方面，只有较少的股份就可以控制一个企业，使股份制企业可以轻而易举地在股权的转让中流到最有效地运用资源的人手中。希望控制一个企业的人可以通过在股市上购买该公司股票而成为相对控股者，这称为接管。接管作为一种压力，还可以迫使原来的相对控股者提高资源使用的效率。股份制企业正是在接管与反接管的斗争中提高了效率。

最后，股份制企业应该实现所有权与经营权分离。股份制企业是大型或特大型企业，其管理和协调比中小企业复杂得多。它要靠一个团队进行科学化、专业化管理。所有者并不一定都具有这种管理和协调能力。因此，实现所有权和经营权分离就成为必然。这种两权分离是所有股份制企业的共同特点，也是高效率的来源之一。

在两权分离的情况下，所有者作出企业的重大决策，体现了所有者的意志，代表了所有者的权力。但所有者并不从事日常的经营管理工作。由一个所有者任命的管理团队，按所有者的决策来进行管理。经营者是职业经理人，有丰富的经营管理专业知识和经验，可以保证企业有效运行。所有权和经营权分离是一种社会分工，所有者出钱，经营者出力，把所有者的金钱和经营者的能力结合在一起，实现了社会资源的最优组合。

可以说，股份制是私有制长期演变的结果，它适应了现代市场经济的需要。如果遵守股份制，股份制将会真正体现效率！

激励员工努力工作的武器——效率工资

汽车大王亨利·福特对企业经营有一套自己的方法。20世纪初的美国，企业最大的问题之一是工人怠工现象严重。尽管有工头在监工，而且处罚严重，一旦发现怠工马上开除。但工人多，工头少，工人怠工的手段千奇百怪，总是防不胜防。这时，福特发明了自动流水装配线。这种新生产工艺，无疑可以大大降低成本，提高效率。但如果工人仍然怠工，自动流水装配线不能正常运行，提高效率也是不可能的事。福特绞尽脑汁想找出一种消除工人怠工的方法。监督是难以奏效的，为什么不换一个角度让工人自己不愿怠工呢？于是福特在1914年宣布，把福特汽车公司工人每天的工资由2.34美元提高到5美元。

2.34美元是当时汽车工人的市场工资，即由劳动市场上供求关系自发决定的工资水平。在这种工资水平时，企业可以雇用到自己需要的工人，工人可以找到工作。5美元高于市场工资，称为效率工资，意思是这种高工资能够带来更高的效率。

效率工资如何能带来高效率呢？

首先，这种工资能吸引最好的工人。在实行2.34美元的市场工资时，可以招到所需要的工人数量，但不能保证工人的质量。市场上汽车工人的素质并不一样，对工资的最低要求也不同。职业道德好、技术水平高、身体强壮的工人要求的最低工资要高一些，比如说，每天4美元；职业道德差、技术水平低、身体不强壮的工人要求的最低工资低，比如说每天2美元。当实行每天2.34美元的工资标准时，素质好的工人不来应聘，来的都是素质差的工人。但在实行每天5美元的工资标准时，素质好与不好的工人都会来应聘。只要用一个简单的测试，就可以把好工人留下。福特公司采用这种效率工资的确吸引了全国各地优秀的汽车工人来应聘。这样，整个工人的素质就大大提高了。

其次，实行效率工资时，工人自动消除了怠工。工人是理性人，是否怠工同样取决于成本与收益。在每天2.34美元的工资时，尽管怠工被发现有被开除的风险，但开除并不可怕，无非是换一家工厂，再找份同样工资水平的工作而已。开除对工人来说成本几乎为零，工作时休闲的收益大于成本，怠工自然是有市场。在这种情况下，工头再多，处罚再严也是没有作用的。当监督不能成为一种有用的威胁手段时，监督就没用了。但福特公司支付每天5美元的工资时，如果被这家公司开除，在其他企业就找不到工资如此之高的工作，这时怠工被开除的风险成本就增加了，理性的经济人当然就不会怠工，并积极工作以能保持这个金饭碗。

最后，减少了工人的流动性。一般，新进厂的工人需要一些必要的培训，以适应本企业的生产特点。培训是有成本的，工人流动性大，增加了培训成本，尤其是一些熟练工人的离去对企业的损失更大。但市场经济中，工人有自由流动的权力。工人很可能由于各种原因而流动，例如家搬到了离企业远的地方，与工头或其他同事关系不和谐，或者仅仅是工资比较低。当实行市场平均工资时，工人的流动性相当大，反正各个企业工资一样多，在哪里工作，收入也没什么差别，工人考虑的是其他因素。但当实行效率工资时，流动会使自己失去获得高工资的机会，流动性就大大降低了。

效率工资使福特公司工人的素质大大提高，工作勤奋而流动性小。在这种条件下，自动流水装配线充分发挥出效率，汽车成本大大下降，价格下降，从而进入家庭，成为经济中一个主要的行业。

在现代市场经济中，效率工资同样有意义。外企能招到最好的员工，而且效率高，正在于他们支付高于一般工资水平的高工资。东南沿海所谓"民工荒"并不是劳动力供给短缺，而是工资太低。我国有 3／4 以上的农民，越来越多的农民工正在进入城市转变为产业工人。在相当长一段时间内劳动力不会短缺。许多企业招不到工人，不是市场上劳动供给少，而是企业支付的工资太低。

不过在运用效率工资时，要注意以下几点：

一是效率工资针对的是普通工人。用监督惩罚的那种方法对待企业的普通劳动者，吃亏的最终是企业自己。给工人高工资其实是双赢的，当年的亨利·福特如此，今天按这个原则办的任何人都如此。依靠压低工人工资降低成本来进行价格竞争，仅仅是企业刚刚开始起步时不得不采用的方法。如果不通过提高工资、提高工人技术水平和提高效率来发展，企业的低成本之路不会走得长远，因为任何优秀的工人也不会会拿着低工资在这个企业一直工作下去。

二是效率工资是相对而言的。如果企业随整个社会工资水平提高而提高工资水平，并不是效率工资。效率工资是相对高于本地区、本行业市场工资的工资水平。要维持这种工资水平必须以工资换效率为前提。

三是效率工资不仅指名义工资水平，还包括其他福利及工作条件。比如，尽管你与本地区、本行业的工资水平一样，但如果给员工的福利更好，工作条件更优越，或者向员工提供培训与学习的机会，都可以作为实现效率工资的方式。要把工资理解为广义的收入和工作条件，不要仅仅理解为货币工资。

实际上，实行效率工资对企业和员工来说是一种合作双赢的博弈：员工获得了更多的收入，从而激发了更高的工作热情，而企业也获得了永续发展的动力。

晋商票号的身股制——分享制

《乔家大院》是一部反映晋商的电视剧。晋商中有一个人叫雷履泰，他创办的票号"日升昌"以"汇通天下"而著称于世。"日升昌"年汇兑白银 100 万～3800 万两，历经 100 余年，累计创收白银 1500 万两。清朝道光年间，晋商以票号业开始迈向事业的顶峰。从 1823 年"日升昌"诞生到辛亥革命后票号衰落的近百年期间，票号经手汇兑的银两达十几亿两，其间没有发生过内部人卷款逃跑、贪污等事件。

这种奇迹的发生得益于晋商票号的分享制，晋商票号中员工的待遇相当好。一是实行供给制，所有员工吃住都在票号内，本地员工节假日可回家，驻外员工也有不同的假期。在票号内的吃住以及回家旅费都由票号承担。此外是每个员工的收入，包括两方面，一是每年养家用的工资，出徒之后就可享有，一般为 70 两左右；二是分工，这就是票号中独具特色的身股制。

票号实行股份制，东家所出的资本称为"银股"。拥有银股者是票号的所有者，他们决定大掌柜的任用，并承担经营的全部风险。经营者拥有的是"身股"，这种股不用出钱，当员工工作一定时间后，就可以开始享有。

按身股制，票号的员工可以分到多少钱？据资料记载，在每个账期（4年）内，高者可达到1700两银子，低者也有200~300两银子。如大掌柜有10厘身股，每4年可以分到10000两银子左右。

身股制可以说是创造票号辉煌的动力所在。身股是分红的标准，这种激励机制针对所有员工，其作用是把所有员工的个人利益与企业的整体利益联系在一起，让员工树立一种"企业兴、员工富"的观念，从而为企业的整体兴旺而奋斗。这种分享制不同于平均主义的大锅饭，每个人分红的多少取决于对企业的贡献。职务不同，承担的工作不同，责任不同，贡献也不同，体现了按业绩分配的激励原则。

其实，员工持股又称为员工配股计划，是一种常见的激励方式。其目的就是让员工在观念上改变身份，并通过股份分红或股票增值来分享企业成长所带来的好处。当员工持有股份时，他们的身份就变了。企业的兴衰不仅决定他们的收入，还决定他们手中股票的价值。作为员工时，他们仅仅是作为雇员为企业工作，领取工资，不满意或另有高就可以随时离开，员工对企业的关心度要低得多。当员工成为股东时，企业就是他们的事业。因此，对员工而言，持股是一种有效的激励。

身股制是分享制的一种形式。分享制就是全员参与分红，身股是分红的标准。这种激励机制针对的是所有员工。"二战"后，日本企业普遍采用了这种分享制。这是日本企业成为世界上效率最高的企业的重要原因之一，也对日本经济振兴作出了贡献。

这种管理模式有很多优点。员工积极性高、责任心强。因为如果增加了用工成本，影响了工作效率，就会影响收入分配。传统的员工分享制度是年终企业给雇员分红，现代分享制度除了分红之外，还包括雇员有权购买企业的股票，拥有企业股权，甚至还有的雇主向雇员提供虚拟的股份，被称之为"幻影股份计划"，其目的是激励雇员创造最佳工作业绩。

当然，员工分享制的成功与否还取决于环境，应该从企业实际出发。

企业家在企业发展中的作用——企业人治与法治

中国的企业，往往都是"其兴也勃，其亡也忽"，这似乎成了中国企业界一道"亮丽的风景线"。

新疆的德隆，在不到20年的时间内，白手起家，最辉煌时资产达1200亿元，但庞大的德隆又在瞬间倒了下去。德隆是股份制企业，但它的兴亡却是由于一个人，德隆集团"兴也唐万新，亡也唐万新"。唐万新的胆识、魄力和超人的能力造就了德隆的辉煌，但他个性中的独断独行的作风也导致了德隆的失败。这样大的公司在近20年中居然只开了一次董事会，一切都由唐万新一人说了算。这样由一个人说了算的企业，岂有不垮之理？看来仅仅实现了股份制还是不行的。企业要成功必须从人治走向法治。

　　现代化的国家要由人治走向法治，现代化的企业也要走这条路。什么是企业的人治与法治呢？

　　人治企业是一个人说了算的企业，或者说是由一个人专制的企业。这个人也许是企业的所有者，也许是被授权的经营者。他大权在握，可以不受任何制约地作出企业的决策，并亲自控制企业的运行。这种企业也会有制度，但制度体现了专制者的意志，是制约别人而不制约自己的。这种企业也许有董事会，有各种打印成册的制度，但这一切形同虚设。决策出自一人，几乎大小事都由一个人说了算。这个人甚至会成为高居于企业之上的"神"。他的"语录"作为最高指示。他的思想、观念、个性体现在企业的各个方面，个人成了企业的化身。

　　法治企业是按一套早已制定出的制度来决策和运行的企业。制度是这个企业的根本。这种企业也需要一个精明强干的 CEO，而且起着至关重要的作用。但他的权力不是绝对的、无限的。他的权力是制度赋予的，而且要受制度的制约，他是在制度的框架内发挥自己的作用。在制度面前，他是人而不是神，他没有超越制度的权力，在制度面前，他和其他人同样平等。在这样的企业中，包括 CEO 在内的所有人都按制度的安排发挥自己的作用。把企业比做一部机器，每个人都是这部机器上的一个零件，无非 CEO 这个零件更为重要，但再重要也不能决定这部机器的运行。制度保证他的作用得以充分发挥，但也能有效地制止他的错误。作为企业领导者，无论他是所有者，还是被授权的经营者，他可能犯错误，也可能离去，但并不影响企业的兴衰。

　　人治企业与法治企业发展的结果是完全不同的。人治企业完全取决于个人，这个人可以使企业兴旺，甚至可以说，没有这个人就没有企业的成功。但由于没有任何制度可以制约这个人，他的失误也会使企业失败。在这种企业中，个人的能力和见解是企业发展的界限。这个人正确，企业发展；这个人犯错误，企业失败。企业的兴亡系于一人之身。

　　法治企业依靠的不是一个人，而是一套制度。制度可以保证个人更好地发挥自己的作用，同时可以纠正个人的错误。作为企业的领导人，可以犯错误、退出或死亡，但企业却可以依靠一套有效的制度而基业长青。这种企业也会有曲折，但具有自我纠错的机制，不会一条路走到头，直至企业消亡。

　　当企业的规模不大时，也许还不需要制度化的管理，可以由个人说了算。但当企业做大时，决策、管理、运行都要复杂得多。一个人的能力毕竟是有限的，这就是个人管理能力与环境变化要求的不对称性。另一方面，企业家作为一个人，无论多伟大，也不会不犯错误。管理学家把企业家的生命周期分为五个阶段：第一阶段，受命上任或创立企业，这时经验不足，但有胆识、有干劲；第二阶段，引导企业获得成功，这时不仅有干劲，而且在实践中积累了经验，这是企业和企业家的辉煌时期，企业家达到了自己事业的顶峰；第三阶段，企业家形成自己的风格，并稳定下来，企业处于平稳发展阶段；第四阶段，企业家满足于过去的成就，趋于保守，无论是思想还是体力都没有了当年的锐气，甚至会由于过去的成就而自我神化，这时企业在平稳中滋长着潜在的风险；第五阶段，功成名就，思想僵化，年事已高，思想跟不上时代潮流而又固执，但仍然掌握企业的大权，成为企业创新、发展的阻力，这就决定了企业衰亡的命运。这时，一个关键的错误就会断送企业。一般来说，在第一、第二阶段企业家犯严重错误的少，企业家人治的积极作用大于其消极作用。第三阶段是个转折期，向法治转变，企业家即使犯了错误也不会给企业以致命打击。但如果坚持人治，可能会导致更大错误的出现。第四、第五阶段肯定会出现重大失误。

任何一个企业在成功之后很容易走上人治之路。独裁、专制、自己一个人说了算、扩大自己的能力、不愿受制约，都是人性中固有的弱点。一个优秀的企业家在于克服自我，摆脱人性中固有的弱点，但能自觉迈出这一步的企业家现在真还不多。

依靠个人，企业会有一时的辉煌；依靠制度，企业才有基业长青。因此，建立法治企业应该成为各企业尤其是大型企业的奋斗目标。

第三篇 | 信息时代需要学点经济知识：二十几岁要懂得的生存竞争经济学

第一章

信　息

我们并不了解真实的世界——信息不完全

　　孔子被困在陈、蔡之间，只能吃没有米粒的野菜汤度日，七天没尝到粮食，白天也只得睡觉。一天，颜回讨到一点米回来做饭，饭快熟时，孔子看到颜回抓取锅中饭吃。一会儿，饭熟了，颜回拜见孔子并端上饭食。孔子装作不知颜回抓饭之事，说："今天我梦见了先君，把饭食弄干净了去祭先君。"颜回回答说："不行，刚才灰尘落进饭锅里，扔掉沾着灰尘的食物是浪费的，我就抓出来吃了。"孔子叹息着说："所相信的是眼睛，可眼睛看到的还是不可以相信；所依靠的是心，可是心里揣度的还是不足以依靠，看来了解人真的很不容易。"

　　孔圣人尚不易辨识真实的世界，而作为凡夫俗子的我们要洞穿世间万物就显得更不容易了。我们总是愿意选择相信眼前的世界，但是这却并不是最真实的世界，因为我们无法看到所有的信息。

　　古典经济学有一个重要假设，就是完全信息假设，即假设市场的每一个参与者对商品的所有信息都了如指掌。实际生活中却常常不是这么回事，我们一直生活在一个信息不完全的世界中。

　　我们知道，"天天平价、始终如一"是沃尔玛驰骋全球零售业沙场的营销策略，也是沃尔玛成功经营的核心法宝。但古往今来商家皆牟三分利！10元钱进货的商品8元钱卖，会不会有这样的事情呢？实际上，商店不可能把所有的商品都如此打折销售。我们能够注意到的是，只有部分商品如此打折，并且是轮流打折。这一次是饮料打折，下一次是衣服打折，还有可能是日用品打折。其他商品的价格和别的超市没有区别，这就是真实的沃尔玛营销状况。

　　去沃尔玛超市，消费者不可能知道究竟有什么商品在打折促销，当他来到沃尔玛，不可能只买自己预期的打折商品，很可能还买其他商品。在经济生活中，消费者掌握的商品信息往往是不完全的。以不完全信息为基本出发点，可以使我们对市场经济有更真实的了解。

　　在生活中，我们也经常能发现信息不完全，并由此导致误解的实例。一个年轻的小伙子带着女友到公园游览。他们在途中的一个凉亭停歇。小伙子看到不远处有卖冷饮的摊点，就问女朋友要不要雪糕。女友回答说不想要，小伙子就径直去了冷饮摊点，一会儿，他带了雪糕和可乐边吃边走了过来。女友很不高兴，埋怨男友不体贴："为什么你只买自己的份？"小伙子一脸无辜："你不是不想吃吗？"女友更不高兴了："可我没说我不要可乐。"接下来一路气氛凝重，两人玩得都不开心。

即使是一对恋人之间，也存在信息不完全的情形。可见，信息不完全在经济生活中所具有的普遍性。

实际上，信息不完全不仅是指那种绝对意义上的不完全，即由于认识能力的限制，人们不可能知道在任何时候、任何地方发生的任何情况，而且是指"相对"意义上的不完全，即信息不对称。因此，人们总是尽可能获取自己所要了解的完全信息。

政府只有在掌握完全信息的基础上，才能对事实有全面而真实的把握，以这些信息为根据所作出的决策才具有现实可行性。个人和企业也需要大量地掌握经济信息，才能在市场的变化面前适时地调整自己的策略，以实现利益的最大化。

在获取完全信息的过程中，信息商品为人们所推崇。作为一种有价值的资源，信息不同于普通商品。人们在购买普通商品时，先要了解它的价值，看看值不值得买。但是，购买信息商品无法做到这一点。人们之所以愿意出钱购买信息，是因为还不知道它，一旦知道了它，就没有人会愿意再为此进行支付。这就出现了一个难题：卖者让不让买者在购买之前就充分地了解所出售的信息的价值呢？如果不让，则买者就可能因为不知道究竟值不值得而不去购买它；如果让，则买者又可能因为已经知道了该信息而不去购买它。在这种情况下，要能够做成生意，只能靠买卖双方的并不十分可靠的相互信赖。

信息是不完全的，这就决定了竞争是不完全的，决策个体之间存在直接的相互作用和影响，私人信息发挥着重要作用。在信息不完全和非对称条件下，完全理性转化为有限理性，即经济个体是自私的，按最大化原则行事，但他通常并不具有作出最优决策所需要的信息。因此，经济个体的能力是有限的，理性也就是有限的。

如今，信息经济学是经济学中兴起的分支，它抛弃了完全信息假设，而以不完全信息假设正视社会和市场，这一假设对我们认识经济世界有重要作用。

为什么买的不如卖的精——信息不对称

大家都知道"东床坦腹"是指乘龙快婿，究竟这两者之间有什么渊源呢？其实这与大书法家王羲之有关。

晋代太傅郗鉴想在丞相王导府上物色个女婿，便派他的门生到王家代自己挑选。门生来到东厢房王家子弟齐集的地方一个个相看了一番，回去向郗鉴报告说："王家的小伙子都很好，难分上下。不过，听说您要选女婿，他们个个都打扮得衣冠楚楚、举止矜持，希望能被选中；只有一个后生躺在东边的床上，敞开衣襟，露着肚皮，满不在乎，好像根本不知道您要选女婿似的。"郗鉴听了，高兴地说："这个人正是我要选的佳婿。"于是郗太傅就把女儿许配给了这个人。后来经过打听，原来那个躺在床上坦露肚子的就是日后成为大书法家的王羲之。

此故事作为美谈流传了下来，渐渐地人们就把别人的好女婿称为"东床佳婿"、"东床坦腹"、"东床"和"东坦"等。

王羲之敢于将自己的真实面展示给别人，而郗太傅也能慧眼识人。这和经济学中的信息对称有异曲同工之妙。信息对称就是指相关信息为所有参与交易各方共同分享，在市场条件下，要实现公平交易，交易双方掌握的信息必须对称。换句话说，倘若一方掌握的信息多，另一方掌握的信息少，二者不"对称"，这交易就做不成；或者即使做成了，也很可能是不公平交易。

在现实经济中，信息不对称的情况则是十分普遍的，信息不对称的影响之大，甚至影响了市场机制配置资源的效率，造成占有信息优势的一方在交易中获取太多的剩余，出现因信息力量对比过于悬殊导致利益分配结构严重失衡的情况。

人们在购买商品的过程中，对商品的个体信息认知也会产生信息不对称的情形。一般而言，卖家比买家拥有更多关于交易物品的信息。有些商品是内外有别的，而且很难在购买时加以检验。如瓶装的酒类，盒装的香烟，录音、录像带等。人们或是看不到商品包装内部的样子（如香烟、鸡蛋等），或是看得到、却无法用眼睛辨别产品质量的好坏（如录音、录像带）。显然，对于这类产品，买者和卖者了解的信息是不一样的。卖者比买者更清楚产品实际的质量情况。

可以说自交换产生以来，人类社会一直处于信息不对称的情况之下。传统的经济学理论都是建立在信息对称的假设基础之上。当人们打破了自由市场在信息对称情况下的假设，才终于发现信息不对称的普遍性，研究信息经济学的学者因而获得了 1996 年和 2001 年的诺贝尔经济学奖。

信息不对称引起信息多的一方欺骗信息少的一方的可能性。政府与公众信息不对称将使行政权力失去监督，滋生政府腐败；企业委托人与代理人信息不对称会引起机会主义行为；劳动力市场上信息不对称会使雇主和求职者受到侵害；人与人之间信息不对称是诚信丧失的根源……所以，信息不对称问题是经济学的热门话题。

在我们的生活中，我们也可以发现随处可见的信息不对称。比如，如果你加倍努力干好工作，你的老板理应多付你工资，但因为他对你的努力程度只是有个模糊概念，所以你的业绩奖金只是你薪水的一小部分。如果老板能完全看清楚你的能力与努力，他就可以将你的薪水与表现挂钩。再举一个例子：比如你想在附近的餐馆吃饭，但是不知道哪家最好，所以最好的办法还是找一个大家都熟悉的品牌店，因为大家都知道品牌店不会差。由于顾客不会一家家去寻找最好的餐馆，所以一般来说老字号餐馆能够收费更高。

当然，经济生活中存在着大量信息不对称问题，但人们总是能够想出高超的解决办法，用以提高信息的质量，或减少因信息不对称所造成的损失。举个例子来说，当你需要购买电脑但同时对电脑硬件又不了解时，你会找懂行的朋友咨询，参考网站和杂志，希望借此能得到实用信息，在想购买的产品中作出理性的选择。正是通过不断地搜寻信息，以希求获得最全面的信息，给自己的决策提供有价值的参考。

不过，信息不对称也不见得完全是坏事。比如国防机密，所有信息都公之于众，反倒会妨害国家安全。夫妻双方信息完全对称，各自连自己的一点隐私都没有，生活往往并不幸福。距离产生美，糊里糊涂地爱，也许更能幸福一点。其实仔细想想，信息对称，这世界反倒无趣了。在信息化的今天，还是给各方留一点私人空间为好。

只要我们收集对方信息所花费的成本小于所得的收益，减少信息不对称就是理性的。或者说，寻找更多信息增加的成本小于由此增加的利益，寻找更多信息就是理性的。绝对理想的东西在现实世界中是不存在的，我们追求次优化或较完美的状态，是我们认同不对称信息的重要原因。

现实世界是不完美的，信息不对称也是正常的。我们没有必要去追求完美，也没有必要在任何情况下都要实现信息完全对称。当然，也并不是说，信息不对称就好得不得了。在许多情况下，我们还是要努力获得对方更多的信息。比如，政府行为要尽可能公开化，买二手车还需要请专家鉴定等。

21世纪就是一个信息社会，对于个人来说，拥有信息越多，越有可能作出正确决策。对于社会来说，信息越透明，越有助于降低人们的交易成本，提高社会效率。但是客观事实是，一小部分人垄断有关事物状态的信息，而另外绝大多数人则缺乏事物状态的信息。提高我们获取信息的能力，增加我们获得信息的渠道，以我们充满智慧和理性的头脑来指导行动，将尽可能减少信息不对称给我们造成的损失。

劣币为什么会驱逐良币——柠檬市场

阿克洛夫在1970年发表了一篇名为《柠檬市场：质量不确定性和市场机制》的论文，他本人也于2002年获得诺贝尔经济学奖。"柠檬"在美国俚语中表示"次品"或"不中用的东西"，"柠檬市场"是次品市场的意思。当产品的卖方对产品质量比买方掌握更多信息时，柠檬市场会出现，低质量产品会不断驱逐高质量产品。

"劣币驱逐良币"是柠檬市场的一个重要应用，也是经济学中的一个著名定律。金属货币作为主货币有较长的历史。由于直接使用金属做货币有不便之处，历史上人们将金属铸造成便于携带和交易、也便于计算的"钱"。人为铸造的"金属货币"，有了一个"面值"，或称为名义价值。这一点变化，使得铸币内在的某种金属含量（如黄金含量）产生了与面值不同的可能，如面值1克黄金的铸币，实际含量可能并不是1克，人们可以加入一些其他低价值的金属混合铸制，但它仍然作为1克黄金进入交易流通中。

16 世纪的英国商业贸易已经很发达，玛丽女王时代铸制了一些成色不足（即价值不足）的铸币投入流通中。当时在英国很受王室看重的金融家兼商人托马斯·格雷欣发现，当面值相同而实际价值不同的铸币同时进入流通时，人们会将足值的货币贮藏起来，或是熔化或是流通到国外，最后回到英国偿付贸易和流通的，则是那些不足值的"劣币"，英国由此受到巨大损失。鉴于此，格雷欣对伊丽莎白一世建议，恢复英国铸币的足够成色，以恢复英国女王的信誉和英国商人的信誉，以免在贸易中受到不足价值铸币的"驱逐"。

这就是劣币驱逐良币效应，产生这种现象的根源在于当事人的信息不对称。因为如果交易双方对货币的成色或者真伪都十分了解，劣币持有者就很难将手中的劣币花出去，或者，即使能够用出去也只能按照劣币的"实际"而非"法定"价值与对方进行交易。

"劣币驱逐良币"的现象在市场上是普遍存在的。在信息不对称的市场中，因为产品的卖方对产品的质量拥有比买方更多的信息。在极端情况下，市场会止步萎缩和不存在，从而产生柠檬市场效应。柠檬市场效应则是指在信息不对称的情况下，往往好的商品遭受淘汰，而劣等品会逐渐占领市场，从而取代好的商品，导致市场中都是劣等品。本来按常规，降低商品的价格，该商品的需求量就会增加；提高商品的价格，该商品的供给量就会增加。但是，由于信息的不完全性和机会主义行为，有时候，降低商品的价格，消费者也不会作出增加购买的选择，提高价格，生产者也不会增加供给的现象。"二手车市场模型"可以形象地解释这种现象。

假设有一个二手车市场，买车人和卖车人对汽车质量信息的掌握是不对称的。买家只能通过车的外观、介绍和简单的现场试验来验证汽车质量的信息，而这却是很难准确判断出车的质量好坏。因此，对于买家来说，在买下二手车之前，并不知道哪辆汽车是高质量的，他只知道市场上汽车的平均质量。当然，买家是知道市场里面的好车至少要卖 6 万元，坏车最少要卖 2 万元。那么，买车的人在不知道车的质量的前提下，愿意出多少钱购买他所选的车呢？所有典型的买家只愿意根据平均质量出价，也就是 4 万元。但是，那些质量很好的二手车卖主就不愿意了，他们的汽车将会撤出这个二手车市场，市场上只留下质量低的卖家。如此反复，二手车市场上的好车将会越来越少，最终将陷入瓦解。

由传统的市场竞争机制得出来的结论是"优胜劣汰"，可是，在信息不对称的情况下，市场的运行可能是无效率的，并且会得出"劣币驱逐良币"的结论。产品的质量与价格有关，较高的价格诱导出较高的质量，较低的价格导致较低的质量。"劣币驱逐良币"使得市场上出现价格决定质量的现象，因为买者无法掌握产品质量的真实信息，这就出现了低价格导致低质量的现象。

明代的刘伯温讲过这样一个故事。四川有三个商人，都在市场上卖药。其中一人专门进优质药材，按照进价确定卖出价，不虚报价格，更不过多地取得盈利。另外一人进货的药材有优质的也有劣质的，他售价的高低，只看买者的需求程度来定，然后用优质品或次品来应对他们。还有一人不进优质品，只求多，卖的价钱也便宜。于是人们争着到专卖劣质药的那家去买药，他店铺的门槛每个月换一次，这样过了一年，他就非常富裕了。那个兼顾优质品和次品的药商，前往他家买药的稍微少些，过了两年也富裕了。而那个专门进优质品的药商，不到一年时间就穷得吃了早饭就没有晚饭了。

在这个故事中，卖优质药材的反倒穷得揭不开锅，卖劣质药材的反倒很快致富，这和柠檬市场上的"劣币驱逐良币"现象十分相似。

其实我们可以发现，"柠檬"市场无处不在。比如人才市场，由于信息不对称，雇主愿意开出的是较低的工资，这根本不能满足精英人才的需要。信贷市场也是个"柠檬市场"，信息不对称使贷款人只好确定一个较高的利率，结果好企业退避三舍，资金困难甚至不想还贷的企业却蜂拥而至。认识了"柠檬"现象，在很多时候可以使我们免受其害。

"穿井得人"的经济学原理——信息传递

据说，某部队的一次命令传递的过程是这样的：

少校对值班军官说：今晚8点左右，在这个地区可能看到哈雷彗星，这种彗星76年才能看见一次。命令所有士兵身穿野战服在操场上集合，我将向他们解释这一罕见现象。如果下雨的话，就在礼堂集合，我为他们放一部有关彗星的影片。

值班军官对上尉说：根据少校的命令，今晚8点，76年出现一次的哈雷彗星将在操场上空出现。如果下雨，就让士兵身穿野战服前往礼堂，这一罕见现象将在那里出现。

上尉对中尉说：根据少校命令，今晚8点，非凡的哈雷彗星将军将身穿野战服在礼堂出现。如果操场上有雨，少校将下达另一个命令，这种命令每隔76年才下达一次。

中尉对上士说：今晚8点，少将将带着哈雷彗星在礼堂出现，这是每隔76年才有的事。如果下雨，少校将命令彗星穿上野战服到操场上去。

上士对士兵说：在今晚8点下雨的时候，著名的76岁的哈雷将军将在少校的陪同下，身穿野战服，开着他那辆"彗星"牌汽车，经过操场前往礼堂。

这个故事的真实性已经无关紧要，细心观察可以在我们的生活中发现类似的事，这就是信息在传递过程中的失真。一个人说街上有老虎，人们不信；两个人说街上有老虎，人们开始有点相信；当三个人都说街上有老虎时，人们肯定相信了，这就是"三人成虎"。在信息传递的过程中，往往存在失真的可能性。

《吕氏春秋》中曾有一个"穿井得人"的故事。春秋时宋国有一个姓丁的人家家里没有水井,需要一个人经常在很远的地方打水洗涤。于是丁家下定决心打一眼井。井打好后,丁家人非常高兴,逢人便说:"我们打井节省了一个人的劳动力。"人们辗转相传,越传越走样,传到最后竟然成了:"丁氏打井打出了一个人。"于是,宋国的人都在议论这件事,后来,宋国的国君也听到了这件事。宋君派人去丁家问个究竟。丁氏答道:"是节省了一个人的劳动力,并非打井打出了一个人!"

这则寓言故事说明在信息传递的过程中,往往会发生以讹传讹的情况,这就要求人们必须加以辨别考察。

信息传递的模型是哈佛大学教授迈克尔·斯宾塞提出的,他因此与阿克洛夫同获 2001 年度的诺贝尔经济学奖。

当斯宾塞在哈佛大学读博士的时候,他观察到一个很有意思的现象:很多 MBA 的学生在进哈佛之前很普通,但经过几年哈佛的教育再出去,就能比教授多挣几倍甚至几十倍的钱。这使人禁不住要问为什么,哈佛的教育难道真有这么厉害吗?斯宾塞研究的结果是:教育不仅仅具有生产性,更重要的是教育具有信号传递的作用。

这就是名牌的作用。名牌大学或明星企业也可能出现次品,但这样的概率相对来说要低得多。而且,一个名牌大学的建立,是其多年有效信息费用累计的结果,没有人愿意轻易地毁掉自己的信誉,所以,即使出现了问题,解决的成本也会相应要低一些。

所以,在市场经济中,在企业眼中,品牌是最有效的信息传递手段。同样是刚毕业的大学生,企业优先选择名校毕业生。

当将信息传递引用到现在的市场经济中时,我们又会看到它们被赋予了新的意义。在市场上,商家是拥有信息的一方,也能决定向外界如何传递信息。此时,传递信息的成本要依靠商家自己来付出。他们需要主动地通过广告等方式,在诸多同类产品中凸显出来,如此才可能有利可图。否则,如果一个企业没有卓有成效的信息传递,没有别具一格的形象推广,产品就不能有效地推向市场。

1995 年之前,康佳彩电公司事业刚刚有所起色,但由于在信息宣传上的不力,造成了消费者对康佳彩电存在很多认知盲点和误区。对企业形象的树立和产品的广泛传播造成了很大障碍,以至于经常有消费者将康佳彩电的产品同其他质量次等的产品混为一谈。

为了改变身处彩电业劣势的状况,提高自己的知名度,康佳彩电吸取了过去的教训,并在推广最新款彩电"彩霸"系列时,加大了广告宣传的力度,利用频繁出现的彩色广告和鲜明的标语,给消费者留下了深刻印象。它还聘请影星周润发、张曼玉做产品形象代言人,从而为品牌做了更有影响的宣传。

由此可见,尽管康佳彩电的质量很好,但是缺乏过硬的信息传递技术,很难提高品牌产品在市场上的影响力,从而让消费者缺乏对其的认识。

当今社会,任何一个企业,都能体会到信息的价值。他们从信息中寻找商机,再利用信息将自己的产品推销出去。也就是说，信息的生产、制造、传播对于一个企业十分关键。一系列的行为必然会导致企业考虑信息所带来的成本。这些成本，其实就是信息的收集、加工、传播需要花费的时间、占用的精力，甚至花费的金钱，等等。

问题是，在当代社会，通讯发达，这令人们的注意力很难集中在一点。就如赫伯特·西蒙曾说的那样："信息的丰富产生注意力的贫乏。"要想让人们注意到自己的特定产品，从而让自己获得最高的收益，企业不仅要在产品的设计、文字和印刷上增加成本投入，还不得不在信息传递和信息成本上投注越来越多的金钱。尤其是市场瞬息万变，每一天都不断地有新品牌占据市场，产品想变得"卓越"的代价将越来越大。

随着经济学研究的深入发展，特别是社会信息化进程的加快，人们认识到，信息传递的失真会带来额外的成本。因此，我们必须认识到降低或避免信息失真成本的重要性。要充分利用现代信息技术，减少信息传递的中间环节。如在企业中，建立扁平化企业组织，这样能最大幅度降低信息失真成本。此外，要建立一套避免信息失真的保障制度。如对那些专门制造虚假信息的提供者给予相应的处罚。

不可不知的知识——共同知识

故事发生在一个村庄，村里有100对夫妻，他们都是地道的逻辑学家。

但这个村里有一些奇特的风俗：每天晚上，村里的男人们都点起篝火，绕圈围坐举行会议，议题是谈论自己的妻子。在会议开始时，如果一个男人有理由相信他的妻子对他总是忠贞的，那么他就在会议上当众赞扬她的美德。另一方面，如果在会议之前的任何时间，只要他发现他妻子不贞的证据，那他就会在会议上悲鸣怯哭，并企求神灵严厉地惩罚她。再则，如果一个妻子曾有不贞，那她和她的情人会立即告知村里除她丈夫之外所有的已婚男人。这个风俗虽然十分奇怪，但是人人遵守。

事实上，每个妻子都已对丈夫不忠。于是每个丈夫都知道除自己妻子之外其他人的妻子都是不贞的女子，因而每个晚上的会议上每个男人都赞美自己的妻子。这种状况持续了很多年，直到有一天来了一位传教士。传教士参加了篝火会议，并听到每个男人都在赞美自己的妻子，他站起来走到围坐圆圈的中心，大声地提醒说："这个村子里至少有一个妻子已经不贞了。"

在此后的99个晚上，丈夫们继续赞美各自的妻子，但在第100个晚上，他们全都悲鸣怯哭，并企求神灵严惩自己的妻子。

这是一个有趣的推理过程：由于这个村里的每个男人都知道另外的99个女人对自己的丈夫不忠，当传教士说"至少有一个妻子不贞了"，由此并不能必然推出这个"不贞"的女人是自己的妻子，因为他知道还有99个女人对自己的丈夫不忠。

于是这样的推理持续了 99 天，前 99 天每个丈夫不能确切怀疑到自己的妻子。而当第 100 天的时候，如果还没有人恸哭，那表明所有的女人都忠于自己的丈夫，而这显然与"至少有一个妻子不贞"的事实相悖。于是，每个男人都可确定地推理出来自己的妻子已经红杏出墙，于是，总体的推论结果便是：这 100 个妻子都出轨了。

应该说，传教士对"至少有一个妻子不贞了"这个事实的宣布，似乎并没有增加这些男人对村里女人不忠行为的知识，他们其实都知道这个事实。但为什么 100 天后他们都伤心欲绝呢？根源还在于共同知识的作用。

传教士的宣布使得村子里的男人的知识结构发生了变化，本来"至少一个妻子不贞了"对每个男人都是知识，但却不是共同知识，而传教士的宣布使得这个事实成为大家的"共同知识"。

由"共同知识"我们可以引出"脏脸博弈"模型：

三个学生的脸都是脏的，但是他们各自都看不到自己的脸。老师对他们说，你们中至少有一个人的脸是脏的，请脏脸的学生举手。三个学生对视一番后无人举手，随即又都举手表明自己的脸是脏的。这是为什么？

我们可以还原一下他们的判断过程：

（1）三个学生对视后，都看到了另外两个人的脸是脏的，满足"至少一个脏脸"的判断，因此无人举手。

（2）三个学生都没有举手，这意味着，每个人的眼中都看到了至少一个脏脸。但是，更重要的推断是，三个人中至少有两个脏脸。很简单，如果只有一个脏脸，那么肯定有人在第一步的时候就举手了。由于三个学生同样聪明，因此大家都得出了同样的推断。这个关键的推断就是三个人之间产生的共同知识。

（3）既然"至少两个脏脸"，从任何一个人的角度而言，他已经看到了两个脏脸，他仍然可以不举手。

（4）三个人都还是不举手，意味着三个人看到的都是两个脏脸，即所有人都是脏脸。因此，所有人都举手了。

这就是共同知识的作用。共同知识的概念最初由逻辑学家李维斯提出的。对一个事件来说，如果所有博弈当事人对该事件都有了解，并且所有当事人都知道其他当事人也知道这一事件，那么该事件就是共同知识。

事实上在生活交际中，共同知识起着一种不可或缺的作用，只不过多数时候我们并没有留心而已。举一个简单的例子。小王决定做一个体检，在经历抽血、B 超等多方位检查后，发现有一项"屈光不正"需要去眼科诊疗。花了 8 元钱的挂号费后，根据指引去做光学检验，但仔细一看，原来就是配眼镜的地方。原来，"屈光不正"就是近视眼！"屈光不正"是医学工作者的共同知识，但小王却并不清楚这样的知识，以致让自己多花冤枉钱。

由此可以看出，没有共同知识的博弈，会给整个社会无端增加许多交易成本。比如你去买菜，肯定知道猪肉比白菜贵，不过这是最浅显的"共同知识"。其实，这类知识无处不在。对于我们而言，多掌握一些"共同知识"，对于生活具有重要的意义。

先听好消息还是坏消息——信息披露

信息的披露方式在很大程度上决定了结果如何。作为一个经济人，懂得如何披露信息是至关重要的。也就是说，在信息接收方面前，如何选择信息输出的策略，是极为关键的。

某知名网站的 CEO 就曾经说过，在互联网时代的今天，若想经营好网站就要懂得细节决定成败，特别是在网上，同用户交流的过程中，应当注意信息披露的方法。例如，当网站出现资金少、带宽小、访问慢等问题时，应当借助时机，一次性将问题摆出来。这样，除了能获得客户的体谅外，还能保证客户流失量最小。

在生活中，信息披露运用得非常巧妙，还能够带来意想不到的效果。农历年将至，公司很多人都在盘算能拿到多少年终奖回家过年。过去几年公司效益不错，每个人年终都是双月工资以上。但是最近，公司高层有传言说各部门都要按比例上报裁员名单。员工都在不断犯嘀咕，裁员千万不要裁到自己。正在此时，公司出面辟谣，表示公司虽然碰到了困难，但公司再困难也会尽全力避免采用裁员的手段降低成本，但是希望大家做好心理准备，一起勒紧裤腰带（没有年终奖）共渡难关。员工们还能苛求什么呢？不走人已经算是好消息了，之前的流言风波平息了，大家的心态也慢慢平和了。又过了几天，公司郑重宣布：年终奖以一个月薪水为准……多数人的脸上显露的是意外的欣喜。不用说，当多数员工获知年终奖照发的消息时，他们更加努力地工作了，尽管他们年终收益实际上是减少了。

在好消息与坏消息面前，不一样的披露方式往往会直接导致不一样的结果。这一过程，也让众人清楚了信息披露的不同方法带来的不同效用，因此人们在日后的生活中可以加以运用，一定能获益匪浅。

而在上市公司，客观的信息披露是公众公司向投资者和社会公众全面沟通信息的桥梁。目前，投资者和社会公众对上市公司信息的获取，主要是通过大众媒体阅读各类临时公告和定期报告。投资者和社会公众在获取这些信息后，可以作为投资抉择的主要依据。真实、全面、及时、充分地进行信息披露至关重要，只有这样，才能对那些持价值投资理念的投资者真正有帮助。信息披露的完整性和充足度是形成股票市场有效性的必要和充分条件，这种信息披露的完整性和充足度不仅是对上市公司的客观要求，更是对市场监管的客观要求。

信息披露不是要隐瞒信息或发布虚假信息，而是利用不同的披露方式给信息接受方带来不同的心理感受。不同的信息披露方式，将会带来不同的结果。在此，就要提到西方经济学家萨勒提出的四个信息披露规则了。

第一种情况，当你拥有众多好消息时，要分开将它们发布。因为，根据西方行为经济学大师卡尼曼的前景理论，当将好消息在相隔一段时间后，逐个发布出去，人们将经历多次感受到高兴的过程，带来的效用将远远大于将消息一同说出来所带来的总的效用。

即当某人在同一天听到很多的好消息时，其所带来的效用就会逐渐减少，就像吃包子一样，刚开始吃第一个觉得特别美味，然后吃第二个、第三个……等吃到第六个的时候，就有些痛苦了。再来第七个，人已经非常饱了，即使硬吃下去也没什么效用了。好消息也一样，若同一时间被其"集体轰炸"，也就感觉不到消息有多么好了。

第二种情况，如果有几个坏消息，要将它们一并发布出去。人们因承受损失的痛苦也会有边际效用递减的情况，当你将两次不幸一同说出的时候，其痛苦就会小于分别经历这两次。

第三种情况，一个大大的好消息和一个小小的坏消息时，由于两者带来的感受刚刚相反，但当一同告诉别人时，好消息带来的幸福效用能冲散坏消息带来的痛苦，负面作用将减少很多。

第四种情况，一个大大的坏消息和一个小小的好消息出现时，就应当分别将两者公布。因为，这样好消息带来的效用就不会被坏消息导致的痛苦所淹没。按照前景理论，人们在损失和获得同样多的钱财时，前者更让人感受深刻，何况此处是一个大大的坏消息和一个小小的好消息。这样，获得消息的人仍能够感受到些许的幸福和满足。

做经济学世界中的"人精"——信息甄别

我们生活在信息社会中，每天都要接收到来自四面八方的信息，这些信息泥沙俱下，真假夹杂。提升自己甄别信息的能力，这是每一个经济人的基本能力。信息甄别是市场交易中没有私人信息的一方为了减弱非对称信息对自己的不利影响，能够区别不同类型的交易对象而提出的一种交易方式方法。

《列王纪上》所罗门王判案的故事：两位母亲争夺一个孩子，双方都声称自己是孩子的亲生母亲，一时真假难辨，双方僵持不下。在那个没有亲子鉴定、DNA检测的时代，不可能用科技手段证明事实的真相。主持调解的所罗门王下令手下拿把刀来，告诉她们，将孩子一斩两半，两人各得一半。这时一位母亲的反应是"我得不到孩子，她也别想得到，斩就斩"，另一位母亲则哀求道"王啊，求你不要斩孩子，我把孩子让给她好了"，所罗门王此时已经知道心疼孩子的是真正的母亲，就把这个孩子判给了她。

所罗门王判案是一次典型的信息甄别案例。在市场经济中，消费者面对琳琅满目的商品和纷繁的信息，甄别是一项非常复杂的工作。在所罗门王判案的例子中，其实所罗门王并没有将孩子劈为两半，而是发出"将孩子劈为两半"的信号来甄别谁才是孩子的母亲。在我们的经济生活中，信息发送与信息甄别是比较常见的。

市场中的卖方，如果手中的商品有可能不为顾客所熟悉，但是商品质量确实比较高，他就会主动将商品信息向买方传递，让买方了解商品的信息。我们在市场中可以看到这样的情形：卖西瓜的小贩，会问你要不要给你挑好的西瓜切个三角形口子，如果不是鲜红的瓜瓤就不要你的钱了，这就是信号发送。

市场中的买方，因为怕自己得不到商品的真实信息而吃亏，面对纷繁的信息来源，买方必须运用自己的信息甄别能力来作决策。比如你要买一件羽绒服，就要想方设法知道里面究竟是鸡毛还是鸭绒。

为了降低信息甄别的成本，买方往往会要求卖方提供有关私人信息的可靠证据。当你买一件较贵重的物品时，对实际价值与价格不能鉴别，正在犹豫要不要买，老板有可能将他进货的发票在你面前晃一下，以表示这样的价格他只赚点毛利。当你真的看到发票上的价格时，你便坚定了买的决心。

虚假信息的普遍存在，在商场上十分明显。所谓"兵不厌诈"，很多商家都对其竞争对手、客户，甚至政府机关输送大量的虚假信息。例如有的商家为能销售低质产品，大力进行虚假宣传；个别商家为能逃税漏税，假造各种单据；还有商家为了挤兑对手，大肆向外界做虚假的宣传……

信息的不对称，导致了消费者必须为之付出更多的成本。也就是说，双方的较量中，信息如同资本、土地一样，是一种需要进行经济核算的生产要素。俗话说，隔行如隔山。现在，这座山就是信息不对称，而要获得准确的信息，消费者就要具备一定的能力：信息甄别能力。商家对商品信息和营销策略的占有，才保证了每一次交易的获利。所谓"买家没有卖家精"说的都是这个道理。

相信很多人都会收到类似中奖多少的手机短信，如果不加甄别，往往会吃亏。若不是某些人贪小便宜，在利益面前失去理智，也不会自惹麻烦。经济学则认为这一切很正常，因为在利益面前，任何人都会心动的，经济学上的理性人永远不会失去理性，即永远都会朝着有利于自己的方向作出选择，他掌握的信息达到什么程度，他便会作出和他掌握的信息相一致的选择。

由此可见，在现实生活中，信息不对称带来的问题并没有让经济人得到真正理性的认识。信息不对称造成的劣势，几乎是每个人都要面临的困境。谁都不是全知全觉，那么怎么办？为了避免这样的困境，我们应该在行动之前，尽可能掌握有关信息。知识和经验都是你将来用得着的"信息库"，每个人都应尽量扩大自己的知识储备从而成为市场上真正的"人精"。

信息甄别在日常生活中同样非常重要。福州的陈女士收到这样一条短信：本行接银联通知：您在南街大洋百货刷卡消费 7585 元已确认成功。此笔金额将从您的银联卡上扣除，如有疑问请咨询我行城南客户受理中心 0591 — 2271XXXX。中国建设银行福州银联管理中心。

收到这短信，她的心咯噔了一下，她确实有张建行的信用卡，几天前还借给朋友使用过。陈女士很焦急，可是她现在联系不到那个朋友。

在这种情况下，应该如何甄别此条信息呢？既然陈女士联系不上她的朋友，她就应该通过其他途径甄别信息的真伪：可自己去银行实地查询，或打银行的电话查询（当然不是短信上告知的电话）。

该如何降低信息虚假性带来的损害？这是让很多人头痛的问题。经过上面的分析，信息的虚假性很难避免，众人可能因为很多原因向外散布虚假信息。为了提高信息甄别的质量，人们能做的就是不断采用各种方式筛选信息。一般来说，甄别信息的方法主要有以下几种：

（1）根据信息来源途径判别。第一手信息资料是相对可靠的，如果是道听途说，可靠程度就会降低。

（2）不盲目相信自己已获取的信息。根据自己的理性以及原有的经验来判断，不对获取的信息轻易下结论。

（3）多渠道获取信息。扩大信息获取的途径，广泛的信息量有助于自己作出理性的决策。

（4）向权威机构核实。比如自己不能对市场上的高仿真钞票进行鉴别，应该向银行或其他部门核实。

信息也能卖出大价钱——隐私信息

"艳照门"事件无疑成为2008年娱乐圈的重磅鱼雷，突如其来地打破了娱乐圈里新年的平静。社会大众仿佛也被这"艳照门"事件激发得兴奋异常，在长达数月的时间里，人们都对此事件热情高涨，关注度极高。这一场"艳照门"的暴风骤雨拷问了娱乐圈的道德底线，也对艺人的隐私问题如何保护以及无休止的炒作是否过度等提出令人们深思的疑问。

隐私实际上是不愿意让别人知道的私人信息。个人一般不愿意将隐私告诉别人，其他人也很难获知他人的隐私。听起来，"隐私经济"这词似乎并不陌生，在报纸杂志上，我们常常可以看到某某明星曾经整过容，某美女大学生为了生计甘当二奶，某某富商因其身体残疾离婚，某某老翁为了娇妻偷偷注射激素，等等。这些都是人们的隐私，只是不知道从何时起，原本的秘闻充斥在各式各样的杂志上，成为最鲜亮的卖点，并在一片"大爆隐私""情感独白"的吆喝声中引发洛阳纸贵的现象。其实，这种现象可以用经济学来解释。

现实告诉我们，隐私也可以卖钱。那这种现象是如何形成的？该如何解释？隐私可以作为一种商品来售卖，说明它具有一定的交换意义，能够满足人们的某种消费需求，能够形成市场上的供给和需求。也就是说，有人愿意买，有人愿意卖。

人们对隐私的消费，先源自需求，也就是有人想知道这些隐私。知道这些隐私做什么？无非是满足人们的好奇心和窥视心理。好奇心是人类的天性，满足好奇心和满足人类其他欲望一样没有差别，对隐私的了解也是人们的一种欲求。当这种隐私激发起的好奇心越强烈，人们就越愿意掏钱来得知这些隐私。就像八卦上的名人隐私一样，明星的名气越大，大众对他的关注越多，也就越好奇，这样的隐私也越卖钱。

某年，民间流传出一本据说收录了几百名影、视、歌众多明星电话号码的通讯录，其上面不仅有诸多演员、导演、主持人，还有著名电视栏目的记者、中央电视台台长，等等。名单以北京明星居多，部分港台明星的电话也在其中。据行家说，该电话录被以800元的高价叫卖。另外，有人在北京街边的地摊上还会看到同其一起出售的"世界500强CEO通讯录"，而这两本通讯录售价竟高达2000余元。

隐私可以转化为财富，可以被出卖，而市场上的人也有了消费隐私的机会，所以隐私便"形成了自己的价值"。在这种市场需求的刺激下，有人想要花钱买，自然就会出现一部分人来提供。

众所周知，提供隐私最重要的来源就是"狗仔队"，是娱乐八卦记者和杂志。随着现在休闲和娱乐经济的发展，演艺明星的增加和崇尚艺人的文化氛围的形成，娱乐圈的酷男美女、闲资逸事都成了社会"好奇需求"的目标。

在世人日涨的需求刺激下，"狗仔产业"逐渐发展起来。越来越多的"狗仔队"涌上街头，并产生了狗仔报刊、狗仔杂志，像香港的《8周刊》就是非常有名的专业的八卦刊物。它们以爆料艺人私生活为能事，以刊登明星的隐私来满足许多人的窥视欲，从而达到赚钱的目的。

尽管人们对隐私的消费是非理性的（非出于实际生存需要，而是内心冲动），但市场上需求和供给的存在，仍让"隐私经济"开展得如火如荼。尤其是明星的隐私，因其吸引人的眼球，蕴涵着巨大的经济效益，"狗仔队"和娱乐杂志更是愿意不惜代价去获得他们的隐私，且大多数情况下，获得隐私的成本远远小于贩卖的收益。

当然，并不是任何隐私都有人愿意购买。在鲁迅的小说《祝福》里，祥林嫂不断向别人诉说自己孩子被狼吃掉的个人信息，当她再说"我真傻……"时，引起所有人的反感，人们对她的隐私已经没有兴趣了。

隐私能值多少钱，取决于它能多大程度上满足公众的好奇心。正是因为名人的隐私不愿意被别人所知晓，名人隐私俨然成为了一种稀缺资源。一般而言，名人的隐私能引起人们更大的好奇心，当然他们的隐私更值钱。一个普通老头娶一个年轻姑娘不会有太多人关注，但如果这个老头是社会名人，那他的婚姻自然会引起公众的好奇心。"物以稀为贵"，也就是说，名人隐私是稀缺资源，名人隐私当然更值钱。

在走向市场经济的今天，买卖隐私似乎已经成了不可抗拒的潮流，有人愿买，有人愿卖，别人无可厚非。但隐私的买卖理应当和其他交易一样要受到法律和道德的约束。法律是一种硬约束，道德是一种软约束。要使这些行为不至于败坏社会风气，必须有严格的立法，并不断提高人们的道德修养水平。

为什么有人能利用信息致富——信息提取

有则"九方皋相马"的故事。秦穆公对伯乐说："你的年纪大了，你能给我推荐相马的人吗？"伯乐说："我有个朋友叫九方皋，这个人对于马的识别能力，不在我之下，请您召见他。"穆公召见了九方皋，派他去寻找千里马。三个月以后九方皋返回，报告说："已经找到了，在沙丘那个地方。"穆公问："是什么样的马？"九方皋回答说："是黄色的母马。"穆公派人去取马，却是纯黑色的公马。穆公很不高兴，召见伯乐，对他说："你推荐的人连马的颜色和雌雄都不能识别，又怎么能识别千里马呢？"伯乐长叹道："九方皋所看见的是内在的素质，发现它的精髓而忽略其他方面，注意力在它的内在而忽略它的外表，关注他所应该关注的，不去注意他所不该注意的。像九方皋这样的相马方法，是比千里马还要珍贵的。"穆公试了试马，果然是千里马。

这则寓言故事说明只有透过现象看本质，才能提取有效信息，才能发现真正有价值的东西。在生活中面对同样的信息，不同的人可能予以不同的解读，从而作出不同的决策，这种差别来源于对有效信息提取的不同。

在美国有两家鞋子制造厂。为开拓市场，其中一家鞋厂老板派一名市场经理到非洲一个孤岛上去调查。那名市场经理一抵达，发现这里的人们都光着脚，一打听，才知道，他们没有穿鞋子的习惯。于是他立即给老板发电报说："这里的居民从不穿鞋，此地无市场。"而另一家鞋厂老板也派了一名市场经理过去。当这名市场经理抵达后，见到同样的情况时，却心中兴奋异常，也给老板发了一份电报："此岛居民无鞋穿，市场潜力巨大。"

同样的境况，因为有效信息提取的不同而有不同的结论。这个故事应引起每个人的思考。现在市场上存在的信息多如牛毛，但仍有人感叹自己的信息来源不够充足。为什么会形成这样的矛盾？问题的关键就是——对有效信息提取的不同。市场上的信息无处不在，而我们所需要提取的是对自己有用的信息。这个信息提取的过程可能是长期的，但必须是正确的。只有确保了这种正确性，才能让信息为我们带来商机。

美国南北战争时期，受战事影响，市场上猪肉价格非常高。商人亚默尔观察这种现象很久了，他通过自己收集的信息认定，这种现象不会持续太久。因为只要战争停止，猪肉的价格就一定会降下来。从此，他更加关注战事的发展，准备抓住重要信息，大赚一笔。一天，他在报纸上挖掘到了这样一个信息：李将军的大本营出现了缺少食物的现象。通过分析，他认为，战争快要结束了，战争结束就说明他发财的机会来了。亚默尔立刻与东部的市场签订了一个大胆的销售合同，要将自己的猪肉低价销售，不过可能要迟几天交货。按照当时的情形，他的猪肉价格实在是太便宜了。销售商们没有放过这一机会，都积极进货。不出亚默尔的预料，不久后，战争果然就结束了。市场上的猪肉价格一下子就跌了下来。这时亚默尔的猪肉早就卖光了，而在这次行动中，他共赚了100多万美元！

现在，随着网络——"高速信息公路"——的普及，我们正走入信息经济时代，但有几个人能像发现市场的营销经理和亚默尔那样，找到对自己有效的信息？如今，人们追求的已经不是信息的全面，而是信息的有效。越来越多的信息充斥着电脑的荧屏，我们绝不可能困在对全面信息的无限追求中，那将耗尽我们过多的时间和成本。只要能收取到对市场影响最本质的信息，就足够了。

我们生活在信息社会中，提升自己提取有效信息的能力，这是每一个人的必备功底。有句话说得好，"世界上从来不缺少美，而是缺少发现美的眼睛"，其实运用到经济生活中也是同样的道理——生活对大家都是平等的，成功也从来不是缺少机会，而是需要我们有一双敏锐的慧眼，来发掘有效信息。

第二章

选择与决策

当鱼和熊掌不可兼得时——机会成本

经济学的机会成本是指为了得到某种东西而所要放弃的另一样东西。简单来说，可以理解为把一定资源投入某一用途后所放弃的在其他用途中所能获得的利益。我们在做一件事情上权衡利弊，然后作出最优选择，那个被放弃的而价值最高的选择，就是机会成本。

阳光明媚的午后，好容易处理完公司的财务报告，喝杯下午茶休息一下吧，来点甜点怎么样，豆沙糕还是巧克力薄饼？"豆沙糕还是巧克力薄饼"类似于古老的"鱼还是熊掌"，被这个问题难住的人里面你不会是第一个，也不可能会是最后一个。豆沙糕还是巧克力薄饼、茶还是咖啡、鱼还是熊掌，这种选择实际上就是一种机会成本考虑。

如果你喜欢吃豆沙糕，但你更喜欢吃巧克力薄饼。在两者之间选择，你就会选择巧克力薄饼；假如巧克力薄饼恰好没了，那么来点豆沙糕也无妨。因此，接受豆沙糕的机会成本是放弃巧克力薄饼。不妨给食用这两种食物的收益设个数：吃豆沙糕的收益是 5，那么吃巧克力薄饼的收益是 10。因为吃豆沙糕的经济利润是负的，所以我只能选择吃巧克力薄饼，而放弃豆沙糕。

当然，你选择巧克力薄饼的同时就要面对放弃享受豆沙糕这个机会成本。但你愿意这么做，因为你的选择应该是利益最大化的选择。吃豆沙糕还是巧克力薄饼？以上是经济学教给我们如何选择的方法。

值得注意的是，有些机会成本是可以用货币进行衡量的。比如，要在某块土地上发展养殖业，在建立养兔场还是养鸡场之间进行选择，由于二者只能选择其一，如果选择养兔就不能养鸡，养兔的机会成本就是放弃养鸡的收益。在这种情况下，人们可以根据对市场的预期大体计算出机会成本的数额，从而作出选择。但是有些机会成本是无法用货币来衡量的，它们涉及人们的情感、观念等。

因此，我们必须不断地决定如何使用我们有限的时间或收入。当你决定是否购买汽车，或是否上大学时，在每一种情况下，你必须考虑作出一个选择需要放弃多少其他的机会。有时必须作出选择，但也会因此丧失许多既得利益。

不管怎样，我们在作选择的时候，应该时刻谨记机会成本的概念。经济学告诉我们，必须去面对机会成本的选择。如果去 KTV 和去电影院对你同样有吸引力，不妨掷硬币决定去哪儿。当然，如果是重大决策，还是多犹豫一些为好。如果选择爱人，可不能用掷硬币的方法。机会成本越高，选择越困难，因为在心底我们从来不愿轻易放弃可能得到的东西。的确，有时作出一个选择真是太难了，可我们不得不选，而我们的人生轨迹将随着我们选择的坐标前行，回头看看我们的选择，仔细算算我们所付出的机会成本，值吗？

机会成本广泛存在于生活当中。一个有着多种兴趣的人在上大学时，会面临选择专业的困难；辛苦了五天，到了双休日，究竟是出去郊游还是在家看电视剧；面对同时间的面试机会，选择了一家单位就不能去另一家单位……对于个人而言，机会成本往往是我们作出一项决策时所放弃的东西，而且常常比我们预想中的还多。按经济学观点，做任何事情都需要一定的成本，以读研究生为例做一番分析。

先算一下经济方面的机会成本。众所周知，如今的考研一定程度上来说就是考"钱"。据报道，一个应届大学毕业生的考研费一般在 2000 元 ~ 4000 元，在职考研者的花费也不会少于这个数字。还有心理压力成本。几乎每个考过研的人都认为那段时间（复习时间）非常难熬，来自社会、家庭以及自身的压力都很大。特别是对于家庭状况不是很好的考生，考研不仅意味着不能为家里创收，还得需要家里的补贴。再算算其他方面的机会成本。时间方面，考研者的时间成本都大于其直接用于考研的时间，考的次数越多，时间成本也越大。相反的例子莫过于比尔·盖茨了，他停学创业，而不是继续求学。如果真选择后者，说不定他也错过了时机，成就不了今日的微软。从某种意义上说，那些考研者是不是错过了很多机遇呢？

考研也应该考虑机会成本的问题。首先，仔细考虑一下，考上了这个专业的研究生，三年之后，你的就业方向和出路在哪里。这样的出路，是否令你感到满意，是否令你觉得为其付出三年的时光是非常值得的？再想一想，自己所要考的专业以及这个专业毕业生所从事的工作是否是你真正喜欢的，还是说只是迫于形势的压力而作出的无奈选择。要知道，一个人只有热爱他的工作，对他的工作时刻保有兴趣和激情，才可以作出好的成绩。最后要想，考上这个专业的研究生，是否能为你将来的就业增加一定分量的砝码，当然，这个砝码并非单指一纸文凭，还应该包括你自身学识的积累和能力的提高。

思考过以上的问题后，如果你当初的考研信念仍然坚定不移的话，那么考研仍是你的最优选择，那就静下心来全力以赴地准备考试吧；而如果你对自己是否考研产生了动摇，那么，奉劝你勇敢面对应该面对的问题，不要盲目作出选择。

信息不对称的产物——逆向选择

逆向选择是指在信息不对称的前提下，交易中的卖方往往故意隐瞒某种真实信息，使得买方最后的选择，并非最有利于买方自己，这时候买方的这种选择就叫作逆向选择。"一个人掌握的信息达到何种程度，就会采取相应的选择。"这是信息经济学的一个基本原理。在双方信息不对称的情况下，总体而言，谁处于信息劣势，谁就会处于博弈劣势。

在现实的经济生活中，存在着一些和常规不一致的现象。例如，在产品市场上，特别是在旧货市场上，由于卖方比买方拥有更多的关于商品质量的信息，买方由于无法识别商品质量的优劣，只愿根据商品的平均质量付价，这就使优质品价格被低估而退出市场交易，结果只有劣质品成交，进而导致交易的停止。

逆向选择违背了市场竞争中优胜劣汰的选择法则。在生活中，有些人常常会因虚假广告上当受骗，蒙受损失，这便是由信息不对称造成的。下面我们就从"减肥广告"这个具体案例中了解究竟什么是逆向选择，以及逆向选择是怎样作出的。

铺天盖地的减肥产品一路咆哮着向市场压来，什么"一个半月能减48斤"，"快速减肥"，"签约减肥"，"不反弹不松弛"……单从这些字眼来看，那些渴望瘦下来的人士无疑会心动。再加上那些华丽的包装、煽情的语言，还有一些不曾为人知的噱头。但是，等你尝试之后就会发现，根本不是那么回事。

商家正是利用消费者对减肥原理、减肥器械、"无效退款"等不了解或了解不深的情况，故意隐瞒一些真实信息，置买卖双方于信息不对称的情境下，以此诱惑消费者作出对他们并非最有利的逆向选择，从而损害了消费者的利益。

因为虚假广告上当，从表面看是因为受害者目光不够准确，一时冲动花钱当了冤大头，但是以信息经济学的眼光看，则是由于受害者掌握的信息不够充分，只能根据手头仅有的信息作出选择。消费者总是希望买到质优价廉的商品，但是现实生活中常常出现等到真正使用时才发现质量糟糕的状况，这就是因为他当初购买该商品时掌握的信息处于劣势，不能发现真相。

在日常生活中，逆向选择的案例还有很多。逆向选择在招聘场合也是经常发生的，所以才会有那么多的人找不到合适的工作，而单位又慨叹招不到合适的人才。我们看到招聘会里人头攒动，人声鼎沸；我们又看到企业求贤若渴，迫不及待。两相对比的反差，正是招聘中逆向选择的规律在起作用。很多企业总是发愁，一个个求职者的简历五花八门，好不容易筛选出一份简历来，面试过关了，等到工作时，却没有实际能力，徒给企业造成浪费和损失。尤其是高层次人才，讲起话来滔滔不绝，使听者觉得他见多识广，经验也好像非常丰富，可是一旦开始工作，总是漏洞百出。

爱情里的逆向选择表现为好女子总是嫁了比较差的男子，有句俗话"好汉无好妻，赖汉娶个花枝女"，说的就是这个意思。在大学校园里，我们也经常慨叹，一对对恋人是那么的不协调。这种结果就是逆向选择造成的。但每个人在选择自己的另一半时可不是这样，我们总是希望找到理想中的好对象，也总是喜欢把自己的优势表现得完美，以引起好女子或好男子的青睐。通常我们看到的征婚广告，都是这么介绍自己的："年轻美貌、身体健康、才华横溢、爱好广泛，对爱情执着，对缘分珍惜。"

爱情本身也是一场交易，男女双方各取所需的一场交易。在当代的信息社会里，如何才能实现一宗公平的交易呢？首先需要双方的诚信，需要双方都拥有足够的共同信息，互通有无，彼此了解，因为在信息大爆炸时代，假信息实在太多了，只有所获的信息是真实而可靠的，买卖双方的最终决策，才可能是最好的"抉择"。

但事实是很多情况下，卖方知道的信息内容，买方不一定知道，而买方的价格底线，卖方也不知道。甚至，卖方有时候为牟取暴利，故意隐瞒某种对自己不利的信息，而由于信息不对称，买方无法排除干扰，往往作出逆向选择，导致其利益受到损害。在爱情婚姻市场上，当你是卖家的时候，你一定会刻意隐瞒一些对自己不利的信息，而只把那些最出彩的精华部分提供给对方。因为爱情的市场经济也是契约经济，契约经济讲究合同关系，所谓合同就是结婚证，以领取结婚证的时间为界限，在这之前，所有的爱情都会存在"逆向选择"的问题，所以在契约达成之前，买卖双方总是想绞尽脑汁瞒骗对方。

可以说，只要有市场，只要进行交易，就可能出现逆向选择。出现逆向选择的根本原因在于信息不对称，即买方和卖方所掌握的信息不一样。最佳也是最终的解决办法，就是尽量使交易双方信息对称，信息传递、沟通得愈充分，愈有利于交易的达成，也就愈有利于市场的健康发展。

一头大象与统计学家的决定——随机概率

概率是指事前不可预言的现象，即在相同条件下重复进行试验，每次结果未必相同，或知道事物过去的状况，但未来的发展却不能完全肯定。例如，以同样的方式抛置硬币可能出现正面向上也可能出现反面向上；走到某十字路口时，可能正好是红灯，也可能正好是绿灯。

第二次世界大战期间，德军经常对莫斯科进行空袭，为了躲避空袭，人们纷纷躲入防空洞，可是有一位统计学家对此却总是从容不迫，他的理由很简单：莫斯科共有700万居民，自己被袭击的几率太小了。后来，动物园的一头大象被炸死了，这让统计学家开始恐惧起来。当德军再次对莫斯科进行空袭，防空警报响起时，统计学家也像其他人一样，匆忙跑到了空袭避难所。朋友见到他，感到非常惊讶，问他为什么改变了先前一贯的做法。他的回答却让人感到非常意外："瞧，莫斯科有700万居民和一头大象，而昨天晚上，他们（德军）炸死了那头大象。"

难道大象之死使得统计学家忘记了统计学的定理公式吗？当然不是，只是大象的死惊醒了统计学家，使其由旁观者变成了参与者，使被炸到由一个小概率事件变成了大概率事件。

上面的故事中，统计学家要想赢德军，就必须设法猜出对方将在什么时间对莫斯科的什么地点进行空袭，以降低自己被炸的概率。之前不躲进防空避难所，是因为他认为莫斯科一共有700万市民，炸死他的可能性只有700万分之一；可是当他听说莫斯科城唯一的一头大象被炸死时，突然感觉到一旦被炸，死亡的概率很高。偌大的城市，唯一的一头大象居然被炸死，说明一旦被炸到，死亡的概率接近100%，此时概率计算的模型已经改变，所以他才会觉得恐慌，不得不像其他人一样逃入防空洞。

关于概率的问题是没有标准答案的，关键在于对概率大小的判断方式。这就好比玩桥牌，要想猜出对方将要出什么，就必须尽可能地多捕捉对方出牌的特点，从中总结规律，这样就可以利用对方的惯用技法猜出对方的出牌情况，如果从被猜测者的角度讲，就要避免让自己的出牌方式带有规律性。也正是因为统计学家最初对德军空袭概率模型计算的失误，导致了他对大象被炸死感到如此惊讶，进而完全改变了自己的应对策略。

在证券投资中有这样一个经典的笑话，说的是那些殚精竭虑的投资分析专家精心挑选出来的投资组合与一群蒙住双眼的猴子在股票报价表上用飞镖胡乱投射在投资收益率上没有质的区别。这也就是说，股价波动时我们无法通过对历史数据的分析来预测未来的走向。

我们的世界是不确定的，一般大家都无法准确掌控周围的一切。不过人们又总是不太喜欢随机事件。通常我们都认为随机的序列杂乱无章，是没有用处的，难以帮助我们进一步预测并掌握未来。事实上，我们平常玩的"剪刀——石头——布"正是利用概率的一种选择。假如，你的出拳是有规律的变化，就往往会被对手发现，从而有更多赢你的机会。而当你根本不去想下一次该出什么时，即以随机概率出拳时，才不会被对方打败。这就是利用随机性进行博弈带来的好处。

所以，要想在博弈中取得胜利，不在于能否寻找到对手以前的进攻规律，因为从理论上讲，人们根本无法预测对手的行为。但是博弈一旦发生，就没有人想输，所以都会尽力计算对手出牌策略的实施概率，并且不断调整自己的计算模型，从而在博弈中取得胜利。

马屁股与火箭助推器——路径依赖

路径依赖是指人们一旦选择了某个体制，由于规模经济、学习效应、协调效应以及适应性预期等因素的存在，会导致该体制沿着既定的方向不断得以自我强化。一旦人们作了某种选择，就好比走上了一条不归之路，惯性的力量会使这一选择不断自我强化，并让你轻易走不出去。

第一个提出"路径依赖"理论并使之声名远播的是道格拉斯·诺思，由于用"路径依赖"理论成功地阐释了经济制度的演进，道格拉斯·诺思于1993年获得诺贝尔经济学奖。诺思认为，"路径依赖"类似于物理学中的惯性，事物一旦进入某一路径，就可能对这种路径产生依赖。这是因为，经济生活与物理世界一样，存在着报酬递增和自我强化的机制。这种机制使人们一旦选择走上某一路径，就会在以后的发展中得到不断的自我强化。

　　"路径依赖"理论被总结出来之后，人们把它广泛应用在选择和习惯的各个方面。在一定程度上，人们的一切选择都会受到路径依赖的可怕影响，人们过去作出的选择决定了他们现在可能的选择，人们关于习惯的一切理论都可以用"路径依赖"来解释。

　　一个广为流传、引人入胜的例证是：现代铁路两条铁轨之间的标准距离是4.85英尺。原来，早期的铁路是由建电车的人所设计的，而4.85英尺正是电车所用的轮距标准。那么，电车的标准又是从哪里来的呢？最先造电车的人以前是造马车的，所以电车的标准是沿用马车的轮距标准。马车又为什么要用这个轮距标准呢？英国马路辙迹的宽度是4.85英尺，所以，如果马车用其他轮距，它的轮子很快会在英国的老路上撞坏。这些辙迹又是从何而来的呢？从古罗马人那里来的。因为整个欧洲，包括英国的长途老路都是由罗马人为它的军队所铺设的，而4.85英尺正是罗马战车的宽度。任何其他轮宽的战车在这些路上行驶的话，轮子的寿命都不会很长。可以再问，罗马人为什么以4.85英尺作为战车的轮距宽度呢？原因很简单，这是牵引一辆战车的两匹马屁股的宽度。故事到此还没有结束。美国航天飞机燃料箱的两旁有两个火箭推进器，因为这些推进器造好之后要用火车运送，路上又要通过一些隧道，而这些隧道的宽度只比火车轨道宽一点，因此火箭助推器的宽度是由铁轨的宽度所决定的。

　　所以，最后的结论是：路径依赖导致了美国航天飞机火箭助推器的宽度，竟然是两千年前便由两匹马屁股的宽度所决定的。

　　路径依赖反映了历史对现在和将来发展的影响。路径依赖意味着人们过去的选择决定了他们现在可能的选择，任何体制和行为都离不开一定的历史社会环境，沿着既定的路径、体制和行为的改变可能进入良性循环，不断优化，也可能顺着原来的错误路径往下滑，甚至被"锁定"在无效或低效的状态，陷入恶性循环而不能自拔。

　　人们关于习惯的一切理论都可以用"路径依赖"来解释。它告诉我们，要想路径依赖的负面效应不发生，那么在最开始的时候就要找准一个正确的方向。每个人都有自己的基本思维模式，这种模式很大程度上会决定你以后的人生道路。而这种模式的基础，其实是早在童年时期就奠定了。作好了你的第一次选择，你就设定了自己的人生。

　　在国际IT行业中，戴尔电脑是一个财富的神话。戴尔计算机公司从1984年成立时的1000美元，发展到2001年销售额达到310亿美元，是一段颇富传奇色彩的经历。戴尔公司有两大法宝："直接销售模式"和"市场细分"方式。而据戴尔的创始人迈克尔·戴尔透露，他早在少年时就已经奠定了这两大法宝的基础。

　　戴尔12岁那年，进行了人生的第一次生意冒险——为了省钱，酷爱集邮的他不想再从拍卖会上卖邮票，而是通过说服自己一个同样喜欢集邮的邻居把邮票委托给他，然后在专业刊物上刊登卖邮票的广告。出乎意料地，他赚到了2000美元，第一次尝到了抛弃中间人，"直接接触"的好处。有了第一次，就再也忘不掉了。后来，戴尔的创业一直和这种"直接销售"模式分不开。

上初中时，戴尔就已经开始做电脑生意了。他自己买来零部件，组装后再卖掉。在这个过程中，他发现一台售价3000美元的IBM个人电脑，零部件只要六七百美元就能买到。而当时大部分经营电脑的人并不太懂电脑，不能为顾客提供技术支持，更不可能按顾客的需要提供合适的电脑。这就让戴尔产生了灵感：抛弃中间商，自己改装电脑，不但有价格上的优势，还有品质和服务上的优势，能够根据顾客的直接要求提供不同功能的电脑。

这样，后来风靡世界的"直接销售"和"市场细分"模式就诞生了。其内核就是：真正按照顾客的要求来设计制造产品，并把它在尽可能短的时间内直接送到顾客手上。

此后，戴尔便凭借着他发现的这种模式，一路做下去。从1984年戴尔退学开设自己的公司，到2002年排名《财富》杂志全球500强中的第131位，其间不到20年时间，戴尔公司成了全世界最著名的公司之一。正是初次做生意时的正确路径选择，奠定了后来戴尔事业成功的基础。

事实上，不仅仅是个人成就，其他方方面面同样也会遵循这种效应——人们会选择经常光顾一些熟悉的店铺，会选择同样的方式提高自己的工作效率，会喜欢在同样的商品上长年付出同样的价钱……

需要注意的是，在一直遵循对某种路径的依赖时，我们应当提醒自己，要随着条件和时间的变化进行必要调整。因为，当事物在某条固定的轨道上不停地运行时，恐怕效率已经降低，甚至消失了。若不及时地进行处理，路径依赖反而对经济生活决策产生不利影响。

无可奈何下的选择——霍布森选择

其实在生活中，我们面临各式各样的选择，但很多不过是假选择，但我们经常被表面上众多的选择项弄昏了头，其实质是，其他的选择项并不可行，摆在面前的只有一个选项或者没有选项。

1631年，英国剑桥商人霍布森从事马匹生意。他说：所有人买我的马或者租我的马，价格绝对便宜，并且你们可以随便挑选。霍布森的马圈很大，马匹很多，然而马圈只有一个小门。高头大马出不去，能出来的都是瘦马、赖马、小马，来买马的左挑右选，不是瘦的，就是赖的。霍布森只允许人们在马圈的出口处选。大家挑来挑去，自以为完成了满意的选择，最后的结果可想而知——只是一个低级的决策结果，其实质是小选择、假选择、形式主义的选择。

可以看出，这种选择是在有限的空间里进行着有限的选择，无论你如何思考、评估与甄别，最终得到的还是一匹劣马。后来，管理学家西蒙把这种没有选择余地的所谓"选择"讥讽为"霍布森选择"。

对于个人决策来说，如果陷入"霍布森选择"的困境，就不可能发挥自己的创造性。道理很简单，任何好与坏、优与劣，都是在对比选择中产生的，只有拟定出一定数量和质量的方案进行对比选择、判断才有可能做到合理。如只有在许多可供对比选择的方案中进行研究，并能够在对其了解的基础上进行判断，才算得上判断。因此，没有选择余地的"选择"，就等于无法判断，就等于扼杀创造。一个企业家在挑选部门经理时，往往只局限于在自己的圈子里挑选人才，选来选去，再怎么公平、公正和自由，也只是在小范围内进行挑选，很容易出现"霍布森选择"的局面，甚至出现"矮子里拔将军"的惨淡状况。"当看上去只有一条路可走时，这条路往往是错误的。"毫无疑问，只有一种备选方案就无所谓择优，没有了择优，决策也就失去了意义。

实际上，"霍布森选择"一直在我们的生活中存在着。虽然从理论上说你总是有许许多多的选择，但因某些限制的存在，减少了你选择的范围，事实上只提供了唯一的选择项。上世纪著名的汽车商亨利·福特曾经说：你可以订白色的、红色的、蓝色的、黄色的、黑色的，订什么颜色的汽车都可以，但是我生产出来的汽车只有黑色的。固执的福特再一次践行了"霍布森选择"。《庄子·齐物论》中有个"朝三暮四"的故事：

宋国有一个很喜欢饲养猴子的人，名叫狙公。他家养了一大群猴子，时间长了，他能理解猴子的意思，猴子也懂得他的心意。狙公宁可减少全家的食用，也要满足猴子的要求。然而过了不久，家里越来越穷困了，狙公必须要减少猴子吃栗子的数量。但狙公又怕猴子不顺从自己，就先欺骗猴子说："给你们的栗子，早上三个，晚上四个，够吃了吗？"猴子一听，都站了起来，十分恼怒。过了一会儿，狙公又说："给你们的栗子，早上四个，晚上三个，这该够吃了吧？"猴子一听，一个个都趴在地上，非常高兴。

在这个故事里，无论是"朝三暮四"还是"朝四暮三"，栗子的总量并没有变化，所以猴子们的行为显得很愚蠢。生活中，我们也往往会遇到类似的陷阱，我们经常听到"自由选择"，实际上，这种自由总是或多或少受到限制和约束，这使得选择的范围大大缩小。

举一个简单的例子，对于一个"自由"的大学生来说，他毕业后可以工作，可以攻读研究生，可以出国留学，甚至可以成为自由职业者。但是，真实的选择并不是这么回事：因为囊中羞涩，出国留学的选择其实已经名存实亡；因为英语基础差，通过考研英语分数线的可能性很低，这无疑又使读研成为弃选项；因为家里强烈反对他做自由职业者，于是必须得放弃这种选择……这就是残酷的现实给选择套上的枷锁，因此他必须在毕业后找寻一份正式的工作。

在商业竞争不发达的社会，"霍布森选择"很多见，比如多年前中国人单调的服装样式，几年前昂贵的电话初装费，你根本没有选择的权利。这种烦恼令每个人头疼，这毕竟不是我们个人所能改变的。现代商品经济下，生产资料日益丰富，走进超市面对各种品牌的同类商品往往会使人有点无从下手，不知道自己该选择哪个，很担心自己的选择会选中了质量差的产品。谁能保证自己的选择就一定是正确的呢？而如果只有一种商品可供选择，人们对该商品的认知已经很清晰，不再有这些担心，人们至少可以选择买或不买。此外，如果只有一种选择，也可节省选择的机会成本。由此看来，"霍布森选择"也并不是一无是处。

当然，绝大多数人还是希望拥有更多的选择机会，更多的选择机会总是令人身心愉悦。因此，我们理应利用自己的智慧之眼，洞悉所谓的霍布森选择，为自己创造尽可能多的选择机会。

必须要找到最值得信赖的人——委托代理与道德风险

《克雷洛夫寓言》中有一则"狐狸建筑师"的故事。一头狮子特别喜欢养鸡，但由于鸡舍不好，总是丢鸡。狮子决定请最好的建筑师狐狸来建一个坚固的鸡舍。鸡舍建得极为精美，看起来固若金汤，围墙又高又严密，但鸡仍然在一天天减少。原来狐狸就是偷鸡贼，它把鸡舍盖得非常严密，谁也进不去，却把一个秘密通道留给了自己。

狮子委托狐狸建鸡舍是出于它的无知，用经济学术语说是狮子和狐狸之间的信息不对称。一旦狮子知道了狐狸的偷鸡本性，就会从维护自己的利益出发，炒掉狐狸。假设狐狸没有偷鸡的动机，鸡舍也不一定能盖好，比如偷鸡的黄鼠狼有可能给狐狸贿赂，让狐狸留下通道。

在以分工为基础的现代社会中，委托代理关系是普遍存在的。委托代理关系形成以后，由于信息不对称，就可能出现代理人的道德风险。

道德风险是 20 世纪 80 年代西方经济学家提出的一个经济哲学范畴的概念，即"从事经济活动的人在最大限度地增进自身效用的同时做出不利于他人的行动"。或者说是，当签约一方不完全承担风险后果时所采取的自身效用最大化的自私行为。道德风险亦称道德危机，但道德风险并不等同于道德败坏。

关于十二生肖的来历有个传说。天帝交给猫一个任务，让它挑选 12 种动物作为人的生肖，条件是它可以在 12 生肖中位列第一。猫因为要忙于自己的事情，将这个任务交给了它认为的能力最强、最可信赖的老鼠。老鼠将属于猫的第一把交椅留了下来，然后认真履行职责。由于动物们都想被选中，所以对老鼠行贿，老鼠把握不住自己，将这些动物一一拉进来。当它发现 11 个座位都已经排定时，自己还没有地方呢，于是干脆一不做二不休，把留给猫的第一把交椅自己坐了。这也就是猫要抓老鼠的原因。

猫委托老鼠办事，这是一种委托代理关系。而老鼠在接受委托后采用隐藏行为，由于代理人和委托人信息不对称，最终给委托人带来损失。

在经济活动中，道德风险问题相当普遍。可以说，只要市场经济存在，道德风险就不可避免。诺贝尔经济学奖获得者斯蒂格里茨在研究保险市场时，发现了一个经典的例子：美国一所大学学生自行车被盗比率约为10%，有几个有经营头脑的学生发起了一个对自行车的保险，保费为保险标的15%。按常理，这几个有经营头脑的学生应获得5%左右的利润。但该保险运作一段时间后，这几个学生发现自行车被盗比率迅速提高到15%以上。何以如此？这是因为自行车投保后学生们对自行车安全防范措施明显减少。在这个例子中，投保的学生由于不完全承担自行车被盗的风险后果，因而采取了对自行车安全防范的不作为行为。而这种不作为的行为，就是道德风险。

保险就是典型的委托代理关系。基于理性人假设，个人努力追求自己的效用最大化，因为任何预防性措施的采取都有代价，同时保险公司承担了保险的全部风险，所以理性的投保人不会在预防措施上投资，这样增加了风险发生的可能，给保险公司带来了损失。更为极端的是个人会促使损失的发生，从而获得保险公司的理赔。保险公司预测投保人投保后的这种行为，就会要求投保人交纳更多的保险金，这样降低了保险市场的效率。投保人相对采取预防措施下的收益也会降低。此外，保险公司为了激励投保人采取预防措施，可以采用设置免赔额，并且要求投保者也承担一定比例的损失的方式保护自己的利益，能够收到一定的效果。

如何控制代理人的道德风险行为呢？有人说要加强审计、监督、检查和惩戒，但是问题在于：第一，代理人的很多行为并不涉及法律和纪律，比如他的工作热情不高、偷懒，你就没法用法律和纪律约束；第二，检查和监督是有成本的，如果检查和监督很细致、很频繁，监督成本就很高，很可能得不偿失。

其实，为有效防止代理人的道德风险，可以将代理人的报酬与他的绩效挂钩，就能激励他的工作热情。还有一些其他机制控制代理人的道德风险行为，比如用相对业绩来确定经理人的报酬，即代理人的报酬不仅依赖于自己的业绩，而且依赖于相同行业的其他经理人的业绩。又比如市场声誉也能起到一定作用，具有良好市场声誉的代理人在今后能获得较高的报酬，而不良经营记录甚至破产经历则会给代理人的职业生涯带来不利的影响。

第三章

理性与均衡

任何人都不愿改变的最佳状态——帕累托最优

帕累托最优是指在不减少一方福利的情况下，就不可能增加另外一方的福利。通俗地讲，帕累托最优是指一个人已经处于这样一种极限状态：除非损害别人，否则就不能让自己变得更好。由此可以看出，帕累托最优是公平与效率的"理想王国"。这个概念是以意大利经济学家维弗雷多·帕累托的名字命名的，现在，帕累托最优已经成为博弈所希望达到的最优目标。

试举一例。球迷们去体育场观看一场精彩的足球比赛，球场能坐 50000 人。假如在比赛开场前，坐到了 49000 人，那么，体育场在此时还没有处在"帕累托最优"的状态，因为如果再进入 1000 名球迷，他们也可以看到比赛，即"他们的处境会变得更好"，这个增加球迷的过程就是"帕累托改进"。但是如果已经坐满了 50000 人，如果再进入 1000 名甚至更多的球迷，这些新增加的球迷可能会因为看到球赛而使"自己的处境变好"，但对于那原有的 50000 名观众来说，处境却会变差，原因很简单，超过规定人数，安全性就受到损害了。同样的情况也适用于长途汽车。在没有满员的情况下，可以再上乘客，以达到"帕累托最优"，但是满员后再超载，全体乘客的安全就会受到影响。

帕累托最优是指资源分配的一种状态，在不使任何人境况变坏的情况下，不可能再使某些人的处境变好的状态。一旦达到了这种理想状态，想要使某些人的处境变好，就必定要使另外某些人的境况变坏。换句话就是，你的得到是以他人的失去为代价的。

根据帕累托的说法，如果社会资源的配置已经达到任何调整都不可能在不使其他人境况变坏的情况下，使任何一个人情况变更好，那么，这种资源配置的状况就是最佳的，是最有效率的。如果没有达到这种状态，即任何重新调整而使某人境况变好，而不使其他任何一个人情况变坏，那么说明这种资源配置的状况不是最佳的，是缺乏效率的。

春秋时期，鲁国非常弱小，有很多鲁国人在其他国家沦为奴隶。为了振兴国力，鲁国国君颁布了这样一条法律：如果鲁国人在其他国家中遇见沦为奴隶的同胞，可以先把这个奴隶赎回来，回国后国家给予报销赎金。

孔子有一位学生子贡，家里比较富裕，他曾多次将沦为奴隶的鲁国人赎回，而且事后并不去找国君报销。子贡觉得自己是在行使老师的仁义，他为此还非常得意。

后来，孔子知道了此事，他却批评了子贡："我知道你追求高尚，也不缺钱花，可是这个补偿你一定要去领。现在你掏钱救人，受到社会的赞扬。但是从今以后，当别人在国外再遇见沦为奴隶的鲁国人时，他就会想我是不是应该去赎人呢？如果赎了人，回国后还去不去找国君要钱呢？不去找国君，自己会损失一大笔钱；如果去找国君，别人又会拿你来讥笑他。这样一来，他们再看到身为奴隶的鲁国人就会装作没有看见，你的行为正好是阻碍解救沦为奴隶的鲁国人的根源！"子贡听完老师的话，顿感羞愧。

还有一次，孔子的另一位学生看到有人掉进河里，于是他把遇难者救上岸来。被救的人为了表示感谢，送给孔子的这位学生一头牛，学生收下了。孔子对这个学生的行为大加赞赏，因为这会激励更多的人去救人。

孔子的行为暗含了经济学原理，这两件事体现的正是经济学中的帕累托效率准则。意大利经济学家帕累托曾针对资源的最佳配置提出了帕累托效率准则：经济的效率体现于配置社会资源以改善人们的境况，主要看资源是否已经被充分利用，如果资源已经被充分利用，要想再改善就必须损害别人的利益。

鲁国原有的制度其实已经发挥出很好的效果，人们开始积极赎回沦为奴隶的同胞，而子贡做出的这些改变，很可能会破坏这种积极性，从而使鲁国已有的制度出现问题。而有人掉落河中，人们积极去救还没有形成一定的风气，这个时候就需要进行鼓励。

在某种意义上，我们可以认为，帕累托最优是一个兼顾公平与效率的"理想王国"。相反，如果还可以在不损害其他人的情况下改善某个人的处境，我们就可以认为资源尚未被充分利用，这时就不用说已经实现了帕累托最优。

在经济学上，"帕累托最优"无疑是一颗闪烁着迷人光泽的宝石。在这种状态下，每个人均不会为了自己的利益而损及他人，最终将实现社会的充分富裕。由此看来，帕累托最优确实令人神往。但是，需要指出的是，在经济学上，"帕累托最优"描述的是一种过于理想化的状态，在现实的经济生活中比较难以达到。为了达到"帕累托最优"，所以便有了"帕累托改进"。"帕累托改进"是指在没有使任何人处境变坏的前提下，使得至少一个人的处境能变得更好。

"帕累托改进"的特点是自己变好，同时又不使他人变差。正是由于"帕累托改进"没有损害到他人的利益，其行为所遇到的阻力往往很小。以我国初期的改革开放为例，其政策大多是帕累托改进，比如"分田到户"和"联产承包责任制"，它们的特点是广大农民获得了切实的好处，而其他行业也没有受到什么损失，所以推行起来阻力不大。但是如果不是帕累托改进的话，即在使一部分人变好的同时，肯定会使另一部分人变差，阻力就会增大。

在博弈中，如果一方能够做到在不损害对手的情况下为自己争得利益，即可认为在进行帕累托改进。如果双方都在进行帕累托改进，往往就意味着双赢局面的实现。

我们不是完全的理性人——有限理性

在经济生活中，我们都是理性的经济人，只不过这种理性一般是有限理性。理性人的主观意愿就是最大限度地为自己谋福利，但能不能谋到福利是另一回事。以最少的成本获得最大的收益是经济人的理性选择，但由于人对事物的计算能力和认识能力是有限的，因而人们的理性往往表现为有限理性。

有限理性的概念最初是阿罗提出的，他认为有限理性就是人的行为"既是有意识地理性的，但这种理性又是有限的"。一是环境是复杂的，在非个人交换形式中，人们面临的是一个复杂的、不确定的世界，而且交易越多，不确定性就越大，信息也就越不完全；二是人对环境的计算能力和认识能力是有限的，人不可能无所不知。

20世纪40年代，西蒙详尽而深刻地指出了新古典经济学理论的不现实之处，分析了它的两个致命弱点：假定目前状况与未来变化具有必然的一致性；假定全部可供选择的"备选方案"和"策略"的可能结果都是已知的。而事实上这些都是不可能的。西蒙的分析结论使整个新古典经济学理论和管理学理论失去了存在的基础。西蒙指出传统经济理论假定了一种"经济人"。他们具有"经济"特征，具备所处环境的知识即使不是绝对完备，至少也相当丰富和透彻；他们还具有一个很有条理的、稳定的偏好体系，并拥有很强的计算能力，靠此能计算出在他们的备选行动方案中，哪个可以达到尺寸上的最高点。

有一则"掩耳盗钟"的故事很能说明有限理性。春秋时候，有人跑到晋国的范氏家里想偷点东西，看见院子里吊着一口大钟。小偷心里高兴极了，想把这口精美的大钟背回自己家去。可是钟又大又重，怎么也挪不动。他想来想去，只有一个办法，那就是把钟敲碎，然后再分别搬回家。

小偷找来一把大锤，拼命朝钟砸去，但是钟发出了巨大的声响。小偷想办法解决，终于想到一个好办法：把自己的耳朵堵住。他立刻找来两个布团，把耳朵塞住。于是就放手砸起钟来，钟声响亮地传到很远的地方。人们听到钟声蜂拥而至把小偷捉住了。

这则故事讽喻小偷的愚笨。但小偷其实仍旧是一个理性的经济人，他精于算计：要把大钟偷回家，就必须把大钟砸碎，但砸钟会发出声响，必须阻止钟声的传播，他选择了堵住自己的耳朵。可以说，小偷的行为不失理性，但是，他却是一个理性的傻瓜！为什么小偷是一个理性人，却还被视作傻瓜？因为他并不是一个完全理性人，他只是一个有限理性人。

有个关于餐具的测试：一家商店正在清仓大甩卖，有一套餐具，包括8个菜碟、

8个汤碗和8个点心碗，共24件，每件都完好无损。同时有一套餐具，共40件，其中有24件和前面那套的种类大小完全相同，也完好无损，除此之外，还有8个杯子和8个茶托，不过2个杯子和7个茶托已经破损了。在这种情况下，如果买下第二套餐具将比买下第一套多出了6个好的杯子和1个好的茶托，但人们愿意支付的钱却反而少了。

人们往往有这样的心理：一套餐具的件数再多，但即使只有一件破损的，就会认为整套餐具都是次品，理应价廉；而件数再少，但却全部完好，也就成为理所当然的合格品，当然应当高价。可以说，这是理性人的不理性，即"有限理性"。

在生活中我们因为有限理性而对"得失"的判断屡屡失误，事实上我们都做了理性的傻瓜。工人体育场将上演一场由罗大佑、周华健等众多明星参加的演唱会，票价很高，需要800元，这是你梦寐以求的演唱会，机会不容错过，因此很早就买到了演唱会的门票。演唱会的晚上，你正兴冲冲地准备出门，却发现门票没了。要想参加这场音乐会，必须重新掏一次腰包，那么你会再买一次门票吗？假设是另一种情况：同样是这场演唱会，票价也是800元。但是这次你没有提前买票，你打算到了工人体育场后再买。刚要从家里出发的时候，你发现自己不知什么时候把刚买的价值800元的MP4给弄丢了。这个时候，你还会花800元去买这场演唱会的门票吗？

与在第一种情况下选择再买演唱会门票的人相比，在第二种情况下选择仍旧购买演唱会门票的人绝对不会少。客观来讲，这两种情况是没有区别的，是等价的：在你愿意花800元钱去听演唱会的前提下，你面临的都是损失了价值800元的东西，然后你需要选择是否再花800元去参加演唱会。只不过在两种情况下你的损失形式不同：在第一种情况下，你是因为丢了一张票而损失了800元，而在第二种情况下你是因为丢了800元的MP4而损失了800元。

同样是损失了价值800元的东西，为什么我们大多数人会有截然不同的选择呢？其实对于一个理性人来说，他们的理性是有限的，在他们心里，对每一枚硬币并不是一视同仁的，而是视它们来自何方、去往何处而采取不同的态度，这是一种非理性的情况。

我们都是理性经济人，但"智者千虑，必有一失"，任何人都不可能是完全的理性人。在纷繁的世界中，我们应该学会去认识世界，分析事物，不再做理性的傻瓜！

人人理性却得不到最好的结果——囚徒困境

天鹅、梭鱼和大虾一同拉一辆车去搬运货物，它们同时套上绳子，"用足狠劲，身上青筋根根暴露"，可是小车还是在原地没有挪动半步。要说拉这么一辆小车，它们的力量本来是绰绰有余，为什么拉不动呢？原因是天鹅拼命往上飞，大虾一个劲儿往后爬，而梭鱼则一心要跳下水……其结果可想而知。

在这个故事中，天鹅当然要往天上飞，梭鱼当然要往水里游，虾当然要爬，每个看似合理的行动却导致了——小车没有挪动半步，这就涉及经济学中的一个经济学概念——理性合成谬误。

什么是"理性合成谬误"，我们可以通过以下的故事来认识一下。在某城市郊区有个足球场，有一次足球场要举行一个重要的比赛，大家都想去看。到足球场有好几条路，其中有一条是最近的。王波选择了走最近的这条路，但发现其他人也都选择走这条路，于是这条路非常堵塞。因此在路上所花的时间远远多于自己的预期。好不容易来到了足球场，精彩的比赛让人大开眼界，可惜前排有人站起来，影响了自己的观看效果。王波也选择站起来，这样他能看得清晰一些，结果，他后排的人也都选择站起来看。最后是所有人都在站着看比赛。

王波无疑是个理性的经济人，但是当大家都是理性经济人的时候，便会不断出现"理性合成谬误"的状况。同样的道理，如果人人都是理性经济人，从个体来看所作出的选择或决策无疑是理性的，但人人都基于同样的考虑作出相同的选择或决策时，就会发生"理性合成谬误"。寓言中的天鹅、梭鱼、虾所作出的选择无疑是理性的，但它们各自的理性选择却并没有"拉动小车"，这就是"理性合成谬误"。

而囚徒困境的故事更是典型的"理性合成谬误"。1950年，担任斯坦福大学客座教授的数学家图克，为了更形象地说明博弈过程，他用两个犯罪嫌疑人的故事构造了一个博弈模型，即囚徒困境模型：

警方在一宗盗窃杀人案的侦破过程中，抓到两个犯罪嫌疑人。但是，他们矢口否认曾杀过人，辩称是先发现富翁被杀，然后只是顺手牵羊偷了点东西。警察缺乏足够的证据指证他们所犯下的罪行，如果罪犯中至少一人供认罪行，就能确认罪名成立。

于是警方将两人隔离，以防止他们串供或结成攻守同盟，并分别跟他们讲清了他们的处境和面临的选择：如果他们两人中有一人认罪，则坦白者立即释放而另一人将判8年徒刑；如果两人都坦白认罪，则他们将被各判5年监禁；当然若两人都拒不认罪，因警察手上缺乏证据，则他们会被处以较轻的偷盗罪各判1年徒刑。

那么，两个罪犯会怎样选择？

囚徒到底应该选择哪一项策略，才能将自己个人的刑期缩至最短？两名囚徒由于隔绝监禁，并不知道对方的选择；即使他们能交谈，也未必能够尽信对方不会反口。

那么在困境中任何一名理性囚徒都会作出如此选择：

若对方选择抵赖，自己选择背叛，会让自己获释，所以会选择背叛。

若对方选择背叛，自己也要背叛，才能得到较低的刑期，所以还是选择背叛。

二人面对的情况一样，所以二人的理性思考都会得出相同的结论——选择背叛。背叛是两种策略之中的支配性策略。因此，这场博弈中唯一可能达到的纳什均衡，就是双方参与者都背叛对方，结果二人同样服刑5年。

这就是博弈论中经典的囚徒困境，可用下表表示。

囚徒困境

		囚徒乙	
		坦白	抵赖
囚徒甲	坦白	–5，–5	–8，0
	抵赖	0，–8	–1，–1

囚徒困境是博弈论的非零和博弈中具有代表性的例子，反映个人最佳选择并非团体最佳选择。虽然困境本身只属模型性质，但现实中的价格竞争、环境保护等方面，也会频繁出现类似情况。

囚徒困境假定每个参与者都是利己的，即都寻求最大自身利益，而不关心另一参与者的利益。参与者某一策略所得利益，如果在任何情况下都比其他策略要低的话，此策略称为"严格劣势"，理性的参与者绝不会选择。另外，没有任何其他力量干预个人决策，参与者可完全按照自己意愿选择策略。

以全体利益而言，如果两个参与者都合作保持沉默，两人都只会被判刑 1 年，总体利益更高，结果也比两人背叛对方、判刑 5 年的情况好。但根据以上假设，两人均为理性个人，且只追求个人利益。均衡状况会是两个囚徒都选择背叛，结果二人判决均比合作为高，总体利益较合作为低。这就是困境所在。

囚徒困境的主旨为，虽然囚徒们彼此合作，坚不吐实，可为全体带来最佳利益，但在信息不明的情况下，因为出卖同伙可为自己带来利益，必然会导致他们背叛自己的伙伴。

这种困境反映了个人理性与集体理性和它们之间的矛盾，对每个人而言都是理性的选择，能得到最优的结果，但对于整个集体来说却是非理性的，最终导致对集体中每个人都不利的结果。

每个人想到的首先都是自己的利益，进行的都是有利于自己的选择决策，但最后的结果，往往都没有使自己获利，大家都没有从中获得好处。以一个足球队而言，当球员在赛场所想的只是自己的风采，或是自己的位置，或者是在俱乐部的前途的时候，这支球队就不会有希望了。

为避免"理性合成谬误"，任何一个集体都应该加强内部协作。不仅每个人要充当理性的经济人，集体也应该成为理性的经济人，只有这样，才能实现集体和内部成员利益的最大化。

经济学巨星和他的伟大成就——纳什与纳什均衡

"纳什均衡"的创立者约翰·纳什的名字是因为那部获奥斯卡奖的影片《美丽

心灵》才被大家了解的。这个被精神分裂症困扰了 30 多年的天才曾被很多学术奖项和机构排斥在门外，他的诺贝尔奖得来的更是艰难。他的名字在 20 世纪 80 年代中期就出现在候选人的名单当中，却因为两派意见相差太大而被搁置了近 10 年。1994 年，他终于在投票中以微弱多数通过，获得当年的诺贝尔经济学奖。

1948 年约翰·纳什作为年轻的数学博士生进入普林斯顿大学。其研究成果见于题为《非合作博弈》（1950）的博士论文。该博士论文导致了《n 人博弈中的均衡点》（1950）和题为《非合作博弈》（1951）两篇论文的发表。纳什在上述论文中，介绍了合作博弈与非合作博弈的区别。他对非合作博弈的最重要贡献是阐明了包含任意人数局中人和任意偏好的一种通用解概念，也就是不限于两人零和博弈。

假设有 n 个局中人参与博弈，给定其他人策略的条件下，每个局中人选择自己的最优策略（个人最优策略可能依赖于也可能不依赖于他人的策略），从而使自己利益最大化。所有局中人策略构成一个策略组合。纳什均衡指的是这样一种战略组合，这种策略组合由所有参与人最优策略组成。即在给定别人策略的情况下，没有人有足够理由打破这种均衡。纳什均衡，从实质上说，是一种非合作博弈状态。

纳什均衡理论奠定了现代主流博弈理论和经济理论的根本基础，正如克瑞普斯在《博弈论和经济建模》一书的引言中所说，"在过去的一二十年内，经济学在方法论以及语言、概念等方面，经历了一场温和的革命，非合作博弈理论已经成为范式的中心……"在经济学或者与经济学原理相关的金融、会计、营销和政治科学等学科中，现在人们已经很难找到不懂纳什均衡能够"消费"近期文献的领域。纳什均衡理论改变了经济学的语言和表达方法。在进化博弈论方面相当有造诣的坎多利对保罗·萨缪尔森的名言"你甚至可以使一只鹦鹉变成一个训练有素的经济学家，因为它必须学习的只有两个词，那就是'供给'和'需求'"，曾做过一个幽默的引申，他说："现在这只鹦鹉需要再学两个词，那就是'纳什均衡'。"

在经济生活中，纳什均衡其实就在我们身边。每逢周末节假日是超市人最多的时候，假如你怀抱着一堆东西站在收银台旁边一个长长的队伍的最后边，你是准备抱着这堆东西找个最短的队来排，还是就近找个队排？

在这里我们假设超市里的每个人都有一个理性的预期——尽快离开超市。因此所有的队都会一样长，你用不着费劲地去找最短的队。购物者只要看到旁边的队人少，就会很快排进较短的队中，如此一来较短的队也变长了，一直持续到两个队人数差不多。相邻的两个队是这样，同理，所有的队都会变得人数差不多。所以，还是就近选择最好。

如果我们从时间的角度来考虑，其结果也是一样的。我们排队除了要看每个队伍的长短，还得关心每个队的移动速度。如果一个队有 10 个人，但是每个人买的东西少，另一个队有 7 个人，都推着购物车，买了一堆东西，显然人们还是愿意排第一个队。等到第一个队多出第二个队足够多的时候，两个队伍的移动速度基本差不多了，你也用不着去找队排了。此外，收银员的工作熟练程度也会影响到队伍的移动速度快慢，如果你不知道哪个收银员工作比较熟练，所以还是就近找个队排最好。

排哪个队都一样，这就是经济学中所说的均衡。均衡是一种均势状态，或是一种皆大欢喜的状态，每个人都乐于接受它；抑或是一种作茧自缚的状态，每个人都被迫选择它。但是不管人喜欢不喜欢，这是人们所能作出的最好的选择。

生活中有一种有趣的现象也可用均衡原理来解释。为什么有许多美女最后嫁给了让人跌破眼镜的男士，被人们说是"鲜花插在了牛粪上"呢？如果用纳什均衡原理对此进行分析，会有许多有趣的结论。纳什均衡的基本原理是，如果对方的策略是确定的，我的策略就是最优；对方的策略是不确定的，我的策略就很难是最优的。

在纳什假定的情景下，如果四位优秀的男士看到四位美女加一绝色美女，通常每一位男士都会假定其他男士会去追绝色美女，故追到绝美的不确定性最强，很难有最优机会；为防止"赔了夫人又折兵"，每一位男士去追的将是普通美女。普通美女与绝色美女相比，比较知道自己的差距，在有确定追求者的时候，会有清晰的迎合策略。因此相比较于绝美的不确定策略，普通美女会更具吸引力，结果会导致绝色美女轮空或无人敢认真追她。

如果按照Ⅰ、Ⅱ、Ⅲ、Ⅳ给男女分等级，那么现实中的典型配对是：Ⅰ男配Ⅱ女，Ⅱ男配Ⅲ女，Ⅲ男配Ⅳ女。在大伙的"谦让"之下，Ⅰ女即鲜花美女将轮空，所以Ⅳ男即"牛粪"可能出于无聊或其他动机去追Ⅰ女"鲜花"。

Ⅰ女"鲜花"一般是不追人的，所以丧失了主动、选择性地获得优秀男士的机会。而最有可能追鲜花的是Ⅳ男即"牛粪"，这极大限制了"鲜花"的选择范围，并使其极易产生极端自我认识误区，认为男人没有一个好东西，从而伤心地把自己插在"牛粪"上。除非鲜花明白了这个道理，自我破解，否则就很难走出这个近乎宿命的"鲜花插在牛粪上"的困境，从而实现相对较优的组合。

由此可见，均衡是指一种均势的状态，在经济生活中，是各方参与者在理性预期的指导下综合博弈的结果。假如我们理解了其中的奥妙，生活就不会平添许多无谓的烦恼。

海盗如何分金——动态博弈

有这样一个故事，5个强盗抢得100枚金币，他们决定：

（1）抽签决定各人的号码（1，2，3，4，5）。

（2）由1号提出分配方案，然后5人表决，当且仅当超过半数同意时，方案通过，否则他将被扔入大海喂鲨鱼。

（3）1号死后，由2号提方案，4人表决，当且仅当超过半数同意时方案通过，否则2号同样被扔入大海。

（4）以此类推……

假定每个海盗都是很聪明的人，都能很理智地判断得失，从而作出选择，那么

1号提出怎样的分配方案才能够使自己的收益最大化？

问题的答案是：1号独得97块金币，不给2号，给3号1块，给4号或5号2块。可以写成（97，0，1，2，0）或者（97，0，1，0，2）。

1号这样做不是找死吗？不怕被其他人扔到海里去？事实上，这个方案是绝妙的。因为这5个海盗都是绝顶聪明的。首先来看4号和5号是怎么想的：如果1号、2号、3号都喂了鲨鱼，只剩4号和5号的话。无论4号提出怎样的方案，5号都一定不会同意。因为只要5号不同意，就可以让4号去喂鲨鱼，那么自己就可以独吞全部金币。4号预见到这一结局，所以打定主意，不论怎样，唯有支持3号才能保命。而3号知道，既然4号的赞成票已在手中，那么就会提出自己独得100块的分配方案，对4号、5号一毛不拔。不过，2号料到3号的方案，他会提出（98，0，1，1）的分配，不给3号，给4号和5号各1块金币。因为这样对4号和5号来说比在3号分配时更有利，于是他俩将转而支持2号，不希望他出局。但是，1号比2号更占先机，只要他得到3票赞成，即可稳操胜券，如果他给3号1块金币，给4号或5号2块金币——这肯定要比2号给得多，那么，除了他自己的1票之外，他还能得到3号以及4号或5号的支持。这样他将不会被丢到海里去，并且还将拿到97块金币！

这个看起来似乎是自寻死路的方案实际上非常精确。前提在于，5个强盗个个工于心计，能够准确地预测分配过程中每一步骤将会发生的变化。而且全都锱铢必较，能多得一块就绝不少得，能得到一块也绝不放弃。这是一场精彩的博弈。

博弈论的基本概念有参与人、行动、信息、策略、支付（效用）、结果和均衡，其中参与人、策略和支付是描述博弈的基本要素，而行动和信息是"构件"，参与人、行动和结果统称为"博弈规则"。具体含义如下：

（1）参与人：又称为局中人，是博弈论中最基本的概念，是指选择自己的行为以使效用最大化的决策主体。

（2）行动：是指参与人在博弈的某个时点的决策变量。

（3）信息：参与人有关博弈的知识，特别是有关"自然"的选择、其他参与人的特征和行动的知识。信息集是指参与人在特定时刻有关变量值的知识。

（4）策略：是指参与人在给定信息情况下的行动规则，它规定在什么时候，选择什么行动。

（5）支付：是指在一个特定的策略集合中参与人得到的确定的效用水平或指参与人得到的期望效用水平。

（6）结果：主要是指均衡策略组合、均衡行动组合、均衡支付组合等。

（7）均衡：是指所有参与人的最优策略集合。

在博弈中要掌握几点：第一，在竞争中要掌握主动权。1号强盗看起来最有可能喂鲨鱼，但他牢牢地把握住先发优势，结果不但消除了死亡威胁，还获得了最大的收益。5号强盗看起来最安全，丝毫不用担心被扔进大海，还有可能坐收渔人之利，却因不得不看别人脸色行事而只能分得一小杯羹，甚至两手空空。第二，在竞争中最重要的是规则。如果规则改变了，这道题的解答就完全是另一码事。当然有了规则，还必须要遵守，这真是一群讲规则的强盗，不抢、不闹、不来浑的，就动脑子玩智慧，凭智力赚取最大收益，看来他们早就跨入知识经济时代了。第三，在竞争中要保持头脑清醒。要善于分析得失，学会满足，不然可能一无所得，当然，这里不是说那种糊里糊涂的满足，对于应得的东西一定要努力争取。

回到"海盗分金"这个话题，其实这就是一场动态博弈。动态博弈指参与者的行动有先后顺序，并且后采取行动的人可以知道先采取行动的人会采取什么行动。

动态博弈的困难在于，在前一刻最优的决策在下一刻可能不再为最优，因此在求解上发生很大的困难。动态博弈行动有先后顺序，不同的参与人在不同时点行动，先行动者的选择影响后行动者的选择空间，后行动者可以观察到先行动者作了什么选择，因此，为了作最优的行动选择，每个参与人都必须这样思考问题：如果我如此选择，对方将如何应对？如果我是他，我将会如何行动？对于他的应对，什么是我的最优选择？

在动态博弈中，每个局中人的举动显然是先根据对方的行动做出的，就如下棋一样，你走一步，对方走一步，行动策略上有一个先后顺序，这就给了被动方变被动为主动的余地。

历史上著名的"请君入瓮"的故事也是动态博弈的经典实例。来俊臣问周兴说："囚犯多不肯招认，应该采取什么办法？"周兴说："这太容易了！抬个大瓮来，用炭火在四面烤，再叫犯人进到里面，还有什么能不招认！"于是来俊臣立即派人找来一口大瓮，按照周兴出的主意用火围着烤，然后站起来对他说："有人告你谋反，太后让我审查你，请老兄自己进到瓮里吧！"周兴大惊失色，只得叩头认罪。

我们知道，再精明的对手也会有其猝不及防的死穴。在生活中难免有遭遇小人之时，聪明人总是能够对自己的行动适时作出调整，化险为夷。

让威胁发挥效力——威胁与可信度

明代的刘伯温曾经写过一则"像虎"的故事。楚国有个人深受狐狸之害。他想了许多办法来抓狐狸，可是都没成功。后来，有人给他出主意，说："老虎是百兽之王，普通的野兽见到它都会害怕得丢魂弃魄，只能趴在地上等死。"楚人受此启发，于是就用竹篾编了一个老虎模型，再用一张虎皮蒙在外面，放置在自家的窗户之下。没过几天，狐狸又来了，看见这个老虎模型，吓得瘫倒在地上，于是楚国人就抓住了这只狐狸。后来楚人又凭借老虎模型抓住了一只野猪。恰在此时，野外又发现了一种形状像马的动物，这位楚人立即带上老虎模型前往驱赶它。有人说："这是'驳'（bó）呀，它连真的老虎都会吃掉，你又何必带个假的老虎模型去送死呢？"可是楚人认为所有的动物都应该怕老虎。他到了野外之后，只听驳吼声如雷，迅速踢翻了他带去的老虎模型，接着拼命撕咬楚人，不一会儿就将这个楚人咬死了。

楚人制造了一个老虎模型，本来是只能用来吓唬狐狸和野猪一类并不强大的敌手的，可是他却错误地以为老虎模型无往不胜，结果在遇上了真正的强敌之后，只能落得个粉身碎骨的可悲下场。由此可以得出结论：威胁并不是对所有对象都是适用的。

博弈论中的威胁就是对不肯合作的人进行惩罚的一种回应规则。威胁既有强迫性的威胁，比如恐怖分子劫持一架飞机，其确立的回应规则是假如他的要求不能得到满足，全体乘客都将死于非命；也有吓阻性威胁，比如美国威胁苏联，如果苏联胆敢在古巴建立导弹基地，美国就会实施打击。一般而言，威胁都是在策略选择之前做出的，因此在受到对方威胁时，首先必须考虑其可信度问题。

假如通过威胁来影响对方的行动，就必须让自己的威胁不超过必要的范围。因此，在博弈中，一个大小恰当的威胁，应该是大到足以奏效，而又小到足以令人信服。如果威胁大而不当，对方难以置信，而自己又不能说到做到，最终不能起到威胁的效果。

不可置信的威胁就是虽然你作出了某种威胁或承诺，但从利益最大化的角度来看，你不可能使这种威胁成为现实，可以通过一些信号或手段使一旦相应的情况出现，实施威胁成为你利益最大化的途径，从而让对手相信。

博弈的参与者发出威胁的时候，首先可能考虑威胁必须达到足以吓阻或者强迫对方的地步。接下来才考虑可信度，即让对方相信，假如他不肯从命，一定会受到相应的损失或惩罚。假如对方知道反抗的下场，并且感到害怕，他就会乖乖就范。

但是，我们往往不会遇到这种理想状况。首先，发出威胁的行动本身就可能代价不菲。其次，一个大而不当的威胁即便当真实践了，也可能产生相反的作用。因此可以说，发出有效的威胁必须具备非凡的智慧，我们来看一下女高音歌唱家玛·迪梅普莱是如何威胁那些私闯园林的人们。

玛·迪梅普莱有一个很大的私人园林。总会有人到她的园林里采花、拾蘑菇，甚至还有人在那里露营野餐。虽然管理员多次在园林四周围上了篱笆，还竖起了"私人园林，禁止入内"的木牌，可是这些努力无济于事。当迪梅普莱知道了这种情况后，就吩咐管理员制作了很多醒目的牌子，上面写着"如果有人在园林中被毒蛇咬伤后，最近的医院在距此15公里处"的字样，并把它们树立在园林四周。从那以后，再也没有人私闯她的园林了。

威胁的首要选择是能奏效的最小而又最恰当的那种，不能使其过大而失去可信度。但是有时候的威胁是不可信的。博弈论中，经常用"可置信"和"不可置信"的"威胁"或"承诺"来区分行动者说出来的策略，我们在对动态博弈的分析中会分析什么样的策略是可置信的，什么样的策略是不可置信的。而分析"威胁"或"承诺"是可置信的还是不可置信的方法是倒推法。我们通过商界中的一个例子来说明。

在某个城市只有一家房地产开发商 A，没有竞争下的垄断利润是很高的。现在有另外一个企业 B，准备从事房地产开发。面对着 B 要进入其垄断的行业，A 想：一旦 B 进入，自己的利润将受损很多，B 最好不要进入。所以 A 向 B 表示，你进入的话，我将阻挠你进入。假定当 B 进入时 A 阻挠的话，A 的收益降低到 2，B 的收益是 -1。而如果 A 不阻挠的话，A 的利润是 4，B 的利润也是 4。

因此，A 的最好结局是"B 不进入"，而 B 的最好结局是"进入"而 A "不阻挠"。这两个最好的结局不能构成均衡。那么结果是什么呢？A 向 B 发出威胁：如果你进入，我将阻挠。而对 B 来说，如果进入，A 真的阻挠的话，它将会得到 -1 的收益，当然此时 A 也有损失。对于 B 来说，问题是：A 的威胁可置信吗？

B 通过分析得出：A 的威胁是不可置信的。原因是：当 B 进入的时候，A 阻挠的收益是 2，而不阻挠的收益是 4。4>2，理性人是不会选择做非理性的事情的。也就是说，一旦 B 进入，A 的最好策略是合作，而不是阻挠。因此，通过分析，B 选择了进入，而 A 选择了合作。

因此，我们都应该从博弈论中认识到威胁的重要性，能设法使自己的威胁具有可信度，并能以理性的视角判断出他人威胁的可信性，从而使博弈的结果变得对自己更加有利。

冤冤相报何时了——负和博弈

所谓的负和博弈，就是指双方冲突和斗争的结果是所得小于所失，就是我们通常所说的其结果的总和为负数，也是一种两败俱伤的博弈，结果双方都有不同程度的损失。在博弈中，双方的有效合作会带来意想不到的效果；不合作则有可能造成两败俱伤的恶果。在交往中，双方有可能恶行相向，最终却落得双方都受损失的局面。

人们在现实中的决策并不单单是考虑经济上的动机，也会考虑对方行为的目的。人类有知恩图报、以牙还牙的心理，对于那些善待自己的人，他们常常愿意牺牲自己的利益给予回报，对于那些恶待自己的人，他们常常愿意牺牲自己的利益去报复。在这样的动机下，负和博弈也就在情理之中了。下面有个故事说明了这一点。

古时候，有一个木匠，技艺高超，非一般人可比。他制作了一件绝无仅有的杰作——一个跟真人一般大小的木头女孩。木匠叫她"木女"。那木女不但美丽可爱，而且还能行走、活动，唯一不足的是不会说话。木匠为此非常得意。有一天，来了一位画家，技艺之高无人可比，他慕名前来切磋技艺。木匠存心想要试探一下，自己的杰作能否骗过这位画家的眼睛。当夜，木匠请画家在家喝酒。木女除了端酒上菜，一直默不作声地伺候在旁边。夜色已深，木匠借故离去，并吩咐木女好好陪陪画家。第二天清晨，木匠来到画家的卧室前。他往里一看，不禁大惊失色，只见画家自缢而死，旁边的木女早已身首俱散，成了一堆木头。木匠猜想画家发现木女是假人之后，羞愧至极，感到无颜见人，便自杀了。他喊来了当地的官员及众人。验尸官让他先砍断绳索，木匠举刀用力砍去，只听得"当"的一声，刀砍在墙上。大家定睛一看，才知那是一张画而已。木匠顿时大怒，找到画家并争吵起来，两人不欢而散。

从博弈论的角度看，这个故事就是人际交往中一场不折不扣的"负和博弈"。负和博弈的情况，在我们的生活中是经常出现的，在相处过程中，由于双方为了各自的利益或占有欲，而不能达成相互间的统一，使双方产生冲突和矛盾，结果是双方都从中受到损失。

有一对兄弟，哥哥仗着自己年龄大，经常抢弟弟的玩具。弟弟的玩具被抢了，就跑到爸爸那去告状。可是爸爸很忙，不想总是管兄弟俩的小事，所以规定：如果来告状，不管是谁的过错，兄弟二人都将被各关在屋子里一天且不许玩。如果弟弟是一个经济人，当他的玩具再次被抢的时候，他会怎么办？选择无外乎"告状"或者"不告状"。告状的后果就是自己被关，这绝对是没有任何好处的。不告状的话，等哥哥玩腻了，自己尚且能有一点玩的时间。理性的"经济人"会毫不犹豫地选择忍气吞声——为了最大的利益。

但是恰恰现实中情况很大程度并非如此，弟弟会选择"告状"，以此来惩罚哥哥，虽然哥哥被惩罚不会给自己带来任何直接利益，甚至是害处。而作为哥哥，抢了弟弟手中的玩具，完全是"损人利己"的行为，但结果却造成了"双输"的结局。损人利己并没有为哥哥赢得更大的利益。

事实上，负和博弈哪儿都有，很多职场人士因为与老板不和，或与同事发生冲突，其结果出现"负和博弈"的例子也有很多。

一年前王超应聘到某文化公司做财务，业绩也不错。前不久她上报的财务报表出了错（她认为是销售和库房的问题），老板立即当着众人的面对她大发雷霆，她忍无可忍，于是便与老板顶撞了起来，然后又哭着冲出了办公室。结果，受到顶撞的老板火气更旺，一气之下，除了王超的名，而王超也因此失去了工作。

事实证明，无论工作或生活，对抗性的两败俱伤的"负和博弈"是非常不足取的，无论对哪一方来讲，结果都是不利的，它只能使双方的矛盾和冲突不断地加大，而加大的结果是：博弈双方都将付出惨重的代价，得不偿失，可谓双方都没有赢家。

在现实中，我们时常会遇到与此类似的"负和博弈"现象。所以在遇到冲突的时候，不要总想着战胜对方，而应考虑，怎样友好地谈判才能让彼此的损失降到最低。在遇到竞争的时候，一定要动用智慧、冷静行事、化干戈为玉帛，避免彼此的恶行冲突，减少双方损失。

别让合作成为懈怠的理由——正和博弈

春秋战国时期，越国人甲父史和公石师各有所长。甲父史善于计谋，但处事很不果断；公石师处事果断，却缺少心计，常犯疏忽大意的错误。他们经常取长补短，合谋共事，好像有一条心。这两个人无论一起去干什么，总是心想事成。

后来，他们在一些小事上发生了冲突，吵完架后就分了手。当他们各行其是的时候，都在自己的事业中屡遭败绩。

一个叫密须奋的人对此感到十分痛心，他哭着规劝两人说："你们听说过海里的水母没有？它没有眼睛，靠虾来带路，而虾则分享着水母的食物。这二者互相依存，缺一不可。北方有一种肩并肩长在一起的'比肩人'。他们轮流着吃喝、交替着看东西，死一个则全死，同样是二者不可分离。现在你们两人与这种'比肩人'非常相似。你们和'比肩人'的区别仅仅在于，'比肩人'是通过形体，而你们是通过事业联系在一起的。既然你们独自处事时连连失败，为什么还不和好呢？"

甲父史和公石师听了密须奋的劝解，感到很惭愧。于是，两人言归于好，重新在一起合作共事。

这则寓言故事说明个体的能力是有限的，在争生存、求发展的斗争中，只有坚持团结合作，才有可能获得最终的成功。这便涉及经济学中的正和博弈。

正和博弈，也称合作博弈，是指博弈双方的利益都有所增加，或者至少是一方的利益增加，而另一方的利益不受损害，因而整个社会的利益有所增加。合作博弈研究人们达成合作时如何分配合作得到的收益，即收益分配问题。合作博弈采取的是一种合作的方式，或者说是一种妥协。妥协其所以能够增进妥协双方的利益以及整个社会的利益，就是因为合作博弈能够产生一种合作剩余。这种剩余就是从这种关系和方式中产生出来的，且以此为限。至于合作剩余在博弈各方之间如何分配，取决于博弈各方的力量对比和技巧运用。因此，妥协必须经过博弈各方的讨价还价，达成共识，进行合作。在这里，合作剩余的分配既是妥协的结果，又是达成妥协的条件。

正和博弈强调的是集体主义，团体理性，是效率、公平、公正；是研究人们达成合作时如何分配合作得到的收益，即收益分配问题。而非合作博弈是研究人们在利益相互影响的局势中如何选择决策使自己的收益最大，即策略选择问题。为了更好地理解，我们不妨用"猎鹿模型"来解释在博弈中合作的必要性。

在古代的一个村庄，有两个猎人。为了使问题简化，假设主要猎物只有两种：鹿和兔子。如果两个猎人齐心合力，忠实地守着自己的岗位，他们就可以共同捕得一只鹿；要是两个猎人各自行动，仅凭一个人的力量，是无法捕到鹿的，但可以抓住4只兔子。

从能够填饱肚子的角度来看，4只兔子可以供一个人吃4天；1只鹿如果被抓住将被两个猎人平分，可供每人吃10天。也就是说，对于两位猎人，他们的行为决策就成为这样的博弈形式：要么分别打兔子，每人得4；要么合作，每人得10。如果一个去抓兔子，另一个去打鹿，则前者收益为4，而后者只能是一无所获，收益为0。

在这个博亦中，要么两人分别打兔子，每人吃饱 4 天；要么大家合作，每人吃饱 10 天，这就是这个博弈的两个可能结局。

猎鹿博弈

		猎人乙	
		猎鹿	猎兔
猎人甲	猎鹿	10，10	0，4
	猎兔	4，0	4，4

通过比较"猎鹿博弈"，明显的事实是，两人一起去猎鹿的好处比各自打兔的好处要大得多。猎鹿博弈启示我们，双赢的可能性都是存在的，而且人们可以通过采取各种举措实现这一局面。

但是，有一点需要注意，为了让大家都赢，各方首先要做好有所失的准备。在一艘将沉的船上，我们所要做的并不是将人一个接着一个地抛下船去，减轻船的重量，而是大家齐心协力地将漏洞堵上。因为谁都知道，前一种结果是最终大家都将葬身海底。在全球化竞争的时代，共生共赢才是企业的重要生存策略。为了生存，博弈双方必须学会与对手共赢，把社会竞争变成一场双方都得益的"正和博弈"。

厉以宁曾经讲过新龟兔赛跑的故事：龟兔赛跑，第一次比赛兔子输了，要求再赛一次。第二次龟兔赛跑，兔子吸取经验，不再睡觉，一口气跑到终点。兔子赢了，乌龟又不服气，要求赛第三次，并说前两次都是你指定路线，这次得由我指定路线跑。结果兔子又跑到前面，快到终点了，一条河把路挡住，兔子过不去，乌龟慢慢游到了终点，第三次乌龟赢。于是两个就商量赛第四次。乌龟说："咱们老竞争干吗？咱们合作吧。"于是，陆地上兔子驮着乌龟跑，过河时乌龟驮着兔子游，两个同时抵达终点。

这个故事告诉我们双赢才是最佳的合作效果，合作是利益最大化的武器。许多时候，对手不仅仅只是对手，正如矛盾双方可以转化一样，对手也可以变为助手和盟友，微软公司对苹果公司慷慨解囊就是一个最好的案例。如同国际关系一样，商场中也不存在永远的敌人。

作为竞争的参与者，每个人要分清自己所参与的是哪种博弈，并据此选择自己最合适的策略。有对手才会有竞争，有竞争才会有发展，才能实现利益的最大化。如果对方的行动有可能使自己受到损失，应在保证基本得益的前提下尽量降低风险，与对方合作。

理性人的困境——最后通牒博弈

"最后通牒"是指一方向另一方提出的不容商量的或没有任何先决条件的建议，一般用于处于敌对状态中的军事策略之中。但是，在人们日常的经济行为（如竞争对手之间的谈判或生意上的讨价还价）中最后通牒作为一种竞争策略与手段也起着重要作用，它既代表谈判（或讨价还价）过程的最后状态，也代表谈判（或讨价还价）过程本身。一般情况下，人们就把上述的竞争策略及其状态称为"最后通牒博弈"。

假设现在有一笔钱（比如100元）要在两个互不认识的人之间分配，其中一个人被称为提议者（简称为P），另一个人被称为响应者（简称为R）。这两个人要分配这100元必须遵循一个规则：提议者P首先可以向响应者提出一个分配方案，响应者R可以接收或者拒绝这个分配方案。如果R接受这个方案，那么，P和R双方就按P所提议的分配方案来分配这100元钱，如果R拒绝了这个提议，则双方什么都不会得到。此时，该博弈过程就此结束。

我们注意到，在这个博弈中，博弈参与者双方不但完全知道要分配的金钱数额，而且也知道对方的效用函数及博弈的后果，因此，这是一个有两人参加的具有完全信息条件下的一次性动态博弈。

现在我们来看这个博弈的均衡情况。假设这两个人都是理性经济人，即两人都是以追求自身利益最大化为目标来进行最优决策的。在博弈第一阶段，首先由P提出分配方案，此时，他知道R是理性的行为人。P会提出如下一个方案：P从100元钱中分配给R1分钱，而将其余99.99元留给自己，即该方案的分配比例为99.99 : 0.01。到了博弈的第二阶段，R面临"同意"和"不同意"的两种选择：如果R"同意"该分配方案，R所得为1分钱；如果R"不同意"，他将一无所得，而且博弈此时就结束。显然，作为理性经济人的R将会把选择"同意"作为自己的占优策略。这样，在博弈结束时，理性的R只能得到1分钱，而P得到了自己所希望得到的最大份额99.99元，这里P正是根据R的理性的选择而使自己利益最大。

但是这种最大化的动机在实际的经济活动中是否能得以实现呢？近二十年来，许多实验经济学家对最后通牒博弈及其均衡情况进行了一系列的实验，并得出了许多有趣而又出人意料的结论：提出较公平的分配方案（给对方40%～50%）的人，占受试者的40%～60%，其中以平均分配居多；20%～30%的人提出非常不公平的分配方案（分给对方低于30%），但是这些不公平的提议，总是以很高的概率被对方拒绝。经济学家也曾认为，这可能是由于所分配的金额太低所致。但后来，2002年的诺贝尔经济学奖得主弗农·史密斯以每次100美元作为刺激对50个受试者进行实验，得到的结果仍然支持了公平法则。

通过以上的分析，我们可以看出，"最后通牒博弈"及其实验结果是一次对新古典经济学绝对化了的基本假设——"理性经济人假设"的重大挑战。通过实验表明，人的经济行为并非都那么"自利"和"理性"，而是与人的心理的或精神的东西密切相关，比如公平主义、利他主义等等，这些心理或精神的东西，又与人所处的环境、个人经历和经验积累等因素相关，人们从事经济活动或决策，可能是出于"理性"，也可能不是。就最后通牒博弈及其实验来说，人们进行试验的目的本来是要通过实验来验证在互动博弈条件下人们在理性动机的驱使下实现利益最大化的可能性问题，可是，实验却发现了人们并不总是按照追求自身利益最大化的这样一个"理性逻辑"来行事的，而是有着丰富多样化的决策选择。这一结论在某种程度上说明了人类经济行为动机的多元化以及人性的复杂性。

最后通牒博弈在生活中的一个例子是"彩票问题"。我们说理性的人作的决定是使自己的效益最大，如果在信息不完全的情况下则是使自己的期望效益最大。但是这难以解释现实中人们购买彩票的现象。人们愿意掏少量的钱去买彩票，如买福利彩票、体育彩票等，以博取高额的回报。在这样的过程中，人们自己的选择理性发挥不出来，而唯有靠运气。在这个博弈中，人们要在决定购买彩票还是决定不买彩票之间进行选择，根据理性人的假定，选择不买彩票是理性的，而选择买彩票是不理性的。

彩票的命中率肯定低，并且命中率与命中所得相乘肯定低于购买的付出，因为彩票的发行者早已计算过了，他们通过发行彩票将获得高额回报，他们肯定赢。在这样的博弈中，彩票购买者是不理性的：他未使自己的期望效益最大。但在社会上有各种各样的彩票存在，也有大量的人来购买。可见，理性人的假定是不符合实际情况的。

当然我们可以给出这样一个解释：现实中人的理性的计算能力往往用在不符合实际情况的"高效用"问题上，而在"低效用"问题上，理性往往失去作用，对于人来说，存在着"低效用区的决策陷阱"。在购买彩票问题上，付出少量的金钱给购买者带来的损失不大，损失的效用几乎为零，而所能命中的期望也几乎是零，这时候，影响人抉择的是非理性的因素。比如，考虑到如果自己运气好的话，可以获得高回报，这样可以给自己带来更大的效用，等等。彩票发行者正是利用人存在着"低效用区的决策陷阱"而寻求保证赚钱的获利途径。

博弈策略

第四章

做一只聪明的小猪——智猪博弈

假设猪圈里有一头大猪、一头小猪，它们在同一个石槽里进食。猪圈的一头有猪食槽，另一头安装着控制猪食供应的按钮，按一下按钮会有 10 个单位的猪食进槽，但是谁按按钮就会首先付出 2 个单位的成本，若大猪先到槽边，大小猪吃到食物的收益比是 9∶1；同时到槽边，收益比是 7∶3；小猪先到槽边，大小猪收益比是 6∶4。那么，在两头猪都有智慧的前提下，最终结果是小猪选择等待。

实际上小猪选择等待，让大猪去按控制按钮的原因很简单：在大猪选择行动的前提下，小猪也行动的话，小猪可得到 1 个单位的纯收益（吃到 3 个单位食品的同时也耗费 2 个单位的成本）；而小猪等待的话，则可以获得 4 个单位的纯收益，等待优于行动。在大猪选择等待的前提下，小猪如果行动的话，小猪的收入将不抵成本，纯收益为 –1 个单位；如果小猪也选择等待的话，那么小猪的收益为零，成本也为零。总之，等待还是要优于行动。

智猪博弈

大猪 / 小猪	踩踏板	等待
踩踏板	7/1	4/4
等待	9/–1	0/0

在智猪博弈模型中，反正受罪的都是大猪，小猪等着就行。智猪博弈模型可以解释为谁是占有更多资源者，谁就必须承担更多的义务。

智猪博弈存在的基础，就是双方都无法摆脱共存局面，而且必有一方要付出代价换取双方的利益。而一旦有一方的力量足够打破这种平衡，共存的局面便不复存在，期望将重新被设定，智猪博弈的局面也随之被瓦解。

对小猪而言，不管大猪踩不踩踏板，自己不去踩踏板总是最好的选择。而大猪呢？它知道小猪是不会去踩踏板的，与其两者一起饿肚子，还不如自己去踩踏板，那样总还能获得食物。于是，主动去踩踏板成了大猪的唯一选择。这就出现了，同样聪明的两头猪，却有不一样的付出：小猪舒舒服服地等在投食处，而大猪不得不来回奔波于踏板和食物之间。

赤壁之战是我国历史上的著名战役，实际上，赤壁之战中的孙权一方扮演的就是智猪博弈中"大猪"的角色，刘备一方则是拣了大便宜的"小猪"。赤壁正面作战的是孙权，出大力的也是孙权，但最大的胜利果实——荆州却被刘备夺去。多出力并没有多得，少出力并没有少得，这就是孙刘在赤壁之战中的博弈结果。但孙权必须要做这只"大猪"，不然东吴必定被曹操所吞并。

"智猪博弈"告诉我们，多劳却并不一定多得。这是因为"小猪"笃定一件事：大家是一个团队，就是有责罚，也是落在团队身上，所以总会有"大猪"悲壮地跳出来完成任务。在现实生活中，很多人都只想付出最小的代价，得到最大的回报，争着做那只坐享其成的小猪。其实每一个人在工作中所扮演的角色，不是"大猪"，就是"小猪"。既然有一些人会成为不劳而获的"小猪"，那么必定有另一些人去充当费力不讨好的"大猪"。

小李在一家合资企业上班，但所在的部门却只有三个人。这三个人正好分为三个等级：部门经理、经理助理和普通员工。小李正好是那个经理助理，处于中间级别。由于在这个部门中，小李表现最积极，慢慢地，其他部门的同事也认识到：办事就找小李。有时候，公司老板也直接给小李派任务。小李桌上的文件越堆越高，一上班，他就忙得连轴转，像个不断打转的陀螺。部门经理和普通员工小张则每天无所事事，乐得逍遥自在。

到了年底，由于部门成绩出色，公司特别奖励了4万元，经理独得2万元，小李和小张各分得1万元。小李想到自己辛苦了一整年，到头来却和小张拿得一样多，心里觉得很憋气。

但是，小李心里明白：如果自己不拼命干活，那他连这1万元都得不到，因为指望经理和小张是得不到奖金的。思前想后，小李还得继续当那头辛勤的"大猪"。

"大猪"拼命干活，"小猪"跟着拿奖金，这样的事情在很多公司都有发生。"大猪"明知道"小猪"过的是不劳而获的生活，也知道"小猪"是不会去主动完成任务的。为了不至于最后落得大家都没"食物"吃，"大猪"总是会跳出来去踩那个踏板。

不过，在工作中，说到底还得凭真本事、靠实力。"小猪"们不劳而获的日子虽然安逸，却并不稳定。他们总得依靠"大猪"吃饭，心里总是没底的：万一哪天，"大猪"一气之下，跳槽走人，自己可就得饿肚子了。而且如果工作的性质发生改变，比如不再是团队合作性质的工作，而变为侧重独立工作的任务，那"小猪"们可就不能再心安理得地坐等"食物"掉下来了。

其实在生活当中，"大猪"们付出了很多，虽然得到了回报，却和付出不相当。而"小猪"们可以在短期内坐享其成，却不是长久之际。实际上，我们每一个人都会面临自己不得不吃亏的现实，但往往只有自己吃点明亏，自己才会得到更多。

事实上，最智慧的表现应该是：既要有"大猪"的实力，也要有"小猪"的策略，两个角色交替，才会获得更多的幸福。

先发优势与后发制人——枪手博弈

彼此痛恨的甲、乙、丙三个枪手准备决斗。甲枪法最好，十发八中；乙枪法次之，十发六中；丙枪法最差，十发四中。我们来推断一下：如果三人同时开枪，并且每人只发一枪；第一轮枪战后，谁活下来的机会大一些？

一般人认为甲的枪法好，活下来的可能性大一些。但合乎推理的结论是，枪法最糟糕的丙活下来的几率最大。我们来分析一下各个枪手的策略。枪手甲一定要对枪手乙先开枪。因为乙对甲的威胁要比丙对甲的威胁更大，甲应该首先干掉乙，这是甲的最佳策略。同样的道理，枪手乙的最佳策略是第一枪瞄准甲。乙一旦将甲干掉，乙和丙进行对决，乙胜算的概率自然大很多。枪手丙的最佳策略也是先对甲开枪。乙的枪法毕竟比甲差一些，丙先把甲干掉再与乙进行对决，丙的存活概率还是要高一些。

通过概率分析，发现枪法最差的丙存活的几率最大，枪法好于丙的甲和乙的存活几率远低于丙的存活几率。

由此可以看出，在多人博弈中常常由于复杂关系的存在，而导致出人意料的结局。一位参与者最后能否胜出，不仅仅取决于自己的实力，更取决于实力对比关系以及各方的策略。

在曹操击败袁绍后，袁绍的两个儿子袁尚、袁熙投奔乌桓。为清除后患，曹操进击乌桓。袁氏兄弟又去投奔辽东太守公孙康。曹营诸将都建议曹操进军，一鼓作气平服辽东，捉拿二袁。曹操没有听从将领们的意见，只在易县按兵不动。过了数日，公孙康派人送来袁尚、袁熙的头颅，众人都感到惊奇。曹操将郭嘉的遗书出示给大家，他劝曹操不要急于进兵辽东，因为公孙康一直怕袁氏将其吞并，现在二袁去投奔他，必引起他的怀疑，如果我们去征讨，他们就会联合起来对付我们，一时难以取胜。如果我们按兵不动，他们之间必然会互相攻杀。结果正如郭嘉所料，大家深为叹服。

郭嘉的策略就是"坐山观虎斗"，最终获得了自己所希望的结果。如果面对不止一个敌人的时候，切不可操之过急，免得反而促成他们联手对付你，这时最正确的方法是静止不动，等待适当时机再出击。这与枪手博弈有异曲同工之妙。

我们在西方政治竞选活动中也会看到有关枪手博弈的影子。只要存在数目庞大的竞争对手，实力顶尖者往往会被实力稍差的竞选者反复攻击而弄得狼狈不堪，甚至败下阵来。等到其他人彼此争斗并且退出竞选的时候在登场亮相，形势反而更加有利。

因此，幸存机会不仅取决于你自己的本事，还要看你威胁到的人。一个没有威胁到任何人的参与者，可能由于较强的对手相互残杀而幸存下来。就像上文中所讲的甲枪手虽然是最厉害的枪手，但他的幸存概率却最低。而枪法最差的枪手，如果采用最佳策略，反而能使自己得到更高的幸存概率。

有时候，化解生活中的枪手博弈其实更是一种置身事外的艺术。《清稗类钞》中记载了这样的故事：清朝末年，湖广总督张之洞与湖北巡抚谭继洵不和，两人在黄鹤楼上吃宴席时借着酒劲又争辩起来。谭继洵说长江江面宽五里三分，张之洞却说是七里三分，督抚二人相持不下，在场众僚莫衷一是。江夏知县陈树屏被迫发言："江面上涨，为七里三分；江面水落，为五里三分。两位大人所言极是。"张谭二人抚掌大笑，僵局就此化解。

而在激烈的市场竞争中，枪手博弈的运用更是无处不在。

博弈的精髓在于参与者的策略相互影响、相互依存。对于我们而言，无论对方采取何种策略，均应采取自己的最优策略！

让他三尺又何妨——斗鸡博弈

清康熙时，文华殿大学士兼礼部尚书张英在京为官。在他老家桐城，他的邻居吴氏是当地的豪绅大户，欲侵占张府的宅地，家人驰书京城，要张英凭官威压一压吴氏气焰。谁知张英却回诗一首："一纸书来只为墙，让他三尺又何妨。长城万里今犹在，不见当年秦始皇。"意思很明白：退让。家人得诗，主动退让三尺。吴氏闻之，也后撤三尺，于是形成了六尺宽的巷道，这就是"六尺巷"的由来。1958年，毛泽东接见苏联驻华大使尤金时，曾引用过此诗，意在说明不与人计较斤两得失，大度处之。

由此可见，懂得退让并不是一种懦弱和失败，而是一种智慧。我们在工作和生活中要知道进退的道理，不要等到斗得两败俱伤的时候灰溜溜地败下阵来。这则故事又可引申出博弈论中一个著名的博弈模型——斗鸡博弈。

斗鸡博弈，又称为懦夫博弈。斗鸡博弈描述的是两个强者在对抗冲突的时候，如何能让自己占据优势，力争得到最大收益，确保损失最小。斗鸡博弈中的参与者都是处于势均力敌、剑拔弩张的紧张局势。我们简单认识一下斗鸡博弈。

两只实力相当的斗鸡狭路相逢，每只斗鸡都有两个行动选择：一是退下来，一是进攻。如果斗鸡甲退下来，而斗鸡乙没有退下来，那么乙获得胜利，甲就很丢面子；如果对方也退下来，双方则打个平手；如果甲没退下来，而乙退下来，甲则胜利，乙则失败；如果两者都前进，则两败俱伤。

因此，对每个人来说，最好的结果是，对方退下来，而自己不退。但是这种追求可能导致两败俱伤。

斗鸡博弈的收益矩阵

甲 乙	前进	后退
前进	–2/–2	1/–1
后退	–1/1	–1/–1

　　上表中的数字的意思是：两者如果均选择前进，结果是两败俱伤，两者均获得 –2 的支付；如果一方前进，另外一方后退，前进者获得 1 的支付，赢得了面子，而后退者获得 –1 的支付，输掉了面子，但没有两者均前进受到的损失大；两者均后退，两者均输掉了面子，获得 –1 的支付。

　　斗鸡博弈有两个纯策略纳什均衡：一方前进，另一方后退；一方后退，另一方前进。但关键是谁进谁退？在现实中，哪一只斗鸡前进，哪一只斗鸡后退，要进行实力的比较，谁稍微强大，谁就有可能得到更多的前进机会，但前进的代价依旧是"两败俱伤"的结局。一旦进入骑虎难下的博弈，尽早退出是明智之举。有时候，双方都明白二者相争必有损伤，但往往又过于自负，觉得自己会取得胜利，这就是所谓"当局者迷，旁观者清"。斗鸡博弈往往最后得到的是一种"驴子式的胜利"。

　　伊索寓言中有一个"驴子和驴夫"的故事。驴夫赶着驴子上路，但驴子逐渐偏离平坦的大道，沿着陡峭的山路走去。当驴子靠近悬崖边时，驴夫抓住驴子的尾巴，想把它拉回来。可驴子拼命挣扎，驴夫抓不住，驴子从山崖上滑下去了。驴夫无可奈何地说："你胜利了！"

　　凡事都要决出输赢胜负，那么必然会给自己带来不必要的损失。只有一方先撤退，才能使双方获利。特别是占据优势的一方，如果具有这种以退求进的智慧，提供给对方回旋的余地，就会给自己带来胜利，而且双方都会成为利益的获得者。

　　有时候，当双方相争的时候，只要把形势说明，等双方都明白自己并没有稳操胜券的能力，僵持不下的斗鸡博弈就会化解了。

　　我们可以发现生活中常有这样的例子，比如男女双方结婚之后，因为一些家庭琐事就像两只斗架的公鸡，斗得不可开交。婚姻双方的斗鸡博弈，使整个家庭战火纷纷，硝烟弥漫。一般来说，到关键时候，总有一方对于对方的唠叨、责骂装聋作哑，或者妻子干脆回娘家去冷却怒火，或者丈夫摔门出去找朋友去诉苦，一场干戈化为玉帛。

　　在现实中，谁前进，谁后退，其实是实力的比较，谁的实力更强谁就有可能得到更多的前进机会。但这种前进并不是没有限制的，而是有一定的距离。一旦超过了这个界限，只要有一只斗鸡接受不了，那么斗鸡博弈中的严格优势策略就不复存在了。

做善用策略的高手——策略欺骗

有一个算命的道士，对于占卜吉凶、推演因果很有一套。有一次，有三个书生进京赶考，听说那道士算命非常灵验，便一同前去道士那里算命，虔诚地向道士说："我们三个此番进京赶考，劳烦道长算一算谁能考中？"

那道士眼都没睁，嘴里煞有介事地叨念了一会儿，向他们伸出一只手指，但却只字未说。三个考生莫名其妙，有个着急地问道："我们三人谁能考中？"那道士还是一言不发，依旧伸出一只手指，算是回答。三个考生见道士迟迟不肯开口说话，以为是天机不可泄露，只好心怀疑惑地走了。

三个考生走后，道士旁边的小童好奇地问："师父，他们三人到底有几个得中？"

道士胸有成竹地说："中几个我都说到了。一只手指可以表示他们中的一个人中，可以表示只有一个不中，还可以表示三个人一齐中，当然也可以表示一个人都不中。"

小道童这才恍然大悟。

道士自己的一个手势便能将可能的四种结局都概括了，事实上这种两头堵的策略是很多"未卜先知"者惯用的手法，这就涉及博弈论中的策略欺骗。

在现实博弈活动中，参与者之间往往对自己和对方的优势和劣势都了如指掌，而且往往会想方设法地加以利用，把弱点作为突破对方防线的重点。正因如此，也就提供了策略欺骗的基础。

因此在现实博弈中，参与者都会想方设法地去猜测对手的策略，以图打破平衡。基本策略是：先随机出招，维持一个平局的局面，同时尽量从对方的行动中寻找规律，当捕捉到这种规律时就利用它。但是如果博弈双方都采用这种保守策略，博弈将永远维持在平衡状态，必须有一方首先出击，从而诱使对方也走出堡垒，这时才能开始一场真正的斗智。

一个善用策略行动的人，既要有自知之明，更要能利用对手对自己习惯及固有特点的了解，出其不意，把对手诱入局中。不过最重要的是，我们应该在生活中合理利用其中的策略。

明朝正德年间，福州府城内有位秀才郑堂开了家字画店，生意十分兴隆。有一天，一位叫龚智远的人拿来一幅传世之作《韩熙载夜宴图》来押当，郑堂当场付银8000两，龚智远答应到期愿还15000两。一晃就到了取当的最后期限，却不见龚智远来赎画，郑堂感觉到有些不大对劲，取出原画一看，竟是幅赝品。郑堂被骗走8000两银子的消息，一夜之间不胫而走轰动全城。

两天之后，受骗的郑堂却作出一个让人大跌眼镜的决定，他在家中摆了几十桌大宴宾客，遍请全城的士子名流和字画行家赴会。酒至半酣，郑堂从内室取出那幅假画挂在大堂中央，说道："今天请大家来，一是向大家表明，我郑堂立志字画行业，绝不会因此打退堂鼓；二是让各位同行们见识假画，引以为戒。"待到客人们一一看过之后，郑堂把假画投入火炉，8000两银子就这样付之一炬。郑堂的烧画之举再次轰动全城。

第二天一大早，那个本已销声匿迹了的龚智远早早来到郑堂的字画店里，推说是有要事耽误了还银子的时间。郑堂说："无妨，只耽误了三天，但是需加三分利息。"铁算盘一打，本息共计是15240两银子。龚智远昨夜已得知自己的那幅画已经被他烧了，所以有恃无恐地要求以银兑画。郑堂验过银子之后，从内堂取出一幅画，龚智远冷笑着打开一看，不由得头晕目眩两腿发软，当下就瘫倒在地。

原来，郑堂依照赝品仿造了另一幅假画，而烧掉的是自己仿造的假画。

郑堂的策略欺骗之所以能奏效，在于郑堂将计就计，反过来运用自己的策略，请骗子龚智远入瓮，聪明的龚智远反倒成了傻子。这里的关键在于为了赢对方而自愿增加自己的行动步骤，甚至付出暂时的代价以诱敌深入。

在现实经济生活中，我们所接收到的信息十分庞杂，真信息、假信息叠加在一起，即使是理性经济人也无从分辨。在博弈过程中，关于博弈的参与者所发出的信息往往并不真实。比如你要买一件价格比较贵的羽绒服时，就需要鉴别真假。当你正在犹豫要不要买时，老板有可能将发票给你看，表示这样的价格他已经是在亏本出售。实际上这只是虚晃一招，他压根不会让你看到发票的真实信息。所以，千万不要被"眼前的假象"所迷惑了。

博弈论中的策略欺骗对于我们的启示在于，我们应该将自己所收集到的信息，综合起来加以利用，运用全部策略智慧，尽可能获取整个事情的真相，从而让自己生活在"真实的世界"中。

需要明确的是，策略欺骗并不是让我们学会"骗"，而是要利用博弈论的知识，在市场行为中，在人际交往中为自己谋取最大的利益。

谈判与讨价还价的艺术——分蛋糕博弈

兄弟二人前去打猎，在路上遇到了一只离群的大雁，于是两个猎人同时拉弓搭箭，准备射雁。这时哥哥突然说道："把雁射下来后就煮着吃。"他弟弟表示反对，争辩说："家鹅煮着吃好，雁还是烤着吃好。"两个人争来争去，一直没有达成一致的意见。来了一个打柴的村夫，听完他们的争论后笑着说："这个很好办，一半拿来烤，一半拿来煮，就行了。"两个猎人停止了争吵，再次拉弓搭箭，可是大雁早已经没影儿了。

我们为兄弟二人的行为而捧腹时，也已料到：在他们看到大雁时，如果及时射箭会得到雁，在他们争论时，雁已经飞走了。其实，引申到现实生活中，也就是说有时收益并不是恒定的，当我们在谋划如何分配收益的时候，收益有可能在不断缩水。这便涉及经济学中的分蛋糕博弈理论，即谈判博弈，让我们来看一下该博弈的基本模型。

以简单起见，我们假设桌子上放了一个冰激凌蛋糕，两个孩子 A 和 B 在分配方式上讨价还价的时候，蛋糕在不停地融化。我们假设每经历一轮谈判，蛋糕都会朝零的方向缩小同样大小。

这时，讨价还价的第一轮由 A 提出分蛋糕的方法，B 接受条件则谈判成功，若 B 不接受条件就进入第二轮谈判。第二轮由 B 提出分蛋糕的方法，A 接受则谈判成功，如果不接受蛋糕便完全融化。

对于 A 来说，刚开始提出的要求非常重要，如果他所提出的条件，B 不能接受的话，蛋糕就会融化一半，即使第二轮谈判成功了，也有可能还不如第一轮降低条件来的收益大。因此，经过再三考虑，明智的 A 在第一阶段的初始要求一定不会超过 1/2 个蛋糕，而同样明智的 B 也会同意 A 的要求。

在经济生活中，不管是小到日常的商品买卖还是大到国际贸易乃至重大政治谈判，都存在着讨价还价的问题。分蛋糕的故事在很多领域都有应用。无论在日常生活、商界还是在国际政坛，有关各方经常需要讨价还价或者评判对总收益如何分配，这个总收益其实就是一块大"蛋糕"。

当然，在现实生活中，收益缩水的方式非常复杂，不同情况有不同的速度。但有一点是可以肯定的，那就是讨价还价的谈判过程不可能无限延长，因为谈判本身是需要成本的。假如各方始终坚持不愿妥协，暗自希望只要谈成一个对自己更加有利的结果，其好处往往超过谈判的代价。有很多谈判随着时间的拉长，蛋糕缩水就越厉害，因此双方真正僵持的时间不会太长。因此，具有这种成本的博弈最明显的特征就是，谈判者整体来说应该尽量缩短谈判的过程，减少耗费的成本。

在正常的商业谈判中，卖家会首先提出一个价码，接着买家决定是不是接受。假如不接受，他可以还一个价码，或者等待卖家调整自己的价码。假如一场谈判久拖不决，那么卖家会失去卖更多商品的机会，而买家也会失去使用新产品的机会。既然谈判会让买卖双方都有损失，为什么他们还是在不断地讨价还价呢？这是因为，博弈当事人的利益是对立的，双方实际上是一种零和博弈，一方效用的增加都会损害另外一方的利益，为了避免两败俱伤，希望至少达成某种协议。这样，双方需要在达成协议的底线和争取较优的结果中进行权衡。

我们经常能看到这样的现象：非常急切的买方往往要付高一些的价钱购得所需之物；急切的销售人员往往也是以较低的价格卖出自己所销售的商品。正是这样，富有经验的人买东西、逛商场时总是不紧不慢，即使内心非常想买某种物品，也不会在商场店员面前表现出来；而富有经验的店员们总是以"这件衣服卖得很好"的陈词滥调劝诱顾客。其实，这些做法也是有博弈论的根据的。因为在谈判的多阶段博弈是双数阶段时，则第二个开价者具有"后动优势"。

在具体的谈判技巧上，对于任何谈判都要注意，一方面尽量摸清对方的底牌，了解对方的心理，根据对方的想法来制定自己的谈判策略。另一方面，谈判时能够忍耐的一方将获得更多的利益，因为很多急于结束谈判的人会及早让步妥协。

因此，从谈判博弈中我们也能学到一些小招数：一定要有耐心，不要暴露某些重要的细节，让别人以为你不会出手，当对手迫不及待地想利用你的迟延时，就可以出其不意地有力回击。

混沌系统中的策略——酒吧博弈

美国著名的经济学专家阿瑟教授（W. B. Arthur）于 1994 年在《美国经济评论》发表的《归纳论证的有界理性》一文中首次提出来这样一个博弈模型：

有 100 个人很喜欢泡酒吧。这些人在每个周末，都要决定是去酒吧活动还是待在家里休息。酒吧的容量是有限的，也就是说座位是有限的。如果去的人多了，去酒吧的人会感到不舒服。此时，他们留在家中比去酒吧更舒服。

假定酒吧的容量是 60 人，如果某人预测去酒吧的人数超过 60 人，他的决定是不去，反之则去。这 100 人如何作出去还是不去的决定呢？

这个博弈的前提条件做了如下限制：每一个参与者面临的信息只是以前去酒吧的人数，因此，他们只能根据以前的历史数据，归纳出此次行动的策略，没有其他信息可以参考，他们之间更没有信息交流。

酒吧问题所模拟的情况，非常接近于一个赌博者下注时面临的情景，比如股票选择、足球博彩。这个博弈的每个参与者，都面临着这样一个困惑：如果许多人预测去的人数超过 60，而决定不去，那么酒吧的人数会很少，这时候作出的这些预测就错了。反过来，如果有很大一部分人预测去的人数少于 60，他们因而去了酒吧，则去的人会很多，超过了 60，此时他们的预测也错了。

因而一个作出正确预测的人应该是，他能知道其他人如何作出预测。但是在这个问题中每个人预测时面临的信息来源都是一样的，即过去的历史，同时每个人无法知道别人如何作出预测，因此所谓正确的预测几乎不可能存在。

阿瑟教授通过真实的人群以及计算机模拟两种实验得到了两个迥异的、有趣的结果。在对真实人群的实验中，实验对象的预测呈有规律的波浪状形态。虽然不同的博弈者采取了不同的策略，但是其中共同点是这些预测都是用归纳法进行的。在这个实验中，更多的博弈者是根据上一次其他人作出的选择而作出这一次的预测。然而，这个预测已经被实验证明在多数情况下是不正确的。那么，在这个层面上说明，这种预测是一个非线性的过程。所谓这样一个非线性的过程是说，系统的未来情形对初始值有着强烈的敏感性，这就是人们常说的"蝴蝶效应"。

通过计算机的模拟实验，得出了另一个结果：起初，去酒吧的人数没有一个固定的规律，然而，经过一段时间后，这个系统去与不去的人数之比接近于60：40，尽管每个人不会固定地属于去或不去的人群，但这个系统的这个比例是不变的。如果把计算机模拟实验当作是更为全面的、客观的情形来看，计算机模拟的结果说明的是更为一般的规律。

生活中有很多例子与酒吧博弈的道理是相通的。"股票买卖""交通拥挤"以及"足球博彩"等等问题都是这个模型的延伸。对这一类问题一般称之为"少数人博弈"。"少数人博弈"是改变了形式的酒吧问题。

在股票市场上，每个股民都在猜测其他股民的行为而努力与大多数股民不同。如果多数股民处于卖股票的位置，而你处于买的位置，股票价格低，你就是赢家；而当你处于少数的卖股票的位置，多数人想买股票，那么你持有的股票价格将上涨，你将获利。

在实际生活中，股民采取什么样的策略是多种多样的，他们完全根据以往的经验归纳得出自己的策略。在这种情况下，股市博弈也可以用少数者博弈来解释。

"少数人博弈"中还有一个特殊的结论，即：记忆长度长的人未必一定具有优势。因为，如果确实有这样的方法的话，在股票市场上，人们利用计算机存储大量的股票的历史数据就肯定能够赚到钱了。但是，这样一来，人们将争抢着去购买存储量大、速度快的计算机了，在现实中人们发现这并不是一个炒股必赢的方法。

"少数人博弈"还可以应用于城市交通。现代城市越来越大，道路越来越多、越来越宽，但交通却越来越拥挤。在这种情况下，司机选择行车路线就变成了一个复杂的少数人博弈问题。

实际的城市道路往往是复杂的网络。在这里我们简化问题，假设在交通高峰期间，司机只面临两条路的选择。这个时候，往往要选择没有太多车的路线行走，此时他宁愿多开一段路程，而不愿意在塞车的地段焦急地等待。司机只能根据以往的经验，来判断哪条路更好走。当然，所有司机都不愿意在塞车的道路上行走。因此每一个司机的选择，必须考虑其他司机的选择。

在司机行车的"少数者博弈"问题中，经过多次的选择和学习，许多司机往往能找到规则性，这是以往成功和失败的经验教训给他的指引，但这不是必然有效的规则性。

在这个过程中，其实是司机的经验和司机个人的性格在起作用。有的司机因有更多的经验而更能躲开塞车的路段；有的司机经验不足，往往不能有效避开高峰路段；有的司机喜欢冒险，宁愿选择短距离的路线；而有的司机因为保守而宁愿选择有较少堵车的较远的路线，等等。最终，不同特点、不同经验的司机对路线的选择，决定了路线的拥挤程度。

杜绝一次性交易——重复博弈

旅美作家林达在其著作《历史深处的忧虑》中讲到这样一则事例：

在美国，任何一个售报机，都是一个铁盒子。所有的报纸都在里面，放一个硬币就可以全部打开，取一张之后再把它关上。作者说他第一次买报的时候，塞进硬币，一拉开盖子，发现所有的报纸都在他面前时，吓了一跳。因为根据他在中国的经验，这样的设计会使得报纸几下子就被人拿光了。但是，这是根据美国的国情设计的，美国人不会扔一个硬币，却拿两份报纸。而且作者很快发现了例外——中国人聚居地的中国饭店、中国商店门口，就是一种特殊设计的售报机，一个硬币只拿得出一张报纸。关于此事，在美国的华人报纸上引发了诸多议论，其中一个华人讲述了在半小时里，他如何眼睁睁地看着同胞们"免费"取光了一大堆报纸。

国内还发生了一则与上述事例相反的事件：一个叫王波的卖报摊主，因为夫妇两个又要带孩子，还有一个书刊摊要打理，所以把自己在成都近郊金名苑市场小区门口的报摊办成了"无人报摊"，报架上写了"买报请给5角"的油漆字，还放了一个装钱的口袋。三年来，这个报摊每天都会卖出报纸100多份，但从来没有少过钱。

关于王波卖报摊的"奇迹"，有人将其归因于小区居民素质高，但一位长期在附近蹬三轮车的师傅却说："是市场门口人多不敢随便拿。"诚信报摊位于市场门口，来往的人很多，而且旁边有几家商铺，"那么多人盯着，哪个敢拿？"

其实比起"素质高"，"不敢拿"的判断，似乎更为符合常理。我们可以把这个"诚信报摊"看作摊主与买报人之间的博弈，从博弈过程来看，"诚信报摊"成立第一天那种"每个博弈者都只关心一次性支付的简单博弈"已经转变成了"重复的、连续进行的博弈"，连续博弈的过程中，偷报者必然会担心卖报人可能采取暗中观察、抓住偷报者示众等报复措施，所以会理性地克制投机行为，选择诚信与合作，于是必然就出现了双方都诚信的博弈结果。

那么为什么美国的无人售报箱中的报纸会被中国人拿光呢？莫非中国人在自己国家内诚信，到了美国就不诚信？这是因为美国售报箱的位置多设在流动人口比较多的地方，而一个人之所以敢从售报箱中拿走所有的报纸，原因就在于这周围的人都是过客，没有人认识他，明天也不会再从这个售报箱拿"免费"报纸。也就是说，这是一个单次博弈，而非重复博弈。

当发生有限次的博弈时，只要临近博弈的终点，博弈双方会采取不合作策略的可能性加大。因为一次性博弈的大量存在，引发了很多不合作的行为。在现实的世界中，所有真实的博弈只会反复进行有限次，但正如剃头匠不知道客人下一次是否还会光顾一样，没有人知道博弈的具体次数。既然不存在一个确定的结束时间，那么这种相互的博弈一定会持续下去，博弈双方往往会采取合作的方式，实现阶段性的成功。因此，从博弈的角度出发，只要仍然存在继续合作的机会，背叛将会受到抑制。

在现实生活中，我们往往能发现这样的情况：在公共汽车上，两个陌生人会为一个座位而争吵，可如果他们相互认识，就会相互谦让。这是因为人们之间是一种"不定次数的重复博弈"。在较长的视野内，人与人交往关系的重复所造成的"低头不见抬头见"，使得自私的主体之间走向合作。事实上，重复博弈更逼真地反映了日常人际关系。在重复博弈中，合作的长期性能够纠正人们短期行为的冲动，为了以后的长期利益，必须维持好周围人的人际关系。

重复博弈同样可以解释很多商业行为。我们可以发现在车站和旅游景点这些人群流动性比较大的地方，不但商品和服务质量差，而且假货横行，因为商家和顾客没有"下一次"的博弈机会。因为旅客因为质优价廉而再次光临的可能性微乎其微，因而，大多数人的选择是："一锤子买卖"，不赚白不赚！一次性买卖往往发生在双方以后不再有买卖机会的时候，特点是尽量谋取暴利并且带有欺骗性。而靠"熟客"、"回头客"为主要顾客群的厂商，他们一般会通过薄利多销的行为使得双方能继续合作下去，他们一般不会选择"宰客"。

实际上，我们也可以借用博弈论来解释夫妻之间的一些行为。夫妻之间的博弈不是一次博弈，而是多次博弈。也正是由于夫妻之间博弈的重复性，所以在博弈过程中只要双方还有理智的话，谁也不敢动真格地整治对方，只是吓唬吓唬而已。丈夫打妻子，他不敢真正下狠手，而妻子一般也不敢闹得太过分，因为他们都明白，仅为一时出口气而给对方造成的伤害，到头来还得要自己来承担。也正因为这样，夫妻之间都知道："别看你现在这么凶，其实你并不敢真的把我怎么样。"所以有许多家庭，只要一方挑起事端，另一方就会积极应战，夫妻之间的博弈就时断时续。所谓"争争吵吵，相伴到老"，其实就是对这种博弈情形的形象写照。因为对于夫妻而言，博弈的目的不是在分手时能得到更多的"好处"，而是希望能更好地维持合作的稳定性，从而缔结连理，白首偕老。

一般而言，在经历多次的博弈之后，会达到一个均衡点——纳什均衡。在纳什均衡点上，每个参与者的策略是最好的，此时没有人愿意先改变或主动改变自己的策略。也就是说，此时如果他改变策略，他的收益将会降低，每一个理性的参与者都不会有单独改变策略的冲动。因此，在经历了多次的重复博弈后，博弈的双方都不希望这种最优状态发生改变，这种相对稳定的结构会一直持续下去，直到博弈的终点。

机制比策略更重要——拍卖博弈

在现实博弈中由于我们的有限理性，博弈往往受到多方面不确定因素的影响。因此，在生活中，越来越多的事情需要我们懂得博弈内在的机制。

随着人们对信息不对称、博弈论认识的深入，经济学家们发现，在很多情况下，人们会本能地采取撒谎、隐藏或者策略性的行为，做出一些违反本性的事情。随着拍卖的实行，越来越多的经济学家意识到，比拍卖策略更为重要的是拍卖的机制。什么样的机制能够使人们说出真话？我们该构造什么样的博弈形式，使得这个博弈的结果就是人们的目标？近年来，经济学家在这方面取得了很大的突破，对机制设计具有深远意义。

到今天为止，拍卖机制主要有四种：英国式拍卖、荷兰式拍卖、第一价格拍卖和第二价格拍卖。

英国式拍卖亦称增价拍卖，是最普通的一种拍卖方式，它是指拍卖标的竞价由低向高依次递增直到以最高价（达到或超过底价）击槌成交的一种拍卖。简单地说，就是谁出价高谁获胜。拍卖前，卖家可设定保留价，当最高竞价低于保留价时，卖家有权不出售此拍卖品。当然，卖家亦可设定无保留价，此时，到达拍卖截止时间时，最高竞价者成为物品收购人。

网上英式拍卖与传统英式拍卖有所区别。传统拍卖对每件拍卖品来说，不需要事先确定拍卖时间，一般数分钟即可结束拍卖；而对于网上拍卖来说，则需要事先确定拍卖的起止时间，一般是数天或数周。例如，在 eBay 拍卖站点，拍卖的持续时间一般是 7 天。由于网上拍卖的持续时间较长，这使得许多网上竞买人具有"狙击"情况，即直到拍卖结束前的最后数分钟才开始出价，试图提交一个能击败所有其他竞买人的出价，并使得其他竞买人没有时间进行反击。

英式拍卖有其自身的缺点。既然获胜的竞买人的出价只需比前一个最高价高一点，那么每个竞买人都不愿马上按照其预估价出价。另外，竞买人要冒一定的风险，他可能会被令人兴奋的竞价过程吸引，出价超出了预估价。

荷兰式拍卖阶段亦称减价拍卖，它是指拍卖标的的竞价由高到低依次递减直到第一个竞买人应价（达到或超过底价）时击槌成交的一种拍卖。简单地说，就是谁敢出价谁获胜。相较于英国式拍卖，荷兰式拍卖有其突出的特点与优势。大多情况下，荷兰式拍卖带有明显的混合性，即将增价和减价拍卖相互衔接，交替进行。在荷兰式拍卖出现两个以上应价人时，立即转入增价拍卖，此后竞相加价的过程一直持续到无人再加价为止，最后一位加价的竞买人购买成功。荷兰式拍卖往往也是很迅速的，可能第一个人就买走了所有物品。虽然是"无声拍卖"，竞买人之间还是有激烈的竞争。如不及时竞买，别人可能把所有物品买走，或者买走品质最好的那一部分。

荷兰式拍卖起源于荷兰，据说最初与郁金香买卖有关。采摘时节，农场主往往根据行情制订一个开叫价，例如开叫 1 美元 1 枝的鲜花，如果有买家应 1 美元，则其拍得，如果无人应价，农场主降 2 美分，则最早应 98 美分的买家拍得，以此类推，直至卖出为止。这种拍卖方式一般应用于鲜活商品、农产品（相关行情）拍卖，旨在促进产品的流通。

第一价格拍卖，即密封拍卖。每个竞标者将价格写在封闭的信封里或标书中，其中出价最高的竞拍者将获得商品，并支付标书中的价格。第二价格拍卖，也叫维克瑞拍卖。出价最高的人获得拍卖品，但其所支付的是第二最高出价。这就允许竞买者按照他们的估价进行出价，如果其他竞买者的估价低于最高出价，买受人就能获得一定的收益。

易趣拍卖网产生于 20 世纪 90 年代的电子商务繁荣时期。它的出现可以说是该时期最成功、最具创新性的一项事业。如果你在易趣上发现了一件喜欢的物品，你愿意支付 25 元，但目前的出价是 2.25 元，那么，你需要坐在计算机前，耐心地一次次出价，直到达到 25 元。幸运的是有一种简便方法：您可以在拍卖窗口输入您的最高出价，易趣会根据你愿意支付的这个最高价格私下替你出价，你就不用一直关注拍卖的进行了；如果其他竞买者的出价高于你所愿意支付的最高价格，你将无法得到这一物品。而如果其他的竞买者的最高出价低于你所愿意支付的最高价格，该物品就归你了。你最后支付的价格是比你出价低一点第二高出价。因此，易趣的这种拍卖类型是典型的第二价格拍卖。

事实上，因为拍卖市场的出现，共谋、欺诈这些行为总是挥之不去。众多的经济学家为了完善拍卖市场，进行了很多研究，并取得了一定的成果。

2007 年瑞典皇家科学院宣布将诺贝尔经济学奖授予美国明尼苏达大学的莱昂尼德·赫维奇、美国普林斯顿大学高等研究中心的埃里克·马斯金和芝加哥大学的罗杰·迈尔森 3 名美国经济学家，以表彰他们在创立和发展"机制设计理论"方面所作的贡献。生于 1917 年的赫维奇被誉为"机制设计理论之父"，20 世纪 40 年代就以研究博弈论出名。其 1960 年发表的一篇论文拉开了"机制设计理论"的研究序幕。1973 年，赫维奇在《美国经济评论》杂志上发表论文《资源分配的机制设计理论》，大致奠定"机制设计理论"的理论框架。他还提出了非常关键的"激励相容"概念。迈尔森在把这个理论应用到具体的经济问题方面做了大量工作，比如拍卖问题和监管问题。迈尔森于 1981 年提出了"最优拍卖设计"理论。机制设计理论解决的问题来源于信息经济学，机制设计的目的就是减轻信息不对称问题引起的委托—代理问题。"机制设计理论"实际上是博弈论在资源配置问题上的应用。赫维奇是这一理论的开创者，而马斯金和迈尔森则代表着目前研究的主流。

第五章 制度与规范

分粥的社会规则——制度

　　7个小矮人同住在一个小木屋中，他们想用非暴力的方式解决吃饭问题——分食一锅粥，但是没有任何容器称量。怎么办呢？大家试验了这样一些方法：

　　方法一：拟定一人负责分粥事宜。很快大家就发现这个人为自己分的粥最多，于是换了人，结果总是主持分粥的人碗里的粥最多最好。大家得出结论：权力导致腐败，绝对的权力导致绝对的腐败。

　　方法二：大家轮流主持分粥，每人一天。虽然看起来平等了，但是每个人在一周中只有一天吃得饱且有剩余，其余6天都饥饿难耐。结论：资源浪费。

　　方法三：选举一位品德尚属上乘的人，还能维持基本公平，但不久他就开始为自己和溜须拍马的人多分。结论：毕竟是人不是神！

　　方法四：选举一个分粥委员会和一个监督委员会，形成监督和制约。公平基本做到了，可是由于监督委员会经常提出多种议案，分粥委员会又据理力争，等粥分完，早就凉了！结论：类似的情况在政府机构比比皆是！

　　方法五：每人轮流值日分粥，但是分粥的人最后一个领粥。结果呢？每次7只碗里的粥都是一样多，就像科学仪器量过的一样。

　　这就是分粥的难题。要让分粥工作能够既有效率又有公平，却不是一件容易的事情。所幸的是，7个小矮人通过实践与博弈，最终实现了效率与公平的共赢。

　　所谓"分粥"规则，是政治哲学家罗尔斯在其所著《正义论》中提出的。这个颇有趣味的小故事背后，罗尔斯所要揭示的却是社会财富的分配问题。罗尔斯把社会财富比作一锅粥，这锅粥当然不是敞开的"大锅饭"，所以罗尔斯假设7个小矮人共同分粥——这7个小矮人，实际上代表的就是政治经济学体制下的广大人民。而以上小矮人进行的不同的试验，代表的自然就是不同的制度。

　　在没有精确计量的情况下，无论选择谁来分，都会有利己嫌疑。经过多方博弈后，解决的方法就是第五种——分粥者最后喝粥，要等所有人把粥领走了，"分粥者"自己才能取剩下的那份。因为让分粥者最后领粥，就给分粥者提出了一个最起码的要求：每碗粥都要分得很均匀。道理明摆着——倘若分得不匀，最少的那碗肯定是自己的了。只有分得合理，自己才不至于吃亏。因此，分粥者即使只为自己着想，结果也是公正、公平的。

上述五种分粥制度假设的前提是所有的"分粥者"个个都是自私鬼，没有一个是大公无私的。正因如此，他们一有机会便会"以权谋私"。美国《独立宣言》起草人之一托马斯·杰斐逊说："自由的政府不是以信赖，而是以猜疑为基础建立起来的。因此，在权力问题上，不是建立在对人性的信赖上，而是要用法律加以约束，防止其行为不端。"所以制度至关重要，制度是人选择、交易的结果。好的制度清晰而精妙，既简洁又高效，令人为之感叹。

从"分粥"中我们可以认识到制度的重要性。所谓制度，就是约束人们行为的各种规矩。"没有规矩，不成方圆"，制度在维护经济秩序方面起着重要作用。首先，制度可以避免人们交往过程中的不可预见行为。所谓不可预见行为，就是当事人在经济活动中的一个环节结束以后，不清楚下一步将会发生什么。有了制度以后，下一步该干什么规定得清清楚楚。也就是说，制度可以增强或保证人们在经济活动中的预期。例如财务制度的建立，使得公司内部资金使用十分规范，人们只需按照相应的规定行事即可。其次，制度能避免机会主义行为。"机会主义"在这里是指那些不遵循交易规则、一有机会就损人利己的经济行为。我国由计划经济向市场经济转型过程中，由于制度不健全，一些人钻价格双轨制的空子，把计划分配来的物资低价买来后，再拉到市场上高价卖出，从中牟取暴利，这就是典型的机会主义行为。

有一位包工头每年年关，都要"消失"一段时间，然后等到除夕夜才出现。他之所以玩"消失"，就是为了逃避农民工讨工资。但在这年年关，这位包工头不再是开车远走他乡玩失踪。他的车子呢？已经卖掉了。原来，今年年关，政府出台了一项制度，只要拖欠农民工工资的包工头，下一年一概不再发包给他们。而这位包工头的主要服务对象就是政府部门组织的多项建设。他思前想后，没辙了，只得卖了车子，先付了农民工工资再说。

可见，合理的制度确实可以对不规范的行为起到良好的约束与引导作用。阿里巴巴集团创办的支付宝，在曾经电子商务一度遭受信用质疑的时刻横空出世，化繁为简，填补了中国金融业在电子商务领域的缺陷，让每一个消费者都可以放心地进行网上交易。支付宝取得成功的原因就在于取得了消费者的信任，而它之所以能够取得信任，就在于通过了严格的制度规范了网上交易的程序，买主和卖主的权益都得到了最大程度的保障。

无论是公司的制度，还是国家的制度，跟我们每一个人都有紧密的关系。往往一个新制度的产生，会给社会带来不可估量的影响。分粥规则对很多人都带来了启发与思考。由此要想制定合理的制度，就应该反思制度是否合理，制度是否简洁高效，制度是否处在激励与制约之间的平衡点上。

让滥竽充数的人无处可藏——效率

人是理性的，即在付出劳动既定的情况下追求利益最大化，或者在获得利益既定的情况下力求付出的劳动最小化。这种利己性无可厚非，人总是在各种环境下善用所依存的条件实现自身利益最大化。在《韩非子》中就记载了南郭先生"滥竽充数"的故事。

齐宣王爱好音乐，喜欢听人吹竽。每次听乐师吹竽，必定要挑选300个乐师一起合奏给他听。南郭先生听说齐宣王爱听合奏，便到齐宣王那里去推荐自己。齐宣王很高兴，以优厚的待遇将他留下来。事实上，南郭先生根本就不会吹竽，每次合奏时，他都是装腔作势。后来齐宣王死了，他的儿子齐湣王继承了王位，但是齐湣王喜欢听乐师独奏。南郭先生听到这个消息，赶紧逃走了。

几千年来，人们一直把南郭先生当作以次充好、以外行充专家的典型，实际上我们不能不说，在"合奏"的环境下，南郭先生的表现无疑是个理性人：他不劳而获。齐宣王实行的是一种平均主义大锅饭制度，无论竽吹得如何，付出了多大劳动，都得到同样的一份食物，吹竽者当然出力越少越好——装出一副吹的样子而不用力吹。但是，南郭先生是个理性人，其他竽手也是理性人，并且会效仿。南郭先生不吹竽仍可获得同样的食物会成为一个榜样，引起更多人效仿，长此以往，乐团的竽声只会越来越小。这就是平均主义大锅饭所引起的集体无效率。这就是经济学家常说的，坏的制度使好人也会做坏事——许多勤奋而有才华的吹竽手变懒。

要使南郭先生这样的懒人变得勤劳，靠的不是道德说教，而是大锅饭制度的改变。当齐湣王改变了大锅饭，要一个人一个人地吹竽时，南郭先生只有两条路，或者努力学吹竽，或者被淘汰。南郭先生最终选择了逃之夭夭。淘汰了南郭先生，就激励了其他人，效率必定提高。

人的懒惰或勤奋不是天生的，很大程度上是后天养成的。平均主义大锅饭制度可以把勤劳者变为懒人，而有效率的激励制度也可以把懒人变为勤劳者。这就是经济学家常说的另一句话，好的制度使坏人也会做好事——懒惰的南郭先生不得不勤劳，否则就被淘汰了。

产生南郭先生的行为不是南郭本人的人性如何，而是齐宣王的平均主义大锅饭制度；使南郭先生逃跑的也不是他良心发现，而是齐湣王改变了制度。平均主义可以把勤劳者变为懒人，激励制度可以把懒人变为勤劳者。打破了大锅饭制度，虽然打破了南郭先生之流的"饭碗"，但是却为更多的人提供了公平。

有激励才有动力——激励机制

一个老年人喜欢安静，他选择住在环境优美的市郊，但有一群孩子每天都到这里来玩，很吵闹。老人很厌烦这些小孩们，不希望自己在如此吵闹的环境中生活，但是如果直接撵他们走，恐怕也达不到他所预期的目标。于是他对孩子们说，你们来陪我，我很高兴，以后我每天给你们一人5块钱，孩子们都很高兴。几天后，老人说，以后给不了这么多了，每人只能给1块钱，孩子们不太高兴，但也勉强接受了。又过了几天，老人说，以后每天只能给1毛钱了。这次孩子们不干了，他们很气愤：这么少的钱，以后再也不来了！

经济学的基本前提是承认人的本性是利己的，也就是说，人们行为的目标是个人利益的最大化。当老人对小孩们的激励逐渐减少时，小孩们都认为自己的利益已经受到损害，不愿意再陪老人玩了。在这些小孩看来，过来玩是因为有金钱的激励，当激励减少时，他们当然愤愤不平。老人就是成功运用反激励达到了自己的目的。

什么是激励机制呢？一种制度把个人利益与组织整体利益统一起来，让个人在实现自身利益的同时也实现了组织的整体利益，这样的制度就是激励机制。

18世纪英国政府为了开发新占领的殖民地——澳大利亚，决定将已经判刑的囚犯运往澳大利亚。从英国运送到澳大利亚的船运工作由私人船主承包，政府支付长途运输费用。据英国历史学家查理·巴特森写的《犯人船》记载，1790到1792年间，私人船主运送犯人到澳大利亚的26艘船共4082人，死亡498人，死亡率很高。其中有一艘名为海神号的船，424个犯人死了158人。英国政府不仅经济上损失巨大，而且在道义上受到社会的强烈谴责。

对此，英国政府实施一种新制度以解决问题。政府不再按上船时运送的囚犯人数支付船主费用，而是按下船时实际到达澳大利亚的囚犯人数付费。新制度立竿见影，据《犯人船》记载，1793年，3艘新制度下的船到达澳大利亚后，422名罪犯只有1人死于途中。此后，英国政府对这些制度继续改进，如果罪犯健康良好还给船主发奖金。这样，运往澳大利亚罪犯的死亡率下降到1%左右。

如果从我们熟悉的一般思维方式上寻找解决以上犯人死亡的问题，一般可以列举出三种做法：对船主进行道德说教，寄希望于私人船主良心发现，为囚犯创造更好的生活条件，或者政府进行干预，使用行政手段强迫私人船主改进运输方法。但以上两种做法都有实施难度，同时效果也许甚微。然而，新的激励机制顺应了船主们牟利的需求，也使得犯人平安到达目的地。这就是激励机制的重要作用。

作为经济学中的重要原理之一，激励现象存在于人们的任何决策和行为之中。就个人而言，根据行为科学理论，只有尚未满足的需要才有激励作用，已经满足的需要只能提供满意感。需要本身并不能产生激励，对满足需要的期望才真正具有激励作用。当我们因为一个小小的成就而尝到甜头，受到激励时，我们会做出相对比较大的成就。激励会使我们在追求成功的道路上产生良性循环，而幸福感就在循环中不知不觉产生了。

而在工作过程中，在能力一定的情况下，激励水平的高低将决定其工作成绩的大小。综合运用多种激励方法是有效提高激励水平的一大法宝。激励机制是否产生了影响，取决于激励方法是否能满足个人的需要。主要的激励包括如下几种：

一是物质激励。通过满足个人利益的需求来激发人们的积极性与创造性。只对成绩突出者予以奖赏，如果见者有份，既助长了落后者的懒惰，又伤害了优秀者的努力动机，从而失去了激励意义。

二是精神激励。通过满足个人的自尊、自我发展和自我实现的需要，在较高层次上调动个人的工作积极性。精神激励主要有目标激励、荣誉激励、感情激励、信任激励、尊重激励。

三是任务激励。让个人肩负起与其才能相适应的重任，由社会提供个人获得成就和发展的机会，满足其事业心与成就感。

四是数据激励。明显的数据对人产生明显的印象，激发强烈的干劲。数据激励，就是把各人的行为结果用数字对比的形式反映出来，以激励上进，鞭策后进。

五是强化激励。对良好行为给予肯定，即正强化，使之能继续保持；对不良行为给予否定与惩罚，即负强化，使之能记住教训，不再犯同样的错误。

激励机制对个人的某种符合组织期望的行为具有反复强化、不断增强的作用，在这样的激励机制作用下，组织不断发展壮大，不断成长。此外，尽管激励机制设计者的初衷是希望通过激励机制的运行，能有效地调动个人的积极性，实现组织的目标，但是，无论是激励机制本身不健全，还是激励机制不具有可行性，都会对一部分人的积极性起抑制作用和削弱作用，这就是激励机制的致弱作用。

个人利益与集体利益的完美统一——激励相容

哈维茨创立的机制设计理论中"激励相容"是指：在市场经济中，每个理性经济人都会有自利的一面，其个人行为会按自利的规则行为行动；如果能有一种制度安排，使行为人追求个人利益的行为，正好与企业实现集体价值最大化的目标相吻合，这一制度安排，就是"激励相容"。现代经济学理论与实践表明，贯彻"激励相容"原则，能够有效地解决个人利益与集体利益之间的矛盾冲突，使行为人的行为方式、结果符合集体价值最大化的目标，让每个员工在为企业多作贡献中成就自己的事业，即个人价值与集体价值的两个目标函数实现一致化。

参与者理性实现个体利益最大化的策略，与机制设计者所期望的策略一致，从而使参与者自愿按照机制设计者所期望的策略采取行动。简单来说就是，没有人可以通过损害集体利益去实现自己利益的最大化。个人的利益和集体的利益是一致的，每个人努力为实现自己利益的目标工作，得到的结果也是集体利益的最大化。

就目前的实际情况而言，许多企业存在着激励不相容问题，在具体工作中表现为，企业认为职工"没有集体观念"、"个人得失看得太重"等；另一方面，个人则认为企业"没有为个人的发展提供足够的空间"、"制度设计不合理，抑制个人才能的发挥"、"劳动成果没有得到相应的报酬与认可"等等。这些现实的矛盾与冲突，根本原因就在于激励相容机制的缺失，使得企业与个人在实现各自价值的过程目标函数产生了异化，进而表现出了企业与个人的"相互抱怨"。那么，如何才能设计出个人与企业价值的激励相容机制，从而实现两者价值最大化的"双赢"之道呢？

一是要设计合理的激励机制及手段。产生"相互抱怨"的企业都有一个共同的特点，即激励机制的缺失或扭曲。论资排辈、岗位僵死、固定的工资、平均的福利等现象在一些企业普遍存在，企业对个人的考核主要是根据资历、学历、职务或职称来确定。这种情况下，鼓励了员工片面地追求高学历、高职务、高职称，忙于应付各种考核，把相当一部分精力放在满足这些指标上，而忽视了实际能力的培养和发展。造成的结果是劳动报酬与劳动贡献发生偏离，影响了员工的工作态度，甚至出现怠工、出工不出力、出力不出活现象。解决问题的途径就是要设计合理的激励机制及手段，要将劳动贡献与报酬直接挂钩，淡化资历、学历、职称等对收入的影响，破除唯学历、资历、身价等条条框框，不拘一格选拔人才、使用人才、培养人才。激励手段中要将个人的收入更多地以货币收入的形式出现，尽量抑制个人对非货币收入的动机，使个人与集体的两个目标函数一致起来，使两者的价值追求"相容"，为实现个人与企业的"双赢"打下良好的制度基础。

二是要为员工提供多渠道的职业发展路径。目前，大多数企业员工的薪酬待遇是随着个人管理地位的提高而增加的，也就是说，对于从事具体业务的人而言，要想收入提高，就需谋得较高的管理职位。这种实质上收入分配的职务化，导致了员工个人发展路径的盲目化。一些员工本身优势在于专业项，但为了更高的物质收入，不得不把相当一部分精力从钻研业务中抽出来，去谋"职"、求"位"。为员工设计多渠道的职业发展路径就可以有效地解决这个问题。20世纪初，美国在一些企业实施的"双阶梯激励机制"，是为了给组织中的专业技术人员提供与管理人员平等的职业发展机会而设计的一种职业生涯系统和激励机制。在这种机制下，专业技术人员的职业生涯可以有两条平等的路径：一条是管理职业生涯路径，一条是技术职业生涯路径，走技术阶梯的人员能够与管理人员享有平等的发展机会和发展层级。这样，一方面，可以鼓励那些在业务技术上有优势和潜力的员工专心走业务技术的道路，为企业业务的创新与发展作出特有的贡献；另一方面，在一定程度上有效地扭转了员工把进入管理层作为唯一的职业发展道路的局面，为员工个人职业生涯打开更多的通道。

三是要塑造健康向上的企业文化来凝聚优秀人才。没有良好的企业文化，员工与企业很难做到真正意义上的休戚相关。实践表明，企业仅仅靠条条框框的"条例"、"规章"、"制度"是不能有效地解决组织运行中的诸多问题，尤其是不能使设计良好的公司治理结构发挥出应有的作用，而企业文化作为各种规章制度发挥作用的根基，作为可以使人心服的"软件"，在人力资源潜能的调动中具有重要的作用。要在管理中贯彻"以人为本"的思想。强调对人性的理解和尊重，按人性的规律对人进行管理，将企业的经营思想、价值理念、行为方式等整合到员工的思想和工作中去，促使每个员工的积极性得以充分释放。

只有充分尊重劳动成果、激发个人潜能的制度设计，才是有效的、激励相容的制度。企业在设计激励相容机制时，要真正做到岗有所需、人有所值，实现人力资源配置最优化，切实把人力资源变为人力资本，保证企业价值实现的同时，能够使员工自身的优势和特长得到充分发挥，促进整体素质的提高、知识的升华和价值的实现。唯有如此，才能真正实现个人与企业价值的"双赢"。

制度和纪律是不可触摸的铁网——热炉法则

火炉面前人人平等，谁摸谁挨烫，这就是"热炉法则"。三国时代孔明挥泪斩马谡的故事就是热炉法则的应用。马谡是诸葛亮很喜欢的一员爱将。诸葛亮在与司马懿对战街亭时，马谡自告奋勇要出兵守街亭。诸葛亮虽然很赏识他，但知道马谡做事未免轻率，因而不敢轻易答应他的请求。但马谡表示愿立军令状，若失败就处死全家，诸葛亮只好同意给他这个机会，并指派王平将军随行，并交代马谡在安置完营寨后须立刻回报，有事要与王平商量，马谡一一答应。可是军队到了街亭，马谡执意扎营在山上，完全不听王平的建议，而且没有遵守约定将安营的阵图送回本部。司马懿派兵进攻街亭时，在山下切断了马谡军的粮食及水的供应，使得马谡兵败如山倒，蜀国的重要据点街亭因而失守。面对爱将的重大错误，诸葛亮没有姑息他，而是马上挥泪将其处斩了。

诸葛亮不因为马谡是自己的爱将就网开一面，从而保证了惩罚的平等性。事前预立军令状，做到了预防性。撤军后马上执行斩刑，体现了即时性。正是因为能做到这些，才使蜀国在实力最弱的情况下存活了那么长时间，军队也保持了长久的战斗力。

组织制订所有的制度、标准、规范都是为了执行，不执行，再好的制度也只不过是废纸一张，甚至比没有制度的危害性更大。怎样才能严格执行呢？那就是运用"热炉法则"。"热炉"法则向我们形象地阐述了执行制度时惩处的原则：

（1）热炉火红，不用手去摸也知道炉子是热的，是会灼伤人的预防性原则。这就要求领导者要经常对下属进行规章制度教育，以警告或劝诫不要触犯规章制度，否则会受到惩处。

（2）每当你碰到火炉，肯定会被灼伤的必然性原则。只要触犯单位的规章制度，就一定会受到惩处。

（3）当你碰到热炉时，立即就被灼伤的即时性原则。惩处必须在错误行为发生后立即进行，绝不拖泥带水，绝不能有时间差，以便达到及时改正错误行为的目的。

（4）不管谁碰到热炉，都会被灼伤的公平性原则。对公平的追求来源于人类的天性，只有公平的制度才可能得到大家的认可及拥护。

（5）不管在任何时候碰到热炉，都会被灼伤的有效性原则。

制度明确规定了员工该做什么，不该做什么，就好像是标明了在哪里有"热炉"，一旦碰上它，就一定会受到惩罚。

海尔集团有个规定，所有员工走路都必须靠右行，在离开座位时则需将椅子推进桌洞里，否则，都将被课以罚款。在实践中，海尔就是这样做的。在奥克斯集团的各项纪律中，有一项规定是开会时不得有手机铃声，若违反，每次罚款50元。在奥克斯集团内，无论大会小会，都不会受手机铃声的干扰，即使是刚进奥克斯的新人也知道必须养成这样的良好习惯，绝不触犯。

这些企业之所以做这样的规定，用意无非是希望全体员工在心目中形成一种强烈的观念：制度和纪律是一个不可触摸的"热炉"。只有这样，才能做到令行禁止、不徇私情，真正实现热炉法则。

"热炉法则"不仅适用于企业管理，更适用于惩治腐败。纵观所有的腐败案件，大多都是由于权力过于集中，导致监督失控或形同虚设而造成的。有的领导干部往往自视甚高，一旦手中有那么一点权力，就把自己置身于团队之外、集体之外、制度之外，不受任何约束和监控，失去监督，甚至操纵权柄，放任自己，不考虑自己违规行为，结果走上了犯罪道路。"热炉法则"强调公平公正，事先预警，事后严惩，不失为惩戒腐败的利器。

在运用"热炉法则"的同时，我们也应看到，"热炉法则"的缺陷。惩罚制度毕竟是手段而不是目的，使用过滥就会适得其反。犯错误的载体人，是有血、有肉、有思想、有情感的，所以在达到处罚目的的同时，要充分考虑受罚员工的想法和承受能力，对不同状态的员工采取相应的方法与对策。从而达到通过处罚，教育员工，规范行为，促进发展的目的。并从技能培训、企业文化建设和建立科学的奖惩机制入手，使员工心悦诚服、勇于认错。这样的话，热炉给员工的就不仅仅有烫的感觉，也有温暖的感觉。

少数服从多数并不一定合理——公共选择

公共选择理论的主要假设是经济人假设，它的含义是指人都是理性的自利主义者，即人们会在约束条件下使自身利益最大化。公共选择就是将经济学用来研究政治，也就是如何把个人偏好转化为公共偏好的问题。

公共选择理论认为，人类社会由两个市场组成：一个是经济市场，另一个是政治市场。在经济市场上活动的主体是消费者（需求者）和厂商（供给者）；在政治市场上活动的主体是选民、利益集团（需求者）和政党官员、政治家（供给者）。经济市场上，人们通过货币选票来选择能给他带来效用的私人物品；但在政治市场上，人们通过民主选票来选择能给其带来最大利益的政治家、政策法案和法律制度。

西方主流经济学家认为，在经济市场上，个人受利己动机支配追求个人利益最大化；而在政治市场上，个人的动机和目标是利他主义的，超越了个人利益。公共选择理论试图把人的行为重新纳入一个统一的分析框架或理论模式，用经济学的方法和基本假设来统一分析人的行为的两方面，从而拆除传统的西方经济学在经济学与政治学之间竖起的隔墙，创立使二者融为一体的新政治经济学体系。在经济市场和政治市场上活动的是同一个人，没有理由认为同一个人会根据两种完全不同的行为动机进行活动；主流经济学分析方法在逻辑上是自相矛盾的，这种政治经济截然对立的"善恶二元论"是不能成立的。

美国马里兰大学教授丹斯·缪勒给公共选择理论下的定义常常被西方学者引用："公共选择理论被定义为非市场决策的经济研究，或者可以简单地定义为把经济应用于政治科学。公共选择的方法仍然是经济学的方法。"大致来说，公共选择是这样一种理论：其研究对象为集体的非市场决策过程；其使用的研究工具和方法为经济学的工具和方法，尤其是价格理论；它把政治舞台理解为市场，把选民、官僚和政客视为政治市场中的博弈者，把选票看成是货币。公共选择讨论的是政治市场中的经济人行为。

政治市场中的经济人可以细分为三类：

（1）选民，他们手中的选票相当于经济市场中消费者手中的货币。

（2）政客，是靠选民而生活的人。

（3）官僚，作为政策的职业执行者的经济人。

一般来说，公共选择的两大基本问题是集体行动和偏好加总问题。由于不管是集体行动还是偏好加总都取决于规则，因此规则才是最根本的。公共选择理论的最终目的就是寻找一种规则，使理性的经济人在自利的同时也造福社会。

在某些情况下，人们可能投票选择大多数人最不喜欢的方案。比如有一个7人委员会，成员中有2个左派、2个中派、3个右派，他们的表决如下所示。

三派表决表

	左派		中派		右派			公共决策
	1	2	3	4	5	6	7	
最佳选择	左	左	中	中	右	右	右	右
次佳选择	中	中	左	左	中	中	中	中
最次选择	右	右	右	右	左	左	左	左

根据简单多数规则，有3个人赞成右方案，构成了简单多数，所以右方案成为入选的公共决策。再仔细看可以得知，右方案是左派和中派最不喜欢的方案。在这里，大多数人最不喜欢的方案被选中了，这种结果使得大多数人受到了损害。

由此可见，尽管少数服从多数的原则被人们在各种场合运用，但也不能盲目崇拜，否则也会产生有害的效果。

所以布坎南在谈到公共选择过程的决策规则时强调，只有在所有的人都一致同意的前提下，公共决策才能被认为是最佳的。因为只要有一个人反对，就说明这一决策损害了他的利益。由于个人与个人之间的成本和收益是不可相加、也不可相减的，所以我们无法证明，这一个人牺牲自己的利益以"成全"大家从社会角度看是值得的。这种一致同意的原则与市场原则是一样的。只不过在市场中，同意只需在两人之间实现，而在对公共物品的集体决策中，同意却要在众多人之中实现。这就带来了很大的麻烦，因为人越多，意见越多，实现一致同意就越困难。不用说很多，设想在一万人中实现一致同意也会是很困难的。更何况，在现实中，许多国家的人口都超过了100万、1000万、1亿甚至10亿人。为了解决这个问题，于是就出现了少数服从多数的原则。它简化了公共选择过程，但同时也带来了一些弊端，其中之一就是存在着对少数人利益的侵犯的可能性。因为这些人再也不能像在市场中一样，用"不同意"来避免损失了。在一定程度内，这是为了较低成本地实现公共选择而付出的代价，所有的人在接受少数服从多数原则时，就已经事先认可了这种代价。但少数服从多数的原则确实也潜伏着被滥用的危险，导致对少数人的利益的不加限制的侵犯。这时，民主赖以建立的基础受到了挑战。

对于这种情况，有两种解决办法。一种是对投票程序进行改进，即布坎南的"宪法改革"；另一种办法，就是限制投票程序的适用范围。这包括两类：一类是市场能够解决的问题，即市场制度下的基本产权；另一类就是基本人权。在前者，不可投票是因为市场解决这类问题比投票程序更好；并且公众一旦就某一私人物品的价格投票，就必然会伤及市场中一部分人的利益。

人们常常认为，从社会是由许多个人构成的整体这个意义上说，社会比个人更重要，进而把社会与个人对立起来，以致认为为了社会利益，可以不惜损害个人价值。计划经济就是在这样的基础上建立起来的。所以，市场化和民主化首先应是观念上的革命，是对人的价值和人的权利重新肯定和再度张扬。

信用货币尚未脱离金属货币制度条件下，货币单位的值是每个货币单位的含金量；在黄金非货币化后，确定货币单位的值表现为确定或维持本币的汇率。

（3）规定流通中货币的种类。规定流通中货币的种类主要指规定主币和辅币。主币是一国的基本通货和法定价格标准，辅币是主币的等分，是小面额货币，主要用于小额交易支付。金属货币制度下主币是用国家规定的货币材料按照国家规定的货币单位铸造的货币，辅币用贱金属并由国家垄断铸造。信用货币制度下，主币和辅币的发行权都集中于中央银行或政府指定机构。

（4）规定货币法定支付偿还能力。货币法定支付偿还能力分为无限法偿和有限法偿。无限法偿指不论用于何种支付，不论支付数额有多大，对方均不得拒绝接受；有限法偿即在一次支付中有法定支付限额的限制，若超过限额，对方可以拒绝接受。金属货币制度下，一般而言主币具有无限法偿能力，辅币则是有限法偿。

（5）规定货币铸造发行的流通程序。货币铸造发行的流通程序主要分为金属货币的自由铸造与限制铸造、信用货币的分散发行与集中垄断发行。自由铸造指公民有权用国家规定的货币材料，按照国家规定的货币单位在国家造币厂铸造铸币，一般而言主币可以自由铸造；限制铸造指只能由国家铸造，辅币为限制铸造。信用货币分散发行指各商业银行可以自主发行，早期信用货币是分散发行，目前各国信用货币的发行权都集中于中央银行或指定机构。

（6）规定货币发行准备制度。货币发行准备制度是为约束货币发行规模维护货币信用而制定的，要求货币发行者在发行货币时必须以某种金属或资产作为发行准备。在金属货币制度下，货币发行以法律规定的贵金属作为发行准备；在现代信用货币制度下，各国货币发行准备制度的内容比较复杂，一般包括现金准备和证券准备两大类。

在漫漫历史长河中，随着货币的演变，货币制度也在不停地演变，先后存在过银本位制、金银复本位制、金本位制、纸币本位制。银本位制的本位货币是银；金本位制则以金为本位货币；金银复本位制的本位货币是金和银；纸币发行以这些金属货币为基础，可以自由兑换。后来随着经济社会的发展，金属货币本位制逐步退出了历史舞台，世界各地都确立了不兑现的信用货币制度，即纸币本位制。

（1）银本位制。是指以白银为本位货币的一种货币制度。在货币制度的演变过程中银本位的历史要早于金本位。银本位制的运行原理类似于金本位制，主要不同点在于以白银作为本位币币材。银币具有无限清偿能力，其名义价值与实际含有的白银价值一致。银本位分为银两本位与银币本位。

（2）金本位制。是指以黄金作为本位货币的货币制度。其主要形式有金币本位制、金块本位制和金汇兑本位制。

①金币本位制。金币本位制是以黄金为货币金属的一种典型的金本位制。其主要特点有：金币可以自由铸造、自由熔化；流通中的辅币和价值符号（如银行券）可以自由兑换金币；黄金可以自由输出输入。在实行金本位制的国家之间，根据两

第四篇 如何打理自己的财富：二十几岁要懂得的投资理财经济学

第一章

货 币

认识孔方兄——货币起源

在太平洋某些岛屿和若干非洲民族中，以一种贝壳——"加马里"货币来交税，600个"加马里"可换一整袋棉花。再如美拉尼西亚群岛的居民普遍养狗，所以就以狗牙作货币，一颗狗牙大约可买100个椰子，而娶一位新娘，必须给她几百颗狗牙作礼金！

在太平洋加罗林群岛中的雅浦岛，这里的居民使用石头货币。这里每一枚货币叫作"一分"，但这样的"一分"绝不可以携带在身上。因为它是一个"庞然大物"的圆形石头，中心还有一个圆窟。照当地人的规定，"分"的体积和直径越大，价值就越高。因此有的价值高的"分"的直径大到5米。这种货币是用石灰岩的矿物——文石刻成的，但雅浦岛上没有文石，当地人要远航到几百里外的帕拉乌岛把大石打下，装在木筏上运回。单是海上那惊险百出的航程，就要历时几个星期。

巨大的石头货币，有优点也有缺点，优点是不怕盗窃、不怕火烧水浸、经久耐磨，缺点是不易搬运、携带不得。所以用这种货币去购物时，必须要把货主带到石头货币旁边察看成色，然后讲价。由于搬运艰难，人们卖掉货物换来的石头货币，只好打上印戳，让它留在原地，作为自己的一笔"不动产"。

为什么狗牙和石头也能成为货币？货币为什么能买到任何东西？要解开货币的有关疑问，就必须了解货币是怎么来的。

货币的前身就是普普通通的商品，它是在交换过程中逐渐演变成一般等价物的。货币是商品，但又不是普通商品，而是特殊商品。货币出现后，整个商品世界就分裂成为两极，一极是特殊商品——货币，另一极是所有的普通商品。普通商品是以各种各样的使用价值的形式出现，而货币则是以价值的体化物或尺度出现。普通商品只有通过与货币的比较，其价值才能得到体现，所有商品的价值只有通过与货币的比较之后，相互之间才可以比较。

货币的发展一共经历了如下几个阶段：

（1）物物交换。人类使用货币的历史产生于物物交换的时代。在原始社会，人们使用以物易物的方式，交换自己所需要的物资，比如一头羊换一把石斧。但是有时候受到用于交换的物资种类的限制，不得不寻找一种能够为交换双方都能够接受的物品。这种物品就是最原始的货币。牲畜、盐、稀有的贝壳、珍稀鸟类羽毛、宝石、沙金、石头等不容易大量获取的物品都曾经作为货币使用过。

在人类早期历史上，贝壳因为其不易获得，充当了一般等价物的功能，"贝"因此成为最原始的货币之一。今天的汉字如"赚"、"赔"、"财"等，都有"贝"字旁，就是当初贝壳作为货币流通的印迹。

（2）金属货币。经过长年的自然淘汰，在绝大多数社会里，作为货币使用的物品逐渐被金属所取代。使用金属货币的好处是它的制造需要人工，无法从自然界大量获取，同时还易储存。数量稀少的金、银和冶炼困难的铜逐渐成为主要的货币金属。某些国家和地区使用过铁质货币。

早期的金属货币是块状的，使用时需要先用试金石测试其成色，同时还要称重量。随着人类文明的发展，逐渐建立了更加复杂而先进的货币制度。古希腊、罗马和波斯的人们铸造重量、成色统一的硬币。这样，在使用货币的时候，既不需要称重量，也不需要测试成色，无疑方便得多。这些硬币上面带有国王或皇帝的头像、复杂的纹章和印玺图案，以免伪造。

中国最早的金属货币是商朝的铜贝。商代在我国历史上也称青铜器时代，当时相当发达的青铜冶炼业促进了生产的发展和交易活动的增加。于是，在当时最广泛流通的贝币由于来源的不稳定而使交易发生不便，人们便寻找更适宜的货币材料，自然而然集中到青铜上，青铜币便应运而生。但这种用青铜制作的金属货币在制作上很粗糙，设计简单，形状不固定，没有使用单位，在市场上也未达到广泛使用的程度。由于其外形很像作为货币的贝币，因此人们大都将其称为铜贝。

铜贝产生以后，它是与贝币同时流通的。铜贝发展到春秋中期，又出现了新的货币形式，即包金铜贝，它是在普通铜币的外表包一层薄金，既华贵又耐磨。铜贝不仅是我国最早的金属货币，也是世界上最早的金属货币。

（3）金银。西方国家的主币为金币和银币，辅币以铜、铜合金制造。随着欧洲社会经济的发展，商品交易量逐渐增大，到15世纪时，经济发达的佛兰德斯和意大利北部各邦国出现了通货紧缩的恐慌。从16世纪开始，大量来自美洲的黄金和白银通过西班牙流入欧洲，挽救了欧洲的货币制度，并为其后欧洲的资本主义经济发展创造了起步的条件。

（4）纸币。随着经济的进一步发展，金属货币同样显示出使用上的不便。在大额交易中需要使用大量的金属硬币，其重量和体积都令人感到烦恼。金属货币使用中还会出现磨损的问题，据不完全的统计，自从人类使用黄金作为货币以来，已经有超过两万吨的黄金在铸币厂里或者在人们的手中、钱袋中和衣物口袋中磨损掉。于是作为金属货币的象征符号的纸币出现了。世界上最早的纸币在宋朝年间于中国四川地区出现的交子。

目前世界上共有200多种货币，流通于世界190多个独立国家和其他地区。作为各国货币主币的纸币，精美、多侧面地反映了该国历史文化的横断面，沟通了世界各国人民的经济交往。目前世界上比较重要的纸币包括美元、欧元、人民币、日元和英镑等。

随着信用制度的发展，存款货币和电子货币对于我们已经并不陌生，但新的货币形式还将不断出现。货币如同神秘的魔术，它神奇地吸引着人们的注意力，调动着人们的欲望，渗透到每一个角落，用一种看不见的强大力量牵引着人们的行为。我们要正确认识货币，更要正确使用货币。

货币为什么能买到世界上所有的商品——货币功能

在现代社会中，金钱可以说是无处不在，它早就渗透了人们衣、食、住、行的各个方面。一个人如果没有钱，那么他在社会上就寸步难行；如果有了钱，就可以得到物质享受。由于钱有这个作用，所以它就有了一种令人疯狂的魔力，被蒙上了一层神秘的面纱。

但是钱并不完全等于货币。按照经济学理论的解释，任何一种能执行交换媒介、价值尺度、延期支付标准或完全流动的财富储藏手段等功能的商品，都可被看作是货币。有人不禁要质疑上述的论断：人民币、美元、欧元才是货币，肥皂、洗衣粉之类的商品也能说是货币吗？在我们的生活中，肥皂、洗衣粉当然不能算是做货币。这是为什么呢？

要认识货币，必须要了解货币具有哪些职能：

（1）价值尺度。正如衡量长度的尺子本身有长度、称东西的砝码本身有重量一样，衡量商品价值的货币本身也是商品，具有价值。没有价值的东西，不能充当价值尺度。

在商品交换过程中，货币成为一般等价物，可以表现任何商品的价值，衡量一切商品的价值量。货币在执行价值尺度的职能时，并不需要有现实的货币，只需要观念上的货币。例如，1辆自行车值200元人民币，只要贴上个标签就可以了。当人们在作这种价值估量的时候，只要在他的头脑中有多少钱的观念就行了。用来衡量商品价值的货币虽然只是观念上的货币，但是这种观念上的货币仍然要以实在的货币为基础。人们不能任意给商品定价，因为，在货币的价值同其他商品之间存在着客观的比例，这一比例的现实基础就是生产两者所耗费的社会必要劳动量。

商品的价值用一定数量的货币表现出来，就是商品的价格。价值是价格的基础，价格是价值的货币表现。货币作为价值尺度的职能，就是根据各种商品的价值大小，把它表现为各种各样的价格。例如，1头牛值2两黄金，在这里2两黄金就是1头牛的价格。

（2）流通手段。在商品交换过程中，商品出卖者把商品转化为货币，然后再用货币去购买商品。在这里，货币发挥交换媒介的作用，执行流通手段的职能。

在货币出现以前，商品交换是直接的物物交换。货币出现以后，它在商品交换关系中则起媒介作用。以货币为媒介的商品交换就是商品流通，它由商品变为货币

（W–G）和由货币变为商品（G–W）两个过程组成。由于货币在商品流通中作为交换的媒介，它打破了直接物物交换和地方的限制，扩大了商品交换的品种、数量和地域范围，从而促进了商品交换和商品生产的发展。

由于货币充当流通手段的职能，使商品的买和卖打破了时间和空间上的限制：一个商品所有者在出卖商品之后，不一定马上就去购买商品；一个商品所有者在出卖商品以后，可以就地购买其他商品，也可以在别的地方购买其他任何商品。

（3）贮藏手段。货币退出流通领域充当独立的价值形式和社会财富的一般代表而储存起来的一种职能。

货币作为贮藏手段，是随着商品生产和商品流通的发展而不断发展的。在商品流通的初期，有些人就把多余的产品换成货币保存起来，贮藏金银被看成是富裕的表现，这是一种朴素的货币贮藏形式。随着商品生产的连续进行，商品生产者要不断地买进生产资料和生活资料，但他生产和出卖自己的商品要花费时间，并且能否卖掉也没有把握。这样，他为了能够不断地买进，就必须把前次出卖商品所得的货币贮藏起来，这是商品生产者的货币贮藏。随着商品流通的扩展，货币的权力日益增大，一切东西都可以用货币来买卖，货币交换扩展到一切领域。谁占有更多的货币，谁的权力就更大，贮藏货币的欲望也就变得更加强烈，这是一种社会权力的货币贮藏。货币作为贮藏手段，可以自发地调节货币流通量，起着蓄水池的作用。

（4）支付手段。货币作为独立的价值形式进行单方面运动（如清偿债务、缴纳税款、支付工资和租金等）时所执行的职能。

因为商品交易最初是用现金支付的。但是，由于各种商品的生产时间是不同的，有的长些，有的短些，有的还带有季节性。同时，各种商品销售时间也是不同的，有些商品就地销售，销售时间短，有些商品需要运销外地，销售时间长。商品的让渡同价格的实现在时间上分离开来，即出现赊购的现象。赊购以后到约定的日期清偿债务时，货币便执行支付手段的职能。货币作为支付手段，开始是由商品的赊购、预付引起的，后来才慢慢扩展到商品流通领域之外，在商品交换和信用事业发达的经济社会里，就日益成为普遍的交易方式。

在货币当作支付手段的条件下，买者和卖者的关系已经不是简单的买卖关系，而是一种债权债务关系。货币一方面可以减少流通中所需要的货币量，节省大量现金，促进商品流通的发展。另一方面，货币进一步扩大了商品经济的矛盾。在赊买赊卖的情况下，许多商品生产者之间都发生了债权债务关系，如果其中有人到期不能支付，就会引起一系列的连锁反应，使整个信用关系遭到破坏。

（5）世界货币。货币在世界市场上执行一般等价物的职能。由于国际贸易的发生和发展，货币流通超出一国的范围，在世界市场上发挥作用，于是货币便有世界货币的职能。作为世界货币，必须是足值的金和银，而且必须脱去铸币的地域性外衣，以金块、银块的形状出现。原来在各国国内发挥作用的铸币以及纸币等在世界市场上都失去作用。

在国内流通中，一般只能由一种货币商品充当价值尺度。在国际上，由于有的国家用金作为价值尺度，有的国家用银作为价值尺度，所以在世界市场上金和银可以同时充当价值尺度的职能。后来，在世界市场上，金取得了支配地位，主要由金执行价值尺度的职能。

国际货币充当一般购买手段，一个国家直接以金、银向另一个国家购买商品。同时作为一般支付手段，国际货币用以平衡国际贸易的差额，如偿付国际债务，支付利息和其他非生产性支付等。国际货币还充当国际间财富转移的手段，货币作为社会财富的代表，可由一国转移到另一国，例如，支付战争赔款、输出货币资本或由于其他原因把金银转移到外国去。在当代，世界货币的主要职能是作为国际支付手段，用以平衡国际收支的差额。

为什么货币符号能当钱花——纸币

如今，人们已经不再使用金币、银币或者铜板买东西了，而是用一种特殊的货币——纸币。从纸币本身的质地来看，它自身的价值几乎可以忽略不计。但是，纸币不仅可以交换任何商品，甚至连昔日的货币贵族——黄金也可以交换。这是为什么呢？

北宋初年，成都一带商业十分发达，通货紧张，而当时铸造的铁钱却流通不畅。因为铁钱易腐烂、价值低，十单位铁钱只相当于一单位铜钱，用起来极为笨重。比如，买一匹布需要铁钱两万，重达500斤！于是当地16家富户开始私下印制一种可以取代钱币、用楮树皮造的券，后来被称作"交子"。当地政府最初想取缔这种"新货币"，但是这种"新货币"在经济流通中作用却十分明显，于是决定改用官方印制。

《成都金融志》中的文字解释："北宋益州的.交子铺.实为四川历史上最早的货币金融机构，而益州的交子铺则是最早由国家批准设立的纸币发行机构。""交子"的出现，便利了商业往来，弥补了现钱的不足，是我国货币史上的一大业绩。此外，"交子"作为我国乃至世界上发行最早的纸币，在印刷史、版画史上也占有重要的地位，对研究我国古代纸币印刷技术有着重要意义。

在商品货币时代，金属货币使用久了，就会出现磨损，变得不足值。人们就意识到可以用其他的东西代替货币进行流通，于是就出现了纸币。纸币在货币金融学中最初的定义为发挥交易媒介功能的纸片。

其实严格来说，纸币并不是货币，因为货币是从商品中分离出来的、固定充当一般等价物的商品。纸币由于没有价值，不是商品，所以也就不是货币。在现代金融学中，纸币是指，代替金属货币进行流通，由国家发行并强制使用的货币符号。纸币本身没有和金属货币同样的内在价值，它本身的价值也比国家确定的货币价值小得多，它的意义在于它是一种货币价值的符号。

纸币诞生后，在很长的时间内只能充当金属货币（黄金或白银）的"附庸"，就像影子一样，不过是黄金的价值符号。国家以法律形式确定纸币的含金量，人们可以用纸币自由兑换黄金，这种货币制度也被称为金本位制。在很长的历史时期里，金本位制是人类社会的基本货币制度，但它存在着先天无法克服的缺陷。

困扰金本位制的就是纸币和黄金的比价和数量问题。当依据黄金发行纸币的时候，必须确定一个比价，而此后不论是黄金数量发生变化还是纸币数量发生变化，原先的比价都无法维持，金本位制也就无法稳定运行。这个问题在后来的布雷顿森林体系中仍然存在，并最终导致了布雷顿森林体系的崩溃。

金本位制最终崩溃并退出历史舞台表明，纸币再也不能直接兑换成黄金，也就是不能直接兑换回金属货币，纸币这个金属货币的"附庸"终于走上了舞台的中央，成为货币家族的主角。纸币成为本位货币，以国家信用作保障，依靠国家的强制力流通。

事实上，接受纸币也是需要一些条件的。只有人们对货币发行当局有充分的信任，并且印刷技术发展到足以使伪造极为困难的高级阶段时，纸币方可被接受为交易媒介。今天，我们所使用的纸币，如中国的人民币、美国的美元等是一个国家的法定货币，是这个国家的中央银行统一发行、强制流通，以国家信用为保障。私人不能印刷、发行货币。在我国，人民币是中华人民共和国的法定货币，由政府授权中国人民银行发行。

1948年12月1日，中国人民银行在华北解放区的石家庄成立，并在成立之日开始发行钞票，即第一套人民币。这套人民币共有12种面额，最大面额为5万元，最小为1元。票面上的"中国人民银行"六个字由时任华北人民政府主席并主持中共中央财经工作的董必武同志亲笔题写。由于当时中国正处于解放战争时期，人民解放军打到哪里人民币就发行到哪里，所以第一套人民币曾先后在石家庄、北平、上海、天津、西安、沈阳等十几个地方印制过，版面多达62种。

人民币的发行为中华人民共和国成立后统一国内市场货币、建立中国的货币制度奠定了基础。但是由于第一套人民币面额大、票面种类较多、印制粗糙、说明文字多为汉字一种等缺陷，也给管理和使用带来许多困难。1955年3月1日，中国人民银行奉命发行第二套人民币，新发行的人民币面额较小，计价结算较为简单，且说明文字增加到汉、蒙、藏、维吾尔四种，便于在少数民族地区流通。同年4月1日，第一套人民币停止流通。

1962年和1987年，中国人民银行又发行了第三、第四套人民币，除印制更加精美外，为扩大流通范围，票面上的说明文字又增加了壮文、汉语拼音和盲文。1999年10月1日——共和国五十岁生日的时候，中国人民银行首次推出了完全独立设计、印制的第五套人民币，与国际进一步接轨的人民币将以崭新的面貌担负起新时期的重任。

"无脚走遍天下"——电子货币

最近几十年来，信息技术把我们带入了一个新的时代，货币家族又增添了一个新的成员——电子货币。电子货币无影无形，它依托金融电子化网络为基础，以商用电子化机具和各类交易卡为媒介，以电子计算机技术和通信技术为手段，以电子数据形式存储在银行的计算机系统中，并通过计算机网络系统以电子信息传递形式实现流通和支付功能的货币。银行卡就是我们常见的电子货币的载体之一。

货币的每一次演变都让人惊奇。电子货币更加是货币史上一次神奇的改变。近年来，随着 Internet 商业化的发展，电子商务化的网上金融服务已经开始在世界范围内开展。

难以置信，人们足不出户，就可以坐在家里在网上商店购买商品，鼠标一点就可以完成货币支付。走进商场享受购物快乐，也不需要带上厚厚的现金，只要带一张薄薄的磁卡，轻轻一刷输入密码就可以完成交易。甚至出国旅行，也只需要带上一张小小的磁卡就可以了。这就是电子金融服务。它的特点是通过电子货币在 Internet 上进行及时电子支付与结算。以至人们可随时随地完成购物消费活动，进行货币支付。

6 月的某天，北京正值盛夏，一直热衷于网购的小岩在客厅里一边吃西瓜，一边在线浏览琳琅满目的商品。这一次，在澳大利亚的一个网站上，她看上了一款澳洲本地羊皮袄，通过"海外宝"的简单几步点击操作，便很快将它收入囊中。2008年 6 月 11 日，国内最大的独立第三方支付平台支付宝公司与澳大利亚领先的在线支付公司建立的中文购物平台"海外宝"正式上线。Paymate 将澳大利亚实体店铺商家的商品放在平台上，这个平台支持支付宝作为支付工具，通过统一的物流派送，使中国的消费者可以和在国内购物网站上购买一样，方便地购买到来自澳大利亚的各种商品。

像小岩热衷的网购实际上就是网上金融服务的一种，它包括了人们的各种需要内容，网上消费、家庭银行、个人理财、网上投资交易、网上保险等。网上支付的电子交易需要安全认证、数据加密、交易确认等控制，为了确保信息安全。而这一切，都依赖于电子货币的产生和发展。

电子货币的产生首先是因为电子商务的产生，因为电子商务最终还是需要支付结算，这就需要有电子支付。但电子货币本质上并没有改变货币的本质，只是在形式上发生了变化。电子货币的出现方便了人们外出购物和消费。现在电子货币通常在专用网络上传输，通过设在银行、商场等地的 ATM 机器进行处理，完成货币支付操作。电子支付手段大大减少了经济运行的成本。

欧洲人早在个人计算机出现之前就意识到电子支付的好处。长期以来，欧洲人采取的都是直接转账的方式，由银行直接为消费者支付账单转移资金。尤其芬兰和瑞典等互联网用户比例引领世界的国家，2/3 的交易都是通过电子方式完成的。芬兰和瑞典等国家网络银行客户的比例也超过了世界上其他的国家。

就现阶段而言，大多数电子货币是以即有的实体货币（现金或存款）为基础存在的具备"价值尺度"和"流通手段"的基本职能，还有"价值保存"、"储藏手段"、"支付手段"、"世界货币"等职能。且电子货币与实体货币之间能以 1 ：1 比率交换这一前提条件而成立的。

因为只有在高科技基础建设存在的情况下，电子货币才能以有效率和有效的方式在电子商务中被使用。有人认为，如果欲使电子货币成为未来"可流通"的货币，并且能够"使人信赖其安全性"的话，则此安全性技术自应受到政府管制，否则若无一定的监管标准，电子货币的信用何存？又如何能流通？但是，这里的问题是，政府监管的尺度应如何把握？政府的过分管制就会对技术的发展造成妨碍，这对于快速发展的电子商务是致命的，但是如果不加以管制，电子货币的信用就难以树立。因此把握政府管制的尺度是非常重要的。

由于电子货币使用十分方便，几乎所有的支付都可以用电子支付的方式完成，网上支付和银行卡支付已经成为目前我国电子支付的主流。在我国，全国性的商业银行目前都开通了网上银行业务，绝大多数经济发达地区的地方性商业银行也开通了网上银行服务，另外还有 100 多家非金融机构在从事网上支付业务。

于是，人们提出一个构想：未来是否会进入一个无现金的社会？1975 年，《商业周刊》曾经预言："电子支付方式不久将改变货币的定义"，并将在数年后颠覆货币本身。但电子货币由于缺乏安全性和私密性，短时间内并不能导致纸币体系的消亡。正如马克·吐温所说："对现金消亡的判断是夸大其词了。"作为转移支付手段，大多数电子货币不能脱离现金和存款，只是用电子化方法传递、转移，以清偿债权债务实现结算。因此，现阶段电子货币的职能及其影响，实质是电子货币与现金和存款之间的关系。

货币的"规矩"——货币制度

没有规矩，不成方圆。货币也有货币的规矩——货币制度。货币制度是国家对货币的有关要素、货币流通的组织与管理等加以规定所形成的制度。完善的货币制度能够保证货币和货币流通的稳定，保障货币正常发挥各项职能。货币制度由国家以法律的形式规定下来。一国的货币制度至少要明确以下几个问题：

（1）规定货币材料。规定货币材料就是规定币材的性质，确定不同的货币材料就形成不同的货币制度。比如，货币是用贝壳还是铜铁？是用金银还是纸张？但是哪种物品可以作为货币材料不是国家随心所欲指定的，而是对已经形成的客观现实在法律上加以肯定。目前各国都实行不兑现的信用货币制度，对货币材料不再做明确规定。

（2）规定货币单位。货币单位是货币本身的计量单位，规定货币单位包括两方面：一是规定货币单位的名称，二是规定货币单位的值。比如，过去铜钱的单位是"文"、"贯"，金银的单位是"两"、"斤"，人民币的单位是"元"。在金属货币制度条件下，货币单位的值是每个货币单位包含的货币金属重量和成色；在

国货币的黄金含量计算汇率，称为金平价。

②金块本位制。金块本位制是指由中央银行发行、以金块为准备的纸币流通的货币制度。它与金币本位制的区别在于：其一，金块本位制以纸币或银行券作为流通货币，不再铸造、流通金币，但规定纸币或银行券的含金量，纸币或银行券可以兑换为黄金；其二，规定政府集中黄金储备，允许居民当持有本位币的含金量达到一定数额后兑换金块。

③金汇兑本位制。金汇兑本位制是指以银行券为流通货币，通过外汇间接兑换黄金的货币制度。金汇兑本位制与金块本位制的相同处在于规定货币单位的含金量，国内流通银行券，没有铸币流通。但规定银行券可以换取外汇，不能兑换黄金。本国中央银行将黄金与外汇存于另一个实行金本位制的国家，允许以外汇间接兑换黄金，并规定本国货币与该国货币的法定比率，从而稳定本币币值。

（3）金银复本位制。金银复本位制指一国同时规定金和银为本位币。在金银复本位制下金与银都如在金本位制或银本位制下一样，可以自由买卖，自由铸造与熔化，自由输出输入。

金银复本位制从表面上看能够使本位货币金属有更充足的来源，使货币数量更好地满足商品生产与交换不断扩大的需要，但实际上却是一种具有内在不稳定性的货币制度。"劣币驱逐良币"的现象，即金银两种金属中市场价值高于官方确定比价的不断被人们收藏时，金银两者中的"贵"金属最终会退出流通，使金银复本位制无法实现。

（4）纸币本位制。将纸币本位制又称作信用本位制，从国家法律而论，纸币已经无须以金属货币作为发行准备。纸币制度的主要特征是在流通中执行货币职能的是纸币和银行存款，并且为通过调节货币数量影响经济活动创造了条件。

对纸币制度自实行之日起就存在着不同的争论。主张恢复金本位的人认为只有使货币能兑换为金，才能从物质基础上限制政府的草率行为，促使政府谨慎行事。赞同纸币本位制的人则认为，在当今的经济社会中，货币供应量的变化对经济的影响十分广泛，政府通过改变货币供应量以实现预定的经济目标，已经成为经济政策的不可或缺的组成部分。

"钱"也能惹出大祸——货币危机

20世纪20年代，随着"一战"的结束，世界经济进入衰退时期，欧洲各国的货币都摇摇欲坠，德国的马克、苏联的卢布和法国的法郎都经历了混乱的时期。德国和苏联的劳动人民因此陷入绝望的境地。在没有储备、没有外国支援的情况下，大部分人民为了填饱肚子不得不卖命地劳动。很多人被迫流亡，连有声望的贵族这时也变得非常贫穷。但在这个时期，法国却上演了一个精彩的成功捍卫货币的故事。

法郎危机也是伴随着第一次世界大战开始的。法国政府在"一战"中花掉了大量军费,这个数字是1913到1914年所有主要参战国军事费用的两倍。"一战"结束后,法国财政出现了62亿法郎的缺口,并且还有巨额贷款。1926年,法郎的汇率开始下滑。人们相信,法郎将会面临和德国马克一样的命运。1924年3月到1926年7月11届法国政府内阁的努力都无济于事,物价不停上涨,法郎持续贬值。约瑟夫·凯约政府在1926年换了8位财政部长,但谁也无法解决这个难题。这时,总理雷蒙·普恩加来开始掌权。他通过提高短期利率来把短期借款转为长期借款,并提高税收和削减政府支出,同时他从纽约的摩根银行借来了一笔使法国银行的现汇得以补充的巨额贷款,他的一系列措施恢复了人们对法郎的信任,并由此取得了成功。从此,法郎币值开始走稳,经济和政局也渐趋稳定。

这是一场当之无愧的货币危机保卫战。货币危机的概念有狭义和广义之分。狭义的货币危机与特定的汇率制度(通常是固定汇率制)相对应,其含义是,实行固定汇率制的国家,在非常被动的情况下(如在经济基本全面恶化的情况下,或者在遭遇强大的投机攻击情况下),对本国的汇率制度进行调整,转而实行浮动汇率制,而由市场决定的汇率水平远远高于原先所刻意维护的水平(即官方汇率),这种汇率变动的影响难以控制、难以容忍,这一现象就是货币危机。广义的货币危机泛指汇率的变动幅度超出了一国可承受的范围这一现象。通常情况表现为本国货币的急剧贬值。

当代国际经济社会很少再看见一桩孤立的货币动荡事件。在全球化时代,由于国民经济与国际经济的联系越来越密切,一国货币危机常常会波及别国。

随着市场经济的发展与全球化的加速,经济增长的停滞已不再是导致货币危机的主要原因。经济学家的大量研究表明:定值过高的汇率、经常项目巨额赤字、出口下降和经济活动放缓等都是发生货币危机的先兆。就实际运行来看,货币危机通常由泡沫经济破灭、银行呆坏账增多、国际收支严重失衡、外债过于庞大、财政危机、政治动荡、对政府的不信任等引发。

1. 汇率政策不当

众多经济学家普遍认同这样一个结论:固定汇率制在国际资本大规模、快速流动的条件下是不可行的。固定汇率制名义上可以降低汇率波动的不确定性,但是自20世纪90年代以来,货币危机常常发生在那些实行固定汇率的国家。正因如此,近年来越来越多的国家放弃了曾经实施的固定汇率制,比如巴西、哥伦比亚、韩国、俄罗斯、泰国和土耳其等。然而,这些国家大多是由于金融危机的爆发而被迫放弃固定汇率,汇率的调整往往伴随着自信心的丧失、金融系统的恶化、经济增长的放慢以及政局的动荡。也有一些国家从固定汇率制成功转轨到浮动汇率制,如波兰、以色列、智利和新加坡等。

2. 银行系统脆弱

在大部分新兴市场国家,包括东欧国家,货币危机的一个可靠先兆是银行危机。资本不足而又没有受到严格监管的银行向国外大肆借取贷款,再贷给国内的问题项目，由于币种不相配（银行借的往往是美元，贷出去的通常是本币）和期限不相配（银行借的通常是短期资金，贷出的往往是历时数年的建设项目），因此累积的呆坏账越来越多。如东亚金融危机爆发前 5 ~ 10 年，马来西亚、印度尼西亚、菲律宾和泰国信贷市场的年增长率均在 20% ~ 30%，远远超过了工商业的增长速度，由此形成的经济泡沫越来越大，银行系统也就越发脆弱。

3. 外债负担沉重

泰国、阿根廷以及俄罗斯的货币危机，就与所欠外债规模巨大且结构不合理紧密相关。如俄罗斯从 1991 年 ~ 1997 年起共吸入外资 237.5 亿美元，但在外资总额中，直接投资只占 30% 左右，短期资本投资约 70%。在货币危机爆发前的 1997 年 10 月，外资已掌握了股市交易的 60% ~ 70%，国债交易的 30% ~ 40%。1998 年 7 月中旬以后，最终使俄财政部发布 "8.17 联合声明"，宣布 "停止 1999 年底前到期国债的交易和偿付"，债市的实际崩溃，直接引发卢布危机。

4. 财政赤字严重

在发生货币危机的国家中，或多或少都存在财政赤字问题，赤字越庞大，发生货币危机的可能性也就越大。财政危机直接引发债市崩溃，进而导致货币危机。

5. 政府信任危机

民众及投资者对政府的信任是货币稳定的前提，同时赢得民众及投资者的支持，是政府有效防范、应对金融危机的基础。墨西哥比索危机很大一部分归咎于其政治上的脆弱性，1994 年总统候选人被暗杀和恰帕斯州的动乱，使墨西哥社会经济处于动荡之中。新政府上台后在经济政策上的犹豫不决，使外国投资者认为墨西哥可能不会认真对待其政府开支与国际收支问题，这样信任危机引起金融危机；而 1998 年 5 月 ~ 6 月间的俄罗斯金融危机的主要诱因也是国内 "信任危机"。

6. 经济基础薄弱

强大的制造业、合理的产业结构是防止金融动荡的坚实基础。产业结构的严重缺陷是造成许多国家经济危机的原因之一。如阿根廷一直存在着严重的结构性问题，20 世纪 90 年代虽实行了新自由主义改革，但产业结构调整滞后，农牧产品的出口占总出口的 60%，而制造业出口只占 10% 左右。在国际市场初级产品价格走低及一些国家增加对阿根廷农产品壁垒之后，阿根廷丧失了竞争优势，出口受挫。

7. 危机跨国传播

由于贸易自由化、区域一体化，特别是资本跨国流动的便利化，一国发生货币风潮极易引起临近国家的金融市场发生动荡，这在新兴市场尤为明显。泰国之于东亚，俄罗斯之于东欧，墨西哥、巴西之于拉美等反复印证了这一 "多米诺骨牌效应"。

钱为什么突然不值钱了——通货膨胀

在第一次世界大战后的德国，有一个小偷去别人家里偷东西，看见一个筐里边装满了钱，他把钱倒了出来，只把筐拿走了。很多人奇怪，为什么不要钱呢？其实，在当时的德国，货币贬值到了在今天看来几乎无法相信的程度，装钱的筐与那些钱相比，筐更有价值。

第一次世界大战结束后的几年，德国经济处于崩溃的边缘。战争本来就已经使德国经济凋零，但战胜国又强加给它极为苛刻的《凡尔赛和约》，使德国负担巨额的赔款。德国最大的工业区——鲁尔工业区1923年还被法国、比利时军队占领，可谓雪上加霜。

无奈的德国政府只能日夜赶印钞票，通过大量发行货币来为赔款筹资。由此，德国经历了一次历史上最引人注目的超速通货膨胀。从1922年1月到1924年12月，德国的货币和物都以惊人的比率上升，一张报纸的价格变迁可以反映出这种速度：每份报纸的价格从1921年1月的0.3马克上升到1922年5月的1马克、1922年10月的8马克、1923年2月的100马克，直到1923年9月的1000马克，再到10月1日的2000马克、10月15日的12万马克、10月29日的100万马克、11月9日的500万马克，直到11月17日的7000万马克。

发生在德国历史上的这次通货膨胀是真实的事件，在我国解放战争期间，国民政府统治区内也曾发生过如此严重的通货膨胀。

通货膨胀在现代经济学中意指整体物价水平上升。一般性通货膨胀为货币的市值或购买力下降，而货币贬值为两经济体间之币值相对性降低。前者用于形容全国性的币值，而后者用于形容国际市场上的附加价值。纸币流通规律表明，纸币发行量不能超过它象征代表的金银货币量，一旦超过了这个量，纸币就要贬值，物价就要上涨，从而出现通货膨胀。

因此，通货膨胀只有在纸币流通的条件下才会出现，在金银货币流通的条件下不会出现此种现象。因为金银货币本身具有价值，作为贮藏手段的职能，可以自发地调节流通中的货币量，使它同商品流通所需要的货币量相适应。而在纸币流通的条件下，因为纸币本身不具有价值，它只是代表金银货币的符号，不能作为贮藏手段。因此，纸币的发行量如果超过了商品流通所需要的数量，它就会贬值。例如：商品流通中所需要的金银货币量不变，而纸币发行量超过了金银货币量的一倍，单位纸币就只能代表单位金银货币价值量的1/2，在这种情况下，如果用纸币来计量物价，物价就上涨了一倍，这就是通常所说的货币贬值。此时，流通中的纸币量比流通中所需要的金银货币量增加了一倍，这就是通货膨胀。

在经济学中，通货膨胀主要是指价格和工资的普遍上涨，在经济运行中出现的全面、持续的物价上涨的现象。纸币发行量超过流通中实际需要的货币量，是导致通货膨胀的主要原因之一。

其实在当今非洲国家津巴布韦，其通货膨胀也达到了惊人的地步。在2009年2月，津巴布韦中央银行行长决定从其发行的巨额钞票上去掉12个零，这样一来，津巴布韦一万亿钞票相当于1元。此时，津巴布韦通货膨胀率已经达到百分之10亿，而一美元可兑换250万亿津巴布韦元。很多人笑言：在津巴布韦，人人都是"亿万富翁"。当然绝大部分人都不愿做这样的富翁！

纸币发行量超过流通中实际需要的货币量，也就是货币供给率高于经济规模的增长率，是导致通货膨胀的主要原因。那么一般在什么样的情况下，纸币的发行量会超过实际需要的货币量呢？

首先是外贸顺差。因为外贸出口企业出口商品换回来的美元都要上交给央行，然后由政府返还人民币给企业，那么企业挣了很多的外汇，央行就得加印很多人民币给他们，纸币印得多了，但是国内商品流通量还是不变，那么就可能引发通货膨胀。

其次是投资过热。在发展中国家，为了使投资拉动经济发展，政府会加大对基础设施建设的投入，那么就有可能印更多的纸币。通货膨胀的实质就是社会总需求大于社会总供给，通常是由经济运行总层面中出现的问题引起的。

其实在我们的社会生活中还有一类隐蔽的通货膨胀，就是指社会经济中存在着通货膨胀的压力或潜在的价格上升危机，但由于政府实施了严格的价格管制政策，使通货膨胀并没有真正发生。但是，一旦政府解除或放松这种管制措施，经济社会就会发生通货膨胀。

当发生通货膨胀，就意味着手里的钱开始不值钱，但是大家也不用提到"通货膨胀"即谈虎色变。一些经济学家认为，当物价上涨率达到2.5%时，叫作不知不觉的通货膨胀。他们认为，在经济发展过程中，搞一点温和的通货膨胀可以刺激经济的增长，因为提高物价可以使厂商多得一点利润，以刺激厂商投资的积极性。同时，温和的通货膨胀不会引起社会太大的动乱。温和的通货膨胀即将物价上涨控制在1%～2%，至多5%以内，则能像润滑油一样刺激经济的发展，这就是所谓的"润滑油政策"。

从宏观上来讲，普通老百姓对抑制通货膨胀无能为力，必须要依靠政府进行调控。政府必须出台相关的经济政策和措施，例如上调存贷款利率，提高金融机构的存款准备金率，实行从紧的货币政策，包括限价调控等。对于我们普通人而言，应该有合理的措施来抵消通货膨胀对财产的侵蚀，如进行实物投资、减少货币的流入等，以减少通货膨胀带来的压力和损失。

货币更加值钱也不一定是好事——通货紧缩

经济学有句话叫通缩比通胀更可怕，宁要通胀不要通缩。通货紧缩是指由于产能过剩或需求不足导致各类价格持续下跌的现象。大家也许会觉得奇怪，通货膨胀我们担心钱包里的钱贬值，而通货紧缩使得大家手里的钱越来越值钱。用同样的钱可以买到更多的东西，对消费者来说是求之不得的好事，还有什么可担心的呢？

其实，通货紧缩与通货膨胀都属于货币领域的一种病态，但通货紧缩对经济发展的危害比通货膨胀更严重。比如，在通货紧缩的情况下，如果消费者能维持原有的收入，那么物价的下降将提高消费者的生活质量，但是很多情况下企业会因利润下降被迫降薪或裁员。

通货紧缩可能带来的危害大多是隐性的。通货紧缩的负面影响主要有以下几个方面：

第一，长期的通货紧缩会抑制投资与生产。不断弱化的市场需求会迫使企业降价，导致其利润下降。如果物价存在长期下降的趋势，消费者和企业就将推迟购买和采购，而这种行为将导致物价进一步陷入低迷。这样需求越不足，产能就会越过剩，就越会给价格带来更大的下跌压力，通货紧缩就更加剧，大大削弱企业进行资本投资或生产的动力。

第二，通货紧缩还会导致经济衰退并可能危害金融体系。当企业和个人对银行负债时，物价不断下降使得钱越来越值钱，意味着他们的负债越来越多，从而对他们的消费支出有负面影响。通常债务人要比债权人有更高的支出倾向。在这种情况下，债务人减少的支出比债权人增加的支出多。也就是说，在通货紧缩的情况下，欠债人是受损的。

第三，随着负债的增多会导致债务人要向银行提供更多的抵押物，这样市场萧条与债务加重将造成大量企业和个人的破产，大量的破产又会造成银行坏债的增加，危及金融体系。

按照通货紧缩的发生程度不同，可以分为相对通货紧缩和绝对通货紧缩。相对通货紧缩是指物价水平在零值以上，在适合一国经济发展和充分就业的物价水平区间以下。在这种状态下，物价水平虽然还是正增长，但已经低于该国正常经济发展和充分就业所需要的物价水平，通货处于相对不足的状态。这种情形已经开始损害经济的正常发展，虽然是轻微的，但如果不加重视，可能会由量变到质变，对经济发展的损害会加重。

绝对通货紧缩是指物价水平在零值以下，即物价出现负增长，这种状态说明一国通货处于绝对不足状态。这种状态的出现，极易造成经济衰退和萧条。根据对经济的影响程度，又可以分为轻度通货紧缩、中度通货紧缩和严重通货紧缩。而这三者的划分标准主要是物价绝对下降的幅度和持续的时间长度。一般来说，物价出现负增长，但幅度不大（比如 -5%），时间不超过两年的称为轻度通货紧缩。物价下降幅度较大（比如在 -5%~-10%），时间超过两年的称为中度通货紧缩。物价下降幅度超过两位数，持续时间超过两年甚至更长的情况称为严重通货紧缩，20 世纪 30 年代世界性的经济大萧条所对应的通货紧缩，就属此类。

界定通货紧缩，在一般情况下可以而且能够用物价水平的变动来衡量，因为通货紧缩与通货膨胀一样是一种货币现象。但是如果采取非市场的手段，硬性维持价格的稳定，就会出现实际产生了通货紧缩，但价格可能并没有降低下来的状况，而这种类型的通货紧缩就是隐性通货紧缩。

由于通货紧缩形成的原因比较复杂，并非由单一的某个方面的原因引起，而是由多种因素共同作用形成的混合性通货紧缩。因此治理的难度甚至比通货膨胀还要大，必须根据不同国家不同时期的具体情况进行认真研究，才能找到有针对性的治理措施。

反思我国通货紧缩局面的形成，无不跟政府主导型发展战略有关，像国有企业大量亏损，失业现象严重，重复建设造成经济结构的扭曲，短缺与无效供给的并存都与政府对市场的过度干预紧密相连。因此，要想尽快走出通货紧缩的困境，必须加大改革力度，充分发挥市场机制的作用，就必须增强企业的活力，使其真正发挥促进经济发展的关键作用。

一般而言，要治理通货紧缩，必须实行积极的财政政策，增加政府公共支出，调整政府收支结构。就是要在加大支出力度的基础上，既要刺激消费和投资需求，又要增加有效供给。而通货紧缩既然是一种货币现象，那么治理通货紧缩，也就必须采取扩张性的货币政策，增加货币供给，以满足社会对货币的需求。中央银行可以充分利用自己掌握的货币政策工具，影响和引导商业银行及社会公众的预期和行为。在通货紧缩时期，一般要降低中央银行的再贴现率和法定存款准备金率，从社会主体手中买进政府债券，同时采用一切可能的方法，鼓励商业银行扩张信用，从而增加货币供给。财政政策与货币政策的配合运用，是治理通货紧缩和通货膨胀的主要政策措施。

第二章

银 行

金融机构家族的"老大哥"——银行

银行是通过存款、贷款、汇兑、储蓄等业务，承担信用中介的金融机构。它是金融机构之一，而且是最主要的金融机构，它主要的业务范围有吸收公众存款、发放贷款以及办理票据贴现等。那么，银行是怎么发展而来的呢？

中世纪的时候，欧洲只有两种人有钱，一种是贵族，另一种是主教。所以，银行是不必要的，因为根本没有商业活动。到了17世纪，一些平民通过经商致富，成了有钱的商人。他们为了安全，都把钱存放在国王的铸币厂里。那个时候还没有纸币，所谓存钱就是指存放黄金。因为那时实行"自由铸币"制度，任何人都可以把金块拿到铸币厂里，铸造成金币，所以铸币厂允许顾客存放黄金。

但是这些商人没意识到，铸币厂是属于国王的，如果国王想动用铸币厂里的黄金，那是无法阻止的。1638年，英国的国王查理一世同苏格兰贵族爆发了战争，为了筹措军费，他就征用了铸币厂里平民的黄金，美其名曰贷款给国王。虽然，黄金后来还给了原来的主人，但是商人们感到，铸币厂不安全。于是，他们把钱存到了金匠那里。金匠为存钱的人开立了凭证，以后拿着这张凭证，就可以取出黄金。

这时正是17世纪60年代末，现代银行就是从那个时候起诞生的。所以，世界上最早的银行都是私人银行，最早的银行券都是由金匠们发行的，他们和政府没有直接的关系。

从上面这段资料，大家就可以看出，银行起源于古代的货币经营业。而货币经营业主要从事与货币有关的业务，包括金属货币的鉴定和兑换、货币的保管和汇兑业务。当货币经营者手中大量货币聚集时就为发展贷款业务提供了前提。随着贷款业务的发展，保管业务也逐步改变成存款业务。当货币活动与信用活动结合时，货币经营业便开始向现代银行转变。1694年，英国英格兰银行的建立，标志着西方现代银行制度的建立。

"银行"一词，源于意大利Banca，其原意是"长凳、椅子"，是最早的市场上货币兑换商的营业用具。英语转化为Bank，意为存钱的柜子。在我国，之所以有"银行"之称，则与我国经济发展的历史相关。在我国历史上，白银一直是主要的货币材料之一。"银"往往代表的就是货币，而"行"则是对大商业机构的称谓。把办理与银钱有关的大金融机构称为银行。

在我国，明朝中叶就形成了具有银行性质的钱庄，到清代又出现了票号。第一次使用银行名称的国内银行是"中国通商银行"，成立于 1897 年 5 月 27 日，最早的国家银行是 1905 年创办的"户部银行"，后称"大清银行"，1911 年辛亥革命后，大清银行改组为"中国银行"，一直沿用至今。

在我国，银行有多种分类方法，一般大而化之的分类方法是把银行按如下方法分类：

一类是中国人民银行，它是中央银行，在所有银行当中起管理作用。

一类是政策性银行，如农业发展银行、国家开发银行、进出口银行，它们一般办理政策性业务，不以营利为目的。

第三类是商业银行，又可分为全国性国有商业银行，如工行、农行、中行、建行；全国性股份制商业银行，如招商银行、华夏银行；民生银行，区域性商业银行，如广东发展银行；地方性商业银行，如武汉市商业银行、才上市的南京银行。不过，随着银行业务范围的扩大，这三种银行的区别正在缩小。

最后一类是外资银行。外资银行有很多，比较著名的有花旗银行、汇丰银行等等。在现在，外资银行一般都设在一线城市，它的业务与国内银行有很大不同，现在已逐步放开它的业务范围。

值得注意的是，银行是经营货币的企业，它的存在方便了社会资金的筹措与融通，它是金融机构里面非常重要的一员。商业银行的职能是由它的性质所决定的，主要有五个基本职能：

（1）信用中介职能。信用中介是商业银行最基本、最能反映其经营活动特征的职能。这一职能的实质，是通过银行的负债业务，把社会上的各种闲散货币集中到银行里来，再通过资产业务，把它投向经济各部门；商业银行是作为货币资本的贷出者与借入者的中介人或代表，来实现资本的融通，并从吸收资金的成本与发放贷款利息收入、投资收益的差额中，获取利益收入，形成银行利润。商业银行通过信用中介的职能实现资本盈余和短缺之间的融通，并不改变货币资本的所有权，改变的只是货币资本的使用权。

（2）支付中介职能。银行除了作为信用中介，融通货币资本以外，还执行着货币经营业的职能。通过存款在账户上的转移，代理客户支付，在存款的基础上，为客户兑付现款等，成为工商企业、团体和个人的货币保管者、出纳者和支付代理人。

（3）信用创造功能。商业银行在信用中介职能和支付中介职能的基础上，产生了信用创造职能。以通过自己的信贷活动创造和收缩活期存款，而活期存款是构成货币供给量的主要部分。因此，商业银行就可以把自己的负债作为货币来流通，具有了信用创造功能。

（4）金融服务职能。随着经济的发展，工商企业的业务经营环境日益复杂化，许多原来属于企业自身的货币业务转交给银行代为办理，如发放工资、代理支付其他费用等。个人消费也由原来的单纯钱物交易，发展为转账结算。现代化的社会生活，从多方面给商业银行提出了金融服务的要求。

（5）调节经济职能。调节经济是指银行通过其信用中介活动，调剂社会各部门的资金短缺，同时在央行货币政策和其他国家宏观政策的指引下，实现经济结构、消费比例投资、产业结构等方面的调整。此外，商业银行通过其在国际市场上的融资活动还可以调节本国的国际收支状况。

商业银行的"本钱"——银行资本金

做生意必须要有本钱。如果有人想做生意，而自己一分本钱都没有，你敢借钱给他吗？同样的道理，商业银行也要有自己的本钱，即资本金。谁敢把钱存进没有本钱的银行呢？

资本金是商业银行的立身之本。没有本钱或者本钱过少，商业银行就无法经营。商业银行的资本金与一般企业的资本金是大不相同的。按照国际惯例，企业负债率（即负债占总资产的比率）通常在60%～70%，资本金比率在30%～40%。但商业银行是特殊的企业，它的资金80%～90%是从各种各样的客户手中借来的，它的资本金只占全部资产的10%左右。各国的商业银行法均为商业银行设立有最低注册资本限额的规定。此外，根据巴塞尔协议，商业银行的资本充足率要达到8%，其中核心资本要达到4%。

中外贸易的早期，香港的金融业务一般由主要的大洋行，比如怡和和旗昌来兼营。另外，一些总部在英国和印度的银行也在香港做一些金融业务，比如汇理银行、渣打银行等。只不过这些银行的重心并不在香港，因此，所提供的金融服务并不能完全满足贸易的需要。到了19世纪60年代，这种金融服务的欠缺状况已经越来越明显。

在印度的英国商人敏锐地意识到了这个商业机会。孟买的一些英国商人开始筹建面向中国市场的"中国皇家银行"。这个消息传到香港以后，引起了另一个英国人的注意，这个英国人就是汇丰银行的主要发起人苏石兰。当时，苏石兰是著名的大英轮船公司在香港的代理人，已经在港工作了十多年。由于大英轮船公司的声望和他本人的资历，苏石兰在香港已经有了相当程度的号召力。苏石兰决心抢先开办一家银行，方便在香港和日益兴盛的上海等地区进行贸易活动的洋行中的商人们的经济往来。

苏石兰拿着银行成立的计划书，走遍了香港的主要大洋行，希望得到这些洋行的支持，他本人持有注册资本金500万港元。大多数有名的洋行都欣然同意入股，所需资金很快募足。1864年8月6日，汇丰银行召开了由多家洋行参加的临时委员会第一次会议。1865年年初，汇丰完成筹备工作。3月3日，汇丰银行正式开业，总部就设在今天香港汇丰银行的所在地。140多年来，这个地址始终未变。如今的汇丰银行总部仍然保持着那个时代的印记，那老式的建筑记录了现代银行业的发展轨迹。

汇丰银行为什么能在短短的时间之内就迅速地成立起来？这都得益于创始人苏石兰获得了充足的资本金，这是任何一家银行成立必不可少的一大笔本钱。

从本质上看，属于商业银行的自有资金才是资本，它代表着投资者对商业银行的所有权，同时也代表着投资者对所欠债务的偿还能力。但是，在实际工作中，一些债务、商业银行持有的长期债券也被当作银行资本。

在日常经营和保证长期生存能力中，商业银行的资本金起到了关键的作用，这种关键的作用主要体现在六大方面：

（1）资本金是一种减震器。当管理层注意到银行的问题并恢复银行的营利性之前，资本通过吸纳财务和经营损失，减少了银行破产的风险。

（2）在存款流入之前，资本为银行注册、组建和经营提供了所需资金。一家新银行需要启动资金来购买土地、盖新楼或租场地、装备设施、甚至聘请职员，而这些都离不开大量的资金。

（3）资本增强了公众对银行的信心，消除了债权人（包括存款人）对银行财务能力的疑虑。银行必须有足够的资本，才能使借款人相信银行在经济衰退时也能满足其信贷需求。

（4）资本为银行的增长和新业务、新计划及新设施的发展提供资金。当银行成长时，它需要额外的资本，用来支持其增长并且承担提供新业务和建新设施的风险。大部分银行最终的规模超过了创始时的水平，资本的注入使银行在更多的地区开展业务，建立新的分支机构来满足扩大了的市场和为客户提供便利的服务。

（5）资本作为规范银行增长的因素，有助于保证银行实现长期可持续的增长。管理当局和金融市场要求银行资本的增长大致和贷款及其风险资产的增长一致。因此，随着银行风险的增加，银行资本吸纳损失的能力也会增加，银行的贷款和存款如果扩大得太快，市场和管理机构就会给出信号，要求它或者放慢速度，或者增加资本。

（6）资本在银行兼并的浪潮中起了重要作用。根据规定，发放给一个借款人的贷款限额不得超过银行资本的15%，因此，资本增长不够快的银行会发觉自己在争夺大客户的竞争中失去了市场份额。

商业银行的资本金可以说是商业银行的命脉所在，是关系银行稳定的重要支柱。因此，金融监管部门和国际上的金融监管组织都对商业银行的资本金充足水平作出了较严格的规定，同时严格加以监督。

在稳定中增值——储蓄

中国人有储蓄的传统。过日子，一般都会积攒一部分以备将来的开销，像购房、看病、子女上学、自己养老，都需要大笔开支，都得事先积蓄准备。节省出来的钱放在哪里呢？放在家里不安全，投入股市风险又太大，一般人都会选择存进银行。储蓄是指存款人在保留所有权的条件下，把使用权暂时转让给银行或其他金融机构的资金或货币，这是最基本也最重要的金融行为或活动。

存款是银行最基本的业务之一，没有存款就没有贷款，也就没有银行。从产生时间来看，存款早于银行。中国在唐代就出现了专门收受和保管钱财的柜坊，存户可凭类似支票的"贴"或其他信物支钱。中世纪在欧洲出现的钱币兑换商也接受顾客存钱，属钱财保管性质，不支付利息，是外国银行存款业务的萌芽。随着银行和其他金融机构的出现，银行的储蓄存款业务得到了迅速发展。

中国的老百姓有储蓄的传统，只不过在以前，人们储蓄是选择自己保存金钱，如今选择银行保存现金。在我国，储蓄存款的基本形式一般可分为活期储蓄和定期储蓄两种。

活期储蓄指不约定存期、客户可随时存取、存取金额不限的一种储蓄方式。活期储蓄是银行最基本、常用的存款方式，客户可随时存取款，自由、灵活调动资金，是客户进行各项理财活动的基础。活期储蓄以1元为起存点，外币活期储蓄起存金额为不得低于20元或100元人民币的等值外币（各银行不尽相同），多存不限。开户时由银行发给存折，凭折存取，每年结算一次利息。活期储蓄适合于个人生活待用款和闲置现金款，以及商业运营周转资金的存储。

定期储蓄存款是约定存期，一次或分次存入，一次或多次取出本金或利息的一种储蓄存款。定期储蓄存款存期越长利率越高。我国各大银行的定期储蓄主要包括：整存整取定期储蓄存款、零存整取定期储蓄存款、存本取息定期储蓄存款、定活两便储蓄存款、通知存款、教育储蓄存款、通信存款。

选择储蓄，图的是安全稳妥，所以在选择储蓄品种时，应当首先考虑方便与适用，在此基础上，再考虑怎么获得更多利息。日常的生活费、零用钱，由于需要随时支取，最适合选择活期储蓄。如果有一笔积蓄在很长时间内不会动用，可以考虑整存整取定期存款，以便获得较高的利息，存款期限越长，利息越高。如果要为子女教育提前积蓄资金，也可以选择银行开办的教育储蓄。

对于普通老百姓而言，储蓄是最基本的金融活动，储蓄理应成为每个人生活必不可少的一部分。

藤田田是日本所有麦当劳快餐店的主人。但他年轻的时候，麦当劳是世界闻名的连锁快餐公司，想要获得特许经营权，至少要有75万美元的现金，但藤田田只有5万美元。为了实现经营麦当劳的理想，藤田田决定去贷款。一天早上，他敲响了日本住友银行总裁办公室的门。银行总裁问他现在手里的现金有多少。"我有5万美元！""那你有担保人吗？"总裁问。藤田田说："没有。"总裁委婉地拒绝他的要求。在最后时刻，藤田田说："您能不能听听我那5万美元的来历？"总裁点头默许。于是藤田田开始说道："您也许会奇怪，我这么年轻怎么会拥有这笔存款？因为几年来我一直保持着存款的习惯，无论什么情况发生，我每个月都把工资奖金的1/3存入银行。不论什么时候想要消费，我都会克制自己咬牙挺过来。因为我知道，这些钱是我为干一番事业积攒下来的资本。"听了这话，总裁不禁对这个年轻人的毅力和恒心触动了。接下来，他给藤田田存款的银行打去了电话，得到了对方银行肯定的答复。放下电话，他告诉藤田田："我们住友银行，无条件地支持你经营麦当劳的举动，请来办理贷款手续吧！"

这位总裁后来对藤田田说道："藤田田先生，我的年龄是你的两倍，我的工资是你的30倍，可是我的存款到现在都没有你多。年轻人，你会很了不起的。我不会看错人的，加油吧！"在银行的这位贵人的帮助下，藤田田成为日本商界叱咤风云的人物。

想不到吧，存款有时候会给人生带来这么大的机遇。对于普通人来说，储蓄存款是必要的理财手段之一。由于现阶段众多家庭的投资风险承受能力有限，很多居民选择将闲置资金存入具有安全性高的银行。面对商业银行众多的储蓄存款业务，该如何为自己选择最合适的储蓄品种组合呢？选择合适的储蓄方法，应该选择最划算的储蓄方法。下面介绍三种储蓄组合方法：

1. 阶梯存储法

以5万元为例。2万元存活期，便于随时支取；3万元中，1年期、2年期、3年期定期储蓄分别存1万元。1年后，将到期的1万元再存3年期，依此类推，3年后持有的存单则全部为3年期的，只是到期的年限不同，依次相差1年。这种方法的优点是：年度储蓄到期额保持等量平衡，既能应对储蓄利率的调整，又可获取3年期存款的较高利息。适宜于工薪家庭为子女积累教育基金等。

2. 连月存储法

每月存入一定的钱款，所有存单年限相同，到期日期也分别相差1个月。这种方法能最大限度发挥储蓄的灵活性，一旦急需，可支取到期或近期的存单，减少利息损失。

3. 组合存储法

存本取息与零存整取相组合的储蓄方法。先存为存本取息储蓄，1个月后取出利息，再存为零存整取储蓄，以后每月照此办理。这样，存本取息储蓄的利息，在存入零存整取储蓄账户后又获得了利息。

贷款也有好坏之分——贷款

贷款是银行或其他金融机构按一定利率和必须归还等条件出借货币资金的一种信用活动形式。广义的贷款指贷款、贴现、透支等出贷资金的总称。银行通过贷款的方式将所集中的货币和货币资金投放出去，可以满足社会扩大再生产对补充资金的需要，促进经济的发展；同时，银行也可以由此取得贷款利息收入，增加银行自身的资金积累。

对于创业以及需要大笔资金的人来说，借贷是最快捷的筹集资金的方式。而且，聪明的借贷方式还能让你获得巨大的成功，你不但能够利用别人的资本赚钱，你赢得的部分，还有可能远远超过你借贷过程当中所要支付的利息。但前提是你要拥有让人值得信赖的信誉——按期还贷。

1960 年，28 岁的阿克森还在纽约自己的律师事务所工作。面对众多的大富翁，阿克森不禁对自己清贫的处境感到不满。他决心要闯荡一下。

有一天，他来到事务所邻街的一家银行，找到这家银行的借贷部经理后，阿克森声称要借一笔钱，修缮律师事务所。当他走出银行大门的时候，他的手中已经握有1万美元的现金支票。接着，阿克森把这1万美元存入了另一家银行。然后，阿克森又走了两家银行，重复了同样的做法。这两笔共2万美元的借款利息，用他的存款利息相抵，相差不了多少。几个月后，阿克森就把存款取了出来，还给了两家银行。这样，阿克森便在这几家银行建立了初步信誉。此后，阿克森便在更多的银行之间玩弄这种短期借贷和提前还债的把戏，但是数额越来越大。不到一年的时间，阿克森就建立了可靠的银行信用。

有了可靠的信誉，不久，阿克森就在银行借来了10万美元，买下了费城一家濒临倒闭的公司。当时是20世纪60年代的美国，到处都充满机会。8年之后，在阿克森的用心经营下，他已经拥有高达1.5亿美元的资产！

阿克森就这样运用他聪明的大脑，在银行里获得了足够的贷款，开始了创业的历程。其实不仅阿克森，几乎所有梦想创业的人都在梦寐以求得到一笔贷款。

如今，银行为了防止出现贷款坏账，提高贷款质量，需要对已经发放的贷款进行谨慎科学的管理，密切监控贷款的风险，所以要对贷款进行科学分类。

1998 年以前，中国商业银行将贷款划分为正常、逾期、呆滞、呆账四种类型，后三种合称为不良贷款，在我国简称"一逾两呆"。逾期贷款是指逾期未还的贷款，只要超过一天即为逾期；呆滞是指逾期两年或虽未满两年但经营停止、项目下马的贷款；呆账是指按照财政部有关规定确定已无法收回，需要冲销呆账准备金的贷款。中国商业银行的呆账贷款大部分已形成应该注销而未能注销的历史遗留问题。

这种分类方法简单易行，在当时的企业制度和财务制度下，的确发挥了重要的作用，但是，随着经济改革的逐步深入，这种办法的弊端逐渐显露，已经不能适应经济发展和金融改革的需要了。比如未到期的贷款，无论是否事实上有问题，都视为正常，显然标准不明。再比如，把逾期一天的贷款即归为不良贷款似乎又太严格了。另外这种方法是一种事后管理方式，只有超过贷款期限，才会在银行的账上表现为不良贷款。因此，它对于改善银行贷款质量、提前对问题贷款采取一定的保护措施，常常是无能为力的。所以，随着不良贷款问题的突出，这种分类方法也到了非改不可的地步。

从 1998 年起，依据中国人民银行制定的《贷款风险分类指导原则》，我国银行开始施行新的贷款五级分类办法。贷款五级分类是目前国际上通行的比较科学的贷款划分方法，从每笔贷款偿还的可能性出发，把贷款划分为五个档次，评估贷款的质量和真实价值。

（1）正常贷款。借款人有能力履行承诺，还款意愿良好，经营、财务等各方面状况正常，能正常还本付息，银行对借款人最终偿还贷款有充分把握。借款人可能存在某些消极因素，但现金流量充足，不会对贷款本息按约足额偿还产生实质性影响。

（2）关注贷款。尽管借款人目前有能力偿还贷款本息，但存在一些可能对偿还产生不利影响的因素，如这些因素继续下去，借款人的偿还能力受到影响，贷款损失的概率不会超过 5%。

（3）次级贷款。借款人的还款能力出现明显问题，完全依靠其正常营业收入无法足额偿还贷款本息，需要通过处分资产或对外融资乃至执行抵押担保来还款付息。贷款损失的概率在 30% ~ 50%。

（4）可疑贷款。借款人无法足额偿还贷款本息，即使执行抵押或担保，也肯定要造成一部分损失，只是因为存在借款人重组、兼并、合并、抵押物处理和未决诉讼等待定因素，损失金额的多少还不能确定，贷款损失的概率在 50% ~ 75%。

（5）损失贷款。指借款人已无偿还本息的可能，无论采取什么措施和履行什么程序，贷款都注定要损失了，或者虽然能收回极少部分，但其价值也是微乎其微，从银行的角度看，也没有意义和必要再将其作为银行资产在账目上保留下来，对于这类贷款在履行了必要的法律程序之后应立即予以注销，其贷款损失的概率在 75% ~ 100%。

五级分类是国际金融业对银行贷款质量的公认的标准，这种方法是建立在动态监测的基础上，通过对借款人现金流量、财务实力、抵押品价值等因素的连续监测和分析，判断贷款的实际损失程度。也就是说，五级分类不再依据贷款期限来判断贷款质量，能更准确地反映不良贷款的真实情况，从而提高银行抵御风险的能力。

银行不是"保险箱"——银行风险

当你领到现金薪水时，如果有一部分不着急用，你可能立刻就想到把钱存到银行，因为你担心现钞揣在身上或者藏在家里很不安全。但是，也许您没有想过，银行也不是绝对安全的"保险箱"，同样面临着很多风险。那么商业银行主要面临哪些风险呢？

（1）信用风险。就是商业银行无法按期收回贷款本息的风险，这是商业银行最主要的风险。发放贷款是商业银行最传统也是最主要的业务，但贷款有可能由于种种原因收不回来，比如，由于贷款者恶意赖账或者由于贷款者无力偿还，形成坏账。一旦形成坏账，商业银行只能用资本金或者累积的盈余来弥补。当坏账规模过大，导致商业银行的资本耗尽、资不抵债时，商业银行只能破产倒闭。1982 年夏天，意大利最大的私人银行阿姆伯西诺银行，因为无法收回在拉丁美洲的 14 亿美元贷款，致使银行资本严重亏空，最终这家拥有 60 亿美元存款的银行只好倒闭关门。

近几年来，国内经济进行体制改革，一些大中小型企业，由于长期运作不规范，造成企业严重亏损，以致形成银行有钱不敢贷款，企业生产缺乏资金、资信良好的企业不贷款，经营差的企业不能贷的局面。

（2）市场风险。是指由于利率、汇率、证券价格及其他资产和商品价格的波动给商业银行带来损失的风险。存款和贷款的利差是商业银行收入的主要来源，利率的波动自然会造成收入的波动。对于有些商业银行，尤其是那些开办跨国业务的银行，汇率波动也会给它们的外币资产带来贬值的风险。此外，一些实物资产的价格波动也会给商业银行带来风险。比如，用做贷款抵押物的房屋的价格跌了，也会间接给银行带来损失。

（3）操作风险。这是指由不完善或有问题的内部程序、人员及系统或外部事件所造成损失的风险。比如，由于银行内部控制不够严密，某个职员可能会违反规定错误操作或者干脆携款潜逃，给银行带来巨大损失。

这是一个操作风险的典型案例。1995 年 2 月 26 日，英国中央银行突然宣布：巴林银行不得继续从事交易活动并将申请破产清算。这则消息让全世界为之震惊，因为巴林银行是英国举世闻名的老牌商业银行，有着 233 年的悠久历史，在全球掌管着 270 多亿英镑的资产，它曾经创造过无数令人羡慕的辉煌业绩，被人们看作是金融市场上一座辉煌耀眼的金字塔，连英国皇室的伊丽莎白二世和威廉王子都是它的顾客。这座久负盛名的"金字塔"怎么会突然一夜之间轰然倒塌呢？说起巴林银行破产的原因，更加让人难以置信：它竟葬送在巴林银行新加坡分行的一名普通职员之手！

搞垮这座"金字塔"的是一个刚满 28 岁、名叫尼克·里森的交易员。1992 年，里森加入巴林银行并被派往新加坡分行。由于工作勤奋、机敏过人，里森很快升任交易员，负责新加坡分行的金融衍生品交易。里森的主要工作是在日本的大阪及新加坡进行日经指数期货的套利活动。然而过于自负的里森并没有严格按照规则去做，他判断日经指数期货将要上涨，伪造文件、私设账户挪用大量的资金买进日经指数期货。1995 年日本神户大地震打碎了里森的美梦，日经指数大幅下挫，里森持有的期货头寸损失巨大。此刻如果里森立即平仓，损失还在可控的范围。然而自负的里森选择了孤注一掷，继续大量买进期货合约，结果损失进一步扩大。

1995 年 2 月 23 日，里森突然失踪，他失败的投机活动导致巴林银行的损失逾 10 亿美元之巨，已经远远超过了巴林银行 5.41 亿美元的全部净资产。英格兰银行束手无策，于 2 月 26 日正式宣告巴林银行破产。3 月 6 日，这家拥有 200 多年辉煌历史的老牌银行被荷兰商业银行以 1 英镑的象征性价格收购。

巴林银行破产的原因耐人寻味。从表面上看，巴林银行是由于里森个人的投机失败直接引发的。而实际上，深层次的原因在于巴林银行控制内部风险尤其是操作风险的制度相当薄弱。除此之外，商业银行还面临着国家风险、政策风险等。可见，银行面临的风险还真不少，必须要求监管当局加强对银行风险的防范和控制，既保护银行的利益，也保护存款人的利益。

监管当局首先要实行金融机构的市场准入监管。市场准入监管就是审查决定哪些人在什么情况下可以开办银行，哪些人在什么情况下不能开办银行。市场准入监管把那些有可能对存款人的利益或银行业健康运转造成危害的人和机构拒之门外。

在商业银行的日常营运中，监管当局需要严格监督银行的风险，主要包括资本充足率监管、损失准备金监管、流动性监管等。流动性是银行的资金周转能力，监管当局也要求银行保持必要的流动性，以保证健康经营。

监管当局还肩负着惩治打击违法违规行为、维护正常金融秩序的使命。当商业银行或其他金融机构违规经营时，监管当局需要及时纠正，并对相关责任人和机构作出适当的处罚。

银行减少风险的手段——准备资产

商业银行也是企业，但又与一般的工商企业不同，它是经营"钱"的特殊企业，因此，它的经营原则与一般企业也有显著的区别。

与一般企业一样，商业银行经营的最终目标也是尽可能多地赚钱，这也就被称为商业银行的营利性原则。商业银行发放贷款是为了在收回本金的同时赚取利息；为客户提供汇兑、转账、结算等中间业务，是为了收取手续费；积极进行业务创新，开发新的金融工具，说到底也是为了营利。在营利性原则上，商业银行与一般企业没有什么区别。

商业银行在追求营利性目标的同时，还必须兼顾两个基本原则：一个是安全性原则，另一个是流动性原则。

商业银行的自有资本金很少，资金的主要来源是公众存款，也就是说商业银行主要是拿别人的钱做生意，一旦经营不善甚至发生破产，就会影响广大公众的利益，因而风险高度集中。商业银行在经营的过程中会面临很多风险，必须强调安全性原则，避免出现经营风险。

商业银行吸收了大量的公众存款，每天都会有人到银行提取现金，因此，商业银行必须时刻准备足够的现金以满足存款者的提现需要，这就是所谓的流动性原则。

安全性原则与流动性原则是统一的。现金显然是最安全也是流动性最强的资产，商业银行保有大量的现金就同时符合这两个原则。但安全性、流动性原则与营利性原则是有矛盾的。因为金库里躺着大量的现金虽然最安全，流动性也最强，却是闲钱，一分钱也多挣不来。商业银行必须把钱投入使用才能生利。但投入使用的资金越多，越难以满足银行流动性需要；资金用到收益越高的业务上，产生的风险就越大。但是，这两个原则与营利性原则不是绝对矛盾的，它们又有统一的一面，因为只有满足了安全性和流动性原则，商业银行才能够生存，才能够营利。

总之，银行必须从实际出发，在安全性、流动性和营利性三者之间寻求最佳的平衡点。而最关键的是，商业银行必须要保证自己手里留点活钱。活钱留少了不够用，留的太多又造成浪费。因此，商业银行为了平衡流动性和营利性原则，通常保持不同层次的准备资产。

实行准备资产的目的是确保商业银行在遇到突然大量提取银行存款时，能有相当充足的清偿能力。自 20 世纪 30 年代以后，法定准备金制度成为国家调节经济的重要手段，是中央银行对商业银行的信贷规模进行控制的一种制度。

现金具有最强的流动性，能够随时满足流动性需要，因而现金资产又被称作商业银行的第一准备或一级准备。商业银行的现金资产包括库存现金、同业存款（一家商业银行存在别家商业银行的存款）和在中央银行的超额准备金存款。需要指出的是，商业银行在中央银行的存款中，有相当一部分是为了满足法定存款准备金的要求而存放的，这部分存款商业银行不能动用。只有超过法定准备金存款要求的超额准备金存款和银行自己的库存现金，才是银行可以自由支配的现金资产。由于这些资产的利息很低或没有利息，商业银行自然希望现金准备越少越好。

究竟什么是准备金呢？打比方说，如果存款准备金率为 10%，就意味着金融机构每吸收 1000 万元存款，要向央行缴存 100 万元的存款准备金，用于发放贷款的资金为 900 万元。倘若将存款准备金率提高到 20%，那么金融机构的可贷资金将减少到 800 万元。在存款准备金制度下，金融机构不能将其吸收的存款全部用于发放贷款，必须保留一定的资金即存款准备金，以备客户提款的需要，因此存款准备金制度有利于保证金融机构对客户的正常支付。

为了满足流动性需要，商业银行还会持有一部分能够快速变现的短期有价证券，这部分准备资产就是银行的第二准备或二级准备。短期有价证券的流动性不如现金的流动性强，但是它可以带来一定的利息收入。当银行手里的现金不足以满足客户的提现需要时，银行就可以迅速卖出这些短期证券，用取得的现金来应付流动性需要。可见，这样的短期有价证券必须是信用等级比较高、市场上交易比较活跃的证券，商业银行在需要的时候能够迅速转手卖出套现。满足这些要求的短期有价证券一般是短期政府公债，当然，这些证券的利息也比较低。

商业银行的一级准备和二级准备是商业银行满足流动性需要的主要手段。当然，在遇到突发性的大规模的提现需要时，商业银行在用尽一级准备和二级准备之后，还可以通过向其他商业银行或中央银行借款来渡过难关。

借款为什么会存在风险——信用风险

在古希腊，有个人想要外出却没有钱，便向他的邻居借，并向他的邻居立了字据。过了很久，这个人总是不还钱，邻居便向他讨债。这个人不想还钱了，于是便说："事物是运动变化的，此时的我已经不是当初借钱的我了，现在的我没有还钱的义务。"于是便赖账不还。邻居很生气，一怒之下狠狠打了他一记耳光。赖账的人要去见官告状，二人闹到法官那里。法官问欠账的那个人："欠债还钱，天经地义，你为什么借钱不还？"这个人把他的理由陈述了一遍。法官觉得很在理，又问他的邻居："为什么你要打他？"邻居回答说："事物是运动变化的，此时的我已经不是打他时候的我了，现在的我没打他！"赖账的人无言以对。

这个故事说明了借款是存在风险的，而这种风险就是信用风险。信用风险是指借款人由于种种原因，不愿履行或无力履行合同的条件而构成了违约，致使贷款人遭受损失。因此，信用风险又称违约风险。在金融经济中，主要是指交易对手未能履行约定契约中的义务而造成经济损失的风险，即受信人不能履行还本付息的责任而使授信人的预期收益与实际收益发生偏离的可能性，它是金融风险的主要类型。

发生违约时，债权人或银行必将因为未能得到预期的收益而承担财务上的损失。由于信用风险会对公司或个人的利益产生很大的影响，因此信用风险管理就显得非常重要。较大的公司常有专门人员，针对各个交易对象的信用状况作评估来衡量可能的损益以及减低可能的损失。

信用风险管理为目前金融业界的最大课题之一，信用风险对于银行、债券发行者和投资者来说都是非常重要的。若某公司违约，则银行和投资者都得不到预期的收益。因此必须运用合适的方法对信用风险进行管理。

国际上，测量公司信用风险指标中最为常用的是该公司的信用评级。这个指标简单并易于理解。例如，穆迪公司对企业的信用评级被广为公认。该公司利用被评级公司的财务和历史情况分析，对公司信用进行从 AAA 到 CCC 信用等级的划分。AAA 为信用等级最高，最不可能违约。CCC 为信用等级最低，很可能违约。

此外，贷款审查的标准化是管理信用风险的传统方法。贷款审查标准化就是依据一定的程序和指标考察借款人或债券的信用状况以避免可能发生的信用风险。例如：如果一家银行决定是否贷款给一家公司，首先银行要详细了解这家公司的财务状况。然后，应当考虑借款公司的各种因素，如营利情况、边际利润、负债状况和所要求的贷款数量等。若这些情况都符合贷款条件，则应考虑借款公司的行业情况，分析竞争对手、行业发展前景、生产周期等各个方面。最后，银行依据贷款的数量，与公司协商偿还方式等贷款合同条款。

另一方面，银行可以通过贷款的分散化来降低信用风险。贷款分散化的基本原理是信用风险的相互抵消。例如：如果某一个停车场开的两个小卖部向银行申请贷款，银行了解到其中一家在卖冰激凌，另一家则卖雨具。在晴天卖冰激凌的生意好，卖雨具的生意不好，而在雨天则情况相反。因为两家小卖部的收入的负相关性，其总收入波动性就会较小。银行也可利用这样的原理来构造自己的贷款组合和投资组合，比如向不同行业的企业贷款。

近年来，管理信用风险的新方法是资产证券化和贷款出售。资产证券化是将有信用风险的债券或贷款的金融资产组成一个资产组合并将其出售给其他金融机构或投资者。从投资者的角度来看，因为通过投资多个贷款或债券的组合可以使信用风险降低，所以这种资产组合产生的证券是有吸引力的。同时，购买这样的证券也可以帮助调整投资者的投资组合，减少风险。不过，资产证券化只适合那些有稳定现金流或有类似特征的贷款项目，例如，房地产和汽车贷款等。

政府应该扮演好对信用风险的监管角色，应强化对信用行业的管理和监督。以美国为首的发达国家可以说属于信用风险管理体系比较先进的国家，尚且存在"评级机构缺乏自律"等问题，引发了全球经济危机，在我国信用风险管理体系相对落后的背景下更需要引以为戒，加强监管，千万不可松懈。

银行的致命"软肋"——挤兑

清光绪二十九年，即1903年。在通商银行内，一个钱庄伙计拿着一些通商银行的钞票去兑换，被柜台发现其中有几张十元的伪钞，当场拒绝兑换。伪钞的消息传出以后，许多持有通商银行钞票的人害怕手中的钱变成一堆废纸，争先恐后地去兑换现银。当时的上海银行和钱庄并存，钱庄对此事颇有些幸灾乐祸，纷纷拒绝使用通商银行的钞票。次日，上海便出现了一股空前的挤兑浪潮。

为了安抚市民，通商银行还特别派人将伪钞贴在门的旁边，又贴上一张辨别伪钞的说明。但是，持币者还是慌恐不安。银行大股东盛宣怀命令银行做到随到随兑，因为挤兑会引起其在整个金融界的信誉大跌，后果无法预料。但就在通商银行开门"欢迎"兑现几天以后，现银就所剩无几了，只得向汇丰银行求助。最终以库存的金、银为抵押，向汇丰银行换得70万两现银，艰难地度过了这场风波。事后伪钞案的调查结果表明，伪造假钞的是一名日本商人。盛宣怀为了严惩造假者曾与日本政府交涉，但最后仍然不了了之。

事实上，挤兑是银行的致命"软肋"。存放款业务是银行的基本业务，对于顾客存入的存款，各银行都只保留极低比例的准备金以供存款人提领，而大部分的存款则用于放款或投资等生利资产上，以赚取收益，便于支付存款利息及各项营业费用，并对股东分派股息及红利。银行提拨存款准备金的比率低，固然可提高银行的获利能力，同时却也会提高银行因流动性不足而倒闭的风险。因此，当发生挤兑现象时，银行就会面临巨大的支付压力。这也是为什么挤兑会这么容易就引发整个银行体系的危机的原因所在。

2004年6~7月，俄罗斯信誉最好的私有银行——古塔银行遭遇信任危机和挤兑危机。当时，俄罗斯中央银行宣布整顿银行市场，并吊销了一家银行的营业执照。社会上立刻出现了流言，有传言说古塔银行已经进入俄罗斯中央银行治理整顿的"黑名单"。于是储户开始对古塔银行失去信任，从6月份开始，古塔银行开始出现挤兑。但古塔银行为了稳定储户信心，对外不承认面临支付危机，同时银行紧急调集资金应付挤兑。但临时注入的资金很快被挤兑一空，7月6日早晨古塔银行的新闻发言人信誓旦旦地说，他刚刚从提款机上顺利提取了现金，然而到了中午，古塔银行向俄罗斯中央银行报告：我们破产了！古塔银行尽管"身强体健"，最终却也走上了绝境——被俄罗斯外贸银行收购。

在信用危机的影响下，存款人和银行券持有人争相向银行和银行券发行银行提取现金和兑换现金的一种经济现象，就叫作挤兑。当存款户出现不寻常的大量提兑存款的现象，而银行现金准备及流动性资产变现资金不够支应客户提兑时，就势必要将其可变现的低流动性资产折价求现，因而承受巨额的变现损失。这种现象是金属货币流通条件下货币信用危机的一种表现形式。

最好的例子就是20世纪30年代的美国大萧条时期发生的大规模的挤兑现象，那时成群结队的人蜂拥至银行，希望将手中的存折和银行券换成现金。近几年，受次贷危机的影响，美国的Countrywide和Indy Mac银行，英国的北石银行和印度的ICICI银行都不同程度地发生了挤兑现象。

那为什么会发生挤兑现象呢？引起挤兑的原因有两个：一是由于银行券持有人或存款人对发行银行的信用产生动摇，纷纷撤回存款；二是由于银行券贬值，银行券持有人不得不赶快把银行券抛出，以防经济上蒙受重大损失。它往往是伴随着普遍提取存款的现象发生的，并进一步形成金融风潮。历史上，挤兑风潮通常是伴随着信用危机而爆发的。

第二次世界大战以前，信用危机一般是伴随周期性生产过剩危机产生的。由于工业繁荣时期商品价格上涨和利润优厚，大量信贷被投机者用来从事投机活动，信用膨胀大大超过生产的增长。当生产过剩的经济危机爆发时，大量商品滞销，商品价格急剧下降，生产停滞，市场萎缩，信用就会急剧收缩。在这种情况下，债权债务的连锁关系发生中断，整个信用关系就会遭到破坏，从而出现信用危机。不仅周期性的生产过剩危机引起了周期性的信用危机，而且信用危机也加深了生产过剩危机。商业信用的停顿使过剩商品的销售更加困难，银行信用的混乱更加加重了过剩商品的销售困难，从而使生产过剩危机趋于尖锐化。除了由资本主义生产过剩的经济危机引起的周期性信用危机之外，还有一种主要是由战争、政变、灾荒等原因引起的特殊类型的信用危机。例如，1839年英国出现的信用危机就是由农业歉收引起的。总之，在出现挤兑时，市场银根异常紧缩，借贷资本短缺，利息率不断上涨，这就会迫使一些银行和金融机构倒闭或停业，从而更进一步加剧货币的信用危机，引起金融界的混乱。

因为银行存款市场存在信息不对称，也就是说，虽然每一个银行都知道自身的情况，但存款人却并不了解。存款人认为所有的银行都是类似的，当一家银行倒闭时，其他存款人担心自己存款的银行也有可能遇到同样的困难。为了得到自己的所有存款，行动得越早越好，于是对自己存款的银行发动挤兑。因此，挤兑很容易引发整个银行体系的危机，恐慌会像传染病那样迅速扩散，从而感染到其他银行。

可怕的"多米诺骨牌效应"——银行危机

银行危机是指银行过度涉足（或贷款给企业）从事高风险行业（如房地产、股票），从而导致资产负债严重失衡，呆账负担过重而使资本运营呆滞而破产倒闭的危机。

1930年，美国爆发了一场规模空前的银行大危机。在此前的十年里，美国经济一路高歌猛进，然而在繁荣的背后隐藏着即将到来的危机，狂热的人们把股市吹成了巨大的泡沫。1929年10月，人们的信心再也无法支撑股票市场的泡沫，股市开始大幅下跌，直至彻底崩溃，人们积累起来的财富在不到一个月的时间几乎完全蒸发。

这还不是最糟糕的。当银行一家接一家地破产时，美国人才意识到，真正的灾难才刚刚开始。由于当时美国很多商业银行把大量的资金投入到证券市场，股市的暴跌给他们带来了巨额亏损，市场上关于某银行即将破产的流言四处传播，恐慌的储户希望赶在银行破产之前把钱取出来，很多商业银行立刻陷入挤兑危机。这种恐慌已经失去控制，它像脱缰的野马四处奔腾，人们已经不管自己存款的银行是不是健康，一心想着把钱取到手才算安心。挤兑令更多银行被迫关门停业，很多财务健康的银行也惨遭横祸。1930年美国有1350家银行倒闭，1931年有2300家银行倒闭；1932年有1450多家银行倒闭；1933年情况恶化到了极点，公众对银行彻底失去信心，银行倒闭风潮加速进行，这一年共有4000余家银行倒闭，有许多州宣布银行停业。1933年3月，罗斯福就任美国总统，并立即宣布全国银行停业。

最糟糕的是，在挤兑的压力下，银行紧缩信贷，这更加剧了企业的衰退和破产，越来越多的工人加入失业大军。人们的收入水平急剧下降，产品需求委靡不振，销毁牛奶面包的举动与人们的饥肠辘辘并存。整个社会似乎陷入了毫无希望的恶性循环之中。大危机期间，美国先后有9800家银行破产，而企业破产竟超过14万家。

从20世纪30年代的经济危机中可以看出，银行业是整个经济的核心体系，银行危机具有传染性强、破坏性大等特点。一旦发生银行倒闭事件，如处理不好，就会引起连锁反应，甚至引发整个银行业的危机，而银行业的崩溃又好像多米诺骨牌一样，引发一系列社会经济危机。正是由于银行业的特殊地位，各国中央银行和金融监管当局都非常重视金融风险的控制和银行危机的防范。

之所以会引发银行危机，往往是商业银行的支付困难，即资产流动性缺乏，而不是资不抵债。只要银行能够保持资产充分的流动性，就可能在资不抵债、技术上处于破产而实际上并未破产的状态下维持其存续和运营。

银行危机具有多米诺骨牌效应。因为资产配置是商业银行等金融机构的主要经营业务，各金融机构之间因资产配置而形成复杂的债权债务联系，使得资产配置风险具有很强的传染性。一旦某个金融机构资产配置失误，不能保证正常的流动性，则单个或局部的金融困难就会演变成全局性的金融动荡。

银行业是金融业的主体，在一国社会经济生活中具有非常重要的地位，也关系到广大的民众。因此，银行业危机的影响之大也非一般行业危机可比，它可能会波及一国的社会、经济、政治等方方面面。必须从多方面防范银行危机：

（1）第一道防线：预防性监管——防患于未然。俗话说"防火重于救灾"，银行危机也不例外。对银行业的预防性监管可以说是第一道防线。预防性监管主要包括：

市场准入管理。设立银行，进入银行业，必须经过监管部门的审批。不仅要满足最低资本金要求，还要看发起人是否具备管理银行的能力，最后还要考虑银行业的竞争情况，不能造成过度竞争。

资本充足要求。监管当局会对银行资本金充足情况实施监督检查，不能低于最低资本充足率要求。

清偿能力管制。银行必须保证足够的流动性，因此监管当局会对银行的资产结构提出要求并进行监管，保证银行具有足够的清偿能力。

业务领域限制。银行必须经营经过监管当局许可的业务，而不能经营未经许可的业务。比如20世纪30年代美国股市发生"雪崩"，银行因大量投资股市而损失惨重，随即美国通过法律禁止银行参与股票投资。

（2）第二道防线：存款保险制度——危机"传染"的"防火墙"。自20世纪30年代美国建立存款保险制度以来，许多国家都相继建立了类似的存款保险制度。存款保险制度为储户的存款提供保险，一旦危机发生，可以保证一定数额的存款不受损失。存款保险制度就像一道"防火墙"，即使某家银行倒闭，也能在一定程度上稳定老百姓的信心，防止由于恐慌的迅速传染和扩散而引发银行破产的连锁反应。

（3）第三道防线：紧急援助——"亡羊补牢，犹未为晚"。即使有了前两道防线，也仍然难以保证银行体系的绝对安全，这就需要中央银行在危难时刻实施紧急援助，力挽狂澜，这也是最后一道防线。20世纪30年代的银行危机中，当银行濒临破产时，美国中央银行却坐视不管，不但没有伸出援助之手，反而还在为防范通货膨胀而紧缩银根。这无异于火上浇油，银行倒闭风潮一浪高过一浪，银行几乎陷入绝望的深渊。人们从痛苦中吸取了教训，每当银行出现危机时，只要不是病入膏肓，中央银行一般会通过特别贷款等措施向这家银行提供紧急援助，以防止事态进一步扩大。

第三章

利　率

神奇的指挥棒——利率

利率又称利息率，它表示的是一定时期内利息量与本金的比率，通常用百分比表示，按年计算则称为年利率。其计算公式是：

利息率 = 利息量 / 本金 / 时间 × 100%

利率，就其表现形式来说，是指一定时期内利息额同借贷资本总额的比率。利率是单位货币在单位时间内的利息水平，表明利息的多少。利率通常由国家的中央银行控制。利率是经济学中一个重要的金融变量，几乎所有的金融现象、金融资产均与利率有着或多或少的联系。

利率与人们的生活联系较为紧密。在生活中，常常有民间借贷，有承诺的也好，无承诺的也好，还款时常要与同期的储蓄存款利息比一比。在炒股生涯中，常常要对自己的股票或资金算一算，自然而然要想到与同期的利率作比较。储蓄存款利率变了又变，涉及千家万户。但令人费解的是，利率为什么在不同的时期有不同的变化？这代表着什么？利率的高低又是由什么决定的？

现代经济中，利率作为资金的价格，不仅受到经济社会中许多因素的制约，而且，利率的变动对整个经济产生重大的影响。因此，现代经济学家在研究利率的决定问题时，特别重视各种变量的关系以及整个经济的平衡问题。

凯恩斯认为储蓄和投资是两个相互依赖的变量，而不是两个独立的变量。在他的理论中，货币供应由中央银行控制，是没有利率弹性的外生变量。此时货币需求就取决于人们心理上的"流动性偏好"。而后产生的可贷资金利率理论是新古典学派的利率理论，是为修正凯恩斯的"流动性偏好"利率理论而提出的。在某种程度上，可贷资金利率理论实际上可看成古典利率理论和凯恩斯理论的一种综合。

英国著名经济学家希克斯等人则认为以上理论没有考虑收入的因素，因而无法确定利率水平，于是于 1937 年提出了一般均衡理论基础上的 IS–LM 模型。从而建立了一种在储蓄和投资、货币供应和货币需求这四个因素的相互作用之下的利率与收入同时决定的理论。

根据此模型，利率的决定取决于储蓄供给、投资需要、货币供给、货币需求四个因素，导致储蓄投资、货币供求变动的因素都将影响到利率水平。这种理论的特点是一般均衡分析。该理论在比较严密的理论框架下，把古典理论的商品市场均衡和凯恩斯理论的货币市场均衡有机地统一在一起。

各种利率是按不同的划分法和角度来分类的，以此更清楚地表明不同种类利率的特征。按计算利率的期限单位可划分为：年利率、月利率与日利率。按利率的决定方式可划分为：官方利率、公定利率与市场利率。按借贷期内利率是否浮动可划分为：固定利率与浮动利率。按利率的地位可划分为：基准利率与一般利率。按信用行为的期限长短可划分为：长期利率和短期利率。按利率的真实水平可划分为：名义利率与实际利率。按借贷主体不同划分为：中央银行利率，包括再贴现、再贷款利率等。商业银行利率，包括存款利率、贷款利率、贴现率等；非银行利率，包括债券利率、企业利率、金融利率等。按是否具备优惠性质可划分为：一般利率和优惠利率。

利率的各种分类之间是相互交叉的。例如，3年期的居民储蓄存款利率为4.95%，这一利率既是年利率，又是固定利率、差别利率、长期利率与名义利率。各种利率之间以及内部都有相应的联系，彼此间保持相对结构，共同构成一个有机整体，从而形成一国的利率体系。

通常计算利率的途径有若干种，现值是最简单的方式。其中最重要的就是到期收益率。也就是使债务工具所有未来回报的限制与其今天的价值相等的利率。所谓到期收益，是指将债券持有到偿还期所获得的收益，包括到期的全部利息。

综合说来，利率出现的主要原因包括：

（1）延迟消费。当放款人把金钱借出，就等于延迟了对消费品的消费。根据时间偏好原则，消费者会偏好现时的商品多于未来的商品，因此在自由市场会出现正利率。

（2）预期的通胀。大部分经济会出现通货膨胀，代表一个数量的金钱，在未来可购买的商品会比现在较少。因此，借款人需向放款人补偿此段期间的损失。

（3）代替性投资。借款人可以选择把金钱放在其他投资上。由于机会成本，借款人把金钱借出，等于放弃了其他投资的可能回报。

（4）投资风险。贷款人随时有破产、潜逃或欠债不还的风险，放款人需收取额外的金钱，以保证在出现这些情况下，仍可获得补偿。

（5）流动性偏好。人会偏好其资金或资源可随时交易，而不是需要时间或金钱才可取回，利息也是对此的一种补偿。

这里存在一个问题，作为利率应该通过市场和价值规律机制，在某一时点上由供求关系决定的利率，它能真实地反应资金成本和供求关系。但是实际上，利率是由中央银行实施利率管制的，使利率尽力与市场变化相适应。

在现代社会中，利息和利率是沟通实物市场和货币市场的桥梁。无论你是大企业家还是一名普通工人都会关注利息和利率的变化情况。如果你是企业家，那么你会非常乐意在利率大幅下调后向银行进行巨额贷款以增加投资扩展自己的业务；如果你是普通工人，那么在利率大幅上升的时候，你也许会缩减自己的消费，将节省的钱存入银行来赚取利息。

利息收入赶不上物价上涨——负利率

你把钱存进银行里，过一段时间后，算上利息在内没有增值，反而贬值了。这就是负利率所引发的。负利率是指利率减去通货膨胀率后为负值。

你把钱存入银行，银行会给你一个利息回报，比如某年的一年期定期存款利率是3%。而这一年整体物价水平涨了10%，相当于货币贬值10%。一边是银行给你的利息回报，一边是你存在银行的钱越来越不值钱了，那么这笔存款的实际收益是多少呢？用利率（明赚）减去通货膨胀率（暗亏），得到的这个数，就是你在银行存款的实际收益。

例如2008年的半年期定期存款利率是3.78%（整存整取），而2008年上半年的CPI同比上涨了7.9%。假设你在年初存入10000元的半年定期，存款到期后，你获得的利息额：（10000×3.78%）-（10000×3.78%）×5%=359.1元（2008年上半年征收5%的利息税）；而你的10000元贬值额=10000×7.9%=790元。790-359.1=430.9元。也就是说，你的10000元存在银行里，表面上增加了359.1元，而实际上减少了430.9元。这样，你的银行存款的实际收益为-430.9元。

负利率的出现，意味着物价在上涨，而货币的购买能力却在下降。即货币在悄悄地贬值，存在银行里的钱也在悄悄地缩水。

虽然理论推断和现实感受都将"负利率"课题摆在了百姓面前，但有着强烈"储蓄情结"的中国老百姓仍在"坚守"储蓄阵地。银行储蓄一向被认为是最保险、最稳健的投资工具，但也必须看到，储蓄投资的最大弱势是：收益较之其他投资偏低，长期而言，储蓄的收益率难以战胜通货膨胀，也就是说，特殊时期通货膨胀会吃掉储蓄收益。因此，理财不能单纯依赖"积少成多"的储蓄途径。

面对负利率时代的来临，将钱放在银行里已不合时宜。对于普通居民来说，需要拓宽理财思路，选择最适合自己的理财计划，让"钱生钱"。负利率将会对人们的理财生活产生重大影响。以货币形式存在的财富如现金、银行存款、债券等，其实际价值将会降低，而以实物形式存在的财富如不动产、贵金属、珠宝、艺术品、股票等，将可能因为通货膨胀的因素而获得价格的快速上升。因此，我们必须积极地调整理财思路，通过行之有效的投资手段来抗击负利率。

抵御负利率的手段有很多，首先是进行投资，可以投资基金、股票、房产等，还可以购买黄金珠宝、收藏品。当然，我们必须以理性的头脑和积极的心态来进行投资，不要只看到收益，而忽视风险的存在。

除了投资之外，还要开源节流，做好规划。其中首先就是精打细算。在物价不断上涨的今天，如何用好每一分收入显得尤为重要。每月收入多少、开支多少、节余多少等，都应该做到心中有数，并在此基础上分清哪些是必要的开支、哪些是次要的、哪些是无关紧要的或可以延迟开支的。只有在对自己当前的财务状况明白清楚的情况下，才能做到有的放矢。

其次是广开财源，不要轻易盲目跳槽，在条件允许的情况下找一些兼职，与此同时也要不断地提升自我，增强职场与市场竞争力。

最后就是要做好家庭的风险管理，更具体来说，就是将家庭的年收入进行财务分配，拿出其中的一部分来进行风险管理。而提及风险，就必然要提到保险，保险的保障功能可以使人自身和已有财产得到充分保护，当发生事故的家庭面临资产入不敷出的窘境时，保险金的支付可以弥补缺口，从而降低意外收支失衡对家庭产生的冲击。从这一点来说该买的保险还是要买，不能因为省钱而有所忽视。

总之，你必须行动，不能坐等财产逐渐缩水。其实，负利率不可怕，最可怕的是你面对负利率却无动于衷。

最神奇的财富增值工具——复利

西方人把国际象棋称之为"国王的游戏"。相传国际象棋是一个古波斯的大臣所发明，国王为这个游戏的问世深为喜悦。当时该国正在与邻国交战，当战争进入对峙阶段，谁也无法战胜谁时，两国决定通过下一盘国际象棋来决定胜负。最后，发明国际象棋的这个国家赢得了战争的胜利。国王因此非常高兴，决定给大臣以奖赏。大臣就指着自己发明的棋盘对国王说："我只想要一点微不足道的奖赏，只要陛下能在第一个格子里放一粒麦子，第二个格子增加一倍，第三个再增加一倍，直到所有的格子填满就行了。"国王轻易地就答应了他的要求："你的要求未免也太低了吧？"但很快国王就发现，即使将自己国库所有的粮食都给他，也不够百分之一。因为从表面上看，大臣的要求起点十分低，从一粒麦子开始，但是经过很多次的翻倍，就迅速变成庞大的天文数字。

这就是复利的魔力。虽然起点很低，甚至微不足道，但通过复利则可达到人们难以想象的程度。但复利不是数字游戏，而是告诉我们有关投资和收益的哲理。在人生中，追求财富的过程，不是短跑，也不是马拉松式的长跑，而是在更长甚至数十年的时间跨度上所进行的耐力比赛。只要坚持追求复利的原则，即使起步的资金不太大，也能因为足够的耐心加上稳定的"小利"而很漂亮地赢得这场比赛。

据说曾经有人问爱因斯坦："世界上最强大的力量是什么？"他的回答不是原子弹爆炸的威力，而是"复利"。著名的罗斯柴尔德金融帝国创立人梅尔更是夸张地称许复利是世界上的第八大奇迹。

那么我们有必要了解一下复利与单利的区别。无论从事何种行业，生活中总会遇到一些存款和借款的情况，因此学会计算利息是很有必要的。利率通常有两种计算方法，单利和复利。

单利的计算方法简单，借入者的利息负担比较轻，它是指在计算利息额时，只按本金计算利息，而不将利息额加入本金进行重复计算的方法。如果用I代表利息额，P代表本金，r代表利息率，n代表借贷时间，S代表本金和利息之和。那么其计算公式为：

$I = P \times r \times n$

$S = P \times (1 + r \times n)$

例如某银行向某企业提供一笔为期5年、年利率为10%的200万元贷款，则到期时该企业应付利息为：

$I = P \times r \times n$

$= 200 \times 10\% \times 5$

$= 100$（万元）

本金和利息为：

$S = P \times (1 + r \times n)$

$= 200 \times (1 + 10\% \times 5)$

$= 300$（万元）

复利是指将本金计算出的利息额再计入本金，重新计算利息的方法。这种方法比较复杂，借入者的利息负担也比较重，但考虑了资金的时间价值因素，保护了贷出者的利益，有利于使用资金的效率。复利计算的公式为：

$I = P \times [(1 + r)^n - 1]$

$S = P \times (1 + r)^n$

若前例中的条件不变，按复利计算该企业到期时应付利息为：

$I = P \times [(1 + r)^n - 1]$

$= 200 \times [(1 + 10\%)^5 - 1]$

$= 122.102$（万元）

本金和利息为：

$S = P \times (1 + r)^n$

$= 200 \times (1 + 10\%)^5$

$= 322.102$（万元）

由此可见，和复利相对应的单利只根据本金算利，没有利滚利的过程，但这两种方式所带来的利益差别一般人却容易忽略。假如投入1万元，每一年收益率能达到28%，57年后复利所得为129亿元。可是，若是单利，28%的收益率，57年的时间，却只能带来区区16.96万元。这就是复利和单利的巨大差距。

我们完全可以把复利应用到自己的投资理财活动中。假设你现在投资1万元，通过你的运作每年能赚15%，那么，连续20年，最后连本带利变成了163665元了，想必你看到这个数字后感觉很不满意吧？但是连续30年，总额就变成了662117元了，如果连续40年的话，总额又是多少呢？答案或许会让你瞠目口呆，是2678635

元，也就是说一个 25 岁的年轻人，投资 1 万元，每年盈利 15%，到 65 岁时，就能获得 200 多万元的回报。当然，市场有景气有不景气，每年都挣 15% 难以做到，但这里说的收益率是个平均数，如果你有足够的耐心，再加上合理的投资，这个回报率是有可能做到的。

因此，在复利模式下，一项投资所坚持的时间越长，带来的回报就越高。在最初的一段时间内，得到的回报也许不理想，但只要将这些利润进行再投资，那么你的资金就会像滚雪球一样，变得越来越大。经过年复一年的积累，你的资金就可以攀登上一个新台阶，这时候你已经在新的层次上进行自己的投资了，你每年的资金回报也已远远超出了最初的投资。

当然，复利的巨大作用也会从投资者的操作水平中体现出来。因为，为了抵御市场风险，实现第一年的盈利，投资者必须研究市场信息，积累相关的知识和经验，掌握一定的投资技巧。在这个过程中，需要克服一些困难，但投资者也会养成一定的思维和行为习惯。在接下来的一年里，投资者过去的知识、经验和习惯会自然地发挥作用，并且又会在原来的基础上使自己有一个提高。这样坚持下来，使投资者越来越善于管理自己的资产，进行更熟练的投资，这是在实现个人投资能力的"复利式"增长。而投资理财能力的持续增长，使投资者有可能保持甚至提高相应的投资收益率。

这种由复利所带来的财富的增长，被人们称为"复利效应"。不但利率中有"复利效应"，在和经济相关的各个领域其实广泛存在着复利效应。比如，一个国家，只要有稳定的经济增长率，保持下去就能实现经济繁荣，从而增强综合国力，改善人民的生活。

储蓄也要收税——利息税

2008 年 10 月 9 日，国务院决定对储蓄存款利息所得暂停征收个人所得税。自此，实行了将近十年的利息税政策暂时告一段落。

什么是利息税呢？利息税实际是指个人所得税的"利息、股息、红利所得"税目，主要指对个人在中国境内储蓄人民币、外币而取得的利息所得征收的个人所得税。对储蓄存款利息所得征收、停征或减免个人所得税（利息税）对经济具有一定的调节功能。

新中国成立以来，利息税曾三度被免征，而每一次的变革都与经济形势密切相关。1950 年，我国颁布《利息所得税条例》，规定对存款利息征收所得税。但当时国家实施低工资制度，人们的收入差距也很小，因而在 1959 年停征了存款利息所得税。1980 年通过的《个人所得税法》和 1993 年修订的《个人所得税法》，再次把利息所得列为征税项目。但是，针对当时个人储蓄存款数额较小、物资供应比较紧张的情况，随后对储蓄利息所得又做出免税规定。

根据从 11 月 1 日起开始施行的《对储蓄存款利息所得征收个人所得税的实施办法》，不论什么时间存入的储蓄存款，在 1999 年 11 月 1 日以后支取的，从 11 月 1 日起开始滋生的利息要按 20% 征收所得税。全国人大常委会在 2007 年 6 月 27 日审议了国务院关于提请审议全国人大常委会关于授权国务院可以对储蓄存款利息所得税停征或者减征的决定草案的议案。国务院决定自 2007 年 8 月 15 日起，将储蓄存款利息所得税的适用税率由现行的 20% 调减为 5%。而到了 2008 年 10 月 8 日，国家宣布次日开始取消利息税。

征收利息税是一种国际惯例。几乎所有西方发达国家都将储蓄存款利息所得作为个人所得税的应税项目，多数发展中国家也都对储蓄存款利息所得征税，只是征税的办法有所差异。

美国纳个人所得税，一般约 39%。没有专门的利息税，但无论是工资、存款利息、稿费还是炒股获利，美国纳税局都会把你的实际收入统计得清清楚楚，到时寄一张账单给你，你的总收入在哪一档，你就按哪一档的税率纳税。

德国利息税为 30%，但主要针对高收入人群。如果个人存款利息单身者低于 6100 马克、已婚者低于 1.22 万马克，就可在存款时填写一张表格，由银行代为申请免征利息税。

日本利息税为 15%。

瑞士利息税为 35%，而且对在瑞士居住的外国人的银行存款也照征不误。

韩国存款利息被算作总收入的一部分，按总收入纳税。银行每 3 个月计付一次利息，同时代为扣税。

瑞典凡通过资本和固定资产获得的收入，都要缴纳资本所得税，税率为 30%。资本所得包括存款利息、股息、债息及房租等收入。但政府为了鼓励消费，会为那些申请了消费贷款的人提供 30% 的贷款利息补贴。

菲律宾利息税为 20%，在菲的外国人或机构（非营利机构除外）也照此缴纳。

澳大利亚利息计入总收入，一并缴纳所得税。所得税按总收入分不同档次，税率由 20%～47% 不等。

当然，也有不征收利息税的国家，例如埃及、巴西、阿根廷及俄罗斯等。而关于中国是否征收利息税，向来有所争论。取消利息税基于以下理由：

（1）利息税主要来源于中低收入阶层，加重了这些弱势群体的经济负担。中低收入者与高收入者相比很难找到比银行存款回报率更高的投资渠道；征收利息税使中低收入者的相对税收重于高收入者。

（2）自从 1999 年征收利息税以来，利息税的政策目标并没有很好地实现。恢复征收利息税以来，居民储蓄存款势头不但没有放慢，反而以每年万亿元以上的速度增长。

2008 年，在央行下调存贷款利率的同时，国务院做出暂停征收利息税的决定。这两个政策一道出台，特别是自 1999 年 11 月 1 日开征以来便一直争议不断的利息税的暂停，对老百姓究竟有啥影响呢？

我们以 2008 年政策的出台为界点，免征利息税对老百姓的影响很小。在存款利率和利息税调整前，一个人 1 万元的一年期定期存款，按照调整前 4.14% 的存款利率，扣除 5% 的利息税后，一年实际可以拿到 393.3 元的利息收入；在下调存款利率和暂时免征利息税后，一个人 1 万元一年期的定期存款按照目前 3.87% 的利率，拿到手里的利息收入有 387 元，仅比政策调整前少了 6.3 元钱。

免征存款利息税，部分弥补了降低利率给普通百姓带来的利息收入的损失，尽管这种补偿是象征性的，但重大财经政策背后的这种"补偿民生"的思维值得肯定。毕竟在现实中，将自己财产的很大一部分放在银行存着以使今后的生活有保障的还是普通百姓。他们多数人对投资理财并不擅长，市场上也无太多投资工具可以为他们服务，因此，他们最信赖的还是存款。

利率变动影响了谁——利率风险

利率风险是指市场利率变动的不确定性给银行以及投资者造成损失的可能性。利率风险是银行的主要金融风险之一，由于影响利率变动的因素很多，利率变动更加难以预测。

银行日常管理的重点之一就是怎样控制利率风险。利率风险的管理在很大程度上依赖于银行对自身的存款结构进行管理，以及运用一些新的金融工具来规避风险或设法从风险中受益。

风险管理是现代商业银行经营管理的核心内容之一。伴随着利率市场化进程的推进，利率风险也将成为我国商业银行面临的最重要的风险之一。一般将利率风险按照来源不同分为：重新定价风险、收益率曲线风险、基准风险和期权性风险。

1. 重新定价风险

如果银行以短期存款作为长期固定利率贷款的融资来源，当利率上升时，贷款的利息收入是固定的，但存款的利息支出却会随着利率的上升而增加，从而使银行的未来收益减少和经济价值降低。

2. 收益率曲线风险

重新定价的不对称性会使收益率曲线斜率、形态发生变化，即收益率曲线的非平行移动，对银行的收益或内在经济价值产生不利影响，从而形成收益率曲线风险。例如，若以 5 年期政府债券的空头头寸为 10 年期政府债券的多头头寸进行保值，当收益率曲线变陡的时候，虽然上述安排已经对收益率曲线的平行移动进行了保值，但该 10 年期债券多头头寸的经济价值还是会下降。

3. 基准风险

一家银行可能用一年期存款作为一年期贷款的融资来源，贷款按照美国国库券利率每月重新定价一次，而存款则按照伦敦同业拆借市场利率每月重新定价一次。

虽然用一年期的存款为来源发放一年期的贷款，由于利率敏感性负债与利率敏感性资产重新定价期限完全相同而不存在重新定价风险，但因为其基准利率的变化可能不完全相关，变化不同步，仍然会使该银行面临因基准利率的利差发生变化而带来的基准风险。

4. 期权性风险

若利率变动对存款人或借款人有利，存款人就可能选择重新安排存款，借款人可能选择重新安排贷款，从而对银行产生不利影响。如今，越来越多的期权品种因具有较高的杠杆效应，还会进一步增大期权头寸可能会对银行财务状况产生不利影响。

对于老百姓来说，也存在利率风险的问题。对很多追求稳定回报的投资者来说，大多会选择风险小、信用度高的理财产品，比如银行存款和有"金边债券"之称的国债。不少投资者认为，银行存款和国债绝对没有风险，利率事先已经确定，到期连本带息是少不了的。的确，至少从目前来看，银行和国家的信用是最高的，与之相关的金融产品风险也很小，但并不是说完全没有风险，比如央行加息，无论是银行存款还是国债，相关风险也会随之而产生，这里就是利率风险中的一种。

定期存款是普通老百姓再熟悉不过的理财方式，一次性存入，存入一定的期限（最短3个月，最长5年），到期按存入时公布的固定利率计息，一次性还本付息。想来这是没有什么风险可言，但一旦遇到利率调高，因为定期存款是不分段计息的，不会按已经调高的利率来计算利息，那些存期较长的定期存款就只能按存入日相对较低的利率来计息，相比已调高的利率就显得划不来了。

那么如何规避风险呢？平时应该尽量关注宏观经济政策的变化，如果货币政策向紧缩方向发展，存入的期限最好不要太长，1年期比较适当；如果货币政策宽松的话则相反，从而规避利率下跌的风险；如果存入时间不长的话，可以到银行办理重新转存的业务。

凭证式国债也是老百姓最喜欢的投资产品之一，其因免税和利率较高而受到追捧，不少地方在发行时根本买不到，于是不少人购买国债时就选择长期的，也就是买5年期的，却不知一旦市场利率上升，国债的利率肯定也会水涨船高。类似于银行定期存款，国债提前支取要收取千分之一的手续费，而且半年之内是没有利息的。扣除了这些因素后，如果划得来的话，可以提前支取转买新一期利率更高的国债。

关注记账式国债的人比较少，但其确实是一种较好的投资，记账式国债收益可分为固定收益和做市价差收益（亏损）。固定利率是经投标确定的加权平均中标利率，一般会高于银行，其风险主要来自债券的价格。如果进入加息周期，债券的价格就会看跌，债券的全价（债券净价加应收计息）可能会低于银行存款利率甚至亏损。

由于债券价格与市场利率成反比，利率降低，债券价格上升；利率上升，则债券价格下跌。因此，投资者在投资记账式国债的时候可以根据利率的变化预期作出判断，若预计利率将上升，可卖出手中债券，待利率上升导致债券价格下跌时再买入债券，这时的债券实际收益率会高于票面利率。

总之，利率也是有风险的。投资者一定要根据自己的实际情况合理地进行资产配置，在财务安全的前提下获得更高的收益。

预期通货膨胀率与利率的关系——费雪效应

著名的经济学家费雪第一个揭示了通货膨胀率预期与利率之间关系的一个发现，他指出当通货膨胀率预期上升时，利率也将上升。

假如银行储蓄利率为 5%，某人的存款在一年后就多了 5%，是说明他富了吗？这只是理想情况下的假设。如果当年通货膨胀率 3%，那他只富了 2% 的部分；如果是 6%，那他一年前 100 元能买到的东西现在要 106 元了，而存了一年的钱现在只有 105 元，他反而买不起这东西了！这可以说就是费雪效应的通俗解释。

费雪是美国经济学家、数学家、经济计量学的先驱者之一。他生于纽约州的少格拉斯。1890 年费雪开始在耶鲁大学任数学教师，1898 年获哲学博士学位，同年转任经济学教授直到 1935 年。1926 年开始在雷明顿、兰德公司任董事等职。1929 年，他与熊彼特、丁伯根等发起并成立计量经济学会，1931～1933 年任该学会会长。

费雪对经济学的主要贡献是在货币理论方面阐明了利率如何决定和物价为何由货币数量来决定，其中尤以贸易方程式（也叫费雪方程式）为当代货币主义者所推崇。费雪方程式是货币数量说的数学形式，即 $MV=PQ$。其中 M 为货币量，V 为货币流通速度，P 为价格水平，Q 为交易的商品总量。该方程式说明在 V、P 比较稳定时，货币流通量 M 决定物价 P。

费雪方程式将名义利率与预期通胀联系起来，用来分析实际利率的长期行为，并因此把我们的注意力引向一个关于货币增长、通货膨胀与利率的重要关系：长期中当所有的调整都发生后，通货膨胀的增加完全反映到名义利率上，即要求名义利率对通货膨胀的一对一的调整，这种长期效应被称之为"费雪效应"。

在某种经济制度下，实际利率往往是不变的，因为它代表的是你的实际购买力。于是，当通货膨胀率变化时，为了求得公式的平衡，名义利率，也就是公布在银行的利率表上的利率会随之而变化。正是因为这个原因，在 90 年代初物价上涨时，中国人民银行制定出较高的利率水平，甚至还有保值贴补率；而当物价下跌时，中国人民银行就一而再再而三地降息。费雪效应表明：物价水平上升时，利率一般有增高的倾向；物价水平下降时，利率一般有下降的倾向。

如果费雪效应存在，则名义利率的上升并非指示紧的货币政策而是反映通货膨胀率的上升，因此必须慎用名义利率作为货币政策松紧程度的指标。

费雪效应可分为长期费雪效应和短期费雪效应。长期费雪效应的存在，意味着当通货膨胀和名义利率水平值都显示出强劲的趋势时，这两个时间序列会按同一趋势变化，从而表现出较强的相关性。在长期中通货膨胀与利率之间存在近似一对一的调整关系，表明高的名义利率反映存在高的预期通胀率，并不反映货币政策的实质内容。通货膨胀上升多少，名义利率就上升多少，因此货币政策可能影响通货膨胀率，但却并不影响实际利率。

同时，短期费雪效应成立说明即使在短期中名义利率的变化也主要反映预期通胀而不是实际利率的变化，从而无论在长期还是在短期，名义利率与货币政策之间的联系都没有得到反映。既然利率不能反映银根的松紧变化，也就不适宜作为我国货币政策的中介目标。这一特殊性一方面是因为我国存贷款利率没有市场化，受政府及央行管制，因此缺乏一个灵敏、有效的市场利率体系；另一方面在于利率作为一种政策工具主要被政府用来控制通胀。此外，本文的分析表明利率对平稳物价所起的杠杆作用不仅取决于利率的实际水平，还取决于利率每年的调整幅度，这对将来利率调整幅度的具体确定与计算具有潜在的应用价值。

低风险的赚钱方法——套利交易

在一般情况下，各个国家的利息率的高低是不相同的，有的国家利息率较高，有的国家利息率较低。利息率高低是国际资本活动的一个重要的函数，在没有资金管制的情况下，资本就会越出国界，从利息率低的国家流到利息率高的国家。套利是指投资者或借贷者同时利用两地利息率的差价和货币汇率的差价，流动资本以赚取利润。套利分为非抵补套利和抵补套利两种。

1. 非抵补套利

非抵补套利指套利者仅仅利用两种不同货币所带有的不同利息的差价，而将利息率较低的货币转换成利息率较高的货币以赚取利润。在买或卖某种即期通货时，没有同时卖或买该种远期通货，承担了汇率变动的风险。

在非抵补套利交易中，资本流动的方向主要是由非抵补利差决定的。设英国利息率为 Iuk，美国的利息率为 Ius，非抵补利差为 UD，则有：

UD = Iuk − Ius

如果 luk > lus，UD > 0，资本由美国流向英国，美国人要把美元兑换成英镑存在英国或购买英国债券以获得更多利息。非抵补套利的利润的大小，是由两种利息率之差的大小和即期汇率波动情况共同决定的。在即期汇率不变的情况下，两国利息率之差越大套利者的利润越大。在两国利息率之差不变的情况下，利息率高的通货升值，套利者的利润越大；利息率高的通货贬值，套利者的利润减少，甚至为零或者为负。

设英国的年利息率 luk = 10%，美国的年利息率 lus = 4%，英镑年初的即期汇率与年末的即期汇率相等。在 1 年当中英镑汇率没有发生任何变化，设为 2.8∶1，美国套利者的本金为 1000 美元。这个套利者在年初把美元兑换成英镑存在英国银行，折换成 357 英镑。那么 1 年后所得利息为 35.7 英镑，也就是 100 美元。这是套利者所得到的毛利润。如果该套利者不搞套利而把 1000 美元存在美国银行，他得到的利息为 40 美元，这 40 美元是套利的机会成本。所以，套利者的净利润为 60 美元。

实际上，在 1 年当中，英镑的即期汇率不会停留在 2.8 ∶ 1 的水平上不变。如果年末时英镑的即期汇率为 2.4 ∶ 1，由于英镑贬值，35.7 英镑只能兑换成 85 美元，则套利者的净利润由 60 美元减到 45 美元。这说明套利者在年初做套利交易时，买即期英镑的时候没有同时按一定汇率卖 1 年期的远期英镑，甘冒汇率变动的风险，结果使其损失了 15 美元的净利息。从这个例子可以看出，英镑贬值越大，套利者的损失越大。当然，如果在年末英镑的即期汇率达到 3 ∶ 1，这个套利者就太幸运了，化险为夷，他的净利润会达到 67 美元了。

2. 抵补套利

汇率变动也会给套利者带来风险。为了避免这种风险，套利者按即期汇率把利息率较低通货兑换成利息率较高的通货。存在利息率较高国家的银行或购买该国债券的同时，还要按远期汇率把利息率高的通货兑换成利息率较低的通货，这就是抵补套利。

还以英、美两国为例，如果美国的利息率低于英国的利息率，美国人就愿意按即期汇率把美元兑换成英镑存在英国银行。这样，美国人对英镑的需求增加。英镑的需求增加，在其他因素不变的情况下，英镑的即期汇率要提高。另一方面，套利者为了避免汇率变动的风险，又都按远期汇率签订卖远期英镑的合同，使远期英镑的供给增加。远期英镑的供给增加，在其他因素不变的情况下，远期英镑的汇率就要下跌。于是，得出这样一条结论：利息率较高国家通货的即期汇率呈上升趋势，远期汇率呈下降趋势。根据这一规律，资本流动的方向不仅仅是由两国利息率差价决定的，而且是由两国利息率的差价和利息率高的国家通货的远期升水率或贴水率共同决定的。抵补利差为 CD，英镑的贴水率或升水率为 F ￡，则有：

$$CD = Iuk - Ius + F ￡$$

如果英国利息率 Iuk = 10%，美国利息率 Ius = 4%，远期英镑的贴水率 F ￡ = −3%，CD = 10% −4% −3% = 3% >0，这时资本会由美国流到英国。因为套利者认为，尽管远期英镑贴水使他们利润减少，但仍然有利润可赚。如果远期英镑的贴水率 F ￡ = −8%，其他情况不变，CD = 10% −4% −8% = −2% <0，这时，资本会由英国流向美国。因为套利者认为，远期英镑贴水率太高，不但使他们的利润减少，而且使他们的利润为负。而英国人则愿意把英镑以即期汇率兑换成美元，以远期汇率把美元兑换成英镑，使资本由英国流到美国。

下面，再用一个例子说明抵补套利的实际情况。设套利者的本金为 1000 美元，Iuk = 10%，Ius = 4%，英镑即期汇率为 2.8 ∶ 1，英镑远期汇率为 2.73 ∶ 1。套利者年初把美元换成英镑存在英国银行，也就是 357 英镑。1 年后所得利息为 35.7 英镑。

根据当时签订合同的远期汇率，相当于 97 美元（35.7 × 2.73），这是套利者的毛利润，从中减去套利的机会成本 40 美元（1000 × 4%），套利者所得的净利润为

57 美元（97–40）。这个例子说明，套利者在买即期英镑的同时，以较高远期英镑汇率卖出英镑，避免英镑汇率大幅度下降产生的损失，在 1 年之后，即期英镑汇率为 2.4 ：1，套利者仍按 2.73 ：1 的汇率水平卖出英镑。

　　实际上，套利活动不仅使套利者赚到利润，在客观上起到了自发地调节资本流动的作用。一个国家利息率高，意味着那里的资本稀缺，急需要资本。一个国家利息率较低，意味着那里资本充足。套利活动以追求利润为动机，使资本由较充足的地方流到缺乏的地方，使资本更有效地发挥了作用。通过套利活动，资本不断地流到利息率较高的国家，那里的资本不断增加，利息率会自发地下降；资本不断从利息率较低国家流出，那里的资本减少，利息率会自发地提高。套利活动最终使不同国家的利息率水平趋于相等。

第四章

证券市场

随时可能倒塌的空中楼阁——虚拟经济

虚拟经济是相对实体经济而言的，是经济虚拟化（西方称之为"金融深化"）的必然产物。虚拟经济具有两个特性：一是经济性，一是虚拟性。所谓经济性，就是指价值符号及它们的交换也是以劳动价值为基础的，没有价值及价值交换就与经济沾不上边，也就谈不上它的经济性。并且，价值符号还可以还原为价值实体，即从虚拟走向现实。所谓虚拟性，是指它的交换物在形态上是虚拟的而非实物的，它只是以价值符号为交易对象，而不以实物为交易对象。虚拟经济领域交易的只是价值符号而不是有形的实物。

因此，以价值符号互为交易对象及为此所构筑的交易平台，都属于虚拟经济范畴。银行、资金市场、证券市场、外汇市场、期货市场等都可以算作是虚拟经济范畴。而信息在虚拟经济活动中有着重要的作用。公开、透明虽然是发达市场经济的一个基本原则，但是，掌握信息则存在差异。对于虚拟经济交易活动而言，信息的不对称成为交易利润产生的重要基础。虚拟经济活动中的高手就善于利用信息、信誉、未来前景等来创造利润。信息转化为利润是一个客观的经济现象。

虚拟经济是市场经济高度发达的产物，以服务于实体经济为最终目的。随着虚拟经济迅速发展，其规模已超过实体经济，成为与实体经济相对独立的经济范畴。虚拟经济具有高度流动性、不稳定性、高风险性和高投机性等特征。

（1）高度流动性。虚拟经济是虚拟资本的持有与交易活动，只是价值符号的转移，相对于实体经济而言，其流动性很高。随着信息技术的快速发展，股票、有价证券等虚拟资本无纸化、电子化，其交易过程在瞬间即刻完成。

（2）不稳定性。这是由虚拟经济自身所决定的。虚拟经济自身具有的虚拟性，使得各种虚拟资本在市场买卖过程中，价格的决定并非像实体经济价格决定过程一样遵循价值规律，而是更多地取决于虚拟资本持有者和参与交易者对未来虚拟资本所代表的权益的主观预期，而这种主观预期又取决于宏观经济环境、行业前景、政治及周边环境等许多非经济因素，增加了虚拟经济的不稳定性。

（3）高风险性。由于影响虚拟资本价格的因素众多，这些因素自身变化频繁、无常，使虚拟经济的存在和发展变得更为复杂和难以驾驭。非专业人士受专业知识、信息采集、信息分析能力、资金、时间精力等多方面限制，虚拟资本投资成为一项风险较高的投资领域，尤其是随着各种风险投资基金、对冲基金等大量投机性资金的介入，加剧了虚拟经济的高风险性。

（4）高投机性。有价证券、期货、期权等虚拟资本的交易虽然可以作为投资目的，但也离不开投机行为，这是市场流动性的需要所决定的。随着电子技术和网络高科技的迅猛发展，巨额资金划转、清算和虚拟资本交易均可在瞬间完成，这为虚拟资本的高度投机创造了技术条件，提供了技术支持。越是在新兴和发展不成熟、不完善、市场监管能力越差，防范和应对高度投机行为的措施、力度越差的市场，虚拟经济越具有更高的投机性，投机性游资也越容易光顾这样的市场，达到通过短期投机，赚取暴利的目的。

值得注意的是，虚拟经济并非虚假经济。举个简单的例子：

在一条街上，有两个人在卖烧饼，且只有两个人，我们称之为烧饼甲、烧饼乙。他们每个烧饼卖1元钱就可以保本。

一个游戏开始了：甲花1元钱买乙一个烧饼，乙也花1元钱买甲一个烧饼。甲再花2元钱买乙一个烧饼，乙也花2元钱买甲一个烧饼，现金交付。甲再花3元钱买乙一个烧饼，乙也花3元钱买甲一个烧饼，现金交付。

于是在整个市场的人看来，烧饼的价格飞涨，不一会儿就涨到了每个烧饼60元。但只要甲和乙手上的烧饼数一样，那么谁都没有赚钱，谁也没有亏钱，但是他们重估以后的资产"增值"了！甲乙拥有高出过去很多倍的"财富"，他们身价提高了很多，"市值"增加了很多。

这个时候有路人丙，发现烧饼涨价了，他很惊讶。他毫不犹豫地买了一个，他确信烧饼价格还会涨，价格上还有上升空间。在烧饼甲、烧饼乙和路人丙赚钱的示范效应下，接下来买烧饼的路人越来越多，参与买卖的人也越来越多，烧饼价格节节攀升，所有的人都非常高兴，因为很奇怪：所有人都没有亏钱。但是突然有一天市场上来了一个人，说了句："就是一个烧饼，成本价就是1元。"一语惊醒梦中人，人们也在突然间发现烧饼确实没有那么高的价值。于是，人们争相抛售，烧饼的价格急剧下降。

这就是虚假经济。虚拟经济与虚假经济的联系，似乎一目了然，但事实并不如此。虚拟经济运行中，虚假成分的形成原因相当复杂，表现也各种各样。简单地说，主要有三种情形：

（1）货币发行过多，导致投资膨胀、消费膨胀和通货膨胀。货币投放量过大，一方面由中央银行投入流通中的货币造成，另一方面则由商业银行创造的派生货币造成，在经济膨胀的场合，大于真实经济的部分，形成泡沫，即经济的虚假部分。

（2）金融资产质量低下。对银行等存款机构来说，坏账、呆滞账过多，是资产质量低下的表现；对证券市场来说，债券到期不能如期兑付本息、股票市价远高于其内在价值等，也是金融资产质量低下的重要表现。在资产质量低下的场合，金融资产的实际价值已大大低于账面价值，其差额属虚假成分。所谓金融泡沫、股市泡沫，实际上，指的就是这种由金融资产质量低下或金融资产价格膨胀所形成的虚假成分。

（3）币值高估或低估。在币值高估的场合，以外币计算的经济总量被扩大，扩大的部分属虚假范畴；在币值低估的场合，以外币计算的经济总量被缩小，缩小的部分也属虚假范畴。

虚拟经济中的虚假成分，是引发金融风险甚至金融危机的重要根源。1929年的世界大危机，主要原因在于纽约股市崩溃。但是，虚拟经济建立在实体经济的基础上，虚拟经济中所发生的诸多虚假，与实体经济的虚假，有着千丝万缕的联系。在大多数场合，前者主要是由后者引致的。

风云变幻的"大舞台"——证券市场

在普通老百姓的眼里，证券市场似乎总是那么虚幻、不可捉摸。一谈到证券市场，人们就会立刻想到那些一夜间变成百万富翁又一夜间沦为乞丐的传奇故事。在中国，人们首先想到的是股票市场，因为股票市场和老百姓接触最多。像大多数国家的股票市场一样，中国的股票市场也凝聚了"股民"们太多的情感，它有时让人激动兴奋、为之着魔，有时又让人绝望沮丧、失魂落魄。证券市场是现代金融市场体系的重要组成部分，主要包括股票市场、债券市场以及金融衍生品市场等。在现代市场经济中，证券市场发挥的作用越来越大。

从经济学的角度，可以将证券市场定义为：通过自由竞争的方式，根据供需关系来决定有价证券价格的一种交易机制。在发达的市场经济中，证券市场不仅反映和调节货币资金的运动，而且对整个经济的运行具有重要影响。

但是，证券市场与一般商品市场存在着明显的区别，主要表现在：

（1）交易对象不同。一般商品市场的交易对象是各种具有不同使用价值、能满足人们某种特定需要的商品。而证券市场的交易对象是作为经济权益凭证的股票、债券、投资基金券等有价证券。

（2）交易目的不同。证券交易的目的是实现投资收益或筹集资金。购买商品的目的主要是满足某种消费的需要。

（3）交易对象的价格决定不同。商品市场的价格，其实质是商品价值的货币表现，取决于生产商品的社会必要劳动时间。证券市场的证券价格实质是利润的分割，是预期收益的市场表现，与市场利率的关系密切。

（4）市场风险不同。一般商品市场由于实行的是等价交换原则，价格波动较小，市场前景的可预测性较强，因而风险较小。而证券市场的影响因素复杂多变，价格波动性大且有不可预测性，投资者的投资能否取得预期收益具有较大的不确定性，所以风险较大。

其实，证券的产生已有很久的历史，但证券的出现并不标志着证券市场同时产生，只有当证券的发行与转让公开通过市场的时候，证券市场才随之出现。因此，证券市场的形成必须具备一定的社会条件和经济基础。股份公司的产生和信用制度的深化，是证券市场形成的基础。

证券市场是商品经济和社会化大生产发展的必然产物。随着生产力的进一步发展和商品经济的日益社会化，资本主义从自由竞争阶段过渡到垄断阶段，依靠原有的银行借贷资本已不能满足巨额资金增长的需要。为满足社会化大生产对资本扩张的需求，客观上需要有一种新的筹集资金的手段，以适应经济进一步发展的需要。在这种情况下，证券与证券市场就应运而生了。

股份公司的建立为证券市场的形成提供了必要的条件。随着生产力的进一步发展，生产规模的日益扩大，传统的独资经营方式和封建家族企业已经不能满足资本扩张的需要。于是产生了合伙经营的组织，随后又有单纯的合伙经营组织演变成股份制企业——股份公司。股份公司通过发行股票、债券向社会公众募集资金，实现资本的集中，满足扩大再生产对资金急剧增长的需要。因此，股份公司的建立和公司股票、债券的发行，为证券市场的产生和发展提供了坚实的基础。

信用制度的发展促进了证券市场的形成和发展。由于近代信用制度的发展，使得信用机构由单一的中介信用发展为直接信用，即直接对企业进行投资。于是，金融资本逐步渗透到证券市场，成为证券市场的重要支柱。信用工具一般都具有流通变现的要求，股票、债券等有价证券具有较强的变现性，证券市场恰好为有价证券的流通和转让创造了条件。由此可见，信用制度越发展，就越有可能动员更多的社会公众的货币收入转化为货币资本，投入到证券市场中去。证券业的崛起也为近代信用制度的发展开辟了广阔的前景。

证券市场是市场经济发展到一定阶段的产物，是为解决资本供求矛盾和流动而产生的市场。因此，证券市场有三个最基本的功能：

1.融通资金

融通资金是证券市场的首要功能，这一功能的另一作用是为资金的供给者提供投资对象。一般来说，企业融资有两种渠道：一是间接融资，即通过银行贷款而获得资金；二是直接融资，即发行各种有价证券使社会闲散资金汇集成为长期资本。前者提供的贷款期限较短，适合解决企业流动资金不足的问题，而长期贷款数量有限，条件苛刻，对企业不利。后者却弥补了前者的不足，使社会化大生产和企业大规模经营成为了可能。

2.资本定价

证券市场的第二个基本功能就是为资本决定价格。证券是资本的存在形式，所以，证券的价格实际上是证券所代表的资本的价格。证券的价格是证券市场上证券供求双方共同作用的结果。证券市场的运行形成了证券需求者竞争和证券供给者竞争的关系，这种竞争的结果是：能产生高投资回报的资本，市场的需求就大，其相应的证券价格就高；反之，证券的价格就低。因此，证券市场是资本的合理定价机制。

3. 资本配置

证券投资者对证券的收益十分敏感，而证券收益率在很大程度上决定于企业的经济效益。从长期来看，经济效益高的企业的证券拥有较多的投资者，这种证券在市场上买卖也很活跃。相反，经济效益差的企业的证券投资者越来越少，市场上的交易也不旺盛。所以，社会上部分资金会自动地流向经济效益好的企业，远离效益差的企业。这样，证券市场就引导资本流向能产生高报酬的企业或行业，从而使资本产生尽可能高的效率，进而实现资源的合理配置。

"为他人作嫁衣裳"——投资银行

贝尔斯登，这个古老的著名的投资银行犹如纽约世贸大厦般，以不可思议的速度轰然倒塌。2008 年 3 月 16 号，摩根大通银行曾宣布将以每股 2 美元，总计 2.362 亿美元的超低价收购贝尔斯登公司。这个收购价格，只相当于贝尔斯登曾经 200 亿美元市值的 1%。由于此超低报价遭到了贝尔斯登股东的强烈抵制，在该月 24 号达成的新协议中，摩根大通同意提高换股比例，相当于把收购报价由每股 2 美元提高到 10 美元，成交金额为 11.9 亿美元。同时，摩根大通还将购入 9500 万股贝尔斯登增发股，此举将使摩根大通在贝尔斯登的持股比例提高到 39.5%。在美国次贷危机中，贝尔斯登这个曾是全美最大的债券承销商，却最终通过"卖身"的方式避免了破产的噩运。

投资银行虽然名为"银行"，但它并不是真正的银行。投资银行是非银行金融机构，它不做吸收存款、发放贷款的买卖，而是专为别人提供金融服务，"为他人作嫁衣裳"。我们有必要了解一下投资银行是怎么发展而来的。在美国，投资银行往往有两个来源：一是由综合性银行分拆而来，典型的例子如摩根士丹利；二是由证券经纪人发展而来，典型的例子如美林证券。

现代意义上的投资银行产生于欧美，主要是由 18、19 世纪众多销售政府债券和贴现企业票据的金融机构演变而来的。伴随着贸易范围和金额的扩大，客观上要求融资信用。于是一些信誉卓越的大商人便利用其积累的大量财富成为商人银行家，专门从事融资和票据承兑贴现业务，这是投资银行产生的根本原因。证券业与证券交易的飞速发展是投资银行业迅速发展的催化剂，为其提供了广阔的发展天地。投资银行则作为证券承销商和证券经纪人逐步奠定了其在证券市场中的核心地位。资本主义经济的飞速发展给交通、能源等基础设施造成了巨大的压力。为了缓解这一矛盾，19 世纪欧美掀起了基础设施建设的高潮，这一过程中巨大的资金需求使得投资银行在筹资和融资过程中得到了迅猛的发展。而股份制的出现和发展，不仅带来了西方经济体制中一场深刻的革命，也使投资银行作为企业和社会公众之间资金中介的作用得以确立。

20世纪前期，西方经济的持续繁荣带来了证券业的高涨，把证券市场的繁华交易变成了一种狂热的货币投机活动。商业银行凭借其雄厚的资金实力频频涉足于证券市场，甚至参与证券投机；同时，各国政府对证券业缺少有效的法律和管理机构来规范其发展，这些都为1929~1933年的经济危机埋下了祸根。

经济危机直接导致了大批银行的倒闭，证券业极度萎靡。这使得各国政府清醒地认识到：银行信用的盲目扩张和商业银行直接或间接地卷入风险很大的股票市场对经济安全是重大的隐患。1933年后，美英等国将投资银行和商业银行业务分开，并进行分业管理。从此，一个崭新的独立的投资银行业在经济危机的萧条中崛起。

经过经济危机后近30年的调整，投资银行业再次迎来了飞速的发展。70年代以来，抵押债券、一揽子金融管理服务、杠杆收购（LBO）、期货、期权、互换、资产证券化等金融衍生工具的不断创新，使得金融行业，尤其是证券行业成为变化最快、最富革命性和挑战性的行业之一。这种创新在另一方面也反映了投资银行、商业银行、保险公司、信托投资公司等正在绕过分业管理体制的约束，互相侵蚀对方的业务。投资银行和商业银行混业及其全球化发展的趋势已经变得十分强大。

随着证券市场的日益繁荣，投资银行已经成为资本市场上重要的金融中介。他们不仅经营传统的证券发行承销、经纪业务，企业并购、基金管理、理财顾问、创业投资、项目融资、金融工程等业务也已经成为投资银行的核心业务。总之，投资银行已成为证券市场不可或缺的组成部分。

我国的投资银行业务是从满足证券发行与交易的需要不断发展起来的。从我国的实践看，投资银行业务最初是由商业银行来完成的，商业银行不仅是金融工具的主要发行者，也是掌管金融资产量最大的金融机构。80年代中后期，随着我国开放证券流通市场，原有商业银行的证券业务逐渐被分离出来，各地区先后成立了一大批证券公司，形成了以证券公司为主的证券市场中介机构体系。在随后的十余年里，券商逐渐成为我国投资银行业务的主体。但是，除了专业的证券公司以外，还有一大批业务范围较为宽泛的信托投资公司、金融投资公司、产权交易与经纪机构、资产管理公司、财务咨询公司等在从事投资银行的其他业务。

我国现代投资银行的业务从发展到现在只有短短数十年的时间，还存在着诸如规模过小、业务范围狭窄、缺少高素质专业人才、过度竞争等这样那样的问题。但是，我国的投资银行业正面临着有史以来最大的市场需求，随着我国经济体制改革的迅速发展和不断深化，社会经济生活中对投融资的需求会日益旺盛，这些都将为我国投资银行业的长远发展奠定坚实的基础。

"钱"的供给与需求——资本市场

众所周知，华尔街早就已经不再是单纯的一条街，一个区域了，而是世界金融中心的代名词。这条街平均每天资本的流通量是2000亿美元，世界上较大的近千家金融机构都坐落于此，这里是全球资本市场最核心最活跃的地方。如果要认识资本市场的分量，可以在华尔街跳动的数字和喧嚣的声音中去感受。

资本市场，也称"长期金融市场""长期资金市场"，期限在一年以上各种资金借贷和证券交易的场所。资本市场上的交易对象是一年以上的长期证券。因为在长期金融活动中，涉及资金期限长、风险大，具有长期较稳定收入，类似于资本投入，故称之为资本市场。如果想了解资本市场的历史，还要从荷兰讲起。

大约在1600年，仅荷兰一个国家的商船数量就相当于英、法两国商船数量的总和。这表明当时荷兰的海运业是多么的繁荣。后来，尤其是到了17世纪，1602年，荷兰东印度公司成立，他们用其身后的这些船，继续荷兰和亚洲之间的贸易。荷兰的船队把别国市场上缺少的东西运过去，再把本国市场缺少的东西运回来，这其中的利润是十分可观的。但是，仅仅凭着一叶轻舟，要在海上航行数万公里，无论前面的利润有多么可观，那些出没无常的狂风巨浪会给远航的贸易带来无法回避的巨大风险。因为航海风险很大，可能随时会出现风暴、海难、疾病等情况，饮食条件又非常的糟糕，这些因素使得水手的生活非常艰苦。一旦船只出事，不光是货物化为泡影，甚至连水手的性命都保不住了。

远航带来的超额利润是所有人都希望得到的，而获取它所必须承担的巨大风险又是所有人无法逃避的。那么，有没有一种办法既能够获得足够的利润又能够把风险控制在一定程度呢？于是，股份制的公司、股票以及股票市场就在人们这种分散投资的需求中诞生了。

荷兰东印度公司是世界上第一家公开发行股票的公司，它发行了当时价值650万荷兰盾的股票，它在荷兰的6个海港城市设立了办事处，其中最重要的一个当然就是阿姆斯特丹了，在这里发行的股票数量占总数的50%以上。当时，几乎每一个荷兰人都去购买这家公司的股票，甚至包括阿姆斯特丹市市长的佣人。

这就是早期的资本市场。经过几个世纪的发展。资本市场的规模已经扩大到了全球视野，资本市场已经形成了系统的理论体系，这估计是17世纪的荷兰人所不曾想到的。

与货币市场相比，资本市场特点主要有：

（1）融资期限长。至少在1年以上，也可以长达几十年，甚至无到期日。

（2）流动性相对较差。在资本市场上筹集到的资金多用于解决中长期融资需求，故流动性和变现性相对较弱。

（3）风险大而收益较高。由于融资期限较长，发生重大变故的可能性也大，市场价格容易波动，投资者需承受较大风险。同时，作为对风险的报酬，其收益也较高。在资本市场上，资金供应者主要是储蓄银行、保险公司、信托投资公司及各种基金和个人投资者，而资金需求方主要是企业、社会团体、政府机构等。其交易对象主要是中长期信用工具，如股票、债券等。

我国具有典型代表意义的资本市场包括三部分：（1）国债市场。指期限在一年以上、以国家信用为保证的国库券、国家重点建设债券、财政债券、基本建设债券、保值公债、特种国债的发行与交易市场。（2）股票市场，包括股票的发行市场和股票交易市场。（3）中长期放款市场，该市场的资金供应者主要是不动产银行、动产银行。

资本市场是金融市场三个组成部分之一，它与调剂政府、公司或金融机构资金余缺的资金市场形成鲜明的对照。资本市场的资金供应者为各金融机构，如商业银行、储蓄银行、人寿保险公司、投资公司、信托公司等。资金的需求者主要为国际金融机构、各国政府机构、工商企业、房地产经营商以及向耐用消费零售商买进分期付款合同的销售金融公司等。

代理客户买卖证券——证券经纪人

曾经，好莱坞一部优秀影片《幸福来敲门》让无数的人默默地感动。好莱坞每年都会拍些励志片，其中不乏经典。但这部片子带给观众的，不是强烈的震撼，而是一种缓缓的、沁入心底的共鸣。它讲述的是一个证券经纪人的故事，相信更加能够激起无数证券行业者的心灵震动。

它根据真实人物改编，讲述了美国投资专家克里斯·加德勒的奋斗故事。一个中年男人，尽管努力工作，但依然穷困潦倒，交不起税款、停车费，妻子因无法忍受而离开，留下他和5岁的儿子。后来，又因为付不起房租流落街头。最落魄时，身上仅剩下21美元。为了生存，他们住过救济站、地铁的厕所，靠卖几部医学仪器艰难度日。凭着自己的聪明，克里斯争取到了去著名的维特证券公司实习的机会，又凭借着过人的勤奋，最终成为了年薪80万美元的证券经纪人，并且，于1987年创办了加德勒投资公司。

《幸福来敲门》中细致的人物刻画和诸多感动的细节不禁让人们对证券经纪人这一角色充满好感。而现实生活中，或许每一个证券经纪人的背后都和电影中一样有着精彩的故事，但当你作为一个投资者站在他们面前时，你不禁也要产生这样的疑问：证券经纪人真的可信吗？

证券经纪人是指在证券交易所中接受客户指令买卖证券，充当交易双方中介并收取佣金的证券商。在证券市场中，证券经纪人的比例不在少数，他们对投资者和金融机构的作用不可小觑。经纪人具备风险管理和保险理赔专业素质，能够促使与其合作的保险公司提高风险意识和风险管理水平，并有助于保障客户利益。他们一般都有着精练的专业知识，拥有良好的举止气质，他们拥有着让人艳羡的职业。

证券经纪人可分为三类，即佣金经纪人、两美元经纪人与债券经纪人。

（1）佣金经纪人：佣金经纪人与投资公众直接发生联系，其职责在于接受顾客的委托后在交易所交易厅内代为买卖，并在买卖成交后向委托客户收取佣金。佣金经纪人是交易所的主要会员。

（2）两美元经纪人：两美元经纪人不接受一般顾客的委托，而只受佣金经纪人的委托，从事证券买卖。

（3）债券经纪人：债券经纪人是以代客买卖债券为业务，以抽取佣金为其报酬的证券商，另外，债券经纪人亦可兼营自行买卖证券业务。

证券法规定，在证券交易中，代理客户买卖证券，从事中介业务的证券公司，为具有法人资格的证券经纪人。证券经纪业务是证券公司的主要业务，证券经纪业务的主体为证券经纪人。

证券经纪人的职责是在证券交易中，代理客户买卖证券，从事中介业务。这就是说，在证券交易中，广大的证券投资人相互之间不是直接买卖证券的，而是通过证券经纪人来买卖证券的。证券经纪人作为买卖双方的中介人，是这样代理客户买卖证券的：他询问证券买卖双方的买价和卖价，按照客户的委托，如实地向证券交易所报入客户指令，通过证券交易所，在买价和卖价一致时，促成双方证券买卖的成交，并向双方收取交易手续费（佣金）。

一般，证券经纪人和交易商在二级市场中从事交易。与经纪人不同，交易商随时准备按照给定的价格买卖证券，来连接买方和卖方。因此，交易商持有证券存货，并以略高于买价的价格销售证券，从中获利，也就是说，通过买价和卖价之间的"差价"获利。由于证券价格可能上升也可能下跌，因为交易商在买卖中承受较大的风险，而相反，经纪人却不持有参与交易的证券，因此没有风险，所以一些专门从事债券交易的公司可能破产，但经纪公司却不承担这些风险。

而我们要知道的是，证券经纪人为我们提供的消息可靠吗？他们的话可信吗？

假定你的经纪人告诉你一个消息，某 A 公司刚刚开发了一种能为运动员的脚疗伤的新产品，它的股票肯定会上升，建议你去购买其公司的股票。你是否应该听从他的建议呢？

根据有效市场假定认为，你应当对这类消息持怀疑态度。如果股票市场是有效的，这个消息就已经反映在 A 公司的股票价格中了，其预期回报率等于均衡回报率。这个小道消息不具有特殊的价值，也不能帮助你赚取额外的高收益。

当然，你可能会相信，这一小道消息可能是最新的消息，这样，你就会拥有其他市场参与者所没有的优势。如果其他市场参与者先于你得知这一消息，答案就是否定的。一旦这一消息被广泛流传，它所提供的未被利用的盈利机会就会迅速消失。股票价格中就会包含这一消息，你所获得的只是均衡回报率。但如果你是最早得知这一消息的人，它的确会给你带来好处。如果你是幸运儿之一，你就会通过购买 A 公司的股票而获取额外的高收益，从而帮助市场消除这一盈利机会。

经济发展的助推器——股票市场

很少有人知道，中国最早的股票市场是怎么来的。1919 年，日商在上海租界三马路开办了"取引所"（即交易所）。蒋介石、虞洽卿便以抵制取引所为借口，电请北京政府迅速批准成立上海证券物品交易所。那时的北京政权为直系军阀所控制，曹锟、吴佩孚等人不愿日本人介入中国事务。于是，中国以股票为龙头的第一家综合交易所被批准成立了。

事实上，当时上证所的主要业务还是棉花等大宗期货商品，还未真正形成股票市场。真正的股票市场是什么呢？

股票市场是已经发行的股票按时价进行转让、买卖和流通的市场，包括交易市场和流通市场两部分。通过股票的发行，大量的资金流入股市，又流入了发行股票的企业，促进了资本的集中，提高了企业资本的有机构成，大大加快了商品经济的发展。另一方面，通过股票的流通，使小额的资金汇集了起来，又加快了资本的集中与积累。所以股市一方面为股票的流通转让提供了基本的场所，一方面也可以刺激人们购买股票的欲望，为一级股票市场的发行提供保证。同时由于股市的交易价格能比较客观地反映出股票市场的供求关系，股市也能为一级市场股票的发行提供价格及数量等方面的参考依据。

股票交易市场远溯到1602年，荷兰人开始在阿姆斯特河桥上买卖荷属东印度公司股票，这是全世界第一支公开交易的股票，而阿姆斯特河大桥则是世界最早的股票交易所。在那里挤满了等着与股票经纪人交易的投资人，甚至惊动警察进场维持秩序。荷兰的投资人在第一个股票交易所投资了上百万荷币，只为了求得拥有这家公司的股票，以彰显身份的尊荣。

股票市场起源于美国，至少已有两百年以上的历史，至今仍十分活络，其交易的证券种类非常繁多，股票市场是供投资者集中进行股票交易的机构。大部分国家都有一个或多个股票交易所。

筹集资金，这是股票市场的首要功能。企业通过在股票一级市场上发行股票，把分散在社会上的闲置资金集中起来，形成巨额的、可供长期使用的资本，用于支持大规模的生产和经营。股票市场所能达到的筹资规模和速度是企业依靠自身积累和银行贷款所无法比拟的。

扶优汰劣，优化资源配置，引导社会资金流向效率更高、前景更好的行业和企业。如果一个行业的发展前景广阔，在股票市场上人们就会大量投资于这样的行业，促进这种朝阳行业的快速发展；而一些没落衰退的夕阳行业则会受到冷落，投资会逐步减少。比如在纳斯达克市场的帮助下，美国很多高新技术企业获得高速发展，成为经济新的增长点；而一些污染严重的夕阳工业则在逐渐萎缩。在同一个行业中，有的企业经营效率高、业绩好、成长潜力大，人们就会购买这些公司的股票，推动股价上升，该公司就能够获得更多的融资；而对于那些管理不善、经营效率低下、业绩滑坡、前景黯淡的公司，人们会"用脚投票"，抛售这些公司的股票，以致股价下滑，难以继续筹集资金，最终衰落消亡或被兼并收购。

分散风险也是股票市场的重要功能。从公司的角度来说，公司上市发行股票，将经营风险部分地转移和分散给投资者。例如，美国电话电报公司的股东多达300万个，该公司的经营收益由300万个股东共同分享，同时该公司的经营风险、市场风险也由300万个股东共同承担。从投资者的角度来说，当人们有闲余资金时，可以投资于实物资产、债券、股票等多种资产，以分散财富风险。

在股票市场上，转让股票进行买卖的方法和形式称为交易方式，它是股票流通交易的基本环节。现代股票流通市场的买卖交易方式种类繁多，从不同的角度可以分为以下三类：

1. 议价买卖和竞价买卖

从买卖双方决定价格的不同，分为议价买卖和竞价买卖。议价买卖就是买方和卖方一对一地面谈，通过讨价还价达成买卖交易。它是场外交易中常用的方式。一般在股票上不了市、交易量少，需要保密或为了节省佣金等情况下采用。竞价买卖是指买卖双方都是由若干人组成的群体，双方公开进行双向竞争的交易，即交易不仅在买卖双方之间有出价和要价的竞争，而且在买者群体和卖者群体内部也存在着激烈的竞争，最后在买方出价最高者和卖方要价最低者之间成交。在这种双方竞争中，买方可以自由地选择卖方，卖方也可以自由地选择买方，使交易比较公平，产生的价格也比较合理。竞价买卖是证券交易所中买卖股票的主要方式。

2. 直接交易和间接交易

按达成交易的方式不同，分为直接交易和间接交易。直接交易是买卖双方直接洽谈，股票也由买卖双方自行清算交割，在整个交易过程中不涉及任何中介的交易方式。场外交易绝大部分是直接交易。间接交易是买卖双方不直接见面和联系，而是委托中介人进行股票买卖的交易方式。证券交易所中的经纪人制度，就是典型的间接交易。

3. 现货交易和期货交易

按交割期限不同，分为现货交易和期货交易。现货交易是指股票买卖成交以后，马上办理交割清算手续，当场钱货两清。期货交易则是股票成交后按合同中规定的价格、数量，过若干时期再进行交割清算的交易方式。

真实的股市在每一个股民的眼中都是不一样的。表面上看，股市就永远像庙会那样人山人海，热闹非凡，而实际上，置身其中，就会发现股市就如一个百鸟园一般充满不同的声音，而你却不知谁说的才是真的。真假难辨，是股民心中对股市一致的印象。

股票市场在现代金融市场中占有举足轻重的地位，股票市场的交易状况能够迅速反映宏观经济政策的变动，股价指数对本国经济和金融的运行状况反应最为灵敏，所以股票市场也被称为国民经济的"晴雨表"或"助推器"。

随着我国资本市场改革的深入，股票市场逐渐走向规范、成熟，将会对提高资源配置效率和推动经济增长发挥越来越大的作用。

证券市场的发展新趋势——金融衍生产品

近 30 年来，金融衍生工具在迅猛发展的同时，也因不断出现巨额亏损事件引起了人们的广泛关注。巴林银行由于尼克利森衍生品交易亏损 10 多亿美元，导致具有 233 年历史的老牌银行一夜之间倾覆；万国证券国债期货违规交易亏损 10 多亿人民币，被称为"新中国成立以来最严重的金融丑闻"；住友商社在有色金属期货交易内亏损 28 亿美元；美国橙县政府因参与金融衍生市场交易亏损 17 亿美元而宣告破产。1997 年，国际投机者运用金融衍生工具冲击泰铢引发了东南亚金融危机。2007 年，美国的次级房屋信贷经过贷款机构及华尔街用财务工程方法加以估算、组合、包装，就以票据或证券产品形式，在抵押二级市场上出卖、用高息吸引其他金融机构和对冲基金购买，最终酿成了次贷危机，进而引发全球金融危机。这些事件引发了对金融衍生品功过是非的纷争。有人认为，金融衍生工具的出现是金融领域的一场灾难，是全球金融灾难的罪魁祸首。

那么，我们就有必要认识金融衍生工具。金融衍生工具又称"金融衍生产品"，是与基础金融产品相对应的一个概念，指建立在基础产品或基础变量之上，其价格随基础金融产品的价格（或数值）变动的派生金融产品。这里所说的基础产品是一个相对的概念，不仅包括现货金融产品（如债券、股票、银行定期存款单等等），也包括金融衍生工具。作为金融衍生工具基础的变量则包括利率、汇率、各类价格指数甚至天气（温度）指数等。

近 30 年来，衍生品市场的快速崛起成为市场经济史中最引人注目的事件之一。过去，通常把市场区分为商品（劳务）市场和金融市场，进而根据金融市场工具的期限特征把金融市场分为货币市场和资本市场。衍生品的普及改变了整个市场结构：它们连接起传统的商品市场和金融市场，并深刻地改变了金融市场与商品市场的截然划分；衍生品的期限可以从几天扩展至数十年，已经很难将其简单地归入货币市场或是资本市场；其杠杆交易特征撬动了巨大的交易量，它们无穷的派生能力使所有的现货交易都相形见绌；衍生工具最令人着迷的地方还在于其强大的构造特性，不但可以用衍生工具合成新的衍生品，还可以复制出几乎所有的基础产品。它们所具有的这种不可思议的能力已经改变了"基础产品决定衍生工具"的传统思维模式，使基础产品与衍生品之间的关系成为不折不扣的"鸡与蛋孰先孰后"的不解之谜。

金融衍生产品具有以下几个特点：

（1）零和博弈。即合约交易的双方（在标准化合约中由于可以交易是不确定的）盈亏完全负相关，并且净损益为零，因此称"零和"。

（2）跨期性。金融衍生工具是交易双方通过对利率、汇率、股价等因素变动的趋势的预测，约定在未来某一时间按一定的条件进行交易或选择是否交易的合约。无论是哪一种金融衍生工具，都会影响交易者在未来一段时间内或未来某时间上的现金流，跨期交易的特点十分突出。这就要求交易的双方对利率、汇率、股价等价格因素的未来变动趋势作出判断，而判断的准确与否直接决定了交易者的盈亏。

（3）联动性。这里指金融衍生工具的价值与基础产品或基础变量紧密联系，规则变动。通常，金融衍生工具与基础变量相联系的支付特征由衍生工具合约所规定，其联动关系既可以是简单的线性关系，也可以表达为非线性函数或者分段函数。

（4）不确定性或高风险性。金融衍生工具的交易后果取决于交易者对基础工具未来价格的预测和判断的准确程度。基础工具价格的变幻莫测决定了金融衍生工具交易盈亏的不稳定性，这是金融衍生工具具有高风险的重要原因。

（5）高杠杆性。衍生产品的交易采用保证金制度。即交易所需的最低资金只需满足基础资产价值的某个百分比。保证金可以分为初始保证金，维持保证金，并且在交易所交易时采取盯市制度。如果交易过程中的保证金比例低于维持保证金比例，那么将收到追加保证金通知；如果投资者没有及时追加保证金，其将被强行平仓。可见，衍生品交易具有高风险高收益的特点。

根据产品形态，金融衍生产品可以分为远期、期货、期权和掉期四大类。

远期合约和期货合约都是交易双方约定在未来某一特定时间、以某一特定价格、买卖某一特定数量和质量资产的交易形式。期货合约是期货交易所制定的标准化合约，对合约到期日及其买卖的资产的种类、数量、质量作出了统一规定。远期合约是根据买卖双方的特殊需求由买卖双方自行签订的合约。因此，期货交易流动性较高，远期交易流动性较低。

掉期合约是一种内交易双方签订的在未来某一时期相互交换某种资产的合约。更为准确地说，掉期合约是当事人之间签订的在未来某一期间内相互交换他们认为具有相等经济价值的现金流的合约。较为常见的是利率掉期合约和货币掉期合约。掉期合约中规定的交换货币是同种货币，则为利率掉期；是异种货币，则为货币掉期。

期权交易是买卖权利的交易。期权合约规定了在某一特定时间、以某一特定价格买卖某一特定种类、数量、质量原生资产的权利。期权合同有在交易所上市的标准化合同，也有在柜台交易的非标准化合同。

据统计，在金融衍生产品的持仓量中，按交易形态分类，远期交易的持仓量最大，占整体持仓量的42%，以下依次是掉期（27%）、期货（18%）和期权（13%）。1989年到1995年的6年间，金融衍生产品市场规模扩大了5.7倍。各种交易形态和各种交易对象之间的差距并不大，整体上呈高速扩大的趋势。

金融衍生产品的作用有规避风险，价格发现，它是对冲资产风险的好方法。但是，任何事情有好的一面也有坏的一面，风险规避了一定是有人去承担了。衍生产品的高杠杆性就是将巨大的风险转移给了愿意承担的人手中，这类交易者称为投机者，而规避风险的一方称为套期保值者。另外一类交易者被称为套利者，这三类交易者共同维护了金融衍生产品市场上述功能的发挥。

第五章

投　资

在机会与风险中淘金——股票投资

1929年，丘吉尔从财政大臣的职位上卸任后，他带着自己的家人到加拿大和美国旅行。他们先到了加拿大，9月进入美国，受到美国战时工业委员会主席、金融家巴鲁克的盛情款待。巴鲁克陪丘吉尔参观华尔街证券交易所，当时丘吉尔已有55岁了，却颇有激情，马上开户进场炒股。在他看来，炒股赚钱实在是小菜一碟。

丘吉尔的第一笔交易很快被套住了，这使他很丢面子。他又瞄准了一只很有希望的英国股票，心想这家伙的老底我都清楚，准能获胜。但股价偏偏不听他的指挥，一路下跌。他又被套住了。如此折腾了一天，丘吉尔做了一笔又一笔交易，陷入了一个又一个泥潭。下午收市的时候，他的账户大幅度亏损。丘吉尔感觉颇为丢脸，一个劲儿地向巴鲁克抱怨。

正当他绝望之际，巴鲁克递给他一本账簿，上面记载着另一个"丘吉尔"的"辉煌战绩"。原来，巴鲁克早就料到丘吉尔在政治上是个老手，其聪明睿智在股市中未必有用武之地，加之初涉股市，很可能赔了夫人又折兵。因此，他提前为丘吉尔准备好了一根救命稻草，他吩咐手下用丘吉尔的名字开了另外一个账户，丘吉尔买什么，另一个"丘吉尔"就卖什么，丘吉尔卖什么，另一个"丘吉尔"就买什么。

进行股票投资首先要对股票进行分析。股票是股份有限公司在筹集资本时向出资人发行的股份凭证，代表着其持有者（即股东）对股份公司的所有权。这种所有权是一种综合权利，如参加股东大会、投票表决、参与公司的重大决策、收取股息或分享红利等。每个股东所拥有的公司所有权份额的大小，取决于其持有的股票数量占公司总股本的比重。股票一般可以通过买卖方式有偿转让，股东能通过股票转让收回其投资，但不能要求公司返还其出资。

股票在交易市场上作为交易对象，同商品一样，有自己的市场行情和市场价格。由于股票价格要受到诸如公司经营状况、供求关系、银行利率、大众心理等多种因素的影响，其波动有很大的不确定性。正是这种不确定性，有可能使股票投资者遭受损失。价格波动的不确定性越大，投资风险也越大。

股票投资是一种重要的投资方式。经常说投资要谨慎，但并不意味着要投资名气大的公司股票。2008年中石油回归内地，不少人购买中石油股票，结果使众多股民遭受重大损失。在这方面我们应该向巴菲特学习。

2008 年的世界首富是人称"股神"的沃伦·巴菲特。2001 年他斥资 23 亿元买进 1.4 ~ 1.6 港元之间的中石油。此后一直到 2006 年，他持有了 5 年中石油的股票。到 2007 年，中石油要回归中国内地发行 A 股，当所有人都看好中石油的时候，巴菲特却在香港股市上分批抛出了自己手上所有的中石油股票，卖价在 12 ~ 14 港元，这一笔就赚了几百亿港币。当他卖完股票，中石油股票仍然暴涨。结果中石油回归中国内地股市后，香港中石油股价也随之直线下跌了。

股市上有句谚语："不要告诉我什么价位买，只要告诉我买卖的时机，就会赚大钱。"因此，对于股票投资者来说，选择买入时机是非常重要的。买入时机因投资时期长短、资金多少等因素有所不同，但也是有规律可循的。

（1）当坏消息如利空消息等传来时，投资者由于心理作用，股价下跌得比消息本身还厉害时，是买进的良好时机。

（2）股市下跌一段时间后，长期处于低潮阶段，但已无太大下跌之势，而成交量突然增加时，是逢低买进的佳时。

（3）股市处于盘整阶段，不少股票均有明显的高档压力点及低档支撑点可寻求，在股价不能突破支撑线时购进，在压力线价位卖出，可赚短线之利。

（4）企业投入大量资金用于扩大规模时，企业利润下降，同时项目建设中不可避免地会有问题发生，从而导致很多投资者对该股票兴趣减弱，股价下跌，这是购进这一股票的良好时机。

（5）资本密集型企业，采用了先进生产技术，生产率大大提高，从而利润大大提高的时候，是购买该上市股票的有效时机。

在确定何时买股票之前，选买点的重点是选择止损点。即在你进场之前，你必须很清楚若股票的运动和你的预期不合，你必须在何点止损离场。

股市大起大落对于短线操作既是个危机，又是个机会。只要保持清醒的头脑，盯住绩优股，抓住机会进场，确定自己的止损点，就能减少自己的投资风险而获利。一般，购入某股票后，该股的支撑线或 10% 左右的参考点，即可设为一个止损点。如果股价上扬，则可随时将止损点往上移。

确定股票的止损点，换句话说，你在投资做生意时，不要老是想你要赚多少钱，首先应该清楚自己能亏得起多少。有些人以 10% 的数量做止损基数，即 10 元进的股票，以 9 元做止损点。有些人将止损点定在支撑线稍下。有些人定 20% 的止损额。还有其他各种方法。无论什么方法，你必须有个止损点，这个止损点不应超出投资额的 20%。请投资者牢记，否则一切的股票操作技巧都是空的。

让专家为自己理财——基金投资

老黄是沈阳市的一名退休员工。在2006年和2007年时，街坊邻居都在谈论基金的事，老黄也渐渐知道了基金是一种由专家帮助理财的产品。"有这么好的事我为什么不参与呢？"于是老黄拿出了2万元钱，准备到基市里"淘"一把。

在基金经理的推荐下，老黄选择了一只业绩好、口碑好、价格也好的名牌基金，没想到，那基金果然是随着2007年的大牛市一路上涨，可谓"芝麻开花节节高"。老黄高兴之余，后悔自己放着那么多专业的理财顾问不用，非自己瞎琢磨，看来，理财路上，自己还真只能算得上个小学生呀！

在2007年的牛市中，老黄简直不敢相信计算器上显示的数字，不禁畅想未来："按照这么个涨法，过个十几年，自己也能成为百万富翁了啊！"谁知好景不长，老黄的如意算盘没打多久，美国就爆发了次贷危机，刚弄明白"次贷"是怎么回事，股市就开始一路狂泻，老黄在基金上的利润转眼缩水不少。但令老黄值得欣慰的是，自己与那些股民比起来，自己的损失还是比较小的。

为什么老黄投资基金会"大赚小赔"？因为基金是由专业的投资专家——基金经理管理，他们拥有专业化的分析研究队伍和雄厚的实力，一般采取分散投资，所以基金比股票的风险小，收益也更为稳定。

我们现在说的基金通常指证券投资基金。证券投资基金是指通过发售基金份额，将众多投资者的资金集中起来，形成独立资产，由基金托管人托管，基金管理人管理，以投资组合的方法进行证券投资的一种利益共享、风险共担的集合投资方式。

证券投资基金是一种利益共享、风险共担的投资于证券的集合投资理财方式，即通过发行基金单位，集中投资者的资金，由基金托管人托管（一般是信誉卓著的银行），由基金管理人（即基金管理公司）管理和运用资金，从事股票、债券等金融工具的投资。基金投资人享受证券投资的收益，也承担因投资亏损而产生的风险。我国基金暂时都是契约型基金，是一种信托投资方式。

与股票、债券、定期存款、外汇等投资工具一样，证券投资基金也为投资者提供了一种投资渠道。那么，与其他的投资工具相比，证券投资基金具有哪些特点呢？

基金将众多投资者的资金集中起来，有利于发挥资金的规模优势，降低投资成本。基金由基金管理人进行投资管理和运作，基金管理人一般拥有大量的专业投资研究人员和强大的信息网络，能够更好地对证券市场进行全方位的动态跟踪与分析。

我国《证券投资基金法》规定，基金必须以组合投资的方式进行投资运作。基金通常会购买几十种甚至上百种股票，投资者购买基金就相当于用很少的资金购买了一揽子股票，某些股票下跌造成的损失可以用其他股票上涨的盈利来弥补。因此可以充分享受到组合投资、分散风险的好处。

　　基金投资人共担风险，共享收益。基金投资收益在扣除由基金承担的费用后的盈余全部归基金投资者所有，并依据各投资者所持有的基金份额比例进行分配。为基金提供服务的基金托管人、基金管理人只能按规定收取一定的托管费、管理费，并不参与基金收益的分配。

　　基金相对于股票来说，更适合时间紧张、投资知识欠缺的中小投资者。这是由基金的特点决定的。基金具有以下特点：

　　（1）专家理财是基金投资的重要特色。基金管理公司配备的投资专家，一般都具有深厚的投资分析理论功底和丰富的实践经验，用科学的方法研究各种投资产品，降低了投资的风险。

　　（2）组合投资，分散风险。基金通过汇集众多中小投资者的资金，形成雄厚的实力，可以同时分散投资于股票、债券、现金等多种金融产品，分散了对个股集中投资的风险。

　　（3）方便投资，流动性强。基金最低投资量起点要求一般较低，可以满足小额投资者的需求，投资者可根据自身财力决定对基金的投资量。基金大多有较强的变现能力，使得投资者收回投资时非常便利。

　　投资基金，最忌讳的是你用价值投资的手段分析一只基金，却用短线手法来交易。频繁的短线交易，不过是为券商带来了丰厚的手续费。短线交易、波段操作的难度其实更大于长线投资，即使运气好，也不过只能挣点蝇头小利，因为缺乏足够的定力，常常在买进几天之后就匆匆卖出，然后再去寻找另外一只基金。

　　如果想要获得10年10倍的收益，换一种思路或许也能做到，很多人在基金上交易，都希望每年能获得巨额收益，比如一年翻番甚至更多。但结果总是事与愿违，常见的结局是，在10年或者更短的时间内，你的本金已经所剩无几。如果适当降低你的目标，每年稳定获得30%的年收益，10年后也可以获得10倍的收益。

　　有一个"72法则"可以简单快速测算出你的资金翻番需要多长时间，用72除以你的预期年收益率的分子，得出的数字就是你的资金翻番需要的年数。假如你预期年收益是9%，你的资金大概在8年后翻番；假如你的预期年收益为12%，大概需要6年的时间实现翻番。所以，在基金投资上，投资者宜放长线钓大鱼。

一种高风险的投资行为——期货投资

　　金融风暴使大宗商品经历了前所未有的振幅，大宗商品价格大多拦腰抄斩，在这场空前的风暴洗礼下，期货投资上演着或喜或悲的投资故事。吴先生在期货市场泡了10多年，金融风暴这波大行情，让他的资金一下从60万元暴涨至1000万元。

　　吴先生专门从事农产品期货市场研究，也从未间断亲自操盘投资。多年进行农产品研究，让吴先生本人坚信国家会不惜一切保护农民利益。他预测，国家一定会大量收储大豆，而且会提高收购价。2008年10月，国家收储大豆150万吨，收购价高于期货价。当时市场上还有人不相信这是真的。吴先生预测国家还会收储，还会提高收储价，他给许多朋友讲，有些朋友还不相信。

吴先生从大豆每吨3000元时开始建多头仓单，之后一直看"多"。2008年12月底，国家再次收储大豆150万吨，2009年1月，国家第三次收储大豆300万吨。大豆价格一路攀升，春节过后，吴先生平仓时已经赚了1倍多。

依据同样的判断和分析，采用同样的模式，2008年12月，他从每吨2800元开始做多白糖，直到春节过后，白糖涨到每吨3100元时平仓，又赚了一把。

在风险和利润的战争中，期货令无数人悲喜不已。期货的含义是：交易双方不必在买卖发生的初期就交收实货，而是共同约定在未来的某一时候交收实货，因此中国人就称其为期货。一般指期货合约，就是指由期货交易所统一制定的、规定在将来某一特定的时间和地点交割一定数量标的物的标准化合约。这个标的物，即对期货合约所对应的现货，可以是某种商品，如铜或原油，也可以是某个金融工具，如外汇、债券，还可以是某个金融指标，如三个月同业拆借利率或股票指数。

为什么要这样呢？因为卖家判断他手中的商品在某个时候价格会达到最高，于是选择在那个时候卖出，获得最大利润。简单来说，期货的赚钱方法就是赚取买卖的差价。

期货交易的特点是投资量小，利润潜力大。期货投机者一般只要投入相当于期货合约值10%的保证金即可成交。这是因为他们可以先订买约再订卖约，也可以先订卖约再订买约，最后买约卖约两抵，投机者结清合约的义务，故没有必要拿出相当于某一合约的商品全部价值的资金。期货投资者拿出的保证金是为了在必要时抵偿买约和卖约的商品价格差额。

举个简单的例子，期货投资人小林在5月份看涨豆价，于是买进一份9月份到期，成交价为每蒲式耳6元的大豆期货合约。大豆期货合约每份5000蒲式耳，买约值30000元，但小林只需付3000元的保证金就行了。

由于他判断准确，豆价在7月初涨至每蒲式耳7.5元。小林决定解单，即卖出一份成交价为每蒲式耳7.5元9月份到期的大豆期货合约。卖约值为37500元，扣去买约值30000元，获利7500元。小林原来3000元的投资翻了一番还多。

由于期货合约有统一规格，买卖双方不必直接打交道，而是通过期货合约清算所成交，故一纸合约可以多次易手。要买时，买方和期货合约清算所订买约。要卖时，卖方与期货合约清算所订卖约。

假如投机者认为某一商品价格看跌，他可先订卖约，待到价格下跌时，再签订低价买约而牟利。如果他判断失误，商品价格非但没有下跌反而上涨，他就不得不签一高价买约而亏本。

因此，我们有必要了解一下期货套利有什么策略，在操作过程中是怎么进行套利的。

1.利用股指期货合理价格进行套利

从理论上讲，只要股指期货合约实际交易价格高于或低于股指期货合约合理价格时，进行套利交易就可以盈利。但事实上，交易是需要成本的，这导致正向套利的合理价格上移，反向套利的合理价格下移，形成一个区间，在这个区间里套利不但得不到利润，反而会导致亏损，这个区间就是无套利区间。只有当期指实际交易价格高于区间上界时，正向套利才能进行；反之，当期指实际交易价格低于区间下界时，反向套利才适宜进行。

股指期货合约的合理价格我们可以表示为：$F(t, T)=s(t)+s(t)×(r-d)×(T-t)/365$。也就是说，涨得越高正向套利盈利空间越大，跌得越低反向套利盈利空间越大或越安全。

2.利用价差进行套利

合约有效期不同的两个期货合约之间的价格差异被称为跨期价差。在任何一段时间内，理论价差的产生完全是由于两个剩余合约有效期的融资成本不同产生的。当净融资成本大于零时，期货合约的剩余有效期越长，基差值就越大，即期货价格比股指现货值高得越多。如果股指上升，两份合约的基差值就会以同样的比例增大，即价差的绝对值会变大。因此市场上存在通过卖出价差套利的机会，即卖出剩余合约有效期短的期货合约，买入剩余有效期长的期货合约。如果价格下跌，相反的推理成立。如果来自现金头寸的收入高于融资成本，期货价格将会低于股票指数值（正基差值）。如果指数上升，正基差值将会变大，那么采取相反的头寸策略将会获利。

无论商品价格上涨还是下跌，有经验的期货投机者都可以通过期货买约或卖约来牟利。期货交易是专业性强、宜由行家操作的投资。除非你已经是行家，否则切勿涉足这一高风险投资区，以免追悔莫及。由于期货买卖的损益大起大落，投资者一定要有自知之明，要量力而行。

我国共有四家期货交易所，分别是上海期货交易所、郑州商品交易所、大连商品交易所和中国金融期货交易所。前面三家主要开展商品期货交易，中国金融期货交易所主要推动金融衍生产品的开发和交易。

保值增值的宝贝——黄金投资

由于黄金具有美丽的光泽，自然稀少及优良的物理和化学性质，被各时期的人们所宠爱。在可考的人类五千年文明史中，没有任何一种物质像黄金一样，与社会演化和社会经济缔结成如此密切的关系，成为悠久的货币的载体、财富和身份的象征。因此，在人类文明史演化中，黄金具有了货币和商品两种属性，相应的，黄金的价格也由其两种属性的动态均衡确定。

在货币的本位是黄金的时期，单位黄金的价格就是其计价商品的价格，黄金是商品交换的等价物。根据世界黄金协会公布的数据，人类历史上 4000 年开采的黄金总量约为 16.1 万吨，勉强填满两个符合奥运标准的游泳池，其中半数以上是在过去 50 年中挖出来的。现在全世界可供交易的黄金大概有 7 万吨（实际流通量约为 2.5 万吨），如果用全世界 60 亿人来衡量，人均只有 12 克，黄金的稀缺性显而易见。

与其他投资方式相比，投资黄金突显其避险保值功能，投资黄金因而成为一种稳健而快捷的投资方式。为什么人们如此热衷投资黄金呢？具体而言，投资黄金有以下三大好处。

首先，投资黄金可以保值增值，抵御通货膨胀。通货膨胀意味着货币实际购买力下降，而黄金作为一种稀缺资源，其价格也会随着货币购买力的降低而迅速上涨。有这样一个例子：100 年前，1 盎司（约 31 克）黄金可以在伦敦订制 1 套上好的西装；100 年后的今天，1 盎司黄金依然可以在伦敦订制一套上好的西装，甚至更好。当个人投资者面对 CPI 上涨给自己的财富和购买力带来威胁时，当股市处在震荡期时，黄金也许是财富最好的"避风港"。

其次，黄金的产权转移十分便利，是最好的抵押品种。房产的转让需要办理复杂的过户手续，股票的转让也要交纳佣金和印花税，而黄金转让则没有任何登记制度阻碍。假如您想给子女一笔财产，送黄金不用办理任何转让手续，比送一栋房子要方便得多。

最后，可以真正达到分散投资的目的。"不把鸡蛋放在同一个篮子"，不是买一堆股票或者一堆基金就是分散投资了，最理想的分散投资应该是投资在互不相关品种上，比如储蓄、股市、房地产、黄金甚至古董等等。将黄金加入自己的投资篮子可以有效分散风险，平抑投资组合的波动性，真正起到分散投资的目的。

目前市场上的黄金品种主要有：黄金的实物交易、纸黄金交易、黄金现货保证金交易、黄金期货这四种。那么究竟哪种适合自己，还要看个人的风险偏好及对黄金市场的了解程度。具体介绍如下：

1. 黄金的实物交易

顾名思义，是以实物交割为定义的交易模式，包括金条、金币，投资人以当天金价购买金条，付款后，金条规投资人所有，由投资人自行保管；金价上涨后，投资人携带金条，到指定的收购中心卖出。

优点：黄金是身份的象征，古老传统的思想让国人对黄金有着特殊的喜好，广受个人藏金者青睐。

缺点：这种投资方式主要是大的金商或国家央行采用，作为自己的生产原料或当作国家的外汇储备。交易起来比较麻烦，存在着"易买难卖"的特性。

2. 纸黄金交易

什么叫纸黄金？说得简单一点，就相当于古代的银票！投资者在银行按当天的黄金价格购买黄金，但银行不给投资者实金，只是给投资者一张合约，投资者想卖出时，再到银行用合约兑换现金。

优点：投资较小，一般银行最低为 10 克起交易，交易单位为 1 整克，交易比较方便，省去了黄金的运输、保管、检验、鉴定等步骤。

缺点：纸黄金只可买涨，也就是说只能低买高卖，当黄金价格处于下跌状态时，投资者只能观望。投资的佣金比较高，时间比较短。

3. 黄金现货保证金交易

通俗地说，打个比方，一个 100 块钱的石头，你只要用 1 块钱的保证金就能够使用它进行交易。这样如果你有 100 块钱，就能拥有 100 个 100 块钱的石头。如果每个石头价格上涨 1 块，变成 101 块，你把它们卖出去，这样你就纯赚 100 块钱了。保证金交易，就是利用这种杠杆原理，把资金放大，可以充分利用有限资金来以小博大。

4. 期货黄金

现货黄金交易基本上是既期交易，在成交后即交割或者在数天内交割。期货黄金交易主要目的为套期保值，是现货交易的补充，成交后不立即交易，而由交易双方先签订合同，交付押金，在预定的日期再进行交割。

优点：以少量的资金就可以掌握大量的期货，并事先转嫁和约的价格，具有杠杆作用。

黄金期货风险较大，对专业知识和大势判断的能力要求较高，投资者要在入市前做足功课，不要贸然进入。

成熟的金融市场里面有"四条腿"在走路，即货币市场、资本市场、外汇市场和黄金市场。目前，我国黄金市场由于处于初期阶段，交易量和交易范围都还很小，在全国整体金融产品里面大概只占 0.2% 的份额。的确，黄金作为一种世界范围的投资工具，具有全球都可以得到报价，抗通货膨胀能力强，税率相对于股票要低得多，公正公平的金价走势，产权容易转移，易于典当等比较突出的优点。选择黄金作为投资目标，将成为越来越多富裕起来的人、越来越多深陷股市泥潭的人需要思考的问题。

风险小，但回报稳定——债券投资

17 世纪，英国政府在议会的支持下，开始发行以国家税收为还本付息保证的政府债券，由于这种债券四周镶有金边，故而也被称做"金边债券"。当然这种债券之所以被称做金边债券，还因为这种债券的信誉度很高，老百姓基本上不用担心收不回本息。后来，金边债券泛指由中央政府发行的债券，即国债。在美国，经穆迪公司、标准普尔公司等权威资信评级机构评定为"AAA"级的最高等级债券，也被称为"金边债券"。

1997 年，我国受亚洲金融危机和国内产品供大于求的影响，内需不足，经济增长放缓。我国政府适时发行了一部分建设公债，有力地拉动了经济增长。在国家面临战争等紧急状态时，通过发行公债筹措战争经费也是非常重要的手段。例如，美国在南北战争期间发行了大量的战争债券，直接促进了纽约华尔街的繁荣。

债券投资可以获取固定的利息收入，也可以在市场买卖中赚取差价，随着利率的升降，投资者如果能适时地买进卖出，就可获取较大收益。债券是政府、金融机构、工商企业等机构直接向社会借债筹措资金时，向投资者发行，并且承诺按规定利率支付利息并按约定条件偿还本金的债权债务凭证。目前，国内的债券主要包括国债、金融债券、企业债券、公司债券等数种。

在众多投资工具中，债券具有极大的吸引力。投资债券主要有以下几个方面的优势：

1. 安全性高

国债是国家为经济建设筹集资金而发行的，以国家税收为保证，安全可靠。到期按面额还本，债券利率波动的幅度、速度比较和缓，与其他理财工具如股票、外汇、黄金等比较风险最低，适合保守型的投资者。

2. 操作弹性大

对投资者来说，手中拥有债券，当利率看跌时可坐享债券价格上涨的差价；当利率上扬时，可将手上票面利率较低的债券出售，再买进最新发行、票面利率较高的债券。若利率没有变动，仍有利息收入。

3. 扩张信用的能力强

由于国债安全性高，投资者用其到银行质押贷款，其信用度远高于股票等高风险性金融资产。投资者可通过此方式，不断扩张信用，从事更大的投资。

4. 变现性高

投资者若有不时之需，可以直接进入市场进行交易，买卖自由，变现性颇高。

5. 可充作资金调度的工具

当投资者短期需要周转金时，可用附买回的方式，将债券暂时卖给交易商，取得资金。一般交易商要求的利率水准较银行低，且立即可拿到资金，不像银行的手续那么多。

6. 可作商务保证之用

投资者持有债券，必要时可充作保证金、押标金。投资者以债券当保证金，在保证期间，仍可按票面利率计算。

基于上述种种优势，许多投资者都把目光聚集到它身上，并且公认其为家庭投资理财的首选。但是，债券市场也存在着风险，虽不像股票市场那样波动频繁，但它也有自身的一些风险。

（1）违约风险。发行债券的债务人可能违背先前的约定，不按时偿还全部本息。这种风险多来自企业，由于没有实现预期的收益，拿不出足够的钱来偿还本息。

（2）利率风险。由于约定的债券票面利率不同，债券发行时通常会出现折扣或者溢价，人们在购买债券时，通常是按照债券的实际价格（折扣或者溢价）而不是债券的票面价格来出价的。有些债券可在市场上流通，所以能够选择适当时机买进卖出，获取差价。而这些债券的市场价格是不断变动着的，利率发生变动，债券的价格也会跟着发生变动。在一般情况下，利率上调，债券价格就下降，而利率下调，债券价格就上升。在有些时候，利率的变动使债券价格朝着不利的方向变动，人们卖出债券的价格比买进时的低，就会发生损失。所以在购买债券时，要考虑到未来利率水平的变化。

（3）通货膨胀风险。例如，您购买了一种三年期的债券，年利率是3%，但这三年里每年的通货膨胀率都达到5%，投资这种债券就很划不来。

除了上面这三种常见的风险外，债券还有其他一些风险，如赎回风险、流动性风险等。每种风险都有自己的特性，投资者要采取相应的防范措施。

那么，投资者如何购买债券呢？在我国的债券一级市场上，个人可以通过以下渠道认购债券：凭证式国债和面向银行柜台债券市场发行的记账式国债，在发行期间可到银行柜台认购；在交易所债券市场发行的记账式国债，可委托有资格的证券公司通过交易所交易系统直接认购，也可向指定的国债承销商直接认购；企业债券，可到发行公告中公布的营业网点认购；可转换债券，如上网定价发行，可通过证券交易所的证券交易系统上网申购。

在债券的二级市场上，个人可以进行债券的转让买卖，主要通过两种渠道：一是通过商业银行柜台进行记账式国债交易，二是通过交易所买卖记账式国债、上市企业债券和可转换债券。

真正以钱赚钱的投资——套汇投资

2005年汇改以来，人民币一直保持升势。2008年，在人民币升值预期下，国际热钱正在源源不断地流入中国，而热钱流入的主要目的是短期套汇。仅通过套汇一项，热钱就可以获得3%～5%的收益。

外汇储备2008年一季度按每个月100亿美元在增长。外资疯狂涌入中国的原因有两个：首先是利差，其次是对人民币升值的预期。因为人民币对美元升值比较快，在美国经济进一步衰退的背景下，这个预期更强烈。2008年一季度人民币兑美元汇率升值幅度达4.17%，为1994年中国外汇市场建立以来人民币升值幅度最大的一个季度。由于外界预期人民币升值的幅度和速度都比较快。因此，短期资本进来的速度也在不断增加。根据权威部门的分析，套利和套汇可让热钱收益超过至少10%。

套汇是一种外汇投资方式，是利用不同市场的对冲价格，通过买入或卖出信用工具，同时在相应市场中买入相同金额但方向相反的头寸，以便从细微价格差额中获利。利用不同的外汇市场，不同的货币种类，不同的交割时间以及一些货币汇率和利率上的差异，进行从低价一方买进，高价一方卖出，从中赚取利润的外汇买卖。

套汇一般可以分为地点套汇、时间套汇和套利三种形式。

地点套汇又分两种。第一种是直接套汇，又称为两地套汇，是利用在两个不同的外汇市场上某种货币汇率发生的差异，同时在两地市场贱买贵卖，从而赚取汇率的差额利润。第二种是间接套汇，是在三个或三个以上地方发生汇率差异时，利用同一种货币在同一时间内进行贱买贵卖，从中赚取差额利润。

时间套汇又称为调期交易，它是一种即期买卖和远期买卖相结合的交易方式，是以保值为目的的。一般是在两个资金所有人之间同时进行即期与远期两笔交易，从而避免因汇率变动而引起的风险。

套利又称利息套汇，是利用两个国家外汇市场的利率差异，把短期资金从低利率市场调到高利率的市场，从而赚取利息收入。举例来说，1美金可以买到0.7英镑，1英镑可以买到9.5法郎，而1法郎则可以买到0.16美金。一个实行这种交易方式的人可以靠着1美金而得到1.064元美金，获利率是6.4%。

近年来，套汇也成为很多中小投资者持股票基金以外的投资渠道。套汇交易具有三大特点：一是商业银行是最大的套汇业务投机者；二是套汇买卖的数额一般较大，套汇利润相应颇丰；三是套汇业务都利用电汇方式。这三个特点构成了套汇的魅力所在，令许多人趋之若鹜。

谁在影响我们从外汇投资中获利？其实在交易中有五大因素会造成我们的本金和利润的损失。要到达投资获利的目标，我们必须战胜这五大因素。

1. 外汇市场本身

外汇市场本身，是不会被任何人精确预测的。投资者将绝大多数时间和精力花在预测市场未来趋势上，是错误的，得不偿失的。对付外汇市场，投资者只需要掌握一些最基本的规律，然后跟踪市场的基本趋势就可以了。

2. 投资者本身

大多数投资者在关注投资环节时往往将自己忽略了，其实自己本身才是最重要的。因为作出交易决策、实施交易行为的是投资者本身，研究外汇市场、关心其他人士的也是投资者本身。造成盈亏结果的是投资者本身，承担盈亏结果的也是投资者本身。

3. 其他人士

在当今的信息社会里，无人可以隔离于众人之外，也就不可避免地要受到生活中其他人士的影响，这些影响有好有坏，让人难以分辨。美国有一个成功的投资者住在远离尘世的高山上，每年只交易几次同时赚到大钱。美国第二大富翁巴菲特住在奥马哈，同样远离金融中心华尔街。但能做到这样聪明又坚定的投资者毕竟还是少数。

4. 投资决策

英明的、深思熟虑的投资决策将我们的投资引向胜利的终点，但愚蠢的、冲动的投资决策则将我们的投资引向亏损和失败。在这个环节，投资决策会受到前面三大因素的影响，由投资者最终作出决定。

5. 交易行为

按常理，交易行为已经由投资决策环节决定，在此阶段只需照此执行就可以了。但事实上，实际的交易行为往往独立于投资决策，而被投资者以各种各样的理由肆意篡改。控制这一环节，要付出的努力远比之前的任何环节都多。

投资者不能忽视外汇理财产品中的汇率风险，这一点对于手持人民币的投资者们来说尤其重要。短期之内，美元的强势仍将持续一段时间，但是对于中长期内美元和其他货币的走势，则更多地要依赖于金融海啸的后续发展。现在各银行推出的外汇结构性存款有固定收益的，还有浮动收益的。对于比较保守的投资者来说，固定收益的外汇理财产品是不错的选择，收益稳定且比同期存款利率高而且风险小；浮动收益产品则适合能够承受高风险、期待高收益的投资者。同时，这类浮动收益产品结构也较固定收益产品复杂，所以需要投资者对金融市场和金融产品有所了解，对国际经济走势有一定的判断。

其次，投资者必须看清"收益率"。浮动收益产品的收益率下限很低甚至为零，但这些浮动收益产品的上限都十分高，以此来吸引投资者。但需提醒投资者的是，这类很吸引眼球的高收益率背后隐藏着很大的风险，其所谓的最佳收益率和预期收益率并不等于实际收益率。因为这些最佳收益率和预期收益率是要达到一定条件才能实现的，也就是说参照的汇率、利率、黄金价格或指数等要达到协议所规定的水平。

在产品期限的选择上，短期限的、灵活的外汇理财产品是当仁不让的选择。汇率风险进一步加大，诸多因素并非投资者可以控制和驾驭，缩短外汇理财产品的投资期限，同时注重产品中提前赎回机制的设置，是险中求生的明智选择。

第六章

理　财

你不理财，财不理你——理财

　　有一对兄弟，哥哥善于理财，成为富人，弟弟则是穷人。哥哥看弟弟很可怜，就送了弟弟一头牛，说你把牛养着，到了来年春天，我再送给你些种子，种下去，到了秋天就可以有收获。弟弟就开始悉心养牛，可是养了一段时间，觉得原来只是供自己吃，现在又要供牛吃，日子过得更加艰难了。

　　弟弟实在忍受不下去了，心想："我不如把牛卖了，买几只羊吧。先杀一只羊，犒劳自己，然后再让剩下的羊生羊羔繁殖。"于是，他就把牛牵到集市上卖了，买回几只羊，杀了一只，美美地吃了一段时间。可是过了一段时间，他又忍受不下去了，就又杀了一只羊，最后只剩一只羊了。他就把那只羊卖了，买了几只鸡，心想鸡吃得少，将来通过鸡蛋孵小鸡也不错。可是过了一段时间，他又忍不下去了，开始一只一只地杀鸡。

　　好不容易熬到了来年春天，可是只剩最后一只鸡了。他的生活也越来越艰难，实在没有办法，就把心一横，连那最后一只鸡也给杀了。哥哥来给他送种子的时候，他正在吃鸡肉、喝鸡汤。他热情地邀请哥哥入座，哥哥什么也没有说，拂袖而去。

　　后来，这个弟弟一直在贫困线上挣扎。

　　有句话叫"你不理财，财不理你"，这个故事说明理财的重要性。理财之路也并不平坦，理财需要毅力，更需要智慧。

　　理财的实质是牺牲眼前的消费以增加未来的消费，而人性的弱点是贪图眼前，总是被眼前利益所诱惑。理财是要付出成本的，理财所要付出的成本就是牺牲眼前的消费，收益则是未来消费的增加。牺牲眼前的消费是一笔小钱，到了将来却是一笔大钱。理财最简单的方法是量入为出，一个人，如果每天收入20元，却花掉21元，那将是一件非常危险的事情，相反，如果他每天收入20元，却只花掉19元，他则会有1元的节余。这个道理谁都懂，但是知道是一回事，能不能身体力行又是一回事，很多人就是在明知这个道理的情况下破产的。

　　世界上不想发大财的人是没有的，问题是如何发大财。一般来说，发大财的人都经历了一个挣小钱的过程。在挣小钱的过程中，小钱不断积累，时间久了，你就有了大钱。这不但是钱财的积累，更重要的是经验、能力、社会关系等人力资本的积累，到了一定程度，你就具备了挣大钱的素质。你开始做小生意，一天赚10块钱，生意慢慢做大了，一天就会赚几万块钱。投资家沃伦·巴菲特，他的投资生涯是从卖报纸开始的，橡胶大王王永庆也是从小作坊开始的。可是许多人，就是不想经历挣小钱的过程，整天做着发财梦，直到想白了少年头，仍是两手空空。

可能不少人会有这种感觉：一到月底就觉得手头很紧，可是回头看看，发现自己虽然花了很多钱却没有买几样有价值的东西或办几件重要的事，一年下来自己也没办成什么大事情，也没有存下钱来！这是为什么呢？原因是你没有给自己制定科学的理财规划，或者虽然制定了理财规划却没有坚持执行。

理财是一门高深的学问，太节省的人要学会花钱，太浪费的人要学会省钱。花钱，绝不是拿1元钱买价值1元的货这么简单。花了1元钱，却得到了价值1.2元甚至价值1.5元的货，这才真正叫会花钱。

小李善于持家，周围人很羡慕她。

这天，几个好朋友聚在一起，大家要小李介绍一下自己的经验。小李一点都不谦虚，说："这有什么问题？最近我刚刚发现一个既能省钱，又不影响花钱的好办法！""什么办法？"大家显得很急切，异口同声地问道。

小李说："那我就给你们举个例子吧！比如我上周在家乐福看上一条裙子，我忍住了，就把买裙子的钱省下来了。"大家不禁一片赞叹，都很钦佩她的忍功。小李又说："这周我在商场看上了一件真丝衬衫，忍住了没买，把买真丝衬衫的钱也省下来！""这是截流理财法。"旁边的一个朋友的话还没说完，小李突然间果断地说道："今天我实在忍不住了，就把不买裙子省下来的钱去买了衬衫，再用不买衬衫省下来的钱去买了裙子。"

看来，小李会持家理财，只是徒有其名。理财之路不平坦，我们不仅仅需要知难而进的精神和坚韧顽强的毅力，还需要不断地学习、探索和实践，才能让自己的财富之树茁壮成长。要想增加自己的财富，必须拥有理财的智慧。

理财并不是要等到有钱了才开始理财，其实不论你是购物还是到银行存款、购买保险，都是在理财。简单说来，理财规划包括以下这些内容：

1.证券投资规划

每个人总有一些储蓄，这些储蓄或者是留在手里以备不时之需的"活钱"，或者是为将来某项大额支出预备的"基金"，或者是积攒下来的纯粹的"余钱"。对于"活钱"，必须能够随时变现，否则一遇紧急情况就周转困难了；对于支出"基金"，需要在一定时期变现；对于纯粹的"余钱"，要求保值增值。这些钱如果全部存到银行，收益是比较低的，因此可以拿出一部分进行风险虽高但收益也高的证券投资。

2.不动产投资规划

如果你还没有房子，那么你就需要计划怎么解决住的问题。租房子划算还是买房子划算？抑或是先租后买，或者先买后出租？如果打算买房子，买房时是一次付清还是按揭贷款？按揭贷款的首付比例又是多少合适？如果你已经拥有了第一套住房，你还可以考虑再购买房子以保值增值，那么你应把资产的多大比例投资到不动产上？选择什么时机买入，又选择什么时机卖出？

3. 子女教育规划

子女的教育支出是越来越多家庭面临的大项支出，因此你必须早作打算。按照你的承受能力，子女要接受什么水平的教育？需要多少支出？在现有的支出约束下，怎样才能受到更好的教育？

4. 保险规划

风险时刻存在，你必须为自己的家庭计划好保险保障，防止一旦发生意外导致整个家庭陷入困境。拿出多少钱来购买保险？购买些什么保险？

保险实际上是一种分散风险、集中承担的社会化安排。从经济学角度看，保险是对客观存在的未来风险进行转移，把不确定损失转化为确定成本——保险费。拿意外伤害来说，我们每个人每时每刻都面临着遭受意外伤害的风险，但谁也无法确定到底会不会发生、何时发生，有时一旦发生就可能非常严重，昂贵的医疗费用甚至会使有的家庭走向崩溃的边缘。保险则由保险公司把大家组织起来，每个人缴纳保费，形成规模很大的保险基金，集中承担每个人可能发生的意外伤害损失。可见对于个人而言，保险就是在平时付出一点保费，以期在发生风险的时候获得足够补偿，不致遭受重大冲击。

保险中的可保风险仅指纯风险，就是只有发生损失的可能，而没有获利的可能。比如身体生病、财产被偷等就是纯风险。投资股票就不是纯风险，因为投资股票不仅可能亏损，也可能赚大钱。所以，保险公司是不会为股票投资上保险的。

不要向旅鼠学习——理性投资

旅鼠是一种普通、可爱的小动物，常年居住在北极，体形椭圆，四肢短小。旅鼠的繁殖能力极强，从春到秋均可繁殖，妊娠期20～22天，一胎可产9子，一年多胎。照此速度，每只母鼠可生下上千只后代。

当旅鼠的数量急剧地膨胀，达到一定的密度，例如1公顷有几百只之后，奇怪的现象就出现了：这时候，几乎所有的旅鼠都变得焦躁不安起来，它们东跑西颠，吵吵嚷嚷，且停止进食，似乎是大难临头，世界末日就要到来似的。

旅鼠的数量实在太多，渐渐形成大群，开始时似乎没有什么方向和目标，到处乱窜，就像是出发之前的忙乱一样。但是后来，不知道是谁下了命令，也不知谁带头，它们却忽然朝着同一个方向，浩浩荡荡地出发了。往往是白天休整进食，晚上摸黑前进，沿途不断有旅鼠加入，而队伍会愈来愈大，常常达数百万只，逢山过山，遇水涉水，勇往直前，前赴后继，沿着一条笔直的路线奋勇前进，绝不绕道，更不停止，一直奔到大海，仍然毫无惧色，纷纷跳下去，直到被汹涌澎湃的波涛所吞没，全军覆没为止。

巴菲特将投资者盲目随大流的行为比喻为旅鼠的成群自杀行为。他的一句话指出了投资的关键所在："你不需要成为一个火箭专家。投资并非智力游戏，一个智商 160 的人未必能击败智商为 130 的人。理性才是投资中最重要的因素。"

20 世纪 40 年代，纽约的某银行来了一位妇人，要求贷款 1 美元。经理回答，当然可以，不过需要她提供担保。

只见妇人从皮包里拿出一大堆票据说："这些是担保，一共 50 万美元。"经理看着票据说："您真的只借 1 美元吗？"妇人说："是的，但我希望允许提前还贷。"经理说："没问题。这是 1 美元，年息 6%，为期 1 年，可以提前归还。到时，我们将票据还给你。"

虽心存疑惑，但由于妇人的贷款没有违反任何规定，经理只能按照规定为妇人办了贷款手续。当妇人在贷款合同上签了字，接过 1 美元转身要走时，经理忍不住问："您担保的票据值那么多钱，为何只借 1 美元呢？即使您要借三四十万美元，我们也很乐意。"

妇人坦诚地说："是这样，我必须找个保险的地方存放这些票据。但是，租个保险箱得花不少费用，放在您这儿既安全又能随时取出，一年只要 6 美分，划算得很。"妇人的一番话让经理恍然大悟，茅塞顿开。

这位妇人不愧是理财的高手！其实，在我们身边也有些看似平凡者，却积累了非凡的财富，其秘诀就是他们善于理财，因而比旁人获得更多的成功。

让财富增值，就需要投资，有投资就有风险。风险是由市场的变化引起的，市场的变化就像一个陷阱，会将你投入的资金吞没。变化之中，有你对供需判断的失误，也有合作方给你设置的圈套。股票市场，一不小心就会被套牢；谈判桌上，一不小心，就会受制于人；市场竞争，一不小心就会被对手挤出市场。

让财富增值，就需要投资，既然有投资就会有风险。美国著名经济学家萨缪尔森是麻省理工学院的教授，有一次，他与一位同事掷硬币打赌，若出现的是他要的一面，他就赢得 1000 美元，若不是他要的那面，他就要付给那位同事 2000 美元。

这么听起来，这个打赌似乎很有利于萨缪尔森的同事。因为，倘若同事出资 1000 美元的话，就有一半的可能性赢得 2000 美元，不过也有一半的可能性输掉 1000 美元。可是其真实的预期收益却是 500 美元，也就是 50%×2000+50%×（—1000）—500。

不过，这位同事拒绝了："我不会跟你打赌，因为我认为 1000 美元的损失比 2000 美元的收益对我而言重要得多。可要是扔 100 次的话，我同意。"

对于萨缪尔森的同事来说，掷硬币打赌无疑是一项风险投资，不确定性很大，无异于赌博。任何一个理性的投资人都会拒绝的。

有人做过一个标准的掷硬币实验，结果显示，掷 10 次、100 次与 1000 次所得到正面的概率都约为 50%，不过掷 1000 次得到正面的概率要比扔 10 次更加接近 50%。重复多次这种相互独立而且互不相关的实验，同事的风险就规避了，他就能稳定地受益。当我们在投资的时候，也要像萨缪尔森的这位同事一样，要稳扎稳打，而不要抱着赌徒的心态去冒险。

因此，并不是每个人都具备投资的条件。可以说，大多数人是心有余而力不足，投资者应该具备哪些条件呢？

第一，应该审查一下家庭和个人的经济预算。如果近期等钱用的话，最好不要投资股票，哪怕是被认为的最优股也不宜购买。因为股票即使从长期来看是好的，但两三年内股价是升是降还很难说。只有在不等钱用的时候，或者即使损失了本钱，生活也不至于受影响的时候，才能投资。所以，投资者应有充分的银行存款足以维持一年半载的生活以及临时急用。除了购买公债没有风险外，其他投资都有风险。

第二，不应在负债的情况下投资。应将债务先偿清，或在自己还贷能力绰绰有余时再投资。因为投资的收益没有100%保障，所以投资者不宜借贷投资。

第三，在投资前应有适当的保险，如人寿保险、医疗保险、住宅保险等。

第四，投资应从小额开始，循序渐进。投资过多是大多数投资者失败的原因之一。不把所有的鸡蛋放到一个篮子里，分散投资，使投资多元化，也是规避风险的重要手段之一。

如果没有一定的心理素质和辨别能力，随时都有可能跌入陷阱，你必须眼观六路，耳听八方。你要不断地提升你自己，才能应对突如其来的变化，才能避开风险，走上坦途。

投资组合就是由投资人或金融机构所持有的股票、债券、衍生金融产品等组成的集合，它的目的在于分散投资风险。投资者选择适合自己的投资组合，进行理性投资，以不影响个人的正常生活为前提，把实现资本保值、增值、提升个人的生活质量作为投资的最终目的。因此，个人投资首先必须使财产、人生有一定保障，无论采取什么样的投资组合模式，无论比例大小，储蓄和保险都应该是个人投资中不可或缺的组成部分。

不做投资的大傻瓜——"最大笨蛋理论"

1908～1914年间，经济学家凯恩斯拼命赚钱。他什么课都讲，经济学原理、货币理论、证券投资等。凯恩斯获得的评价是"一架按小时出售经济学的机器"。

凯恩斯之所以如此玩命，是为了日后能自由并专心地从事学术研究而免受金钱的困扰。然而，仅靠讲课又能积攒几个钱呢？

终于，凯恩斯开始醒悟了。1919年8月，凯恩斯借了几千英镑进行远期外汇投机。4个月后，净赚1万多英镑，这相当于他讲10年课的收入。

投机生意赚钱容易，赔钱也容易。投机者往往有这样的经历：开始那一跳往往有惊无险，钱就这样莫名其妙进了自己的腰包，飘飘然之际又倏忽掉进了万丈深渊。

又过了 3 个月，凯恩斯把赚到的利和借来的本金亏了个精光。投机与赌博一样，往往有这样的心理：一定要把输掉的再赢回来。半年之后，凯恩斯又涉足棉花期货交易，狂赌一通大获成功，从此一发不可收拾，几乎把期货品种做了个遍。他还嫌不够刺激，又去炒股票。到 1937 年凯恩斯因病金盆洗手之际，他已经积攒起一生享用不完的巨额财富。与一般赌徒不同，他给后人留下了极富解释力的"赔经"——更大笨蛋理论。

什么是"更大笨蛋理论"呢？凯恩斯曾举例说：从 100 张照片中选择你认为最漂亮的脸蛋，选中有奖，当然最终是由最高票数来决定哪张脸蛋最漂亮。你应该怎样投票呢？正确的做法不是选自己真的认为最漂亮的那张脸蛋，而是猜多数人会选谁就投她一票，哪怕她丑得不堪入目。

投机行为建立在对大众心理的猜测之上。炒房地产也是这个道理。比如说，你不知道某套房的真实价值，但为什么你会以 5 万元每平方米的价格去买呢？因为你预期有人会花更高的价钱从你那儿把它买走。

凯恩斯的更大笨蛋理论，又叫博傻理论：你之所以完全不管某个东西的真实价值，即使它一文不值，你也愿意花高价买下，是因为你预期有一个更大的笨蛋，会花更高的价格，从你那儿把它买走。投机行为关键是判断有无比自己更大的笨蛋，只要自己不是最大的笨蛋，就是赢多赢少的问题。如果再也找不到愿出更高价格的更大笨蛋把它从你那儿买走，那你就是最大的笨蛋。可以这样说，任何一个投机者信奉的无非就是"最大笨蛋理论"。

对中外历史上不断上演的投机狂潮最有解释力的就是最大笨蛋理论：

1593 年，一位维也纳的植物学教授到荷兰的莱顿任教，他带去了在土耳其栽培的一种荷兰人此前没有见过的植物——郁金香。没想到荷兰人对它如痴如醉，于是教授认定可以大赚一笔，他的售价高到令荷兰人只有去偷。一天深夜，一个窃贼破门而入，偷走了教授带来的全部郁金香球茎，并以比教授的售价低得多的价格很快把球茎卖光了。

就这样郁金香被种在了千家万户荷兰人的花园里。后来，郁金香受到花叶病的侵袭，病毒使花瓣生出一些反衬的彩色条或"火焰"。富有戏剧性的是病郁金香成了珍品，以至于一个郁金香球茎越古怪价格越高。于是有人开始囤积病郁金香，又有更多的人出高价从囤积者那儿买入并以更高的价格卖出。1638 年，最大的笨蛋出现了，持续了五年之久的郁金香狂热悲惨落幕，球茎价格跌到了一只洋葱头的售价。

始于 1720 年的英国股票投机狂潮有这样一个插曲：一个无名氏创建了一家莫须有的公司。自始至终无人知道这是什么公司，但认购时近千名投资者争先恐后把大门挤倒。没有多少人相信它真正获利丰厚，而是预期更大的笨蛋会出现，价格会上涨，自己要赚钱。饶有意味的是，牛顿参与了这场投机，并且不幸成了最大的笨蛋。他因此感叹："我能计算出天体运行，但人们的疯狂实在难以估计。"

投资者的目的不是犯错，而是期待一个更大的笨蛋来替代自己，并且从中得到好处。没有人想当最大笨蛋，但是不懂如何投机的投资者，往往就成为了最大笨蛋。那么，如何才能使自己在投资和投机时避免做最大的笨蛋呢？其实，只要猜对了大众的想法，也就赢得了投机。

所以，要想知道自己会不会成为最大的笨蛋，除了需要深入地认识自己外，还需要具有对别人心理的准确猜测和判断能力。

只要有钱在手，就要拿它消费，不要害怕风险。在投资时不要有任何顾虑，也许你的钱投进去了，你就赚了，但你要是总在犹豫里徘徊，把钱攥得紧紧的，那你将永远赚不到钱。只有你把钱投进去了，才可能会有更大的笨蛋出现，要是你不投钱的话，那么发财的机会就永远是别人的，你就是最大的傻瓜了。

如何才能惬意地生活——理财与财务自由

美国第一理财大师苏茜·欧曼被誉为"全球最出色，最富有激情，也是最美丽的个人理财师"，也可能是身价最高的理财师——和她共进晚餐的费用是1万美元。尽管如此，人们依然趋之若鹜，因为从她那里获得的理财建议，带给你的财富可能远远不止1万美元。她被《今日美国》杂志称作是"个人理财的发电站"。

她原本只是一个平凡的女子，但对财富的追求改变了她的一生，也改变了很多人。这位美国个人理财权威曾经现身上海，接受了《钱周刊》的专访，对于什么是财务自由，苏茜给出了她自己的答案：

财务自由不是拥有百万、千万美元，而是感觉到自由，了解你自己和你自己所拥有的，知道即使明天因为生病或是公司裁员你丢了工作，你也不会有大麻烦，仍旧可以舒适地生活一段时间，不必发愁立即找工作。等你年老退休时，也许你的生活不算豪华奢侈，但你可以生活得很舒适，不会欠账。偶尔出去旅行，能自给自足。等你去世的时候，你留给家庭的财富会超过你原本拥有的。

想达到这种财务自由，其实首先要做的就是树立理财的意识。必须使已有的钱既保值又增值，选择恰当的理财方式。现在适合个人投资理财的方式有很多种：储蓄、股票、保险、收藏、外汇、房地产等，面对如此多的理财方式，最关键的问题是要选择适合自己的理财方式。

1. 职业

有的人认为个人投资理财首先需要投入大量的时间，即如何将有限的生命进行合理的分配，以实现比较高的回报。你所从事的职业决定了你能够用于理财的时间和精力，而且在一定程度上也决定你理财的信息来源是否及时充分，由此也就决定了你的理财方式的取舍。例如，如果你的职业要求你经常奔波来往于各地，甚至很少有时间能踏实地看一回报纸或电视，显然你选择涉足股市是不合适的，尽管所有的证券公司都能提供电话委托等快捷方便的服务，你所从事的职业也必然会影响到你的投资组合。

2. 收入

投资理财，首先要有一定的经济基础。对于一般普通家庭而言就是工资收入。你的收入多少决定了你的理财力度，那些超过自身财力，"空手道"式的理财方式不是一般人能行的。所以很多理财专家常告诫人们说将收入的 1/3 用于储蓄，剩余 1/3 用于投资生财。按此算来，你的收入就决定了这最后 1/3 的数量，并进而决定了你的理财选择。比如，同样是选择收藏作为理财的主要方式，但资金太少而选择收藏古玩无疑会困难重重。相反，如果以较少的资金选择投资不大、但升值潜力可观的邮票、纪念币等作为收藏对象，不仅对当前的生活不会产生影响，而且还会获得相当的收益。

3. 年龄

年龄代表着阅历，是一种无形的资产。一个人在不同的年龄阶段需要承担的责任不同，需求不同，抱负不同，承受能力也不同，所以不同年龄阶段有不同的理财方式。对于现代人而言，知识是生存和发展的基础，在人生的每一个阶段都必须考虑将一部分资金投资于教育，以获得自身更大的发展。当然，年龄相对较大的人在这方面的投资可以少些。因为年轻人未来的路还很长，偶尔的一两次失败也不用怕，还有许多机会重来，而老年人由于生理和心理方面的原因，相对而言承受风险的能力要小一些。因此，年轻人应选择风险较大、收益也较高的投资理财组合，而老年人一般应以安全性较大、收益比较稳定的投资理财组合为佳。

4. 性格

性格决定个人的兴趣爱好以及知识面，也决定其是保守型的，还是开朗型的；是稳健型的，还是冒险型的，进而决定其适合哪种理财方式。个人理财的方式有很多种，各有其优缺点。比如，储蓄是一种传统的重要的理财方式，而国债是众多理财方式中最为稳妥的。股票的魅力在于收益大、风险也大，房地产的保值性及增值性是最为诱人的，至于保险则以将来受益而吸引人们，等等。每一种投资理财方式都不可能让所有人在各个方面都得到满足，只能根据个人的性格决定。如果你是属于冒险型的，而且心理素质不错，能够做到不以股市的涨落喜忧，那么，你就可以将一部分资金投资于股票。相反，如果你自认为属于稳健型的，那么，储蓄、国债、保险以及收藏也许是你的最佳选择。

不把鸡蛋放在一个篮子里——组合投资

组合投资有三句箴言："不要把所有的鸡蛋放在同一个篮子里"，意味着要分散风险；"不要一个篮子里只放一个鸡蛋"，即组合投资并不意味着把钱过度分散，过度分散反而会降低投资收益；"把鸡蛋放在不同类型的篮子里"，不同类型的篮子是指相关系数低的投资产品，例如股票基金与债券基金各买一些，这样的组合才能发挥组合投资的优势。

"股神"巴菲特在为他的恩师，同时也是其上一代最成功的投资大师本杰明·格雷厄姆的巨著《聪明的投资者》所作的序言中写道："要终生投资成功，不需要超高的智商、罕见的商业眼光或内线消息，需要的是作决定的健全心态构架、避免情绪侵蚀这种架构的能力。"在书中格雷厄姆也给投资者这样的忠告，即投资者应合理规划手中的投资组合。比如说50%的资金应保证25%的债券或与债券等值的投资和25%的股票投资，另外50%的资金可视股票和债券的价格变化而灵活分配其比重。当股票的盈利率高于债券时，投资者可多购买一些股票；当股票的盈利率低于债券时，投资者则应多购买债券。当然，格雷厄姆也特别提醒投资者，上述规则只有在股市牛市时才有效。一旦股市陷入熊市时，投资者必须当机立断卖掉手中所持的大部分股票和债券，而仅保持25%的股票或债券。这25%的股票和债券是为了以后股市发生转向时所预留的准备。

美国经济学家马科维茨1952年首次提出投资组合理论，并进行了系统、深入和卓有成效的研究。该理论包含两个重要内容：均值—方差分析方法和投资组合有效边界模型。马科维茨的真知灼见是风险为整个投资过程的重心，一项投资计划若没有风险，困难将不存在，但利润亦相应低微。风险意味着可能发生的事较预期发生的更多！我们并不期待居住的楼宇发生火灾，但火灾可能发生，为了避免这种可能损失，只有买保险；同理，我们不希望所持的股票跌价，然而它可能下跌，因此我们不把所有资金购买一种股票，即使它看起来前景那么美好。马科维茨用资本资产定价模型来解答投资者如何在风险和收益之间做出取舍，即如何建立一个风险和报酬均衡的投资组合。所谓理性投资者，是指投资者能在给定期望风险水平下对期望收益进行最大化，或者在给定期望收益水平下对期望风险进行最小化。

人们进行投资，本质上是在不确定性的收益和风险中进行选择。投资组合理论用均值—方差来刻画这两个关键因素。所谓均值，是指投资组合的期望收益率，它是单只证券的期望收益率的加权平均，权重为相应的投资比例。用均值来衡量投资组合的一般收益率。所谓方差，是指投资组合的收益率的方差。我们把收益率的标准差称为波动率，它刻画了投资组合的风险。

提供最高回报率的有效投资组合的投资基金在20世纪70年代风起云涌，如雨后春笋般纷纷成立，带热了华尔街甚至全球的金融业，令基金市场成为以万亿美元计的大生意。这是建立在马科维茨投资组合理论之上的。而马科维茨也因此获得了1990年诺贝尔经济学奖。

由于投资者类型和投资目标不同，我们合理选择投资组合时可以选择下面三种基本模式：

1. 冒险速进型投资组合

这一投资组合模式适用于那些收入颇丰、资金实力雄厚、没有后顾之忧的个人投资者。其特点是风险和收益水平都很高，投机的成分比较重。

这种组合模式呈现出一个倒金字塔形结构，各种投资在资金比例分配上大约为：

储蓄、外汇、房地产等投资为 50% 左右。

投资者要慎重采用这种模式，在作出投资决定之前，首先要正确估计出自己承受风险的能力（无论是经济能力，还是心理承受能力）。对于高薪阶层来说，家庭财富比较殷实，每月收入远远高于支出。那么，将手中的闲散资金用于进行高风险、高收益组合投资，更能见效。由于这类投资者收入较高，即使偶有损失，也容易弥补。

2. 稳中求进型投资组合

这一类投资组合模式适用于中等以上收入、有较大风险承受能力、不满足于只是获取平均收益的投资者，他们与保守安全型投资者相比，更希望个人财富能迅速增长。

这种投资组合模式呈现出一种锤形组织结构。各种投资的资金分配比例大约为：储蓄、保险投资为 40% 左右，债券投资为 20% 左右，基金、股票为 20% 左右，其他投资为 20% 左右。

这一投资模式适合以下两个年龄段的人群：从结婚到 35 岁期间，这个年龄段的人精力充沛，收入增长快，即使跌到了，也容易爬起来，很适合采用这种投资组合模式；45~50 岁之间，这个年龄阶段的人，孩子成年了，家庭负担减轻且家庭略有储蓄，也可以采用这种模式。

3. 保守安全型投资组合

这一类投资组合模式适用于收入不高，追求资金安全的投资者。

保守安全型投资组合市场风险较低，投资收益十分稳定。

保守安全型的投资组合模式呈现出一个正金字塔形结构。各种投资的资金分配比例关系大约为：储蓄、保险投资为 70%（储蓄占 60%，保险 10%）左右，债券投资为 20% 左右，其他投资为 10% 左右。保险和储蓄这两种收益平稳风险极小的投资工具构成了稳固、坚实的塔基，即使其他方面的投资失败，也不会危及个人的正常生活，而且不能收回本金的可能性较小。

会挣钱更要会省钱——新节俭主义

供职于北京某知名电台的方小姐是名高级翻译，今年刚满26岁，每年都有19万元的不菲收入。可是在她的身上，你几乎找不到任何名牌的痕迹，即使是她钟爱的名牌也是要赶到打折才买的。每天她都要去农贸市场，因为那里的蔬菜和水果会比超市里的便宜将近1/3。

王先生是北京一家世界五百强企业的中方首席执行官，他每月都有不低于3万元进账。然而，王先生有着非常独特的消费方式：首先，他排斥名车豪宅，每逢礼拜六，他都会带着女儿前往附近的大型超市采购食品和生活用品，图个便宜，并尤其关注当天的特价优惠。不光如此，王先生还是一个砍价高手，他最辉煌的"战绩"是在果品批发市场将一箱脐橙以底价拿下。

有些人非常富有，但我们从他们的身上很难发现被奢侈品包装的痕迹，相反，他们在"物有所值"的消费过程上所花的时间和心思，可能比你我还多。关键在于，他们的"吝啬"不是泼留希金式的盲目守财，而是尽量节俭不必要开支，然后尽情为"爱做的事"埋单。其实，他们秉承的是时下在欧美发达国家的富人中非常流行的一种生活方式——"新吝啬主义"。

"新吝啬主义"又称为"新节俭主义"，它的诞生象征着一个全新消费时代的来临。因为这群人一切以"需要"为目的购买，绝不盲目追逐品牌和附庸风雅。作为一种成熟的消费观念，其诞生是人们的消费观发展的必然结果。在商品匮乏年代，人们总认为"贵就是好"，"钱是衡量一切的标准"，但随着商品经济的不断发展，一部分人开始觉醒并有意识地寻找自己真正需要的东西，在这个过程中，消费观念不断与现实生活进行碰撞磨合，最终真正走向了成熟。

财富在于使用，而不是在于拥有。现代创富理念是会赚钱更需会花钱。会花钱是一门学问和艺术，会花钱不同于吝啬，更不同于铺张，会花钱，花上一万元是正当；不会花钱，花上一分钱也是浪费。会花钱犹如把好钢用在刀刃上，会花钱能得到效益和回报，能为赚更多的钱开道。

对每个人而言，要在消费上理财，做到智慧消费必须制订一份财务计划。

制订财务计划的方法有许多种，但首先你得做至少 3 个月的日常费用计划表，否则无论用哪种方法，你的财务计划都不会符合实际。由此看来，你对资金流向要有整体的了解，必须有足够长的时间。你还必须弄清在哪些方面可以节省开支，比如你在工作午餐上花的钱并不少，可你并没有意识到：一顿午餐花 20 元，对白领单身贵族来说也许算不了什么，但是如果你把 1 个月的午餐花费加起来，再乘以 1 年 12 个月，差不多就是 5000 块钱。再比如，每天抽 1 盒香烟，按 6 元钱 1 盒计算，全年的费用加起来就是 2000 多块钱。为了实现更大的目标，该放弃什么，选择什么，每个人都应该做到心里有数。

做好消费计划是门学问，细到不能再细才好，包括购物时机和地点，再配合时间性或季节性，就会省下不少开销。比如，你可以把每一段时间需要的东西列一个清单，然后一次性购买，不仅省时，而且利于理性消费。要尽量减少去商场的次数，因为货架上琳琅满目的商品很容易让你的购买欲一发不可收拾，结果便是无限量超支。

有了家庭后居家过日子也一样，若心无计划，有一分花两分，任着性子来，恐怕未到发薪之日，便已捉襟见肘，苦不堪言了。认真做好家庭预算，也是一条理财良策。

那么，家庭预算如何做呢？建议采用此方法之前，最好先有过一段时间的理财体验，知晓家庭日常支出的大体流向，这样会使预算目的清晰，一目了然。

当你拿到本月的工资时，先不急于花掉，将家庭开支分类开列出来，通常的分类是：生活必需品开支、灵活性开支、兴趣开支、投资开支。此类别划分可根据自己的实际情况而定，如喜好结交者可拿出适当现金建立友谊基金，用于朋友间的礼尚往来，喜好打扮的可设"美丽"开支。

在开支类别明确后，可根据主次区别对待，按比例合理安排，由各家的实际状况决定，如：租房者，每月的租金固定扣除，则租房开支为 A 级（必需）；平日生活，必需品开支，也为 A 级；而灵活性开支，一般解决医疗、游玩、服装、交友等突发性事件的开支，则可定为 B 级（次必需）；兴趣开支等可定为 C 级（非必需）。在具体分配时，按市价扣除必需品开支或其他可明确的开支，其余则设定可承受数额，然后，按类别放入几个纸袋中，用时从中支取。另外，若家庭欲投资于住房或其他项目时，可先将投资开支于月初存入银行，最好存定期。若到月末，有的开支袋尚有余额可将其存一个活期，积累两三个月，可拿此款添置换季衣物，或其他大件必需品，也可提取一部分继续存入定期。

总之，有了财务计划，可以大大减少消费的盲目性，会使日子过得张弛有度。

事先做好计划是智慧消费的关键。没有计划，你就会像一艘漂于大海上的无帆之船，不知将漂向何方。只有有了事先的计划，你才能驶向财务自由的海岸。

选择合适的理财计划——理财规划

每个人都需要独立面对和处理居住、教育、医疗、养老和保险等问题，因此每个人都需要承担起理财的责任，做到"我的钱财我做主"。理财不是简单地储蓄和节省，更需要合理地投资。事实上，理财是一门高深的学问，要求情况各不相同的人采用相同的理财规划，理财之路必定不平坦。

每个人的风险承受能力同其个体情况有关系，我们应当依据自己的收入水平制定最优的投资策略。以下我们以三种收入水平为例，做一个简单的理财规划解析。

1. 月收入 5000 元如何进行理财规划

张女士今年 29 岁，她和丈夫白先生在同一家大型企业工作，两人每月收入为5000 元。结婚 3 年，两人有了 10 万元的积蓄。虽然在所居住的城市，两个人的收入已经比较不错，但是考虑到将来购房、子女教育、赡养父母等家庭开支压力较大，张女士担心家庭收入不能有效利用、科学管理。

从张女士夫妇目前的家庭状况来看，虽然目前他们的家庭收入不错，但是缺乏必要的保障。此外，两人的理财观念比较传统，承受风险能力较差，家庭理财要求绝对稳健，属于求稳型的理财家庭。所以，求稳的理财方式对于他们比较合适。

因此，建议张女士按照储蓄占 40%、国债占 30%、银行理财产品占 20%、保险10% 的投资组合进行投资。在对家庭理财比例分配中，储蓄占的比重最大，这是支持家庭资产的稳妥增值；国债和银行理财产品放在中间，收益较高，也很稳妥；保险的比率虽然只有 10%，但所起的保障作用非同小可。

2. 月收入 3000 元如何进行理财规划

小秦大学毕业两年，现在一家事业单位上班，工作稳定，目前单身，月收入3000 元，没有房贷、车贷。单位提供三险一金，自己还购买了商业保险。每月剩余工资 2000 元，有存款 10000 元。小秦希望把每个月的剩余资金用于投资，想做一些风险小的投资，收益比银行存款收益高一些就可以。

小秦处于理财人生的初级阶段，但职业生涯进入了稳定发展阶段，因此理财前景广阔。具体从理财规划上来说，工作单位为小秦提供了三险一金，并且小秦本人又购买了商业性保险，正可谓是双保险，因此不用再增加任何保险产品；虽然小秦既无房贷又无车贷压力，但小秦剩余的资金却并不是很高。根据当前的物价水平，小秦的生活消费就不能追求高消费了。小秦没有理财经验，要求投资风险较小、收益率要高于银行存款的金融理财产品，建议小秦必须在专业理财师的指导下选择管理时间较久的股票型基金。

但要注意两点：其一，很多人只顾着"钱生钱"，而不记得规避风险。投资是一个长期的财富积累，它不仅包括财富的升值，还包括风险的规避。其二，在建立自己的投资账户时，年轻人由于手头资金量不大，精力有限，与其亲自操作，不如通过一些基金、万能险、投连险等综合性的投资平台。采用"委托投资"的方式，这样不仅可在股票、基金、国债等大投资渠道中进行组合，还可省掉一笔手续费。

3. 月收入 2000 元如何进行理财规划

白明大学毕业后选择了留在省城，一来对这座生活了四年的城市有了感情，二来也希望在省城能有更多的发展机会。目前白明的月收入在 2000 元左右徘徊，因为初涉职场，也没有其他的奖金分红。白明希望利用有限的薪水理财，科学规划自己的生活。

如果你是单身一人，月收入在 2000 元，如何来支配这些钱呢？不妨借鉴下面的做法：

（1）生活费占收入的 30% ~ 40%

生活费用是最基本的费用。在投资前，你要拿出每个月必须支付的费用，如房租、水电、通讯费、柴米油盐等，这部分约占收入的 1/3。这部分费用是你生活中不可或缺的部分，满足你最基本的物质需求。所以无论如何，这部分钱，请你先从收入中抽出。

（2）储蓄占收入的 10% ~ 20%

自己用来储蓄的部分，约占收入的 10% ~ 20%。很多人每次也都会在月初存钱，但是到了月底的时候，往往就变成了泡沫，存进去的大部分又取出来了，而且是不知不觉的，好像凭空消失了一样，总是在自己喜欢的衣饰、杂志、娱乐或朋友聚会上不加以节制。

其实，我们应该时刻提醒自己，自己的存储能保证至少 3 个月的基本生活。要知道，现在很多公司动辄减薪裁员，如果你一点储蓄都没有，一旦工作发生了变动，你就会非常被动。而且这 3 个月的收入可以成为你的"定心丸"，工作实在干得不开心了，你可以潇洒地对老板说声"拜拜"。所以，无论如何，请为自己留条退路。

（3）活动资金占收入的 30% ~ 40%

剩下的这部分钱，约占收入的 1/3。可以根据自己当时的生活目标，有所侧重地花在不同的地方。这样花起来心里有数，不会一下子把钱都花完。

除去吃、穿、住、行以及其他的消费外，再怎么节省，估计你现在的状况，一年也只有 10000 元的积蓄。如何让钱生钱是大家想得最多的事情，然而，收入有限，很多想法都不容易实现，建议处于这个阶段的朋友，最重要的是开源。节流只是我们生活、工作的一部分，最重要的是怎样财源滚滚、开源有道。为了实现一个新目标，你必须不断进步以求发展，这才是真正的生财之道。

当然，以上所截取的只是三种不同收入水平的人的理财规划建议。实际上，即使收入相同，但是城市不同、家庭情况不同、个人消费性格不同等其他因素的相异，其理财规划也必定是各不相同的。我们每个人应该根据自己的情况，灵活选择自己的理财规划。最重要的是，不同收入层次的人，都应该制定适合自己的理财规划。

保 险

第七章

风险社会下的明智选择——保险

约公元前 1000 年的地中海是东西方贸易的重要交通要道。有一次，海上电闪雷鸣、风雨交加，一支商船船队满载贸易货物在波涛汹涌的大海上时沉时浮。眼看狂风巨浪越来越猛烈，商船时刻都有倾覆沉没的危险。船队队长当机立断，命令全部商船向大海中抛弃货物！各船船舱中最靠近甲板的货物被扔进大海，船只重量变轻了，终于躲过一劫。风暴过后，各商船清点损失的货物，有的货主损失得多，有的则损失得少，为了公平起见，最终所有损失由所有货主共同分担。这种"人人为我，我为人人"的共同承担风险损失的办法，就是近代保险的萌芽。

保险就是投保人根据合同约定，向保险人支付保险费，保险人对合同约定的可能发生的事故发生而造成的财产损失承担赔偿责任，或者当被保险人死亡、伤残或达到合同约定年龄、期限时承担给付保险金责任的商业行为。

值得注意的是，保险中的可保风险仅指"纯风险"。纯风险的意思是说只有发生损失的可能，而没有获利的可能。比如财产被盗、身体得病等风险就是一种纯风险，只会遭受损失而不可能获利。投资股票亏损就不是纯风险，因为投资股票可能会赚大钱。所以，保险公司一般不为股票上保险。具体来说，可保风险必须具备以下条件：

（1）损失程度高。如果潜在损失不大，微不足道或者人们完全可以承受，这类风险根本不用采取"保险"。比如您根本不会因为担心遗失一个苹果而专门买保险。

（2）损失发生的概率小。如果损失发生的概率本身就很高，对这样的风险投保意味着昂贵的保费，也就谈不上转移、分散风险了。比如，某地区新自行车失窃率高达 40%，如果对新自行车投保，您需要支付 40% 的纯保费，外加保险公司为弥补营业开支而收取的保费（比如 10%），那么总保费就达到了车价的一半！显然投这样的险很不划算。

（3）损失有确定的概率分布。保险公司在确定收取保险费时，需要明确这种风险发生的可能性有多大，发生后造成的损失有多大，然后才能据此计算应交纳的保费。因此，保险公司必须掌握风险损失发生的概率分布，还要根据外部环境的变化及时调整这些数据。

（4）存在大量具有同质风险的保险标的。任何一个险种，保险标的数量必须足够大，否则就起不到分散、转移风险的作用。另外，根据"大数定律"，没保的人越多，保险标的越多，风险发生的概率和损失程度越稳定，这显然更有利于保险公司测算风险，保证稳定经营。

（5）损失发生必须是意外的。如果故意为之，保险公司将不予赔付。

（6）损失必须可以确定和测量。损失一旦发生，保险公司需要明确损失价值并给予赔偿，若不能确定和测量，就无法进行保险。

可保风险与不可保风险的区别并不是绝对的。比如在过去，战争、地震、洪水等巨灾风险一旦发生，保险标的会普遍受损，而且损失相差很大。由于保险公司财力不足、保险技术落后及再保险市场规模较小，这类风险一般不列为可保风险。但是近年来随着保险公司实力日渐雄厚，加上再保险市场规模扩大，这类巨灾险也被某些保险公司列入保险责任范围之内。

保险实际上是一种分散风险、集中承担的社会化安排。对于整个社会经济而言，保险能够起到维持经济发展的连续性的重要作用。在遇到重大灾害性事件时，巨大损失会严重冲击社会经济的稳定发展，甚至使社会经济发展的链条发生断裂，而保险则能够起到缓冲和补救作用，帮助社会渡过难关。2001 年 9 月 11 日，美国遭遇严重的恐怖袭击，世贸大楼被撞塌，数千精英殒命，损失巨大。但由于完善的保险体系，全球保险业为此偿付保险金达数百亿美元之巨，美国经济也因此没有出现剧烈动荡。

我们常说保险就像蓄水池，每个人拿出一点保费，保险公司把这些资金集中起来可以弥补少数不幸者所遭受的损失。显然，如果参与这个蓄水池机制的人越多，蓄水池的作用发挥就会越稳定。

保险应遵循一定的原则——保险原则

保险必须遵循一定的原则，具体来说，主要包括如下几个方面：

1. 最大诚信原则

1996 年，45 岁的老龚患胃癌并住院治疗，为了不让老龚情绪波动太大，老龚的家属没告诉他真相。老龚手术出院后，继续正常工作。8 月，老龚在某保险业务员的劝说下投了一份人身保险，但填写保单时并没有申报自己患有癌症的事实。1997年 5 月，老龚旧病复发，医治无效身亡。老龚家属要求保险公司赔付，而保险公司审查事实后却拒绝给付，这是为什么呢？

原来，保险这桩买卖最讲究的就是"最大诚信原则"。怎么算是最大诚信呢？最大诚信是要求当事人必须向对方充分而准确地告知有关保险的所有重要事实，不允许存在任何的虚伪、欺骗和隐瞒行为。如果一方隐瞒了重要事实，另一方有理由宣布合同无效或者不履行合同约定的义务或责任。

之所以要规定"最大诚信原则"，是因为如果投保人不履行最大诚信原则，对保险公司来说将会产生很大的道德风险！人们买保险的时候都故意隐瞒一些重要事实，而这些事实可能增大保险标的发生损失的可能性，长此以往，保险公司就无法经营下去。

最大诚信原则不光保护保险公司的利益，对于投保人或被保险人义务来说也有好处。因为保险合同很复杂，专业性很强，而且所有的条款都是保险人制定的，老百姓对保险合同中的有些问题不容易理解和掌握。比如，保险费率是不是过高、承保条件是不是过于苛刻等，如果保险公司不遵守最大诚信原则，您恐怕很容易上当受骗！

所以说，保险当事人都要遵守最大诚信的原则，保险这桩买卖才能公平合理。

2. 保险利益原则

小张（男）和小王（女）大学时就是一对恋人，毕业后虽然在不同城市工作。但仍不改初衷，鸿雁传情。小王生日快到了，约好到小张那里相聚。小张想给她个惊喜，就悄悄买了份保单，准备生日那天送给小王。谁知在小王赶往小张所在城市的路上，遭遇车祸身亡。小张悲痛之余想起手里的保单，不料保险公司核查后却拒绝支付保险金。

这就涉及保险利益原则。简单地说，就是您不能给予您"毫不相干"的财产或者他人买保险。"毫不相干"在这里当然不是说丝毫没有关系，而是说没有法律上承认的利益关系。这里的保险利益要满足三个条件：第一，保险利益必须是合法的利益，为法律认可，受法律保护；第二，保险利益必须是客观存在的、确定的利益，不能是预期的利益；第三，保险利益必须是经济利益，这种利益可以用货币来计量。

为什么要讲究保险利益原则呢？试想，假如我们抛弃这个原则，任何人都可以随随便便给您上人身保险，同时指明受益人是他自己，那么您会不会觉得害怕？所以说，如果抛弃保险利益原则，就会产生极大的道德风险。

我国法律对人身保险的保险利益人范围作出了规定："投保人对下列人员具有保险利益：本人；配偶、子女、父母；前项以外与投保人有抚养、赡养或者扶养关系的家庭成员、近亲属。除前款规定外，被保险人同意投保人为其订立合同的，视为投保人对被保险人具有保险利益。"

在上面的案例中，小张和小王虽然是恋爱关系，但并不是法律认可的保险利益，而且小张在小王不知情的情况下为其买保险，所以，不能认定小张对小王有保险利益，保险公司是可以宣布合同无效的。假如小张在买保险之前征得了小王的同意，情况就完全不同了，根据上述第三款规定，保险公司就应按照约定支付保险金。

3. 近因原则

老李开了个杂货铺，还为自己的杂货铺和杂货铺里的货物买了财产保险。店铺保险金额 15 万元，店内货物保险金额 5 万元。一天杂货铺因电线老化失火，老李在无法将大火扑灭的情况下，奋力把店里的杂货搬了出来。孰料街上的人一哄而起，把货物抢了个精光。事故发生后，老李向保险公司提出索赔。保险公司经审查后确认，老李店铺完全烧毁，店内烧毁货物约 1 万元，抢救出来被哄抢的货物 2 万元。

于是保险公司只答应赔付店铺损失和店内被烧毁的货物损失，共计16万元，而对于被哄抢的货物则拒绝赔付，理由是货物不是被火烧毁的。双方争执不下，诉至法院，结果法院判决保险公司败诉。保险公司应向老李赔偿全部损失18万元。

造成保险事故的原因通常很多，有主要的也有次要的，有直接的也有间接的。近因就是引起保险事故或者保险标的损失的具有决定性作用的因素。近因原则的意思是说造成保险事故和保险标的损失的。近因如果属于保险责任，保险公司就得赔偿；如果近因不属于保险责任之内，保险公司就可以不赔。

在上面的案例中，老李的店铺和在店铺内没有抢救出来的货物均被大火焚毁，火灾是近因，在保险责任之内，因而保险公司理应赔偿。但对于从店铺里抢救出来放在大街上、又被过路人哄抢而光的货物，保险公司却说损失不是由火灾引起的，这显然是违背近因原则的。因为搬出来的货物虽然不是烧毁的，但却是因为店铺发生火灾而搬出来的，也就是说，是火灾导致了最终的哄抢。因此，火灾是这些货物损失的近因，不论第二原因、第三原因是否在保险责任范围内，保险公司都应该照价赔偿。

4. 损失补偿原则

老刘刚买了一辆小轿车，他非常爱惜自己的汽车，就给自己的车上了"双保险"。他先在一家保险公司买了一份15万元的保险，后又在另一家保险公司买了一份同样的保险，两份保险合计保险金30万元。一天，老刘行驶中合法停靠路边，下车办事。不料刚走没多会儿，一辆飞驰而过的载重大卡车竟把老刘的爱车碾成"铁饼"，汽车彻底报废。老刘于是分别向两个保险公司索赔，要求两保险公司各赔付15万元。但两保险公司查明事实后，各自只赔付了7.5万。老刘不服，告上法院，法院却支持保险公司的做法。

这涉及保险中的"损失补偿原则"。意思是说，发生了保险事故，保险公司只补偿损失的部分，使被保险人的经济状态恢复到保险事故发生以前的状态。这里就有两层含义：一是只有当保险责任范围内的损失发生了，才补偿损失，没有损失就不补偿；二是损失补偿以被保险人的实际损失为限，不能因为保险公司的赔偿，使被保险人获得比以前更多的经济利益。

保险的本意就是要通过集中保险资金补偿个别损失。坚持损失补偿的原则也是为了减少道德风险，如果人们可以通过保险获得额外利益，就会有很多人故意制造损失，以获取更多的赔偿。而老刘为自己的爱车买了"双保险"，也就是为同一保险标的重复保险。这种情况下一旦发生保险事故，保险公司的总赔付也是按照损失补偿的原则，所以两家保险公司总赔偿额为15万元，而不是30万元。两家保险公司则按照一定方式，比如根据各自收取的保费比例，分摊赔偿的保险金。

让你高枕无忧——财产保险

准确地说，财产保险是指以各种财产物资和有关利益为保险标的，以补偿投保人或被保险人的经济损失为基本目的的一种社会化经济补偿制度。财产保险是包括财产损失保险、责任保险、信用保证保险和农业保险四大类在内的财产保险体系。

财产损失保险是以承保客户的财产物资损失危险为内容的各种保险业务的统称，也是保险公司最传统、最广泛的业务。常见的是火灾保险，如团体火灾保险、家庭财产保险等；各种运输保险，如机动车辆保险、飞机保险、船舶保险、货物运输保险等；各种工程保险，如建筑工程保险、安装工程保险、科技工程保险等。

责任保险的保险标的是某种民事赔偿责任，具体说来是致害人（被保险人）对受害人（第三者）依法应承担的民事损害赔偿责任或经过特别约定的合同责任，当被保险人依照法律需要对第三者负损害赔偿责任时，由保险人代其赔偿责任损失。责任保险包括：公众责任保险、产品责任保险、雇主责任保险及职业责任保险等。

信用保证保险包括信用保险和保证保险。比如，你的公司向国外某企业出口了一批货物，但是你对买方能不能守信心里没底，你就可以向保险公司购买一份保险合同，约定你支付保费后，如果对方破产或赖账，就由保险公司代替买方企业向你偿还货款，这就是信用保险。再比如你想贷款买一部车，可是银行并不知道你姓甚名谁，对你的信用状况没有把握，银行就会要求你到保险公司为自己购买一份保险合同，约定如果你不能偿还贷款，由保险公司承担偿还责任，这就是保证保险。

农业保险则是指专为农业生产者在从事种植业和养殖业生产过程中，对遭受自然灾害和意外事故所造成的经济损失提供保障的一种保险。

财产保险的一个很大特点是损失补偿，它强调保险人要按照约定赔偿损失，而不允许被保险人通过保险获得额外利益。这就是我们所了解的损失补偿原则。

对大多数人来说，买一份家庭财产保险是最值得关注的事。如果财产受损，就可以从保险公司获得经济补偿。为了保障自己的利益，购买家庭财产保险时，你需要多留心、多注意。

（1）应当清楚为哪些财产投保财产险。这既要看自身的保险需求和财产险所能发挥的作用，也要结合保险公司的要求。比如，并不是所有的财产都能投保财产险，保险公司对可承保的财产和不保的财产都有明确的规定。像房屋、家具、家用电器、文化娱乐用品等可以投保财产险，而金银、珠宝、字画、古玩等的实际价值不易确定，这类家庭财产必须由专门的鉴定人员作出鉴定，经投保人和保险公司特别约定后才能作为保险标的。另外，保险公司通常还对一些家庭财产不予承保财产险，具体包括：损失发生后无法确定具体价值的财产，如票证、现金、有价证券、邮票等；日用消费品，如食品、药品、化妆品之类；法律规定不允许个人收藏保管的物品，如枪支弹药、毒品之类。

（2）要注意家庭财产险的保险责任。一般的家庭财产综合险只承担两种情形造成的损失：一种是自然灾害，另一种是意外事故。如果财产被偷，这不是财产综合险的责任范围，保险公司不会给你赔偿，所以你最好给财产投保盗窃附加险。

除了上面提到的保险范围和保险责任外，你还需要了解除外责任、赔付比例、赔付原则、保险期限、交费方式、附加险种等内容，明确未来所能得到的保障。

（3）确定保险金额，避免超额投保和重复投保。按照保险公司的赔付原则，如果财产的实际损失超过保险金额，最多只能按保险金额赔偿；如果实际损失少于保险金额，则按实际损失赔偿。所以，在确定保险金额时，保险金额不要超出财产的实际价值，不然你就得白白地多交保险费。有些人将同一财产向多家保险公司投保，这也是不可取的，因为财产发生损失时，各家保险公司只是分摊财产的实际损失，投保人得不到什么额外的好处。

（4）仔细填写保单，办好投保手续。保险公司会要求你提供一些证明材料，你事先要做好准备。填写保险单据时，明确姓名、地址、财产项目及各项目的保险金额等内容。如果你的财产存放在多个地点，最好分别进行投保。如果你的地址有所变更，需到保险公司办理变更手续。

（5）及时按约定交保险费，妥善保存保险单。保险合同里已经约定好交费方式，如果你没有遵照约定，保险公司是可以不承担赔付责任的。

（6）出险后的注意事项。财产一旦出险，应当积极抢救，避免损失扩大。与此同时，应保护好现场，及时向公安、消防等部门报案，向他们索取事故证明。还要尽快向保险公司报案，向保险公司提供保险单、事故证明等必要单证。

与你共渡难关——人身保险

人身保险就是以人的寿命和身体为保险标的的一种保险。投保人按照保险合同约定向保险人交纳保险费，当被保险人在合同期限内发生死亡、伤残、疾病等保险事故或达到合同约定的年龄、期限时，由保险人依照合同约定承担给付保险金的责任。

我们知道，财产保险强调损失补偿，但是人身保险就不同了，它的标的是人的生命和身体，可人的生命和身体是不能用货币来衡量的，更不可能要求保险公司向车祸中失去双腿的被保险人"补偿损失"。也就是说，人身保险合同的保险金额不像财产保险那样以保险标的价值为依据，而是依据被保险人对保险的需求程度、投保人的缴费能力以及保险人的可承受能力来确定的。只要您愿意，您就可以为自己或他人购买多份人身保险合同。人身保险讲究保险受益人应依法受益，除了医药费不能重复给付外，您可以获得多份保险金。

传统人身保险的产品种类繁多，但按照保障范围可以划分为人寿保险、人身意外伤害保险和健康保险。

人寿保险又可分为定期寿险、两全保险、年金保险、疾病保险等；健康保险则又可分为疾病保险、医疗保险、失能收入损失保险、护理保险等。其中，年金保险因其在保险金的给付上采用每年定期支付的形式而得名，实际操作中年金保险还有每季度给付、每月给付等多种形式。养老年金保险可以为被保险人提供老年生活所需的资金，教育年金保险则可以为子女教育提供必要的经费支持。

同时，消费者可能会在人身意外伤害保险和定期寿险的选择上难以抉择，其实两者还是有较大不同的。首先，意外伤害保险承保因意外伤害而导致的身故，不承保因疾病而导致的身故，而这两种原因导致的身故都属于定期寿险的保险责任范围。其次，意外伤害保险承保因意外伤害导致的残疾，并依照不同的残疾程度给付保险金。定期寿险有的不包含残疾给付责任，有的虽然包含残疾责任，但仅包括《人身保险残疾程度与保险给付比例表》中的最严重的一级残疾。最后，意外伤害保险一般保险期间较短，多为一年及一年期以下，而定期寿险则一般保险期间较长，可以为 5 年、10 年、20 年甚至更长时间。

随着经济的发展，资本市场化程度的日益提高，近几年在国内投资市场上又出现了将保障和投资融于一体的新型投资型险种，主要包括分红型、万能型、投资连结型等三种类型。

分红型保险，是指保险公司将其实际经营成果优于定价假设的盈余，按照一定比例向保单持有人进行分配的人寿保险。与普通型产品相比，分红型产品增加了分红功能。但需要注意的是，其分红是不固定，也是不保证的，分红水平与保险公司的经营状况有着直接关系。通常来说，在保险公司经营状况良好的年份，客户可能分到较多的红利，但如果保险公司的经营状况不佳，客户能分到的红利就可能比较少甚至没有。

万能型保险指包含保险保障功能并设立有保底投资账户的人寿保险，它具有以下特点：

（1）兼具投资和保障功能。保费的一部分用于提供身故等风险保障，扣除风险保险费以及相关费用后，剩余保费在投资账户中进行储蓄增值。

（2）是交费灵活、收费透明。通常来说，投保人交纳首期保费后，可不定期不定额地交纳保费。同时，与普通型又称传统型人身保险产品及分红保险不同，保险公司向投保人明示所收取的各项费用。

（3）灵活性高，保额可调整。账户资金可在一定条件下灵活支取。投保人可以按合同约定提高或降低保险金额。

（4）是通常设定最低保证利率，定期结算投资收益。此类产品为投资账户提供最低收益保证，并且可以与保险公司分享最低保证收益以上的投资回报。

投资连结型保险是指包含保险保障功能并至少在一个投资账户拥有一定资产价值的人寿保险，其具备万能险第一、二项的特点，但两者之间也有不同。投连险灵活性高，账户资金可自由转换。由于投资连结保险通常具有多个投资账户，不同投资账户具有不同的投资策略和投资方向。投保人可以根据自身偏好将用于投资的保费分配到不同投资账户，按合同约定调整不同账户间的资金分配比例，并可以随时支取投资账户的资金。

另外，投连险通常不设定最低保证利率。投资收益可以在账户价格波动中反映出来，目前我国保险公司通常不少于一周公布一次账户价格。因此，若具体投资账户运作不佳或随股市波动，投入该投资账户的投资收益可能会出现负数。

人身保险合同与其他保险合同一样，要求投保人、被保险人和保险人做到最大诚信。如果你误报、漏报、隐瞒年龄和身体健康状况等事实，保险公司有权更正，如果你少缴保费了，就得补缴；如果你多缴了，保险公司就得退还。如果保险公司认为你没有尽到最大诚信原则，保险公司可以解除合同。当然，在国外，法律规定保险公司只能在两年内要求解除合同，两年之后就不可以了，这也是为了防止保险公司滥用最大诚信原则，随便解除合同。

条款看清楚，投保理赔不迷糊——投保与理赔

买保险时，投保人要和保险公司签订保险合同，这是一份很重要的法律文书，它记载了投保人和保险公司各自的权利和义务，直接关系到保险所能给予的保障程度。在签订保险合同之前，投保人一定要准确理解保险合同中的每一条款。一般来说，保险合同有如下一些基本内容：

（1）当事人的姓名和住所。

（2）保险标的。通俗地讲，就是为什么东西保险，保险的对象既可以是财产，也可以是人的寿命和身体，它是确定保险金额的重要依据。

（3）保险责任与责任免除（也称除外责任）。不是任何险都能保的，保险合同中通常明确了保险公司的赔付范围，只有在此范围以内，保险公司才承担赔偿责任。例如，财产险一般只承担两种情形造成的损失，一种是自然灾害，如雷击、洪水、破坏性地震；另一种是意外事故，如火灾、爆炸。另外，保险合同还载明保险公司不承担赔偿责任的风险项目，例如，被保险人故意将财产损坏、战争使财产损毁等，保险合同将这些情形规定为责任免除，保险公司可以据此不予赔付。

（4）保险期间和保险责任开始时间。保险期间是指保险责任的有效期限，如果在这一期限内发生保险事故，保险公司才会予以赔付。保险期间是计算保险费的重要依据。保险责任开始时间则是指保险公司开始承担赔偿责任或给付保险金的时间。

（5）保险价值。保险价值就是保险标的价值，它是确定保险金额和损失赔偿额的重要依据。对于多数财产类标的，可以利用标的市场价格来评价标的的保险价值，而有些标的没有市场价格，这时就需要投保人和保险公司双方约定保险价值。如果保险合同里事先约定了保险价值，这种保险就叫定值保险，当发生保险事故时，

不管财产的实际价值有多少，都只根据合同中约定的保险价值计算赔偿金额。

（6）保险金额。通俗地说，保险金额就是指保险公司最多赔付多少钱。保险费就是根据保险金额算出来的。比如财产保险，一所住宅的实际价值为100万元（保险价值），保险金额可以低于或等于100万元，但不能超过100万元，否则合同就将无效。而人身保险，由于人的身体和寿命无法用金钱衡量，故由投保人和保险公司双方约定一定数量的保险金额。

（7）保险费。保险费就是人们俗称的保费。

（8）保险金赔偿给付办法。保险合同中需要明确保险公司支付保险金的办法、标准和方式。原则上，保险公司赔偿应支付现金，但财产险的赔付也可以采用修复或重置的方式。保险合同中也规定免赔额或免赔率，设置这一条款主要是为了减少投保人故意损坏财产的道德风险，控制保险公司的责任。

（9）违约责任和争议处理。当事人如果出现违约，应当承担什么样的法律责任？如果出现争议，应采用何种处理争议的方式？保险合同也对这两个问题提前作出了明确的规定。

理赔则是指保险事故发生后，保险人对被保险人所提出的索赔案件的处理。被保险人遭受灾害事故后，应立即或通过理赔代理人对保险人提出索赔申请，根据保险单的规定审核提交的各项单证，查明损失原因是否属保险范围，估算损失程度，确定赔偿金额，最后给付结案。如损失系第三者的责任所致，则要被保险人移交向第三者追偿损失的权利。那么，如何实现保险理赔呢？必须注意以下两个方面：

（1）把握索赔时效。发生保险事故后，如果在保险公司的保险责任范围内，被保险人或受益人有权利向保险公司请求赔付保险金，保险公司有义务受理索赔申请，承担赔付责任。不过保险公司的这项义务并非一直存在，有一个有效期限。如果在有效期内索赔，保险公司必须予以受理，如果超过期限，保险公司可以认为被保险人或受益人放弃索赔权利，从而拒绝受理索赔。理论上将这一期限称为索赔时效。按照我国《保险法》的规定，人寿保险的索赔时效为两年，其他保险的索赔时效为五年。索赔时效的起算日不一定是发生保险事故的当天，而是被保险人或受益人是哪一天知道保险事故发生的，那一天就作为起算日。

（2）备齐申请理赔手续。索赔时需要提供的单证主要包括：保险单或保险凭证的正本、已交纳保险费的凭证、能证明保险标的或者当事人身份的有关原始文本、索赔清单、出险检验证明，还有根据保险合同规定需要提供的其他文件。

风险意识不能丢——保险风险

对广大投保人而言，签订保险合同以后，千万别以为就可以高枕无忧了，应当多一些"心眼儿"——万一保险公司不能履行合同怎么办？万一保险公司不能兑现以前的承诺怎么办？万一保险公司破产了怎么办？这绝不是杞人忧天。

万一保险公司不能及时足额偿付怎么办？出了保险事故，保险公司没有足够的钱支付保险金，这种可能性是存在的。在一般情况下，保险金常常是保险费的好几倍，保险公司为何能做到这一点呢？这是因为保险公司承保的风险要满足大数定律，也就是说，理论上大量保险标的均有可能出事受损，但实际真正出事受损的标的仅为少数，从而"大部分"人平摊保险费，去赔偿"小部分"人的损失。可凡事都有"万一"，万一出现了意外，比如突发特大洪灾，或者是某一年火灾过于频繁，大多数标的出现了损失，按正常情况积累的保险费就有可能无法弥补所有的实际损失，投保人的利益就无法得到完全的保障。保险公司有时也会心存侥幸，不惜通过降低保险费率来增加保费收入，使风险超过自己的承受能力，这也会影响到保险公司保障投保人利益的能力。

还有一种情况是，保险公司将收来的保险费汇集起来组成保险基金，进行适度的投资，以实现保值增值。而一些投资品种变现需要时间，在这种情况下，保险公司就有可能无法及时筹足现金用于支付保险金，投保人的利益得不到及时的保障。

实际上，保险公司就是经营风险的企业，风险的不确定性既为保险公司带来盈利机会，也可能使其遭受损失。要知道，投保人向保险公司转移风险这一行为本身就带有风险性，购买保险时，应当对此有清醒的认识。

从某种角度上看，买保险实际上"买"的是对未来的保障，毕竟未来总可能有些变数。然而，尽管保险合同受法律约束，但这仍然不能绝对保证保险公司在将来就能及时、完全兑现承诺。为了保障自己的利益，尽可能避免以后出现麻烦，投保人应当慎重选择保险公司和保险产品。

（1）看保险公司是否可靠。可以从两个方面去衡量：一看偿付能力。保险公司必须要有足够的偿付能力，发生保险事故时，才有足够的资金向被保险人支付保险金。衡量一家保险公司的偿付能力，主要是看它的资本金、准备金、公积金的数额，看它的业务规模，这些信息很容易从保险公司的网站或宣传资料中找到。二看保险公司的经营管理能力。看保险公司有没有完善的管理体制，经营状况如何，经营风格怎样，尽量选择一家稳健经营、没有太多包袱、有良好信誉的保险公司。你也可以参照专家的意见，比如一些权威的评级机构对保险公司开展过评级，你可以参照它们的评级意见。

（2）看保险公司的服务水平。服务水平直接反映公司的管理能力和信誉。衡量保险公司的服务水平时，主要看保险公司工作人员的服务是否热情周到，是否客观地介绍保险产品，是否及时办理手续、寄送保单，是否及时通报新险种、新服务，出险后的赔付是否及时，是否真心解决客户的投诉，是否与客户有良好沟通等。保险公司的服务应当是全方位的，所以不但要看保险代理人的服务，还要看核保理赔人员和公司客服热线的服务水平。除了亲自体验保险公司的部分服务外，你还可以考虑向保险公司的客户进行咨询，听听他们对公司的评价。

（3）挑选可信赖的保险代理人。投保时，常常需要专业保险代理人的帮助，他们帮助你制订保险计划，解释保险条款，还为你提供售后服务，如传递信息、交纳保险费、理赔。在现实中，并不是所有的代理人都能让人放心的，有些代理人为了抢到保单，进行不实的宣传，故意误导投保人，让投保人以为什么都能保，什么都能赔，结果使投保人上当受骗。投保人一定要睁大眼睛，提高警惕，选择可信赖的代理人。一是要确认保险代理人的身份。你可以向保险公司打电话，核对保险代理人的身份。二是确认代理人是否有从业资格。中国保监会规定，所有保险代理人必须要通过考试取得《保险代理从业人员资格证书》。三是看代理人的人品和职业道德，看代理人是否真心为投保人着想，是否客观解释保险条款，有没有遗漏重要情况。四是看代理人的专业水平。好的代理人应当能够将保险条款解释得准确清楚，帮助投保人选择合适的保险产品，提供良好的售后服务。五是看代理人的从业时间。优先选择工作时间长的代理人，他们的能力与人品经受了时间的考验，更让人放心。

（4）准确理解保险条款。保险公司和保险代理人的宣传可能都会带有主观的成分。口说无凭，只有保险合同上的白纸黑字才是最真实的，合同一旦生效，投保人的利益就能够受到法律的保护。投保时，你一定要准确理解保险合同中的每一项条款，明确自己的权利和义务，让自己的利益得到切实的保障。

第五篇 居民的钱袋与宏观经济息息相关：二十几岁要懂得的宏观经济学

第一章　**国民经济**

老僧为什么带头吃喝玩乐——总供给与总需求

在二次世界大战刚刚结束的时候，日本的经济濒临崩溃。当时有一位德高望重的老僧，突然一反常态，带头吃喝玩乐起来。这和战后的悲惨气氛格格不入，而这和他大德高僧的身份就更不相符了。但是，当时的著名作家，诺贝尔文学奖的获得者川德康成和其他的一些文化名流却对这位老僧的所作所为十分推崇。因为当时日本战败，很多人对未来和生活失去了信心，老僧在做的事情，就是鼓舞人们去享受人生，希望能唤醒人们对生活的兴趣。只有人们开始热爱人生了，才能谈得上重建家园，后来日本的经济发展证实了这一点。

在经济萧条时，当总供给大于总需求的时候，也就是社会的需求已经远远小于社会的供给时，必须唤醒人们的消费欲望，才能增加生产，复苏经济。老僧带头吃喝玩乐就是为了刺激大家的消费欲望，增加生产，让社会的总需求与总供给大致平衡。

总供给与总需求是宏观经济学中的一对基本概念。总供给是经济社会的总产量（或总产出），它描述了经济社会的基本资源用于生产时可能有的产量。一般而言，总供给主要是由生产性投入（最重要的是劳动与资本）的数量和这些投入组合的效率（即社会的技术）所决定的。

总需求是经济社会对产品和劳务的需求总量。总需求由消费需求、投资需求、政府需求和国外需求构成，其中国外需求由国际经济环境决定，而政府需求主要是一个政策变量，因此消费需求和投资需求是决定总需求量的基本因素。

在现代经济中，如果社会总需求大于社会总供给，就意味着市场处于供求的紧张状态，就会出现物价上涨和社会不稳定；如果社会总需求小于社会总供给，就意味着市场处于疲软状态，就会出现企业开工不足，失业率上升和经济萧条。一般政府通过经济手段和行政手段调节经济运行，使经济在社会总供求完全均衡的基础上运行。

清代乾隆三十三年，两淮盐政的尤拔世上书奏报，指责当地盐商挥霍成性，引发奢靡之风，请求乾隆皇帝对他们加以惩处，并力荐安养民生应当倡导节俭。乾隆看此奏章后，不以为意，遂批示"此可不必，商人奢用，亦养无数游手好闲之人。皆令其敦俭，彼徒自封耳。此见甚鄙迁。"这几句话是说，富商们奢侈消费能够增加就业，供养更多闲散之人。若让他们节俭，反倒对百姓没有好处。如此看来，富商的消费有什么不对？又有什么理由要加以禁止？乾隆的一番说辞，让大臣们茅塞顿开，从此不再提禁奢之事。

从历史上看，乾隆皇帝的这一主张的确是明智之举。富人的积极消费极大地刺激了清朝的经济发展，并促生了有名的康乾盛世。也是从这个案例中，后人提出了这样的主张——鼓励富人消费。

很多人对此仍不理解，为什么要鼓励富人消费呢？历史上，富人消费的例子，最后不都是丧家败国么？像史书中，就描写丢掉夏朝的桀，残暴奢靡。他曾倾空国库，建筑自己的豪华寝宫——倾宫；曾大费人力在王宫内设计酒池肉林；曾用整块的玉石雕建宫门，并用象牙修饰蜿蜒的长廊。而败光商朝的纣王也毫不逊色，穷奢极欲的程度有过之而无不及。吃饭要吃旄象豹胎；穿衣要锦衣九重；住房要广厦高台；观景要登摘星之阁，高筑鹿台。这些，最后不都导致了国家的灭亡吗？

此类说法，难免有些偏激和片面。要知道，夏桀、商纣是富人消费的极端例子，他们不惜动用全国人民的财富来任由自己挥霍，引起民怨民愤，才导致了自己的灭亡。但历史上大多数富人的消费花的都是自己的收入，并不对其他人造成危害，为什么不鼓励呢？从宏观层面来说，社会经济有供给有需求，二者维持在整体平衡，当众人减少消费，必然会引起需求不足，从而导致供给过剩，最终危害整体社会经济运行状况。

如果总供给与总需求不平衡时，市场价格就会脱离市场价值而偏向某一个方面，这就不会反映社会需求的实际情况，经济结构就不会协调，经济运行就不会正常。在总供给与总需求的矛盾中，总需求往往是矛盾的主要方面，因此，应该把调控总需求作为重点。总需求大于总供给是由超国民收入分配造成的，即国民收入在货币价值形态上的分配超过了国民收入的实际生产额。在这种情况下，就表现为通货膨胀。控制超国民收入分配，保持社会总供给与总需求的基本平衡，是宏观经济调控的首要任务。

中国不再是封闭的经济体——四部门经济

四部门经济是包括家庭、企业、政府和国外等四个部门的经济，即在三部门之外增加了国外部门，四部门经济也叫开放经济。

开放经济的对立面就是封闭经济，封闭经济在经济学意义上指一国在经济活动中没有与国外的经济往来，如没有国际贸易或国际金融、劳动力的交流，仅仅存在国内的经济活动，本国经济与外国经济之间并未存在密切的往来，成为封闭经济状态。

开放经济的好处是交流了经济，使经济活起来，不像封闭经济一潭死水没有生机。开放经济是与封闭经济相对立的概念。在开放经济中，要素、商品与服务可以较自由地跨国界流动，从而实现最优资源配置和最高经济效率。一般而言，一国经济发展水平越高，市场化程度越高，越接近于开放经济。在经济全球化的趋势下，发展开放经济已成为各国的主流选择。开放经济与外向型经济的不同在于：外向型经济以出口导向为主，开放经济则以降低关税壁垒和提高资本自由流动程度为主。在开放经济中，既出口，也进口，基本不存在孰重孰轻的问题，关键在于发挥比较优势；既吸引外资，也对外投资，对资本流动限制较少。

现实经济生活中的经济大都是四部门经济。四部门经济要正常循环，除保证商品市场、金融市场、要素市场和政府收支均衡外，还必须保证国际收支均衡，即国际收支大体相等。

2009年12月27日，商务部副部长钟山在"2009中国开放经济高层论坛"上表示，2009年是中国外贸最为困难的一年，也是对外贸易取得积极成效的一年。

据介绍，2009年，中国的对外贸易特别是出口会超过德国，将成为世界第一出口大国，这完全是在预料之中的。2008年中国外贸占世界贸易总额的8%，而2009年则很可能会上升到9%。

钟山指出，中国外贸2009年陷入最困难的一年主要是因为外需严重不足，同时，还有贸易保护主义的抬头。在这种情况下，中国完成了保市场、保份额的任务，并且出口结构进一步优化，出口产品质量进一步提高，在应对贸易摩擦方面也取得了重大突破。现在，全世界平均每人每年要穿一双内地制造的鞋，买2米内地生产的布，穿的衣服中有3件来自内地。内地的彩电、洗衣机、冰箱等70多种工业产品量和出口量居世界第一。

当前，全球经济的发展重心正在由西方转向东方，内地经济已成为世界经济发展的重要动力。中国改革开放以来特别是加入WTO以后，内地经济发展很快，对外经济贸易增长迅猛。

中国对外开放即将成功地走过30个年头。综合国力的迅速增强、国际经济地位的持续提升已经为国际社会所公认。以开放实现发展是当代发展战略中的一个普遍共识，开放有利于吸收国际资本，开拓国际市场，从而创造就业，优化资源配置，拉动经济增长，甚至实现发展奇迹。然而开放型发展战略也必然同时面对国际经济波动的风险，乃至承受巨大的冲击。

任何一个开放经济都不可能不面对外部冲击。但是，从发达的开放经济来看，除了国家必要的调控手段外，应对冲击更多依靠的是市场自身的适应能力。从企业来说，能够敏锐地对国际市场的变化作出反应，进行生产与经营战略调整，包括在诸如石油、原材料价格和汇率等变动中作出适应性调整，是一个开放型经济应对国际经济冲击的基础。日本企业曾通过技术进步、产业外移等应对了油价上涨和汇率升值等带来的压力。

对外开放是建设经济强国的基本国策。毫无疑问，维护国家经济安全是开放战略的必然要求。既能有效抵御各种突发的外部冲击，又能防止各种渐进形式的长期不利性，是建设开放型经济体系的内在主题。

本国对战略产业的有效控制是维护国家产业安全的基础。经济全球化深化了国际分工，开放经济的许多产业是国际化的，甚至完全是由外资发展起来的。对大部分产业来说，深化分工有利于提高效率，从而发挥本国的要素优势。但是，任何一个国家都需要拥有自己的核心产业和核心竞争力，才能在国际经济竞争中获得更大利益，立于不败之地。

只依靠廉价劳动力参与国际分工至多只能脱贫，不可能建设经济强国。由外资建立起来的高新技术产业只是存在，而非拥有。特别是对于一个大国来说，即使不必追求完整的国民经济体系或工业体系，也仍然必须拥有自己的战略性产业。这些战略性产业对于国民经济发展具有基础性和关键性的作用，也能够防范国际政治动荡和经济波动等带来的冲击和影响。

衡量经济活动的有效尺度——GDP

网上流传着一则有关 GDP 的笑话：

一天两位青年饭后去散步，为了某个数学模型的证明争了起来。正在难分高下的时候，突然发现前面的草地上有一堆狗屎。甲就对乙说，如果你能把它吃下去，我愿意出5000万。5000万的诱惑可真不小，吃还是不吃呢？乙掏出纸笔，进行了精确的数学计算，很快得出了经济学上的最优解：吃！于是甲损失了5000万，当然，乙的这顿饭吃得也并不轻松。

两个人继续散步，突然又发现了一堆狗屎，这时候乙开始剧烈反胃，而甲也有点心疼刚才花掉的5000万。于是乙说，你把它吃下去，我也给你5000万。于是，出现了不同的计算方法，相同的计算结果——吃！甲心满意足地收回了5000万，而乙似乎也找到了一点心理平衡。

可突然，他们同时号啕大哭：闹了半天我们什么也没得到，却白白吃了两堆狗屎！他们怎么也想不通，只好去请他们的导师，一位著名的经济学泰斗给出解释。

听了两位高徒的故事，没想到泰斗无比激动，只见泰斗颤巍巍地举起一根手指头，无比激动地说："1个亿啊！1个亿啊！我亲爱的同学，感谢你们，你们仅仅吃了两堆狗屎，就为国家的GDP贡献了1个亿的产值！"

吃狗屎能创造 GDP，这是件可笑的事情。在可笑之余，我们应该先了解什么是 GDP。GDP 即英文 gross domestic product 的缩写，也就是国内生产总值。通常对 GDP 的定义为：一定时期内（一个季度或一年），一个国家或地区的经济中所生产出的全部最终产品和提供劳务的市场价值的总值。

自从 20 世纪 30 年代美国经济学家库兹涅茨建立这个体系以来，GDP 这个指标一直在使用和改进中。应该说，GDP 是能基本反映一国整体经济运行状况与历史趋势的。到现在为止，还没有一个人能提出广为公众接受的另一种指标体系来替代 GDP，也没有一个国家不使用 GDP 这个指标，或者放弃 GDP 统计的计划。

在经济学中，GDP 常用来作为衡量该国或该地区的经济发展综合水平通用的指标，这也是目前各个国家和地区常采用的衡量手段。GDP 是宏观经济中最受关注的经济统计数字，因为它被认为是衡量国民经济发展状况最重要的一个指标。一般来说，国内生产总值有三种形态，即价值形态、收入形态和产品形态。从价值形态看，它是所有常住单位在一定时期内生产的全部货物和服务价值与同期投入的全部非固定资产货物和服务价值的差额，即所有常住单位的增加值之和；从收入形态看，它是所有常住单位在一定时期内直接创造的收入之和。GDP 反映的是国民经济各部门增加值的总额。

1. 生产法

生产法是从生产角度计算国内生产总值的一种方法。从国民经济各部门一定时期内生产和提供的产品和劳务的总价值中，扣除生产过程中投入的中间产品的价值，从而得到各部门的增加值，各部门增加值的总和就是国内生产总值。计算公式为：总产出—中间投入＝增加值。

GDP= 各行业增加值之和

也可以表示为：GDP ＝∑各产业部门的产出—∑各产业部门的中间消耗

2. 收入法

收入法是从生产过程中各生产要素创造收入的角度计算 GDP 的一种方法。即各常住单位的增加值等于劳动者报酬、固定资产折旧、生产税净额和营业盈余四项之和。这四项在投入产出中也称最初投入价值。各常住单位增加值的总和就是 GDP。计算公式为：

GDP ＝∑各产业部门劳动者报酬＋∑各产业部门固定资产折旧＋∑各产业部门生产税净额＋∑各产业部门营业利润

3. 支出法

支出法是从最终使用的角度来计算 GDP 及其使用去向的一种方法。GDP 的最终使用包括货物和服务的最终消费、资本形成总额和净出口三部分。计算公式为：

GDP（国内生产总值）＝最终消费＋资本形成总额＋净出口

从生产角度，等于各部门（包括第一、第二和第三产业）增加值之和；从收入角度，等于固定资产折旧、劳动者报酬、生产税净额和营业盈余之和；从使用角度，等于总消费、总投资和净出口之和。

美国经济学家萨缪尔森认为，GDP 是 20 世纪最伟大的发明之一。他将 GDP 比做描述天气的卫星云图，能够提供经济状况的完整图像，能够帮助领导者判断经济是在萎缩还是在膨胀，是需要刺激还是需要控制，是处于严重衰退还是处于通胀威胁之中。如果没有像 GDP 这样的总量指标，政策制定者就会陷入杂乱无章的数字海洋而不知所措。

国家经济的体温计——PPI

根据国家统计局发布的数据显示，2009年12月份PPI在各方预期之内如期转正，上涨1.7%。2009年12月份的PPI同比增幅，比11月份均明显加快。马建堂具体分析上涨因素称，CPI分项数据中，食品和居住项目是主要上涨因素。数据显示，食品上涨了5.3%，拉动了CPI上涨1.74个百分点；包括住房在内的居住项目价格上涨1.5%，拉动CPI上涨0.21个百分点。PPI方面，主要是采掘工业品以及原料，钢材、水泥、十大有色产品上涨较多，去年12月份分别同比上涨17.6%和3.6%，对PPI上涨分别贡献0.9和0.7个百分点。这两者总共贡献的百分点"已经接近总体上涨的1.7（个百分点）了"。

生产者物价指数（PPI）：生产者物价指数主要的目的在于衡量各种商品在不同的生产阶段的价格变化情形。PPI 是衡量工业企业产品出厂价格变动趋势和变动程度的指数，是反映某一时期生产领域价格变动情况的重要经济指标，也是制定有关经济政策和国民经济核算的重要依据。目前，我国 PPI 的调查产品有 4000 多种（含规格品 9500 多种），覆盖全部 39 个工业行业大类，涉及调查种类 186 个。

由于 CPI 不仅包括消费品价格，还包括服务价格，CPI 与 PPI 在统计口径上并非严格的对应关系，因此 CPI 与 PPI 的变化出现不一致的情况是可能的。CPI 与 PPI 持续处于背离状态，这不符合价格传导规律。价格传导出现断裂的主要原因在于工业品市场处于买方市场以及政府对公共产品价格的人为控制。

PPI 通常作为观察通货膨胀水平的重要指标。由于食品价格因季节变化较大，而能源价格也经常出现意外波动，为了能更清晰地反映出整体商品的价格变化情况，一般将食品和能源价格的变化剔除，从而形成"核心生产者物价指数"，进一步观察通货膨胀率变化趋势。

在美国，生产者物价指数的资料搜集由美国劳工局负责，他们以问卷的方式向各大生产厂商搜集资料，搜集的基准月是每个月包含 13 日在内该星期的 2300 种商品的报价，再加权换算成百进位形态，为方便比较，基期定为 1967 年。一般而言，当生产者物价指数增幅很大而且持续加速上升时，该国央行相应的反应应是采取加息对策阻止通货膨胀快速上涨，则该国货币升值的可能性增大；反之亦然。

真正的经济学家注重PPI而媒体注重 Core PPI，将食物及能源去除后的，称为"核心 PPI"（Core PPI）指数，以正确判断物价的真正走势——这是由于食物及能源价格一向受到季节及供需的影响，波动剧烈。Core PPI 短期内会产生误导作用。

PPI 上升不是好事，如果生产者转移成本，终端消费品价格上扬，通胀上涨。如果不转移，企业利润下降，经济有下行风险。

看上去挺美，却马上要破碎——泡沫经济

20 世纪 80 年代后期，日本的股票市场和土地市场热得发狂。从 1985 年年底到 1989 年年底的 4 年里，日本股票总市值涨了 3 倍。土地价格也是接连翻番，到 1990 年，日本土地总市值是美国土地总市值的 5 倍，而美国国土面积是日本的 25 倍！两个市场不断上演着一夜暴富的神话，眼红的人们不断涌进市场，许多企业也无心做实业，纷纷干起了炒股和炒地的行当——全社会都为之疯狂。

灾难与幸福是如此靠近。正当人们还在陶醉之时，从 1990 年开始，股票价格和土地价格像自由落体一般往下猛掉，许多人的财富转眼间就成了过眼云烟，上万家企业迅速关门倒闭。两个市场的暴跌带来数千亿美元的坏账，仅 1995 年 1 月至 11 月就有 36 家银行和非银行金融机构倒闭，当年爆发剧烈的挤兑风潮。极度的市场繁荣轰然崩塌，人们形象地称其为"泡沫经济"。

西方谚语说："上帝欲使人灭亡，必先使其疯狂。"泡沫经济是指虚拟资本过度增长与相关交易持续膨胀日益脱离实物资本的增长和实业部门的成长，金融、证券、地产价格飞涨，投机性交易极为活跃的经济现象。泡沫经济寓于金融投机，造成社会经济的虚假繁荣，最后必定泡沫破灭，导致社会震荡，甚至经济崩溃。

最早的泡沫经济可追溯至 1720 年发生在英国的"南海泡沫公司事件"。当时南海公司在英国政府的授权下垄断了对西班牙的贸易权，对外鼓吹其利润的高速增长，从而引发了对南海股票的空前热潮。由于没有实体经济的支持，经过一段时间，其股价迅速下跌，犹如泡沫那样迅速膨胀又迅速破灭。

泡沫经济寓于金融投机。正常情况下，资金的运行应当反映实体资本和实业部门的运行状况。只要金融存在，金融投机必然存在。但如果金融投机交易过度膨胀，同实体资本和实业部门的成长脱离得越来越远，便会造成社会经济的虚假繁荣，形成泡沫经济。

在现代经济条件下，各种金融工具和金融衍生工具的出现以及金融市场自由化、国际化，使得泡沫经济的发生更为频繁，波及范围更加广泛，危害程度更加严重，处理对策更加复杂。泡沫经济的根源在于虚拟经济对实体经济的偏离，即虚拟资本超过现实资本所产生的虚拟价值部分。

泡沫经济得以形成具有以下两个重要原因：

第一，宏观环境宽松，有炒作的资金来源。

泡沫经济都是发生在国家对银根放得比较松，经济发展速度比较快的阶段，社

会经济表面上呈现一片繁荣，给泡沫经济提供了炒作的资金来源。一些手中握有资金的企业和个人首先想到的是把这些资金投到有保值增值潜力的资源上，这就是泡沫经济成长的社会基础。

第二，社会对泡沫经济的形成和发展缺乏约束机制。

对泡沫经济的形成和发展进行约束，关键是对促进经济泡沫成长的各种投机活动进行监督和控制，但到目前为止，社会还缺乏这种监控的手段。这种投机活动发生在投机当事人之间，是两两交易活动，没有一个中介机构能去监控它。作为投机过程中最关键的一步——货款支付活动，更没有一个监控机制。

1988年8月23日，有"海角天涯"之称的海南岛从广东省脱离，成立中国第31个省级行政区。海口，这个原本人口不到23万、总面积不足30平方千米的海滨小城一跃成为中国最大经济特区的首府，也成为全国各地淘金者的"理想王国"。

据《中国房地产市场年鉴（1996）》统计，1988年，海南商品房平均价格为1350元/平方米，1991年为1400元/平方米，1992年猛涨至5000元/平方米，1993年达到7500元/平方米的顶峰。短短三年，增长超过4倍。

高峰时期，这座总人口不过160万的海岛上竟然出现了两万多家房地产公司。这些公司当然不都是为了盖房子，而是为了炒房子。

由于投机性需求已经占到了市场的70％以上，一些房子甚至还停留在设计图纸阶段，就已经被卖了好几道手。每一个玩家都想在游戏结束前赶快把手中的"花"传给下一个人。只是，不是每个人都有潘石屹这样的好运气。1993年6月23日，当最后一群接到"花"的玩家正在紧张寻找下家时，终场哨声突然毫无征兆地吹响了。当天，时任国务院副总理的朱镕基发表讲话，宣布终止房地产公司上市、全面控制银行资金进入房地产业。

这场调控的遗产，是给占全国0.6％总人口的海南省留下了占全国10％的积压商品房。全省"烂尾楼"高达600多栋、1600多万平方米，闲置土地18834公顷，积压资金800多亿元，仅四大国有商业银行的坏账就高达300多亿元。吉利汽车老总李书福在海南楼市泡沫中损失了3000万，从此发誓不碰房地产。

泡沫经济是对一地虚假繁荣经济的比喻，这种看上去很美丽的泡沫经济看似很繁荣，但是突然之间，一个微小的触动就足以让繁荣灰飞烟灭。

由于贪婪，人们就会心生恐惧，恐惧又导致了危机；而当人们从恐惧中恢复过来的时候，又再次陷入贪婪之中。一次次的恶性循环，也就导致了一次次的经济危机。

回归理性，或许能使我们在贪婪和恐惧之间，找到一条财富之路。

为什么越节俭反而越萧条——节俭悖论

18世纪，一个名叫孟迪维尔的英国医生写了一首题为《蜜蜂的寓言》的讽喻诗。这首诗叙述了一个蜂群的兴衰史。

一群蜜蜂为了追求豪华的生活，大肆挥霍，结果这个蜂群很快兴旺发达起来。而后来，有一位有识之士站出来说，弟兄们，咱这么挥霍，对资源是多么大的浪费，那可不应该啊！众蜜蜂认为言之有理。于是大家吃也少了，用也省了，开支立马小了许多。也正因此，大家每天干活都不必那么起劲了，因为不必挣那么多呀！没过多久，这群本来挺兴旺的蜜蜂，变得没了生气，日渐衰落。

由于这群蜜蜂改变了习惯，放弃了奢侈的生活，崇尚节俭，结果却导致了整个蜜蜂社会的衰败。这本书的副标题是"私人的罪过，公众的利益"，意思是浪费是"私人的罪过"，但可以刺激经济，成为"公众的利益"。这部作品在当时被法庭判为"有碍公众视听的败类作品"，但是200多年后，英国经济学家凯恩斯从中受到启发，提出了"节俭悖论"。

20世纪20年代英国经济停滞和30年代全世界出现了普遍的生产过剩和严重失业。凯恩斯对此给出了让人们信服的经济学解释，凯恩斯从宏观上分析，在短期内决定经济状况的是总需求而不是总供给，对商品总需求的减少是经济衰退的主要原因。总需求决定了短期内国民收入的水平。总需求增加，国民收入增加；总需求减少，国民收入减少。从微观上分析，某个家庭勤俭持家，减少浪费，增加储蓄，往往可以致富；但从宏观上分析，节俭对于经济增长并没有什么好处。

公众节俭→社会总消费支出下降→社会商品总销量下降→厂商生产规模缩小，失业人口上升→国民收入下降、居民个人可支配收入下降→社会总消费支出下降……

引起20世纪30年代大危机的正是总需求不足，或者用凯恩斯的话来说是有效需求不足。节俭悖论告诉我们：节俭减少了支出，迫使厂家削减产量，解雇工人，从而减少了收入，最终减少了储蓄。储蓄为个人致富铺平了道路，然而如果整个国家加大储蓄，将使整个社会陷入萧条和贫困。

以上推理看似荒诞，但是若跟我们每个人的日常生活相联系，就不难发现其合理之处了。

一是"过分节流"看似积攒下不少财富，实则忽视了"开源"，从而失去了获取更多财富的可能性。靠精打细算、节衣缩食，只能达到小富即安的状态，并且这种安逸有时候是以牺牲生活品质为代价的；用控制欲望的方法最多只能是缩小收支缺口，而无法填平这一缺口。

二是节俭有可能让人安于现状，没有动力去投资理财。人们常说，心有多高，天就有多高。当满足于目前消费水平时，自然会想，何苦再去费力地赚更多的钱呢？

三是某些日常用品的重复性消费，好像每次都很节省，但加在一起却是惊人的浪费。上中学时，很多人都有一台随身听或是MP3，为了省钱大多舍不得买贵的耳机，而是用地摊儿上花十几元买的便宜货。结果是，经常断线，过段时间就不得不更换耳机。几年下来，花在廉价耳机上的钱要比买品牌耳机的钱还多，而且还得忍受很多时候仅一只耳机响或是音效不好的状况。生活中类似耳机消费的事还有很多。

1933年当英国经济处于萧条时，凯恩斯曾在英国BBC电台号召家庭主妇多购物，称她们此举是在"拯救英国"。在《通论》中他甚至还开玩笑地建议，如果实在没有支出的方法，可以把钱埋入废弃的矿井中，然后让人去挖出来。

已故的北京大学经济系教授陈岱孙曾说过，凯恩斯只是用幽默的方式鼓励人们多消费，并非真的让你这样做。但增加需求支出以刺激经济则是凯恩斯本人和凯恩斯主义者的一贯思想。

我国的居民消费支出占GDP比重不到40%，而美国超过了70%，世界平均水平为62%。居民消费不足，使得我国经济增长过多依靠外需。能否改变居民消费这个短板，是决定我们能不能从中国制造走向中国市场、能不能从投资主导走向消费主导、未来经济能不能可持续增长的关键。

我国经济发展的一个突出特点就是：储蓄率过高而消费率过低。因此，正确理解节俭悖论，有助于提高我们对高储蓄可能带来的不良后果的认识。居民消费需求不足，造成大量商品生产过剩，企业开工不足，失业人员增加，经济增长受到影响。在国际金融危机的背景下，为了刺激消费扩大内需，国家采取了积极的财政政策，扩大"低保"范围和提高"低保"标准等一系列措施鼓励大家消费，这些措施都是以扩大国民消费带动经济发展。

只有消费才能拉动生产，才能让整个经济活动持续和循环起来，明白了"节俭悖论"的内涵对于我国这样一个崇尚节俭的社会具有积极的意义，我们应该根据自身的收入水平适当消费，而不是一味地去节俭，这样对自身、对社会都具有积极作用。但是，"节俭悖论"并不是要求我们要选择一种奢侈的生活方式，我国是一个人口众多的国家，自然资源尤其是能源非常紧缺，非常有可能成为制约我国未来经济发展的主要因素，所以理性的选择是"有选择的奢侈"，而不是一味的、不分场合的奢侈。因此，我们不仅要让自己合理增加消费，也要大力提倡理性消费，理直气壮地反对浪费。

宏观经济学的理论支撑——凯恩斯主义

萨伊（J. B. Say）是18世纪末19世纪初的法国经济学家。萨伊定律产生于19世纪初法国拿破仑战争时期。当时物价急剧上升，货币"烫手"，公众不愿意保留货币，一有钱就赶快购买商品。

萨伊定律（Say's Law）是指他的名言：供给创造它自身的需求。一种产品的生产给其他产品开辟了销路，供给会创造自己的需求，不论产量如何增加，产品都不会过剩，至多只是暂时的积压，市场上商品的总供给和总需求一定是相等的，不会存在生产过剩性经济危机。这就是著名的萨伊定律。

萨伊不否认个别商品可能出现供不应求或生产过剩。但供不应求将导致商品价格上升，生产过剩就导致商品价格下跌，而商品价格的变化又会影响到供给和需求，从而在新的价格水平上达到均衡。

20世纪20年代英国经济停滞和30年代全世界普遍的生产过剩和严重失业打破了萨伊定律的神话。经济学发生了第一次危机。凯恩斯在批判萨伊定律中建立了以总需求分析为中心的宏观经济学。经济学的中心由资源配置转向资源利用，由个体转向整体。这是经济学中的一次革命。后人评价说，经济学中的这场"凯恩斯革命"与天文学中的"哥白尼革命"同样重大。今天看来，这个评价并不过分。

在凯恩斯之前的西方经济学界，人们普遍接受以亚当·斯密为代表的古典学派的观点，即在自由竞争的市场经济中，政府只扮演一个简单的被动的角色——"巡夜警察"。凡是在市场经济机制作用下，依靠市场能够达到更高效率的事，都不应该让政府来做。国家机构仅仅执行一些必不可少的重要任务，如保护私人财产不被侵犯，但从不直接插手经济运行。

然而，历史的事实证明，自由竞争的市场经济导致了严重的财富不均，经济周期性巨大震荡，社会矛盾尖锐。1929~1933年间爆发的全球性经济危机就是自由经济主义弊症爆发的结果。因此，以凯恩斯为代表的一批凯恩斯主义者浮出水面。他们提出，现代市场经济的一个突出特征，就是政府不再仅仅扮演"巡夜警察"的角色，而是要充当一只"看得见的手"，平衡及调节经济运行中出现的重大结构性问题。

相比于亚当·斯密的自由主义，凯恩斯主义认为，凡是政府调节能比市场提供更好服务的地方，凡是个人无法进行平等竞争的事务，都应该通过政府的干预来解决问题。凯恩斯强调政府的作用：即政府可以协调社会总供需的矛盾、制定国家经济发展战略、进行重大比例的协调和产业调整。它最基本的经济理论，是主张国家采用扩张性的经济政策，通过增加需求促进经济增长。

凯恩斯主义经济学或凯恩斯主义是根据凯恩斯的著作《就业、利息和货币通论》（凯恩斯，1936）的思想基础上的经济理论。

引起20世纪30年代大危机的正是总需求不足，用凯恩斯的话来说是有效需求不足。通货膨胀、失业、经济周期都是由总需求的变动所引起的。当总需求不足时就会出现失业与衰退。当总需求过大时就会出现通货膨胀与扩张。

当总需求不足时，凯恩斯主张国家采用扩张性财政政策（增加政府各种支出和减税）与货币政策（增加货币供给量降低利率）来刺激总需求。当总需求过大时，凯恩斯主张采用紧缩性财政政策（减少政府各种支出和增税）与货币政策（减少货币量提高利率）来抑制总需求。这样就可以实现既无通货膨胀又无失业的经济稳定。

凯恩斯主义肯定了政府干预在稳定经济中的重要作用。战后各国政府在对经济的宏观调控中尽管犯过一些错误，但总体上还是起到了稳定经济的作用。战后经济周期性波动程度比战前小，而且没有出现30年代那样的大萧条就充分证明了这一点。

从20世纪四五十年代以来，凯恩斯的理论得到后人的进一步拓展，使之不断完善和系统化，从而构成了凯恩斯宏观经济学的完整体系。这些拓展主要体现在希克斯和汉森同时创建的"IS-LM1模型"、莫迪利安尼提出的"生命周期假说"、弗里德曼提出的"永久收入说"、托宾对投资理论的发展、索罗等人对经济增长理论的发展以及克莱因等人对宏观经济计量模型的发展。

西方资本主义国家也逐步从经济自由主义转向国家干预经济的凯恩斯主义；与此同时，作为国家宏观调控的经济手段之一的税收和法律手段之一的税法，其经济调节等职能被重新认识并逐渐加以充分运用。

今天，在现代市场经济日益向国际化和全球趋同化方向发展的趋势下，世界各国在继续加强竞争立法，排除市场障碍，维持市场有效竞争，并合理有度地直接参与投资经营活动的同时，越来越注重运用包括税收在内的经济杠杆对整个国民经济进行宏观调控，以保证社会经济协调、稳定和发展，也就满足了人们对经济持续发展、社会保持稳定的需要。

第二章

经济周期

经济发展的高潮与低谷——经济周期

经济周期，又称商业周期或商业循环，它是指国民总产出、总收入和总就业的波动。这种波动以主要的宏观经济变量，如就业率、物价水平、总产量等普遍的扩张或收缩为基本特征。一般来说，一个完整的经济周期可以分为萧条、复苏、繁荣、衰退几个阶段，其中两个最主要的阶段是衰退阶段和扩张阶段。繁荣，即经济活动扩张或向上的阶段（高涨）；衰退，即由繁荣转向萧条的过渡阶段（危机）；萧条，即经济活动收缩或向下的阶段；复苏，即由萧条转向繁荣的过渡阶段。

经济周期的特征：

（1）经济的波动性：经济周期或经济的周期性波动，最突出的表现是经济中的实际 GDP 对潜在 GDP 呈现出来的阶段性的偏离。

（2）共同运动性：用与同期产出的相关系数表示。大多数宏观经济变量具有顺周期的特征。只有实际利率除外。

（3）持久性：西方经济学家一般认为，经济周期的形式和持续时间是不规则的。没有两个完全相同的经济周期，也没有像测定行星或钟摆那样的精确公式可用来预测经济周期的发生时间和持续时间。相反，经济周期可能更像天气那样变化无常。这就增加了人们对经济周期认识上的复杂性。

经济永远在繁荣和衰退之间循环，人们对于未来生活总是从乐观的高峰跌落到失望的深渊，又在某种契机下雄心再起。

经济周期既有破坏作用，又有"自动调节"作用。在经济衰退中，一些企业破产，退出商海；一些企业亏损，陷入困境，寻求新的出路；一些企业顶住恶劣的气候，在逆境中站稳了脚跟，并求得新的生存和发展。

经济周期可以通过很多重要的渠道影响到我们。例如，当产出上升时，找工作变得比较容易；当产出下滑时，寻找一份理想的工作就会比较困难。

经济周期不同阶段的影响：经济周期波动的扩张阶段，是宏观经济环境和市场环境日益活跃的季节。这时，市场需求旺盛，订货饱满，商品畅销，生产趋升，资金周转灵便。企业的供、产、销和人、财、物都比较好安排。企业处于较为宽松有利的外部环境中。经济周期波动的收缩阶段，是宏观经济环境和市场环境日趋紧缩的季节。这时，市场需求疲软，订货不足，商品滞销，生产下降，资金周转不畅。

企业在供、产、销和人、财、物方面都会遇到很多困难。企业处于较恶劣的外部环境中。

从1978年以来，我国经济增长率最高的波峰年分别是1978年（11.7%）、1984年（15.2%）、1992年（14.2%）和2007年（13%）；经济增长率最低的波谷年分别是1981年（5.2%）、1990年（3.8%）、1999年（7.6%）和2009年（假设2009年为本轮周期的波谷年，增长率为8%）。如果依据波峰年计算周期的长度，从1978年到2007年的29年间，总共形成了3个经济周期，周期的平均长度为9.66年；若依据波谷年计算周期的长度，从1981年到2009年的28年间也形成了3个经济周期，周期的平均长度为9.33年。

从工业化到现在，世界经济呈现出具有规律性的周期变动已经历了5个长周期，即分别以"早期机械化"技术革命、"蒸汽动力和铁路"技术革命、"电力和重型工程"技术革命、"福特制和大生产"技术革命和"信息和通讯"技术革命为主导的世界经济周期。

作为市场经济中的任何一分子，对经济周期波动必须了解、把握，并能制订相应的对策来适应周期的波动，否则将在波动中丧失生机。在市场经济条件下，企业家们越来越多地关心经济形势，也就是"经济大气候"的变化。而作为政府部门，认识经济周期在市场经济中的运行规律和特征，有助于政府在制定扩张性或收缩性的经济政策以及进行政策转换时，增强预见性，避免滞后性。

经济周期一般有长短之分，下面主要介绍几种经济周期的学说。

库兹涅茨周期，一种长经济周期。1930年美国经济学家库兹涅茨提出的一种为期15~25年，平均长度为20年左右的经济周期。由于该周期主要是以建筑业的兴旺和衰落这一周期性波动现象为标志加以划分的，所以也被称为"建筑周期"。

朱格拉周期，是一种中周期。1862年法国医生、经济学家克里门特·朱格拉在《论法国、英国和美国的商业危机以及发生周期》一书中首次提出。提出了市场经济存在着9~10年的周期波动。这种中等长度的经济周期被后人一般称为"朱格拉周期"，也称"朱格拉"中周期。

基钦周期，是一种短周期，又称"短波理论"。1923年美国的约瑟夫·基钦从厂商生产过多时，就会形成存货，就会减少生产的现象出发，他在《经济因素中的周期与倾向》中把这种2到4年的短期调整称之为"存货"周期，人们亦称之为"基钦周期"。

康德拉季耶夫周期，长周期或长波。它是1926年苏联经济学家康德拉季耶夫提出的一种为期50~60年的经济周期。该周期理论认为，从18世纪末期以后，经历了3个长周期。第一个长周期从1789年到1849年，上升部分为25年，下降部分为35年，共60年。第二个长周期从1849年到1896年，上升部分为24年，下降部分为23年，共47年。第三个长周期从1896年起，上升部分为24年，1920年以后进入下降期。

没有一刻，经济是停滞的——经济流动

根据央行公布的数据，截至2009年6月末我国国家外汇储备余额达到了2.1316万亿美元，其中5月份我国金融机构新增外汇占款为2425.65亿元，幅度大大高于2009年以来金融机构单月平均1500亿元左右的外汇占款增量，6月份金融机构新增外汇占款为1327.16亿元。尽管6月份金融机构外汇占款增速有所放缓，但外贸顺差仍呈下降态势，中国经济回暖向好预期加大了资金流入的冲动。

从国内情况来看，央行在短时间内向市场注入了巨量流动性。央行公布数据显示，6月份代表经济活跃程度的狭义货币供应量（M1）同比增速为24.79%，代表流动性情况的广义货币供应量（M2）同比增速达到28.46%，成为自1997年3月央行公布此项数据以来的最快增速。2009年上半年我国新增信贷爆发式增长，6个月信贷规模达到7.37万亿，同比增速达到34.4%，也创造了改革开放以来的增速之最。在M1加速的同时，M1、M2同比增速的"剪刀口"却连续第5个月不断收窄，意味着存款活期化趋势明显，经济活动在回暖，开工项目在增加。

经济复苏，国内流动性充裕，再加上更多的短期国际资本的流入，充裕的流动性将会促使通胀预期不断升温，但在实际通胀发生前，适度宽松的货币政策仍将继续。

流动性指整个宏观经济的流动性，指在经济体系中货币的投放量的多少。流动性应以适度为好，流动性太小，市面上的流动资金少，就会拖经济发展的后腿；流动性过剩，会造成经济泡沫，比如股市和房地产泡沫，引发投资热，造成通货膨胀。

由于货币具有使用上的灵活性，人们宁肯以牺牲利息收入而储存不生息的货币来保持财富的心理倾向。

凯恩斯认为，在资本市场上，人们有一种宁愿持有货币，而不愿持有股票和债券等能生利但较难变现的资产的偏好。由此他提出流动性陷阱的假说，即当一定时期的利率水平降低到不能再低时，人们就会产生利率上升而债券价格下降的预期，货币需求弹性就会变得无限大，即无论增加多少货币，都会被人们储存起来。发生流动性陷阱时，再宽松的货币政策也无法改变市场利率，使得货币政策失效。

流动性偏好的主要内容是：

（1）利率。凯恩斯认为利率是纯粹的货币现象。因为货币最富有流动性，它在任何时候都能转化为任何资产。利息就是在一定时期内放弃流动性的报酬。利率因此由货币的供给和货币的需求所决定。

（2）货币需求曲线的移动。在凯恩斯流动性偏好理论中，导致货币需求曲线移动的因素主要有两个，即收入增长引起更多的价值储藏，并购买更多的商品；物价的高低通过实际收入的变化影响人们的货币需求。

（3）货币供给曲线的移动。凯恩斯假定货币供给完全为货币当局所控制，货币供给曲线表现为一条垂线，货币供给增加，货币供给曲线就向右移动，反之，货币供给曲线就向左移动。

（4）影响均衡利率变动的因素。所有上述这些因素的变动都将引起货币供给和需求曲线的移动，进而引起均衡利率的波动。

总共的资金量，在一个时间阶段是几乎不会变化的：一部分被以储蓄的形式封存在银行中，另一部分流通在市场中和人民手中。所谓流动性过剩，就是流通在市场上和人民手中的资金过多，造成货币泛滥，每一个货币对应到的商品价值太小，也就是"货币贬值"，严重的，就会引发通货膨胀。

经济发展的衡量标准——经济增长率

经济增长通常是指在一个较长的时间跨度内，一个国家人均产出（或人均收入）水平的持续增加。总产出通常用国内生产总值（GDP）来衡量，所谓经济增长就是指国内生产总值的增长必须保持合理的、较高的速度。

与经济周期波动中产出的恢复性增长不同，经济增长在此来说是一个长期概念，其实质是潜在国民产出的增加或经济系统生产能力的增长。其次，经济增长也不同于"经济发展"（economic development）。如果说经济增长是一个单纯的"量"的概念，那么经济发展就是一个比较复杂的"质"的概念，衡量的是一个国家以经济增长为基础的政治、社会、文化的综合发展。也就是说，经济增长是经济发展的"必要而非充分"条件。

经济增长率是末期国内生产总值与基期国内生产总值的比较。对一国经济增长速度的度量，通常用经济增长率来表示。经济增长率也称经济增长速度，它是反映一定时期经济发展水平变化程度的动态指标，也是反映一个国家经济是否具有活力的基本指标。它的大小意味着经济增长的快慢，意味着人民生活水平提高所需时间的长短，所以政府和学者都非常关注这个指标。

如果变量的值都以现价计算，则公式计算出的增长率就是名义增长率，反之如果变量的值都以不变价（以某一时期的价格为基期价格）计算，则公式计算出的增长率就是实际增长率。在量度经济增长时，一般都采用实际经济增长率。

经济增长率的计算分为两种，一个是年度经济增长率的计算，衡量的是两年之间经济的变化。

年度经济增长率的计算比较简单，就是后一年的经济指标（如 GDP 或人均 GDP）减去前一年的经济指标再除以前一年的经济指标，如果我们用百分数来表示的话还要再乘上百分百，比如我国 2003 年的 GDP 是 61687.9 亿元（按 1990 年价格计算，以下同），而 2004 年的 GDP 是 67548.2 亿元，因此 2004 年的经济增长率就是 0.095，用百分数来表示就是 9.5%。

另外一个就是年均经济增长率的计算，衡量的是若干年来经济的平均变化情况。

年均经济增长率的计算就比较复杂，为了准确起见，我们用数学符号和公式来表述。假设一个经济变量 y 的值由初始值 y_0 经过 n 个时间段（比如年、月、日等）后变为 y_n，则在每个时间段里 y 的平均增长率应该是 $g=(y_n/y_0-1)/n$。举例来说，按 1990 年价格计算，中国 1952 年人均 GDP 为 1250.24 元，2004 年人均 GDP 为 5196.5 元，则按照这个公式计算，这 52 年人均 GDP 年均增长率为 6.07%。但是如果年均经济增长率比较小的话，也可以按照指数的形式来计算，计算公式是 $g=(I_n \cdot y_n/y_0)/n$。比如，以 1996 年美元来衡量，美国的真实人均国内生产总值（GDP）从 1870 年的 3340 美元上升到 2000 年的 33330 美元，则按照这个公式计算，美国这 130 年的人均年均增长率是 1.8%。

经济增长率的高低体现了一个国家或地区在一定时期内经济总量的增长速度，也是衡量一个国家或地区总体经济实力增长速度的标志。

决定经济增长的因素主要有以下几方面：

一是投资量。一般情况下，投资量与经济增长成正比。

二是劳动量。在劳动者同生产资料数量、结构相适应的条件下，劳动者数量与经济增长成正比。

三是生产率。生产率是指资源（包括人力、物力、财力）利用的效率。提高生产率也对经济增长直接作出贡献。

三个因素对经济增长贡献的大小，在经济发展程度不同的国家或不同的阶段，是有差别的。一般来说，在经济比较发达的国家或阶段，生产率提高对经济增长的贡献较大。在经济比较落后的国家或阶段，资本投入和劳动投入增加对经济增长的贡献较大。

经济发展过快并不是好事——经济过热

2004年4月13日，国家统计局发布2004年一季度国民经济和社会发展统计数据："今年一季度国内生产总值同比增长9.7%。其中第一产业增长4.5%；第二产业增长11.6%；第三产业增长7.7%。中国经济在去年增长9.1%的基础上继续高位运行。"

公布的各项数据中，43%的固定资产投资增长率特别引人注目，尤其在前两个月投资增长53%，创1994年以来同期最高。国家统计局新闻发言人郑京平表示，固定资产投资增长过快，造成主要原材料、能源、运输等"瓶颈"约束加剧和价格上涨压力加大。2003年中国经济在遭受"非典"的打击后仍然能够保持9.1%的高速度让全世界都张大了嘴巴。2004年一季度GDP同比增长9.7%，固定资产投资增长率43%。"中国经济就像一辆下坡的高速大巴！"《金融时报》专栏专家詹姆斯·金这样描述他对中国经济高速发展的惊讶。

在这个阶段，经济学界曾经就中国经济是否过热发生了激烈的争论。争论的双方分别为主张已经过热的吴敬琏、樊钢、林毅夫和主张不过热的厉以宁、萧灼基、胡祖六等。

所谓经济过热，是指市场供给发展的速度与市场需求发展的速度不成比例。当资本增长速度超过市场实际所需要的周期量后，在一定的周期阶段内就出现相应的市场资源短缺与一定资源的过剩同时出现的矛盾现象。

在一定时期经济过热会表现为经济高速发展与物价指数双高的现象。依据经济学的定义看，实际增长率超过了潜在增长率叫经济过热，它的基本特征表现为经济要素需求超过总供给，由此引发物价指数的全面持续上涨。

具体判断：（1）固定资产投资增长速度连续几年明显快于GDP的增长，是经济过热在一个方面的重要反映。（2）能源原材料供应紧张，价格上升太快。（3）产能过剩、产品积压。在现有的投资增长中，许多投资停留在中间环节，有的项目选得不好，没有形成生产能力，也有的形成了生产能力，但开工不足，产能过剩。这些反映在经济增长速度上，虽然GDP、企业利润、财政税收、就业等都有了增长，但缺少最终需求支撑，产生了很大浪费。（4）资源环境压力增大，安全生产事故时有发生。经济增长所带来的资源消耗高、浪费大问题，加剧了环境的压力，也是经济过热在一个方面的重要表现。

在20世纪90年代初期，GDP增幅连续几年超过10%，由于总供给明显超过总需求，通货膨胀持续了数年。所以经济发展过热也不是件好事。

经济过热可以分为"消费推动型经济过热"和"投资推动型经济过热"。由于居民消费旺盛而导致的经济过热称为消费推动型经济过热；"投资推动型经济过热"，亦即"过度投资"，它包含两方面的意思。

第一，投资项目完工后，生产的产品没有预期的市场需求，产品大量堆积，资金无法收回，导致生产资料的严重浪费。在这个层面上的"过度"指的是投资相对市场需求过度。

第二，投资规模铺开得过大，以至于超过了财力负担能力，使得投资不能按预定计划完成，无法形成预期的生产能力。这个层面上的"过度"是投资规模相对于财力负担的过度。

国家需要使出哪些杀手锏——经济衰退

2001年东南亚国家经济表现远不如2000年，出现了自金融危机爆发以来的第二次衰退。新加坡经济自2001年第二季度以来即呈现负增长，全年的经济增长率为-2.0%，是东南亚国家中表现最为疲软的；马来西亚经济自2001年第三季度起转呈负增长，全年的经济增长率虽仍取得0.4%的正增长，但远低于2000年的8.3%；菲律宾经济在投资与消费支出支撑下增长3.4%，略低于2000年的4.0%；印尼经济增长3.3%，低于2000年的4.8%；泰国经济增长也明显放缓，增长1.8%，低于2000年的4.6%。

新加坡所受的影响程度比其他东盟四国大得多，其经济增长率从2000年的10.3%下降到2001年的-2.0%，下降了12.3个百分点，远远大于其他东盟四国的下降幅度。其他东盟四国在金融危机期间都是重灾区，到了第二次经济衰退期间尽管它们的国内经济结构还存在不少问题，不良债权处理也还不彻底，但它们对美国市场、信息技术产品的出口依赖程度已比新加坡低，故其所受的影响程度也较低。其他东盟四国中马来西亚的经济对出口的依赖程度及其出口对美国市场的依赖程度最高，加之其出口产品多为信息电子产品，因此所受到的影响在东盟四国中也最大（其经济增长率的下降幅度比其他三国至少高出5个百分点）。

经济衰退（Recession），指经济出现停滞或负增长的时期。不同的国家对衰退有不同的定义，但美国以经济连续两个季度出现负增长为衰退的定义被人们广泛使用。而在宏观经济学上通常定义为"在一年中，一个国家的国内生产总值（GDP）增长连续两个或两个以上季度出现下跌"。但是这个定义并未被全世界各国广泛接受。比如，美国国家经济研究局就将经济衰退定义成更为模糊的"大多数经济领域内的经济活动连续几个月出现下滑"。凯恩斯认为对商品总需求的减少是经济衰退的主要原因。

衰退阶段的特征：

（1）通常消费者购买急剧下降。由于厂商会对此作出压缩生产的反应，所以实际会下降。紧随其后，对工厂和设备的企业投资也急剧下降。

（2）对劳动的需求下降。首先是平均每周工作时间减少，其后是被解雇员工的数量和失业率上升。

（3）产出下降，导致通货膨胀步伐放慢。对原材料的需求下降，导致其价格跌落。工资和服务的价格下降的可能性比较小，但在经济衰退期它们的增长趋势会放慢。

（4）企业利润在衰退中急剧下滑。由于预期到这种情况，普通股票的价格一般都会下跌，同时，由于对贷款的需求减少，利率在衰退时期一般也会下降。

2007年2月13日美国新世纪金融公司（New Century Finance）发出2006年第四季度盈利预警。2007年3月13日，新世纪金融公司宣布濒临破产，美股大跌，道指跌2%、标普跌2.04%、纳指跌2.15%。面对来自华尔街174亿美元逼债，作为美国第二大次级抵押贷款公司——新世纪金融（New Century Financial Corp）在4月2日宣布申请破产保护、裁减54%的员工。

2007年7月19日，贝尔斯登旗下两家对冲基金陷入崩溃，8月8日，美国第五大投行贝尔斯登宣布旗下两支基金倒闭，原因同样是由于次贷风暴。2008年3月14日该投资银行面临破产。

2007年8月2日，德国工业银行宣布盈利预警，后来更估计出现了82亿欧元的亏损，因为旗下的一个规模为127亿欧元的"莱茵兰基金"（Rhineland Funding）

以及银行本身少量的参与了美国房地产次级抵押贷款市场业务而遭到巨大损失。德国央行召集全国银行同行商讨拯救德国工业银行的一揽子计划。美国第十大抵押贷款机构——美国住房抵押贷款投资公司 8 月 6 日正式向法院申请破产保护，成为继新世纪金融公司之后美国又一家申请破产的大型抵押贷款机构。到 2008 年 1 月，汇丰控股拨备损失将需 130 亿美元。

2007 年 8 月 9 日，法国第一大银行巴黎银行宣布冻结旗下三支基金，同样是因为投资了美国次贷债券而蒙受巨大损失。此举导致欧洲股市重挫。8 月 13 日，日本第二大银行瑞穗银行的母公司瑞穗集团宣布与美国次贷相关损失为 6 亿日元。日、韩银行也因美国次级房贷风暴产生损失。据瑞银证券日本公司的估计，日本九大银行持有美国次级房贷担保证券超过 1 万亿日元。此外，包括 Woori 在内的五家韩国银行总计投资 5.65 亿美元的担保债权凭证（CDO）。2007 年 9 月，花旗集团和美林证券，分别亏损 110 亿和 79 亿美元。2008 年 1 月 14 日，瑞士银行宣布 4 季度亏损 114 亿欧元。同样的，次贷危机发生后香港股票市场连续四个月下跌，跌幅接近 10000 点。时至 2008 年年初，随着美联储不断地向市场提供流通性与降低利率，整个金融市场波澜不惊，看似一切都在掌控之中。有些乐观的分析人士甚至表示危机会在年底见底。

2008 年 9 月 16 日，俄罗斯主要证券交易所之一的俄罗斯交易系统（RTS）停止了股票和债券的交易。这是由于俄罗斯交易系统指数已经下跌超过 8%，停盘将持续到 17 日开盘。俄罗斯副总理兼财政部长阿列克谢·库德林认为，俄罗斯股市下跌的关键因素是西方持续的经济危机，而政治因素将很快消失。库德林说："当然，关键因素是西方持续的金融危机，而我们股市的指数是跟随着世界指数的。"

2008 年 10 月 10 日，冰岛因次贷危机基本冻结了外汇资产，并将三大银行国有化，但因债务问题与英国等国发生外交纠纷。

2008 年 12 月 24 日英国国家统计局宣布，第三季度英国 GDP 比前一季度下降 0.5%，这是过去 16 年来英国经济首次出现收缩。受此影响，24 日伦敦汇市英镑对美元继续下挫，1 英镑兑换 1.5269 美元，为 2002 年 8 月以来的最低点。

金融危机波及全球，随着全球金融危机的深化，全球经济也不可避免地出现了经济衰退、货币贬值、企业倒闭、失业猛增等现象。在欧美国家，失业的白领沦落至街头卖艺度日。经济衰退使得不少商家面临破产。拥有 800 多家店铺的伍尔沃思连锁超市已宣布 2009 年 1 月 5 日全部关张；有 122 年历史的咖啡老店切尔西惠塔德宣布被接管；欧洲人不得不暂时告别过度开支；重新崇尚节俭的"敦刻尔克精神"在英国重现。

为应对全球经济衰退的局势，中国政府使出了以下"撒手锏"：

1. 积极的财政政策

央行宣布，自 2008 年 10 月 27 日起，将商业性个人住房贷款利率的下限扩大为贷款基准利率的 0.7 倍；最低首付款比例调整为 20%。央行还下调了个人住房公积金贷款利率。

2008年11月5日，国务院常务会议公布拉动内需十项措施和4万亿元投资计划，包括在全国全面实施增值税转型改革。

2008年11月12日，国务院提出扩大内需四项实施措施：核准审批固定资产投资项目；决定提高部分产品出口退税率；确定中央财政地震灾后恢复重建基金的具体安排方案；提出进一步加强林业生态恢复重建的政策措施。

2. 宽松的货币政策

2008年10月29日，中国人民银行宣布一年期人民币存贷款基准利率均下调0.27个百分点。2008年11月26日，中国人民银行宣布下调金融机构一年期人民币存贷款基准利率各1.08个百分点；下调工商银行、农业银行、中国银行、建设银行、交通银行、邮政储蓄银行等大型存款类金融机构人民币存款准备金率1个百分点，下调中小型存款类金融机构人民币存款准备金率2个百分点。

3. 产业结构的调整政策

2008年11月20日，国务院常务会议确定了促进轻纺工业健康发展的6项政策措施：增加各级财政扶持中小企业发展专项资金规模；继续适当提高纺织品、服装和部分轻工产品出口退税率，清理和取消涉及轻纺企业的各种不合理收费等。

2009年2月25日，有色金属业和物流业振兴规划获通过，至此，纺织业、钢铁业、汽车业、船舶业、装备制造业、电子信息产业、轻工业、石化产业、物流业、有色金属业十大规划全部出齐。

引起第二次世界大战的根本原因——经济萧条

经济萧条是指长时期的高失业率、低产出、低投资、企业信心降低、价格下跌和企业普遍破产。工商业低落的一个温和的形式是衰退，它同萧条有许多共同点，但在程度上较弱。今天，衰退的精确定义是实际国内生产总值至少连续两个季度下降。大萧条是以商业和普遍繁荣的衰退为特征的一种经济状况。

1929年10月29日是美国历史上最黑暗的一天。"黑色星期二"是股票市场崩盘的日子，"经济大萧条"（Great Depression）也正式开始。失业率攀升到最高点，1933年，有四分之一的劳工失业。

1929年的经济大危机引发了各国严重的政治危机，为摆脱经济危机各国打起了贸易壁垒战，严重依赖美国的德国和严重依赖外国市场的日本，都无法通过自身内部经济政策的调整来摆脱危机，只能借助原有的军国主义与专制主义传统，建立法西斯专政进行疯狂对外扩张。欧、亚战争策源地形成。

1931年日本发动"九·一八"事变、1935~1936年意大利侵略埃塞俄比亚、1936~1939年德、意武装干涉西班牙、德国吞并奥地利、慕尼黑协定的签订和德国占领捷克斯洛伐克、1939年9月初德国突袭波兰。

美国于 1941 年加入第二次世界大战后，经济大萧条也随之退出。美国与英国、法国、苏联等同盟国共同对抗德国、意大利和日本。这场战争死亡的人数不断增加。在德国于 1945 年 5 月投降之后，欧洲的战火也随之熄灭。在美国于广岛和长崎投下原子弹后，日本也随即在 1945 年 9 月投降。

经济大衰退是于 1929 年的美国发生的。当时，美国大部分的股票价格暴跌，股票市场崩溃，很多人在一夜间丧失全部资产，引起了全国的经济大恐慌。大量工厂、银行因此倒闭，全国陷入经济困境。

经济大衰退导致极权主义在德国日本兴起，而且带给美、英、法等西方国家严重的失业及社会不稳定等问题，致使它们没有能力联合起来阻止极权国家的侵略行动。而罗斯福新政在一定程度上减缓了经济危机对美国经济的严重破坏，促进了社会生产力的恢复。由于经济的恢复，使社会矛盾相对缓和，从而遏制了美国的法西斯势力。

正是由于 20 世纪的经验和教训，在遇到 2008 年经济危机的时候，美国经济免于遭遇第二次大萧条，在平息此轮经济危机中起到关键作用的是"大政府"的救助行为。

著名经济学家克鲁格曼认为，2008 年年底经济危机爆发时，其严重程度几乎堪比 20 世纪 30 年代"大萧条"时期的银行业危机：世界贸易、世界工业产值、全球股市等一系列指标下降速度赶上甚至超过了当时。但与"大萧条"时代所不同的是，在本轮危机中，经济并未如当时一般直线下滑，而是在经历了糟糕的一年后逐渐开始触底。他认为，美国之所以免于重蹈"大萧条"覆辙，答案是政府在两次危机中所扮演的角色截然不同。

首先，在本次危机中，最关键的并非政府有所为，而是政府有所不为：与私人部门不同，联邦政府没有大幅缩减开支。尽管财政收入在经济收缩的时期大幅下降，社会保险、医疗保险、公职人员收入等都得到了应有的保障。而这些方面的支出都对下滑的经济起到了一定的支撑作用，成为政府的"自动稳定器"。而在"大萧条"时代，政府支出占 GDP 总量的比例则相对小得多。尽管危机时期的大笔财政支出会导致政府的财政赤字，但是从避免危机深化的角度来说，赤字反能成为一件好事。

其次，政府除了持续发挥其自身的稳定效用之外，还进一步采取措施稳定金融部门，为银行提供救助资金。尽管也许现行的银行救助计划的规模及形式等方面存在缺憾，但是如果没有采取此类措施，情况势必会更加糟糕。在应对本轮危机时，政府没有采取 20 世纪 30 年代的放任不管、任由银行系统崩溃的态度，而这正是"大萧条"没有重现的另外一个重要原因。

最后，政府在经济刺激计划方面进行了深刻思考，并付出了努力。据预测，如果没有实施经济刺激计划，将有比现在多 100 万美国人失去就业机会。正是经济刺激计划将美国经济从自由落体式下降的旋涡中拖了出来。

由此看来，面临经济萧条时，政府应该起到更大的作用！

经济停滞与通货膨胀并存——滞胀

1973 年中东战争期间，石油输出国的石油斗争导致西方国家发生的石油危机成为经济危机触发的重要原因。这次由石油危机所引发的经济危机有一个最为突出的特点，就是这次危机造成了西方资本主义经济较长时间的"滞胀"：工业生产普遍持续大幅度下降，整个资本主义世界工业生产下降 8.1%，日本高达 20.8%；大批企业破产，股票大跌，美、日、西德等 10 国两年内资本超过百万美元的公司破产 12 万家以上，拥有 50 亿美元资产的富兰克林银行倒闭成为美国历史上最大的银行倒闭事件，股票价格下跌总额达 5000 亿美元；失业人数剧增，创战后最高纪录，所有资本主义国家全部失业人数 1975 年月平均为 1448 万，美国 1975 年 5 月失业率为 9.2%；物价上涨，国际贸易和国际收入逆差严重，危机期间物价指数的上升英国为 43.9%，日本为 32.5%，发达资本主义国家国际贸易入超达 203 亿美元，国际收支逆差为 392 亿美元。1973 年 11 月，经济危机首先从英国开始，美、日、法等国相继卷入。于 1975 年下半年度过最低点。萧条过后，各国经济没有出现全面高涨，而是进入滞胀时期，经济发展速度减慢，通货膨胀和物价上涨严重，失业率居高不下。

从 1987 年 10 月的黑色星期一算起，美国整个国民生产总值的增长率以 1987 年第四季度为最高点，接近 7%，从 1988 年第一季度开始逐季直线下滑，到 1989 年第二季度降到 1.7%，第四季度降到接近零，到 1990 年变为负增长。这次危机从表现上看似乎比较温和，实际上其严重程度比上一次更甚。这次危机经历了历时约两年半的始发阶段，即 1987 年 10 月至 1990 年初，经历了为时三个季度的恶化阶段，又经历了历时约两年半的危机后期阶段，共历时五年又三个季度，呈现"w+w"型。在危机的恶化阶段，工矿业生产指数下降 5.2%，1990 年企业破产数达 6 万家，8 月以后每周宣布破产公司达 1500 家。同时，第三产业也严重衰退，失业率于 1992 年 6 月达最高值 7.8%。日本的情况更糟糕。从 1991 年起，日本经济陷入了长期危机或萧条。从 1990 年至 1992 年 8 月，日经指数下跌了 62%。1992 年日本股票市值与土地市值共损失 406.9 万亿日元，相当于该年国内生产总值 465.4 万亿日元的 87%。除美国以外，日本、德国及西欧主要国家事实上并没有彻底摆脱战后此次经济危机，而是陷入了长期萧条。

滞胀全称停滞性通货膨胀（Stagflation），又称为萧条膨胀或膨胀衰退，在经济学，特别是宏观经济学中，特指经济停滞（Stagnation）与高通货膨胀（Inflation），失业以及不景气同时存在的经济现象。通俗的说就是指物价上升，但经济停滞不前。它是通货膨胀长期发展的结果。

长期以来，资本主义国家经济一般表现为：物价上涨时期经济繁荣、失业率较低或下降，而经济衰退或萧条时期的特点则是物价下跌。西方经济学家据此认为，失业和通货膨胀不可能呈同方向发生。但是，自 20 世纪 60 年代末 70 年代初以来，西方各主要资本主义国家出现了经济停滞或衰退、大量失业和严重通货膨胀以及物价持续上涨同时发生的情况。西方经济学家把这种经济现象称为"滞胀"。

滞胀包括两方面的内容：一方面是经济停滞，包括危机期间的生产下降和非危机期间的经济增长缓慢和波动，以及由此引起的大量失业；另一方面是持久的通货膨胀，以及由此引起的物价上涨。这两种现象互相交织并发，贯穿于资本主义再生产周期的各个阶段，并成为所有发达资本主义国家的共同经济现象。西方经济学家把停滞（Stagnation）和通货膨胀（Inflation）两词合起来，构成停滞膨胀（Stagflation）这一新概念，就表明两者是紧密地结合在一起的。

第二次世界大战以前，经济停滞（包括生产下降）和大量失业只是发生在经济周期的危机阶段和萧条阶段，与此同时发生的则是通货紧缩、物价跌落；而通货膨胀以及由此引起的物价上涨则总是发生在高涨阶段，但在这个阶段里却没有经济停滞和大量失业，当时在经济周期的发展中，"滞"和"胀"是互相排斥的，二者并没有在周期的某一阶段里同时并存。

第二次世界大战以后，情况发生了变化，有些发达资本主义国家曾先后出现了经济停滞与通货膨胀同时并存的现象。例如，美国在 1957 ～ 1958 年的经济危机中，工业生产下降了 13.5%，而消费物价却上涨了 4.2%。意大利也出现了类似的情况。

到了 70 年代，特别是 1973 ～ 1975 年的世界经济危机期间及其以后，"滞胀"开始扩展到所有发达资本主义国家，并且十分严重。在这次危机中，几个主要资本主义国家工业生产的下降幅度都达到了两位数字：美国为 15.3%，英国为 11.2%，联邦德国为 12.3%，法国为 16.3%，日本为 20.8%；同时，上述几个国家的通货膨胀率也达到了两位数字：美国为 15.3%，英国为 43.9%，联邦德国为 11.1%，法国为 19.1%，日本为 32.5%。

1973 ～ 1975 年的危机以后，在 70 年代的后 5 年中，一些发达资本主义国家的经济仍然处于停滞状态，而通货膨胀比 70 年代前 5 年更加严重。

80 年代第一次世界经济危机，即 1980 ～ 1982 年的危机，是在长期"滞胀"的经济条件下爆发的，仍然是在"滞胀"中发展的。在这次危机中，就工业生产来说，美国下降了 11.8%，加拿大下降了 19%，英国下降了 14.8%，联邦德国下降了 12.2%，法国下降了 7.4%（系 1982 年数字），意大利下降了 22%；日本受危机的打击较轻，工业生产下降了 4.1%。与此同时，各国的失业人数和失业率都超过了 1973 ～ 1975 年危机时期的水平。美国 1982 年 12 月份，失业人数高达 1220 万人，失业率为 10.8%。1982 年年底，欧洲经济共同体国家的失业人数达 1200 万人左右，失业率约为 10%。在这次危机的初期，即 1980 年，各国的通货膨胀以及由此引起的物价上涨，比 1973 ～ 1975 年危机期间更加严重，例如，美国 1975 年的消费物价上涨率为 9.1%，而 1980 年则为 13.5%，法国、意大利的物价上涨率也都超过了 1975 年。但由于美、英等国坚持推行货币金融方面的紧缩政策，主要是控制货币发行量和提高利息率，从 1981 年起通货膨胀率开始下降。

第三章

国民收入

绝对公平必然导致绝对损失——效率与公平

公平指人与人的利益关系及利益关系的原则、制度、做法、行为等都合乎社会发展的需要。公平是一个历史范畴，不存在永远的公平。不同的社会，人们对公平的观念是不同的。

公平理论是美国心理学家亚当斯1965年提出的。该理论的基本要点是：人的工作积极性不仅与个人实际报酬多少有关，而且与人们对报酬的分配是否感到公平更为密切。人们总会自觉或不自觉地将自己付出的劳动代价及其所得到的报酬与他人进行比较，并对公平与否作出判断。公平感直接影响职工的工作动机和行为。因此，从某种意义来讲，动机的激发过程实际上是人与人进行比较，作出公平与否的判断，并据以指导行为的过程。

效率就是人们在实践活动中的产出与投入之比值，或者叫效益与成本之比值，如果比值大，效率就高，也就是效率与产出或者收益的大小成正比，而与成本或投入成反比。也就是说，如果想提高效率，必须降低成本投入，提高效益或产出。有人认为它们是对立的，有人认为它们是一致的。但是如何处理公平与效率的关系呢？

（1）效率原则。效率优先，对于企业来说，在竞争中，在同一市场条件下，效率是决定企业生存和发展的关键，所以应以效率为先，企业在制定发展战略时要根据市场需求制定切实可行的发展战略，在企业内部，要尽可能降低成本，提高产品质量。充分挖掘人力资源，调动员工的积极性，从而提高效率。企业的效率好，才能在激烈的市场竞争中处于优势。要发展经济，必须追求效率。

（2）公平原则。公平已经受到越来越多人的关注。因为由于种种原因，社会上存在着弱势群体，对这些弱势群体，政府应当注重公平，通过种种措施进行调节。如向高收入者征收个人所得税，把这部分资金转移给弱势群体；如发放失业救济金，帮助下岗职工再就业；帮助失学儿童重返课堂等。只有这样，才能使弱势群体得到应有的帮助，以获得应有的教育机会和参加职位竞争的机会，挖掘这部分人的潜力，避免人力资源的浪费，提高效率。

公平促进效率，有利于效率的实现，效率为公平的实现提供了物质基础，二者是一致的。反对那种小生产者的绝对平均主义的平等观，提倡多劳多得。但要兼顾公平，国家通过各种办法，用政策加以调节，倾斜于弱势群体，给其以平等的机会参与竞争，参与国家的经济建设，以提高经济效率。

在公平与效率之间，即不能只强调效率忽视了公平，也不能因为公平而不要效率。应该寻求一个公平与效率的最佳契合点，实现效率，促进公平。

生活在城市与农村的两个世界里——城乡差距

2007年8月28日，农业部部长孙政才在向全国人大常委会作国务院关于促进农民稳定增收情况的报告时指出，近几年是我国农民收入增长最快的几年，但城乡居民收入差距也在不断扩大。2007年，农村居民人均纯收入实际增长9.5%，为1985年以来增幅最高的一年；而城乡居民收入比却扩大到3.33：1，绝对差距达到9646元（农村居民收入4140元，城市居民收入13786元），也是改革开放以来差距最大的一年。

这是一个以户籍人口为标准进行统计的数据，如果以职业人口为标准进行农业、非农业人口收入的数据统计，差距可能还会更大。孙政才部长说，2007年我国农村外出就业劳动力达1.26亿人，乡镇企业从业人员为1.5亿，扣除重复计算部分，2007年农民工达到2.26亿人。这2.26亿农民工在城市打工的收入，事实上都计算为农村居民收入而不是城市居民收入了。要想了解中国城乡差距的真实状况，应该把农民打工的非农收入计入城市居民收入而不应该计入农村居民收入。

城乡居民收入差距是指城镇居民人均可支配收入与农民人均纯收入之间的比率。城乡居民收入的比率为3.3：1，也就是说3.3个农民的收入才相当于一个城镇居民的收入。社会群体之间的收入差距超出合理的范围，不仅严重影响农业、农村经济和整个国民经济的持续健康发展，而且还有可能演变成社会问题和政治问题。假如考虑到可比性的因素，城乡收入差距大约在4~6倍。

城乡居民收入存在较大差距最根本的原因在于我国城乡二元管理体制，也就是城乡分割管理体制。由于这种二元体制，无论国民收入分配，还是资源配置、工农业产品价格等方面，都存在着差别，而最终的反映就是城乡居民的收入差别——当然，这个差别在不同时期是有大有小的。

新中国成立后，我国提出了加速实现工业化的奋斗目标。但在当时的历史条件以及西方国家的封锁下，实现工业化的途径和手段，似乎只能是从农业中取得资本的原始积累。于是，政府通过政策和制度手段，通过工农业产品价格的"剪刀差"，将资本从农业转向工业。据统计，在1950~1978年的29年中，政府通过"剪刀差"大约取得了5100亿元；在1979~1994年的16年间，政府通过工农业产品剪刀差从农民那里占有了大约15000亿元的收入，同期农业税收总额1755亿元，各项支农支出3769亿元，政府通过农村税费制度提取农业剩余约12986亿元，农民平均每年的总负担高达811亿元。

改革开放以来，我国城乡居民收入差距经历了一个先缩小后扩大、再缩小再扩大的过程。1978~1985 年，由于农村实行家庭联产承包责任制，农民收入迅速增加，城乡居民收入差距从 1978 年的 2.57 倍缩小到 1.86 倍。但 1984 年城市经济体制开始改革，城乡收入差距又开始拉大，到 1994 年达到 2.86 倍。从 1994 年开始城乡之间收入差距出现了下降的趋势，但是从 1997 年起又逐步扩大。

改革开放以来，城乡二元管理体制存在的一些弊端得到了一定程度的革除，比如农民可以进城务工，符合条件的还可以成为城市居民等。但是，二元管理并没有得到根本性的改变，新的体制还没有完全建立起来，城市居民与农村居民依然存在着一条鸿沟，在国民收入分配上依然是重城市居民而轻农村居民。工农业产品的剪刀差继续扩大，使农民在农业上的收入低微；对进城务工的农民在分配上也是另行一套，农民工和城里人即使从事同一工作，并且工作质量丝毫不逊色，收入也仍然大大低于城市职工，还不能普遍享受医疗保险、社会养老保险、失业保险、住房公积金等社会福利待遇。特别是在我国经济面临通胀的压力下，农业生产资料价格大幅度上升，农民生活消费指数高于城市居民生活消费指数，而农民增收又缺乏新的支持，这样，城乡居民收入的差距自然而然扩大了。

无论高速发展的国民经济，还是巨大的改革开放成就，农民都作出了巨大的贡献和牺牲。现在到反哺农业的时候了，让农民切实享受到经济发展和改革开放的成果，缩小城乡收入差距乃至消除这种差距，根本的途径还是彻底改革城乡二元管理体制。统筹城乡发展，推进城乡一体化。

真正属于自己的价值——GNP

国民生产总值 GNP 是指一个国家的国民在一年中生产的最终产品（包括劳务）的市场价值的总和。一个国家常住机构单位从事生产活动所创造的增加值（国内生产总值）在初次分配过程中主要分配给这个国家的常住机构单位，但也有一部分以劳动者报酬和财产收入等形式分配给该国的非常住机构单位。同时，国外生产单位所创造的增加值也有一部分以劳动者报酬和财产收入等形式分配给该国的常住机构单位。从而产生了国民生产总值概念，它等于国内生产总值加上来自国外的劳动报酬和财产收入减去支付给国外的劳动者报酬和财产收入。

GNP 是本国常住居民生产的最终产品市场价值的总和，它以人口为统计标准。换言之，无论劳动力和其他生产要素处于国内还是国外，只要是本国国民生产的产品和劳务的价值都记入国民生产总值。常住居民包括居住在本国领土的本国公民、暂住外国的本国公民和常年居住在本国的外国公民。

举个例子来说，中国境内的可口可乐工厂的收入，并不包括在我们的 GNP 之中，而是属于美国的；而青岛海尔在国外开厂的收入则可以算在我们的 GNP 中。与 GNP 不同的是，GDP 只计算在中国境内产生的产值，它包括中国境内可口可乐工厂的收入，但不包括青岛海尔在国外开厂的收入。

因此，国民生产总值和国内生产总值的关系是：

国民生产总值＝国内生产总值＋暂住国外的本国公民的资本和劳务创造的价值－暂住本国的外国公民的资本和劳务创造的价值

我们把暂住国外的本国公民的资本和劳务创造的价值减暂住本国的外国公民的资本和劳务创造的价值的差额称作国外净要素收入，于是有：

国民生产总值＝国内生产总值＋国外净要素收入

当国外净要素收入为正值时，国民生产总值就大于国内生产总值；反之，当国外净要素收入为负值时，国民生产总值就小于国内生产总值。

国内生产总值与国民生产总值之间的主要区别有哪些呢？GDP 强调的是创造的增加值，它是"生产"的概念，GNP 则强调的是获得的原始收入。一般讲，各国的国民生产总值与国内生产总值二者相差数额不大，但如果某国在国外有大量投资和大批劳工的话，则该国的国民生产总值往往会大于国内生产总值。

如果一个国家在国外有大量投资和大批劳工的话，那么该国的 GNP 往往会大于 GDP。比方说，日本在海外有大量的投资，那么，它的 GNP 就比 GDP 数字要大。在 2001 年度，日本的 GNP 比 GDP 高 8.5 万亿日元（大约折合 800 亿美元），相当于日本 GDP 的 2.5 个百分点。换句话说，即使是日本国内经济增长率为零，但是，有来自国外的这 800 亿美元的投资净收入，也可以保证其 GNP 增长 2.5% 左右。

再比如说菲律宾，有大量的菲律宾妇女在海外充当佣人（简称"菲佣"），她们每年汇往菲律宾的外汇收入高达 100 亿美元！这样，菲律宾的 GNP 肯定比 GDP 要高。

不同时期的国民生产总值的差异既可能是由于商品和劳务的实物数量的区别，也可能是由于价格水平的变化。为了能够对不同时期的国民生产总值进行有效的比较，我们选择某一年的价格水平作为标准，各年的国民生产总值都按照这一价格水平来计算。这个特定的年份就是所谓的基年（base year），这一年的价格水平就是所谓的不变价格（constant price）。

用不变价格计算的国民生产总值叫作实际国民生产总值（real GNP），用当年价格（current price）计算的国民生产总值叫作名义国民生产总值（nominal GNP）。

需要指出的是，在实际国民生产总值的核算中，各个国家一般每过几年就重新确定一个基年。当我们把 2000 年作为基年时，该年的名义国民生产总值和实际国民生产总值就会相等。假定价格水平一直处于上升过程，那么，在 2000 年以前，名义国民生产总值就会小于实际国民生产总值；在 2000 年以后，名义国民生产总值就会大于实际国民生产总值。

收入差别为什么这么大——个人收入

2010 年 3 月 18 日，美国知名媒体福布斯杂志中文版率先发布了 2009 年中国名人榜。

姚明继2008年以5600万美元（按照当时汇率折合大约3亿8780万元人民币）年收入位居排名榜首之后，在2009年姚明同样以3亿5777万人民币的收入继续雄踞所有排名榜首，几乎没有受到任何经济危机的影响。而刘翔的个人收入依然稳居第二名，以1亿3028万傲视姚明之外的"名人榜群雄"。

此外，我们所熟悉的明星还有：章子怡7800万的个人收入虽然无法和姚明相提并论，但还是相当可观；易建联的个人收入从2008年的2900万人民币上升至2009年的3710万；而郭晶晶的个人收入也达到3050万；乒乓名将张怡宁的个人收入达到1345万，王励勤个人收入达到1150万；而林丹的个人收入则为1475万。

近年来，个人收入的多少被看作是身份的象征，于是出现了各种类型的收入排行榜。不管是哪种排行榜，也无论在排行榜中位居第几，能在榜上留名的人物，他们的个人收入都非常可观。姚明这些明星们的收入如此之高，当然也是和他们的辛苦付出以及明星效应成正比的。

个人收入作为一项经济指标，是指个人从各种途径所获得的收入的总和。个人收入反映的是个人的实际购买水平，预示了消费者未来对于商品、服务等需求的变化。个人收入指标可以用于预测个人的消费能力，是对未来消费者的购买动向及评估经济情况好坏的一个有效指标。

总体说来，个人收入提升总比下降的好，个人收入提升代表经济景气，下降当然是放缓、衰退的征兆，对货币汇率走势的影响不言而喻。如果个人收入上升过急，央行担心通货膨胀，又会考虑加息，加息当然会对货币汇率产生强势的效应。

对于大多数人来说，个人收入主要由两部分组成，一是工资总额，二是工资外收入。关于工资总额很好理解，就是单位在一定时期内直接支付给本单位职工的全部报酬总额，包括计时工资、计件工资、奖金津贴、补贴、加班工资等。而工资外收入则是指职工在工资总额以外在本单位内及单位外获得的现金或实物，主要包括保险性福利费用、财产性收入、转移性收入等。

个人收入主要反映了居民的收入情况。随着全国经济运行质量的提高，人们的个人收入水平也得到了较大幅度的增长。在个人收入的分配与再分配过程中，"个人可支配收入"比单纯的个人收入更有价值，因为它代表每个人可用于消费支出或用来储蓄的货币金额。个人可支配收入指个人收入扣除向政府缴纳的个人所得税、遗产税和赠与税、不动产税、人头税、汽车使用税以及交给政府的非商业性费用等以后的余额。

国家统计局于2009年7月27日公布了上半年的居民收入情况，全国城镇居民人均可支配收入实际增长11.2%，全国农村居民人均现金收入实际增长8.1%。调查资料显示，2009年上半年城镇居民人均可支配收入8856元人民币，农村居民人均现金收入2733元。

但是很多人认为国家统计局公布的居民收入增长之快，与他们自身的真实收入相比，存在很大偏差。其实制约公众工资增长和消费"感觉"的，不单是收入和消费的绝对增长幅度，还有住房、养老、医疗、教育、保险等公共产品的供给与保障。目前这些公共产品的供给却始终难以让人乐观——昂贵的医疗救治、动辄大谈市场化的教育、坚挺飞涨的房价犹如三座大山，压得在俗世中生活的人们喘不过气来。尤其在经济危机的大背景之下，人们生存的状况更是步履艰难。如此情境下，可支配收入自然感觉不到涨；消费支出，更是分分都要花在刀刃上。

我们的个人收入是在不断增长的，这一点毋庸置疑。在个人收入不断增长的同时，我国的 GDP 也在不断攀升，只是近些年来个人收入的增长幅度多数年份低于 GDP 的增长，居民最终对 GDP 的分享逐年减少，因此，居民个人收入与 GDP 之间的差距越拉越大。政府部门应该把更多的精力放在提高居民收入上，让更多的人能从 GDP 的增长中分得一杯羹。

真正的个人收入——人均可支配收入

2008 年我国某地区城镇居民人均家庭总收入为 24668.34 元，比上年同期增长 9.6%，人均可支配收入为 23876.85 元，比上年同期增长 9.2%。

（1）工资性收入仍是可支配收入增长的主力军。2008 年城镇居民人均工资性收入为 19207.21 元，比上年同期增长 31.5%，工资性收入占可支配收入的 80.4%，是家庭生活来源的主渠道。我国经济的稳定增长，将为居民工资性收入水平的不断提高奠定基础。

（2）经营性收入小幅下降。2008 年城镇居民人均经营性收入为 4546.41 元，比上年同期下降 11.7%，经营性收入占可支配收入比重为 19%。主要是由于受物价上涨的影响，个体经营者的经营成本上升，原材料价格、人员工资等负担加重，效益放缓。

（3）财产性收入大幅回落。最近以来，受股市、基金大跌，全球金融海啸影响，居民投资减少，投资理财收入降幅较大。2008 年城镇居民人均财产性收入为 557.75 元，同比下降 39.4%；其中股息与红利收入同比下降高达 60.7%。

（4）居民转移性收入降幅最大。城镇居民人均转移性收入 356.96 元，同比下降 80.5%，其中人均离退休养老金收入同比下降 89.1%。原因是由于今年采取新的抽样方式又是百分百换样本，抽中的样本是那种外来务工较多地方，从而使得今年离退休养老金收入大幅度下降，而影响整个转移性收入。

人均可支配收入指个人收入扣除向政府缴纳的个人所得税、遗产税和赠与税、不动产税、人头税、汽车使用税以及交给政府的非商业性费用等以后的余额。个人可支配收入被认为是消费开支的最重要的决定性因素。因而，常被用来衡量一国生活水平的变化情况。

人均可支配收入反映了该国个人的实际购买力水平，预示了未来消费者对于商品、服务等需求的变化。个人收入指标是预测个人的消费能力、未来消费者的购买动向及评估经济情况好坏的一个有效指标。

人均可支配收入提升总比下降的好，每个人都希望自己口袋里的钱越来越多。

人均可支配收入实际增长率 =（报告期人均可支配收入 / 基期人均可支配收入）/ 居民消费价格指数 –100%

一般来说，人均可支配收入与生活水平成正比，即人均可支配收入越高，生活水平则越高。在一定时期内，由于物价上涨的因素，使得相同的货币所能购买到的生活消费品和社会服务的数量与基期相比相应减少，造成货币的购买力下降，货币贬值。因此，计算人均可支配收入的实际增长时，必须要扣除价格因素的影响。

2010年1月21日，国家统计局发布数据，全年城镇居民家庭人均总收入18858元。其中，城镇居民人均可支配收入17175元，比上年增长8.8%，扣除价格因素，实际增长9.8%。在城镇居民家庭人均总收入中，工资性收入增长9.6%，经营净收入增长5.2%，财产性收入增长11.6%，转移性收入增长14.9%。农村居民人均纯收入5153元，比上年增长8.2%，扣除价格因素，实际增长8.5%。其中，工资性收入增长11.2%，第一产业生产经营收入增长2.2%，第二、第三产业生产经营收入增长10.0%，财产性收入增长12.9%，转移性收入增长23.1%。全年城镇就业人员比上年净增910万人。年末农村外出务工劳动力1.49亿人，比一季度末增加170万人。

2010年1月，贵阳市政府召开新闻发布会，向媒体通报了全市2009年经济社会发展完成情况。面对国际金融危机冲击，2009年，贵阳市GDP实现902.61亿元，比上年增长13.3%。同时，城市居民人均可支配收入15041元，增长8.9%，增加了1229元。农民人均纯收入5316元，增长10.3%。新增就业岗位5.2万个，城乡统筹就业7.8万人，城镇登记失业率3.5%，96.6%的返乡农民工、5.9万名高校毕业生实现就业。

不靠出卖劳动力也能挣钱——生产要素收入

"我拿到分红了！"广东省江门市鹤山共和镇南坑奕龙村的李霞兴奋地告诉镇妇联主席林军青。李霞拿到了分红，与其他村民享受了同等待遇："我和姐姐、家人都特别高兴。"

南坑村有7个自然村，李霞所在的奕龙村是其中的一个，由于靠近圩镇，有物业出租等，经济较好，村里每年都有土地分红。

李霞家是纯二女户，姐姐结婚后，按照村里的村规民约没有拿到土地分红。2007年5月，李霞登记结婚，12月家里摆酒，按当地习俗，摆酒就是正式结婚。婚后的李霞和姐姐一样，失去了在村里土地分红的资格。

李霞是个很要强的女子，在广州打工的她有一些新思想，也懂得一些法律知识。在想不通的同时，她告诉自己，一定要争取自己的合法权益，也为父母争气。2008年2

月，刚过完年，李霞就找到了镇妇联，反映土地权益受侵害问题。镇妇联立即展开了调查，随即了解到李家姐妹俩婚后都没将户口迁出本村，但都没有得到村中分红。

同时，镇妇联了解到，南坑村6个自然村的村规民约都规定纯二女户的，允许有一个女儿享受分红，而唯独奕龙村不是。镇妇联立即会同司法所、村委会干部进行调解。南坑村村委会领导得知情况后，非常重视，马上告知村民小组，这一问题一定要解决。村妇委会的梁主任也及时联系村民小组。村委会领导召开了村民小组领导、村民代表参加的会议，强调了妇女应享有的合法权益和其他村的做法，积极做村民的思想工作。

在各方努力下，村民小组最终修改了村规民约，决定凡属纯二女户的出嫁女，可以留一户享受村中的土地分红。

我们不去置评村规民约，但我们可以看到李霞以及她们的村民不劳动也可以分钱，这部分收入就是按生产要素分配。

按生产要素分配是指按照生产时所投入的生产要素的多少进行收益分配的一种方式。也就是说按照生产要素所有者向社会提供的生产要素的数量和质量，获取相应的工资报酬。生产要素是指进行生产经营必须具备的条件，包括劳动力（才干、能力、体力）、土地、资本、技术、专利、房地产等方面。

管理要素参与收益分配。经营管理者可以实行年薪制，以年度经济指标为依据，考核完成情况兑现报酬，使效益和风险相结合；对中高层管理者，除制定高薪工资外，实行股票期股、期权。在股份制企业中，运用期股、期权的分配机制使中高层管理者与企业收益相联系；实行经济承包责任制，奖金按完成经济指标上下浮动；对企业家设立战略决策奖。

资本要素参与收益分配。股票分红，也可以集资分红；以合同形式规定投资的收益分成比例；债券、基金中获取利息。

生产资料要素参与收益分配。对租赁生产资料的，以契约的形式规定分成比例；对生产资料可以作价入股，按股分红。

劳动力要素参与收益分配。根据国家工资政策，制定基本工资标准；实行岗位工资，以岗位定酬，岗位工资按各岗位的责任、工作量和技术含量等因素来确定；实行计件工资，多劳多得，少劳少得，不劳不得；按照市场劳动力价位，制定相应工资标准。

技术要素参与收益分配。在科技成果转化取得收益中提取一定比例分配给成果完成人和成果转化人；科技成果和技术专利可以作价入股，成果完成人和技术专利持有人通过股份获取利益分红；科技成果和技术专利可以作为商品在技术市场上买卖；鼓励科技人员领办、创办科技实体或承包科技项目，在收益中按比例分成；允许科技人才兼职兼薪，多劳多得。科技人才在单位中可以一人多职，也可以在业余时间从事其他科技工作，发挥潜能；制定优秀人才高薪政策，增加知识技术要素在工资中的含量；重奖科技创新、名牌产品开发优秀人才，按利润收益比例提成。

劳动力市场上的供求关系决定了工资差别

——工资水平

2009年9月21日上午9点，成都人力资源市场技工和普工的专场招聘会上，用人单位报名处，排成了数百米的长队，成都市人才市场原本只有45个招聘席，因用人单位太多，不得不两家单位挤一个招聘席，扩充到90家。然而为了能抢到一个席位，很多用人单位早上7点半就来排队，但还是有很多人排不上号。

由于没排上队，一些用人单位人事经理只能空手而回，然而这些人事经理们都已经因长期失望而变得麻木了。一家单位人事经理说："现在招聘都非常困难，也不知道什么原因，我们招了很长一段时间，一直没有解决这个问题，我们包括联系社区和劳动部门，还有中介，但是这个问题依然不好解决。"

好不容易排到一个招聘席的用人单位也好不到哪儿去。一家当地电子厂招聘普工150人，待遇每月1200元。但一上午过去了，只有4个人来报名。

用人单位给出的普工月薪都在1500元左右，部分企业甚至给出了3000元来吸引应聘人员的注意，而技工的工资则更高，但仍然招不到足够多的工人。成都市就业局人力资源市场处处长李华说，他们这里每天能够提供700多个岗位，但能够达成意向的也就200个左右。

天津布瑞斯人力资源服务公司副经理吉宏凯说："从各个地方反映回来信息就是现在全国各地都缺人，不但广东缺，上海缺，苏州缺，天津也缺，那人都到哪去了？因为所有企业都缺人，现在就是包括我自己的公司，包括周边的企业听到的消息就是人都到哪去了，看不到人。"

民工的需求量增加，沿海地区的"民工荒"正在加剧。浙江省人力资源市场2009年7月供求报告显示，企业需求总人数60.3万人，求职总人数35.4万人，用工缺口达25万人。深圳市4月用工缺口2.3万人，到2009年6月份用工缺口超过6万人。

在经济发达地区普遍劳动力短缺的今天，农民工的这种工作态度更受一些基层单位的欢迎。企业为了扩大生产，必须吸纳更多劳动力，于是，增加工资和福利就成了必要的手段。

与农民工需求旺盛相比，大学生的就业却不容乐观。

两年的政治学研究生生活就要结束，中大的周光朗从2008年9月就开始着手找工作，直到2009年毕业时仍没有找到。"我已投了8份简历，听了3场企业宣讲会，但至今没收到过面试通知。"周光朗说，两年前，本科毕业后他找到了一份在银行的工作，但为了读研放弃了。"今年就业形势这么差，我有点后悔当初读研。"

据了解，周光朗所在的中大政治学研究生班有 16 人，但无一人找到工作，每个人都面临论文、找工作的压力，都在多手准备。面对严峻的就业形势，文科类研究生们对工资的期望值正在逐渐降低。周光朗的同学说，之前希望找一份月薪 6000 元的工作，现在月薪 4000 元左右就能接受了。

2009 年，全国普通高校毕业生总数 611 万人，截至 7 月 1 日，只有 415 万高校毕业生落实去向，就业率只有 68%。劳动力市场需求疲软。2008 ~ 2009 年，在全球范围的经济危机影响下，本就不景气的就业市场在 2008 年下半年更是雪上加霜。

竞争加大，但很多大学生依然以"天之骄子"自居，这无疑加速了大学生工资水平的下滑。市场需求决定，除了考公务员，拥有高工资岗位的人只能是少数，绝大部分的人还是到基层企业、单位，在这样的背景下，如果不摆正心态，找的工作工资不如农民工，很正常。

2008 年经济危机失业高峰所波及的群体正是城市的白领阶层，以及正准备迈入这一阶层的众多大学毕业生。白领的需求过剩，一些白领转而做蓝领了。广州市市容环卫局下属事业单位的一次公开招聘中，13 个环卫工职位竟然引来 286 名本科生、研究生争相抢夺。无独有偶。一个终日要与病死畜禽打交道的职位，竟也引来 19 名本科生和 7 名研究生角逐。最后 1 名博士、4 名硕士和 6 名本科生被录用。

一方面是劳动力供给远远超过了经济增长带来的劳动力需求，出现总量型失业。另一方面是在经济体制改革和产业结构调整过程中，由于劳动力自身素质、技能不适应，出现大量岗位空缺，许多企业和地区的技能劳动者短缺。

第四章

民生经济

街头巷尾讨论的经济话题——CPI

2013年6月9日，国家统计局发布2013年5月全国经济运行情况显示：5月份，全国居民消费价格（CPI）总水平同比上涨2.1%。其中，城市上涨2.1%，农村上涨2.2%；食品价格上涨3.2%，非食品价格上涨1.6%；消费品价格上涨1.8%，服务价格上涨2.8%。1~5月平均全国居民消费价格总水平比去年同期上涨2.4%。

经济危机之后，普通居民对物价的感觉是更贵了，CPI恐怕是大家谈论最多的经济词汇了。确实，我们周边的很多朋友，不管他从事什么工作，不管他的年纪是长是幼，甚至连英文字母都不认识的老大妈，也在谈论CPI。对于普通老百姓而言，大家对CPI的关注归根结底还是对日常生活所需品的价格变化，比如说猪肉的价格变化、面粉的价格变化、蔬菜的价格变化等的关注。那么CPI能如实地反映出老百姓最关心的日常生活费用的增长吗？

我们先来了解一下到底什么是CPI。所谓CPI，即消费者物价指数（Consumer Price Index），英文缩写为CPI，是反映与居民生活有关的产品及劳务价格统计出来的物价变动指标，通常作为衡量通货膨胀水平的重要指标。

如果消费者物价指数升幅过大，表明通胀已经成为经济不稳定因素，央行会有紧缩货币政策和财政政策的风险，从而造成经济前景不明朗。一般说来，当CPI>3%的增幅时，我们把它称通货膨胀；而当CPI>5%的增幅时，我们把它称为严重的通货膨胀。鉴于以上原因，该指数过高的升幅往往不被市场欢迎。例如，某一年，消费者物价指数上升2.5%，则表示你的生活成本比上一年平均上升2.5%。当生活成本提高，你拥有的金钱价值便随之下降。换句话说，一年前面值100元的纸币，现在只能买到价值97.5元的货品及服务。

CPI是怎样计算的？其实CPI的整个计算过程你不需要知道，你只需要知道，通常你买猪肉或喝饮料的平均价格就是CPI。CPI的上涨意味着你承担的日常花费也在上涨。例如，2007年我国CPI上涨达到4.8%，也就是说，你日常的花费增加了4.8%。

但是真实的日常生活费用情况CPI是反映不出来的，有时我们对物价的感觉与公布的统计数据会有差异。我国CPI当中包含八大类商品：第一类是食品，第二类是烟酒及其用品，第三类是衣着，第四类是家庭设备用品和维修服务，第五类是医疗保健和个人用品，第六类是交通和通讯，第七类是娱乐、教育、文化用品和服务，第八类是居住。与居民消费相关的所有类别都包括在这八大类中。在CPI价格体系中，食品类权重占到32.74%。

从2007年下半年开始到今年年初，这八类商品当中，上涨的状况是不一样的，主要上涨的是哪一类呢？主要上涨的是以肉类为代表的食品，如肉类、粮食、豆制品，以及食用油、蔬菜，也就是说上涨的主要是食品价格。2007年物价指数到了4.8，4.8当中有4.0是由于食品价格上涨造成的。4.0：4.8，等于83.3%。2007年中国物价上涨达到10年来的最高点的原因是由于食品价格的上涨。2008年前5个月CPI上涨幅度达到8.1%，在这么一个高度，食品价格上涨大约占了84%。2008年我国物价上涨的压力也很大，出现这种状况的主要原因还是食品价格的上涨。

与老百姓生活密切相关的是生活必需品的价格，即以肉类为代表的食品的价格。它与电视机、电冰箱的价格有着很大的差别。电视机、电冰箱价格上涨了，我们可以不买，没有这些东西我们照样能活下去；房价高得离谱，买不起就不买了，可以租房子住，尽管房租也涨了。但是，鸡鸭鱼肉等食品价格上涨了，我们却不能不买，离开它们，我们还怎么活！

而CPI里面最重要的组成部分，并且被严重低估的就是鸡鸭鱼肉等食品的价格——它导致你吃饭的花费大幅上涨。例如猪肉价格上涨26%，蛋类价格上涨37%，也就是说你每吃一顿肉就要多付26%的钱，吃一顿鸡蛋就多付37%的钱。倘若这种情况并没有得到改善，反而进一步加剧，每一个老百姓吃饭的花费平均增加了50%，也就是说，你一日三顿，不管是早点、中餐还是晚饭，你每吃一顿饭就得多付50%的钱。

然而50%的吃饭费用的上升没有直接反映在CPI里面，为什么？因为CPI是我们所有用到的消费品的平均数，刚才我们说到的4.8%代表所有消费品的增长，其中包括电器、住房等。所以真正重要的指标不能从整体去看，要单个来看，看肉价上升多少，大米价格上升多少，食用油价格上升多少。CPI并不能如实反映你日常生活费用的增长，要想了解日常生活费用的增长，你只有单个去看。

所以，在看CPI的时候，我们要注意到这些，一不小心的话，CPI就会说谎，就会与我们的亲身感受有差距。

衡量生活水平的尺度——恩格尔系数

在中国流行了上千年的问候语不知道什么时候就被一句"你好"取代了。为什么"吃了么"被"你好"替代了呢？经济学家认为随着经济的发展，人们花在吃上的支出比例越来越少，而花在服装、汽车、娱乐上的消费比例越来越多了。这种现象被称为"恩格尔系数"降低。

恩格尔系数（Engel's Coefficient）是食品支出总额占个人消费支出总额的比重。19世纪德国统计学家恩格尔根据统计资料，对消费结构的变化得出一个规律：一个家庭收入越少，家庭收入中（或总支出中）用来购买食物的支出所占的比例就越大，随着家庭收入的增加，家庭收入中（或总支出中）用来购买食物的支出比例则会下降。推而广之，一个国家越穷，每个国民的平均收入中（或平均支出中）用于购买食物的支出所占比例就越大，随着国家的富裕，这个比例呈下降趋势。

恩格尔定律的公式：

$$食物支出占总支出的比率（R1）= \frac{食物支出变动百分比}{总支出变动百分比} \times 100\%$$

或

$$食物支出占收入的比率（R2）= \frac{食物支出变动百分比}{收入变动百分比} \times 100\%$$

恩格尔定律主要表述的是食品支出占总消费支出的比例随收入变化而变化的一定趋势。揭示了居民收入和食品支出之间的相关关系，用食品支出占消费总支出的比例来说明经济发展、收入增加对生活消费的影响程度。

2009年年初，武汉市统计局公布了2008年武汉市居民收入与消费调查结果。2008年武汉居民人均消费支出为11432.97元，比2007年增加832.97元，增长7.9%，其中食品支出增长最多，为11.8%。

造成武汉市市民恩格尔系数增加的原因是与2008年以来的食品价格上涨分不开的。2008年以来，武汉市食品价格涨势明显，特别是油脂类、肉类、水产品类价格上涨速度较快，带动了居民食品消费支出的增加。

消费支出反映了居民的物价消费水平，是很重要的宏观经济学变量，被作为宏观调控的依据之一。恩格尔系数是国际上通用的衡量居民生活水平高低的一项重要指标，国际上常常用恩格尔系数来衡量一个国家或地区人民生活水平的状况。

吃是人类生存的第一需要，在收入水平较低时，它在消费支出中必然占有重要地位。随着收入的增加，在食物需求基本满足的情况下，消费的重心才会开始向穿、用等其他方面转移。因此，一个国家或家庭生活越贫困，恩格尔系数就越大；反之，生活越富裕，恩格尔系数就越小。

根据联合国粮农组织提出的标准，恩格尔系数在59%以上的为贫困，50%～59%为温饱，40%～50%为小康，30%～40%为富裕，低于30%为最富裕。它一般随居民家庭收入和生活水平的提高而下降。

简单地说，一个家庭或国家的恩格尔系数越小，就说明这个家庭或国家经济越富裕。反之，如果这个家庭或国家的恩格尔系数越大，就说明这个家庭或国家的经济越困难。当然数据越精确，家庭或国家的经济情况反应的也就越精确。

恩格尔定律是根据经验数据提出的，它是在假定其他一切变量都是常数的前提下才适用的，因此在考察食物支出在收入中所占比例的变动问题时，还应当考虑城市化程度、食品加工、饮食业和食物本身结构变化等因素都会影响家庭的食物支出增加。只有达到相当高的平均食物消费水平时，收入的进一步增加才不对食物支出发生重要的影响。

随着经济的迅速发展，人们花在食物上的支出相对于以前已经多出不少，但是食物支出占整个家庭支出的比例已经呈现下降的趋势，花在住房、汽车、教育、娱乐等其他方面的支出占据越来越大的比重。这就是恩格尔系数在不断降低。

国家统计局的资料显示，改革开放以来，由于收入持续快速增长，我国居民家庭的恩格尔系数呈现下降趋势，与1978年的57.5%相比，2007年我国城镇居民家庭恩格尔系数为43.1%，这是居民消费结构改善的主要标志。这表明，我国人民以吃为标志的温饱型生活，正在向以享受和发展为标志的小康型生活转变。

但是恩格尔系数也并不是对每一个人或每一个家庭都完全适合的。如自诩为美食家的人，以吃尽天下美食为己任，他花在食物上的消费比例肯定比其他消费多，但依此断定他贫困或富裕就有失偏颇。

气候是全球"最大的公共产品"——气候经济学

2009年10月17日，马尔代夫总统纳希德将在该国水下6米处的海底主持一次内阁会议。纳希德和其他内阁成员身穿潜水服，在该国首都马累东北约35千米处的吉利岛海域水底举行了为时30分钟的会议，会议期间内阁成员签署了一项要求各国减少温室气体排放的决议。呼吁世界各国领导人采取措施减少温室气体排放，以减缓海平面上升的步伐。

马累集中了全国约1/3的人口，只有不到6平方千米，它周围的大部分都修筑了防波堤，以抵御海水入侵。尽管如此，在2004年12月的海啸中，海水还是冲上马累城，给首都造成了不小的破坏。马累西北约100千米处有一个图拉杜岛。图拉杜岛岛长杜斯马尔说，从2002年填海造地开始，海水侵蚀现象越来越严重。在小岛的东侧，椰子树的树根在海潮的拍打下已经裸露出来，有的椰子树已经倾倒。

在全国约200个居民岛中，大约50个面临着海水侵蚀问题，其中16个岛需要立即采取行动。此外，很多居民岛的地下淡水资源正在枯竭，居民饮水出现困难。

当马尔代夫的政要用"水下内阁会议"的方式向全世界发出警告和恳求的声音时，几乎所有人都意识到，全球变暖如果得不到遏止，将因此导致物种的灭亡，最终会蔓延到食物链的终端——人类。

作为一个人口不到40万的小国，马尔代夫在世界上的影响力有限。但在气候变化面前，马尔代夫已经成为人类命运的一面镜子。纳希德总统和他的部长们潜入水下开会的另类行为能让更多的人醒悟过来，采取行动拯救马尔代夫，同时也拯救人类自己。气候是人类最大的公共产品。

哥本哈根气候大会全称是《联合国气候变化框架公约》第15次缔约方会议暨《京都议定书》第5次缔约方会议，这一会议也被称为哥本哈根联合国气候变化大会，于2009年12月7日~18日在丹麦首都哥本哈根召开。

2009年12月7日起，192个国家的环境部长和其他官员们在哥本哈根召开联合国气候会议，商讨《京都议定书》一期承诺到期后的后续方案，就未来应对气候变化的全球行动签署新的协议。

根据2007年在印尼巴厘岛举行的第13次缔约方会议通过的《巴厘路线图》的规定，2009年年末在哥本哈根召开的第15次会议将努力通过一份新的《哥本哈根议定书》，以代替2012年即将到期的《京都议定书》。考虑到协议的实施操作环节所耗费的时间，如果《哥本哈根议定书》不能在2009年的缔约方会议上达成共识并获得通过，那么在2012年《京都议定书》第一承诺期到期后，全球将没有一个共同文件来约束温室气体的排放，会导致遏制全球变暖的行动遭到重大挫折。因此，很大程度上，此次会议被视为全人类联合遏制全球变暖行动的一次很重要的努力。

在哥本哈根峰会的最后12个小时，全球主要强权国家的领袖以及最贫穷落后国家的领袖穿梭会面，为了一个共同的目标：行动起来，对抗气候暖化。

联合国气候变化框架公约第15次缔约方会议和京都议定书第5次缔约方会议于当地时间19日下午在丹麦首都哥本哈根沉重落幕。会议通过的《哥本哈根协议》无法律约束力，低于外界预期。

潘基文当天发表了一篇充满感情色彩的讲话。他说，过去的两天令人"筋疲力尽"。我们进行的讨论"时而有戏剧性，时而非常热烈"。

从《京都议定书》，到巴厘岛路线图，再到哥本哈根大会，发展中国家和发达国家两大阵营分歧严重，数十年的谈判更像是口水仗难获突破。这其中就因为涉及利益问题。不同的国家，有着不同的个体利益，有着不同的诉求，气候合作不是一个国家的事情，是需要各个国家为此做出牺牲，也是各个国家之间的一个博弈的过程。

从全球角度看，气候恰恰符合"公共产品"特征——人人需要合适的气候，但没有一个人或一个国家能独立提供，也无法独享专用。美国首位诺贝尔经济学奖得主保罗·萨缪尔森是公共产品理论奠基人。他敏锐地指出，公共产品的共享特征，使人们容易产生"搭便车"的冲动，即他人栽树我乘凉。同样，从理性出发，人类应超越国家局限，成立"气候基金"等全球应对机制，像一国提供国防那样，为每个人提供气候安全这一"公共产品"。

美国也在中国减排的监督核查等问题上大做文章。毫无疑问，美国已将中国视为头号经济对手。中美在气候变化问题上的博弈，似乎也已成为两国争夺未来世界经济主导地位的广泛竞争的一部分。

其核心问题是：减排的成本是多少，由谁承担；而与成本相对应所产生的收入归谁？由于减排成本的存在，受减排指标约束的国家的有关行业和企业的国际竞争力可能受到影响，特别是相对于那些不受减排指标约束的国家而言。这是美欧在谈判中特别关心的一个问题。因此，它们试图通过推行"边境调节"对相关进口产品征税。此举将气候变化与国际贸易挂钩，实质是在推行"绿色贸易保护主义"，并可能会从根本上威胁现存国际贸易体系的运行，这是中印等发展中国家所不能容忍和强烈反对的。

减排需要发达国家利用资金和技术帮助发展中国家。欧盟和美国，他们手中掌握着节能减排的高新技术和雄厚的资本优势。如果美国等西方发达国家不帮助发展中国家，发展中国家必然要走粗放型的发展方式。如中国，在电力、钢铁、交通、水泥、化工、建筑等重点行业与高耗能行业及通用技术领域中，未来低碳经济发展需要60余种骨干技术的支撑，但中国目前仍有42种尚未掌握核心技术和核心知识产权。美国同意带领西方国家每年筹措1000亿美元援助贫困国家对付气候变暖，直到2020年。这等于承认西方贪婪的发展，是气候变暖的一个历史原因，也需要为此负责并作出补偿。

如果能达成具有法律效力的强有力的协议，全球碳市场将持续增长并成为支持发展中国家低碳产业发展的重要来源。2012年全球碳交易市场容量为1400亿欧元，约合1900亿美元，全球碳交易在2008年至2012年间，市场规模每年可达500亿欧元。

青山绿水与生活改善同步——绿色GDP

在过去的20多年里，中国是世界上经济增长最快的国家之一，但是，由于资源的浪费、生态的退化和环境污染的加剧，在很大程度上抵消了经济增长的成果。

一直以来，一些地方政府始终将GDP放在第一位，往往忽视了环保。因为强调环保就要投入，许多工程就不能开工，就会影响GDP的增长。在"重发展、轻环保"思想的指导下，有些领导甚至要求环保部门为违法建设开绿灯。

绿色经济GDP是简称，是指从GDP中扣除自然资源耗减价值与环境污染损失价值后剩余的国内生产总值，称可持续发展国内生产总值，是20世纪90年代形成的新的国民经济核算概念。

1993年联合国经济和社会事务部在修订的《国民经济核算体系》中提出，绿色GDP可分为总值与净值。总值即GDP扣减资源耗减成本和环境降级成本。净值即GDP扣减资源耗减成本、环境降级成本和固定资产折旧。中国科学院可持续发展课题研究组提出的绿色GDP为：GDP扣减自然部分的虚数和人文部分的虚数。自然部分的虚数从下列因素中扣除：环境污染所造成的环境质量下降；自然资源的退化与配比的不均衡；长期生态质量退化所造成的损失；物质、能量的不合理利用所导致的损失；资源稀缺性所引发的成本；自然灾害所引起的经济损失。人文部分的虚数从下列因素中扣除：由于疾病和公共卫生条件所导致的支出；由于失业所造成的损失；由于犯罪所造成的损失；由于教育水平低下和文盲状况导致的损失；由于人口数量失控所导致的损失；由于管理不善（包括决策失误）所造成的损失。

绿色 GDP 能够反映经济增长水平，体现经济增长与自然环境和谐统一的程度，实质上代表了国民经济增长的净正效应。绿色 GDP 占 GDP 比重越高，表明国民经济增长对自然的负面效应越低，经济增长与自然环境和谐度越高。实施绿色 GDP 核算，将经济增长导致的环境污染损失和资源耗减价值从 GDP 中扣除，是统筹"人与自然和谐发展"的直接体现，对"统筹区域发展""统筹国内发展和对外开放"是有力的推动。同时，绿色 GDP 核算有利于真实衡量和评价经济增长活动的现实效果，克服片面追求经济增长速度的倾向和促进经济增长方式的转变，从根本上改变 GDP 唯上的政绩观，增强公众的环境资源保护意识。

为正确衡量我国的经济总量并正确引导经济增长方式，我国正在积极推行绿色 GDP 的计算方法。改革现行的国民经济核算体系，对环境资源进行核算，从现行 GDP 中扣除环境资源成本和对环境资源的保护服务费用。

绿色 GDP 用公式可以表示为：

绿色 GDP=GDP 总量—（环境资源成本＋环境资源保护服务费用）

通过绿色 GDP 的试点，我们可以勾勒出一个日渐清晰的蓝本：民众需要舒适从容的生存空间，国家要走可持续的良性发展道路。

2006年9月7日我国首份绿色GDP核算研究报告，即《中国绿色国民经济核算研究报告2004》正式对外公布。该报告指出，2004年全国因环境污染造成的经济损失5118亿元。其中，水污染的环境成本为2862.8亿元，占总成本的55.9%；大气污染的环境成本为2198亿元，占总成本的42.9%；固体废物和污染事故造成的经济损失57.4亿元，占总成本的1.2%，占当年GDP的3.05%。

除了污染损失，还对污染物排放量和治理成本进行了核算。如果在现有的治理技术水平下，全部处理2004年排放到环境中的污染物，需要一次性直接投资约10800亿元，占当年GDP的6.8%左右。同时每年还需另外花费治理运行成本2874亿元，占当年GDP的1.8%。

这是中国第一份有关环境污染经济核算的国家报告，从这份报告中我们也可以看出，这些 GDP 耗费了我们很多的资源，如果扣除资源治理的费用，我们的 GDP 增长非常有限。所以，在 GDP 的计算中采用绿色 GDP 的算法非常有价值。

让低碳成为生活方式——低碳经济

2010年1月17日中午12点左右，从广州二号线万胜围站开出的地铁车厢里，20多名只穿短裤、露出大腿的青年男女旁若无人地翻阅报纸或看书，这群年轻人是想借此宣传环保，提倡低碳生活。

前段时间，美国、英国等国家多个城市已经举行了"不穿裤子搭地铁活动"。受此启发，梁先生在广州发起了类似的活动，想借此宣扬低碳生活方式、迎接广州亚运。参与者夏先生表示，"虽然国外的这种活动纯粹是为了增加生活乐趣，但我们希望能通过自己的努力，宣传低碳理念、节约能源，为广州迎接亚运做一些宣传"。

这些参与者身上都打出各种口号，比如梁先生的背包上就贴着"低碳经济是地球的退烧药"标语，还有的手拿宣传纸牌"RESCUE THE EARTH！（拯救地球）"，一位参与者的口号则颇有幽默感，上书"低碳生活洒'脱'到底"。

有些参与的网友坦言，一开始都感到很尴尬，但后来想，这也是为"拯救地球"出一份力，所以就豁出去了！

20多岁的广州人小吴特别强调："现在地球污染如此严重，我们再这样下去，地球就'玩完'啦！但这道理如果在教科书上严肃地说100次，也不一定能吸引大家的兴趣，倒不如用这种搞笑的方式引起大家的注意。"

这种对待低碳生活的方式虽然不可取，但我们可以看到这些年轻人迎接低碳经济的积极心态，那就是让低碳成为一种生活方式。

所谓低碳经济，是指在可持续发展理念指导下，通过技术创新、制度创新、产业转型、新能源开发等多种手段，尽可能地减少煤炭石油等高碳能源消耗，减少温室气体排放，达到经济社会发展与生态环境保护双赢的一种经济发展形态。

"低碳经济"提出的大背景，是全球气候变暖对人类生存和发展的严峻挑战。随着全球人口和经济规模的不断增长，能源使用带来的环境问题及其诱因不断地为人们所认识，不止是光化学烟雾和酸雨等的危害，大气中二氧化碳（CO_2）浓度升高带来的全球气候变化也已被确认为不争的事实。

在此背景下，"碳足迹"、"低碳经济"、"低碳技术"、"低碳发展"、"低碳生活方式"、"低碳社会"、"低碳城市"、"低碳世界"等一系列新概念、新政策应运而生。而能源与经济以至价值观实行大变革的结果，可能将为逐步迈向生态文明走出一条新路，即：摈弃20世纪的传统增长模式，直接应用新世纪的创新技术与创新机制，通过低碳经济模式与低碳生活方式，实现社会可持续发展。

发展低碳经济，一方面是积极承担环境保护责任，完成国家节能降耗指标的要求；另一方面是调整经济结构，提高能源利用效率，发展新兴工业，建设生态文明。这是摒弃以往先污染后治理、先低端后高端、先粗放后集约的发展模式的现实途径，是实现经济发展与资源环境保护双赢的必然选择。

要维持低碳的"热度"，要让低碳深入人心并成为我们自觉的生产方式、生活态度，还有漫长的路要走。因此，仅仅依靠政府的力量是不够的，更需要有新机制，让民众和企业都能积极参与，身体力行。

2009 年中央经济工作会议提出：更加注重推动经济发展方式转变和经济结构调整，推进节能减排，开展低碳经济试点，加快建设资源节约型、环境友好型社会……上海崇明低碳经济示范区、贵州开阳农村沼气池 CDM 试点等就是低碳经济试点的亮点。

我国政府提出，2020 年单位国内生产总值二氧化碳排放量较 2005 年下降 40%至 45%，这是对世界的庄严承诺，发展低碳经济更是落实科学发展、建设和谐社会的必然选择。必须承认的是，尽管一些地方目前把"低碳"的概念提得很响，但大都仍处于最初的探索和试验试点阶段，而且，除农村沼气、城市节能灯的推广普及成效显著外，其他方面往往是政府在"唱主角"。

在 2010 年全国贸促工作会上，中国贸促会会长万季飞做出如下预测："国际金融危机影响了消费者的消费习惯和消费心理，世界市场可能缩小。低碳经济将逐步成为全球意识形态和国际主流价值观，并将成为新的经济增长点。"

社会贫富差距有多大——基尼系数

在经济学中有一个社会现象：富者很富，穷者很穷。用经济学术语来说，这就是收入分配中的"马太效应"。在国民收入分配领域，马太效应进一步显现出贫者越贫、富者越富的状态，这种情况对经济的协调发展和社会的和谐进步会产生一定影响。因此，用以测量贫富差异程度的基尼系数应运而生。

世界银行发表了一份数据，最高收入 20% 人口的平均收入和最低收入 20% 人口的平均收入，这两个数字的比在中国是 10.7 倍，而美国是 8.4 倍，俄罗斯是 4.5 倍，印度是 4.9 倍，最低的是日本，只有 3.4 倍。

基尼系数是意大利经济学家基尼于 1912 年提出的，定量测定收入分配差异程度，国际上用来综合考察居民内部收入分配差异状况的一个重要分析指标。

基尼系数的经济含义是：在全部居民收入中，用于进行不平均分配的那部分收入占总收入的百分比。基尼系数最大为"1"，最小等于"0"。前者表示居民之间的收入分配绝对不平均，即 100% 的收入被一个单位的人全部占有了；而

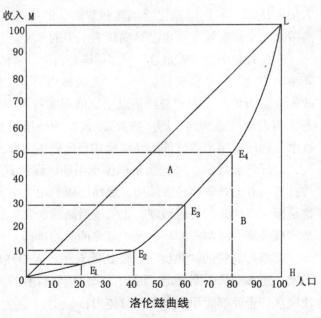

洛伦兹曲线

后者则表示居民之间的收入分配绝对平均，即人与人之间收入完全平等，没有任何差异。但这两种情况只是在理论上的绝对化形式，在实际生活中一般不会出现。因此，基尼系数的实际数值只能介于 0 ~ 1。

为了研究国民收入在国民之间的分配问题，美国统计学家洛伦兹 1907 年提出了著名的洛伦兹曲线。它先将一国人口按收入由低到高排队，然后考虑收入最低的任意百分比人口所得到的收入百分比。将这样的人口累计百分比和收入累计百分比的对应关系描绘在图形上，即得到洛伦兹曲线。

如上页图所示，横轴 OH 表示人口（按收入由低到高分组）的累积百分比，纵轴 OM 表示收入的累积百分比，弧线 OL 为洛伦兹曲线。

一般来讲，洛伦兹曲线反映了收入分配的不平等程度。弯曲程度越大，收入分配越不平等，反之亦然。特别是，如果所有收入都集中在一人手中，而其余人均一无所获时，收入分配达到完全不平等，洛伦兹曲线成为折线 OHL。另一方面，若任一人口百分比均等于其收入百分比，从而人口累计百分比等于收入累计百分比，则收入分配是完全平等的，洛伦兹曲线成为通过原点的 45 度线 OL。

一般来说，一个国家的收入分配，既不是完全不平等，也不是完全平等，而是介于两者之间。相应的洛伦兹曲线，既不是折线 OHL，也不是 45 度线 OL，而是像图中这样向横轴突出的弧线 OL，尽管突出的程度有所不同。

将洛伦兹曲线与 45 度线之间的部分 A 叫作"不平等面积"，当收入分配达到完全不平等时，洛伦兹曲线成为折线 OHL，OHL 与 45 度线之间的面积 A+B 叫作"完全不平等面积"。不平等面积与完全不平等面积之比，就是基尼系数。用公式表示即 G=A/（A+B）。显然，基尼系数不会大于 1，也不会小于零。

目前，国际上用来分析和反映居民收入分配差距的方法和指标很多。基尼系数由于给出了反映居民之间贫富差异程度的数量界线，可以较客观、直观地反映和监测居民之间的贫富差距，预报、预警和防止居民之间出现贫富两极分化，因此得到世界各国的广泛认同和普遍采用。

国际上通常把 0.4 作为收入分配差距的"警戒线"。一般发达国家的基尼指数在 0.24 到 0.36 之间，美国偏高，为 0.4。2007 年，中国的基尼系数达到了 0.48，已超过了 0.4 的警戒线。

一部分人已经先富起来了，这是中国的客观现实。大部分人虽然已经解决了温饱问题，收入有所提高，却还算不上富裕，这也是中国的客观现实。居民收入差距不断地扩大，就是中国客观现实的反映。

改革开放以来，我国在经济增长的同时，贫富差距逐步拉大，综合各类居民收入来看，基尼系数越过警戒线已是不争的事实。我国社会的贫富差距已经突破了合理的限度，总人口中 20% 的最低收入人口占收入的份额仅为 4.7%，而总人口中 20% 的最高收入人口占总收入的份额高达 50%，突出表现在收入份额差距和城乡居民收入差距进一步拉大、东中西部地区居民收入差距过大、高低收入群体差距悬殊等方面。缩小收入差距是摆在政府面前的一个突出的问题。

　　将基尼系数 0.4 作为监控贫富差距的警戒线，应该说，是对许多国家实践经验的一种抽象与概括，具有一定的普遍意义。但是，各国、各地区的具体情况千差万别，居民的承受能力及社会价值观念都不尽相同，所以这种数量界限只能用作宏观调控的参照系，而不能成为禁锢和教条。

农村人越来越少——城市化

　　笑话一：一老汉被儿子接到深圳小住。儿子为显孝心，每天开车带父亲兜风。路上，老汉看着满街的高楼大厦外墙上挂着的空调外机，说："难怪深圳人这么富呀，原来是家家户户都养蜜蜂哩。"

　　笑话二：一农村人进城买酒缸。因酒缸都是倒扣在地上的，这人左看右看一阵后，问："老板，你店里的酒缸怎么都没缸口呀？"老板答："你不会翻过来看一看呀。"这人将几个酒缸一一翻看后，说："哎呀，你这里的酒缸不但没缸口，连缸底都没哩！"

　　这虽然有戏谑的成分，但却是十几年前，农村人和城市人差距的真实写照。农村人进城了，常常在高楼大厦、高档电器、汽车面前犯迷糊，因为农村和城市差距太大了。由于长期的二元分割体制，有很多的人一辈子都没有进过城，更别说在当时看见这些稀奇的东西了。

　　但随着改革开放和我国城乡二元体制的打破，越来越多的农民走进了城市，从当初的建筑工到今天各行业的产业工人，农民已经成为社会经济建设不可或缺的建设主体。

　　城市化也有的学者称之为城镇化、都市化，是由农业为主的传统乡村社会向以工业和服务业为主的现代城市社会逐渐转变的历史过程，具体包括人口职业的转变、产业结构的转变、土地及地域空间的变化。

　　经济学上从工业化的角度来定义城市化，认为城市化就是农村经济转化为城市化大生产的过程。在现在看来城市化是工业化的必然结果。一方面，工业化会加快农业生产的机械化水平、提高农业生产率，同时工业扩张为农村剩余劳动力提供了大量的就业机会；另一方面，农村的落后也会不利于城市地区的发展，从而影响整个国民经济的发展，而加快农村地区工业化大生产，对于农村区域经济和整个国民经济的发展都是有着很积极的意义。

　　城市化就是一个国家或地区的人口由农村向城市转移、农村地区逐步演变成城市地区、城市人口不断增长的过程。根据人口普查数据显示，到 2007 年年底虽然中国已经有 5.9 亿城市人口，城市化率达到 45%，但其中包含了 1.6 亿农村人口，在这 1.6 亿农村人口中，有 1.2 亿是进城打工的农民，其他是"县改区"和建制镇范围内的农民。在进城务工的农民中，只有约 2000 万人是长期生活在城市中的人，其他人则以"民工潮"的方式在城市和乡村间穿梭。由于农民工虽然生活在城市却过着极为简单的生活，所以他们不是真正的城市人口，由于统计原因被计算到城市人口中的城区和乡镇的农民，更不能被视为城市人口，这样计算下来，2007 年中国的真实城市化率只有 34%，比统计显示的城市化率低了 1/4。

世界其他国家在人均 3000 美元 GDP 的时候，平均城市化率是 55%，东亚地区的日本和韩国是 75%，中国在同等人均收入水平时的城市化率明显偏低。

统筹城乡发展，是党中央根据新世纪我国经济社会发展的时代特征和主要矛盾，致力于破解城乡二元经济结构、解决"三农"难题，统筹城乡经济社会发展，全面建设小康社会所作出的战略决策。

成都从统筹城乡发展总体战略的提出，到获批成为全国统筹城乡综合配套改革试验区，再到国务院批复同意《成都市统筹城乡综合配套改革总体方案》，6 年来，走出了一条先行先试的统筹城乡发展之路。成都这个 1.24 万平方千米的城乡大地上 600 多万农民命运发生了彻底的重大改变。

我们国家为了加快城市化，提出了两型社会建设，提出了城乡统筹发展，主要是为了加快农村人口城市化。

第五章

社会福利

1元钱帮助千万人——社会慈善基金

2008年5月29日，中国红十字会李连杰壹基金创始人李连杰在亚洲协会第18届企业年会上发表慈善演讲，呼吁全人类关注受灾群众和困难群体，只要人人都献出爱心，世界就会变得更美好。

"我梦想着搭建一个平台，可以将整个人类的爱心都显示在这个平台上。很简单的一个想法，每个人每个月1块钱，或者每个人每个月的1个小时。如果我们有一个平台是专业的、透明的、可持续性的，如果人类有几百万人，甚至上千万人在这个平台上发自内心地给一点点捐助，1块钱不少，100万不多，加在一起，我们可以改变这个地球。我会用我的生命，用我的一切去承担，创立这种平台。"李连杰说。

李连杰表示，2008年他不接拍新的电影，集中精力做好慈善工作。"壹基金已为四川地震灾区筹到7000万元（到现在）。这就像一颗炸弹，如果我们不能科学地、理性地、有序地把这个钱用在灾区，它随时会爆炸。"李连杰强调，壹基金不是一个演艺人个人的行动，是整个团队的行动，是NGO组织的行动。

对于明星做慈善，具有天然的号召力。近年来，李连杰、成龙、李亚鹏等站出来设立慈善基金，通过自己的努力和号召力帮助社会中的弱势群体，提高社会福利。

根据性质不同，慈善基金会分为两种形式：公募和非公募，企业的慈善基金会形式属于后者，即基金会没有向社会筹集捐款的权利。

在慈善基金发展成熟的欧洲、美洲国家，流行着一种等号说法："企业家 = 慈善家"。在4年前，美国企业和个人的慈善基金为社会提供的资助额度已经达到290亿美元，是现在中国的整整60倍。

近年来，一些企业家纷纷站出来做慈善，曹德旺、陈光标等就是中间比较有代表性的人物。

百元大钞以10万元扎成一捆、垒成13行犹如"钱山"、四名"金盾护卫"荷枪实弹保卫，2010年1月14日上午在中国工商银行江苏分行大厅，中国"首善"陈光标说，眼前这笔现金，是从中国127名企业家和个人那里组织来的捐款，他们共组织了4316万元现金，想在春节前把这笔钱装入8万个红包，送到新疆、西藏、云南、贵州、四川等地区特困户手中。

以往都是以个人捐赠突出公众视线的陈光标，这回却没有"独善其身"，首次大规模发动中国企业家、个人捐款。陈光标说，这次捐的最多的是中萌世纪厦门投资有限公司董事长郑朋，捐600万元，捐的最少的是南京一位孤寡老人，十几块钱。他自己捐了200万元。

在现场，来自中国各地的20名企业家将现金分成1000元、2000元不等，装入红包，做上标记。春节前，参加活动的127人将分成5个小组，按照当地民政、教育部门提供的困难群众名单，分别前往新疆、西藏、云南、贵州、四川，将8万个红包送到当地特困户手中。

已累计捐赠10亿元、成为中国捐赠数额最大企业家的陈光标，他还通报了2009年公司超500万元的捐赠明细，"请大家给我一点掌声，慈善需要掌声，而且我的捐款肯定全部到位，媒体可以监督"。

高调慈善、发放现金已是陈光标的一贯作风。"我不怕被指'作秀'，我就是要把这个'秀'做大，希望更多的人跟我学'作秀'，带动更多的爱心人士加入其中，回报社会。"他说。2009年7月16日，中国"首善"陈光标今天在接受"中华慈善突出贡献人物奖"时发出倡议，希望富人每年拿出20%的财富扶贫：百万富翁年捐20万元、资助100户人；千万富翁年捐200万、资助1000户人；亿万富翁年捐2000万、资助10000户人。

慈善基金一直被西方企业津津乐道的好处不光只是"免税"，还有被西方企业家称为品牌的"软性广告"。在国外，每一个企业家都有一个观念：企业品牌不仅是企业财产，更是社会公共财产，从更大的范围上说，品牌甚至会成为一个城市、省份、国家或者一个时代的象征。所以很多国外企业家十分乐意投入慈善基金，塑造"公益品牌"，使企业的"特色品牌"体现公益价值，提升亲和力，吸引消费者。再者对于企业内部，慈善基金会通过员工之间义务募捐，创造活动经费，帮助困难职工，增加全体员工的合作性、互动性，有利于创造"和谐、愉快"的企业道德文化。

2009年10月19日，《中国经济周刊》从可靠消息源获悉，新华都实业集团董事长陈发树将以个人出资的形式成立"新华都慈善基金"，资金形式全部为流通股股票，市值约为80亿元人民币，占到陈发树个人所持有股份的90%左右。我国的慈善事业也日渐发展起来，我们相信，随着社会的发展，越来越多的企业和越来越多的公众会主动承担起社会责任，把中国的慈善事业做好做大，帮助那些需要帮助的人。

瑞士人为什么如此"懒惰"——福利国家

福利首先是同人的生活幸福相联系的概念。在英语里，"福利"是welfare，它是有 well 和 fare 两个词合成的，意思是"好的生活"。但是，什么是"好的生活"却是一个仁者见仁，智者见智的事情。它既可以指物质生活的安全、富裕和快乐，也可以是精神上、道德上的一种状态。社会福利是指国家依法为所有公民普遍提供旨在保证一定生活水平和尽可能提高生活质量的资金和服务的社会保障制度。

福利国家是资本主义国家通过创办并资助社会公共事业，实行和完善一套社会的福利政策和制度，对社会经济生活进行干预，以调节和缓和社会矛盾，保证社会秩序和经济生活正常运行。第二次世界大战以后，随着世界经济的不断发展和繁荣，生产的社会化程度进一步提高，特别是产业结构的大调整，引发了人们社会观念的大变革，使社会保险在世界较大的范围内实现了向国家化、全民化和福利化方向的转变。为达到更广泛的社会平等和更大程度的经济平等的目标，1948 年英国宣布第一个建成了福利国家。此后，瑞典、荷兰、挪威、法国、意大利等国也纷纷参照执行了英国的全面福利计划，使社会保险制度在世界范围内得到空前发展。到 1993 年，实行社会保险制度的国家已达到 163 个。

高福利必然伴随着高税收。法国是一个高福利国家，也是一个高税收国家，税收分别占财政收入的 90% 和国内生产总值的 50% 左右。在个人所得税上，以家庭为纳税单位，具体征税对象的收入标准根据家庭人口数目，按照累进税率征税。凡家庭或主要居住地在法国、在法国从事主要职业活动、或在法国获得主要经济收入者，不论是否拥有法国国籍，均需按收入（包括在法国境外的收入）申报个人所得税。

到过瑞士的人都会对瑞士的湖光山色以及居民的悠闲自在美慕不已。有人说，瑞士人放着大钱不挣，只追求生活质量。由于比较完善的社会福利制度，瑞士人上至政府官员下到黎民百姓，生活都是悠然舒适。瑞士人早已过了忙忙碌碌创造财富的阶段。

瑞士的社会福利制度相当完善，瑞士人一旦参加工作，雇主就必须为其建立社会保险账户，未雨绸缪，为他储蓄养老金。虽然近年来全球经济的不景气波及瑞士，但是这并不影响瑞士人将"休息，是最重要的权力"作为座右铭。瑞士是极为重视劳工福利的国家，作息时间均制度化，员工每年除一般假日外，尚享有 4~6 周的带薪休假（长短视年龄而不以年资而定），每年年底并加发第 13 个月薪为年终奖金（试用期间按规定亦应依照比例发给）。此外，雇主必须依规定负担员工第一及第二退休保险费以及失业保险费、子女补助费、工作意外保险费、保险公司行政手续费等费用的半数（合计约为员工月薪毛额的 13% 至 15% 左右），故员工每个子女可由各邦政府发给 100 至 260 瑞郎不等（各邦所规定的数额不同）的子女补助费。

……

长期以来，瑞士的教育、医疗和养老等一直都是由政府出资，而且大部分住房和保险也都是免费的。有资料显示，2006 年瑞士领取社会救济的比例为 33‰，即有 14 万多人领取了社会救济，近 25 万人获得了社会援助。在领取社会救济金的人群中，儿童、青少年以及不足 25 岁的年轻人所占比例较高。在接受社会援助的人群中大约有 44% 持外国国籍，其中 54.4% 没有受过职业培训。

但是后来由于欧洲经济陷入困境，以英国为代表的部分国家开始转向自由市场经济，不断改革全民福利制度，在大部分国企私有化的同时，削减福利开支。近年来，西方许多国家纷纷采取措施，削减社会福利。

北欧国家的社会福利制度持续发展了很多年，到今天已经形成一套非常完善的制度和机制。这种独具特色的高福利制度，为他们的国民提供了"从摇篮到坟墓"的保障：免费的教育、高额的医疗补贴、完善的就业保障体系等。可以毫不夸张地说，这些国家的居民从生到死经济上都可以高枕无忧。也正因如此，在 20 世纪 90 年代的经济危机出现后"北欧模式"曾广遭诟病。

按照主流经济学的逻辑，"高福利养懒汉"，这似乎是基于"不变的人性"得出的"铁律"。经济学家们认为，高福利必定会增长人们的惰性，不利于激发国民的劳动积极性和创新动力；高福利靠高税收支撑，而高税收必定不利于国民经济私营部门的发展。

但是，历来以高福利、高税收著称，曾经"北欧病"缠身的北欧国家却在 21 世纪初始拔世界竞争力较量的头筹。2004 年 10 月 13 日，芬兰再次被达沃斯世界经济论坛评选为"世界上最有竞争力的经济体"，这已经是芬兰连续三年获此殊荣。而同时，瑞典获得第三、丹麦第五、挪威第六、冰岛第十。换句话说，北欧五国都居于世界最具竞争力国家的前 10 位。

带薪休假去旅游——企业福利

张雯在某市一家生产特殊材料的集团公司工作，属国有企业。公司待遇很好，每年到年底的时候，可以为她报销3500元的供暖费和2000元的物业费。

"我现在住的房子是单位的，也不用交暖气费和物业费。每到年底的时候，我都要为报销的发票犯愁，只能到处向朋友借。"张雯说。

张雯2009年大学毕业后到了她现在的公司，基本工资并不高，每月只有2000多一点，这样的工资并不能让张雯满意，能让她继续留在公司的原因，是工资之外的"福利"。

"除了住房不用自己花钱之外，平常的交通补助、防寒费、防暑费以及报销的供暖费和物业费都是不错的'福利'。"说这话时，张雯很满意。

张雯还眨了一下小眼睛："满一年之后，我就可以带薪休假，我计划和我男朋友去一趟美丽的西双版纳。"

按照张雯提供的公司福利水平，粗略地计算了一下，张雯的月收入能达到5000元以上。难怪她会感觉比较满意。

带薪年休假，是指劳动者连续工作一年以上，就可以享受一定时间的带薪年假。2007年12月7日中国国务院第198次常务会议已经通过《职工带薪年休假条例》，自2008年1月1日起施行。从此，职工带薪年休假就有了法律保障。带薪休假已经成为现代社会的一个热点问题。

企业福利就是企业给员工提供的用以改善其本人和家庭生活质量的，以非货币工资或延期支付形式为主的各种补充性报酬和服务。比如企业给员工提供的防暑降温用品、班车、免费旅游服务、福利房等等。企业福利成为知名企业抢夺人才的重要法宝。在美国，企业福利在员工收入中的比例高达40.2%。

一般来说，企业福利由法定福利和企业自主福利两部分组成。法定福利是国家通过立法强制实施的对员工的福利保护政策，主要包括社会保险和法定假期。企业自主福利，即企业为满足职工的生活和工作需要，自主建立的，在工资收入和法定福利之外，向雇员本人及其家属提供的一系列福利项目，包括企业补充性保险（如企业年金）、货币津贴、实物和服务等形式。

对于企业来说，各种企业福利项目在具有一定社会功能的同时，也成为企业吸引人才、留住人才的主要激励方式。包括带薪休假在内的企业福利已经成为当今员工对企业的期待。现金和员工福利都是留住员工的有效手段，但是两者特点不同。尽管看得见、拿得着的现金可以对人才产生快速的冲击力，短时间内消除了员工福利的差异化要求，但其非持久性的缺点往往会使其他企业可以用更高的薪水将人挖走，尤其对于资金实力不足的中小企业而言，如果仅仅依靠现金留人，将很难幸免人才大流失的灾难。而具有延期支付性质的员工福利，不但可以避免财力匮乏的尴尬，还可以很好地维系住人才，成为减缓企业劳动力流动的"金手铐"。

对于员工来说，医疗保险、养老保险、工伤保险等法定企业福利项目，可以使员工生病得到医治、年老能有依靠、遭受工伤后获得赔偿等，从生理上满足员工的需要。而更多企业自主福利却可以满足员工在情感上的需要。例如企业提供的带薪休假福利，能够更好地缓解员工的工作压力，让他们有更多时间陪伴家人，从而满足人们在感情、亲情方面的需要；企业举办的各种集体出游活动、公司宴会活动可以使员工在工作之外有更多的接触机会，增进员工之间的了解，融洽公司内部成员间的同事关系，也有助于人们获得情感上的满足。这些都可以让员工感觉到企业和自己不仅仅是一种单纯的经济契约关系，而是带有了某种程度的类似家庭关系的感情成分，这无疑改善了员工的工作境遇。

在坚持货币工资仍然占员工收入较大比例的情况下，大多数企业都想方设法地根据本行业、本企业以及员工的需要来设计执行多种多样的福利项目，各种不同类型的福利项目多达1000多种。在我国改革开放初期，许多外资企业到中国开展经营的时候采取的是高工资、无住房的报酬政策，但是后来它们渐渐地发现，尽管公司支付的货币工资很高，但是在没有住房的情况下，优秀员工的流动率非常高，因此这些公司后来纷纷建立了自己的住房资助计划。

不过，需要指出的是，从经济学的角度来看，在总的报酬成本一定的情况下，企业的福利和工资之间是一种相互替代的关系，因此两种报酬形式都存在所谓的边际收益递减的问题，所以企业的福利与工资之间的比例应当保持在一个合理的限度上，否则，即使是在一个市场经济中的产权明晰企业中，也会导致"福利病"的出现。福利过高可能产生的问题包括：福利过高容易淹没企业的货币工资水平，导致对人才的吸引和保留不利。在大多数情况下，员工对于福利的消费方式几乎没有什么选择余地，因此福利成分过大，实际上会降低相同的总报酬对于劳动者的实际效用水平。福利大多采取平均主义的发放方式，容易导致平均化问题的出现，从而弱化工资的激励作用。在某种程度上说，福利水平过高往往会把一些不喜欢承担风险的人留在企业中，而这些人的生产率往往比那些愿意承担风险的员工要低。

每个老人都会老有所养——老年福利

巴东县金果坪乡福利院内几名老人围坐在火炉旁取暖，老人们头上悬挂着焦黄的熏腊肉。据福利院院长李传和介绍，福利院种有蔬菜，保证老人每餐有鲜菜吃，院里办起了养猪场，保证老人餐餐有肉吃，为了迎合老人的口味，还建起炕房专门为老人熏制腊肉。此外，该院的老人一日三餐，餐餐有食谱，生活过得有滋有味。

这是在我国偏远农村地区对一些五保户老人实行的集中养老，也是当前我们农村老年人的福利体现。2007年5月23日，国家民政部在北京发布了《2006年民政事业发展统计报告》。截至2006年年底，全国65岁及以上人口达到10419万人，有老年维权组织7.4万个，老年学校37176所，各类老年福利机构38097个，床位153.5万张，老龄事业健康发展，为构建和谐社会作出了积极贡献。

从某种程度上说，我们现在的老年福利制度还只是补缺型福利，只是针对一部分老年人和特殊老年群体。《关于加强老年人优待工作的意见》要求，贫困老年人要按规定纳入城乡社会救助体系。《城市居民最低生活保障条例》规定，城市"三无"老人均可按当地城市居民最低生活保障标准，全额享受低保救助。目前，全国所有城市贫困老人均已纳入低保救助范围，实现了"应保尽保"，一些地方还对鳏寡老人、贫困老年人给予重点救助，将其享受的低保金在当地规定标准的基础上上浮20%左右，到2007年底全国2272.1万城市低保对象中有60岁以上老年人口298.4万人，占13.13%多。2003年民政部门将农村贫困老年人口列为农村特困户救济的重点，各地在制定特殊困难群体救助政策和办法时，普遍对其给予了照顾；2007年底农村低保制度在全国普遍建立，全国3566.3万农村低保对象中有60岁以上老年人口1017.8万人，约占28.54%。城乡贫困老年人口的基本生活得到了有效保障。

老年人的福利问题已经是一个非常严重的社会问题。既有我国老年人人口规模庞大的原因，也有老年福利的标准逐步提高的原因。

中国有句老话叫"老有所养"，而在老龄化如此严重的当下，这个词却成了一个沉甸甸的社会课题。截至 2008 年年底，北京市老年人口总数已突破 254 万人，占到人口总数的 15%，且老龄化趋势越来越明显。

1990 年 10 月，我国正式进入老龄社会。目前，全国 60 岁以上老年人口已达 1.6 亿，并以每年 800 万到 900 万的速度增长。据预测，到 2020 年，我国老年人口总数将达 2.48 亿人，老龄化水平将达到 17%；2050 年将达到 4.37 亿人，约占总人口的 30%，达到老龄化的峰值。与发达国家相比，我国老龄化社会不仅来得快、势头猛，而且老年人口规模大、高龄老人比例高，老龄化带来的社会问题将更加突出。

2009 年 1 月 12 日，北京市民政局等联合下发了《关于加快养老服务机构发展的意见》，提出了养老服务以"全面关怀、重点照顾"为理念，努力实现"9064"养老服务新模式。即到 2020 年，90% 的老年人在社会化服务协助下居家养老，6% 通过政府购买社区照顾服务养老，4% 入住养老院集中养老。

《意见》还就养老服务机构扶持政策作出规定：市级政府投资的养老院建设由市发改委立项批准实施；区县级的由区县政府制定规划，市、区县两级政府按照 1∶1 比例投入建设资金。对经民政部门批准、社会力量投资兴办的新建、扩建或改建的养老院，经评审优选，由市政府固定资产投资按照不同标准给予一次性建设资金支持，同时提高社会兴办及"公办民营"养老院的运营补贴标准。规定征地拆迁费由承建项目开发公司负担；基本建设费主要由区县政府承担，市级公益金按照 30% 比例予以资助。政府投资建设的保障型养老院及具有示范作用的普通型养老院，经审核确认后采取划拨方式供地，其他类型的按土地有偿方式供地。

北京市将逐步建成集中照料与社区居家互为补充的养老服务体系，推动老年福利服务由补缺型向适度普惠型转变，逐步惠及所有的老年人群体。

30 年的改革开放提高了全社会的物质文化生活水平，大大改善了国民福利。我国的老年福利政策也随之不断改革和完善，老年福利事业发生了重大的历史性变化。老年人享受的社会福利总量显著增加，福利补贴的数量和福利项目的种类不断增加，福利设施的布局愈趋合理，覆盖范围不断从特定老年群体扩大到全体老年人。

从此不再怕看病——新型农村合作医疗

江西上栗县东源乡民主村李武元逢人就说："咱农民看病也报销，农村合作医疗真是好，这得感谢党的政策好。"

原来，李武元的爱人因得"风湿性心脏病"几度危及生命，多次转院，经湖南湘雅医院手术治疗后恢复健康，却用去医药费 4 万余元，高额的费用已使他们的家庭经济陷入困境。正当李武元夫妻一筹莫展的时候，县农医局人员风尘仆仆来到了这个十分偏僻的村庄，详细地询问病情及目前治疗情况后，亲手把1万元医疗补偿金送到他们手中。李武元接过厚厚的一叠补偿金，捧在胸前哽咽着声音说："想不到只出10元钱就能得到这么多的补偿金，感谢政府处处为老百姓着想，感谢政府又为我们农民办了一件大好事。"说完，激动得不禁流下了热泪。

新型农村合作医疗是由我国农民自己创造的互助共济的医疗保障制度，在保障农民获得基本卫生服务、缓解农民因病致贫和因病返贫方面发挥了重要作用。

它为世界各国，特别是发展中国家所普遍存在的问题提供了一个范例，不仅在国内受到农民群众的欢迎，而且在国际上也得到了好评。

合作医疗在将近50年的发展历程中，先后经历了20世纪40年代的萌芽阶段、50年代的初创阶段、60～70年代的发展与鼎盛阶段、80年代的解体阶段和90年代以来的恢复和发展阶段。面对传统合作医疗中遇到的问题，卫生部组织专家与地方卫生机构进行了一系列的专题研究，为建立新型农村合作医疗打下了坚实的理论基础。在1974年5月的第27届世界卫生大会上，第三世界国家普遍表示出极大兴趣。联合国妇女儿童基金会在1980～1981年年报中指出，中国的"赤脚医生"制度在落后的农村地区提供了初级护理，为不发达国家提高医疗卫生水平提供了样本。世界银行和世界卫生组织把我国农村的合作医疗称为"发展中国家解决卫生经费的唯一典范"。

新型农村合作医疗制度从2003年起在全国部分县（市）试点，到2010年逐步实现基本覆盖全国农村居民。

2002年北京市只有两个区县开展了新农合试点工作。到2004年年底，北京市13个涉农区县全部铺开了新农合工作，在实现以区县为单位100%覆盖的基础上，实现了100%的村覆盖。

北京市13个涉农区县从2007年开始统一人均筹资标准，即2007年220元，2008年320元，2009年420元，2010年520元。在每年增加的100元中，政府投资为主的格局基本形成。2009年北京市新型农村合作医疗共筹资11.9亿元，其中市、区（县）、镇（乡）三级政府筹资占筹资总额的85.7%。

2006年，享受新型农村合作医疗补偿的人次仅为19.8万，到2008年，增加到27.4万人次，截至2009年第三季度，补偿人次突破30.6万。住院补偿受益面由2004年的2.9%扩大到2008年的6.1%，2009年预计为8%以上。

2004年住院补偿率仅为29%，到2008年提高到48.4%，2009年达到50%以上，这就意味着农民每花100元的住院费能拿回50元补偿，门诊补偿也由2004年的6%增加到2009年前三季度的32%。新农合保障水平的提高，极大地减轻了农民医疗费用负担。

随着国家、省、县财政对参合农民配套资金的增加，全国各县对新农合制度实施办法进行了修订，拓宽了新农合药品目录，增加补偿范围，大幅度提高了补偿比例，提高了乡镇医疗机构补偿比例达到了 80%，使参合农民住院诊疗人次不断增加，补偿率明显提高，受益面不断扩大，参合农民真正得到了实惠。

新型农村合作医疗的性质由"互助共济"逐步转变为政府主导的农村居民基本医疗保障；新型农村合作医疗的统筹模式由侧重大病统筹为主逐步向住院与门诊医疗费用统筹兼顾过度；新型农村合作医疗制度设计定位由侧重减缓"因病致贫、因病返贫"的进程向进一步扩大参合农民医疗补偿受益面过度。

安得广厦千万间——保障性住房

2009 年 12 月 27 日，中共中央政治局常委、国务院总理温家宝在北京中南海紫光阁接受新华社记者独家专访谈到了这样一个问题：

新华社记者：一位网民说房价涨得太快了，1 平方米每个月竟然涨了 1000 块钱，他们想请总理谈一谈房价的问题。

温家宝：我知道网民关注这个问题。因为我每天上网看到大量网民的意见，甚至很尖锐的批评。因为房子对于每个人来讲都关乎他们的切身利益。

今年房地产有了比较快的恢复，但同时房价在一些地区和城市上涨过快，也引起了中央高度重视。

其实如何使房地产建设能走入一个健康的轨道，首先还需要弄清楚政府要做什么，市场要做什么。既发挥市场的机制，又发挥政府调控的作用。

在这里我只讲一讲政府应该做的事情。第一件事情就是要加大安居工程的建设力度，加快棚户区的改造。对这两项工作，在资金、土地以及税收上，都要给予优惠和保障。

第二，要鼓励居民购买自住房和改善性的用房。但与此同时，要采取措施抑制投机。中国的国情决定了我们的住房必须坚持安全、经济、适用和省地的原则，特别要重视中小套型和中低价位房屋的建设。

第三，要运用好税收、差别利率以及土地政策等经济杠杆加以调控，稳定房地产的价格。

第四，要维护房地产市场秩序，打击捂盘惜售、占地不用、哄抬房价等违法犯罪的行为。我觉得只要政府有决心解决这个问题，而且不是头痛医头、脚痛医脚，而是经过深入调查研究，统筹考虑各方面的情况，制定长远的规划和政策，使我国的房地产有一个稳定发展的局面，这是可以做到的。

"民以食为先，家以居为先"。住房，是生活的一项基本需求，住房问题是中国老百姓普遍关心的一个话题。但是，对大多数中低收入群体来说，买开发商提供的商品房实在是生活中的一大负担，房价节节攀高，要想在大城市买房更是黄粱美梦，不少人甚至沦为"房奴"。商品性住房作为一种商品，就不可能把"保障性"作为它的主要作用。保障性住房正是为了弥补这一缺陷而产生的，它覆盖了商品性住房市场中的空白，即为那些购买不起商品房的低收入家庭和贫困家庭给以各种住房保障，属于政府公共福利。

作为保障性住房，不能像商品房那样可以在市场上随意购买，它是一种政府为中低收入住房困难家庭所提供的限定标准、限定价格或租金的住房，由廉租住房、经济适用住房和政策性租赁住房构成。

首先，我们来了解一下经济适用房。经济适用住房是以中低收入家庭为对象、具有社会保障性质的商品住宅，具有经济性和适用性的特点。经济性是指住宅价格比商品房市场价格低，适应中低收入家庭的承受能力；适用性是指在住房设计及其建筑标准上强调住房的使用效果。其低价格是通过土地划拨供应、免除有关税费、规定开发商的利润上限等来实现。

经济适用房政策的实施，对启动内需、平抑房价以及完善住房供应体系均发挥了显著的作用，并受到中低收入者的普遍欢迎。但经济适用房在现阶段也暴露出一些问题，如经济适用房规模过大、销售对象界定不清、区位选择上的局限以及经济适用房面积过大、标准过高，使得经济适用住房政策并未真正惠及中低收入阶层，同时又加重了政府负担。

此外，为建立和完善多层次的住房供应体系，解决城镇最低收入家庭的住房问题，建设部分别于1999年4月22日颁布了《城镇廉租住房管理办法》和2003年11月15日颁布了了《城镇最低收入家庭住房管理办法》，向最低收入群体提供租金低廉的廉租住房。廉租住房由于其保障的范围较小，在执行过程中总的情况比较好。

但现今廉租住房还存在着一些问题，最主要的是廉租房适用对象范围过窄。关于廉租房的适用对象，目前只局限于具有"非农业长住户口的最低收入家庭和其他需保障的特殊家庭"。从现实情况看,有三类群体未纳入廉租住房政策的适用对象中:收入处于平均收入水平以下、最低收入水平以上的家庭，进城务工的农民工，单亲家庭以及日益增多的老龄群体中的空巢家庭。这些群体既买不起商品房，又不符合廉租住房的申请标准，被称为"夹心层"。

政策性租赁住房即政府为解决这类人群的住房问题而采取的措施。政策性租赁住房主要是通过政府投资建设新房的方式进行。政策性租赁房的租金，按照房屋成本进行测算，通常为成本价再加上适当的管理费，就是成本租金的价格。

2010年，北京市保障性住房所占比例将有所提高。列席2010年"两会"的北京市国土局局长魏成林接受采访时表示，新建小区中保障性住房的配套比例将由过去的15%提高至30%。

魏成林表示，近几年，北京的房价增长速度成为各界关注的焦点，特别是一些低收入家庭更是"望房兴叹"。以前北京市新建小区中配套的保障性住房比例一直都在 15% 左右，"从今年起，将提高新建小区中配套保障性住房的比例，使这一比例提高至 30%，实现翻倍"。

此次提高保障性住房的比例，魏成林表示，主要是为了保障北京市中低端收入人群的利益。而比例提高后，也会对房价起到一些综合调剂的作用。

虽然现在房价一路走高，购房压力越来越大。但了解了政府保障性住房的相关政策，合理选择，还是能实现"居者有其屋"的美好愿望的。